헨리 키신저

-외교의 경이로운 마법사인가
아니면 현란한 곡예사인가?-

강 성 학

KB048847

박영사

Henry Kissinger

-A Marvelous Magician of Diplomacy
or A Brilliant Acrobat?-

Sung-Hack Kang

PARK YOUNG
publishing&company

나의 영원한 은사님

㈜김경원 박사님께

/

저자 서문

셰익스피어의 마지막 드라마 <*Tempest*>(폭풍)의 주인공 프로스페로(Prospero)는 지식을 통해 습득한 힘, 즉 자연의 힘을 조작할 수 있는 자신의 마법을 사용하여 자기의 왕국을 차지하려 드는 무도한 자들의 모든 기도를 좌절시키고 오히려 그들 간의 화해와 협력을 이룩한 뒤 자신의 마법을 버린다. 학자-외교관(scholar-diplomat) 헨리 키신저(Henry A. Kissinger)는 마치 20세기의 마법사 프로스페로처럼 자신의 막강한 지적 자본을 사용하여 20세기 후반 국제정치의 평화를 위한 구조적 질서를 구축했다. 당시에 그의 현란한 외교적 활동을 불안한 마음으로 바라보던 비판자들은 키신저를 외교의 마법사(magician)가 아니라 외교적으로 위험한 줄타기를 하는 일개 곡예사(acrobat)로 폄하하기도 했다. 1923년 5월 27일 태생인 그 헨리 키신저가 금년 2022년에 한국 나이로 1세기, 바꾸어 말하면 100번째 생일을 맞게 될 것이다. 이것은 참으로 경이로운 일이다. 본서는 내가 학

5

창시절부터 그의 심오한 저서들과 시의적절한 논문들을 읽으면서 감동에 젖었던 시절을 회고하며 작성한 결과물이다.

20세기는 누가 뭐라 해도 "미국의 세기"(the American Century)였다.1) 1941년 12월 7일 "진주만 기습"으로부터 2001년 미국의 본토에 대한 "9/11 테러"에 이르기까지의 긴 시기는 미국의 거대한 확장과 위대한 성취의 기간이었다. 미국은 항상 확장해가는 기업의 역동적 중심지였고 인류의 기술적 봉사자들의 훈련 센터였으며 자칭 지구적 "좋은 사마리아인"(Good Samaritan)이었다. 자유국가들 중 미국만이 폭군의 무력에 대항하여 지구적 안전을 보장했다. 오직 미국만이 자기 정체성을 위해, 즉 자기발전과 자존을 위해 투쟁하는 다른 인민들을 고무할 힘과 품위를 모두 갖고 있었다.

헨리 키신저는 민주국가들이 가장 중대한 위험에 직면했던 1930년대를 독일에서 경험했고 미국이 인류의 희망을 구현하기 위해 나아가는 수십 년 동안 그 사명에 동참했다. 즉, 그는 파시즘을 파괴하고 적의 영토를 점령하기 위해 수립된 신군사제도들을 실천한 개척자적 세대의 일원이었다. 그는 전후 도전들을 위해 마련된 새로운 학문적 계획의 수혜자였으며, 지구적 대전략을 수립하는 새 전문가 세계의 일원이었으며, 그리고 냉전을 수행할 권력이 부여된 정책결정기구들에 속했다. 미국 국력의 성장은 광범위한 미국의 행위자들 사이에 영향력의 분배를 의미했다. 키신저는 새로운 힘의 중심지들을 통해 활동하면서 미국의 세기에 기여했다. 그러므로 그는 자기가 살았던 시대의 산물이었고, 키신저 자신의 표현대로, "미국의 세기의 자식"(a child

---

1) Henry Luce, "The American Century," *Life*, February 17, 1941.

of the American Century)이었다.[2]

그리고 동시에 20세기는 또한 "헨리 키신저의 세기"(Henry Kissin-ger's century)였다.[3] 나폴레옹 전쟁을 마무리한 후 19세기 전반기 동안 오스트리아의 메테르니히(Metternich) 수상이 당시 최초의 "유럽의 수상"(The Prime Minister of Europe)이라고 불렸던 사실을 고려한다면 20세기 중반기 세계적 긴장완화(détente)를 추진했던 키신저의 마법사 같은 국제정치의 관리와 외교력으로 인해 당시에 적지 않은 사람들에 의해서 그가 "미국외교정책의 대통령"(the President of American foreign policy), 혹은 더 나아가서 "지구의 대통령"(the President of the planet earth)이라고 칭송되었던[4] 것은 결코 터무니없는 일이 아니었다.

키신저는 미국의 대통령이 아니었다. 그는 미국의 역사상 수많은 국무장관들 중 제56대 국무장관이었다. 그는 미국 행정부의 권력구조에서 제2인자에 지나지 않았다. 그랬던 그가 어떻게 "외교적 마법"을 사용하여 한때나마 "지구의 대통령"으로까지 인식되고 또 그렇게 칭송될 수 있었을까? 그것은 당시 키신저의 "군주"였던 제37대 리처드 닉슨(Richard Nixon) 대통령의 신임과 워터게이트 사건 이후 그의 권위 상실과 외교정책의 문외한인 제38대 제럴드 포드(Gerald Ford) 대통령의 선폭적 신임의 덕택이었을까? 그에겐 분명히 그런 행운의 요소들이 있었다. 그러나 그의 업적은 거의 대부분이 그의 탁월한, 창조

2) Henry Kissinger, *White House Years,* Boston: Little, Brown, 1979, p. 229.
3) Jeremi Suri, *Henry Kissinger and The American Century,* Cambridge, Massachusetts: The Belknap Press of Harvard University Press, 2007, p. 1.
4) Thomas A. Schwartz, *Henry Kissinger and American Power: A Political Biography,* New York: Hill and Wang, 2020, p. 413.

적 리더십의 결과라고 보아도 결코 과언이 아닐 것이다. 그리하여 본
서는 바로 그런 키신저의 탁월한 리더십의 발휘과정과 그 비결을 밝
혀보려는 것이다.

내가 헨리 키신저를 처음으로 알게 된 것은 1969년 2월에 그가
<타임>(*Time*)지에 사진과 함께 커버스토리로 등장했을 때이다. 당
시 학부생으로서 영어공부를 위해 타임지를 정기구독하고 고려대
SIS(속칭, 타임반) 동아리 활동을 했지만 그에 관한 기사를 모두 읽어
낼 영어실력이 되지 않아 피상적으로만 알게 되었다. 그러나 그 후 그
가 당시에 보던 일간신문과 <타임>지에 빈번하게 등장하여 그에
관한 관심이 내게서 사라지지 않았다.

그가 1971년 비밀리에 베이징을 방문하고 1972년 미-중 정상회담
이 열리자 헨리 키신저는 언론에서 외교의 마법사로 묘사되기도 하였
다. 그러다가 1973년 대학원에 입학하여 막 귀국하신 당시 김경원 교
수님을 지도 교수님으로 모시게 되었다. 그분이 하버드 대학교에서
헨리 키신저 교수의 제자였다는 사실을 알게 되었고 그분에게서 당시
에는 어느 곳에서도 쉽게 구해볼 수 없는 헨리 키신저의 유명한 저서
들을 빌려볼 수 있는 아주 드문 행운을 갖게 되었다. 학부시절 <타
임>지에서 피상적으로만 알았던 키신저를 수년의 세월이 흘러 영한
사전에 의존하지 않고 그의 책들을 직접 읽을 수 있다는 것은 당시만
해도 크나큰 기쁨이고 자랑이었다.

맨 먼저 읽었던 그의 책은 <핵무기와 외교정책>(*Nuclear Weapons
and Foreign Policy*)[5]이라는 핵전략에 관한 것이었다. 그 책은 당시 아

---

5) Henry A. Kissinger, *Nuclear Weapons and Foreign Policy*, New York: Published

이젠하워(Dwight D. Eisenhower) 대통령 정부의 핵 방어전략인 "대량 보복"(the Massive Retaliation) 전략을 비판한 것으로 그에게 미국에서 국방전략가로서 커다란 명성을 안겨주었다. 그러나 나에게 아주 인상적 인 책은 키신저의 두 번째 저서였다. 키신저의 박사학위 논문을 출판한 것으로 <회복된 세계>(A World Restored: Metternich, Castlereagh and the Problems of Peace 1812-22)[6]였다. 이 책은 유럽의 빈 회의 (the Congress of Vienna)를 역사적으로 다룬 것으로 내게는 아주 인상 적이었다. 왜냐하면 당시 국제정치학은 체제이론(the System theory)에 막 몰두하던 시기였는데 키신저는 국제정치의 본질인 힘의 균형(the balance of power)을 강조하면서도 동시에 그 힘의 균형을 구축하고 관리해 나갈 지도자의 역할, 즉 리더십의 중요성을 아주 설득력 있게 강조했기 때문이었다. 당시 나의 지적 경험은 아주 황홀했다. 결국 이 책은 후에 미국에서 나의 박사학위 논문을 쓸 때에도 늘 염두에 두고 19세기 말과 20세기 초 동북아시아의 전통적 질서의 일종의 "파괴된 세계"(A World Destroyed)를 다루었다.[7]

귀국 후 1981년부터 모교에서 교수가 되어 외교사 과목을 가르치 면서 피터 딕슨(Peter Dickson)이 쓴 <키신저 박사와 역사의 의미> (Kissinger and the Meaning of History)를 1985년에 출판사 박영사를 통해 번역 출간하여 그 과목의 부교재로 사용하였다.[8] 그러나 그 후

---

for the Council on Foreign Relations by Harper & Brothers, 1975.

6) Henry A. Kissinger, *A World Restored: Metternich, Castlereagh and the Problems of Peace 1812-22*, Boston, Massachusetts: Houghton Mifflin, 1957.

7) 그 논문(Northern Illinois University, 1981)은 크게 보완되고 확장되어 <시베리아 횡단열차와 사무라이: 러일전쟁의 외교와 군사전략>(781쪽)이라는 제목으로 1999년 고려대학교 출판부에서 발행되었다.

학부의 "국제정치 이론"이나 대학원의 "국제정치 접근법" 과목을 오랫동안 가르치면서도 국제정치학의 학문공동체에서 헨리 키신저는 그 중요성의 순위에서 크게 밀려 간헐적으로 그를 언급하는데 그쳤다. 그러나 나는 언젠가 헨리 키신저에 대한 저술을 해보겠다는 마음에서 그 후에도 그의 방대한 회고록을 비롯하여 헨리 키신저가 저술하는 책이나 논문 그리고 연설문 등을 가능한 꾸준히 추적하고 수집했다. 그러나 내 저술작업의 우선 순위에 뒤로 밀려 그에 대한 자료는 서재의 여기저기에 흩어져 아주 오랫동안 방치되고 말았다.

그러다가 새천년이 시작되면서 2001년 교육방송공사(EBS)의 거듭된 요구에 못 이겨 <EBS 세상보기>라는 프로그램의 담당자의 요청으로 "국제정치이론과 앞날"이라는 주제 하에 21세기 국제정치를 이해하기 위한 필독서 4권의 책을 소개하는 강의를 했다. 그 가운데에는 1994년에 출간된 헨리 키신저의 <외교>(Diplomacy)라는 방대한 저서에 관한 강의가 포함되어 있었다. 그리고 나서 헨리 키신저는 내 마음에서 먼 곳으로 다시 밀려났다.

그 후 만 33년간 근무한 고려대학교에서 2014년 2월 말에 교수직에서 정년퇴임한 후 할 일을 한동안 골똘히 생각해 봤지만, 그래도 내가 비교적 잘할 수 있는 일이란 지금까지 해온 학문을 계속하는 길밖에 없었다. 그래서 정치학자로서 한국의 정치에 관심이 있는 사람들을 위해, 그리고 미래의 정치 지망생들을 위한 정치교육을 위해 역사적으로 이미 널리 인정된 위대한 지도자들의 모범적 리더십의 연구

---

8) 강성학 역, <키신저 박사와 역사의 의미> 서울: 박영사, 1985, (Peter Dickson, *Kissinger and the Meaning of History*, Cambridge: Cambridge University Press, 1978.)

와 저술에 관심을 갖게 되었다. 왜냐하면 오늘날 과학을 지향하는 정치학 교육으로 인해 어느 학교에서도 위대한 민주정치 지도자들의 탁월한 리더십을 진지하게 독립적으로 다루지 않기 때문에 그 지적인 공백을 메우고 싶었다.

그리하여 순차적으로 에이브러햄 링컨, 윈스턴 처칠, 그리고 조지 워싱턴에 관한 학술서들을 출간했다. 그리고 2021년 4월 말에 <대한민국의 대부 해리 S. 트루먼: 평범한 인간의 비범한 리더십>을 출판한 뒤 그 다음 저술에 관해서 고민하게 되었다. 트루먼 행정부 이후 미국외교정책과 국제정치를 다룬 인물들을 조사하다가 문득 헨리 키신저가 다시 떠올랐다. 그렇다! 이제는 헨리 키신저 차례가 되었다고 생각하게 되었다. 그리하여 연구실과 서재를 모두 뒤져서 키신저의 저작과 그에 관한 책들과 자료들을 모아서 별도의 작은 책꽂이에 진열하였다. 그리고 그에 관한 저서를 검토하면서 서서히 그에 관한 책을 구상하기 시작했다. 처음엔 그에 관한 기존의 방대한 자료에 겁이 나서 아무런 생각도 나지 않았다. 그러나 그때부터 나는 낮이나 밤이나 온통 헨리 키신저에 관한 생각에서 벗어나질 못했다. 그러다가 5월 27일 나는 한국 나이로 키신저의 99회 생신을 맞아 본서의 본격적인 집필에 착수하였다. 그리고 한국 나이로 그의 100주년 탄생 기념일 전에 그의 100번째 생신을 축하하는 의미로 2022년 초에 책으로 출간하기로 마음먹었다. 그 다짐을 구현한 것이 바로 본서이다.

본서의 주인공인 헨리 키신저(Henry A. Kissinger)는 1938년 어린 나이에 부모를 따라 히틀러의 홀로코스트에서 가까스로 벗어나 미국으로 이민을 온 뒤에 제2차 세계대전에 참전하였고, 그것에 대한 보상으로 주어진 지아이 빌(GI Bill)의 덕택으로 하버드 대학교에서 탁월한 학문적 재능으로 필적할 수 없는 지적 자본을 축적했고, 또 그곳에서 교수가 되었다. 그 후 정치적 야심에도 불구하고 케네디와 존슨의 행정부 시기에 그는 계속 권력의 외부인으로만 머물다가 1969년 마침내 닉슨 대통령의 국가 안보 보좌관으로 발탁되어 비로소 권력의 내부인이 되었다. 바로 그때부터 키신저는 마치 경이로운 마법사처럼 당시 치열한 미-소 초강대국들의 정면 대결로 전세계가 전전긍긍하던 냉전시대에 4반세기만에 죽의 장막을 뚫고 미-중의 관계 개선을 이루고, 소련 제국의 철의 장막을 넘어 미-소간의 데탕트를 구축하여 국제적 3각(tripolar)체제, 즉, 보다 안정적인 정치외교적으로 다극적(multipolar)인 새 국제체제로 전환시켰다. 그리고 미국을 기나긴 베트남 전쟁의 질곡에서 마침내 탈출 시켰다.

그는 또한 당시 전쟁 중인 중동과 내전 중이거나 내전의 발발이 위협하고 있는 검은 대륙 아프리카에서 창조적인 왕복외교(shuttle diplomacy)를 통해 마치 현란한 곡예사처럼 중동에서 소련을 추방해 버렸고, 그리고 아프리카에서는 검은 아프리카에서 다수인 흑인통치의 원칙을 채택하고 그것의 구현을 위한 시도에 착수했다. 그리하여 그때까지 미국을 경계하고 심지어 적대적이었던 검은 대륙의 국가들이 미국을 다수인 흑인들의 통치를 위한 세력으로 간주하게 만들었다.

이 모든 것을 한 사람이 주어진 비교적 짧은 기간에 모두 이루었다는 것은 20세기 후반 혁명과 전쟁의 시대에 세계사적 업적이 아닐 수 없다. 본서는 바로 그런 키신저의 역사적 드라마를 생생하게 펼쳐 보일 것이다. 이 드라마에서 주인공 헨리 키신저는 그의 탁월한 지성과 놀라운 재능으로 20세기 후반에 경이로운 마법사이며 동시에 현란한 곡예사 같은 역사창조의 외교사에 접근하게 할 것이다.

1977년 1월 퇴임 후에도 헨리 키신저는 줄곧 미국의 현직 대통령들은 물론이고 세계 여러 국가들의 지도자들을 자문하고 광범위한 언론과 왕성한 저술을 통해 원로 정치가로서는 물론이고 아주 특이하게도 미국 "국민의 교육자"로 활동하고 있다.

본서를 집필하고 출판하는 과정에서 늘 그랬듯이 여러 사람들의 도움을 받았다. 우선 한국지정학연구원의 이사장인 이영석 박사의 집필활동의 끊임없는 격려에 감사한다. 또한 고려대학교 정보보호대학원의 강찬옥 교수와 한국전략문제연구소의 주은식 장군 두 분에게 엉성한 원고를 꼼꼼히 읽고 치밀하게 교정해 주신 데 대해 감사한다. 그리고 필요한 논문들을 복사해다 주고 본서의 편집, 교정은 물론 참고문헌을 작성하는 등 여러 가지로 본서의 출판을 위해 애를 쓴 한국지정학연구원의 모준영 박사에게 거듭 감사한다. 그리고 앞표지의 흑백사진을 컬러화해 준 강태엽 웹툰 작가에게 감사드린다.

그리고 누구보다도 언제나 변함없이 본서의 구상에서 집필하고 탈고할 때까지 날짜나 요일도 잊은 채, 새벽인지 석양인지, 낮인지 밤인지도 모르는 7개월 동안 완전히 엉망이 된 생활에도 불구하고 짜증한 번 내지 않고 정성을 다하는 마음으로 헌신적 내조를 해준 아내 신혜경 여사에 거듭 감사한다.

그리고 마지막으로, 본서는 학창시절 나에게 헨리 키신저를 알게 해 주셨던 고마우신 고(故) 김경원 은사님께 헌정하기로 결심했다. 존경하고 고마우신 김경원 은사님께는 그 분이 살아 계시던 1997년에

<이아고와 카산드라: 항공력 시대의 미국과 한국>이라는 807쪽에 달하는 저서를 은사님에 대한 감사의 표현으로 이미 헌정했었다.[9] 그러나 비록 은사님은 세상을 떠나셨지만 헨리 키신저에 관한 본서를 너무 늦었지만 김경원 은사님에 대한 나의 깊은 고마움을 다시 새기면서 그 분의 영전에 바치고자 한다.

2021년 11월 1일
구고서실(九皐書室)에서

---

9) 강성학, <이아고와 카산드라: 항공력 시대의 미국과 한국>, 서울: 도서출판 오름, 1997.

차례

제1장
프롤로그(Prologue): 지성과 정책결정

"교수로서 나는 역사가 비인간적 힘에 의해 운영된다고 생각하는 경향이 있다.
그러나 역사가 실천되는 것을 보면,
인간의 개성들이 차이를 내는 것을 우리가 보게 된다."

-헨리 키신저-

헨리 키신저는 미국의 정치사에서 보기 드문 하나의 현상(pheno-menon)이었다. 아니 어쩌면 세계정치사에서 그런 위치에 있었을 것이다. 학자(scholar)가 한 나라의 최고 지도자 혹은 정책결정자(decision maker)가 되는 경우는 아주 드물다. 그들은 추구하는 것이 아주 다르기 때문이다. 역사적으로 제1차 세계대전의 최종적 승리를 이끌고 전후 새로운 국제질서의 구축을 모색함으로써 1919년 노벨평화상을 수상한 미국의 제28대 우드로 윌슨(Woodrow Wilson) 대통령이 예외적으로 있었을 뿐이다. 당시에 유럽에서 "평화의 신"이라고 칭송되었던 윌슨 대통령에겐 학자 출신 답게 새로운 아이디어들이 넘쳐났으며 그는 전후 항구적인 국제평화를 위해 미국 땅에서 연방정부가 수행하는 것과 비슷한 역할을 수행할 국제연맹(the League of Nations)을 창설하였다. 그러나 그것의 실천과정에서 국제연맹은 여기저기서 왜곡되고 결국 비극적 실패를 맞이했다. 윌슨은 이론적 혹은 관념적으로 최선을 추구했지만 일반적으로 현실정치에선 차악(less evil)을 선택하는 정치인들의 강력한 반대로 그의 꿈은 실현될 수 없었던 것이다.[10] 그러나 그 이후에도 권력을 지향하는 부나비 같은 학자들이 많이 있었지만 적어도 헨리 키신저가 이룬 만큼 성공한 사례는 없었다. 그렇다면 키신저의 성공은 어디에 기인했던 것일까?

키신저는 하버드 대학교 정치학 박사로서 국제정치전공 학자였다. 그러나 그의 국제정치학은 주류의 국제정치학과는 아주 다른 독특한 주제와 방법론에 관한 입장을 줄곧 견지했다. 그런 면에서 어쩌면 그는 국제정치학계의 외부인(outsider)이었다고 해도 과언이 아닐 것이다. 정치학(Politics)을 정치과학(Political Science)으로 만들려고 결심한 미국의 정치학자들은 1950년대부터 과학철학에서 실증주의(Positivism) 혹은 과학주의(Scientism)에 매몰되어 정치학의 전통적 뿌리인 정치철학과 역사학에서 벗어나 버렸다. 이제 과학주의가 정치학의 소위 패러다임의 헤게모니(hegemony)가 되었다. 그리하여 미국의 정치학자들은 과학적 이론의 무지개를 찾아서 줄기차게 이 산 저 산에 올랐지만 과학적 이론 혹은 과학적 진리에 도달하지 못했다. 그리하여 1940년대만 해도 "역사는 과거의 정치이고, 정치는 현재의 역사이다"라던 정치학의 모토와 결별하면서 정치학과 커리큘럼에서는 "정치사"가, 국제정치 분야에서는 "외교사"가 사라지기 시작했다.

---

10) 우드로 윌슨 대통령의 새로운 아이디어인 국제연맹의 구축과 실패의 과정에 관한 자세한 분석을 위해서는, 강성학 <인간神과 평화의 바벨탑>, 서울: 고려대학교출판부, 2006, 제8. 9. 10장을 참조.

그리하여 정치학과의 졸업생이 역사 지식이 부족하고, 그리고 그들을 가르친 정치학자들은 어설픈 과학적 방법론 지식만을 과시하는 가짜 "과학자"가 되고 말았다. 정치학과 졸업생이나 국제정치학 과목을 열심히 수강한 학생들은 불행하게도 일반 교양인들에 비해 국제정치 현상에 있어 정치 지도자들의 활동에 관해 특별한 전문 지식이 없다. 어떤 면에서 교육은 받았지만 여전히 아마추어이기는 마찬가지이다. 이것이 오늘날, 빗나간, 슬픈 정치학, 혹은 국제정치학의 "자화상"이라고 하면 아주 지나친 말일까?

실증주의와 과학주의에 입각한 정치학의 연구는 그 조사대상을 우연적 요소라고 간주되는 인간이나, 지도자를 배제하고 오직 인간과 지도자에게 그들의 행동의 조건을 제공하는 환경적, 혹은 생태적 조건의 조사에만 집중하고 있다. 인간들, 특히 정치 지도자들의 중요하고 때로는 결정적 역할에 대한 이해가 거의 없는 것이다. 정치학의 한 분야인 국제정치학도 과학적 이론을 추구하면서 철학과 역사에서 벗어나 버렸다. 국제정치학자들이 조사하는 많은 소위 변수들은 대부분이 환경적 변수들에 국한된다. 그들에겐 역사적 영웅들이나 현실의 탁월한 정치 지도자는 진지한 탐구의 대상이 될 수 없는 역사의 현장을 오직 일시적으로 스쳐가는 우연적 요소일 뿐이다.

국제정치학에서 보다 정밀한(rigorous) 이론의 발전을 위해 1959년 케네스 월츠(Kenneth Waltz)는 지금은 고전이 된 저서 <인간, 국가, 그리고 전쟁>(*Man, the State, and War*)에서 "인간, 국가, 그리고 국제체제"라는 3가지 상이한 차원의 분석 가능성을 제안하면서 분석자는 각 차원에 충실해야 정밀한 이론을 구축할 수 있다고 경고했다. 그리고 그는 스스로 1979년에 <국제정치의 이론>(*Theory of International Politics*)을 출간하여 국제체제적 차원의 이론만을 국제정치의 진정한 이론이라고 주장했다.[11] 그의 이론이 부상하면서 분석의 차원으로서 개인, 즉 정치 지도자의 중요성은 자연히 몰락하게 되었다. 국제정치 이론의 과학화를 이끌던 대표적 학자들 중 한 사람인 제이 데이비드 싱어(J. David Singer)는 당시에 많은 칭찬을 받았던 그의 1961년에 출판된 논문, "국제관계에서 분석의 수준문제"(The Level-of-Analysis Problem)에서 오직 국가와 국제체제라는 두 수준만을 다루었다.[12] 그도 개인, 즉 영웅이나 국가의 최고 지도자, 혹은 정책 결정자의 분석 수준을 완전히 도외시해버렸다. 이리하여 과학적 국제정치의 이론을 모색하지 않는 연구는 학계에서 완전히 밀려나고 말았다. 석, 박사학위 논문으로 인정하지 않는 미국 학계에서 개인이나 정치 지도자를 연구하는 것은 거의 불가능 하였다. 정치지도자들에 대한 관심과 연구, 그리고 저술은 정치학자들이 언론인들에게 넘겨주어 버린 꼴이 되었다. 이러한 미국의 학문적 현상은 대다수가 미국에서 유학한 한국 학자들에 의해서 한국의 상황에도 그대로 적용되었다.[13]

그럼에도 불구하고 키신저는 이런 국제정치학의 과학화의 지배적인 추세를 거부하고 유럽의 전통적인 역사적 접근법을 고수했던 아주 독특한 국제정치학자였다. 심지어 그는 자신을 종종 역사가라고 지칭

---

11) 케네스 월츠의 국제정치 이론에 대한 집약적 논의를 위해서는, 강성학, <새우와 고래 싸움: 한민족과 국제정치>, 서울: 박영사, 2004, pp. 303-318을 참조.

12) J. David Singer, "The Level-of-Analysis Problem in International Relations," *World Politics*, Vol. 15, No. 1, 1961, pp. 77-92.

13) 강성학, "한국 국제정치학의 세계화: 가야할 먼 길," 강성학 저 <무지개와 부엉이: 국제정치의 이론과 실천에 관한 논문 선집>, 서울: 박영사, 2010, 제1장을 참조.

하기도 했다. 교수로서 그에겐 미국 외교정책이 그의 주된 관심사요 연구대상이었지만 그는 미국의 외교정책을 미국의 비교적 짧은 역사적 전통의 관점에서가 아니라 유럽의 풍부한 역사적 경험에 비추어 미국외교정책을 비판적으로 분석하는 특이한 학문적 성향을 고수했던 것이다. 그는 미국 외교정책에서 추구하는 목적과 함께 제도화된 정책결정 과정에 집중적 관심을 보였다. 그는 1966년 "국내구조와 외교정책"(Domestic Structure and Foreign Policy)이라는 논문을 통해 실제로 정책결정을 수행하는 행정부의 구조라는 분석적 차원의 중요성을 강조했다.14)

오늘날 정부구조의 바로 그 성격이 정치가들의 신념이나 그들이 대변하는 이데올로기와는 다소 독립적으로 운영되는 경직성의 요소를 가져온다. 당면 문제들은 너무 복잡하고 관련된 사실들이 개인적 직관에 입각하여 처리하기엔 너무 많다. 정책결정의 제도화는 핵 시대에 국제문제가 제기하는 위험을 피할 수 없는 부산물이다. 더구나 거의 모든 현대 국가는 어떤 기획이론에 헌신한다. 기획은 예측성의 추구, 그리고 무엇보다도 객관성의 추구와 관련된다. 거대한 관료제도의 메커니즘들은 그 자체의 모멘텀과 기존의 이익을 발전시켰다. 그것들이 보다 더 복잡하게 됨에 따라 그것들의 운영의 내부적 기준들이 다른 나라의 것들과는 물론이고 심지어 자국 내의 다른 관료적 구조들과 반드시 상응하지는 않는다. 각 부처들은 자급자족(autarky)하려는 경향이 있다. 역설적인 결과인 국내적 환경에 대한 증가된 통제는 국

---

14) Henry A. Kissinger, "Domestic Structure and Foreign Policy," *Daedalus,* Vol. 95, No. 2, (1966), pp. 509-529. (Reprinted in Henry A. Kissinger, *American Foreign Policy,* 3rd ed., New York: W. W. Norton & Company, 1977, Chapter 1.)

제문제에서 융통성의 상실이라는 대가로 얻어진다는 것이다.[15]

　로저 힐스먼(Roger Hilsman)이 "정책결정은 정치이다"라고[16] 정의했을 때 그도 그것이 동어반복(tautology)의 순환론에 빠질 수 있다는 것을 알고 있었을 것이다. 왜냐하면 현대 정치학에서 "정치란 아주 빈번하게 정책결정 과정"으로 정의되었기 때문이다. 따라서 그의 정의를 따르면 흡사 제 꼬리를 물려고 빙빙 도는 강아지처럼 우리는 정치와 정책결정과정 사이만을 오고 가는 순환론에 빠지는 우를 범하게 된다. 그러나 힐스먼이 그런 정의를 통해서 우리를 일깨우려는 것은 정책이란 치밀한 계산을 통해서 합리적으로 결정되는 것이 아니라 실제로는 정책결정에 참여하는 사람들 간의 투쟁, 흥정, 혹은 줄다리기(pulling and hauling)의 결과라는 사실을 강조하려는 것이었다. 이것은 외교정책연구 분야에서 "관료정치모델"로[17] 불린다. 이런 관료정치의 과정에서 이루어지는 최종적 결정은 전반적으로 합리적인 결정이 아니라 소위 허버트 사이몬(Herbert Simon)이 말하는 "제한된 합리성"(bounded rationality)으로 정당화되는 정책의 선택으로서 그것은 최선의 선택이 아니라 정책결정자들에게 심리적 안정감을 주는, 소위 "만족시키는"(satisfycing) 정책이 선택되어 최종적으로는 비합리적 결정이 되고 마는 것이다.[18]

---

15) Henry A. Kissinger, *American Foreign Policy,* 3rd ed., New York: W. W. Norton & Company, 1977, pp. 17-18.

16) Roger Hilsman, "Policy making is Politics," in James Rosenau, ed., *International Politics and Foreign Policy,* 2nd ed., New York: The Free Press, 1969, pp. 232-238.

17) Graham Allison, *Essence of Decision,* Boston: Little, Brown, 1971; Morton Halperin, *Bureaucratic Politics and Foreign Policy,* Washington: Brookings, 1974.

이런 결정 구조의 가장 중대한 결함은 새로운 아이디어, 혹은 창조적 아이디어는 처음부터 배제될 가능성이 매우 높다는 것이다. 대부분의 안정된 현대 민주국가에서 정책결정은 그런 방식으로 이루어진다고 말할 수 있을 것이지만, 이것은 특히 미국의 정책결정에 관한 연구들이 보여주는 결과들이다. 혁명적 국가나 이념적 국가의 정책결정은 다른 방법으로 이루어질 것이다. 현대 민주국가에서도 새로운 비전을 가진 강력한 지도자들도 이런 관료적 정치를 극복하여 새로운 창조적 정책을 실현하려고 모색할 것이다. 그러나 만일에 그런 경직된 관료제도에 밀리면 그의 임기는 흐지부지 끝나고 말 것이다. 관료제에 크게 의존하는 발전된 근대 국가에서 이루어지는 그런 정책결정은 보통 상향식(bottom-up) 결정방식이라고 불린다. 반면에 영웅이나 비전을 가진 강력한 지도자가 자기의 비전을 신속하게 실현하려고 할 때에는 하향식(top-down) 결정방식이 된다. 상향식은 정책의 지속성과 안정적 변화라는 장점을 내세울 수 있다.

그러나 국가가 위기에 처하거나 영웅적 기질을 가진 지도자나 창의적 변화를 원하는 지도자는 종종 자신의 비전에 입각한 하향식 정책결정을 원하고 또 그렇게 추진한다. 그리하여 정책의 지속과 변화, 그리고 안정성과 창의성 사이에는 상호 모순으로 인해 기본적으로 대립과 충돌이 불가피하다. 이런 대립과 충돌은 아주 자연스러운 것으로 정책결정자가 피할 수 없는 것이다. 그렇다면 학자들은 어떤 정책결정 방식을 선호할 것인가? 무엇보다도 창조적 아이디어를 사랑하고

---

18) 강성학, "지성과 정책," <이아고아 카산드라: 항공력 시대의 미국과 한국> 서울: 오름, 1997, 제9장을 참조.

또 그것을 내세우는 학자는 그 아이디어의 완전한 실천을 위해 당연히 하향식 정책결정 과정을 선호할 것이다. 그러나 학자들의 신선한 아이디어가 곧바로 정책으로 결정되는 일은 거의 없을 것이다.

저명한 학자였던 헨리 키신저는 그가 닉슨 대통령의 안보담당 보좌관으로 임명되기 전인 1968년 "관료제도와 정책결정: 정책과정에 대한 내부자들과 외부자들의 효과"에 관한 논문발표에서 이렇게 말했다:

> "내가 처음으로 케네디 행정부의 초기에 정부의 고위층의 자문에 응하기 시작했을 때 내가 할 일이란 대통령의 집무실에 들어가서 그에게 내가 옳다고 확신시키면 그가 내가 권고했던 것을 당연히 행할 것이라는 환상을 갖고 있었다. 이런 견해는 여러 가지로 틀렸다. 대통령을 자문하는 대부분의 사람들은 그럴듯해서 대통령은 아주 확신시키는 개인들을 계속해서 만난다. 그의 시간은 제한되어 있고 그에 대한 압력은 아주 크기 때문에 그가 어느 설득력 있는 개인에게 경청해야 할지의 여부를 아는 것은 거의 불가능하다. 또한 우연히 그의 관료제도가 모두 틀렸고 내가 옳다고 그를 설득한다고 할지라도 대통령은 제시된 것을 실행하는 다음 문제를 갖게 될 것이다. 이것은 무시할 문제가 아니다. 부하 관리들의 기꺼운 지지를 받을 수 없다면 단지 명령을 내리는 것만으로는 아주 멀리 가지 못한다."[19]

여기서 키신저는 새로운 정책을 건의하는 전문적 학자의 아이디어

---

19) Henry A. Kissinger, "Bureaucracy and Policy Making: The Effect of Insiders and Outsiders on the Policy Process," in Bernard Brodie and Henry A Kissinger, eds., *Bureaucracy, Politics, and Strategy, Security Studies Papers # 17*, University of California, Los Angeles. p. 2.

가 아무리 훌륭해도 그것이 대통령에 의해 최종적으로 채택되고 또 그대로 집행되기가 얼마나 어려운 일인가를 말해주고 있다. 정책기획은 미래와 가상적 경우들에 대한 추측(conjecture)과 관련된다. 그러나 정책결정자들은 실질적 경우들을 다루느라 너무나 바빠서 이론적인 경우들을 취하려고 하지 않는다. 정책결정자들은 전문가들이 수년 동안 연구한 동일한 문제들에 대해서 별로 많은 시간을 소비하지도 않는 문제들에 관해서 결정을 해야만 한다. 이것은 원천적인 불안감을 낳고 행정가들이 피난처로 간주하는 행정부 내의 합의를 추구한다. 그리하여 정치 지도자는 관료제도를 이용하고 역으로 관료들도 정치 지도자를 이용하려고 노력한다. 그리하여 자신들에게 완전히 의미가 있는 그들 간 타협된 문장들이 대통령의 연설문에 들어가지만 그것의 완전한 영향은 어쩌면 고려되지 않았을 것이다.

전문성과 정책결정 사이의 격차로 인해 아주 많은 소통이 브리핑(briefing)이라는 수단을 통해서 수행된다. 이제 브리핑들은 연극적 특징들을 평가한다. 그들은 포장된 정보와 사전에 정해진 결과를 제시하는 능력에 할증료를 준다. 이 모든 것은 정책결정자가 스스로 알아차리지 못한다고 할지라도 자기가 장악되고 있다는 불편한 감정을 가질지도 모르는 마음의 상태를 가져온다. 관료제도의 운영은 너무도 많은 에너지를 요구하고 또 정책노선을 바꾸기가 너무 어렵기 때문에 가장 중요한 결정들 가운데 많은 것들이 탈관료적 수단으로 이루어진다. 핵심적 결정들 중 어떤 것들은 아주 소수의 서클에게만 국한된다. 이것은 관료제도를 배제하고 비밀을 유지하려는 것으로 특히 위기시에 긴급을 요구하거나 인기 없는 정책을 결정하려고 할 때 사용된다.

이런 경우에 때때로 외부인들이 영향력 있는 역할을 수행할 수 있다. 다수의 경우에 외부인은 관료들이 내부적으로 이미 개발하지 않은 완전히 새로운 것을 말하지 않을 것이다.

외부인인 학자는 자신의 견해가 요청되지 않는 한 결코 자문해서는 안 된다. 그리고 자기의 견해를 전하자마자 밖으로 나가야 한다. 그 자신이 자기의 정책들의 주창자가 되면, 다시 말해서 그가 관료적 문제가 되자마자 그는 자신의 효율성을 잃고 점차로 다른 관리들의 수준으로 떨어질 것이다. 외부 지식인은 어떤 경우에는 국가의 전략적 입장을 준비하는데 돕도록 초청된다. 그들은 특수 분야에 대한 그들의 전문성 때문에 분쟁의 심판을 볼 수 있을 것이라는 이유만으로 초청되지는 않는다. 다른 외부인들은 누가 그들의 입장을 좋아해서가 아니라 다른 곳에서 정책을 방어하는데 유용하다고 판단되기 때문에 초청된다. 이 경우에 만일 정책이 바뀐다면 그는 자신을 비판자로 만들 위험이 있다. 또 다른 외부인들은 모든 장점에 관해서 이미 다 들었지만 같은 것을 외부인이 말해주는 것을 듣고 싶은 정책결정자에게 모종의 정신적 강화를 주기 위해서 초청된다. 따라서 외부인 학자가 수행할 수 있는 많은 다른 역할들이 있다. 때로는 어떤 것에 관한 지식이 정부내에서 널리 확산되지 않게 하는 유일한 방법이기 때문에 부름을 받기도 한다.

외부 지식인들이 종종 틀리는 방식에는 여러 가지가 있다. 하나의 경우로서, 정책결정자는 최선에 대한 책임이 있을 뿐만 아니라 최악에 대해서도 책임이 있기 때문에 많은 아이디어들이 나쁘기 때문이 아니라 그것의 실패에 따르는 결과가 너무도 크기 때문에 집행될 수 없다는 사실을 고려하지 않은 채 외부 지식인은 정책의 개연성만으로 정책을 판단하는 것이다. 또 하나의 경우에, 정책 결정자에게 가장 어려운 문제는 추측의 문제일 것이다. 행동의 폭이 클 때 그 행동을 뒷받침하는 지식은 상대적으로 작다. 지식이 크면 행동의 폭은 종종 이미 사라져버렸다. 그러므로 평가에 입각하여 자기가 진실이라고 입증할 수 없는 것을 행해야만 한다. 그것은 지식인이 행동하는 것만큼 못지않게 도덕적이고 심리적인 행동과 관련된다.

오늘날 최고의 정책 결정자들은 그들이 행정적 문제를 가질 때까지 문제를 갖고 있다는 사실조차 보통 알지 못한다. 그들은 종종 어떤 계획을 주도하는데 굉장히 주저한다. 왜냐하면 그들은 그것을 어떤 방향으로 주도하길 원하는지를 진실로 확신할 수 없기 때문이다. 즉 그들에겐 무엇을 하려는 것인지에 대한 큰 개념이 없다. 이것은 대부분의 선출된 정치 지도자와 정책결정자들에게 공통적으로 발견되는 현상이다. 바로 이러한 현상을 누구보다도 예리하게 간파한 헨리 키신저는 정책결정에서 항상 추측적 개념화(conjectural conceptualization)의 중요성을 강조했다. 그리고 바로 여기에 그의 창조적 정책결정의 씨앗이 뿌려지는 것이다.

적어도 일반적으로 수용되는 형식에서 실용주의(pragmatism)란 정책의 문제를 경험적 데이터를 수집하는 것과 동일시하는 경향을 낳는다. 그리고 그것의 합의에서 타당성을 찾으려 한다. 그것은 개인적 노력이나 아니면 적어도 개인적 확신을 불신하고 나아가서 개인적 판단을 "주관적"(subjective)이라고 억압하는 경향이 있다.[20] 개인적 견해

---

20) Henry A. Kissinger, "The Policymaker and the Intellectuals," in James N.

의 낮은 평가는 사실들에 관한 해석에서보다는 사실들의 수집에 더 큰 관심을 기울이는 경향을 보인다. 그리하여 학자가 정책결정자에게 권유하는 것이 아니라 보고한다. 그것은 자문 위원들의 수적 확대를 가져오고 온갖 유형의 연구집단들에 대한 의존성을 높인다. 교조주의 (dogmatism)라는 비난의 두려움이 만연하여 심지어 아주 저명한 전문가 학자들도 혼자 서려 하지 않는다. 그들은 정책결정의 주요 참가자들의 합의(consensus)만이 그 정책의 타당성의 증거라고 간주한다.

그리하여 철학적 신념과 심리학적 편견이 결합하여 정부 내외에서 위원회에 의한 정책결정의 선호(penchant)를 낳는다. 그리고 위원회에서는 만장일치가 중요하다. 정책결정에 대한 이런 위원회 접근법은 종종 하나의 조직적 장치이기보다는 정신적인 필요성에 기인한다. 그리하여 정부내에는 온갖 위원회들이 넘쳐난다. 그 결과 정책은 일련의 임시변통 결정들로 분열되어 정책의 일관된 방향감각(a sense of direction)을 상실하고 심지어 역사적 경험으로부터 도움을 받는 것을 어렵게 만든다. 실질적 문제들이 모두 관료적 문제들로 전환되어 버린다.

여기서 정책적 혁신은 객관적 입증에 막혀 거기서 당연함을 박탈당한다. 정책기획은 단지 익숙한 문제들을 미래 속으로 투영한다. 그리하여 우리는 어느 것이 문제인가 보다 사태가 어떻게 돌아가고 있는가에 대해 더 큰 관심을 둔다. 그리하여 우리는 최종적 정책 결정으로서 개인적 판단과 책임에 대한 염려를 피할 수 있다는 환상이 창조

Rosenau, ed., *International Politics and Foreign Policy: A Reader in Research and Theory,* New York: The Free Press, 1961, p. 274.

된다. 의식적이든 아니든 최고 정책결정자들은 종종 사건들에 어떤 유형을 부여하거나 그들의 행정참모들에게 방향감각을 주는 확신과 개념적 틀이 부족하다. 그들은 문제의 주제가 낯설 경우에 정책파괴와 정책해결을 행정관료들이 이미 제안한 것들의 종합과 동일시하는 강력한 성향을 강화한다. 위원회 제도는 정책의 목적이 아니라 협력과 조정에 더 큰 관심을 기울인다.

정책의 딜레마는 대안적 조치들의 장단점들이 상당히 균등하게 균형을 이루는 것으로 보이기 때문에 발생하게 된다. 그렇지 않으면 토의할 필요가 없을 것이다. 이런 대안들을 평가하는데 있어서 위험성이 기회보다는 더 확실하게 드러나 보일 것이다. 어느 누구도 좋은 기회가 있었다는 것을 입증할 수는 없지만 위험을 내다보지 못한 실패는 곧바로 책망을 면할 수 없을 것이기 때문이다. 보다 현학적으로 말해서, 역사는 놓쳐버린 기회에 대해서 책임을 묻지 않지만 정치 지도자가 선택한 결정의 결과에 대해서는 책임을 묻기 때문이다. 그 결과 위원회들의 절차들은 각 참여자들이나 기관들이 혁신에 반대한다. 그들은 대담한 신 개념보다는 위험의 회피를 강조할 것이기 때문이다. 그런 정책결정 방식과 관료들의 소극적 태도는 정책의 본질을 왜곡한다. 이 경우에 효율적인 정책은 개인적 활동의 기술에 의존할 뿐만 아니라 보다 더 중요하게는 서로 간의 관계에 더 의존한다.

이 모든 보이지 않는 것들은 문제들이 별개인 경우에 전문가들에 의해 그 문제의 장점에 입각해 처리되는 것이 거부된다. 그것은 마치 어떤 고객이 초상화를 원할 때 한 화가에게 얼굴을 그리게 하고, 다른 화가에게는 몸통을, 또 다른 화가에게는 손을, 그리고 또 다른 화가에게 다리를 그리도록 요구하는 셈이 될 것이다. 이때 각 화가는 자기가 그린 부분에서는 특별히 우수할 것이다. 그러나 부분을 강조하는 그러한 절차는 전체의 의미를 상실하게 될 것이다.[21]

그 결과는 참으로 패러독스이다. 행정적 장치의 수단을 통해 확실성의 추구가 강렬하면 할수록 정책결정 참여자들의 내적 불안감은 더 커진다. 그들이 "객관성"을 추구하면 할수록 그만큼 더 그들의 노력은 산만해진다. 그리하여 많은 정책결정자들의 불안감은 때때로 거의 충동적으로 결정하는 특징을 낳는다. 정책 결정자들은 이럴 경우에 종종 외부의 전문가들을 이용한다. 그러나 외부인들은 그들이 관료들을 확신시킬 수 있을 때에만 효과적일 수 있다. 만일 그들이 기존의 사고에서 너무 앞질러 가면 그들은 무시된다. 그러나 만일 그들이 이미 관료들이 고려하고 있는 것을 오직 확인만 한다면 그들은 불필요하게 된다. 그러므로 특별위원회들은 현상유지(the status-quo)에 유리한 압력을 생산한다. 이처럼 위원회들이란 종종 아이디어의 창조자가 되기 보다는 소비자들이며, 새로운 아이디어의 살균제로 전락해버린다. 현상유지는 적어도 익숙함의 이점을 갖는다. 그래서 정책노선을 바꾸려는 시도는 어렵고 위기는 차분한 고려의 분위기를 조성하지 않는다. 그래서 관료들은 방어적 조치를 제외하고는 어떤 것도 별로 허용하지 않는다.

혁신은 학자들의 신선한 아이디어 제공만으로는 결코 정책결정에 성공적으로 반영되지 않는다. 바로 그러한 이유 때문에 국가의 중요

---

21) Henry A. Kissinger, "The Policymaker and the Intellectuals," in James N. Rosenau, ed., *International Politics and Foreign Policy: A Reader in Research and Theory,* New York: The Free Press, 1961, p. 275.

한 외교정책분야에서 지성이, 다른 말로 말해서, 학자들의 기여가 그 어느 때보다도 절실히 요구된다. 그러나 저명한 지성인은 비교적 기여하지 못한다. 그는 거부될 뿐만 아니라 그의 기능의 엉뚱한 방식으로 잘못 이해되고 있는 것이다. 오늘날 고도로 전문화된 행정관료제도는 일상적이고 테크니컬한 기술들을 발전시키지만 그것들은 국가의 위기시에 최고 정치지도자의 리더십을 위해 필요한 비전과 창의성을 촉발시키지는 못한다. 행정부의 과제는 종종 일상적 절차를 초월하는 것이다. 조직의 수장, 즉 최고의 정치지도자는 자신이 지휘하는 수많은 부하 고위 관리들과는 다른 철학적이고 역사적 조망이 필요하다. 정치 지도자는 단지 행정가에 머물러서는 안되는 것이다.

행정가는 성찰을 금지하는 삶의 방식에 의해서 그의 조망이 형성된다. 전문화에 기반한 사회의 특징들 가운데 하나는 고위 관료들의 엄청난 업무의 양적인 부담이다. 그리하여 정치 지도자에게 요구되는 정치적 감각, 개념적 기술, 설득력 및 행정능력이 결합된 리더들의 창출을 어렵게 한다. 행정기구의 매끄러운 기능은 그들의 많은 에너지들을 흡수되고, 정책문제들은 그들의 가장 간단한 용어들로 축소된다. 정책결정의 관료들의 집단적 노력으로 점점 변화된다. 행정가의 과제는 종종 자기에게 완전히 낯선 내용들을 담은 채 작성되어 관료적 표준 운영 절차(Standard Operating Procedures)에 의해 제안된 것을 선택하는 것으로 인식된다. 이때 우선권은 문제의 본질을 파악하는 데 오직 최소의 노력만으로 주어지는 구두 브리핑이나 발표(presentation)에 주어진다. 우리 사회에서 정책결정자가 당면 문제의 본질적인 개념적 이해를 하는 데에는 오직 지성, 즉 수년간 연구한 학자들의 계몽

만이 그 역할을 할 수 있을 것이다.

원래 지성과 권력은 서로 대립적이다. 지성은 언제나 권력에게 최선을 요구하고 권력은 항상 그에 결코 미치지 못하니 지성은 권력에 비판적이기 마련이다. 따라서 지성과 권력 사이에는 언제나 긴장이 존재하기 마련이다. 소크라테스 식으로 말한다면 지식인 혹은 학자는 권력자를 깨우치도록 살짝 깨무는 쇠파리(gadfly)에 비견될 수 있다. 쇠파리가 일종의 카프카(Kafka)식 변신을 통해 권력자가 되는 경우는 역사적으로 그 실례가 거의 없었다. 그러나 헨리 키신저는 바로 그 쇠파리가 변신하여 마치 권력자가 된 것처럼 워싱턴의 정책결정자가 되어 미국 외교정책의 마법사가 되었다. 그러나 그 과정은 푸른 하늘에 날벼락처럼 어느 날 갑자기 이루어진 것이 결코 아니었다. 그것은 키신저의 넘치는 지적 자본과 권력을 향해 지칠 줄 모르는 그의 부단한 노력의 결실이었다.

지식인들은 정책결정에 중요한 역할을 한다. 왜냐하면 그들이 개념과 조망을 제공하기 때문이다. 그러나 그들은 정치인들과는 다른 가치의 토대에서 작동한다. 학자들은 아이디어에 집착한다. 그들의 목표는 자기가 할 수 있는 만큼 지성적이고 자기들의 주장을 설득력 있게 제시하는 것이다. 정치인들은 다른 목적들을 갖고 있다. 지식인은 진리를 추구하고 정치인은 권력을 추구한다. 그러나 이 차이가 지식인을 정치인보다 지적으로 우월하게 만들지는 않는다. 왜냐하면 권력이란 피할 수 없는 현실이기 때문이다. 정치인들은 이론이 아니라 사실들을 취급할 의무가 있다. 지식인들은 반드시 특별한 현명함을 갖고 있지 않더라도, 심지어 전혀 현명하지 않더라도 아주 영리할 수 있다. 정치인은 "실천적 지혜'(practical wisdom)가 필요하지만 학자나 지성인은 세상의 방식에 현명하지 못한 채로 지성적일 수 있다.[22]

한스 모겐소(Hans J, Morgenthau)에 의하면, 겁먹게 하는 권력의 현실에 직면하여 지식인들은 4가지의 길 가운데에서 선택할 수 있다. 첫째, 지식인들은 자기들의 순수성을 보존하기 위해서 상아탑 안에 머무는 것이다. 둘째, 정부정책에 대한 예언자적 대결의 입장을 취할 수 있을 것이다. 권력을 향해 진실을 말하는 지식인들의 전통적 과업을 수행하는 것이다. 그러나 이 경우 그런 지식인들은 비실용성의 위험을 무릅쓸 것이다. 셋째, 지성인들의 또 다른 길은 자신들의 독립성을 포기하고 겁쟁이가 되어 정치권력의 선전원이 되는 것이다. 키신저의 용어로 표현한다면 그들은 단지 관료제 명령의 요구에 굴복하고 관료기계의 톱니가 되는 것이다. 넷째, 어쩌면 가장 어려운 길로서 정부에 참여하여 지성인의 개념적 도구로 정책에 영향을 미칠 수 있기를 희망하지만 관리들이 운영하는 제약을 수용하는 것이다. 그 결과는 결코 만족스럽지 않을 것이다 왜냐하면 자기의 이론과 타협이 필요하고, 때로는 고통스러운 타협을 해야만 하기 때문이다.[23]

헨리 키신저는 모겐소가 분류한 지식인의 길 중에서 4번째의 길을 택했다. 헨리 키신저의 구체적인 경우에 한스 모겐소의 판단은 키신저가 헤쳐 나가는 능력을 갖고 있다는 것이다. 모겐소가 보기에 키신저는 기회주의자가 아니었다. 그는 일관된 교리뿐만 아니라 깊은 뿌리를 둔 신념에 따라 행동했다. "만일 나의 봉사의 도덕적 토대를 잃

---

22) Barry Gewen, *The Inevitability of Tragedy: Henry Kissinger and His World*, New York: W. W. Norton, 2020, pp. 306-307.
23) *Ibid.,* pp. 307-308.

었다면 공직 생활은 나에게 아무런 의미가 없을 것이다. 나는 종종 고위 공직자들이 일반 복지와 자기 자신의 역할 사이를 구별하는 것이 어렵다는 것을 발견한다는 것을 알고 있지만 나의 관심은 전적으로 개인적 허영심의 문제만은 아니었다"[24]고 키신저는 자신의 회고록에서 고백했다. 한스 모겐소는 키신저의 그 말을 믿는데 어려움이 없었을 것이다.[25]

케네디 대통령 행정부 시절부터 권력의 언저리에서 비상근 상담역을 수행하면서 헨리 키신저는 외부인(outsider)이, 즉 학자가 워싱턴의 정책결정에 미치는 영향력의 절대적 한계를 거듭해서 깨달았다. 그리하여 그는 미국 외교정책결정의 과정에 영향을 미치는 내부자(insider)가 되려고 꾸준히 노력했고, 그 결과 마침내 1969년 2월 미국의 제37대 닉슨 대통령의 안보담당보좌관이 되어 워싱턴의 내부자가 되었다. 그 후 그는 학자-외교관으로서 눈부신 활동을 하였고 바로 그 업적으로 헨리 키신저는 1973년엔 이민자로서는 기대하기 어려운, 아니 상상하기도 어려운 미국의 제56대 국무장관으로서 최초의 미국외교정책 결정자가 되었다.

국무장관은 미국 연방정부에서 부통령, 그리고 하원의장 다음으로 권력서열에서 4번째의 권력자이다. 그리고 비선출직인 임명직으로는 미국행정부 내에서 최고의 권력자이다. 그는 역사상 처음으로 학자-외교관으로서 미국의 철옹성 같이 막강한 국무성의 관료제도를 극복하고 그의 창의적 외교정책을 마법사처럼 실행하는데 성공했다.

---

24) Henry A. Kissinger, *Years of Upheaval,* Boston: Little, Brown, 1982, p.1117.
25) Barry Gewen, *The Inevitability of Tragedy: Henry Kissinger and His World,* New York: W. W. Norton, 2020, p. 309.

제2장
히틀러의 제3제국에서 탈출

"바이마르 독일의 몰락은 민주주의가 아주 어두운 측면을
갖고 있다는 것을 확신시켰다."
-헨리 키신저-

　1923년 유럽은 국제적 위기에 그리고 독일은 국내 정치적 격동에
휩싸였다. 1월에 프랑스와 벨기에 병력이 베르사유 조약의 의무를 수
행하지 않은데 대한 보복으로 독일을 응징하기 위해서 석탄이 풍부한
독일의 루르(Ruhr) 지역을 점령하였다. 독일 정부는 총파업을 선언했
다. 이 위기는 독일화폐를 무가치하게 만들어버리는 최후의 일격을
가했다. 그러자 라인란트, 바바리아, 삭소니, 그리고 공산주의자들이
정권을 장악하려고 시도했던 함부르크에서까지 분리운동으로 독일은
분열될 위험에 처했다.[26] 뮌헨(Munich)에서는 11월 8일 아돌프 히틀
러(Adolf Hitler)가 뷔르거브로이켈러(Bürgerbräukeller)라는 거대한 맥
주 홀에서 쿠데타(putsch)를 단행했다. 그는 한 해 전에 이탈리아에서

---

26) Niall Ferguson, *Kissinger 1923-1968,* Vol. 1, *The Idealist,* New York: Penguin
　　Press, 2015, p. 38.

베니토 무솔리니(Benito Mussolini)가 자신의 사적 군대를 이끌고 수도 로마로 행군하여 성공적으로 정권을 잡은 것을 독일에서 흉내 내려고 했지만 처참히 실패했다. 독일 정부는 모두가 힘을 합쳐 중앙정부의 권위를 회복하고 화폐개혁의 과정과 안정화를 위해 노력했다. 그러나 유럽은 국제적으로 긴장되고 독일은 국내적으로 심각한 혼돈을 겪고 있었다. 바로 이런 혼란한 때, 즉 5월 27일 하인즈 알프레드 키신저(Heinz Alfred Kissinger)가 독일의 바바리아(Bavaria) 지역에 있는 퓌르트(Fürth) 시에서 태어났다. 그 곳은 과거 신성로마제국의 가장 중요한 세 도시들 가운데 하나인 뉘른베르크(Nuremberg)에서 딱 5마일 떨어진 곳이었다.

퓌르트는 1852년 이래 유대인 공동체가 있었다. 30년 전에 뉘른베르크는 유대인들을 자신의 영토에서 추방하여 많은 다른 유럽의 도시들과 국가들의 본보기를 따랐다. 그러나 퓌르트가 피난처를 제공했다. 실제로 19세기 후반에 유대인들은 뉘른베르크로부터 벗어나는 방법으로 그곳에서 정착하도록 격려 받았다. 여러 방식으로 퓌르트의 유태인들은 단단히 결합되었다. 그러나 그들은 그들 자신의 관련망을 통해 사회적으로 그리고 문화적으로 독특성을 유지했다. 그리하여 퓌르트는 "바바리아의 예루살렘"(the Bavarian Jerusalem)이라고 불리기도 했다.27) 제1차 세계대전을 종식시키는 공식적 휴전협정이 있기 전에 이미 제3제국은 독일을 휩쓴 혁명적 물결에 의해 이미 전복되었다. 1918년 11월 9일 퓌르트는 잠시동안 노동자들과 군인들 위원회의

---

27) Niall Ferguson, *Kissinger 1923-1968,* Vol. 1, *The Idealist,* New York: Penguin Press, 2015, p. 43.

통제 하에 들어갔다. 1919년 4월 혁명가들은 뮌헨의 혁명중앙위원회와 제휴하여 러시아에 있는 소비에트들의 모조품을 세웠다. 그러나 독일의 다른 곳에서처럼 퓌르트 사회민주주의자들은 볼셰비키의 모델을 거부하고 4일 내에 시의 권위를 회복했다. 그러나 혁명은 거기서 그치지 않았다. 1919년과 1923년 사이에 새 바이마르공화국(the new Weimar Republic)을 타도하려는 적어도 한 차례의 시도가 좌나 우에서 있었다. 정치적 폭력이 경제적 불안전을 수반했다.

아버지 루이스 키신저(Louis Kissinger)는 교사였다. 교사직은 독일에서 자랑스럽고 명예로운 직업이었다. 그는 독일 중산층의 자부심을 가진 명예로운 일원이었다. 정치적으로 그는 카이저(Kaiser)를 좋아했고 또 그의 폐위 후에도 그를 향했던 보수주의자였다. 그의 정치적 신앙에도 불구하고 시오니즘(Zionism)은 그에게 아무런 호소력이 없었다. 그는 애국적이고 충성스러운 독일인이었다. 그는 전형적인 독일의 교사였다. 루이스가 매드히엔리제움(Mädchenlyzeum)에 처음 부임했을 때, 그 학교의 교장선생이 그에게 전 해에 졸업한 파울라 스테른(Paula Stern)이라는 여성에 관해서 말했다. 교장선생은 그에게 파울라의 성적들을 보여주었다. 거기엔 루이스의 관심을 일으키기에 충분할 만큼 많은 A 학점들이 있었다. 파울라는 섬세하고, 위트 있고, 순박하고 또 실질적이었다. 그들은 잘 어울리는 한 쌍이었다. 루이스가 35세로, 현명하고, 다소 냉담한 교사였다면, 파울라(Paula)는 21세로, 힘차고 지각 있는 결정자였다. 그들은 9개월 후인 1922년 7월 28일에 결혼했다. 그리고 이듬해 5월 27일 하인즈(후에, 미국에서 헨리로 개명) 알프레드 키신저가 태어났다.

제1차 세계대전 전에 독일 마르크화의 교환율은 고정되어 있었다. 그러나 전쟁이 끝나고 하인즈 키신저가 태어난 1923년 5월 27일, 일요일에 1달러가 거의 5만 9천 종이화폐(paper) 마르크에 달했다. 연간 물가상승률은 1천 퍼센트에 접근하고 있었다. 연말까지 그 비율은 1천 8백 2십억 퍼센트였다. 새로 태어난 키신저는 물론 이 모든 상황을 알지 못했지만 그도 영향을 받지 않을 수 없었다. 왜냐하면 어떤 사회적 집단도 루이스 키신저 같은 고위 공무원보다 인플레이션에 의해 더 큰 타격을 받은 집단은 없었기 때문이다. 노동자들은 보다 높은 임금의 인상을 위해 파업을 함으로써 치솟는 물가에 대항하여 적어도 부분적으로나마 자신들을 보호할 수 있었다. 그러나 존경받는 초등학교 교사는 그런 일을 할 수 없었다. 동시에 키신저 부부 같은 중산층 가정의 현금예금이 완전히 날라가 버렸다. 바이마르의 초-인플레이션 속에서 루이스 키신저 같은 사람이 가장 큰 손실을 입었다. 1925년 1월이 되어서야 루이스 키신저는 마티덴슈트라세(Mathidenstrasse) 23번지에서 가까운 하인즈의 동생 발터(Walter)가 태어난 마리엔슈트라세(Marienstrasse) 5번지로 늘어나는 가족과 함께 이사할 수 있었다.

하인즈가 처음 유치원에 보내졌을 때 그는 거칠고 다루기 힘들었다. 후에 그는 옛 헤크만(Heckmann) 사립학교를 다녔다. 그가 청소년으로 성장하자 하인즈 키신저는 점차 부모님의 생활방식에 반발했다. 그의 아버지는 프리드리히 쉴러(Friedrich Schiller)와 테오도르 몸젠(Theodor Mommsen)의 걸작들을 읽고 현지의 역사를 연구하고 쓰기도 했다. 그러나 이와는 대조적으로 그의 열정은 축구에 가 있었다. 볼 게임, 자전거, 여자친구들, 그리고 조부님 댁에서의 여름 휴가 등 그의 어린 시절은 그가 미국에서 자라면서 경험했을 것과 크게 다르지 않았다. 그러나 하인즈 키신저가 탁월성을 보인 것은 체육인으로서가 아니라 학생으로서였다. 그는 언제나 책과 함께 있었다. 자기 아버지처럼 하인즈는 행실에서 학자적이었다. 하인즈의 동생인 발터(Walter)는 자기 형이 "내향적인 책벌레"였다고 회고했다. 하인즈의 어린 시절 친구는 하인즈가 항상 책을 팔에 끼고 다녔다고 말했다. 그의 어머니는 책들이 다정하지 못한 세계로부터 피난처가 되었다고 걱정할 지경이었다. 그의 어머니는 그가 때때로 책들에 푹 빠져서 밖으로 충분히 나오지 않았다고 회고했다.[28]

그러나 이 총명하고 반항적인 소년은 불황으로부터 독재체제로 독일이 요동침에 따라 지상에서 일어나는 극적인 변화들을 결코 망각할 수 없었다. 특히 독일의 불행에 대한 주요 희생양은 그가 속한 종교적 소수 집단이었다. 그러나 어느 정도까지 퓌르트의 유대인들은 그들의 이웃들이 이념적으로 국가사회주의(National Socialism)에 적대적이라는 점에서 위안을 얻을 수 있었다. 그러나 1929년 6월 말에 실업자들에게 주는 복지정책의 수혜자들이 크게 늘어났다. 1932년 1월 말까지 퓌르트에서 모든 노동자들의 절반이 실제로 실업자가 되었다. 미국에서 시작된 대공항으로 국제적 통상제도가 완전히 무너졌다.

독일인들은 그들이 감당할 수 없는 복지국가를 수립함으로써 스스로 상황을 더 어렵게 만들었다.[29] 독일의 경제적 난관에 대한 여러 가지 설명이 있었다. 그러나 아돌프 히틀러의 설명이 설득력을 얻었

---

28) Walter Isaacson, *Kissinger: A Biography,* New York: Simon & Schuster, 1992, p. 22.
29) Niall Ferguson, *Kissinger 1923-1968,* Vol. 1, *The Idealist,* New York: Penguin Press, 2015, p. 58.

다. 그리하여 1930년 9월 14일의 연방의회 선거에서 나치당의 국민투표의 지지율이 2.6퍼센트에서 18.3퍼센트로 증가하는 돌파구를 이루었다. 퓌르트에서 나치는 투표자의 23.6퍼센트의 지지를 받았다. 이것이 나치당의 지속적인 지지율 상승의 시작이었다. 히틀러는 1932년 제1차 대통령 선거에서 퓌르트 투표의 34퍼센트를 획득했다. 1932년 7월 31일 의회의 선거에서 나치가 투표의 38.7퍼센트를 확보했다. 퓌르트의 거리들이 점점 위험스러워진 것은 나치만의 잘못은 아니었다. 좌익 측에서 공산당과 사회주의 조직들도 소란스러운 데모를 좋아했고 자기들의 정치적 반대자들의 집회를 방해했다. 공산주의자들과 나치의 폭력적 충돌이 빈번했고 사회는 더욱 불안해졌다. 그러한 결과로 인해 사람들은 고요하고 질서 있는 옛 독일의 이상을 염원했고 역설적으로 사람들은 바로 그런 목적에 대한 수단으로 더 많은 폭력이 필요할지도 모른다는 것을 수용했다.

마침내 1933년 1월 31일 제국의 수상으로서 히틀러의 임명과 함께 나치가 정권을 잡았다. 그들은 거대한 퍼레이드들을 벌였고 이제는 공세를 취했다. 마침내 히틀러의 제3제국이 행군을 시작한 것이다. 2월 말 국회의사당의 화재가 비상 입법을 위한 완벽한 구실을 제공했다. 인민과 국가를 보호하기 위해서라는 1933년 3월의 선거가 공식적 겁박의 새로운 분위기 속에서 시행되었다. 전체주의적 나치의 시대가 시작된 것이다. 그리고 유대인들에 대한 탄압도 시작되었다. 퓌르트에서는 1933년 3월 21일에 마을 병원 소장의 업무 중지와 일시적 체포와 함께 시작했다. 유대인 의사들이 해고되었다. 3월 말에는 유대인 사업들에 대한 전국적 보이콧을 알렸다. 4월에는 "직업공무원의 부활을 위한 법률" 하에서 루이스 키신저 같은 공립학교의 교사들을 포함해서 유대인 공무원들이 자리에서 쫓겨났다. 또 하나의 중대한 법적 이정표는 1935년 나치당의 연례회의에서 작성된 소위 뉘른베르크 법률(Nuremberg Laws)이었는데 그것의 첫 조항은 "독일인의 피와 명예를 지키기 위한 법률"로 인종 간 결혼은 물론이고 인종 간 섹스를 금지시키고 또 가사 도우미로 비-유대인의 고용을 금지했다. "제국의 시민권법"이라는 두 번째 조항은 유대인들에게서 완전한 시민권을 박탈했다. 유대인에 대한 차별은 의무사항이 되고 유태인의 격리가 지역별로 상이한 속도로 진행되었다. 유대인들에겐 모든 권리가 박탈되고 그들의 인간적 존엄성도 역시 박탈되었다.

루이스 키신저에게 공립고등학교에서 고위 직원으로 어렵게 얻은 직장을 빼앗기는 것은 황당한 악몽이었다. 1933년 5월 2일 다른 유대인 교사들과 같이 그는 강제휴가를 받았고 몇 개월 후엔 영구적으로 강제은퇴를 당했다. 이때 그의 나이는 50세였다. 유대인 소년이 퓌르트의 거리를 걸어가는 것이 더 이상 안전하지 않았다. 이제는 독일을 떠날 때가 되었다. 하인즈 키신저의 어머니 파울라(Paula) 여사는 자식들을 우선적으로 생각해야 했다. 히틀러의 제3제국이 지속될 모든 조짐을 보이고 유대인들의 지위가 훨씬 더 악화될 것으로 보이는 독일에서 그들에게 삶의 미래가 없다고 판단했다.[30] 유대인 중학교를 졸업한 뒤 하인즈는 보다 나은 선택이 없어서 뷔르츠부르크(Würzburg)에 있는 유대인 사범학교에 3개월간 등록했었다. 파울라의 이모 한 분이 히틀러가 등장하기 이전에 이미 미국으로 이민 가서 살고 있다

---

30) Walter Isaacson, *Kissinger: A Biography,* New York: Simon & Schuster, 1992, p. 27.

는 사실이 키신저 가족에게는 행운이었다. 그녀의 딸, 즉 파울라의 사
촌인 사라 아쉬(Sarah Ascher)는 브루클린에서 태어났지만 지금은 웨
스트체스터(Westchester) 카운티에서 살고 있었다. 파울라가 두 아들,
하인즈와 발터를 대서양 건너 안전한 곳으로 보낼 것을 제안하자 그
녀의 미국 사촌은 전가족이 오라고 촉구했다. 1937년 10월 28일 그녀
는 그들이 미국에 올 경우에 키신저 가족에게 재정적 지원을 약속하
는 중대한 재정보증서에 서명했다.

1938년 4월 21일 루이스 키신저는 퓌르트 경찰서에 가족들의 여권
을 신청했다. 게슈타포(Gestapo)가 가족의 범죄 기록이 없다는 것을
조사했다. 퓌르트의 시장은 4월 29일 승인을 했고 뒤이어 5월 5일 게
슈타포가 승인을 했고 5월 6일에는 지방재무국에서 그리고 5월 9일
에는 독일 세관이 승인을 해주었다. 신원보장 비용 약 5마르크와 발
급 비용 약 12마르크를 받은 뒤에 경찰은 5월 10일 4개의 여권을 내
주었다. 그리고 마침내 키신저 가족은 1938년 8월 30일 사우스샘프턴
(Southampton)으로 가는 기차를 타고 뉴욕으로 가는 일드 프랑스(Ile
de France)호에 승선했다. 이때 하인즈의 나이는 15세였다. 키신저 가
족은 1938년에 이민간 1,578명의 바바리아 지역의 유태인들 중 바로
네 사람이었다.[31]

1938년 11월 9일 유대인 상점들의 유리창이 모두 박살 난 "수정의
밤"(Kristallnacht)은 제3제국의 역사에서 진실의 순간이었다. 만일 키
신저 가족이 그때 독일을 떠나지 않았다면 그들의 운명이 어찌 되었

---

31) Niall Ferguson, *Kissinger 1923-1968,* Vol. 1, *The Idealist,* New York: Penguin
    Press, 2015, p. 73.

을 지에는 의심의 여지가 별로 있을 수 없었다. 하인즈 키신저가 20번째 생일을 맞았을 것 같지 않았다. 키신저의 추산에 의하면 그의 가까운 친척들 가운데 13명이 홀로코스트(Holocaust)에서 죽임을 당했다. 키신저 가족이 1938년 여름에 미국에 정착했을 때 미국은 그들이 탈출한 독일과는 아주 대조적이었다. 이제 무도한 히틀러의 손아귀에 단단히 장악된 제3제국은 무법과 폭력의 심연에 빠져들고 있었다. 반면에 미국은 프랭클린 루즈벨트 대통령이 작년의 대통령 선거운동의 주제로 선정한 "행복한 날들이 여기에 다시 돌아오다"라는 노래의 땅이었다. 키신저 가족은 퓌르트에서 불타는 유대교회들을 간신히 피했다. 일드 프랑스(Ile de France)호가 과거 브루클린을 지나갈 때 그들을 환영하는 맨해튼의 스카이 라인은 세계에서 가장 높은 마천루인 눈부신 엠파이어 스테이트 빌딩(Empire State Building)에 의해 지배되었다. 독일은 억압의 땅이었고 미국은 자유의 땅이었다.[32]

그러나 한 가지 중대한 점에서 뉴욕은 키신저 가족에게 그렇게 아주 낯선 땅이 아니었다. 그곳은 세계에서 가장 큰 유대인들의 도시 가운데 하나였다. 1700년대 초부터 그 도시에는 유대인 공동체가 있었다. 그러나 그 도시의 유대인 주민들은 중부와 동부 유럽에서 오는 이민의 결과로 인해 폭발적 증가를 가져왔다. 1870년에 뉴욕에는 6만 명 정도의 유대인들이 있었다. 1910년까지 전체인구의 1/4로 1백 25만

---

32) 나는 키신저의 가족과 수많은 유대인들의 독일 탈출에 관해 쓰면서 북한으로부터 목숨을 걸고 남한에 온 수많은 탈북자들을 생각했다. 북한의 김정은 폭정 하에서 사실상 노예생활을 하고 있는 북한동포들의 해방이 대한민국의 대북정책이 되어야 한다고 이미 주장했었다. 강성학, "에필로그: 링컨의 유산이 한국인들에게 주는 교훈," 김동길, 강성학 공저, <죽어도 사는 사람: 불멸의 링컨유산> 충북: 극동대학교 출판센터, 2018, pp. 279-281.

명 이상이 되었다. 유대인들은 1915년에서 1924년 사이에 연간 5만 명의 비율로 유대인들이 뉴욕에 도착하고 있었다. 1921년과 1924년에 입법화된 이민에 대한 법적 제한이 연간 유입을 2만 명 이하로 낮추었다. 1920년에 절정을 이룬 유대인의 비율은 뉴욕 시 주민의 29%를 상회하는 비율을 차지했다. 1940년까지 유대인의 비율은 확실히 24% 이하로 떨어졌다. 그럼에도 불구하고 뉴욕시는 독특하게 유대인적 성격을 유지했다. 아니, 보다 정확하게 말해서 뉴욕시의 일부는 그랬다.

뉴욕에서 대부분의 이웃들처럼 키신저 가족이 정착한 맨해튼 지역인 워싱턴 하이츠(Washington Heights)는 정확한 지리적 위치가 아니었다. 1938년에 그곳은 브로드웨이와 포트 워싱턴 에버뉴의 교차점이거나 아니면 할렘(Harlem)의 북쪽과 서쪽으로 가는 지역이었다. 언덕이 많고 3면이 강에 의해 둘러싸인 워싱턴 하이츠는 도시화될 마지막 부분이었다. 그리고 그것은 1938년에 여전히 완성되지 않은 과정에 있었다. 제2차 세계대전이 발발할 때까지 워싱턴 하이츠는 독일계 유대인들의 거대한 인구로 인해 농담 삼아 "제4제국"(the Fourth Reich)라고 알려졌다. 워싱턴 하이츠는 어느 모로 보나 중산층의 이웃에 속했다.[33] 15세의 하인즈 키신저가 본 뉴욕의 인상은 무엇이었을까? 수년 후에 키신저는 자신의 회고록에서 독일과 미국에서의 차이를 극명하게 강조했다.

"독일에서 나의 아버지는 그가 평생 일해 온 교사직을 잃었다.

---

33) Niall Ferguson, *Kissinger 1923-1968,* Vol. 1, *The Idealist,* New York: Penguin Press, 2015, p. 94.

내 부모님의 젊은 날의 친구들이 그를 피했다. 나는 강제로 분리된 학교를 다녔다. 독일에서는 거리를 걷는 것은 모험이었다. 왜냐하면 당시 독일인들은 경찰의 개입 없이 유대인 아이들을 두들겨 패는 것이 자유로웠다. … 내가 처음 뉴욕시의 거리를 처음 걸었을 때 그 황홀감을 항상 기억했다. 소년들의 한 집단이 보이면 나는 두들겨 맞는 것을 피하기 위해 반대편으로 건너가기 시작했다. 그리고 그때 내가 어디에 있는지를 기억했다. 그러므로 나는 미국에서 태어난 사람들은 아마도 당연시 할 것이지만 미국이 무엇을 의미하는지에 대한 언제나 특별한 감정을 갖고 있다"[34]

키신저 가족의 가장 큰 문제는 루이스 키신저가 일자리를 가질 수 없다는 것이었다. 그는 영어능력에서 불완전했고 새로운 환경에 주눅이 들었다. 그래서 처음엔 피츠버그에 있는 다른 친척이 보내주는 돈으로 살았다. 마침내 루이스 키신저가 한 친구회사의 경리직을 얻는 데 성공했지만 그는 좋지 않은 건강과 우울증에 시달렸다. 따라서 파울라가 가정의 생계비를 버는 가장이었다. 유대인 여성협회는 그녀가 도우미와 음식 공급사로서 훈련하는 것을 도와주었다. 남편보다 더 젊고 또 더 적응력이 있었던 그녀는 영어를 빨리 마스터했고 작은 음식 공급사업을 재빠르게 이루었다. 이것은 전형적인 피난민의 얘기였다. 따라서 아들들에게, 특히 큰 아들인 하인즈에게 돈을 벌어야 하는 압박이 있었다.

키신저의 형제들은 가능하자 마자 조지 워싱턴 고등학교(George Washington High School)에 등록했다. 그것은 약 3천 명의 학생들과

---

34) Henry Kissinger, *White House Years,* Boston: Little, Brown and Company, 1979. pp. 228-229.

"가라 앉지 않으려면 수영하라"는 정신을 가진 큰 학교였다. 키신저가 학업에서 생존하는 본보기들은 그가 새로운 환경에 신속하게 적응했다는 것을 의미했다. 그러나 그는 1940년 1월에 외사촌 이모부가 소유하고 있는 면도용 솔(brush) 공장에서 주당 11달러를 받는 상근직을 갖기 위해서 야간수업으로 바꾸었다. 그는 일을 마치면 야간학교에서 3시간을 보내야했다. 그러나 15세의 이 젊은이에게 고통스럽지 않았다. 그럼에도 그는 언제나 다른 학생들 보다 앞섰고 이미 도스토예프스키(Dostoevsky)를 재미로 읽었다.

조지 워싱턴 고등학교를 졸업한 뒤 그는 회계학을 공부하기 위해 1847년에 자유(free) 아카데미로 설립된 뉴욕시립대학(City College of New York)에 입학했다. "하인즈 키신저"는 이제부터 보다 미국적인 소리로 들리는 "헨리(Henry) 키신저"로 개명했다. 그리고 그는 역사과목에서 B 학점을 받은 것을 제외하고 그가 선택한 모든 과목에서 A 학점을 받았다. 구세계는 키신저에게 힘을 잃어가고 있었다. 키신저는 뉴욕에서 그가 접한 새로운 영향 하에서 자신의 신앙이 변하고 있는 것을 발견했다. 키신저도 이제 친구들과 함께 야구장과 축구장에 가서 양키스(the Yankees)와 자이언츠(the Giants) 팀을 따랐다. 그리고 그들은 테니스를 했다. 그들은 춤을 배우러 가고 또 자동차 운전을 배웠다. 그들은 소녀들과 데이트를 했다. 그들 가운데 키신저의 미래 처가 되는 애넬리스 플레이셔(Anneliese Fleischer)도 있었다. 미국에 온 뒤에 헨리 키신저에게는 거의 모든 것이 변해버렸다. 그는 지리적으로 뿐만 아니라 감정적으로도 대체되었다. 헨리 키신저는 이제 미국인으로 재탄생한 셈이었다.

제3장
헨리 키신저와 제2차 세계대전

"우리의 적들을 완전히 패배시킨 뒤에 우리는 그들을 국제공동체에
다시 데려 왔다. 오직 미국인들 만이 그런 일을 할 수 있었다."
-헨리 키신저-

1927년 뉴욕에서 파리까지 단독으로 대서양을 비행한 이래 미국의
국가적 명사가 된 찰스 린드버그(Charles Lindbergh)는 1941년까지
"미국우선위원회"(the America First Committee)의 대표적 대변인으로
서 그는 미국이 제2차 세계대전에 참전하지 않도록 촉구하는 모든
목소리들 가운데 가장 영향력이 있었다. 린드버그는 유대인들이 참
전을 선동한다고 비난했다. 1941년 12월 7일 일본이 진주만을 기습
공격함으로써 린드버그 같은 미국의 압도적인 중립의 주장들을 한방
에 무효화 시켰다. 진주만의 소식이 뉴욕에 도착했을 때 그는 뉴욕
자이언츠(New York Giants)와 당시엔 축구팀을 가진 브루클린 다저
스(Brooklyn Dodgers)의 경기를 보고 있었다. 키신저는 진주만이 어디
에 있는지도 몰랐다. 그는 지금 학문적으로 야심찬 이민자들에게 오
랫동안 인기 있는 교육기관인 뉴욕시립대학의 학생이었다. 그는 거의

모든 과목에서 A학점을 받았다. 그에겐 회계사의 직업이 그를 유혹하고 있는 것처럼 보였다.[35]

그러나 학구적인 젊은 키신저는 접근해 오는 전쟁에 결코 눈을 감을 수 없었다. 워싱턴 하이츠에 있는 독일계 유대인 피난민 공동체는 유럽의 사태발전을 점증하는 불안감으로 보고 있었다. 그것은 많은 가족들이 독일에 여전히 살고 있는 친척들을 갖고 있었기 때문이었다. 그러나 키신저가 자기가 태어난 땅에 대항하여 싸우기 위해 미국의 군복을 입게 되고 만 것은 결코 필연적이 아니었다. 1940년 6월 미의회는 외국인등록법(the Alien Registration Act)을 통과시켰는데 그것은 독일에서 태어나서 아직 국적을 갖지 못한 미국의 주민들에게 여러 가지 제약을 가하는 것이었다. 이 제약들 가운데에는 군복무로부터 배제하는 것도 포함되어 있었다. 이것은 21세에서 36세 사이의 모든 남성 주민들의 징집을 요구하는 "선발적 훈련과 복무법"(the Selective Training and Service Act)과 충돌하는 것이었다. 그것은 1942년 3월에 가서 "제2의 전쟁권한법"(the Second War Powers Act)이 간소화된 국적제도를 도입함으로써 해소되었다. 이것은 적어도 3개월간 군대에서 명예롭게 봉사한 "적국에서 온 외국인들"(enemy alien)도 미국 시민이 될 수 있도록 허용하는 것이었다. 다가오는 11월에 징집연령이 18세로 낮아짐으로써 키신저는 징집조건을 갖출 수 있었다. 그렇다고 해도 독일태생인 그에게는 "선발적"인 분야에 임무가 주어질 수 있는 일은 제약을 받고 있었다.

---

35) Niall Ferguson, *Kissinger 1923-1968*, Vol. 1, *The Idealist*, New York: Penguin Press, 2015, p. 113.

그러나 그것은 어쩌면 미국의 역사에서 마지막으로 군복무의 봉사가 모든 배경과 계급들에 걸쳐서 공유된 경험이었다. 그 결과 제2차 세계대전은 엄청난 민주화의 힘이 되는 부대효과를 낳고 그것은 미국인들이 살아가는 방식을 전환시켰다. 미국은 항상 유동적 계급제도를 가진 이동사회(a mobile society)였지만 이제는 더 이상 그렇지 않았다. 사우스캐롤라이나나 루이지애나의 작은 마을 출신의 장병들이 처음으로 파리와 베를린 같은 곳을 보았고 아주 협소한 유산을 가진 소년들이 사해동포주의적 정복자들로 변모시켰다. 그리고 보다 작은 규모로는 군대가 뉘른베르크와 퓌르트 출신의 젊은 피난민들을 군사훈련소로 보내서 그들이 하나로 융합하는 도가니(melting-pot) 소대를 이루어 전쟁으로 진군하게 했다. 그리하여 군대는 사해동포주의적 외래인들을 변용된 미국시민들로 변모시켰다. 키신저 같은 이민자들에게 전시에 봉사한다는 것은 시민권을 단지 수여된 선물 이상의 것으로 만드는 것이었다. 그것은 그들이 쟁취한 명예였다. 미국을 방어함으로써 미국은 그들의 국가였고, 그들의 조국이고, 그들의 고향이었다. 그들은 더 이상 외부인이 아니었다. 군대는 융합하는 도가니로서 그들을 더 빨리 녹아들게 만들었다.[36]

헨리 키신저는 19세가 된 후 1943년 1월에 징집통지서를 받았다. 그리하여 그는 미국의 역사에서 비상 순간의 일부가 되었는데 그것은 진정으로 첫 지구적 갈등으로 인해 인구의 10% 이상인 약 1천 6백만 명이 동원된 미국인의 일원이 되었던 것이다.[37] 1943년 2월 중순 그

---

36) Walter Isaacson, *Kissinger: A Biography,* New York: Simon & Schuster, 1992. pp. 39-40.

37) Thomas A. Schwartz, *Henry Kissinger and America Power,* New York: Hill and

는 사우스 캐롤라이나 주의 스파턴버그(Spartanburg)의 남쪽 5 마일 지점에 있는 캠프 크로프트(Camp Croft)로 가는 기차를 탔다. 그곳에 도착한 후 키신저는 3개월간 혹독한 기본 훈련을 받았다. 3개월간의 훈련을 마친 키신저는 6월 19일 미국 국적의 시민이 될 자격을 획득했다. 헨리 키신저는 오른손을 들고 다음과 같은 선서를 했다.

> "나는 이로써 선언한다. … 나는 어떤 외국 군주나 주권자 특히 내가 신민이었던 독일에 대한 모든 충성과 충실함을 절대적으로 그리고 전적으로 포기하고 부인할 것이다. 나는 국내외의 모든 적에 대항하여 미합중국의 헌법과 법률을 지지하고 방어할 것이다. 나는 미합중국의 헌법과 법률에 진정한 신념과 충성을 다할 것이다. 그리고 나는 어떤 정신적 유보나 회피의 목적 없이 이 의무를 자유롭게 취할 것이다. 그러니 신이여 도와주소서."[38]

이렇게 헨리 키신저는 마침내 히틀러의 제3제국에서 탈출하여 바로 제3제국과 싸우는 미국의 정규군인이 되었다. 키신저는 사병들이 보는 육군일반분류시험(the Army General Classification Test)에서 좋은 성적을 거두어 육군특별훈련계획(the Army Specialized Program)에 선발되었다. 사우스 캐롤라이나의 클렘슨(Clemson) 대학에서 더 많은 조사를 받은 뒤 키신저는 펜실베니아의 이스튼(Easton)에 있는 교양학부대학인 라파예트 칼리지(Lafayette College)에서 공학을 공부하도록 파견되는 행운을 잡았다. 이 우아한 19세기 캠퍼스는 뉴욕에서 80

Wang, 2020, p. 18.
38) Niall Ferguson, *Kissinger 1923-1968*, Vol. 1, *The Idealist*, New York: Penguin Press, 2015, pp. 115-116에서 재인용.

마일 정도 떨어진 곳에 위치하고 있었기에 그는 주말을 집에서 가족과 그리고 여자친구와 보낼 수 있었다. 육군특별훈련계획의 기준으로 보아도 키신저는 예외적으로 책벌레였다. 그의 룸메이트인 찰스 J. 코일(Charles J. Coyle)은 키신저의 저돌적인 독서방식에 가장 많은 인상을 받았다고 기억했다.

> "키신저는 책들을 읽는 것이 아니라 그것을 눈으로, 손가락으로 의자나 침대에서 꼼지락 대면서 그리고 중얼거리며 비판을 하면서 씹어 먹었다. 그는 어떤 책을 구부정한 자세로 읽다가 갑자기 화가 난 독일 악센트로 '엉터리야!' 하면서 저자의 유추를 질타했다. 그리고 나서는 그 책을 찢어버리고 폭발적 말들은 쏟아내고 그것의 의미를 찾았다. 그 밖의 다른 모든 일에서 그랬듯이 그는 어휘의 선택과 발음에서 옳고 정확하게 했다. … 그 친구는 아주 탁월했고 너무나 지적이어서 우리들 대부분에게는 이상했다. 우리들도 지성으로 선발되었는데도 말이다. 우리들이 잡담을 할 때 그는 의자에 털썩 주저 앉아 스탕달(Stendhal)의 <적과 흑>(*The Red and the Black*)과 같은 책을 재미로 읽기 시작했다."[39]

라파예트 대학에서 키신저는 의심의 여지없이 최고의 학생들 가운데 한 사람이있다. 1943년 말에 미의회는 미육군의 규모를 7백 7십만으로 정했다. 그것은 가장과 직업적 이유에서 5백만 명을 징집에서 면제했다. 그리하여 1944년 2월 18일 육군특별훈련계획을 끝이 나고 그들은 즉시 보병으로 복귀하라는 명령을 받았다. 전투보병으로 가는

---

39) Niall Ferguson, *Kissinger 1923-1968,* Vol. 1, *The Idealist,* New York: Penguin Press, 2015, pp. 119-120.

것을 피하는 유일한 방법은 의과대학으로 변경하는 것이었다. 당시 육군은 보다 많은 의사들이 필요했다. 키신저는 시험을 쳤지만 레너드 와이스(Leonard Weiss) 한테로 가는 한 자리만 있었다. 키신저는 후에 자기가 의사가 되는 것을 그가 막아주었다고 인정했다. 1943년 11월부터 헨리 키신저는 과거 육군특별훈련계획에 참여했던 2천 8백 명의 병사들과 함께 미 육군 제84보병사단에 편입되었다. 제84사단은 유럽의 전장으로 파견되는 임무를 받은 45개의 미 육군 사단들 가운데 하나였다. 무더운 여름 동안 그는 고난의 훈련을 받았다. 처음으로 그는 집을 그리워했다. 그의 작은 자극들 가운데 하나는 중대의 교육관으로 봉사하는 것이었다. 1주일에 한 번씩 사격연습 대신에 그의 전우 1백여 명의 보병들은 전쟁과 다른 세계적 사건들에 대한 비공식적 브리핑을 듣기 위해 집합했다. 강사의 임무는 보통 키신저에게 떨어졌다. 키신저는 자기의 배낭에 <타임>(Time)지와 몇 개의 신문들을 항상 가지고 있었다. 헨리 키신저는 최고의 강사였다.[40] 6주간의 강화된 기본 훈련을 받은 뒤에 병사 헨리 키신저는 32816775의 군번을 받았다.[41] 이제 그는 또 하나의 GI, 즉 보병 병사였다. 그는 제335 보병여단의 제2대대, G 중대에 소속되어 독일로 배정되었다.

1944년 여름에 G 중대 병사들은 루이지애나(Louisiana)의 더위를 뚫고 10마일의 보도행군을 한 뒤 휴식을 취하고 있었다. 그때 외알박이 안경을 낀 사병이 "여기 지휘자가 누구입니까?"라고 소리쳤다. 놀란 중위가 자기라고 말하자 자기는 이 중대에서 왜 우리가 이 전쟁을

40) Walter Isaacson, *Kissinger: A Biography,* New York: Simon & Schuster, 1992. P. 43.
41) Niall Ferguson, *Kissinger 1923-1968,* Vol. 1, *The Idealist,* New York: Penguin Press, 2015, p. 122.

하고 있는지에 대해 강의하라고 장군이 자기를 보냈다고 말했다. 그의 이름은 프리츠 크래머(Fritz Kraemer)였다. 그의 강의는 G 중대병사들에게 깊은 인상을 주었는데 특히 키신저 사병에게 큰 인상을 주었다. 강의의 주제는 이 전쟁의 도덕적이고 정치적인 몫에 관한 것이었는데 크래머는 열정과 박식함, 그리고 압도적으로 힘있게 강의했다. 키신저는 자신의 생애에서 처음으로 그리고 아마도 유일하게 자기가 얼마나 감동을 받았는지를 말하기 위해 강사에게 편지를 썼다.[42] 그가 일생에서 처음이며 마지막으로 일종의 팬 레터를 쓴 것이다. 키신저는 지난달 그의 강의를 들었다고 하면서 "이것은 그것이 행해져야만 했던 방법이다. 제가 도와드릴 일이 있을까요?"라고 물었다.[43] 며칠 후에 키신저는 사병들의 클럽에서 만찬에 크래머의 초대를 받았고, 그곳에서 크래머는 키신저의 견해들을 묻고 또 자신의 가치들에 관해서 키신저에게 말해 주었다. 키신저는 바로 이 크래머와의 상봉으로부터 자기 생애를 바꾼 관계가 성장했다고 회고했다.[44]

키신저보다 15세가 위인 프리츠 크래머는 1908년생으로 프러시아 국가의 집행관의 아들이었다. 그는 유대인이 아니었다. 크래머는 그의 대부분의 시간을 해외에서 보냈다. 그의 부모는 히틀러의 적이었다. 제1차 세계대전과 11월 혁명 그리고 바이마르 공화국의 시대에 그의 성장기를 보냈다. 그는 전쟁이 삶과 제도, 가치관 그리고 신앙 같은 모든 근본을 파괴했다고 믿게 되었다. 그는 전투들, 봉쇄들, 기아, 볼

42) Niall Ferguson, *Kissinger 1923-1968*, Vol. 1, *The Idealist*, New York: Penguin Press, 2015, p. 131.
43) Walter Isaacson, *Kissinger: A Biography*, New York: Simon & Schuster, 1992. p. 44.
44) Niall Ferguson, *ibid*, p. 132.

세비키 혁명, 카이저에 대한 쿠데타, 베르사유 조약, 라인란트의 프랑스 점령, 물가상승률에 의한 가족의 재산 상실, 그리고 독일 거리의 혁명을 생생하게 기억했다. 크래머 세대의 많은 독일 중산층에게 바로 이런 경험들이 히틀러를 매력적인 국가적 구원자로 만들었다. 그러나 크래머는 달랐다. 그는 외국에서 공부했고, 처음엔 제네바에서, 그리고 런던 경제대학에서, 그리고 마지막으로 로마에서 공부했다. 그는 프랑크푸르트에 있는 괴테 대학교(Goethe University)와 로마 대학교(the University of Rome)에서 모두 박사학위를 취득했다. 1939년 전쟁이 다가올 때 그는 로마에서 국제연맹(the League of Nations)을 위해 일하고 있었다. 그는 스웨덴 여성과 결혼했다. 망명을 결심하고 부인과 어린 아들을 자기 어머니에게 작별인사를 하기 위해 비스바덴으로 보냈다. 그곳에서 그들은 6년이나 머물러야 했다. 그동안 돈 한푼 없는 그는 미국으로 여행하고 미국 군대의 징병에 응했다. 사회주의에 대한 만큼이나 그는 파시즘을 혐오했던 그는 당시에 죽어가고 있는 보수주의를 수용했다. 그리고 17세부터 외눈박이 안경을 썼다. 언제나 엘리트주의자, 아니 보다 정확하게는 도덕적 귀족으로서 크래머는 대중주의적 정치의 추악함에 대한 니체주의적 경멸감과 소위 그가 말하는 "교활한" 지식인들에 대해서도 동등한 혐오감을 갖고 있었다. 미 육군은 크래머 박사를 어떻게 활용할까 혹은 그를 어떻게 처리할까를 두고 심각하게 고민했다. 제84사단장인 알렉산더 볼링(Alexander Bolling)은 크래머와 대화를 가진 뒤 큰 인상을 받아 그를 자기의 사령부에 배정했다.

크래머의 학문적 배경은 실제로 국제법이었다. 그는 최종적으로 독일의 프랑크푸르트에서 당시 저명한 국제법 전문가인 칼 스트루프 (Karl Strupp) 교수의 지도 하에 박사학위 논문을 썼다. 그것은 "프랑스의 동맹 조약과 국제 연맹 규약, 그리고 로카르노 조약 사이의 관계"(The Relationship Between the French Treaties of Alliance, the League of Nations Covenant, and the Locarno Pact)에 대한 것이었다. 1932년에 출판된 그의 논문은 크래머의 지적 발전에 무한한 통찰력을 제공한다. 압도적인 다수의 독일인들처럼 크래머도 단순히 베르사유 조약뿐만 아니라 1918년 이후 조약체제에 의해 수립된 국제질서를 거부했다. 크래머의 입장은 윌슨의 집단안전보장의 이상주의적 비전이 냉소적인 프랑스와 영국의 행위에 의해 전복되었다는 것이다. 그러나 1920년대의 기준으로는 그것은 보수적이 아니라 진보적 입장이었다. 그는 1937년 미국으로 홀로 왔다. 미국에 온 크래머 박사는 지식인들에 대한 그의 적대감이 심화되었다. 그는 말했다.

> "자부심에서 그리고 종종 오만하게 자신을 지식인이라고 부르는 자들은 탁월한 두뇌란 생각하고 분석하는 방법들의 단지 기술적 완성으로 이 세상에서 유일하지도 또한 최고의 가치도 아니다는 사실을 알아야만 한다. 만일 근본적 신념이 없고, 신앙이 없으며 또 자아규율이 없이 자기들의 두뇌로 계속해서 장난을 친다면 우리의 운명은 확실히 멸망하게 될 것이다."[45]

1943년 5월 크래머 박사는 그가 징집되었을 때 자신의 말을 행동

45) Niall Ferguson, *Kissinger 1923-1968,* Vol. 1, *The Idealist,* New York: Penguin Press, 2015, p. 129.

으로 전환할 기회가 주어졌다. 그는 키신저 보다 훨씬 더 미군부에 의해 의심을 받았다. 그는 독일어와 영어가 유창할 뿐만 아니라 그는 10개의 다른 언어를 구사했다. 독일에 여전히 남아 있는 자기의 부인과 아들을 보호하기 위해 크래머는 그가 태어난 국가에 대항해 전투병으로는 싸우지 않을 것이라고 징집 전에 명시적으로 밝혔다. 실제로 그는 나치에 대항해 싸우는데 전혀 반대하지 않았다. 크래머는 키신저에게 아주 인상적인 인물이었다. 그에게 크래머는 같은 병사였지만 자기보다 나이가 많고 아주 광범위한 독서력 그리고 거대한 지적 중심지에서 형성되고 시험된 강력한 의견을 가진 인물이었다. 게다가 더욱 놀라운 일은 키신저의 지적 잠재력에 대한 크래머 박사의 거의 즉각적이고 분명한 인정이었다. 크래머에 의하면, 키신저는 피상적인 이해가 아니라 저변의 원인을 이해하려는 긴급한 욕망을 갖고 있었다.

크래머는 사람들을 간파하는 예리한 안목의 소유자였다. 그가 키신저를 평하길, "키신저는 역사에 음악적으로 조율되어 있다. 이것은 배울 수 있는 것이 아니다. 그것은 신의 선물이다."[46]라고 말했다. 크래머 박사는 그의 강의와 대화에서 리더십과 가치와 행동 사이의 관계에 집중했다. 그리고 그는 개인에 대한 사회의 영향에 관해서 역사적 실례들을 들어서 설명했다. 크래머 박사는 키신저가 스스로 인정했듯이 그에게 첫 스승이요 멘토였다. 키신저는 크래머에게 독일의 역사와 철학을 배웠다. 크래머는 20세의 키신저에게 슈펭글러, 칸트, 도스토예프스키와 다른 사상가들을 접할 수 있게 해주었다. 키신저는 이제

---

46) Niall Ferguson, *Kissinger 1923-1968,* Vol. 1, *The Idealist,* New York: Penguin Press, 2015, p. 132.

회계사가 되길 원하지 않았다. 수학보다는 역사가 그의 새로운 매력이 되었다. 그 과정에서 크래머의 깊은 반공주의가 스며들었다. 크래머는 나치와 공산주의자들을 야만인으로 간주했다. 그는 질서의 붕괴가 좌익이든 우익이든 전체주의 체제를 위한 위험한 개문(opening)을 제공한다고 느꼈다. 키신저에겐 크래머 박사에게 밀착하는 것은 새로운 아버지를 삼는 것과 같았다.[47]

1944년 9월 대서양 횡단은 위험이 없지 않았다. 가장 큰 위험은 여전히 독일의 잠수함에 의해 제기되었다. 그러나 그의 호송선단은 11일 간의 지루한 항해 후에 아무런 사고도 없이 영국의 리버풀(Liverpool)에 도착했다. 미 육군 제84사단의 병사들은 해안에서 영국의 군악대의 환영을 받고 도시를 통과하는 행군을 하여 기차역으로 갔다. 10월 말에 유럽대륙으로부터 오는 소식은 고무적이지 않았다. 크게 부상한 한 병사가 제84사단의 신병들에게 독일 놈들은 세상에서 최고의 군인들로서 그들은 절망적이지 않는 한 포기할 줄 모르는 것 같다고 말했다. 헨리 키신저 사병이 곧 그 말의 진실을 발견할 것이다. 제84사단은 1944년 11월 1~2일에 사우샘프턴(Southampton)에서 출발하여 영국해협을 통과해 오마하 비치(Omaha Beach)에 상륙했다. 그들을 해안으로 수송한 상륙용 주정으로부터 기어오르면서 젊은 미국인들은 여전히 해안과 가까운 주변에 아직도 흩어져 있는 D-Day의 유물들을 황홀하게 바라보았다. 그러나 완전무장한 채 10마일을 행군한 뒤에 그들은 불탄 독일의 탱크들에게 무관심하게 되었다. 그들은 북쪽으로 벨기에를 통해 화란-독일의 국경선으로 가기 전에 파리를

---

47) Walter Isaacson, *Kissinger: A Biography,* New York: Simon & Schuster, 1992. p. 46.

잠시 일견했다.

그의 가족이 나치의 박해로부터 탈출한 뒤 6년이 조금 더 된 11월 25일 헨리 키신저는 또다시 독일 땅에 있는 자신을 발견했다. 그의 앞에는 지그프리트 선(Siegfried Line)이 놓여 있었다. 그것은 승리의 순간처럼 느껴졌다. 그러나 실제로는 동맹국들이 첫 군대가 독일 국경선을 통과하고 한달이 넘는 10월 21일 아헨(Aachen)을 점령한 뒤 지그프리트 선에서 다소간 움직이지 못했다. 독일의 보급선이 줄어드는 만큼 동맹국의 보급선들은 이제는 과잉 확장되었다. 여름 이후 모멘텀의 상실은 독일군들에게 재조직할 기회를 주었다. 이제는 약 52개 신보병사단들과 10여개의 기갑사단들이 동맹국들의 추가 진격을 저지할 준비를 하고 있었다. 제84사단은 윌리엄 심슨(William H. Simpson) 중장 휘하의 제9군 예하 13군단 일부로서 바로 그런 진격의 선봉이 되었다.

G중대의 병사들은 아헨의 북서쪽으로 헤르조겐라트(Herzogenrath)의 근방에 있는 수목이 우거진 산허리에서 야영을 했다. 독일 88mm 포부대가 발포를 하기 전에도 미국인들은 제2의 적을 만났다. 그것은 진흙이었다. 날씨가 춥고, 젖어 있고 또 회색 지대였다. 지그프리트 선에서 적의 제일가는 동맹은 참호족(塹壕足)이었다. 어떤 경우에는 참호족과 동상이 너무나 심각해서 발을 절단해야 하기도 했다. 키신저가 도착하기 전인 11월 10일 밤에 제335보병연대가 제30보병사단에 일시적으로 배속되어 아헨 근처의 전선으로 보내졌다. G중대는 한 독일 척후병이 그들의 참호들에 접근하는 그 밤에 적과 처음으로 마주쳤다. 그러나 이것이 주된 사건은 아니었다. 11월 12일 야전명령

(Field Order) 3호가 발령되어 제84사단은 아헨의 북쪽에서 작전에 들어갔다. 그것은 지그프리트 선을 돌파하고 가이렌키르헨(Geilenkirchen)에서 적을 소탕하는 시도의 일부였다. 그것은 쉬운 과업이 아니었다. 그들은 잘 싸웠다. 그러나 한때 G중대가 적의 기관총들에 의해서 꼼짝 못했다. 4일간의 계속된 전투 후인 12월 2일 밤에 그 중대는 전선에서 철수하여 약간의 휴식을 위해 팔렌베르크(Palenberg)로 보내졌다. 그러나 며칠 후에 그들은 다시 전선으로 보내졌다.

매주가 지나갈 때마다 부상자와 사망자의 목록이 길어졌다. 미국 보병들 사이에서 사상자들이 확실히 많았다. 모두 거의 11만 명의 미국인들이 북서부 유럽에서 그들의 생명을 잃었다. 35만 6천 명 이상이 부상을 당했으며 5만 6천 명 이상이 포로가 되었다. 평균적으로 미국의 보병사단들은 17%의 사망과 61%의 부상자를 낳았다. 키신저가 속한 제335연대의 두 번째 대대에겐 병사들의 약 9%가 전장에서 죽거나 부상으로 죽었다. 그러나 그의 G중대는 어울리지 않게 높은 사상자를 낳았다. 원래 182명 가운데 21명이 작전 중 사망했고, 40명이 부상했으며 1명이 포로가 되었다. 그것은 1/3 이상의 손실이었다. 병사 헨리 키신저는 유럽에 도착한 후 어느 시점에 G중대에서 사단 본부 G-2 분대로 전출되는 참으로 행운이 있었다. 키신저의 전쟁 기록에 의하면 그 때부터 전쟁이 끝날 때까지 그는 "방첩대"(Counter Intelligence Corps, CIC)의 한 대대의 팀을 맡은 특수 요원(a Special Agent)이었다. 그 부대는 전술부대들의 안전, 사보타지의 예방, 그리고 보급선 안전의 책임을 맡았다.[48]

---

48) Niall Ferguson, *Kissinger 1923-1968*, Vol. 1, *The Idealist,* New York: Penguin

키신저의 새 임무는 믿을 수 없는 독일 민간인들을 소개시킬 뿐만 아니라 정보를 위해 노획한 독일 우편물을 샅샅이 뒤지는 것이었다. 키신저는 자신의 새 역할을 분명히 즐기고 있었다. 그는 아침 7시에 일어나 새벽 1시까지 일했다. 그는 휴일도 잊었다. 그러나 그의 새 임무가 전적으로 즐거운 것이라고 상상하는 것은 잘못이다. 이전의 G중대 전우들이 그들의 삶에서 가장 불편하고 위험한 추운 겨울을 보내는 참호에서 그가 나온 것은 사실이었다. 그러나 전쟁의 당시 시점에서 고도로 유동적인 전투의 성격 때문에 실제 전선의 구분이 없을 정도였다. 전선은 밀고 또 밀렸다. 독일인들이 서부전선에서 자기들의 주도권을 되찾기 위해서 히틀러의 필사적인 시도를 착수했을 때 특수 요원인 키신저도 자기가 예외적으로 노출된 상황에 처해 있다는 것을 알게 되었다. 그것은 그가 생명을 쉽게 잃을 수도 있는 그런 상황이었다.[49]

1944년 12월 6일 "가을 안개작전"(Operation Autumn Mist)이 시작되었다. 독일 기갑부대가 아르덴(Ardennes)에서 적의 방어를 박살내고 영국 해협의 해안까지 진격하였던 1940년 5월의 승리를 반복할 수 있을 것이라고 점점 환상에 빠져들고 있었던 히틀러는 상상했다. 그러나 이것은 공허한 전격전이었다. 방어를 깨는 최전선에 선 1천 8백 대의 탱크들은 오직 한 통의 휘발유만을 실었다. 연합국들의 연료 집적소를 장악하는데 성공할 경우에만 그들은 계획대로 앤트워프(Antwerp)에 도달할 수 있을 것이었다. 그러나 독일군은 지난 4년 전보다 훨씬 더 강력한 저항에 마주쳤다. 독일의 공세는 아르덴에 국한되지 않았다.

Press, 2015, p. 141.
49) *Ibid.,* p. 143.

아헨 지역의 북쪽으로 보다 작은 규모의 공격들이 있었다. 그러나 12월 19일에 이미 제84사단은 남쪽으로 75마일을 달려갈 준비가 되어 있었다. 12월 20일 오전 9시에 볼링(Bolling) 장군과 그의 고위 참모들은 두 대의 자동차로 아르덴을 향해 팔렌베르크(Palenberg)를 떠났다. 그들이 안개 속에서 마르케(Marche)에 도착했을 때 그곳은 어둡고 도로는 피난 민간인들로 꽉 막혔다. 마을의 변두리에서 독일 탱크들이 중심지에 포를 쏠 만큼 충분히 가까이에 있었다. 제334연대는 적이 통제하는 곳을 피해 재빨리 진로를 바꾸었다.

마르케에서 미국의 방어선은 너무 얇게 전개되어 부대들 사이에는 1마일 이상의 간격들이 있었다. 독일 기갑부대에 맞서는 것은 배짱이 필요했다. 미국인들이 전선을 유지하는데 성공적인 곳에서 조차 소탕작전들은 혼란스러웠다. 모든 가옥의 모든 방들과 곡간을 일일이 수색해야 할 필요가 있었다. 그런 설명을 읽다 보면 키신저가 자신의 경험을 가볍게 여기는 이유를 이해할 수 있다. 그가 될 뻔했던 보통 소총병에 비하여 그의 임무는 정말로 상대적으로 안전했기 때문이다. 그러나 키신저는 그가 처한 위험에 아무런 환상도 갖고 있지 않았다. 미국의 군복을 입은 과거 독일 시민으로서, 게다가 유대인으로서 키신저는 붙잡히면 곧바로 처형될 판이었다.[50] 그러나 이제는 마르케가 영국의 제53사단의 장악 하에 있었다. 영국군들이 미국군들을 돕기 위해 증원되었던 것이다.

전투는 이제 "벌지 전투"(the Battle of the Bulge)로 알려진 것으로

50) Niall Ferguson, *Kissinger 1923-1968,* Vol. 1, *The Idealist,* New York: Penguin Press, 2015, p. 147.

돌아가고 있었다. 1월 3일 동맹국들은 세 방향으로 독일군을 공격하고 있었다. 패튼(Patton) 장군의 제3군은 바스토뉴(Bastogne)에서 북쪽으로 공격했다. 반면에 영국의 몽고메리(Montgomery) 장군의 제30군단은 제84보병사단을 포함한 미군의 제1군과 함께 마르케에서 남쪽으로 치고 들어갔다. 그러나 도로의 얼음이 너무 두껍게 얼어 있어서 탱크들이 너무 쉽게 미끄러졌다. 그리하여 보병부대가 주도하게 되었다. 아헨 주변의 진흙이 아주 나빴다. 벨기에의 시베리아라고 불린 아드데네스의 얼음은 더욱 나빴다. 병사들 사이에는 우울증이 심각했다. 그들은 오직 추위하고만 전투를 하고 있던 것이 아니었다. 비록 후퇴했지만 다시 진격할 현실적 희망이 별로 없었던 독일군들이 이때까지 그들의 전투정신을 결코 잃지 않았다. 키신저는 소총병사가 아니었다. 그러나 사단 본부에 있는 그와 다른 병사들도 미국 공세의 예리한 끝의 뒤에서 분명히 멀지 않은 곳에 있었다. 키신저는 결코 자신을 전쟁영웅으로 대변하려고 하지 않았다.[51] 벌지 전투는 끝이 났지만 전쟁이 끝난 것은 아니었다.

1945년 3월 첫 사단병사들이 독일의 뫼르스(Moers) 마을에서 치열한 전투 후에 라인(Rhine) 강에 다다랐다. 비록 베를린에서는 크레펠트(Krefeld)를 "서부의 스탈린그라드"(Stalingrad of the West)로 만들거나 그 도시가 포기되어야 한다면 오직 초토화한 뒤에 떠난다는 계획을 세웠지만 그곳의 방어를 담당한 독일 사령관은 부적절한 무장과 불완전한 방어로 마지막까지 버티는게 무슨 의미가 있겠느냐고 생각했다. 어느 경우에든 독일인들은 위어딩엔(Uerdingen)에서 라인강을

---

51) *Ibid.*, p. 154.

건너는 다리를 미군들이 장악하지 못하도록 막는 것을 시도하는 데 가용한 모든 병사들을 필요로 했다. 미군들은 벨기에인들에게 해방자로서 환영을 받았다. 독일 민간인들에 의한 수용은 아주 달랐다. 마체라트(Matzerath)는 그곳의 민간인들을 그대로 둔 채 제84사단에 의해 전복된 첫 번째 독일 마을이었다. 미군들은 일반 독일인들이 걱정으로 가득 찬 것을 보고 놀랐다. 그러나 크레펠트에서는 대조적으로 일반적 분위기가 복종적이고 또 많은 민간인들의 일부에선 심지어 협조하기도 했다. 몇몇의 사람들은 미군들이 도시에 입성하자 손수건과 종이를 흔들었다. 그러나 이런 것들은 환영이 아니라 항복의 표시였다. 독일인들은 다른 어떤 곳에서 보다 더 비우호적이었다.

전설에 의하면 헨리 키신저는 이제 크레펠트의 행정가로 임명되었다. 가스나 전력, 교통이나 쓰레기처리 등 각 지방자치 기능의 담당자들은 키신저에게 보고하라는 명령이 내려졌다. 키신저는 8일 내에 분명한 나치들을 골라내고 민간 정부를 수립했다.[52] 1945년 3월까지 크레펠트는 1943년 6월과 1945년 1~2월에 주요 공습의 목표였기에 완전히 파괴되었다. 독일 민간인들의 입장에서 보면 나치로부터의 해방은 가택 수색과 귀중품들의 약탈이었다. 미군의 점령은 혼돈이었다. 그것은 4월 21일 현저히 보다 아량이 있는 영국군들이 그 도시를 인수하고 나서야 그 곳에 질서 있는 행정이 수립되었다. 그렇다면, 크레펠트에서 헨리 키신저의 역할은 무엇이었을까?

1945년 2월까지 그는 연대 방첩대(a Regimental Counter-Intelligence Corps, CIC)에 소속되어 있었다. 주된 임무는 벌지 전투 중에 대규모

---

52) *Ibid.*, p. 156.

독일 침투 시도와 같은 첩보활동과 사보타주의 방지였다. 방첩대(CIC)의 2차적 역할은 나치당을 해산하고 독일군 고위장교와 같은 적시된 집단을 심문하기 위해 체포하고 나치당원들을 공직에서 배제하는 것이었다. 다른 말로 하면 민간인 정부의 회복이 미군의 우선 정책이 아니었다.[53] 키신저는 분명히 본질적인 공적 서비스를 회복하려는 것을 도왔지만 이것은 독일 민간인들이 아니라 미군의 필요에 봉사하는 것이었다. 훨씬 더 중요한 것은 미국 정부가 철저하게 실시한 탈나치화(denazification)의 과정이었다. 헨리 키신저에게 승진과 훈장을 모두 가져다 준 것은 그런 임무수행 과정의 어려움을 극복하는 그의 능력이었다. 그가 받은 동성 훈장(the Bronze Star)은 크레펠트에서 받은 것이 아니라 1945년 4월 1일 그와 그의 제84사단 전우들이 베젤(Wesel)강을 건넜던 라인강의 반대 쪽에서였다.[54]

유럽에서 전쟁의 마지막 단계는 여러 가지로 미국의 장병들에게는 황홀했다. D-Day에 따른 심한 난타공격들과는 대조적으로 그들은 라인강으로부터 엘베강까지 미국식 전격작전으로 휩쓸었다. 도전은 점차 이 고도의 기갑군에게 어떻게 휘발유와 타이어를 계속 보급하느냐 그리고 역사상 가장 잘 먹인 군대에게 음식물을 계속 보급하느냐의 병참 문제였다. 크레펠트에서처럼 종종 그들은 거의 아무런 저항에 직면하지 않았다. 주기적으로 미국인들은 최후의 1인까지는 아니지만 최후의 총알 한 발까지 결연히 싸우려는 독일의 육군 그리고 특히 SS 친위부대들의 끈질긴 저항에 부딪칠 것이다. 이것이 제84사단이 베저

53) Niall Ferguson, *Kissinger 1923-1968*, Vol. 1, *The Idealist*, New York: Penguin Press, 2015, p. 158.
54) *Ibid.*, p. 161.

(Weser) 강을 건널 때 경험이었다. 어떻게 때때로 제대로 무장하지 않은 젊은이들이 이미 전쟁에서 분명히 패배하였는데도 불구하고 압도적으로 우월한 군대에게 대항하여 자신들의 생명을 무릅쓰고 또 죽어가는지를 이해하기가 어려웠다. 많은 젊은이들이 교육과 선전에 고무되어 정말로 환상적인 나치였다. 그리하여 제3제국에게 바그너(Wagner)의 오페라 "신들의 황혼"(Götterdämmerung)에 버금가는 종말을 맞았다. 이런 진단은 키신저 같은 방첩대(CIC) 요원의 임무에 고도의 중요성을 부여했다. 만일 나치가 점령군에게 파르티잔이나 테러 작전을 수행하려고 계획했다면 그것이 시도되기 전에 그것을 분쇄하는 것이 대단히 중요했다.

4월 9일 제84사단은 소총병들이 행복하게도 셔먼(Sherman)탱크 위에 앉아서 하노버(Hanover)의 인근에 도착했다. 다음날의 공격은 짙은 안개 속에서 시작되었는데 미군들은 안개 덕택에 기습공격을 할 수 있었다. 짧은 전투 이후에 모든 것이 끝이 났다. 크레펠트에서처럼 미군 장병들은 엄청난 양의 포도주와 음식 그리고 술을 즐길 수 있었다. 새로 승진한 키신저 병장(Sergeant)은 현지 주민들이 유순한 것을 발견했다. 그러나 4월 13일 방첩대(CIC)의 어려운 작업이 시작되었다. 키신저와 그의 동료 요원인 로버트 테일러(Robert Taylor)는 하노버 게슈타포의 한 명인 빌리 호오게(Willi Hooge)를 체포하여 심문했다. 호오게는 자기 게슈타포 동료들 6명이 지하 저항조직의 중추를 수립하기 위해 하노버에 남아 있음을 인정했다. 다음 날 일찍 키신저와 테일러는 무장하고 6인 용의자들의 집을 급습했다. 그들 가운데 하나인 헤르만 비티히(Hermann Wittig)를 제외하고 아무도 없었지만 그들의 처들이 체포되었다. 비티히의 심문으로 2명의 이름을 더 알게 되었다. 그리하여 그들은 차례로 체포되었다. 체포된 자들의 말은 점령된 독일에서 미군에 대한 계획적 사보타주의 관련성을 인정하였을 뿐만 아니라 독일이 점령한 여러 지역에서 폭력행위를 지원한 증거들로 놀라웠다. 비록 공식적 인용문은 1945년 2월 28일 독일에서 적에 대항하는 군작전과 관련된 공적이 있는 봉사라고 보다 넓게 언급했지만 키신저가 4월 27일 "동성"(the Bronze Star) 훈장을 수상한 것은 주로 이 게슈타포 비밀조직들을 분쇄했기 때문이었다.[55]

게슈타포 비밀조직을 일망타진하기 며칠 전에 키신저는 그와 제84 사단 장병들이 알렘(Ahlem) 집단수용소를 우연히 마주쳤을 때 눈앞에서 홀로코스트를 목격했다. 오랫동안 키신저는 이 사건에 대해서는 말하지 않았다. 미국인들이 알렘에서 발견한 것은 죽고 또 죽어가는 사람들이었다. 막사들 안에도 역시 수많은 시체들이 있었다. 그리고 약 750명의 시신이 근처 대규모 무덤에 매장되어 있었다. 전쟁이 종식되었을 때 적어도 5백 20만 독일 장병들과 2백 40만 이상의 민간인들이 죽었다. 총 사망률은 독일 전쟁 전 인구의 10%에 접근했다. 놀라운 정도로 이 사상자들은 전쟁의 마지막 해에 발생했다. 보다 많은 독일 병사들이 전 전쟁 기간 중 마지막 12개월 동안의 싸움에서 그들의 생명을 잃었다. 민간인 사상자들도 역시 증가했다. 총체적으로 30만에서 40만 사이의 독일 군인들과 민간인들이 D-Day(1944년 6월 6일)와 1945년 5월 8일 독일의 무조건 항복일 사이의 기간에 그들

---

55) Niall Ferguson, *Kissinger 1923-1968,* Vol. 1, *The Idealist,* New York: Penguin Press, 2015, p. 163-164.

의 생명을 잃었다. 독일인들은 자국의 육군을 코카서스(Caucasus)와 채널 제도(the Channel Islands) 같이 먼 곳까지, 그리고 또 노르웨이(Norway)에서 북아프리카(North Africa)에까지 밀어붙였다. 그러나 보복은 주로 독일 땅에서만 그들에게 행해졌다.

결국 살인자들은 자살했다. 승리자들의 정의에 직면하기보다 자살을 선택한 것은 히틀러(Hitler), 괴벨스(Göbbels), 그리고 히믈러(Himmler) 같은 최고 나치 지도자들만이 아니었다. 많은 독일인들도 패배하자 죽음을 택했다. 1945년 4월에 베를린에서 3,881명의 자살이 있었는데 이것은 3월에 비해 거의 20배에 달했다. 이런 자기 희생을 히틀러의 바그너 판의 최종적 승리라고 보려는 유혹이 있다. 그러나 자살한 사람들의 상당수는 그들의 정복당한 조국의 진실로 견딜 수 없는 양상들에 반응하고 있었다. 한 소련군 장교는 첫 편성군들이 시계들을 훔치고, 두 번째 편성군이 여자들을 강간하고, 세 번째 편성군은 가정용품들을 처리했다고 말했다. 2개의 베를린 주요 병원은 수도에서 9만 5천 명과 13만 명 사이에서 강간의 희생자들을 추산했다. 모두 합치면 소련군대가 스탈린의 선전에 의해 고무된 체계적인 난폭한 보복의 일환으로 2백만 명 이상의 독일 여성들을 강간한 것으로 보인다.[56]

1945년 2월 얄타회담(the Yalta Conference)에서 영, 소, 미, 3대 강국들은 독일을 각국의 점령지대로 분할하기로 막연하게 동의했고 당연히 그렇게 이루어졌다. 독일의 점령에 영광은 없었다. 아이젠하워 사령관으로부터 미국의 점령지대를 인수한 루시우스 클레이(Lucius D. Clay) 장군의 말에 의하면, 태평양에서 여전히 전쟁이 계속되고 있는

---

56) *Ibid.*, p, 170.

데 패배한 지역을 관리하는 것은 군인에게는 죽음처럼 보이는 종식에 관한 것이었다. 직업적 전사들은 일본인들과 싸우고 싶어서 안달이 났지만 대부분의 징집 장병들은 단지 집으로 돌아가길 열망했다. 그러한 이유에서 클레이 장군은 독일에 유능한 장교들을 붙잡아 두려고 애를 썼다. 그는 일은 고되고 재미는 없었다고 회고했다. 그래서 장교들이 원하지 않으면 그들을 민간인 신분으로 남도록 설득했다. 독일에 남은 요원들 가운데 병장인 헨리 키신저가 있었다. 키신저에게 미육군은 기대하지 않았지만 그의 성미에 맞았다. 그는 제84사단의 전우애가 좋았다. 그의 부대는 전형적인 미국인 집단이었고 그래서 그것은 아주 중요한 부대 경험이었다.

헨리 키신저에게 제2차 세계대전은 아주 좋지 않은 날씨에 엘베강 (the River Elbe) 강둑에서 끝났다. 1945년 5월 2일 제333대대의 보병 부대들은 배로우(Baelow)에서 소련의 제89군단의 병사들과 접촉했다. 러시아인 들과의 접촉은 많고 다양했다고 키신저는 썼다.[57] VE Day 로 명명된 날인 5월 8일 크래머는 볼링(Bolling) 장군의 명령을 받아 독일 항복의 중대한 의미와 더 이상의 저항이 독일 국민에게 가져올 결과에 관해서 확성기가 달린 자동차를 이용하여 간단한 방송을 하였다. 그런 방송은 독일 사회를 탈나치화 하려는 야심적 시도의 첫 잠정적 조치였다. 그렇다면 이 어려운 임무를 정확하게 누가 착수할 것인가? 그 대답은 지금 키신저가 속해 있는 기관, 즉 방첩대(CIC)였다. 탈나치화의 큰 문제는 어디에서 선을 긋느냐는 것이었다. 이론적으로

---

57) Niall Ferguson, *Kissinger 1923-1968,* Vol. 1, *The Idealist,* New York: Penguin Press, 2015, p. 177.

는 확실한 나치와 기회주의자들, 지도자들과 추종자들, 그리고 보전자들과 수동적인 자들 사이에 분명한 구별이 있었다. 그러나 실제로는 그런 구별이 모호했다. 1945년 8월 15일자 "나치들과 군국주의자들의 제거"라는 아이젠하워 장군의 명령은 방첩대(CIC)의 관할 범위가 확장되어 단지 공직에서 뿐만 아니라 기업과 전문직에서 나치와 군국주의자들을 포함했다. 그런 사람들은 그들의 직업을 상실할 뿐만 아니라 그들의 재산도 또한 압류될 수 있었다. 이 명령의 보완은 9월 26일 자 클레이의 법률 제8호였다. 그것은 136개의 의무적 제거 분류에 속하는 전 나치(the former Nazis)는 오직 천한 일에만 재고용될 수 있었다.

방첩대(CIC) 요원인 키신저에게 범죄자들을 찾아내는 과업은 어려운 일이었다. 지역적 게슈타포의 본부들은 헤스(Hess)의 수도인 다름슈타트(Darmstadt)에 대한 폭격의 파괴 후에 이미 벤스하임(Bensheim)으로 이동했다. 그가 하는 일은 억류하고 심문하고 또 억류하는 사실상 경찰의 일이었다. 이런 일에 키신저는 탁월했다. 그의 지휘 장교는 키신저를 벤스하임 사무실에서 가장 소중한 장병이라고 서술했다. 1946년 4월에 키신저는 미국 점령지대의 제2지역의 사령관에 의해서 유럽 내 방첩대(CIC)의 최고 조사관으로 지명되었다. 탈나치와 작업에 대한 가장 쓰라린 불평은 방첩대(CIC)가 "미국인들의 게슈타포" (the Gestapo of Americans)라는 것이었다. 한 가지 점에서 그 부대는 실제로 게슈타포를 계승했다. 그것은 밀고자들에게 의존한다는 것이었다. 이것이 탈나치화의 아킬레스의 건(the Achilles' heel)이었다. 1945년 11월 키신저는 이미 민간인 직업을 신청하여 조사의 정치적 연구, 서베이 방식의 조사, 혹은 민간 행정에서 고용을 추구했다. 그러나 흥미롭게도 그에게 제안된 첫 직업들은 유럽과 지중해 작전 현장을 위한 전쟁범죄 활동과 연계된 조사관들과 심문관들 가운데 하나가 되는 것이었다. 또 다른 선택은 군사정부에서 정치정보와 뉴스통제관의 직업이었다. 그러나 이런 직업은 그가 군에 남는 것을 의미했다. 그래서 그는 대신에 바바리아의 오버아머가우(Oberammergau)에 있는 미군 유럽 전구 정보학교(the U.S. Forces European Theater Intelligence School)의 점령동화부(the Occupational Orientation Department)의 교관으로서 그의 첫 번째 가르치는 자리를 수락했다.[58]

1946년 초에 이르러 나치스의 비밀 동조자들이 아닌 새로운 적이 미국인들의 마음속에 부상하고 있었다. 프랭클린 루즈벨트 대통령과 그의 보좌진은 최선의 방어 형식으로 유럽의 민주주의 정치적 전복의 형태로 무자비한 스탈린이 공격을 채택할 것이라는 것을 예상하는데 완전히 실패했다. 공산주의 전복자들에 대응하는 키신저의 건의는 엄격했다. 그는 일반적인 법칙으로 공산주의자들은 공직에 임명되지 말아야 하며 또 공산주의에 우호적인 사람들은 면밀히 관찰되어야 한다고 썼다.[59] 벤스하임에서 처럼 키신저는 오버아머가우에서도 책상에만 묶여 있지 않았다. 그는 베를린, 바트 나우하임, 바덴-바덴, 그리고 비스바덴에 강의를 위해 파견되었다. 이런 강의들을 위해 하게 된 출장은 그와 그의 동료 강사들에게 현장에서 방첩대(CIC)가 직면하는 문제들을 스스로 알게 해주었다. 바덴-바덴에서 돌아오는 길에 그들

---

58) Niall Ferguson, *Kissinger 1923-1968,* Vol. 1, *The Idealist,* New York: Penguin Press, 2015, p. 191.
59) *Ibid.,* p. 199.

은 벤스하임에서 한 공산주의자들의 대규모 집회를 포함하여 미국의 권위에 대한 주요 공산주의자들의 증거를 발견했다. 그런데 그곳에서 공산주의자들은 미 군사정부 구성원들을 바보들(idiots)이라고 규정하고 다양한 방첩대(CIC) 밀고자들을 호명했으며 또 자신들은 공산당원이 아님을 강조했다. 1946년 10월에 비스바덴에서 돌아올 때 키신저는 다름슈타트(Darmstadt)에 잠시 들러 현재 러시아의 침투방법들과 그러한 경향에 대처하는 미국의 시도들을 알게 되었다. 키신저의 보고서는 탈나치화가 왜 그렇게 빨리 숨어 있는 빨갱이들(the Reds under bed)의 수색에 양보해버렸는지를 분명히 해주었다.

> "방문한 대부분의 지역에서 여러 가지 이유들로 인해서 공산주의자들이 나치심판의 통제권을 획득했다. … 다른 방법들은 간첩활동을 위장하기 위해서 핵심적 직위, 특히 경찰에 침투하는 것으로 이루어졌다. 3지구에서 간첩망이 발견되었다. 그런데 그것은 그곳에서 독일 경찰의 채널들을 이용하여 러시아인들에게 정보를 공급했다."[60]

방첩대(CIC)를 위한 문제들은 용의자들의 습격, 체포 그리고 신체적 심문인 강력한 개성에 의해서 수행될 수 있는 것으로부터 그들의 전복 집단들을 관찰하고, 작전 형태를 분석하고, 어떻게 확실히 의미 없는 행동이 외국의 필요성에 대항하여 계획된 것인지의 여부를 이해하는 보다 더 섬세한 목적으로 바뀌었다고 키신저는 지적했다. 오버

---

60) Niall Ferguson, *Kissinger 1923-1968*, Vol. 1, *The Idealist*, New York: Penguin Press, 2015, p. 200에서 재인용.

아머가우에 있는 학교는 독일에서 외국의 정책을 형성하는 세력들과, 그들의 정보활동 추세, 그리고 전복집단들의 배경, 역사, 및 목표들에 대해 보다 많은 관심이 필요했다.[61]

키신저는 오버아머가우에서 공산주의자들의 전복의 유령 이상을 보았다. 그것은 또한 그가 앞으로 다가올 20년 이상을 보낼 그런 종류의 학술적 환경에 접했다. 그리고 유럽 전구 정보학교에서 키신저는 평생 친구이며 동료들이 될 다른 탁월한 강사들을 만났다. 그러나 1946년에 그들은 아직 젊었으며 오직 최근에 군생활의 제약에서 벗어났다. 오버아머가우에서 사교적 삶이란 쾨니히-루드비히 슈트라세에 있는 하숙집 주변에서 맴돌았다. 크래머 박사가 그곳에서 부인 그리고 아들과 함께 살았다. 1947년 6월 키신저는 귀국할 준비가 되었다. 전쟁에서 돌아오는 많은 젊은이들처럼 자신의 귀향이 쉽지 않을 것이라는 것을 그는 알았다.

그러나 제2차 세계대전 없이 키신저의 정치적 경력을 상상하기는 불가능하다.[62] 1943년 1월에 미육군에 징집되어 전쟁 중인 유럽에서 복무한 뒤 1947년 7월에 민간인으로 귀국할 때까지 그는 단순한 보병 장병을 넘어섰다. 그의 긴 군생활 중 그가 전투에 직접 참가하지는 않았지만 전투현장의 목격과 체험을 통해, 그리고 방첩대 특별요원으로서 동성(the Bronze Star) 훈장을 받는 탁월한 체험을 통해, 그리고 정보학교 교관으로서 경험 등 다양한 경험을 통해 키신저는 이제 아주 성숙한 사나이가 되었다. 이런 체험과 경력은 그에게 큰 자산이었

---

61) *Ibid.,* p. 200.
62) Thomas A. Schwartz, *Henry Kissinger and American Power,* New York: Hill and Wang, 2020, p. 18.

다. 나치의 경험은 인간의 삶에 대한 키신저의 강력한 비극의 감각과 인간 본성과 사회에 대한 깊은 비관적 견해의 형성에 기여했다. 그러나 전시는 동시에 그에게 세계를 열어주었고 그의 자신감, 즉 군인으로서, 점령자로서, 행정가로서, 그리고 교사로서 자기 업적의 자부심과 자신의 지적 능력과 미래에 대한 약속, 강력한 신념, 심지어 오만에도 기여했다.[63] 전쟁은 키신저를 성숙시켰고 그의 지평선을 넓혀주었으며 그의 야심을 불러 일으켰다.[64]

군복무 중 이런 모든 변화에 대해서는, 무엇보다도, 프리츠 크래머 박사와의 상봉이 전환점이 되었다. 크래머 박사는 키신저의 보수주의를 강화하고 나치나 공산주의 같은 급진주의를 경멸하게 했다. 그는 자부심에 찬 교사였고 키신저는 역사적 교훈들을 흡수하고 크래머가 추천하는 철학자들을 읽는 헌신적인 학생이었다. 크래머는 그의 독서와 사고방식 형성, 그리고 대학의 선택에 영향을 미쳤다.[65] 그는 젊은 키신저에게서 우선 철학과 역사에 대한 관심을 일깨웠다. 그리하여 그것들은 키신저의 학부 및 대학원 논문주제가 되었고 키신저의 삶에서 내적이고 불가결한 것이 되었다.[66] 크래머 박사는 키신저에게 신사는 뉴욕시립대학에 가지 않는다며 그에게 부모님이 계시는 도시에서 멀리 벗어나라고 권유했다.[67] 그리하여 그는 자신의 운명의 궤

---

63) *Ibid.,* p. 26.

64) Walter Isaacson, *Kissinger: A Biography,* New York: Simon & Schuster, 1992. p. 57.

65) Abraham R. Wagner, *Henry Kissinger: Pragmatic Statesman in Hostile Times,* New York and London: Routledge, 2020, p. 11.

66) *Ibid.*

67) Ralph Blumenfeld, *Henry Kissinger: The Private and Public Story,* New York: New American Library, 1974, p. 80.

도를 열어준 하버드 대학교에 입학을 신청하게 된다. 지금부터 헨리 키신저는 생의 새로운 궤도에 진입하게 될 것이다. 그의 군생활은 헨리 키신저의 미국화를 완성했다.[68] 그는 이제 정말로 "미국인"이 되었다.

키신저에게 홀로코스트는 신의 의지와 역사의 발전 사이의 연계를 파괴했다. 충실한 유대인들에게 역사의 의미는 신의 의지와 신의 정의에 대한 그것의 연결로 이해된다. 그러나 나치의 공포를 목격한 후에 키신저는 유대교의 실천을 포기하고 하버드 대학교의 젊은 학생으로서 그는 역사의 의미를 발견하기 위한 대안적 방법의 지적탐구에 착수할 것이다.[69]

---

68) Barry Gewen, *The Inevitability of Tragedy: Henry Kissinger and His World,* New York: W. W. Norton, 2020, p. 98.

69) Walter Isaacson, *Kissinger: A Biography,* New York: Simon & Schuster, 1992, p. 30.

제4장
지적자본(intellectual capital)의 축적: 하버드 시절

"어떤 것에 관해 절대적으로 확신하기 위해서 우리는 그것에 관해서 모든 것을 알거나 아니면 아무 것도 알지 못해야 한다."
— 헨리 키신저—

헨리 키신저도 제2차 세계대전 중 프랭클린 루즈벨트 대통령(Franklin D. Roosevelt)이 제정한 이른바 "지아이 빌"(the GI Bill)의 수혜자로 대학에 가는 200만 명 이상의 미국인 장병들 가운데 한 사람이었다. 따라서 그가 제2차 대전에 참전하지 않았더라면 아마도 그는 뉴욕 시립대학을 졸업하고 재학 시에 그가 원했던 회계사가 되었을 것이다. 1944년 "장병 재조정법안"(the Servicemen's Readjustment Act)은 공부하기를 원하는 귀향 장병들에게 등록금을 대주었다. 그것이 없었더라면 키신저에게 하버드 대학교는 이룰 수 없는 꿈으로 남았을 것이다.[70]

---

70) Niall Ferguson, *Kissinger 1923-1968*, Vol. 1, *The Idealist*, New York: Penguin Press, 2015, p. 210.

키신저는 1947년 4월에 GI 빌에 입각하여 하버드 대학에 입학하고 싶다는 편지를 썼다. 그리고 그는 영어와 정치학을 전공하고 싶다고 밝혔다. 오직 한 분야의 집중만이 허용되는 하버드에서 이것은 실제로 불가능했다. 또한 하버드에서는 정치학(political Science)이 아니라 정부학(Government)이 있었다. 더구나 4월은 입학원서를 제출하기에 아주 늦은 단계였다. 키신저는 컬럼비아, 코넬, 뉴욕대학교, 펜실베니아 대학교, 그리고 프린스턴 대학교에도 편지를 썼다. 이 대학교들은 모두가 키신저를 거부했다. 그는 부모에게 조지 워싱턴 고등학교와 라파예트 대학의 학점, 주제, 보고서 점수 등 모든 기록들을 보내 달라고 촉구했다. 하버드는 야간 대학의 학점을 인정하지 않았다. 그래서 뉴욕 시립대학의 기록은 그를 돕기보다 그의 기회를 손상할 것으로 생각되었다. 그래서 이것은 제외시켰다. 그러나 그의 염려는 근거가 없었다. 그의 신청서가 아주 인상적이어서 하버드에서 입학을 허가했을 뿐만 아니라 그해 뉴욕시민에게 수여하는 2개의 하버드 국가 장학금 가운데 하나도 받게 되었다. 그해 7월에 키신저는 독일에서 귀국하여 같은 달 하순에 케임브리지를 처음으로 방문했다. 그리고 하버드 대학교가 뉴욕 시립대학교에서 그의 전쟁 전에 이수한 학점을 인정하여 그는 사실상 2학년 학생으로 9월에 공부를 시작했다.

키신저의 초기 학문적 경력은 그의 군대 멘토였던 프리츠 크래머 박사의 열정적 지원의 혜택을 입었다. 그도 미국으로 귀환했지만 워싱턴으로 귀환해서 그곳에서 육군차관보의 보좌역, 그리고 나서는 유엔 구제부흥기구(the United Nations Relief and Rehabilitation Administration)의 주임 역사가의 고위 연구보조로 일했다. 크래머는 키신저를 위한 그의 특징적으로 예리한 추천서에서 이렇게 썼다.

"나는 키신저의 자격이 예외적이라고 간주하는 것을 주저하지 않겠다. 그는 끈기 있고 부지런한 공부와 연구를 위한 능력을 갖고 있다. 그는 단순히 학위를 받기 보다는 현상의 보다 깊은 이해를 얻기 위해 공부하는 아주 드문 유형의 학부생이었다. 그는 냉소주의, 허무주의적 상대주의나 정치적 급진주의에 빠질 흔한 유형의 지식인으로 발전하지 않을 것이다. 그는 놀라울 정도로 이기적이지 않고, 또 그는 소위 총명한 많은 소년들에게서 발견되는 야심과 빛나는 멋이 없다. 키신저의 유일한 약점이란 활발한 유머감각의 부재와 쌍을 이루는 비록 우호적이지만 그의 다소 젊은이 같지 않은 진지함이다."[71]

대학에 가는 대부분의 젊은이들은 그곳에서 그들의 확고한 우정을 만든다. 그러나 그것은 키신저의 기대가 아니었다. 당시 하버드 동급생들을 찾아 나선 언론인들은 이런 우정의 부재에 놀랐다. 우리는 1940년대의 하버드를 낭만적으로 상상하려는 유혹을 받는다. 그것은 오해이기 쉽다. 그러나 1947년 가을에 하버드는 인기 없는 아수라장이었다. 우선 만성적 주택의 부족을 겪고 있었다. 전쟁 전에 총 8천명의 학생들에게 익숙했던 하버드 대학교는 전후 장병들이 돌아오자 1만 2천 명에 가까운 학생들을 감당해야만 했다. 그리하여 학부생들을 위한 시설에 대한 압박이 특별히 심각했다. 지난 여름에 입학한 키신저는 숙소의 배정에서 아마도 좋지 않았을 것이다. 신입생으로서 그는

---

71) Niall Ferguson, *Kissinger 1923-1968,* Vol. 1, *The Idealist,* New York: Penguin Press, 2015, p. 211.

하버드 유니온(the Harvard Union)에서 식사를 했지만 분명히 사교적이길 원하지 않았다. 그는 하버드에 공부하러 왔고 그래서 자기의 룸메이트들이 겁먹을 정도로 맹렬하게 공부했다. 그는 새벽 1~2시까지 독서를 했다. 그는 엄청난 추진력과 규율을 갖고 있었다. 그는 생각에 젖어 많은 시간을 보냈다. 그는 모든 것을 흡수했다. 그는 래드클리프(the Radcliffe) 여학생을 쫓지 않았다. 그는 자신의 옷차림에 전혀 신경을 쓰지 않았다. 그는 대학의 스포츠도 대체로 무시했다. 그가 애덤스 하우스(Adams House)에 입주했을 때에는 더욱 밖으로 나오지 않았다. 키신저는 자기의 생애에서 처음으로 습관적 독서와 글쓰기에서 오는 황홀함을 경험했다. 그는 일종의 은둔자가 되었다.[72] 즉 그는 하버드에서 "보이지 않는 사람"(the invisible man)이었다.[73]

키신저가 래드클리프 여학생들에게 전혀 관심을 보이지 않았던 이유는 간단했다. 1948년 말에 그는 앤 플레이셔(Anne Fleischer)와 약혼했다. 플레이셔 가족은 정확하게 키신저의 가족들처럼 독일의 정통 유대교 출신이었다. 키신저 가족들처럼 그들도 워싱턴 하이츠에서 새롭지만 전적으로 다른 삶을 살지는 않았다. 앤은 그곳에서 조금 살았을 뿐이다. 그녀는 콜로라도 스프링스에서 1년을 보냈는데 그때 그녀는 호텔에서 일하면서 몇 개의 과목을 청강했다. 그녀는 부기를 공부했다. 1949년 2월 그녀의 키신저와 결혼은 그의 부모들의 염원이었다. 결혼한 앤(Anne)은 이름에서 e를 뺀 앤(Ann)이 되었다. 그들은 알

72) Stephen R. Graubard, *Kissinger: Portrait of a Mind,* New York: W. W. Norton, 1974, pp. 4-5.
73) Niall Ferguson, *Kissinger 1923-1968,* Vol. 1, *The Idealist,* New York: Penguin Press, 2015, p. 223.

링턴의 플로렌스 스트리트 49번가에 있는 아파트에서 신혼살림을 꾸렸고 그후 하버드 캠퍼스의 서쪽으로 8마일 정도 떨어진 로웰 애비뉴 495번지에서 살았다. 그녀는 가구점에서 일했다. 더구나 1950년대 많은 학문종사자의 부인처럼 앤은 키신저에게 그의 논문을 타자로 치는 등 무료로 비서 노릇을 해주었다.

하버드 학부 첫 해 성적은 탁월했지만 최고는 아니었다. 그에겐 논리학 과목에서 B 학점이 하나 있었다. 비록 그의 성적이 원로 교수를 지도교수로 확보할 수 있을 만큼 충분히 좋았지만 학술적 엘리트, 즉 파이 베타 카파(Phi Beta Kappa)의 하버드지부에 선출되는 것은 그가 4학년이 될 때까지 기다려야 했다. 키신저는 아마도 크래머의 권유로 정치학, 즉 하버드에서는 정부학을 집중적으로 전공하기로 선택했다. 그리고 정부학과는 순전히 관료적인 이유로 키신저를 윌리엄 얀델 엘리엇(William Yandell Elliott) 교수에게 배당하였다.[74] 키신저가 엘리엇 교수를 처음 만났을 때 그는 언제든 서류들의 무게에 금방이라도 뒤집어 질 것만 같은 책상 앞에 앉아서 심난한 분위기에서 종이들을 뒤적이고 있었다. 키신저는 엘리엇 교수의 비서가 연구실 밖에 있었기에 그의 연구실을 자세히 살펴보았다. 키신저의 방문 목적은 자신의 군대 경험에 비추어 그가 신성모독과 같은 질문으로 간주하는 것을, 즉 "정부1"이라는 과목을 이수해야 할지의 여부를 묻기 위한 것이었다. 그 질문은 엘리엇 교수의 우울함을 확대하는 것처럼 보였다. 엘리엇 교수는 키신저에게 또 하나의 과목, 즉 "정부 1a" 과목을 이수

---

74) Niall Ferguson, *Kissinger 1923-1968,* Vol. 1, *The Idealist,* New York: Penguin Press, 2015, p. 229.

하라고 충고했다. 분명히 엘리엇 교수는 신경을 쓴 것이었다. 그 과목도 엘리엇 교수가 가르치고 있었다. 키신저는 강의들의 내용보다는 형식에 더 많은 인상을 받았다. 엘리엇 교수에게 정치이론은 역사적으로 공부하거나 변증법적 탁월성을 과시하기 위해 사용되는 추상적 주제가 아니었다. 그것은 선과 악이 존재에 의미를 부여하기 위해 끝없는 투쟁 속에 있고 또 서사시들이 행동을 위한 처방으로 보이는 모험이었다. 바로 이런 이유에서 키신저는 엘리엇 교수가 그의 지도교수로 정해진 것을 후회하지 않았다.[75]

　엘리엇 교수는 학생의 재능을 예리하게 간파했다. 그의 지도 학생들 가운데에는 존 케네디(John Kennedy), 딘 러스크(Dean Rusk), 그리고 맥조지 번디(McGeorge Bundy) 같은 미래의 지도자들이 있었다. 바쁜 엘리엇 교수는 그를 기다리게 하더니 마침내 고개를 쳐들고 "오 하나님, 또 한 명의 지도학생이군"이라고 소리쳤다. 그리고 그는 키신저에게 그가 매우 칭송하는 철학자 임마누엘 칸트(Immanuel Kant)에 관한 논문을 과제로 주면서 키신저가 읽어야 할 긴 도서 목록을 읊어댔다.[76] 그리고 그는 키신저에게 칸트의 <순수이성비판>(*Critique of Pure Reason*)을 읽은 후에 보자고 말했다. 그것은 철학에 별로 훈련 받지 않은 누구에게나 간단한 과제가 아니었다. 키신저는 두말없이 곧바로 도서관으로 가서 책들을 대출하여 그것들을 읽기 시작했다. 그 결과 키신저는 반학기에 걸쳐 그 논문을 끝냈다. 엘리엇은 키신저로 하여금 그 논문을 자기 앞에서 읽게 했고 중간 즈음에서 그의

75) *Ibid.*, p. 235.
76) Thomas A. Schwartz, *Henry Kissinger and American Power: A Political Biography*, New York: Hill and Wang, 2020, p. 27.

무관심한 것 같은 반응이 사라졌다. 그 논문에 깊은 인상을 받은 엘리엇 교수는 키신저가 칸트와 스피노자의 결합이라고 천명했다. 그리고 그는 키신저에게 역사가로서가 아니라 창의적 철학자로서 정치이론을 공부하라고 제안했다. 그런 생각은 결코 키신저가 미처 생각하지 못했던 것이었다.[77]

엘리엇 교수는 크래머 박사처럼 키신저의 재능을 알아챘다. 그의 지도는 키신저에게 단지 서양철학의 고전들뿐만 아니라 문학에도 파고들으라고 지도했다. 그의 독서 과제는 호머(Homer)에서 헤겔(Hegel)과 기타 많은 것을 거쳐 도스토예프스키에 이르렀다. 키신저가 4학년이 되었을 때 엘리엇은 키신저로 하여금 자신의 원고에 코멘트를 요구하기까지 했다. 1949년 10월 파이 베타 카파(Phi Beta Kappa)에 보내는 추천서에서 자기의 학생을 학생이기보다는 성숙한 동료 같다고 서술했다. 그는 과거 5년 동안 키신저가 보여준 만큼 깊이와 철학적 통찰력을 가진 학생을, 심지어 "숨마 쿰 라우데"(Summa cum Laude) 집단에서도 본 적이 없다고 말했다. 그는 "키신저의 마음에 관대함이 부족하고 그것의 체계적 철저함에서 독일적(Teutonic)이다. 그는 어떤 감정적 황야를 갖고 있지만 그것은 아마도 피난민의 기원에서 이따금 나오는 것이다. 키신저가 예술과 인문학의 어떤 측면, 특히 미학적인 면에서, 자신의 폭을 발전시킬 필요가 있다"고 엘리엇은 썼다.[78] 이 추천서는 키신저가 학부생으로서 금자탑 같은 업적인 자신의 졸업논문을 제출하기 이전에 쓰인 것이며, 또한 키신저에 대한 윌리엄 얀델

77) Niall Ferguson, *Kissinger 1923-1968,* Vol. 1, *The Idealist,* New York: Penguin Press, 2015, p. 236.
78) *Ibid.*

엘리엇 교수의 영향에 관한 항구적 증거가 될 것이다.

헨리 키신저의 학부 명예 졸업 논문인, "역사의 의미: 슈펭글러, 토인비, 그리고 칸트에 대한 평언"(The Meaning of History: Reflections on Spengler, Toynbee and Kant)은 역사상 하버드 학부졸업논문 중 가장 길고 또 현재의 길이에 대한 제한(3만 5천 단어나 약 140 페이지)을 가져온 기원으로 알려져 있다. 그것은 여전히 키신저 법칙으로 알려져 있다.[79] 그 논문은 길이가 388페이지이고 그것도 헤겔과 슈바이쳐(Schweitzer)에 대한 장들을 잘라낸 이후의 길이였다. 어떤 설명에 의하면, 심사하던 칼 프리드리히(Carl Friedrich) 교수는 150페이지 이상 읽기를 거절했다고 한다.[80] 그러나 그것의 크기가 가장 현저한 것은 아니었다. 3년 간 독서의 눈부신 이 추출물 속에 키신저는 단지 슈펭글러, 토인비, 그리고 칸트뿐만 아니라 콜링우드, 단테, 다윈, 데카르트, 도스토예프스키, 괴테, 헤겔, 홉스, 호머, 흄, 로크, 밀턴, 플라톤, 사르트르, 슈바이쳐, 스피노자, 톨스토이, 비코, 버질, 그리고 화이트헤드를 다루었다. 그리고 또한 의미의 논리에 대한 부록에서 브래들리, 헌팅턴, 조셉, 푸앵카레, 라이헨바흐, 로이스, 러셀, 셰퍼, 스테빙 그리고 베블런을 포함했다. 그것은 젊은이의 놀라운 책이었다. 그것의 모든 결점에도 불구하고 그 논문은 그것의 숨마(Summa) 점수를 받을 만했다. 그리고 그것은 엘리엇 교수의 키신저에 대한 영향에 관한 소중한 통찰력도 제공해주고 있다.[81]

---

79) Henry A. Kissinger, "Reflections on Spengler, Toynbee and Kant," Undergraduate honors theses, (unpublished), Harvard University, 1950.
80) Ralph Blumenfeld, *Henry Kissinger: The Private and Public Story,* New York: New American Library, 1974, p. 92.

1918년과 1923년 사이에 2권으로 출판된 <서구의 몰락>(*The Decline of the West*)에서 모호한 예언들을 제시한 슈펭글러는 우익과의 연관으로 퇴색되긴 했지만 놀라운 논객이었다. 토인비의 선택은 아마도 엘리엇 교수 때문이었을 것이다. 그것은 <역사연구>(*A Study of History*)의 첫 6권을 현저한 대중적 성공을 반영하기도 했는데 토인비의 역사연구는 1947년 미국에서 1권으로 된 압축본이 출판되었다. 그것은 그해 3월에 <타임>(*Time*)지의 커버스토리가 되어 그 책의 30만부 이상의 판매를 도왔다. 당시 타임지의 헤드라인은 "우리의 문명은 필연적으로 망하지 않는다"(Our Civilization Is Not Inevitably Doomed)이었다. 토인비가 언론에서 반-슈펭글러로 환호를 받았기에 키신저의 선택은 사실상 고도로 시사적이었다. 칸트의 <영구평화론>(*Perpetual Peace*)에 대한 열정은 실제로 그의 원로 지도교수들이 공통으로 갖고 있었기 때문에 야심적 젊은 학자에게 칸트가 슈펭글러와 토인비보다 어떻게 더 우수한가를 보여주는 것은 좋은 전략적 의미가 있었다.[82]

놀랍게도 키신저는 분명한 문제, 즉 세 학자들이 역사에서 인과관계(causation)에 관해 어떻게 다르게 생각했는지에 관한 문제를 논하지 않았다. 그 대신에 키신저는 심오하고 더 어려운 문제, 즉 역사적 결정론의 모든 이론과 개별 인간으로서 우리의 자유의지의 의미 사이에서 인간적 조건 속의 근본적 긴장을 다루는데 초점을 집중하고자 했다. 그가 자신의 문제 제기에서 분명히 했던 것처럼 이것은 그가 강

---

81) Niall Ferguson, *Kissinger 1923-1968,* Vol. 1, *The Idealist,* New York: Penguin Press, 2015, p. 237.

82) *Ibid.,* p. 238.

렬하게 개인적으로 관심을 가진 의문이었다.[83]

　　"모든 사람의 생애에서 자기 젊음의 모든 무제한적 가능성들이 사실상 현실이 되었다고 깨닫는 순간이 온다. 그 순간이 오면 삶이 더 이상 온통 주변이 숲과 산들로 둘러싸인 넓은 평원이 아니지만 그러나 자신의 평원을 통과하는 여정이 실제로는 빤한 길을 걸었으며 또한 이제 더 이상 이 길이나 저 길로 갈수 없고 방향이 정해지고 제한이 정해졌다는 것이 분명해진다. … 지나온 길을 되돌아 볼 때 우리는 그 길의 무정함에 놀라지만 여행을 한 것은 우리이기 때문에 우리가 여기에 있고 우리가 원했다면 우리는 다른 지점에 있을 수 있었을 것이다. … 우리는 우리의 행동에 관한 불가변성, 즉 우리 삶의 방향성의 필연과 자유의 문제에 마주치게 된다. 필연의 의미는 무엇이고 그것은 어디에서 일어나는가? 필연은 과거의 속성이다. 회고적으로 사건들은 필연적이고 발생의 사실은 변경할 수 없음을 증언한다. 인과성이란 그것들의 출현을 이해할 수 있게 만들기 위해서 연속되는 사건들에 마음이 부여하는 유형을 표현한다. … 그러나 모든 사건은 결과일 뿐만 아니라 내적 경험이다. 결과로서 그것이 필연에 지배되듯이 경험으로써 그것은 개성에게 독특함을 노출한다. 자유의 경험과 결정된 환경을 조화시키려는 욕망은 시학의 슬픔이요 철학의 딜레마이다. 합리주의는 그것의 목적을 발생의 객관적 유형으로 간주하고 또 자유와 필연을 동등하게 취급함으로써 이 문제를 해결하려고 시도했다. … 자유는 내적 상태, 즉 모든 행동을 수반하는 태도이다… 행동의 필연에 관해서 우리가 형성하는 모든 개념이 무엇이든 그것들의 성취는 선택의 내부적 신념으로 발생한다. 톨스토이가 말하듯이, 인간이 아무런 자유를 가지고 있지 않다고 생각하는 것은 인간의 삶이 박탈된 경우를

---

83) *Ibid.*

제외하고는 불가능하다. … 자유의 형태 하에서 스스로 성취되는 인과관계의 의미는 무엇일까? 역사철학은 이런 문제들을 다루었다. 그것은 삶의 숙명성을 이해하려는 인류의 염원과 절대성에 대한 신비한 욕구를, 그리고 존재의 기본적 의문들에 대해 의미를 제공하려는 시도를 증언한다."[84]

키신저가 보여주었듯이 그가 선택한 세 권위자들은 이 문제에 대해 서로 다른 답변을 제공했다. 슈펭글러가 3인 중 가장 엄격한 결정론자였다. 그에게 역사는 유기체적 문화들의 성장과 퇴락을, 그것들의 본질은 신비를, 동력은 염원을, 그리고 그들의 표명은 권력을 대변했다. 중요한 것은 생물학으로부터 문화 그리고 문명으로 그리고 다시 생물학으로의 복귀가 키신저에게 설득력이 없었다. 깨어 있는 의식과 되는 것(becoming), 즉 시간과 공간의 대립을 역사와 인과관계로 표현하지만 결정된 환경에서 자유의 경험이라는 딜레마를 해소하지 않는다. 필연과 자유의 관계는 그대로 남아 역사의 의미, 즉 삶의 목적을 추구하도록 우리를 안내한다.[85]

토인비는 목적성의 주장으로 슈펭글러의 형이상학적 한계를 극복하려고 했다. 그는 역사란 하나의 유기체적 과정, 즉 지속적으로 그리고 필연적으로 권력의 새로운 표명을 재생산하는 것이 아니라 응전의 성장의 의지에 찬 발전, 즉 그것의 치명성은 피할 수 없는 죽음의 비극이 아니라 인간의 실패의 증명이라고 증언했다. 문명은 환경적 도

---

84) Henry A. Kissinger, "Reflections on Spengler, Toynbee and Kant," Undergraduate honors theses, (unpublished), Harvard University, 1950, pp. 1-4.

85) *Ibid.,* pp. 31-132.

전에 응전하는 것을 선택할 수 있고 역사의 변형의 절벽을 꾸준히 기어오르는 것을 선택할 수 있다. 그러나 역사의 궁극적인 의미는 신의 의지가 작동하는 것이다. 따라서 키신저는 토인비가 진정으로 슈펭글러를 극복하지는 못했다고 썼다. 역사가 신약성서를 설명하기 위해 계획된 책이 아니라면서 키신저는 토인비의 걸작이 신학적 근거 위에 경험적 방법을 단지 덮어씌운 것이라고 선언했다. 그리하여 필연과 자유의 문제는 해소되지 않았다. 그러나 두 영역이 통일될 수 있을 길이 지적되었다. 만일 자유가 외부적이고 객관적인 현실의 속성이 아니라면 그것은 현상에 그것의 유형을 부여하는 내적 상태의 결과이어야 한다. 만일 도덕성이 성공적 활동에 의해 표시되지 않는다면 우리는 윤리적 행위를 위한 보다 나은 기준을 발견해야만 한다. 자유와 필연의 두 영역은 어쩌면 어찌되었던 이미 결정된 세계에서 자유의 경험을 통해 화해될 수 있다. 역사의 의미는 인간의 도덕적 개성의 발산으로 나타날 것이다.[86]

엘리엇 교수의 지도를 받아 키신저는 칸트가 어떻게 이성에 의해서 인식되고 결정되는 현상의 세계와 내적 경험으로만 인지될 수 있는 사물의 그 자체(things-in-themselves)의 뉴메널(noumenal) 세계 사이의 구별을 통해 자유를 위한 영역을 수립했는지를 보여주었다. 결정된 환경에서 자유의 경험은 결국 잠재적으로 의미가 있는 것처럼 보인다. 키신저는 또한 칸트의 정언 명령(categorical imperative)의 개념을 칭송했다. 윤리학에서 그것의 중요성은 차치하더라도 이 정언명령은 칸트의 역사철학을 위한 틀을 제공했다. 왜냐하면 만일 자유의

---

86) *Ibid.*, pp. 133-259.

초월적 경험이 모든 형이상학적 모습의 핵심에서 보다 큰 뉴메널 진실의 이해를 위한 조건을 대변한다면, 그러면 그것의 금언들 또한 정치적 분야에서 틀림없이 규범들을 이룰 것이다. 그러므로 평화가 인간 노력의 가장 고상한 목적, 즉 인간의 도덕적 개성의 최후의 상태의 긍정이다. 바꾸어 말하면 평화의 추구가 자유의 모든 행위들 가운데 가장 고결한 것이다. 칸트의 역사철학은 자유의 경험과 필연의 지식에 관한 우리의 수수께끼의 해결을 향한 길을 가리켰다. 삶의 의미가 자연의 작동이 거기에 오직 도전만을 제공하는 초월적 경험의 발산으로 보인다. 이런 경험의 만연함은 그것에 규범들을 목적을 가지고 모색함으로써 그 자신의 금언들을 제공하고 필연을 극복한다.[87]

역사는 도덕적 법에 의해 영구평화의 달성을 위한 과업을 노출한다. 정언 명령(categorical imperative)의 가능성이 바로 그곳의 개념에 주어지면 이론과 실제 사이의 갈등이 존재할 수 없다. 역사의 의미는 인간의 운명과 동일한 것이다. 목적성은 현상의 현실에서 노출되지 않지만 영혼의 결의를 이룬다. 자유란 결정된 우주에서는 자리가 없다. 자유와 필연의 영역은 내적 경험이 아니면 화해될 수 없다. 인간의 자유는 자기 환경의 결정된 불가피성을 초월하게 해주는 필연의 인정이다.[88] 그러나 필연의 인정이 어떻게 자유를 의미하는가? 평화를 위해 일하는 의무는 우선 정언명령의 발산으로 보이며 역사적 사건들을 지배하는 객관적 원칙으로 노출될 뿐이다. 키신저에게 이것은 토인비의 경우처럼 역사철학을 도덕률을 얻기 위한 보장으로 확장하

---

87) *Ibid.*, pp. 260-322.
88) *Ibid.*, p. 325.

는 또 하나의 시도를 대변했다. 영구평화의 수립을 자기의 정언명령의 타당성을 수립하기 위해서 칸트는 그것의 가능성을 과시해야만 했다. 그러나 가능성에 대한 그의 증거는 필연의 언명이고 또 정언명령의 도덕적 기반을 부정하는 것으로 보인다. 이런 의미에서 칸트 또한 모든 역사철학에서 내재적인 딜레마, 즉 필연과 가능한 것 사이의 관계를 완전히 해결하는데 실패했다. "영구평화론"에서 칸트가 역사의 목적론적 판(teleological version)을 도입한 것을 부인할 수 없다. 이것은 "자연의 과정을 결정하고 그것이 인류의 객관적인 최종적 목적, 즉 영구평화로 몰아가는 보다 높은 원인의 존재"를 인정하는 것이었다.[89]

그렇다면 헨리 키신저는 최종적으로 어디에 서 있는가? 그 대답은 필연이 아니라 자유의 편에 서 있으며 그 선택은 내향적 경험으로 이해되었다.

"개념적 역사의 필연의 문제는 우리의 자유의 경험에 의해서 미리 판단되기 때문에 해결되지 않은 채 그대로 안전하게 남겨질 수 있다. 자유란 정의할 성격의 문제가 아니라 의미 있는 대안들을 결정하는 과정으로서 삶의 내적 경험이다. 그러나 이것이 무제한적 선택을 의미하지는 않는다. 모두가 시대와 국가 그리고 환경의 산물이다. 그러나 그것을 넘어서 인간은 본질적으로 분석으로 접근할 수 없는 형태의 상, 역사의 창조적 본질, 도덕적 개성을 이룬다. 그러나 우리는 회고적으로 행동들 즉 선택의 내적 신념으로 발생한 그들의 성취를 설명할 수 있을 것이다. 인간은 자신의 행동에 대한 제재를 현상에서 목적의 발견에서가 아니라 오직 자기 내부에서

---

89) Niall Ferguson, *Kissinger 1923-1968*, Vol. 1, *The Idealist*, New York: Penguin Press, 2015, p. 240.

88 헨리 키신저 -외교의 경이로운 마법사인가 아니면 현란한 곡예사인가?-

발견할 것이다. 그것이 심지어 무활동마저 절대적 규범을 가정하기 때문에 칸트에 의해서 정확하게 의무로 보이는 책임이다."[90]

다시 말해서, 자유는 가장 적합한 반응을 불러일으킬 외부적 요인들의 멋진 균형이 아니라 자체의 자극을 추구하는 내적 상태이다. 자유는 대안들의 인정에 의존하는 것 보다 덜 존재에 의존한다. 그리고 또 그것은 정해진 조건에 의존하기 보다는 내향적 경험에 의존한다.[91] 요컨대 자유와 필연의 영역은 오직 내향적 경험에 의해서만 화해될 수 있다. 자유의 경험은 우리들로 하여금 과거의 고통과 역사의 좌절을 넘어서 일어나게 해준다. 이런 정신성에서 인류의 본질이 있다. 키신저에게 신은 아우슈비츠(Auschwitz)에서 죽었다. 키신저의 긴 학부 졸업논문은 자신의 개성과 가치체계의 장기적 측면들을 반영하지는 않았다.[92]

"역사의 의미"는 진정한 이상주의적 논문이었다. 엘리엇 교수의 영향 하에서 키신저는 <영구평화론>을 읽었다. 그리고 그는 칸트의 추론에서 결함을 발견했다. 그러나 개인의 관점에서 어떤 그런 결정론적 계획은 단지 무관했다. 사건들의 필연에 대한 자기의 개념이 무엇이든 그것이 행해지는 순간에 그것들의 필연성이란 행동을 위해 아무런 가이드를 제공할 수 없다. 키신저의 이런 근본적인 통찰력은 1950년대의 세계에 중요한 결과를 가져왔다.

---

90) Henry A. Kissinger, "Reflections on Spengler, Toynbee and Kant," Undergraduate honors theses, (unpublished), Harvard University, 1950, pp. 127-128.

91) *Ibid.,* p. 249.

92) Peter Dickson, *Kissinger and the Meaning of History,* Cambridge: Cambridge University Press, pp. 73-74.

우선, 첫째로 키신저가 자기의 결론에서 명확히 하였듯이 역사의 의미에 대한 그의 반성은 야심적 하버드 학생들이 점차 집중전공으로 간주하는 경제학의 주장에 대해 깊은 회의를 느끼게 했다. 차가운 물질주의적 지성이 낭만적 감상주의를 대치함에 따라 삶은 단지 기술적인 문제가 된다. 사회적 해결들의 광란적 추구, 즉 경제적 만병통치의 광란적 추구는 필연이 객관적 상태이고 그래서 모두가 조금만 더 많은 지식, 단지 하나 더 추가적인 방정식이 물질적 주변의 증가하는 좌절들을 해결할 것이라고 언제나 믿고 있는 영혼의 공허함을 증언한다.

둘째로, 유물론의 한계들은 민주주의에 대한 주장이 객관적 필연의 영역에 있기 때문에 그래서 논쟁적인 경제제도의 효율성에 관한 논의로 전락하는 것은 위험하다는 것을 의미했다. 이와는 대조적으로 자유의 내향적 통찰은 비록 전체주의가 경제적으로 더 효율적이라고 할지라도 그것을 거부할 것이다.

셋째로 그리고 가장 중요한 것으로서 러시아와의 국제적 회의들 (international conferences)이 모든 차이들을 마술처럼 해소할 수 있을 것이라는 주장들은 환상적으로 보인다. 내향적 화해에 대한 항구적인 이해는 단지 차이들의 화해들 이상이기 때문에 회의들 이상을 필요로 하는 것처럼 보였다. 이런 말로 우리는 마침내 키신저가 졸업논문에서 썼던 개인적 자유에 대한 모든 말을 암시적으로 알리는 역사적 사건에 도달했다. 그것은 바로 키신저의 학문적 탁월성으로, 그래서 정치권력으로 부상하는 배경이 되는 사건이었다. 그것은 1950년에 칸트의 영구평화가 심지어 헌신적인 이상주의자들에게마저도 마치 토인비의 기독교적 구원의 순간만큼이나 멀어진 것으로 만들어버린 사건이었

다. 그것은 다름 아닌 바로 냉전(the Cold War)이라는 사건이었다.[93]

　1950년 하버드 대학교 졸업식은 3천 명의 졸업생들에게는 직장의 시작일 뿐만 아니라 새롭고 위험한 시대의 시작이었다. 키신저와 그의 동기생들에게 그들의 삶은 거의 40년 동안 제3차 세계대전의 그림자 아래에 있었다. 독일인들과 일본인들을 상대로 싸웠던 세대에게 한국전쟁은 다음 지구적 대 화제의 바로 서막으로 보였다. 냉전의 심리전을 포함하여 정보 세계로 키신저의 진입은 하버드가 아니라 육군을 통해서 이루어졌다. 1951년 초에 키신저는 육군의 운영분석 연구실(Operation Research Office, ORO)의 상담역이 되었다. 그리고 육군은 특히 한국인들에 대한 미국군사점령에 관하여 "심리적인 영향"에 관한 현지조사연구를 수행할 사람을 원했다. 동아시아에 대한 키신저의 완전한 무지에도 불구하고 그리고 또 한국에 갈 자격을 가진 수많은 태평양 전쟁의 퇴역 군인들이 있었음에도 불구하고 그가 그 일을 맡았다. 그는 수 세기에 걸친 한일간의 적대감에 대해 아무 것도 몰랐다. 왜냐하면 그는 추천서를 받기 위해 일본에 들렀기 때문이다.[94] 그런 것이 군대의 생활이었다. 그것은 미국의 군용 비행기의 일정상 어쩔 수 없었지만 그는 일본에서 학자들, 언론인들 그리고 국회의원들 등 다양한 사람들을 만났다. 그러나 일본에서의 그런 접촉이 한국에서 도움이 될 것이라고 생각했다면 그는 한국의 반일 감정을 과소평가했다. 1951년 늦여름에 한국에 도착해서 2주 동안 아무도 그를 만나려고 하지 않았다. 그는 습관처럼 피난민들을 위한 군용식품으로

93) Niall Ferguson, *Kissinger 1923-1968,* Vol. 1, *The Idealist,* New York: Penguin Press, 2015, pp. 242-243.
94) Marvin Kalb and Bernard Kalb, *Kissinger,* Boston: Little, Brown, 1974, p. 49.

부터 전투지대 그리고 유능한 통역자들의 부족과 한국 관리들의 부패의 징조에 이르기까지 모든 것에 관해서 미국인과 한국인 인사들을 인터뷰하여 철저하게 작업을 시작했다. 그가 할 수 있는 최선은 미국의 점령에 관한 일본인들과 남한 사람들의 경험을 비교하는 것이었다. 최종적으로 총 49페이지의 보고서는 점령이 관리되는 방법에 대해 여러 가지 구체적인 변경을 추천했다.95)

　한국에 관한 그의 보고서의 성공으로 대담해진 키신저는 윌리엄 킨트너(William Kintner) 대령에게 극동에서 주요 심리전의 일부로서 일본을 위한 가능한 프로그램의 윤곽을 그리는 메모랜덤의 작성을 제안했다. 그 사이에 프리츠 크래머 박사는 애버럴 해리먼(Averell Harriman)이 종용해서 심리전략이사회(the Psychological Strategy Board) 활동을 위해 독일로 파견되었고 머지않아 키신저도 상담역으로 그를 뒤따랐다. 이에 키신저는 독일을 방문할 기회가 있었다. 독일에서 몇 주간 여행에 근거하여 나온 메모랜덤은 새로 수립된 독일연방정부 내에 만연해 있던 미국에 대한 불신을 탐색했다. 키신저가 이해하는 심리전이란 천명된 불만의 베일을 꿰뚫고 인민들의 마음상태의 본질을 파악하는 것을 의미했다. 겉으로 보기에 서독인들은 자기 조국이 항구적으로 분단될 전망에 대해 불만을 갖고 있었다. 그러나 키신저는 보다 근본적인 분노의 징조가 아닌 구체적인 불평을 지나치게 강조하는 것은 실수가 될 것이며 구체적인 쟁점들에서 양보한다는 것은 훨씬 더 큰 실수가 될 것이라고 주장했다.

95) Niall Ferguson, *Kissinger 1923-1968*, Vol. 1, *The Idealist*, New York: Penguin Press, 2015, p. 267.

키신저는 독일의 서방 점령지구의 독일인들이 직관과는 다르게 미국인들을 러시아인들보다도 더 나쁘게 보고 있다는 것을 보여주는 서베이 조사 결과를 인용했다. 이걸 어찌해야 하는가? 그의 답변은 심리전에 대한 그의 접근법을 예시했다. 그는 공산주의로 갈 독일의 실질적인 위험은 없다고 그는 주장했다. 진정한 위협은 독단적인 반미주의를 빙자한 민족주의적 반작용이 이념적 차이가 무엇이든 사방으로부터 독립을 달성하기 위해 러시아에 기울 정부의 수립이었다. 미국은 법적 관계들의 틀을 창조하려 시도했지만 그것은 그런 관계들을 효과적으로 만들 심리적 풍토를 게을리했다. 동시에 그것은 독일의 재무장을 전적으로 미국에 달려있는 것으로 보이게 했다. 이와는 대조적으로 소련은 최소의 목적, 즉 관련된 독일의 이익을 강조함으로써 독일의 중립을 추구했다. 독일의 통일을 주장하고, 독일의 재무장에 대한 두려움을 이용하고, 한국의 초토화를 강조하여 그들은 오직 미국에 대한 반대로만 달성될 수 있는 것으로 보이는 중립주의의 조건들을 창조하고 있다고 키신저는 강조했다. 키신저의 결론은 분명했다. 미국은 그것의 정치전략의 심리적인 요소를 강조할 때까지 독일에서 자기의 입장을 교정할 수 없을 것이다. 그러나 이것은 공식적으로 행해질 수 없을 깃이다. 핵심은 모든 차원에서 비공시저 토대위에서 작용할 것이다. 요컨대, 심리전은 적어도 표면적으로는 전혀 사악하지 않다는 것이다.[96]

1952년 말까지 헨리 키신저는 운영분석 연구실(ORO)의 상담역 역할을 그만두고 워싱턴에서 활동을 최소한으로 줄이고 하버드로 돌아

---

96) *Ibid.*, pp. 270-271.

왔다. 결혼한 키신저는 완전히 자유로울 수 없었다. 그러나 그의 부인이 하버드에 남으려는 그의 결정에 결정적인 요인이었다고 믿기는 어렵다. 앤은 그가 법률학교에 입학하기를 원했다. 그것은 워싱턴 하이츠 사람들이 선호하는 안전한 선택이었다. 그러나 키신저는 그의 밑에서 철학박사가 되려는 아이디어를 가지고 그의 가장 관대한 후원자였던 엘리엇 교수에게 돌아갔다. 그리고 그들은 모두 달리 해야 할 일들이 있었다. 키신저는 독일 여행을 통해서 심리전이란 비공식적인 문화적 교환을 통해서 가장 잘 수행된다는 것을 배웠다. 하버드 캠퍼스보다 그런 교환을 수행하기 더 좋은 장소가 어디에 있겠는가? 이것이 1951년 하버드 여름학교(the Harvard Summer School)의 곁가지로서 엘리엇 교수가 설립한 하버드 국제세미나(the Harvard International Seminar)를 지원하는 고도로 효율적인 아이디어였다.

천명된 목표는 미국이 절실히 친구를 필요로 하는 세계의 많은 지역으로부터 요샛말로 소위 젊은 지도자들이 될 30~40명을 하버드 캠퍼스에서 여름 학기를 보내도록 초대하여 그들의 문화적 이해와 태도를 향상시키는 것이었다. 이 국제세미나의 촉발이 키신저에게서 나왔다는 것은 의심의 여지가 별로 없었다. 엘리엇은 교수로서 필요한 승인을 했을 뿐이다.[97] 전 세계로부터 전도유망한 젊은이들을 수주 동안 한 장소에 모으는 일은 결코 쉬운 일이 아닐 것이다. 그러나 키신저는 그 이상을 노렸다. 즉, 그것은 성격상 학술적임과 동시에 사교적인 것으로 2개월 프로그램이며 이 국제세미나는 매년 열릴 것이었다. 더구나 처음부터 그의 의도는 세미나의 범주를 확대하는 것이었다.

---

97) *Ibid.*, p. 275.

두 번째 해인 1952년에 40명의 참가자들 중 절반이 아시아에서 왔다. 케임브리지에 도착하자마자 그들은 3개의 그룹으로 나뉘어 하나는 정치를 다루고, 또 하나는 경제와 사회, 그리고 세 번째 그룹은 인문학을 다루었다. 각 그룹은 미국인 교수가 주재했으며 한 사람의 미국인 참가-업서버도 포함했다. 그 그룹들은 1주일에 세 번, 월, 화, 목요일에 만나 오전에 1시간 반 동안 참가자들이 돌아가면서 논문을 발표했다. 오후에는 키신저가 필연적으로 의장이 되는 초청 강의가 있었다.

참가자들에게 국제세미나의 경험은 특별히 편안한 것이 될 수는 없었다. 참가자들이 자국에서 이미 성취한 명성이 무엇이었든지 간에 그들은 하버드 학부생 기숙사에서 땀을 흘리고 창고 같은 하버드 유니온에서 식사를 하도록 예정되었다. 그러나 그들은 종종 키신저의 집으로 초대되었다. 그곳에선 수시간 동안 얘기가 계속되었는데 정치가 주된 주제였다. 참가자들은 도착하는 그날부터 케임브리지에서 자신들의 세미나가 키신저의 덕택이라는 것을 알았다. 국제세미나는 곧 유럽중심에서 벗어나 진정으로 보다 국제적이 되었다.

헨리 키신저는 스스로 자신의 일을 과잉 확장하여 삶을 어렵게 만들었다. 국제세미나를 운영하는데 만족하지 않고 그는 <컨플루언스>(Confluence)라는 계간지를 발행할 아주 야심적 계획에 착수했다. 이것은 동일한 목적을 위한 본질적으로 다른 수단이었다. 그 목적은 유럽과 미국의 지식인들에게 그들이 도달할 수 있는 고도의 수준에서 현재의 문제들을 논의할 기회를 제공하는 것이었다. 엘리엇 교수와 키신저는 광범위한 반공의 견해를 대변할 그들의 길을 간 것이다. 겉으로 보기에는 엄격하게 학술적인 <컨플루언스>는 도덕적 합의를 구축하기 위한 것이었다. 도덕적 합의 없이는 공통적인 정책들이 불가능하기 때문이다. 그러나 1954년 포드재단이 재정적 지원을 중단하자 키신저의 첫 반응은 자기가 종교재판관(the Grand Inquisitor) 노릇을 하는데 지쳤다면서 <컨플루언스>를 폐간되게 그냥 내버려 두는 것이었다. 많은 사람들이 계속 발행하라고 설득했지만 그 학술지는 1968년 여름까지 허우적거리다가 조용히 폐간되었다.

1951년과 마지막 해인 1968년 사이에 국제세미나에 참가한 600명의 외국 학생들 가운데 어떤 사람은 실제로 자국의 지도자가 되기도 했다. 1953년 세미나에 참가했던 일본의 수상 야스히로 나카소네(Yasuhiro Nakasone), 1954년에 참가한 프랑스 대통령 발레리 지스카르 데스탱 (Valery Giscard d'Estang), 1962년 참가자 터키의 수상 무스타파 뷜렌트 에제비트(Muatafa Buelent Ecevit), 1962년 참가자 벨기에의 수상 레오 틴데만스(Leo Tindemans), 그리고 1968년 참가자 말레이시아의 수상 마하티르 빈 모하마드(Mahathir bin Mohamad)가 그들이었다. 그러나 대부분의 참가자들은 무명의 삶을 살았다. 이 세미나를 통해 키신저가 냉전의 엘리트들을 생산하는데 성공했다든가 혹은 잠재적 후원자들을 달성했다는 주장들도 있지만 최대의 말은 국제세미나나 <컨플루언스>를 그것들의 초기에 운영하는 것은 키신저에게 정상적인 과정에서 단지 일개 대학원생에게 많은 관심을 주지 않았을 사람들에게 접근할 수 있게 해주었다는 것이다.[98]

그러나 그가 1953년 초에 유럽으로 여행했을 때 그가 만난 것은

---

98) Niall Ferguson, *Kissinger 1923-1968,* Vol. 1, *The Idealist,* New York: Penguin Press, 2015, p. 281.

파워 브로커들(power brokers)이 아니라 유럽의 대표적 지식인들이었다. 키신저는 파리에서 레이몽 아롱(Raymond Aron), 알베르 까뮈(Albert Camus), 앙드레 말로(Andre' Malraux), 그리고 장-폴 사르트르(Jean-Paul Sartre), 그리고 옥스포드에서 막스 벨로프(Max Beloff), 이사야 벌린(Isaiah Berlin), 앨런 불록(Alan Bullock), 그리고 윌리엄 디킨(William Deakin)을 만났던 것이다. 그래서 키신저의 사업에 대한 보다 그럴 듯한 결론은 그가 두 개의 병행적 사업들을 자기의 진지하게 헌신적인 소련 공산주의에 대항하는 심리전에 기여할 수 있는 가장 효과적인 공헌으로 보았던 것이다.[99]

1954년 헨리 키신저의 박사학위 논문은 그가 철학박사 학위를 받기에 충분하였을 뿐만 아니라 법적, 정치적, 역사적, 경제적, 사회적 혹은 윤리적 접근으로 전쟁을 방지하고 우주의 평화로 나아가는 어떤 수단이나 조치를 다루는 최고의 논문에게 하버드 정부학과에서 매년 수여하는 상원 의원 찰스 섬너 프라이즈(Charles Sumner Prize)도 수상했다.[100] 3년 후에 수정없이 <회복된 세계: 메테르니히, 캐슬레이 그리고 평화의 문제, 1812-1822>로[101] 출간되었고 이 책은 정치가로서 키신저 자신의 경력에 대한 일종의 전주곡으로 오랫동안 간주되었다. 프란시스 후쿠야마(Francis Fukuyama)는 그 책에서 키신저가 국가안보 보좌관과 국무장관으로서 자기의 정책을 특징 짓는 힘의 균형 외교의 일반원칙들을 제시하면서 정치적 현실주의의 고전적 천명들

---

99) *Ibid.*, p. 282.
100) *Ibid.*, p. 291.
101) Henry A. Kissinger, *A World Restored: Metternich, Castlereagh and the Problem of Peace 1812-1822*, Boston: Houghton Mifflin, 1957.

가운데 하나라고 불렀다. 후쿠야마에 의하면, 여기에서 미래의 국무장 관이 국제평화란 국제법이나 국제기구를 통해서가 아니라 강대국의 야심을 완화시키는 힘의 분포를 통해서 가장 잘 보장된다고 처음으로 주장했던 곳이다.102)

로버트 캐플란(Robert Kaplan)은 그 책이 근대 유럽의 역사에 관한 보다 큰 기록과 함께 어떻게 홀로코스트가 반-유화주의자의 의미에서 키신저를 "현실주의자"로 만들었는지를 보여주는 증거로 간주했 다.103) 키신저는 세계질서를 보존하려 했던 보수주의 정치가들이 어 떻게 기술적으로 힘의 균형의 유지를 통해 혁명적 국가를 다루는 법을 배웠는지를 보여주었다. 그렇게 하는데 있어서 그는 자신의 전 경력 을 통해 지속된 현실정치의 철학과 보수주의적 안목의 토대를 놓았다 고 그의 전기 작가인 월터 아이작슨(Walter Isaacson)은 설명했다.104) 제리미 수리(Jeremi Suri)는 역사란 국가들의 기억이라고 믿는 키신저 에게 외교사란 현재의 외교정책의 결정을 위한 수단으로 유용했다. 각각의 세대는 오직 하나의 추상적 개념(abstraction)의 노력을 허용할 것이다.105) 그것은 오직 하나의 해석 그리고 하나의 실험만을 시도할 수 있다. 왜냐하면 그것이 바로 자신의 주체이기 때문이다. 이것은 역 사와 비극의 도전이다. 그것은 지구상에서 운명이 취하는 모습이다.

---

102) Francis Fukuyama, "A World Restores," *Foreign Affairs,* Vol. 76, No. 5. (1997), p. 216.

103) Robert D. Kaplan, "Kissinger, Metternich, and Realism," *Atlantic Monthly,* June 1999, pp. 72-82.

104) Walter Isaacson, *Kissinger: A Biography.* New York: Simon and Schuster, 1992, p. 75.

105) Henry A. Kissinger, *A World Restored: Metternich, Castlereagh and the Problem of Peace 1812-1822,* Boston: Houghton Mifflin, 1957, p. 332.

그리고 그것의 해결, 아니 심지어 그것의 인정마저도 어쩌면 리더십의 가장 어려운 과제이다.106)

키신저의 박사학위 논문은 1950년 여름과 그것이 거의 완결되던 1954년 초 사이에 키신저가 얼마나 많은 다른 일에 신경을 쓰고 있었는가를 고려하면 그 자체로서 참으로 대단한 작품이었다. 그것은 키신저가 원래 의도했던 것보다는 짧은 시기를 커버했다. 그는 원래 빈 회의에서 제1차 세계대전까지 거의 1세기 동안 지속된 전 변화의 시기를 다루려고 했었다.107) 1953년 말에 키신저는 비스마르크에 관해 쓰려고 계획했던 부분을 시작조차 하지 않았다. 그러나 그의 지적 깊이를 문제 삼는 것은 불가능하다. 훨씬 더 인상적인 것은 산문 스타일리스트로서 키신저의 탁월성이다. 오스트리아의 수상인 메테르니히 공작은 복잡하고 정교하게 다듬어진 화려한 인물이었다. 그의 얼굴은 미묘했지만 깊이가 없었다. 그의 대화는 눈부시지만 궁극적인 진지함이 없었다. 국내에서 오해된 영국의 외상 캐슬레이 경은 자신의 표현 능력보다 언제나 더 확실한 본능에 의해 동기로 치밀한 유보, 어색한 설득력으로 행동했다. 러시아의 짜르 알렉산더 1세의 삶은 그의 성취감이 오직 예상에서만 발견되는 인물이었다. 프랑스 외교관 탈레랑(Talleyrand)은 그의 행동을 항상 지배적인 무드(mood)에 너무 정확히 맞췄고 개인적 지위 상승에 대해서는 전혀 고려하지 않고 했기 때문에 궁극적인 지위에 있어서는 실패했다. 이것은 사건들을 완화시키려는 지위에 남으려는 진지한 시도 때문이었을 것이다. 그것은 기회주

---

106) Jeremi Suri, *Henry Kissinger and The American Century,* Cambridge, Massachusetts: The Belknap Press of Harvard University Press, 2007, p. 129.

107) Marvin Kalb and Bernard Kalb, *Kissinger,* Boston: Little, Brown, 1974, p. 46.

의에 지나지 않았다고 키신저는 지적했다.108)

키신저는 외교에서 완벽한 융통성은 아마추어의 환상이라고 주장했다. 모든 우연성의 균등한 가능성의 가정 위에서 정책을 기획하는 것은 리더십과 수학을 혼동하는 것이다. 모든 가능성에 대해 대비하는 것은 불가능하기 때문에 상대방의 완벽한 융통성의 가정은 행동의 마비를 가져온다. 절대적 힘의 계산은 행동의 마비를 가져오지만 힘이란 국가의 상대적 지위에 달려있다. 고요한 바다에서 방향을 정하는 것이 폭풍의 바다를 헤쳐가는 것보다 더 어려울 수 있다. 왜냐하면 폭풍의 난폭함은 생존의 필요성을 통해 영감을 하사하기 때문이다. 그는 침착성의 중요성을 높게 평가했다. 이것은 누구보다도 메테르니히에게서 배운 것이다. 열정은 협상에서 위험할 수가 있다. 왜냐하면 그것이 협상자에게서 그의 가장 효과적인 흥정 무기인 선택의 자유를 박탈하기 때문이다.

이 책에서 가장 중심적 테마는 외교에서 힘의 역할이다. 유럽을 모종의 균형으로 회복시킨 것은 메테르니히의 천재성이 아니었다. 그것은 나폴레옹이 전투현장 밖에서는 천재성이 부족했기 때문이다. 지휘하는데 습관이 된 사람은 협상하는 것을 배우는 것이 거의 불가능하다는 사실을 발견한다. 왜냐하면 협상은 제한적 힘을 인정하는 것이기 때문이다. 나폴레옹은 정책과 계략을 혼동했다.109) 군인으로 봉사했기에 키신저는 정치적 목적을 달성하는 전사의 능력에 항상 회의적

---

108) Niall Ferguson, *Kissinger 1923-1968*, Vol. 1, *The Idealist*, New York: Penguin Press, 2015, pp. 293-294.

109) Walter Isaacson, *Kissinger: A Biography*. New York: Simon and Schuster, 1992, p. 76.

이었다. 그는 어떤 협상에서도 힘이 궁극적인 수단이라고 이해되고 있다는 것을 사실상 인정했다. 그러나 그는 외교의 기술이란 이 위협을 잠재적으로 유지하고 오직 마지막 방법으로만 투입해야 한다고 덧붙였다. 왜냐하면 힘이 실제로 사용되고 나면 적합한 의미에서 협상은 끝난다. 무력 사용의 위협은 위협이 이루어지기 이전의 지점으로 협상을 되돌릴 수 없기 때문이다. 그것은 흥정하는 입장을 전부 파괴한다. 왜냐하면 그것은 제한된 힘의 양보가 아니라 무기력함의 양보이기 때문이다. 더구나 그런 위협을 할 수 없는 약한 국가도 여전히 자국의 자원을 탕진하지 않고 도덕적 합의를 창조하여 현상유지를 보존하는 목적을 달성할 수 있을 것이다. 환언하면. 심리적인 요인들이 순전히 군사적 능력보다도 궁극적으로 더 중요하다. 이것이 이 시기에 키신저를 사로잡았던 생각이었다.[110]

그러므로 <회복된 세계>가 미래의 실천가에 의해서 통치의 예상되는 일종의 가이드로 작성되었다고 생각하는 것은 잘못이다. 그렇다면 이 책의 진정한 중요성은 어디에 있는 것일까? 키신저의 첫 공격대상은 정치학 그 자체였다. 사회적 결정론의 학문은 정치가를 역사라 불리는 기계의 지레(lever)로, 즉 그가 희미하게 알아보지만 자기 의지와는 관계없이 달성하는 운명의 에이전트로 축소시켰다.[111] 1952년 키신저가 한국에 관한 1952년 그들의 보고서에 대해 다윈 스톨젠바흐(Darwin Stolzenbach)와의 의견 교환에서 분명히 했듯이 그는

---

110) Niall Ferguson, *Kissinger 1923-1968*, Vol. 1, *The Idealist,* New York: Penguin Press, 2015, p. 295.

111) Henry A. Kissinger, *A World Restored: Metternich, Castlereagh and the Problem of Peace 1812-1822,* Boston: Houghton Mifflin, 1957, p. 324.

그들의 물질주의를 혹은 보다 정확히 말해서 그들의 데이터를 생각 위에 두는 한 모든 사회과학의 주장에 깊이 적대적이었다. 19세기 초의 경우에 정책들 그리고 그것은 당시에 하나의 법칙이었다. 차이는 사실에 있는 것이 아니라 그것의 해석에 있었다. 그것은 본질적으로 도덕적 행위와 관련 있었다. 키신저의 반-물질주의적 철학의 핵심적 설명의 하나는 그의 국가적 정체성의 취급이며, 특히, 자신들의 이익에 관한 인민들의 이해를 형성하는 데 있어서 역사의 역할이었다.

국가들의 기억은 그들의 정책의 진실성의 시험이다. 경험이 보다 기초적이면 그럴수록 과거의 관점에서 현재에 대한 국가적 해석에 대한 그것의 충격은 더욱 심오하다. 한 국가가 경험을 수행하는 것이 너무나 완전히 부서져서 그 국가가 과거의 포로가 되는 것조차 가능하다. 누가 어느 한 국가의 과거의 해석에 시비를 걸겠는가? 그것은 오직 미래를 직면하는 그것의 수단일 뿐이다. 그리고 "진실로" 발생한 것은 종종 발생했다고 생각되는 것보다도 덜 중요하다. 외부인들에게 국가들은 안전의 조정에서 요인들로 보일지도 모른다. 그러나 실제로 모든 국가들은 자신들을 역사적 힘의 표현으로 간주한다. 힘의 균형은 그들의 관심에서 목적이 아니다. 그것은 자신들의 역사적 염원들을 비교적 안전하게 실현하려는 수단일 뿐이다.112)

키신저의 박사학위 논문에서 가장 중요한 주제 가운데 또 하나는 보수주의의 본질이다. 당시에 키신저는 자기 자신을 명시적으로 보수주의자로 생각했다. 키신저의 보수주의의 핵심은 혁명이 제기하는

---

112) Niall Ferguson, *Kissinger 1923-1968,* Vol. 1, *The Idealist,* New York: Penguin Press, 2015, p. 296.

도전이다. 프랑스 혁명의 후계자 나폴레옹뿐만 아니라 짜르 알렉산더 1세의 혁명적 인물에 의해 제기된 것도 마찬가지였다. 키신저가 혁명에 대항해 무엇을 가지고 있는지는 결코 전체적으로 명시적이지는 않지만 강력한 함의는 그것이 무질서나 혼돈과 관련되어 있다. 중대한 메시지에서 키신저는 자유에 대한 두 개의 정의 사이를 분명히 구별한다. 즉 억제의 부재로서 자유나 권위의 자발적 수용으로서 자유가 그것들이다. 전자는 자유가 권위의 영역 밖에 존재한다고 간주한다. 반면에 후자는 자유가 권위의 성질(quality)로 인지한다. 키신저가 후자의 정의를 선호한다는 것은 의심의 여지가 없다.

키신저는 두 번째 구별, 즉 동기들 사이를 구별한다. 혁명적 시기에, 즉 자유가 억제의 부재로 이해되는 시기에 동기는 충성(loyalty)으로 그곳에선 의지를 굴복하는 행위가 상징적이고 심지어 의례적 중요성을 요구한다. 왜냐하면 대안들이 항상 있기 때문이다. 그러나 이와는 대조적으로 보수주의의 동기는 의무(duty)의 개념이다. 여기에선 대안적 행위의 길들이 거부되는 것이 아니라 생각할 수도 없는 것이다. "옳든 그르든 나의 조국"이라는 것은 충성의 언어이다. "너의 행동들이 너의 의지에 의해 보편적 자연의 법칙이 될 수 있게 행동하라." 이것은 의무의 언어이다. 의무는 보편성의 측면을 표현하고 충성은 우연성의 측면을 표현한다. 바로 여기에서 칸트로부터의 영감을 받은 키신저의 학부 졸업 논문의 메아리가 있음이 분명하다.[113]

키신저의 보수주의가 버크(Burke)처럼 역사적 세력들의 이름으로 혁명들에 저항하거나, 아니면 메테르니히(Metternich)처럼 이성의 이름

---

113) *Ibid.*, p. 297.

으로 저항하든 보수주의는 말이 아니라 주로 행위의 문제이다. 왜냐하면 쟁점이 되는 너무나 많은 말들이 혁명가들에 의해서 주조되었기 때문이다. 중대하게도 키신저는 메테르니히의 경직성을 지적하고 또한 역사적으로 수립된 국가들과 인민들의 버크식 개념에 거듭 의지함으로써 버크의 방향으로 기우는 것처럼 보인다. 이런 보수주의파는 미국에 고유한 것과는 아주 판이하게 다르다. 따라서 미국식 보수주의보다 공통된 형식들에 대한 키신저의 관계는 결코 쉽지 않을 것이다.[114]

세 번째로 중요한 키신저 논문의 테마는 역사를 본질적으로 비극적 학문으로 보는 뚜렷한 구시대적 견해이다. 역사는 다름 아닌 네메시스(Nemesis)라는 그리스 신화 속의 신과 관련이 있다. 그 신은 인간의 염원을 다른 형태로 충족시키거나 그의 기도에 너무 지나치게 응답함으로써 인간을 패배시킨다. 만일 키신저가 1815년에서 1914년에 이르는 1세기에 관해 계획한 3부작을 완성했더라면 총체적 설명이 무엇이 되었을 지는 아주 분명하다. 즉, 빈회의에서 지속가능한 힘의 균형을 수립하는데 있어서 정치가들의 바로 그 성공이 1914년의 재앙을 불가피하게 만들었을 것이다. 문제의 핵심, 즉 1914년 7월의 위기는 오스트리아였다. 키신저는 그리스의 비극처럼 메테르니히의 성공은 그가 보존하기 위해 그렇게 오랫동안 싸웠던 국가의 궁극적인 몰락을 불가피하게 만들었다고 썼다.

옛 제국은 그것이 생존을 위해 막 투쟁하려고 하는 동안에 개혁될 수 없다. 정치가는 마치 모든 길들이 균등하게 열려 있는 것처럼 자신의 정책들을 선택할 수 없다. 다민족 국가로서 오스트리아는 민족적

---

114) *Ibid.*, p. 298.

전쟁을 싸울 수 없었다. 재정적으로 고갈된 국가로서 오스트리아는 장기적 전쟁을 할 수 없었다. 시대정신은 수개 국어를 사용하는(polyglot) 제국의 지속에 반대했다. 그러나 그 나라의 정책에게 국가적 자살을 정책의 원칙으로 향상시키길 요구하는 것은 너무 지나치다. 메테르니히의 정책을 심판하는 보다 공정한 표준은 그것의 궁극적 실패가 되어서는 안 되고 오히려 그것이 필연적인 재앙을 버티어 낸 "시간의 길이"(the length of time)여야 한다고 키신저는 결론을 지었다.115)

클레멘스 폰 메테르니히(Clemens von Metternich)의 구체적 경우를 일반화하면서 키신저는 정치가들이 일반적으로 비극적 성질을 가지고 있다고 지적했다. 왜냐하면 그들은 의지에 굴하지 않고 자신의 생애 동안에 변경될 수 없는 요인들과 투쟁할 수밖에 없기 때문이다. 핵심적 문제는 외교정책이 재앙의 예감을 가지고 수행될 필요가 있다는 것이다. 이것은 최근에 재앙을 당한 국가에게 가장 자연스럽게 다가온다. 왜냐하면 기억이 여전히 생생하기 때문이다. 국내정치의 촉발은 직접적인 사회적 경험이지만 외교정책의 촉발은 실제적인 경험이 아니다. 전쟁의 위협과 같은 잠재적 경험은 정치가들이 명시적으로 말하기를 피하려고 든다. 그러나 하나의 일반적 법칙으로, 후손들이 어떻게 쉽게 사태가 달라졌을 수도 있었다는 것을 잊는 것은 성공적 정책들의 본질에 있다. 이것은 상대적으로 재앙의 기억이 별로 없는 국가에게는 하나의 만성적 문제이다.116)

달리 했다면 어떻게 되었을까 하는 반사실적(counterfactual) 상황,

---

115) *Ibid.*, pp. 298-299.
116) *Ibid.*, p. 299.

즉 가정적 상황이 키신저와 정치가들의 마음에는 항상 살아있다. 그가 달성하는 평화는 정의상으로는 언제나 회피한 재앙이다. 그러므로 정치가는 미래의 비전을 가지고 있지만 그것을 동포들에게 직접 전수할 수 없고 또 그것의 진실을 입증할 수 없는 고전적 드라마의 영웅들 중 하나와 같다. 국가들이란 오직 경험을 통해서만 배운다. 그들은 오직 너무 늦었을 때에만 알아차린다. 그러나 정치가는 자신들의 직감이 이미 경험인 것처럼. 즉 그들의 염원이 진리인 것처럼 행동해야만 한다.117) 더 나쁜 경우도 있다. 정치가들이 자신의 목적을 드러내는 것이 재앙을 가져올 지도 모르기 때문에 자기의 의도를 노출할 수 없는 때도 종종 있을 것이다. 예를 들어서, 자국이 저항할 힘이 부족하기 때문에 적과 화해를 해야만 할 시기에 적과 협력하는 척하는 것이 필요할지도 모른다.

그러나 여기서 키신저는 자기가 <컨플루언스>에서 처음으로 다룬 테마로 돌아갔다. 즉 그런 시기에는 건달과 영웅, 반역자와 정치가는 그들의 행위에 의해서가 아니라 그들의 동기에 의해서 구별된다.118) 바꾸어 말하면, 정치가가 정복하기 위해 허리를 굽히는 것도 당연히 필요할 것이다. 같은 이유로 혁명적 시기에 많은 외교적 활동은 사기의 성격을 가질 수 있다. 혁명적 국가와의 회담은 오직 심리적 가치만을 갖는다. 그것은 행동을 위한 동기를 수립하려고 시도하고 또 주로 아직 참여하지 않은 국가들을 향해 있다. 혁명적 시기에 가장

---

117) Henry A. Kissinger, *A World Restored: Metternich, Castlereagh and the Problem of Peace 1812-1822*, Boston: Houghton Mifflin, 1957, p. 329.

118) Niall Ferguson, *Kissinger 1923-1968*, Vol. 1, *The Idealist*, New York: Penguin Press, 2015, p. 299.

어려운 것은 아직 불참자들에게 혁명이 실제로 혁명적이이라는 것이다. 즉 자기의 목적들이 무제한적이라는 것을 확신시키는 일이다.[119]

<회복된 세계>의 네 번째이며 아마도 가장 중요한 주장은 냉전의 세계가 실제로 전례가 없어서, 그래서 유추(analogy)에 의하여, 유용한 통찰력을 19세기 유럽의 연구로부터 발견할 수 있다는 것이다. 이런 역사적 연구에 대한 당대의 가장 명백한 반대들을 미리 선제 공격하면서 키신저는 나폴레옹은 히틀러에 정확한 대응물이 아니며 혹은 캐슬레이가 처칠의 대응물이 아니란 것을 재빠르게 인정했다. 무슨 관계가 존재하든 그것은 정확한 일치에 달려 있지 않고 직면한 문제의 유사성에 있다.[120] 즉, 키신저가 제시하는 유추(analogy)들은 역사적 사건들의 정확한 일치가 아니라 직면한 문제들의 유사성이었다.

"사건들은 정확하게 발생하지 않는다. 이런 의미에서 역사는 되풀이되지 않는다. … 따라서 역사는 동일성이 아니라 유추에 의해서 가르친다. 이것은 역사의 교훈이 결코 자동적이 아니라는 것을 의미한다. 그것들은 상당한 경험의 중요성을 인정하는 기준에 의해서 이해될 수 있다. 우리가 얻는 해답이 결코 우리가 제기하는 문제들 보다 낫지 않을 것이다. … 어떠한 중요한 결론도 단위로 행동하는 국가들의 연구인 외교문제의 연구에선 역사적 맥락의 인식 없이는 가능하지 않다. 왜냐하면 사회들은 공간 속에 보다는 시간 속에 존재하기 때문이다. 어떤 주어진 수난에 국가란 개인들의 집합이다. … 그러나 그것은 공통의 역사의식을 통해서 정체성을 달

---

119) *Ibid.*, p. 300.
120) Henry A. Kissinger, *A World Restored: Metternich, Castlereagh and the Problem of Peace 1812-1822*, Boston: Houghton Mifflin, 1957, p. 331.

성한다. 이것이 국가들이 갖는 유일한 경험이고 스스로 배우는 유일한 가능성이다. 역사는 국가들의 기억이다. 그러나 분명히 국가들도 잊는 성향이 있다. 국가들은 종종 과거로부터 배우지 않는다. 심지어 그것들은 역사로부터 잘못된 결론을 내리기도 한다. 개인적 경험의 경우처럼 역사적 경험의 교훈들은 우연적이기 때문이다. 그것들은 어떤 행동의 결과들을 가르치지만 그러나 그것들이 비교되는 상황들의 인정을 강요할 수는 없다."[121]

키신저에 의하면 역사란 정치가들을 위한 유추의 원천으로서뿐만 아니라 국가적 정체성을 정의하는 요소로서 이중적으로 중요하다.

<회복된 세계>에서 헨리 키신저는 관념론적 방법론, 보수적 이데올로기, 역사철학 그리고 전략적 감각을 동시에 제시하였다. 현대의 독자들에 대한 도전은 그것에 관해 너무나 많은 것이 함축적이기 때문에 유추에 의한 그의 주장의 완전한 풍요로움을 감지하는 것이다.[122] 그러나 명시적 부분들은 직설적이다. 1815년 정당한 질서를 창조하는데 있어서 회의체제(the Congress System)의 성공은 1919년 후에 같은 일을 하기 위한 파리평화조약들의 실패와 뚜렷한 대조를 이룬다. 히틀러와 스탈린 같은 혁명적 지도자들은 나폴레옹과 그리고 그 다음엔 러시아의 짜르가 1789년 이전의 구질서에 도전을 제기했던 것과 꼭 마찬가지로 정당한 질서에 실존적 도전을 제기하기 위해 일어났다. 19세기 영국의 왕국은 그것의 바다 건너 역외 위치나 섬나라 의식에서 미국을 닮고 있다. 키신저의 역사적으로 배운 본능은 미

---

121) *Ibid.*
122) Niall Ferguson, *Kissinger 1923-1968*, Vol. 1, *The Idealist*, New York: Penguin Press, 2015, pp. 300-301.

국이 가능한 한 1815년 이후 영국 같은 역할을, 즉 역외에서 힘의 균형을 잡는 역할을 수행해야 한다는 것이었다. 그러나 실제로 미국은 메테르니히의 오스트리아의 역할을, 즉 대륙의 투쟁에 적극 참가하는 역할을, 혁명적 국가에 대한 동맹을 유지하는 훨씬 더 어려운 도전적인 역할을 수행하고 있었다. 이것은 빈번히 간과된 모호성, 즉 키신저의 설명을 특징짓는 메테르니히에 대한 모호성을 분명히 하기 때문에 파악할 중대한 사항이다.

키신저는 사실상 3년 동안 유럽의 수상(Prime Minister of Europe)이었던 메테르니히를 분명히 칭송했다. 그러나 메테르니히가 수행하기로 결정한 게임은 재빠른 한 수에 모든 것을 거는 그런 대담한 조치가 아니었다. 그것은 의도적이고 교활한 것이었다. 그 게임의 이점은 적들의 움직임이 처음에는 마비에 그리고 나서 그를 파괴하는 지위의 점진적 변화에 있었다. 그것의 대담성은 적과 동지에 의한 몰이해와 오용의 앞에서 그것이 수행되어야 하는 외로움에 있었던 게임이었다. 한 번의 잘못된 수가 재앙을 의미하고 자신감의 상실이 고립을 초래할 냉정함(imperturbability)에 그의 용기가 있었다. 그의 위대성은 게임에서 수를 두는 기술에서 나온 것이지 게임의 개념에서 나온 것이 아니었다. 메테르니히의 전략적 개념을 뒷받침하는 영감의 결핍이 키신저가 보기에는 치명적 결함이었다. 메테르니히의 천재성은 창조적이 아니라 도구적이었다. 그는 건축이 아니라 조작에 탁월했다. 메테르니히는 교조적이었지만 동시에 모호했다. 왜냐하면 그의 신념의 바로 그 확실성이 그로 하여금 수단의 선택에서 아주 유연하게 해주었기 때문이다. 그는 당연하고 거리를 두면서 냉정하게 통치술을 구사했다. 그의 특징적 성질은 뉘앙스(nuance)에 대한 감각이었다. 평범한 전략가이지만 위대한 전술가인 메테르니히는 틀이 외부에서 주어지거나 목적들이 외부에서 부과되는 시대에 전투를 정하는 마스터(master)였다. 그의 힘은 창조성이 아니라 겉으로는 임의로 환경에 최선의 적응을 달성하는 능력에 있었다.

<회복된 세계>에서 중대한 것은 메테르니히의 능력의 한계에 대한 키신저의 강조였다.[123] 왜냐하면 정치가들은 그들의 행동에 의해서 뿐만 아니라 대안들에 대한 그들의 개념에 의해서도 심판되어야 하기 때문이다. 최종적 위대성을 달성한 정치가들은 제아무리 근거가 좋아도 사임을 통해서 이루는 것은 아니다. 메테르니히의 본질적으로 기술적 기교로 자만에 찬 자기 만족은 그에게 그가 되었을 지도 모르는 비극적 인물이 되는 걸 막아주었다. 메테르니히에게 부족했던 것은 역사의 그 많은 위기들 속에서 정신이 난국을 초월하게 하는 그런 속성이 부족했다. 즉, 과학자의 초연함이 아니라 극복하려는 도전 혹은 그 과정에서 사라질 도전으로서 심연을 명상하는 능력이 없었다.

<회복된 세계>의 진정한 영웅은 메테르니히가 아니라 균형을 추구하다가 실제로 사라진 캐슬레이(Castlereagh)였다. 초연하고, 거북스럽고 또 사랑받지 못했지만 그럼에도 불구하고 보수당의 외상인 캐슬레이는 유럽의 평안이 가장 중요하고 또 정부의 교리들은 국제적 평화에 복종해야 한다고 이해했다. 메테르니히와는 달리 캐슬레이는 항구적 유럽의 동맹이 평화를 굳건히 할 수 있을 것이라는 점을 자신의

---

123) Niall Ferguson, *Kissinger 1923-1968,* Vol. 1, *The Idealist,* New York: Penguin Press, 2015, p. 302.

섬나라 동포들에게 설득하도록 기대할 수 없었던 바로 그 이유 때문에 진정으로 비극적 정치가였다. 선의에 의해서 성취된 유럽의 단결에 대한 그의 비전은 그것의 주창자를 파괴하는 신기루였다. 그러나 이것은 주로 개성의 문제가 아니었다. <회복된 세계>에서 가장 예리한 구절은 두 주인공의 상황을 비교하는 데 있다. 지정학도로서 키신저는 캐슬레이의 영국 섬나라와 메테르니히의 중부유럽의 제국 사이라는 지리적 위치의 근본적 차이를 명백히 했다. 그리고 그는 동시에 두 정치제도 사이의 차이에도 동등하게 민감했다.

"모든 정치가들은 정의라고 간주되는 것과 가능하다고 생각되는 것을 조화시키려고 시도해야만 한다. 정의라고 간주되는 것은 자국의 국내적 구조에 달려있다. 반면에 무엇이 가능한지는 자원, 지리적 위치와 결의, 그리고 다른 국가들의 자원, 결의 그리고 국내적 구조에 달려있다. 그리하여 섬나라 영국의 안전에 관한 지식에서 확고한 캐슬레이는 명백한 침략만을 반대하는 성향을 갖고 있었다. 그러나 대륙의 중심에 위치한 국가의 정치가인 메테르니히는 무엇보다도 격변을 막으려 했다. 국내적 제도들의 견고함을 확신한 섬나라 국가는 타국의 국내문제에 있어서 '불간섭'의 교리를 발전시켰다. 민족주의 시대에 국내적 구조의 취약성에 의해 압박을 받는 다민족 오스트리아-헝가리 제국은 그것이 어디에서 발생하든 사회적 소요를 패배시키기 위해 간섭의 일반적 권리를 고집했다. 영국은 유럽이 단일 국가의 지배하에 떨어질 때만이 위협을 받았기 때문에 캐슬레이는 주로 힘의 균형을 구축하는데 관심을 두었다. 그러나 힘의 균형이란 침략의 범위를 제한할 뿐이지 그것을 막아주지 않기 때문에 메테르니히는 정당성의 교리를 발전시키고 또 자신이 스스로 그것의 관리인이 됨으로써 균형을 강화하려고 모색했다."[124]

　헨리 키신저는 <회복된 세계>가 많은 독자들에게 구시대적이라
는 인상을 줄 것임을 잘 이해하고 있었다. 그래서 그는 책 머리를 이
렇게 시작했다. "수소탄에 의한 전멸의 위협을 직면한 시대는 외교가
덜 극적인 징벌로 수행되고 전쟁들이 제한되고 재앙이 거의 생각할
수 없던 시기들에 대한 향수처럼 보일 것이라는 사실은 놀라운 일이
아니다."[125] 그렇다. 1815년에서 1914년의 시기는 완벽하지는 않지만
제정신이고 균형을 이루고 있었다. 그것은 이상주의적 세대의 모든
희망들을 실현하지는 않았지만 이 세대에게 어쩌면 보다 소중한 어떤
것, 즉 그들의 희망들이 대전쟁이나 항구적 혁명이 없이 실현되는 것
을 허용한 안정의 시기를 제공했다. 어떻게 이런 일이 일어났을까?
키신저에게 그 대답은 패러독스에 있었다. 회고해 볼 때 가장 평화로
운 것으로 보이는 시대들은 가장 평화를 추구하지 않았다. 반면에 평
화를 추구하는 시대들은 영원히 평화를 가장 덜 달성할 수 있는 것으
로 보인다. 키신저에게 캐슬레이와 메테르니히 시대의 실질적 중요성
이 바로 여기에 있다. 그들은 항구적 평화보다는 차라리 달성될 수 있
는 안정을 추구했다. 아마도 이 책 전부를 통틀어 가장 기억할 만한
말은 이런 말이다.

　"전쟁의 회피로 인식되는 평화가 한 국가나 국가 집단의 주된

---

124) Henry A. Kissinger, *A World Restored: Metternich, Castlereagh and the Problem
　　of Peace 1812-1822,* Boston: Houghton Mifflin, 1957, pp. 5-6.
125) *Ibid.,* p. 1.

목적이 되었을 때는 언제나 국제체제가 국제공동체의 가장 무자비한 구성원의 자비에 달려있었다. 국제질서가 평화의 목적을 위해서 조차 어떤 원칙들이 타협을 이룰 수 없다는 것을 인정할 때는 언제나 군사력의 균등에 입각한 안정이 최소한 생각될 수 있었다.[126]

이것은 1930년대의 유화정책의 실패를 암시했다. 그렇다면 1950년대는 달라야 한다는 유추이다. 초기 냉전에 직접적으로 가장 많이 관련된 <회복된 세계>의 주장은 어떻게 혁명적 시대가 끝날 수 있고 안정이 재수립될 수 있겠는가에 관한 것이었다.[127] 안정에 대한 핵심은 그것이 일반적으로 수용되는 정당성으로부터 나온다는 것이었다. 그것은 어느 국가도 너무 불만스러워서 혁명적 외교정책에서 불만을 표현할 만큼 그렇게 불만스러운 국가가 없을 정도로 모든 주요 국가들에 의해 국제질서의 틀이 수용되는 것을 의미했다. 1815년 이후 안정의 세기는 정당한 질서가 수립되었다는 것을 그 자체가 스스로 입증했다. 그러나 이것은 키신저가 논문을 작성하던 때에는 그렇게 말할 수 없었다. 1954년에 소련은 1919년 이후 독일이 그랬던 것과 같은 이유에서는 아니지만 여전히 혁명적 국가로 보였다. 혁명적 국가의 동기가 당연히 방어적일 수 있고 또 위협을 느낀다는 항의가 진지하겠지만 혁명국가의 뚜렷한 특징은 그것이 위협을 느낀다는 것이 아니라 아무 것도 그것을 안심시킬 수 없다는 것이다. 그런 느낌은 주권국가들에 기초한 국제관계의 성격에 내재적이기 때문이다. 상대방의

---

126) *Ibid.*

127) Niall Ferguson, *Kissinger 1923-1968,* Vol. 1, *The Idealist,* New York: Penguin Press, 2015, p. 304.

중립화 같은 오직 절대적 안전이 충분한 보장으로 간주될 것이다. 절대적 안전에 대한 한 국가의 욕망은 모든 다른 국가들에게 절대적 불안정을 의미한다. 힘의 행사를 견제하는 외교란 그런 환경에서 기능할 수 없다.[128]

그리하여 국제질서나 그것을 정당화하는 태도가 억압적이라고 생각하는 국가가 존재할 때는 언제나 그 국가와 타국가들 사이의 관계는 혁명적이다. 그리고 혁명적 상황에서 대립적 체제들은 차이의 조절에 대한 관심보다는 충성의 번복에 더 많은 관심이 있기 때문에 외교는 전쟁이나 혹은 군비경쟁에 의해서 대체된다. 그런 경우에 쟁점이 되는 것은 주어진 체제 내에 차이의 조정이 아니라 체제 그 자체이다. 조정이 가능하기는 하지만 그런 것들은 필연적인 최종적 결판을 위한 지위의 강화를 위한 전술적 음모나 상대방의 사기를 손상하려는 도구로 간주될 것이다.[129] 그러므로 만일 선한 신념과 합의를 이루려는 용의만 있다면 국제적 분쟁을 언제나 타결할 수 있다고 가정하는 것은 실수이다.[130] 왜냐하면 혁명적 국제질서에서 각 국은 상대방에게 바로 그런 성질들이 부족하다고 보일 것이다. 그래서 외교관들은 여전히 만나지만 상대를 설득할 수가 없다. 왜냐하면 그들은 더 이상 동일한 언어를 사용하고 있지 않기 때문이다. 합리적인 요구를 이루는 것에 대한 합의의 부재 속에서 외교적 회담은 기본적 입장과 악의에 찬 비난, 혹은 비합법성과 전복의 주장의 쓸모없는 반복으로 점령된

---

128) Henry A. Kissinger, *A World Restored: Metternich, Castlereagh and the Problem of Peace 1812-1822*, Boston: Houghton Mifflin, 1957, p. 2.

129) *Ibid.*

130) *Ibid.*

다. 그들은 아직 가담하지 않은 국가들을 대립적 체제들의 한쪽에 끌어들이기 위해서 시도하는 정교한 무대의 연극이 된다.[131] 바로 여기에 비록 비밀스러운 형식이지만 1930년대뿐만 아니라 1950년대 정책들에 대한 키신저의 비판이 있었다. 혁명적 국가가 여전히 자유롭게 존재하는 한 회담들은 정교한 연극에 지나지 않을 것이다.[132]

키신저에게는 1814년의 빈과 1919년의 베르사유 사이에도 명시적 대조가 있다. 그리고 이것은 1945년 포츠담(Potsdam) 이후 유럽에 대한 자신의 견해에 중요한 함의를 갖는다. 총력전(total war)의 논리는 응징적 평화를 의미한다. 회고적이고 보복적 평화인가 아니면 혹은 미래지향적이고 아량의 평화인가 사이의 선택이 존재한다. 베르사유에서와 같은 전자는 적을 찾아 파괴하여 그가 다시는 싸울 수 없게 하는 것이다. 그것의 반대는 적과 거래를 잘하여 그가 다시 공격하길 원하지 않는 것이다. 회고적 평화는 자신도 모르게 새로운 혁명적 상황을 창조한다. 왜냐하면 완전히 해체되지 않는 한 패전국은 그런 굴욕을 받아들이지 않을 것이기 때문이다. 대조적으로 미래 지향적인 평화는 리더십의 과업이란 응징이 아니라 통합하는 것이라는 사실을 인정한다. 오직 패전국에 의해서 수용된 타결만이 정당한 국제질서를 위한 토대가 되길 희망할 수 있을 것이다. 그런 질서에서는 전쟁의 승자나 패자 누구도 신기루인 절대적 안전을 가질 수 없다.[133]

안정된 질서의 토대는 구성원들의 상대적 안전 그러므로 상대적

---

132) Niall Ferguson, *Kissinger 1923-1968,* Vol. 1, *The Idealist,* New York: Penguin Press, 2015, p. 305.

133) *Ibid.,* p. 307.

불안정이다. 그것의 안정은 불만스러운 주장의 부재가 아니라 그것의 틀 내에서의 조정이 아닌 뒤집는 타결을 추구하려는 그런 중대한 불만이 없다는 것이다. 그것의 구조가 모든 주요 국가들에 의해서 수용되는 질서가 정당한 것이다. 정당한 국제질서는 기계적이거나 수학적 균형에 근거하는 것이 아니라 조화를 위한 어떤 공유된 염원에 근거한다. 그리하여 그것은 게임의 광범위한 규칙들에 대해서만 동의한 복수의 행위자들 사이에서 거의 끊임없는 조정의 과정을 필요로 한다.[134]

<회복된 세계>는 중요한 정도로 제1차 세계대전 후 이루어진 평화조약에 대한 진정한 회고적 비판이었다. 국제 연맹(the League of Nations) 그리고 함의로서 후계자인 국제 연합(the United Nations)에 구현된 집단안전보장(collective security)은 키신저가 비난하는 전쟁 간 질서의 많은 측면들 중 하나이다. 그러나 이 책은 동시에 1945년 이후 미국외교정책에 대한 완곡한 비판이었다.[135] 키신저가 빈회의에서 도출하기를 원했던 교훈은 이제 분명할 것이다. 미국정책의 목표는 어떤 강대국도 너무나 불만스러워 그것을 전복하기보다는 타결의 틀 내에서 그것의 교정을 선호하지 않는 국가가 없는 그런 국제질서를 창조하는 것이 되어야 한다. 즉, 그것은 재앙적 격동이 있을 것 같지 않은 점증하는 확실성에 기초한 점점 자연스러운 것으로 혁명적 국가를 내포하지 않는 정치적 질서를 의미했다. 그러나 그것은 메테르니히의 기술과 캐슬레이의 지혜로만 성취될 수 있을 것이다.

제3제국에 무조건 항복을 강요하고 독일을 분할하는 데에서 이미

---

134) *Ibid.*
135) *Ibid.*, p. 308.

실수가 저질러졌다. 그러므로 국제질서를 전복하려는 혁명적 국가로 또 다시 등장하는 복수에 불타는 독일의 존재라는 위험이 존재했다. 발생하지 않은 것이 그것을 의미하지 않는다는 것을 이제 우리가 알고 있기 때문에 그 위험은 키신저와 동시대인들이 무시할 수 없는 것이었다. 그리고 독일 문제에 그의 다음 역사적 책의 많은 부분을 할애하려는 것이 키신저의 의도였다. 그리고 그것이 비스마르크의 해답이었다. 더욱 중요하게도, 같은 종류의 승리가 미국인들에게 수용될 비용으로 소련에 대해 승리가 획득될 수 있을 것이라는 것은 생각할 수 없는 것이었다. 그러므로 국제질서를 수립하는 유일한 길은 소련을 스탈린 치하에서 분명했던 혁명적 국가에서 현상유지국으로 전환하는 것이 되어야 한다. 바로 여기에 긴장완화(détente)로 알려질 정책의 씨알이 있다. 그 씨알을 키신저의 마음속에서 번성하게 만든 것은 스탈린의 사망 이전에도 소련의 지도자들이 진정한 혁명가들이 아니며 또한 분명히 정치가의 죽어 마땅한 적들이라고 간주할 "예언자들"(prophets)이 아니었다는 점증하는 증거들이었다.[136]

헨리 키신저는 <회복된 세계>에서 한편으로 정치가와 다른 한편으로 정복자와 예언자라는 두 가지 종류의 혁명가들 사이의 차이를 지적했다. 예언자의 주장은 완성의 조언이고 완성은 획일성을 의미한다. 그러나 유토피아는 모든 유형의 의무감을 부식시켜야 하는 수평화와 혼란의 과정이 없이 성취되지 않는다. 그러기 위해 예언자 개인의 도덕적 순결에 전적으로 의존하는 것은 절제의 가능성을 포기하는 것이다. 예언자에 대비하여 키신저는 그가 조작의 유형들을 즐기기

---

136) *Ibid.*, p. 309.

때문이 아니라 최악의 우연에 대비해야만 하기 때문에 이러한 노력들을 영원히 의심해야만 한다. 정치가의 비극의 일부는 그가 언제나 소수에 속한다는 것이다. 왜냐하면 그것은 인간들을 고무하는 균형이 아니라 일반성, 그리고 안전이 아니라 불멸이기 때문이다. 사람들은 초월성을 염원한다. 그리고 바로 그것이 예언자들에게 감염되게 한다. 그러나 사람들은 정의에 대한 자국의 정의에 강력한 집착을 느낀다. 바로 여기에서 키신저는 아주 분명하게 미국인들과 세계를 그들 자신의 가정된 보편성에 의해서 판단하지만 현실에선 특이한 기준을 적용하는 미국인들의 경향을 염두에 두고 있었다.137)

"국가는 정책을 그것의 국내적 정당화의 관점에서 평가한다. 왜냐하면 그것은 다른 판단의 기준이 없기 때문이다. 그러나 국제적 질서의 정당화 원칙을 정의의 국내적 정의와 동일시하려는 노력은 특히 국내적 정당화 원칙들이 충분히 비교가 안 된다면 혁명적 상황을 낳을 것이다. 만일 어떤 사회가 보편성과 배타성을 동시에 주장하는 원칙에 의해 자신을 정당화 한다면, 다시 말해, 요컨대 그것의 정의의 개념이 정당성의 다른 원칙들의 존재를 포함하지 않는다면 그 사회와 다른 사회들의 관계는 힘에 의존하게 될 것이다. 바로 이런 이유에서 정당성의 경쟁적 체제들은 상호이해에 도달하는 것이 극단적으로 어렵다는 것을 발견할 것이다. … 그렇게 많은 국가들이 외교정책에 대항하여 무의식적일 지라도 강력히 봉기하는 것은 결코 근거가 없지 않다. … 그러나 정치가는 행동을 해야만 한다. 이런 이유에서 정치가는 종종 예언자들의 운명을 공유한다. 즉, 그들은 언제나 자국에서 명예가 없다. 그들은 언제나 자신

---

137) *Ibid.*

들의 프로그램을 국내적으로 정당화하는 어려운 과제를 갖고 있고 또 그들의 위대성은 보통 그들의 직감이 경험이 되었을 때에만 분명하다. 그러므로 정치가는 교육자가 되어야 한다. 그는 사람들의 경험과 자기의 비전, 국가의 전통과 미래 사이의 격차에 다리를 놓아야 한다. 이 과업에서 그의 가능성들은 제한되어 있다. 자기 국민들의 경험을 너무 앞질러 가는 정치가는 그의 정책이 아무리 현명하다고 해도 국내적 합의를 달성하는데 실패할 것이다."[138]

게다가, 정치가의 또 하나의 비극은 자신의 정책이 자기 정부의 관료들에게 수용되어야 한다는 것이다. 그리고 바로 여기에 키신저의 경력을 꿰뚫는 또 다른 동기에 대한 첫 표명이 있었다. 즉 정치가와 정책을 집행하기 위해 그가 의존하는 관료들 사이의 긴장을 표명했다. 정책의 정신과 관료의 정신은 정면으로 대치한다. 정책의 본질은 그것의 우연성이다. 그것의 성공은 부분적으로 추리하는 사전평가의 올바름에 달려있다. 그러나 관료의 본질은 안전의 추구이다. 그것의 성공은 예측할 수 있음이다. 심오한 정책은 영원한 창의성, 즉 목적들의 정의에 달려있다. 그러나 좋은 행정이란 일상적인 것, 즉 평범 속에서 살아남을 수 있는 관계의 정의 위에서 번성한다. 정책은 모험의 조정과 관련된다. 반면에 행정은 일탈의 회피와 관련된다… 정책을 관료적으로 수행하는 시도는 사건들의 포로가 되는 경향이 있는 예측할 수 있음의 추구로 나아간다. 정치적으로 집행하려는 노력은 총체적 무책임으로 나아가는 경향이 있다. 왜냐하면 관료들이란 인지하는

---

138) Henry A. Kissinger, *A World Restored: Metternich, Castlereagh and the Problem of Peace 1812-1822*, Boston: Houghton Mifflin, 1957, pp. 328-329.

것이 아니라 집행하도록 계획된 것이기 때문이다.[139]

　헨리 키신저의 이상형은 미국의 캐슬레이이다. 그는 편협하게 이상주의적인 대중을 교육하고 또 국내적으로 이질적인 국가들 사이에서 힘의 균형에 기초한 정당하고 자강한 국제질서를 추구하면서 타성적이고 모험을 피하려는 관료들을 활기 있게 하기에 한 번에 그리고 동시에 투쟁해야만 했던 보수주의적 정치가였다. 오늘날 돌이켜 보면 <회복된 세계>를 정치가로서 키신저의 미래의 직업을 위한 서막으로서 읽을 수도 있다. 물론, 그것은 동시대의 사람들에게 그 책이 읽히는 방법이 아니다. 그들은 대부분 순전히 하나의 역사의 작품으로 읽었다.[140] 그러나 헨리 키신저가 그런 박사학위 논문을 쓴 것은 단지 박사학위의 취득을 위한 순전히 학술적 작업만이 아니었다는 것이 그의 이후 외교적 행동에서 은밀하지만 <회복된 세계>를 읽은 독자에겐 알아볼 수 있을 정도로 뚜렷하게 드러날 것이다.

---

139) *Ibid.*, pp. 326-327.
140) Niall Ferguson, *Kissinger 1923-1968,* Vol. 1, *The Idealist,* New York: Penguin Press, 2015, p. 310.

제5장
안보 전략가로 등극한 키신저 박사

"외교정책이란 힘의 관계를 인식함이 없이 수행될 수 없다."
-헨리 키신저-

1954년 하버드에서 성공적으로 박사학위 과정을 마친 학생이 자신의 박사학위 논문을 완성한 지 얼마 후에 조교수 지위를 얻는 것이 전혀 전례가 없는 일은 아니었다. 엘리엇 교수의 상당한 로비에도 불구하고 키신저에게 그런 지위가 주어지지는 않았다. 여러 가지 이유가 있었겠지만 어떤 교수들은 그가 너무 세속적이라고 보았으며, 또 어떤 교수들은 가르치기 보다는 국제세미나나 <컨플루언스>에 보다 더 전념하고 있다고 생각했다. 1953년 봄학기에 키신저는 맥조지 번디 교수의 "정부학 180" 과목을 돕는 일을 거절했었다. 많은 다른 신참 박사들처럼 키신저도 박사후 연구비에 의존하여 자신의 생계를 꾸려 나아가야만 했다. 이리하여 키신저 박사는 1870년에서 1914년에 이르는 기간 동안에 19세기의 정치적 금언들의 준수에서 몰락을 연구할 수 있게 해주었다. 연구비는 록펠러 재단의 법적 및 정치철학의 새 프로그램 하에서 제공되었다. 하버드에서는 헨리 키신저를 정치학의 연구원으로 임명하는데 그쳤다. 키신저가 실망했음엔 의심의 여지가 없다. 1954년 가을에 아마도 강사의 자리 같은 지위를 키신저에게 제안했던 것으로 보인다. 그가 시카고 대학교에서 교수직의 제안으로 무장했을 때조차 키신저는 자신의 모교에서 이에 버금가는 제안을 확보할 수 없었다. 1954년 말에 그의 하버드 경력은 용두사미로 끝나고 있는 것처럼 보였다.

1954년 여름에 헨리 키신저는 19세기의 역사로 박사학위를 받은 것 외에 별다른 것이 없었다. 하버드는 그가 얻을 만하다고 생각하는 조교수 직위를 제안하지 않았다. 그는 시카고 대학교에서 그 직위의 제안을 받았고 펜실베니아 대학교는 보다 많은 돈을 그러나 별로 위신이 없는 제안을 했다. 그래서 그는 적은 연구비에 의존해 살면서 자기 박사학위 논문의 개별 장들을 학술지에 출판하려고 노력하면서 시간을 허비하고 있었다. 그러나 3년 후에 헨리 키신저는 핵전략에 대한 최고의 미국의 전문가들 중 한 사람, 베스트셀러 작가, 텔레비전 대담 프로그램의 스타 출연자, 워싱턴에서 토론의 주체, 그리고 모스크바에서 비난의 대상이 되었다.

정치적으로 제휴와는 아주 멀었지만 아서 슐레진저(Arthur Schlesinger, Jr.)와 헨리 키신저는 친구 사이였다. 프리츠 크래머 박사 이후에 슐레진저는 그가 가장 자신의 생각을 공유할 준비가 되어 있는 사람이었다. 슐레진저는 그의 친구를 자기 주변의 진보적 고관들에게 기꺼이 소개했다. 그들 가운데에는 얼리너 루즈벨트, 애들라이 스티븐슨, 그리고 케네디 형제들도 있었다. 하버드 야드(Harvard Yard)에서 간단한 의견교환 후에 키신저는 슐레진저에 의해서 그와 알소프(Alsop) 형제들, 그리고 NSC-48의 저자 폴 니츠(Paul Nitze) 사이의 논의에 끌려들어갔다. 출발점은 슐레진저가 전 공군장관 토마스 핀레터(Thomas Finletter)로부터 받은 편지를 돌연히 키신저에게 읽게 했던 것이다. 대량보복에 의지하는 행정부의 정책에 대한 핀레터의 옹호를 논의하면서 키신저는 "미국정책의 교착과 예방전쟁"(The Impasse of American Policy and Preventive War)이라는 제목을 가진 한 편의 에세이를 급히 작성했다. 새로 등장하는 전략연구라는 분야에서 그의 경력을 시작한 것이 바로 이 에세이였다.[141]

그 에세이는 아이젠하워(Eisenhower) 행정부가 들어선지 1년 반만에 그것의 외교정책이 곳곳에서 실패하고 있다는 것을 지적했다.

　"동남아시아에서 몰락, 서방동맹의 망설임, 일본에서 덜커덕거림, 변화하는 무기의 균형, 이 모든 것들이 워싱턴으로부터 공식적 천명으로 부인되지만 그럼에도 불구하고 심각한 위기를 가리키고 있다. 지난 15개월 동안 소련은 평화공세를 장악하여 전 세계에 걸쳐 미국은 점점 평화에 대한 장애물로 보이게 되었다. 소련은 핵무기 개발에서 거족을 내디뎠고 그리하여 서유럽은 적어도 임박한 중립화에 직면했다. 미국이 호언장담과 유순함 사이를 오락가락 하면서 어느 경우에나 상대적 비효율성으로 축소돼 버린 반면에 소련은 지구의 모든 곳에서 외교적 선방을 날리고 있다. 유럽방위공동체(the European Defense Community)에 관해서 그것은 미국 위신에 저당 잡혔다. 그리고 논란의 여지가 있는 동남아시아 조약

---

141) Niall Ferguson, *Kissinger 1923-1968*, Vol. 1, *The Idealist,* New York: Penguin Press, 2015, p. 332.

기구(the Southeast Asia Treaty Organization, SEATO)는 약한 것에 약한 것을 추가할 뿐일 것이다."[142]

헨리 키신저는 이런 나열된 실패에 3가지 이유를 지적했다. 첫째로, 정당하게 소련의 위협에 고정된 미국은 세계 나머지 지역에서 평화를 위한 욕구와 그것의 다리를 놓을 수 없는 분열을 믿으려 했지 주저함을 과소평가했다. 심리적인 관점에서 미국은 스탈린 사후 소련의 평화공세에 의해 잘못 밟혔다. 둘째로, 미국의 정책결정자들은 타국들과의 동맹에 순진한 중요성을 부여하고 있다. 만일 실제로 동맹이 그 자체가 목적인 단결의 개념을 가져온다면 그것은 자기패배적이다. 왜냐하면 만일 동맹이 구성원들의 합의와 동일시된다면 그것의 정책은 가장 약한 구성원들에 의해서 형성될 것이다. 미국은 헤게몬(hegemon)이다. 따라서 미국은 동맹국들을 주도해야 한다. 셋째로, 가능한 중립화에 직면하여 미국은 전쟁을 선호할 대안이며 미국의 카드들이 희망 없는 것으로 드러나기 전에 예방전쟁으로 결판을 강요하는 수단으로 볼 수 있을 것이다. 그러나 전쟁은 좌절감에서 착수하기엔 너무 심각한 문제이다. 문제는 아이젠하워 행정부의 자칭 "새 시선"(New Look)이라는 방위정책이 냉전을 싸우기 위한 전략인지 아니면 실전에서 이기려는 수단인지를 결정할 수 없을 것이라는 점이다. 만일 그것이 전자라면 잘못 구상된 것이고, 만일 후자일 경우에는? 키신저가 명시적으로 제시하지 않았지만 그의 독자들은 알아차렸다. 그는 국지전쟁(local war)이 가능하다는 것을 의미했다. 이것은 아주

---

142) *Ibid.* p. 332.

도발적이었다. 아이젠하워 정부의 입장은 한국이 국지전쟁의 위험들을 뚜렷이 보여주었다는 것이다. 그것은 핵전쟁의 위협으로 소련의 침략을 억제하기에 보다 더 효과적일 뿐만 아니라 값이 쌌다. 키신저는 미국이 두 전략들 중에서 최선을 가질 수 있음을 의미하는 것으로 보였다. 즉, 핵으로 가는 국지전쟁 말이다.[143]

자유주의적 낙관론자인 슐레진저는 키신저보다 모스크바의 새롭고 더 유연한(flexible) 입장을 믿을 준비가 훨씬 더 되어 있었다. 그럼에도 불구하고 그는 키신저의 에세이에 의해 보통 이상으로 흥분되었다. 그는 키신저의 에세이를 그가 어느 곳에서 읽었던 것보다도 현재 외교정책의 교착상태에 대한 가장 흥미롭고 유용한 논의라고 말하고 그것을 토마스 핀레터(Thomas Finletter)뿐만 아니라 공화당의 아이젠하워가 2년 전에 대통령 선거에서 패배시킨 민주당의 애들라이 스티븐슨(Adlai Stevenson)과 같은 저명인사들에게 배포하겠다고 제안했다. 그러나 가장 큰 영향을 준 것은 핀레터의 반응이었다. 왜냐하면 전면(핵)전쟁이 소련의 더 이상의 침략을 억제하는 최선의 방법이라는 아이디어를 옹호하면서도 키신저의 분석에 있는 군사적 요인에 명시적으로 도전했기 때문이다. 소련 진영이 탐색하는 행동에서 미국의 결의의 정도를 알지 않는 한 전면전쟁을 수행할 용의성 자체만으로는 소련의 침략을 억제하는 데 충분하지 않다. 따라서 진정한 문제는 신뢰성(credibility)의 문제라고 키신저는 주장했다.[144]

헨리 키신저는 군사문제의 전문가가 아니었다. 그는 외교사의 학

---

143) *Ibid.*, p. 333.
144) *Ibid.*, p. 334.

도였다. 또한 그러한 주장을 제시한 최초의 인물도 결코 아니었다. 그러나 아이젠하워 행정부의 억제정책 교리의 비판은 영향력 있는 군부 인사들에 의해서 환영을 받았다. 리처드 스틸웰(Richard G. Stilwell) 장군에 의하면 그 비판은 육군대학원에서 그것을 연구하는 모든 교수진들의 환상을 장악했다. 당시 공군연구개발사령부의 부사령관인 제임스 맥코맥(James McCormack) 장군도 승인했다. 이런 반응에 고무된 키신저는 자기가 중요한 통찰력을 제공한 것이라 생각했다. 즉 핵무기로 제한전쟁을 수행하는 것이 전면전의 위협에 대한 생명력 있는 대안을 제시했다는 것이다. 당시 유행하던 모든 군비축소를 위한 많은 계획들을 모두 무시하며 그는 슐레진저에게 국지전쟁과 전술적 핵무기의 사용이 반드시 전면적 원자전쟁을 가져올 것이라고 생각하는 것은 잘못이라고 말했다. 왜냐하면 러시아인들은 예리한 구별을 할 수 없을 것이기 때문이다. 당시 미국 전략사령부의 주요 임무는 미국의 조건에서 국지전쟁의 수행을 허용하는 것이라고 키신저는 주장했다. 그리고 만일 미국이 핵무기의 전술적 전개를 허용하고 국지전쟁을 할 수 있게 하는 무기체제를 갖고 있다면, 그리고 이것이 외교에 통합될 수 있다면 전략사령부가 대규모 전쟁으로부터 러시아인들을 견제할 수 있을 것이라고 키신저는 주장했다. 여기에 키신저의 명성을 높이는 현저히 반-직관적 주장의 본질이 있었다.[145]

초기 전략연구의 분야에서 대중적 지식인으로 키신저의 출현은 <포린 어페어스>(*Foreign Affairs*)에 "군사정책과 회색지대들의 방어"

---

145) Niall Ferguson, *Kissinger 1923-1968,* vol. 1, *The Idealist,* New York: Penguin Press, 2015, p. 336.

(Military Policy and the Defense of the Grey Areas)라는 논문이 발표된 1955년 4월에 시작했다고 할 수 있다.[146] 1922년 이래 외교협회(the Council on Foreign Relations)에 의해 출판된 <포린 어페어스>는 읽기에 충분히 저널리스틱하면서도 동시에 충분히 존경받을 만큼 학술적이었다. 키신저는 그 잡지의 스타일을 마스터하는데 오래 걸리지 않았다. 슐레진저를 위한 성급한 메모랜덤으로 시작했던 것이 이제는 미국의 전략적 사고의 대담하고 독특한 비판으로 발전되었다.[147] 키신저는 단지 몇 년 이내에 소련이 핵무기로 미국에 강력한 공격을 할 능력을 보유할 것이라는 사실에 미국의 전략적 사유가 별로 영향을 받지 않고 있다는 것이 놀랍다고 냉정하게 그 논문을 시작했다.[148] 모종의 예방적 선제공격의 개념을 차치하고 아이젠하워 행정부는 "대량보복"(Massive Retaliation)이라는 존 포스터 덜레스(John Foster Dulles)의 가차없는 위협 외에 제안할 것이 없었다. 이것이 소위 "뉴룩" 정책(New Look) 뒤에 있는 이론이었다.

그러나 실천에서 행정부는 유라시아의 변방에 있는 NATO 밖의 영토들을 의미하는 핀레터가 세계의 "회색 지대들"이라고 부른 곳에서 소모전에 끌려들어가는 것을 회피하고자 했다.[149] 이에 대한 키신저의 반응은 5개 부분으로 구성되었다. 첫째, 소련 핵능력의 신속한 성장이 미국의 전면전쟁의 잠재적 비용을 비약적으로 증가시키고 있

---

146) *Ibid.*
147) *Ibid.*
148) Henry A. Kissinger, "Military Policy and Grey Areas," *Foreign Affairs,* Vol. 33, No. 3 (April, 1955), pp. 416-428.
149) Thomas K. Finletter, *Power and Policy: U.S. Foreign Policy and Military Power,* New York: Harcourt Brace, 1954.

다. 둘째, 한국전쟁과 같은 종류의 제한전쟁이 전면적 핵 갈등보다 미국의 미래전략을 위한 더 나은 모델이 될 것이다. 셋째, 소련인들도 전면전쟁에는 관심이 없다. 그들은 그들의 궁극적인 목적, 즉 미국의 중립화를 변방지역들을 점진적으로 훨씬 적은 모험으로 침식함으로써 달성할 수 있을 것이다. 그리고 그것은 미국에게 선명한 도전을 제시하지 않으면서도 힘의 균형을 미국에 불리하게 알지 못하게 전환시킬 것이다. 넷째, 대량보복의 위협에 배타적으로 의존하는 것은 미국의 동맹체제를 손상시킬 수밖에 없다. 다섯째, 억제정책이 억제하지 않은 역설적인 위험이 있다. 상대방이 즉각적 보복이라는 우리의 위협을 공갈로 확신하고 자기의 핵무기가 성장함에 따라 회색 지대들을 흡수하고 그것들을 포기하던가 미국의 도시들이 파괴되는 것을 각오해야 하는 선택으로 미국이 직면하기로 결정할 수 있을 것이다. 그리고 중국과 그런 대안에 직면했을 때 미국의 반작용의 평가에서 실수를 할 수 있기 때문에 현재 미국의 군사정책은 그것이 막고자 하는 총력전을 초래할 수도 있을 것이다.[150]

그리하여 키신저가 보기에 아이젠하워 행정부는 아마겟돈(Armageddon)의 작은 모험이지만 큰 국제적 고립의 위험을 안고 있었다. 그리고 여기에서 키신저는 <포린 어페어스>의 독자들에게 그가 좋아하는 역사적 유추의 새로운 판을 제공할 기회를 잡았다.

"유라시아와의 관계에서 미국은 현재 인력에서만 열등한 자원

---

150) Henry A. Kissinger, "Military Policy and Grey Areas," *Foreign Affairs,* Vol. 33, No. 3 (April, 1955), p. 428.

을 가진 섬국가이지만 후에는 산업 능력조차 열등할 섬 국가이다. 따라서 우리는 이탈리아에 대하여 카르타고(Carthage) 그리고 대륙에 관련하여 영국 같은 섬 국가의 전통적 문제에 직면하고 있어서 그것의 생존은 반대편의 거대한 유지가 단일한 국가, 특히 무엇보다도 하나의 명백한 적대적, 한 국가의 통제 하에 들어가는 것을 막는데 달려있다. 만일 유라시아가 단일 국가나 국가들의 집단의 통제 하에 떨어진다면, 그리고 만일 이 적대적인 국가에게 그것의 자원들을 이용할 충분한 시간이 주어진다면 우리는 압도적인 위협에 직면할 것이다. 기껏해야 우리는 지금 미국식 삶의 방식이라고 간주되는 것과 일치하지 않는 군사적 노력으로 강요될 것이다. 만일 미국이 '요새 미국'(Fortress America)으로 국한되는 일이 발생한다거나 혹은 회색 지대에서 소련의 팽창이 우리의 동맹국들의 저항 의지를 약화시킬 만큼 충분히 나아간다면 미국인들은 인류의 4분의 3과 그보다 적지 않은 그것의 자원에 직면해야 할 것이며 미국인들의 계속적인 존재가 위태로워질 것이다."151)

그렇다면, 대안은 무엇인가? 그 대답은 2가지였다. 첫째로 미국은 다음의 한국전 스타일의 제한전쟁을 싸워서 결정적으로 승리할 준비가 되어 있어야만 한다. 한국전쟁도 결국은 이길 수 있었다. 미국이 4개 사단만 더 투입했더라면, 실제로 심지어 휴전협상에서 시간 제한을 두었다면 미국은 한국에서 실질적인 군사적 승리를 달성했을 것이다. 더 나아가서 한국이 동남아와는 달리 중국인들에게 유리한 지리적 위치였다. 인도차이나에서 미국의 전면적 노력은 적어도 라오스와 캄보디아를 여전히 구할 수 있을 것이라고 추리했다. 중대한 것은 소련인들이 오직 공개적 침략행위로만 장악할 수 있을 충분히 안정적인

---

151) *Ibid.*, p. 423f.

현지 토착 정부와 지연작전을 수행할 현지 토착 군사력을 보유하는 것이다.

두 번째로는 이것도 또 하나의 한국전쟁의 교훈이다. 만일 미국이 1951년 한국에서 중국군을 패배 시켰다면 미국은 중국의 힘을 증강시키기 위해 모든 것을 거는 모험을 할 것인지의 딜레마를 가지고 소련과 직면했을 것이다. 그리고 미국이 군사적 승리를 베이징에 대한 화해적인 정치적 제안으로 나아갔다면 미국은 중국이 맹목적으로 소련의 노선을 추종하는 것보다 더 나은 보호를 미국의 선의가 대변할지도 모른다는 것을 중국으로 하여금 반영하게 할 수 있었을 것이다. 더 나아가서 중국이 미국과의 첫 군사적 상봉에서 결정적 전복을 당하지 않았더라면 인도차이나가 현재의 차원을 갖지 않았을 것이다. 한국전쟁의 최종적 교훈은 동맹국들에게 지나치게 편협할 필요가 없다는 것이다. 국지전쟁에서 미국은 동맹국들을 필요로 하지 않으며 만일 그들이 직접적인 이익이 없다면 그들의 도움을 고집해서는 안될 것이다.[152]

이런 키신저의 주장은 그 자체로서 대담하고 독창적이었다. 다른 것들을 차치하고, 그것은 키신저가 그의 경력에서 얼마나 일찍이 어떻게 중-소동맹이 깨질 수 있고 또 프랑스의 인도차이나 이후 그곳을 어떻게 할 것인지에 관해서 성찰하기 시작했는지를 말해주었다. 그러나 소동을 일으키려고 계산된 것은 키신저의 두 번째 주장이었다. 핵의 묵시록과 항복 사이에 어떤 제3의 선택을 주창하는 것은 주목할 만한 일이었다. 그러나 그 자체로서 국지전쟁을 위해 미국의 능력향

---

152) *Ibid.*, p. 427.

상을 권고하는 것이 특별히 말썽은 아니었다. 누구 보다도 바실 리델 하트(Basil Liddell Hart)경은 핵무기로 무제한 전쟁을 수행하는 것은 상호 자살일 것이라는 토대 위에서 1946년 이래 그런 주장을 하고 있었다.153) 로버트 오스굿(Robert E. Osgood)은 이미 <제한전쟁> (*Limited War*)이라는 제목의 책에 대해 열심히 작업을 하고 있었다.154) 버나드 브로디(Bernard Brodie)는 이미 그 주제에 관해 2개의 논문을 출판했다.155) 나중에 아이젠하워 행정부 내에서 토론이 있었지만 그 때는 대통령에 의해서 거절당했다. 그러므로 <포린 에페어스>에서 하버드 출신 외교사의 학도가 전술적 핵무기 사용을 주장하는 글을 발견한다는 것은 어쩐지 놀라운 일이었다.156)

그리고 한 달 후에 미국의 자유주의 사상의 요새인 <신 공화정> (*New Republic*)에 키신저가 출판한 글도 거의 그것에 못지않게 주목을 받았다. "외교의 한계"(The Limitations of Diplomacy)라는 에세이는 1955년 7월에 제네바에서 1945년 7월의 포츠담 회담 이래 미·소가 참가하여 열릴 예정인 4개국 정상회담을 애증(ambivalence)으로 내다보았다.157) 외교사 공부에 그렇게 수년 간을 헌신했던 학자인 키

---

153) Basil Liddell Hart, "War, Limited," *Harper's Magazine,* Vol. 12, No. 1150(March, 1946), pp. 192-203.
154) Robert E. Osgood, *Limited War: Challenge to American Strategy,* Chicago: Chicago University Press, 1957.
155) Bernard Brodie, "Unlimited Weapons and Limited War," *Reporter,* Nov. 18, 1954; Bernard Brodie, "Nuclear Weapons: Strategic or Tactical?" *Foreign Affairs,* Vol. 32, No. 2, (1954), pp. 217-229.
156) Niall Ferguson, *Kissinger 1923-1968,* Vol. 1, *The Idealist,* New York: Penguin Press, 2015, p. 340.
157) Henry A. Kissinger, "The Limitations of Diplomacy," *New Republic,* May 9, 1955. 7f.

신저는 성취될 것 같은 것에 대해 퉁명스럽게 무시했다. 키신저는 소-중 진영과의 협상이 상황을 직접적으로 극적인 개선을 가져올 것이라는 환상을 가져서는 안 된다고 결론지었다. 소련과의 평화회담이 가부키(kabuki)극장보다 별로 나을 것이 없다는 주장은 <포린 어페어스>에서 제한된 핵전쟁이 미국의 정책결정자들에게 열려 있는 선택이어야 한다는 키신저의 주장의 표면이었다. 대중 지식인으로서 키신저의 데뷔(debut)는 성공적이었다. 키신저는 자신의 동료인 새뮤얼 헌팅턴(Samuel Huntington)에게 이런 반응에 조금은 두려웠다고 고백했다.158) 그러나 그 결과 키신저는 직업적 감옥에서 벗어날 기회를 갖게 되었다. 키신저가 외교협회(the Council on Foreign Relations)에서 일자리에 관심을 표명하자 맥조지 번디가 그를 강력히 지원했다.

맥조지 번디가 키신저에게 외교협회에서 일자리를 구해주었을 뿐만 아니라 지금까지 신문이나 읽는데 국한했던 키신저를 세상에 뛰어들게 했다. 외교협회는 때때로 그것이 주장한 만큼이나 영향력이 있었다. 1955년 5월에 그곳에서 모인 핵무기 연구집단의 회원들은 행정부나 군부에서 상당한 직접적인 경험을 가진 거의 모두가 "내부인들"(insiders)이었다. 원자력위원회(the Atomic Energy Commission)의 전위원장이었던 고든 딘(Gorden Dean)이 의장이었다. 이곳에서 키신저의 역할은 정확히 무엇인가? 외교협회의 사무총장인 조지 프랭클린(George S. Franklin)에 의하면 그것은 그 집단에서 제기된 문제들을 15개월 동안 생각하고 그리고 나서 바라건대 흥미롭고 중요한 기여가 될 책을 집필하는 것이었다. 그와 그의 동료들은 그들이 아마추어를

---

158) Niall Ferguson, *ibid*, p. 341.

초대하지만 그의 능력과 객관성이 그것을 보충할 것이라고 믿었다. 협회는 이미 그 집단의 제6차 회의를 열었기에 메모를 읽고 참가자들과의 대화에 입각해 회의가 시작할 때 지금까지 이 모임의 추세에 관한 요약을 제시하는 대담성이 필요했다.

키신저는 3가지의 관찰과 하나의 의문을 제시했다. 첫째, 미국의 군부는 점점 더 핵무기에 의존해 가고 있다. 둘째, 제한전쟁에서 전술적 핵무기의 사용은 전술적인 사용과 전략적 사용 사이에서 선명한 선을 긋기가 어려워 불가능하게 되고 있다. 셋째, 미국의 핵 잠재력에 대한 소련의 두려움이 크렘린(Kremlin)으로 하여금 선제타격을 시도하게 할 수 있다. 그리고 키신저는 하나의 의문으로서, 어떤 필요한 제한적 군사작전에 앞서 미국의 목적들이 제한적이라는 것을 명확히 할 만큼 미국정부가 어떻게 정치적 계획을 명령해야 하는지를 물었다. 그러나 협회는 지금까지 목격한 적이 없는 거의 중구난방이 뒤따랐다. 민간인 참가자들은 키신저의 관찰을 대부분 무시했지만 군부쪽[159] 사람들은 다른 견해를 취했다. 리처드 린지(Richard C. Lindsay) 장군이 미래의 전쟁은 장기전이 되기 쉽고 또 공격이나 방어의 목적을 위해 모든 종류의 무기들을 사용할 것이라고 주장했다.

키신저가 아서 슐레진저에게 말했듯이 그런 논의에 그가 참석한 것은 삼투(osmosis)에 의한 연구라고 부를 수 있을 과정이었다. 위대한 인물들, 아니면 적어도 유명한 이름에 가까이 접근하는 것은 그 자체로서 우월한 노력을 생산한다는 것이 외교협회의 믿음이었던 것으

---

159) Niall Ferguson, *Kissinger 1923-1968*, vol. 1, *The Idealist,* New York: Penguin Press, 2015, p. 352.

로 보였다. 이런 명제를 더욱 시험에 부치듯 키신저는 전 미국에서 가장 위대한 이름들 중 하나로 널리 간주되는 사람, 즉 넬슨 록펠러(Nelson Rockefeller)에 아주 더 가까이 접근하게 될 것이다. 이 두 사람들 보다 더 상이한 배경을 가진 경우를 상상하기란 어려울 것이다. 헨리 키신저는 청소년 때 피난민이었다. 두뇌, 용기, 그리고 사랑하는 부모들을 차치하고 키신저는 아무 것도 없이 태어났다. 이에 비하면 넬슨 록펠러는 지구를 물려받았다. 석유의 거물 존 디 록펠러(John D. Rockefeller)의 손자인 그는 권력과 특권 속에서 성장했다. 그는 경제적 제국을 이끌었지만 록펠러 자신에게 정치가 그의 직업이었으며 다음이 자선사업이고 사업은 먼 것이었다. 그러나 그것은 중요하지 않았다. 그는 워싱턴에서도 환영을 받았다. 그는 트루먼과 아이젠하워 행정부에서 이런 저런 직책을 수행했다.

그러나 1954년 아이젠하워 대통령은 록펠러를 백악관으로 불러들여 대통령의 특별 보좌관으로 임명하여 모든 인민들 사이에 증가된 이해와 협력을 구축할 임무를 맡겼다. 록펠러의 임무는 광범위했다. 사실상, 그는 소련의 평화공세가 제기하는 문제들에 대한 대답으로 간주되었다. 그렇게 그는 즉각적으로 행정부 내에서 가장 큰 짐승들 중 상당수들, 특히 참견하는 부호를 이해할 만한 의심으로 보는 덜레스(Dulles) 국무장관과 싸우고 있는 자신을 발견했다. 그는 자신이 특권의 위치에 있었지만 그는 자신의 한계를 알고 있었다. 그의 어머니가 그에게 상담을 위해 지적으로 우수한 사람들을 찾도록 고무했다. 이것은 책을 읽는 최선의 방법이 그 책의 저자와 만나는 것이라고 주장하는 록펠러에게 잘 어울렸다.[160]

록펠러는 자신의 새 역할에서 최대한의 영향력을 만들기 위해서 버지니아 주의 콴티코(Quantico)에 있는 해병대 장교후보학교(the Marine Corps Officer Candidates School)로 비상한 사상가들을 불러 모았다. 그들은 경제학자, 사회학자들뿐만 아니라 방위 전문가들과 정보 첩보 부원들이었다. 키신저는 콴티코의 첫 모임에서 권력의 근처에 있음에 황홀했다. 그는 아직 겨우 32살이었다.[161] 전문가들은 록펠러에게 어떤 정치적 목적들에 관한 전술적 권고를 제시했다. 그러자 록펠러의 얼굴에서 미소가 사라지고 그의 두 눈은 그들이 중요한 안건에 들어가고 있음을 보여주는 반쯤 눈을 감고 관찰하는 모양이 되었다. 록펠러는 말했다:

"내가 여러분들이 나에게 말해 주길 원하는 것은 어떻게 책략을 부리느냐가 아니다. 나는 당신들이 무엇이 옳은가를 나에게 말해 주길 원한다."[162]

5일간의 심의 후에 그 집단은 무엇보다도 "공개된 하늘"(Open Skies)이라는 아이디어, 즉 군사시설의 상호 호혜적 항공정찰을 위한 제안을 내놓았다. 이것에 덜레스 국무장관의 불승인과 자기 자신의 유보가 있었음에도 불구하고 아이젠하워 대통령은 제네바 정상(the Geneva summit) 회담에서 제안했다. 그리하여 시기와 잘 어울리는 폭

---

160) *Ibid.,* p. 355.
161) Walter Isaacson, *Kissinger: A Biography,* New Yok: Simon & Schuster, 1992, p. 91.
162) Thomas A. Schwartz, *Henry Kissinger and American Power: A Political Biography,* New York: Hill and Wang, 2020, p. 39.

풍에 의해서 효과가 상승했다. 세계여론은 미국의 투명성을 환영할 것이고 소련은 분명히 거부하겠지만 소련인들이 거부할 때 그들을 규탄할 것이다. 그럼에도 불구하고 소련이 제네바에서 심리적 전투를 이겼다는 감정이 새로운 계획을 촉발했다. 그것은 미래 미국전략의 심리적 측면들에 관한 연구 패널(panel)이다. 헨리 키신저가 참가를 초청 받은 것은 바로 두 번째 집단이었다. 그의 하버드 멘토인 윌리엄 엘리엇이 록펠러의 마음에 그 아이디어를 심었으며 록펠러에서 키신저를 기용하라고 귀띔을 했다. 그러나 그의 이름은 실제로 4년 전부터 키신저를 알고 있던 윌리엄 킨트너(William Kintner)에 의해서 처음 제안되었다. 펜타곤 내에서는 프리츠 크래머 박사가 또한 키신저를 추천했을 것이다.[163]

그 보고서의 의도된 수령자는 대통령이고 다른 관리들이지만 그 연구패널 자체는 1940년에 넬슨 록펠러와 그의 삼형제 록펠러 형제기금(the Rockefeller Brothers Fund)의 지원을 받았다. 외교협회 연구집단처럼, 이것도 비공식적 실체였다. 그러나 다시 한 번 그것은 키신저가 약간의 저명한 내부인들, 이번에는 워싱턴과 직접 접촉할 수 있게 해주었다. 그의 의장은 퇴역 공군장군으로서 2차 대전 당시 독일의 폭격의 베테랑이었다. 그 패널이 1955년 8월 말에 워싱턴에서 처음 모였을 때 그들은 합참의장과 중앙정보국(CIA)의 부국장의 연설을 들었다. 엄격히 정부의 일을 하지는 않았지만 록펠러 패널에서 키신저의 역할은 권력의 회랑으로 다가가는 또 하나의 걸음이었다.[164]

---

163) *Ibid.*
164) *Ibid.*, p. 356.

록펠러에 대한 키신저의 첫 인상은 비호의적이었다. 그는 그곳에 모인 학자들의 등을 살짝 두드리며 방에 들어왔다. 더구나 그가 수행하도록 요구된 일은 여러 가지 방식으로 핵무기에 관한 외교협회의 일보다 덜 도전적이었다. 키신저는 이미 5년 이상 심리전을 연구해 왔다. 어쩔 수 없이 핵무기가 패널 논의의 중심 주제였다. 그들이 들은 군사적 발표들 가운데 하나로 핵무기가 전면전이 아닌 상황에서도 사용될 것이라고 명시적으로 인정한 것은 의심할 여지없이 그 주제에 대해 키신저의 발전적 견해에 기여했다. 만일 핵무기가 대규모 전쟁으로 확장하지 않는 소규모 전쟁에서 사용된다면 세계는 더 행복할 것이라는 합의가 표명되었다. 그러나 키신저가 작성하기로 정해진 두 개의 논문들은 다른, 보다 익숙한 문제들을 다루었다. 그것들은 "독일통일의 문제"(The Problems of German Unity)와 "소련과 협상의 심리적 그리고 압박의 측면들"(Psychological and Pressure Aspects of Negotiation with the USSR)이었다.

독일문제는 베를린을 그것의 지주로 해서 냉전의 중심적 문제였다. 독일의 분단은 제2차 세계대전의 종식에 평화조약의 대체물이었다. 그것은 제3제국의 몰락의 순간의 군사적 현실을 반영하고 또 그후 영구화한 사실상의 분할이었다. 키신저의 분석에서 미국은 첫째로 너무 많은 서독인들이 소련과의 직접 거래를 독일의 제1차적 목적인 재통일을 대가로 이루어진 미-소간의 긴장완화에 대한 매력적인 대안으로 보기 전에 주도권을 다시 획득해야만 했다. 그러므로 워싱턴은 모든 독일인의 선거에 기초한 재통일과 쌍무적 군사력의 축소에 기초한 일종의 안보조정을 제안해야 할 것이다. 둘째, 만일 소련이 이를 거부한다면 미국은 중립적 베를린에 소재하는 모든 독일을 위한 경제적 의회로 시작하는 경제통일을 위한 제안으로 맞설 것이다. 셋째, 만일 그것마저 거부된다면 세 번째 대안은 동서독 사이의 자유 이동을 제안하는 것이 되어야 한다. 이런 제안들의 요점은 물론 소련이 그것들 중 어떤 것을 수락할 것이라는 데 있지 않았다. 그것은 소련의 거부가 독일에서 미국의 입장을 강화할 것이고 그리하여 콘라트 아데나워(Konrad Adenauer) 수상의 국내적 지위를 강화할 것이라는 점에 있었다. 이것은 심리전 같은 외교였다.165)

헨리 키신저의 두 번째 논문은 범위가 더 넓고 또 1955년의 세계와 1815년의 특징적으로 대담한 비교로 시작했다. 그리고 미국은 전통적 외교에만 의지할 수 없다는 것이다. 문제는 더 이상 기본적 틀에 합의한 주역들 사이에 지역분쟁의 조정이 아니라 틀 자체였다. 키신저에게 그가 새 외교라고 부르는 것의 지배적 측면은 그것의 심리적 차원이었다. 소련의 평화공세가 진지하다고 생각할 수도 있지만 그것은 소련이 미국의 핵능력과 거의 견줄 만할 때까지 단지 시간을 버는 것일 가능성이 더 많았다. 해결책은 미국의 대통령이 4대 강대국들이 무력으로 분쟁의 타결을 반대한다는 선언에 소련 지도자들이 그와 함께하고, 철의 장막을 거두는 구체적 조치들을 논의하기 위해 회담에 나오고, 또 어쩌면 독일 내에서의 여행 자유를 시작하자고 제안하는 것이었다. 그리고 키신저는 핵 군비경쟁을 선택한 자신의 외교전략의 함의에 대해 반성하는 것으로 끝을 맺었다. 그것은 만일 미국이 전부

---

165) Niall Ferguson, *Kissinger 1923-1968*, Vol.1, *The Idealist,* New York: Penguin Press, 2015, p. 358.

아니면 아무 것도 아니라는 군사정책에 모든 것을 건다면 두 개의 결과 가운데 하나가 필연적이 될 것이라는 것이다. 즉, 키신저는 미국의 동맹국들이 거의 어떤 대가를 지불해서라도 평화가 전쟁보다는 낫다고 느끼거나 아니면 사건들이 그들의 행동에 의해 영향을 받지 않을 것이라는 가정 하에서 그들의 군사력을 축소할 것이라고 주장했다.166)

키신저의 기여는 록펠러가 1955년 11월 최저 라인의 방위비가 올라가야만 한다는 "미국 전략의 심리적 측면들"(Psychological Aspects of United States Strategy)이라는 제목 하에 아이젠하워 대통령에게 제출한 20개의 논문들 중 2개였다. 그것은 키신저에게 지난 수년 동안에 가장 만족스러운 경험들 중 하나였다. 그러나 록펠러의 특별보좌관이라는 지위는 제도적 힘의 토대가 부족했다. 록펠러는 이미 국무성과 재무성의 저항에 직면했다. 아이젠하워는 록펠러의 제안을 채택하지 않을 것이라는 점을 분명히 했다. 키신저는 록펠러가 사임했다는 소식을 듣고 슬펐다. 사적으로, 그는 자신의 노력이 아무 것도 아니게 되어 좌절했다. 그리고 그는 보수주의자였지만 공화당 외교정책에 봉기했다. 안보 프로그램의 진지성 부족, 선거운동 시 외교정책의 약속과 현실 사이의 비일치성을 키신저는 지적했다. 그러나 키신저는 아이젠하워 정책에 대한 일관성 있는 대안 작업을 위해 여전히 노력하고 있었다. 반드시 침략의 지점은 아니라 할지라도 대규모 전쟁을 가져올 어떤 위반의 선이 정의되어야 한다고 키신저는 주장했다. 지형이 미국의 기술적 우월성을 극대화하는 지역들, 특히 중동 같은 곳에서 소련의 중대한 중심부들의 사정거리 내에서 고도로 이동적인 미

---

166) *Ibid.*, p. 359.

국의 전략적 비축을 위한 자신의 계획을 또 다시 그려 보기도 했다. 아마도 그는 영국과 남아프리카공화국이 요르단이나 리비아에 기지를 둘 수 있는 병력에 군대를 파견할 것이라고 생각해 보았다. 이 선수를 위한 자원을 완전히 풀기 위해서 일본이 재무장할 수 있을 것이라는 생각마저 키신저는 했었다.167)

외적에 대한 심리전은 선거의 해 동안에는 쉽게 수행되지 않는다. 1956년에 키신저는 정치인들이 투표를 의식해 발언하는 것들에 의해서 당황했다. 퀘모이(Quemoy)와 마추(Matsu)는 핵전쟁의 가치가 없다고 말하는 것과 미국은 결코 전쟁을 하지 않을 것이라고 말하는 것은 전혀 별개의 것이었다. 제네바 회담에서 아이젠하워가 사용한 평화에 대한 대안이 없다는 슬로건은 소련인들에게 적어도 선거의 해에는 백지수표를 주는 것에 해당한다고 키신저는 슐레진저에게 말했다.168) 키신저는 6개월의 기간 동안에 <포린 어페어스>에 두개의 논문을 실었다. "핵시대의 무력과 외교"(Force and Diplomacy in the Nuclear Age)와 "미국외교에 대한 성찰"(Reflections on American Diplomacy)이 그것들이었다.

첫 번째 논문은 선거운동 수사학에 대한 퉁명스러운 공격으로 시작했다. 즉 그는 "대량보복"과 "평화에 대한 대안은 없다"와 같은 말들은 위험하다. 전자는 그것이 성취될 목적에 대해 비율에서 벗어나는 모험을 미국에게 제기하기 때문이며, 후자는 그것이 소련을 탐색하는 행동에 강력한 제동을 걸고 또 소련이 양보할 어떤 인센티브도

---

167) *Ibid.*, p. 361.
168) *Ibid.*

제거하기 때문이다. 그러나 이제 키신저는 제한된 핵전쟁의 생명력에 대한 매우 선명한 견해를 그려냈다. 그리하여 처음으로 키신저는 명시적이었다. 즉, 특히 낮은 산출형의 핵무기는 인력에서 미국의 열등성을 보상하고 기술에서 미국의 우월성을 가장 유리하게 사용할 최선의 기회를 제공할 것처럼 보인다는 것이었다.169) 소련인들은 제한적 핵 전쟁이 불가능하다고 고집하면서 포괄적 군비축소를 압박하며 이 주장을 비정당화 하려고 맹렬히 노력하고 있었다.

그러나 이것은 전술적 핵무기가 제시하는 미국의 기회 포착을 막기 위한 소련의 책동에 지나지 않았다. 제한된 핵전쟁이 확장하는 것을 막는 핵심은 미국의 외교가 소련진영에 미국은 전면전이나 무력행위가 아닌 다른 길을 갈수가 있으며 또 미국은 비록 무조건 항복을 추구하지는 않겠지만 이 능력을 사용할 의도가 있다는 것을 전달하는 것이다.170) 이것은 고마울 것 없고 또 실제로 인기 없는 길이지만 미국은 비인기를 피할 수 없을 것이다. 단기적으로 미국이 바라는 모든 것은 존경이라고 키신저는 결론을 지었다.171) 아이젠하워 행정부가 생존에 대한 핵심으로 대량보복의 주장을 재천명할 때 키신저는 대안을 제시했다.

그의 두 번째 논문인 "미국외교에 대한 성찰"은 그의 어감에 있어서 훨씬 더 자신에 차 있었다. 키신저는 퉁명스럽게 미국외교정책이 미국의 행복한 종식을 위한 취향으로 인해 교착상태에 이르렀다고 말

---

169) Henry A. Kissinger, "Force and Diplomacy in the Nuclear Age," *Foreign Affairs,* Vol. 34, No. 3, (1956), p. 357.
170) *Ibid.,* p. 362.
171) *Ibid.,* p. 365f.

했다. 미국인들은 소련의 평화선전에 너무나 쉽게 넘어갈 뿐만 아니라 그들의 외교정책이 가능성들의 뉘앙스를 간파하여 확률을 저울질하는 기술이 아니라 과학처럼 수행될 수 있다는 순진한 믿음에 기초하여 특별한 해결에 대한 취향을 갖고 있다.172) 더구나 아이젠하워의 국가안보위원회(NSC)의 리모델링에도 불구하고 미국의 정책결정은 관료제에 의해서 방해받고 있다. 수많은 위원회들, 시시한 서류들로 자신들의 상관을 압도하는 하부관리들, 서로 다투는 부처간 협상정책, 그리고 그것들은 재평가가 불가능하게 되는 너무 어려운 결정들 등이 관료제의 문제들이었다. 훨씬 더 나쁜 일로서 미국인들은 너무 낙관적이어서 비극적 경험이 부족했다. 이런 이유에도 불구하고 미국인들은 그가 혁명적 시기라고 간주하는 때에 외교정책을 결정하기에 심리적으로 적합하지 않다고 주장했다.

미국인들은 혁명적 질서에서 협상 테이블의 주역들은 서로 간의 문제를 다루기보다는 일반적 전세계를 다루어야 한다는 것을 이해하지 못한다. 역설적이게도 경험주의자들인 미국인들은 세계에 경직되고 상상력이 없으며 심지어 다소 냉소적으로 보이는 반면에 교조주의자들인 볼세비키들은 유연하고, 담대하며, 세심함을 보여준다.173) 냉전은 인류의 충성을 위한 경합이 되었고 미국은 지고 있었다. 이 논문에서 키신저의 구제책은 군사적이기 보다는 외교적이었다. 동맹국들은 핵전쟁을 피하는 그들의 최선의 기회는 지역적 침략을 아주 값비싸게 만드는 미국의 능력에 있다고 설득되어야 한다. 그리고 비동맹

---

172) Henry A, Kissinger, "Reflections on American Diplomacy," *Foreign Affairs*, Vol. 35, No. 1, (1956), p. 38.
173) *Ibid.*, p. 40.

국가들에 관해서 미국은 인기가 아니라 존경심을 추구해야 한다고 주장했다.174) 미국에 대한 사랑 보다는 미국에 대한 두려움을 진작시키기 위해 어떤 책이 쓰였다면 그것은 바로 <핵무기와 외교정책> (*Nuclear Weapons and Foreign Policy*)이었다.175)

헨리 키신저가 <핵무기와 외교정책>을 집필하기에 아주 어려웠던 하나의 이유는 그 아이디어가 원래 그 자신의 것이 아니었기 때문이다.176) 키신저는 그 연구집단의 전혀 다르고 또 실제로 모순적인 견해들을 단지 종합하도록 요청받은 것은 아니었다. 그도 역시 그 분야에서 다른 전문가들과 협의하는 모든 노력을 다했다. 합의를 이루려는 시도는 없었다. 키신저가 그 책에 대해서는 전적으로 책임을 지는 것으로 항상 이해되었고 그리고 그 연구집단은 주로 자문에 그칠 것이었다. 그 책의 반에 달하는 후반은 그 집단에서 논의조차 되지 않았으며 그 원고는 전혀 그 집단에 제출된 적이 없었다. 더 나아가서 그 책의 상당한 부분들은 전에 <포린 어페어스>와 다른 곳에서 이미 출판되었다. <회복된 세계>에서 재탕한 문구들도 있었다. <핵무기와 외교정책>에 관해서 가장 현저한 것들 가운데 하나는 이 모든 것에도 불구하고 그 책은 일관성이 있다는 것이었다. 총 463페이지의 길이가 전문가 독자들을 제외하고는 모두가 멀리할 것을 잘 알았던 키신저는 그 책의 주장을 요약하려고 애를 썼다. 비상하게 그는

---

174) *Ibid.*, p. 42 and p. 53.
175) Niall Ferguson, *Kissinger 1923-1968*, vol. 1, *The Idealist,* New York: Penguin Press, 2015, p. 364.
176) Walter Isaacson, *Kissinger: A Biography,* New York: Simon & Schuster, 1992, p. 88.

온전히 2개월 전에 그렇게 했다. 1957년 4월 15일 그는 디트로이트의 경제 클럽(the Economic Club of Detroit)에서 "무기의 혁명이 어떻게 우리의 전략과 외교정책"에 영향을 미칠 것인가에 대해 연설했다. 이것은 본질적으로 하나의 개요였다.

키신저는 동시에 <포린 에페어스>에 "전략과 조직"(Strategy and Organization)이라는 또 다른 에세이를 출판했다.[177) 어떤 요약도 물론 선택적이다. 그러므로 "전략과 조직"에서 키신저는 자기 주장의 핵심인 제한적 핵전쟁에 관해서 보다는 그에 선행할 정책결정과 그동안에 진행될 외교에 더 많은 초점을 맞추기로 했다. 그의 첫 번째 포인트는 미국이 핵시대를 위한 전략적 교리가 부족하다는 것이었다. 그 대신에 미국은 주권적 부처들 사이에서 기껏해야 얻어낼 합의를 갖고 있다. 부처 간 그리고 군부 내 각군 간 승강이는 어떤 위기나 예산상 과정이 사건들의 압박 하에서 재고를 강요할 때까지 교리적 딜레마를 연기할 뿐이다. 미국의 방위기획에서 재정적 고려의 지배로 인하여 교리는 맞춤이 되고 필요하면 예산의 요구에 맞추어 만들어진다. 숫자들의 추구는 교리를 포기하는 징조이다. 그 결과로 핵전쟁의 충분한 함의, 즉 전면적 갈등에서는 약자도 어느 정도의 파괴를 수행할 수 있기 때문에 승자가 없을 것이라는 점을 파악하지 못했다. 제한적 핵전쟁에 대한 키신저의 교리는 간단하게 말할 수 있었다:

"핵무기에 의한 파멸의 불길한 배경에서 전쟁의 목적은 더 이상

---

177) Henry A. Kissinger, "Strategy and Organization," *Foreign Affairs,* Vol. 35, No. 3 (April, 1957), pp. 379-394.

미국인들이 알고 있는 군사적 승리가 될 수 없다. 차라리 그것은 상대방이 완전히 이해하는 어떤 구체적인 정치적 조건들의 획득이 될 것이다. 제한전쟁의 목적은 적에게 목적에 비례하지 않는 손실을 입히거나 위험을 제기하는 것이었다. 목적이 더 온건하면 그럴수록 전쟁은 덜 폭력적이 되기 쉬울 것이다." [178]

여기서 핵심적 요지는 전면 핵전쟁의 무서운 함의를 강조하는 것이었다. 자기 책의 또 하나의 예고편인 <더 리포터>(The Reporter)지의 기사에서 현재 지배적인 전략적 교리의 결함은 재앙적 전면전쟁을 사람들이 감지하는 것보다도 훨씬 더 쉽게 만들 것이라고 주장했다. 그러나 키신저에게 아마겟돈은 악몽이 아니었다. 오히려 그것은 아마겟돈에 대한 두려움이 무엇을 할 것인지에 관한 것이었다. 어떤 일반적으로 이해되는 제한의 부재가 공산주의자들의 움직임에 저항하는 심리적 틀을 손상할 것이라고 키신저는 경고했다. 전쟁이 국가적 자살이나 진배없는 곳에서 자살은 차악으로 보일 것이다.[179]

<핵무기와 외교정책>은 1957년 6월 26일에 출간되었다. 대부분의 독자들은 아이젠하워의 국가안보전략에 대한 저자의 비판에 인상을 받았다. 특히 저자의 주장에는 호소력 있는 단호함이 있었다. 키신저는 핵시대의 딜레마를 이렇게 정의했다.

"현대무기의 무도함이 전쟁의 생각을 불쾌하게 하지만 그러나 어떤 모험하기를 거부하는 것은 소련의 지도자들에게 백지수표를

---

178) *Ibid.,* p. 387.
179) Henry A. Kissinger, "Controls, Inspection, and Limited War," *The Reporter,* June 13, 1957.

주는 거나 다름이 없을 것이다."[180]

핵의 억제는 1930년대에 프랑스의 마지노선(the French Maginot Line)과 유사하다는 것이다. 수적 우월성이나 우월한 파괴력에서 안전을 추구하는 것은 마지노 멘탈리티(Maginot Mentality), 즉 숫자 속에서 개념의 대체를 찾은 것이다.[181] 그러나 미국의 방위체제는 한 가지 이상의 방식으로 제2차 세계대전의 시기에 머물러 있다는 것이다. 진주만에서처럼 다음 전쟁은 미공군이 적의 도시들에 재앙적 항공 폭격으로 대응할 기습공격으로 시작할 것이라는 가정이 여전히 있었다는 것이다. 유일한 차이란 이번에는 모든 폭탄이 핵폭탄일 것이라는 점이다. 그 사이에 자신들의 핵무기를 가지고 미 해군은 항진하고 육군은 행군할 것이다. 그러나 이런 가정들은 핵시대에 전적으로 시대착오적이고 또 미국을 한국에서처럼 공격하는 변방 국가들에 대해 전혀 다른 소련의 전략에 노출될 것이고 걸린 몫이 너무 낮아서 대량보복은 결코 적절한 대응이 아니라는 것이다. 미국이 필요한 것은 중간적 목적들의 전략이라는 것을 지적하였다.[182]

<핵무기와 외교정책>의 제3장과 제4장은 참으로 선구적이었다.[183] 뉴욕에 떨어진 10-메가톤 폭탄의 파괴적 효과를 추산하는 것으로 시작하여 키신저는 50개 미국 도시들에 대한 전면적 소련의 공격은 1천

180) Henry A. Kissinger, *Nuclear Weapons and Foreign Policy*, New York: Harper & Brothers, 1957, p. 7.
181) *Ibid.*, p. 60.
182) *Ibid.*, p. 60.
183) Kissinger의 책은 핵전쟁을 가상적으로 다룬 허만 칸(Herman Kahn)의 *On Thermonuclear War* 보다 3년 먼저 나왔다.

5백에서 2천만 명을 죽이고 2천만에서 2천 5백만 명을 부상케 하고 추가해 5백만에서 1천만 명이 방사선 낙진으로 죽을 것이고 아마도 7백에서 8백만 명이 병들 것이다. 생존하는 자들은 사회적 붕괴에 직면할 것이다. 그리고 심지어 그후에도 미국은 여전히 소련에게 비교할 만한 재앙을 입힐 수 있을 것이다. 따라서 전면전의 유일한 결과는 양 경쟁자들이 모두 질 수밖에 없다는 것이다.[184]

그러나 키신저의 목표는 후일의 많은 작가들과는 달리 핵 군비축소를 주장하는 것이 아니었다. 실제로 그는 핵전쟁의 공포가 핵무장의 감소나 아니면 무기사찰제도로 핵전쟁을 피할 수 있을 것 같지 않다고 아주 명시적으로 밝혔다.[185] 그러므로 만일 전면전쟁이 정책의 의미 있는 수단으로 멈추지 않는다면 전면적 핵전쟁보다 덜 재앙적인 힘의 적용을 상상하는 것이 가능하지 않겠느냐고 키신저는 물었다.[186] 그리고 그 자신의 대답은 긍정적이다. 그에게 제한전쟁은 실제로 가능했다.[187] 제한 핵전쟁이 냉전 동안 발생하지 않았다는 사실이 키신저의 주장이 틀렸다는 압도적 증거는 아니다. 정반대로 그 책은 출판 이후 두 초강대국들이 실질적인 전술 핵능력을 획득하기 시작했고 또 여전히 그 능력을 1980년대에도 증강시키고 있었다는 의미에서 분명히 옳았다. 그것이 결코 사용되지 않았다는 것은 관련성이 없다. 중요한 것은 그런 무기가 양측에 의해 사용할 수 있다고 간

184) Henry A. Kissinger, *Nuclear Weapons and Foreign Policy*, New York: Harper & Brothers, 1957, p. 84.
185) *Ibid.,* p. 211, 214, and 219.
186) *Ibid.,* p. 128, and 131.
187) Niall Ferguson, *Kissinger 1923-1968*, vol. 1, *The Idealist*, New York: Penguin Press, 2015, p. 369.

주되었다는 것이다.

아이젠하워 행정부의 전략에 관한 키신저의 비판 중 많은 것이 이제는 익숙하다. 우리는 이미 대량보복에 대한 의존이 지역적 동맹체제를, 특히 유럽에서, 손상시키는 경향이 있었다는 주장을 접했다. 우리는 또한 소련의 평화공세에 관한 키신저의 분석에도 익숙하다. 키신저의 제한전쟁의 가능성을 선호하는 그의 주장에서 첫 번째 약한 연결은 양측이 전면전을 단행할 문턱을 넘어서 그것의 확산을 막기 위해 공통적이고 압도적인 동기를 갖고 있다는 주장이었다. 실제로 그가 암시하기로는, 그들의 마르크스 이데올로기가 소련과 중국의 지도자들로 하여금 그들의 국가적 생존이 직접적으로 영향을 받지 않는 한 그들에게 불리한 변화를 막기 위해 모든 것을 불사할 것 같지 않다는 것이었다. 그러나 키신저는 이 주장에 여러 가지 한정을 추가했다. 공격을 면하는 성역(sanctuary areas)이 필요할 것이다. 왜냐하면 적의 전략적 공격력에 대한 어떤 위협도 핵의 홀로코스트를 초래하는 것이 될 것이기 때문이다.

또한 전략적 군사력으로 오해될 수 없는 알아볼 수 있는 다른 운반 메커니즘도 필요할 것이다. 키신저는 심지어 한 곳에서는 500 킬로 톤을 제안하면서 전개될 수 있는 무기의 규모에 관한 규칙들을 제안하기까지 했다. 만일 그런 규칙들이 제한전쟁을 난폭한 투쟁보다 마치 하나의 게임처럼 들리게 한다면 키신저의 외교적 중지에 대한 개념도 그럴 것이다. 현대의 독자들은 만일 그런 제한적 핵전쟁이 발생했다면 그런 제한적 장치가 실제로 얼마나 효과적이었을 지에 대해 의아해 하지 않을 수 없을 것이다.[188]

두 번째 문제는 제한적 핵전쟁의 정확한 성격과 관련되었다. 키신저는 그런 전쟁이란 고도의 기동성과 상당한 화력에 의해서 수행될 것이라고 주장했다. 그는 전통적 해전에서 유추했다. 여기에선 엄청난 화력으로 완비된 부대들이 물리적으로 영토를 점령하거나 전선을 수립하지 않고 그들의 적의 상대방들을 파괴함으로써 점진적으로 우위를 점할 것이다. 미래의 전쟁에서 군사력은 병력을 실은 헬리콥터들에 의해서 전장을 맴돌 것이다. 공격목표들은 도시나 활주로 혹은 산업능력이 아니라 간단히 적의 기동부대가 될 것이다. 이런 주장은 역사적 허구나 순전히 공상과학의 성질을 갖고 있었다.[189]

세 번째 어려움은 미국의 우수한 산업능력, 광범위한 과학, 사회적 제도의 유연성, 그리고 고도의 리더십, 개인적 이니셔티브 그리고 기계적 적성, 경직된 소련체제에서 보다 미국사회에서 지배적인 성질들로 인해 그런 갈등에서 미국이 내재적 이점들을 갖고 있다는 주장이 있다. 그것이 사실이라고 해도 어찌하여 소련이 제한전쟁의 수행규칙들을 수락할 동기를 가질 이유가 전혀 분명하지가 않았다. 실제로 키신저가 제11장에서 인정했듯이 러시아인들은 제한전쟁이 불가능하다는 주장에 엄청난 양의 선전을 퍼붓고 있었다.[190]

요컨대, <핵무기와 외교정책>의 핵심, 즉 헬리콥터에 탄 군부대들에 의해서 전술 핵무기가 전투에 전개될 수 있다는 키신저의 비전은 설득에 실패했다. 그렇다면 어떻게 그 책이 비평적으로나 상업적

188) *Ibid.,* pp. 370-371.
189) *Ibid.,* p, 371.
190) *Ibid.*

으로 그렇게 성공적일 수 있었을까? 그 대답의 일부는 아이젠하워와 덜레스에 대한 그의 비판이 효율적이었기 때문이다. 또 하나의 부분은 저변에 깔려 있는 비관주의였다. 그 책은 군비경쟁에서 미국을 따라잡는 소련에 관한 대중적 불안감의 파도와 일치하는 아주 완벽한 타이밍이었다. 그러나 제3의 설명도 있다. <핵무기와 외교정책>의 철학적 지주가 제한적 핵전쟁과 같이 분명히 공포스러운 것도 대안들이 무기력이나 괴멸이라면 차악이 될 수 있다는 점이었다. 키신저는 마지막 제12장에서 그의 전 경력을 통해 일종의 신조(credo)로 보이는 차악에 관한 일반적 이론을 제시했다.[191]

"외교정책은 힘의 관계를 인식함이 없이 수행될 수 없다. 확실히 군사력만으로는 현재의 혁명을 극복할 수 없을 것이다. 만일 우리가 인류의 염원과 우리 자신들을 동일시한다면 상상력 있고 또 대담한 프로그램들이 필요하다. 그러나 우리가 미국과 소련 사이에 최소한의 힘의 균형을 유지하지 않는다면 우리는 어떤 긍정적 조치도 취할 기회를 갖지 못할 것이다. 그리고 이 균형을 유지하는 것은 어떤 아주 어려운 선택을 요구할 것이다. 우리는 내전이나 국내적 쿠데타 같은 비상한 모호성에 분명히 직면할 것이다. … 우리가 그런 발생들을 예방하려고 해야 한다는 데에는 의심의 여지가 없다. 그러나 일단 그것들이 발생하면 여러 악들 중에서 오직 선택만을 허용하는 상황에서 행동하고 모험을 해야 할 의지를 발견해야만 한다. 우리가 우리의 원칙들을 결코 포기하지 않으면서도 우리는 우리가 생존하지 않는 한 우리의 원칙들을 유지할 수 없다는 것도 깨달아야만 한다. … 우리의 도덕적, 법적, 그리고 군사적 입장들이

---

191) *Ibid.*, p. 372.

조화 속에 보완적이고 또 정당성이 생존의 요구와 가장 많이 일치하는 곳에 우리의 행동을 국한할 수 있다면 편안할 것이다. 그러나 세계에서 가장 강력한 국가로서 우리는 우리의 보다 안전한 과거에 우리가 고집할 수 있었던 단순한 도덕적 선택들을 어쩌면 결코 또 다시 취할 수 없을 것이다. 소련의 침략 위협은 언제나 우리 무장의 약한 지점과 우리의 심리적 금지가 최대한인 쟁점들을 언제나 향해 있을 것이다. 그런 모호성의 문제들을 다루는 것은 무엇보다도 도덕적 행위를 가정한다. 즉, 부분적 지식에 입각하여 모험할 용의성과 자기 원칙들의 완전하지 못한 적용을 선택해야 한다. 적의 도발을 평가하는데 있어 서나 혹은 가능한 구제책을 평가하는데 있어서 절대성에 대한 고집은 무행동의 처방이 될 것이다."[192]

보다 작은 악과 보다 큰 악의 사이에서 선택을 하는 것은 선천적인(선험적인) 도덕적 행위라는 키신저의 이런 입장은 그가 칸트에 가까웠다고 말할 수 있을 것이다.[193]

<핵시대와 외교정책>은 초판에 7만부가 팔리고 "월간도서클럽(Book-of-the Month Club)에 선정되었다. 그 대답의 일부는 <세계정치>(World Politics) 같은 학술지들을 읽는 사람이 비교적 별로 없었기 때문이다. 많은 관심을 끌고 많이 팔린 학술서의 경우에 종종 그렇듯이 <핵무기와 외교정책>도 보다 학술적인 잡지들에서 서평자들에 의해 맹렬히 난타당했다.[194] 그러나 보다 좋은 대답은 키신저의

---

192) Henry A. Kissinger, *Nuclear Weapons and Foreign Policy*, New York: Harper & Brothers, 1957, pp. 427-429.
193) Niall Ferguson, *Kissinger 1923-1968*, Vol. 1, *The Idealist*, New York: Penguin Press, 2015, p. 373.
194) *Ibid.*, p. 376.

책이 아이젠하워 행정부 내외에서 대량보복의 교리에 대한 비평가들에게 유용한 탄약을 제공해 주었기 때문이었다. 훨씬 더 중요하게도 그 책이 나온 후 수개월 내에 외부 사건들이, 무엇보다도, 미국에게 미국의 전략이 위기에 처해있다는 키신저의 주장에 뜻밖의 신용을 부여했다. <워싱턴 포스트>(The Washington Post)가 보도한 대로, 키신저의 책은 국방성, 국무성 그리고 의회 등에서의 많은 자체 분석을 야기했다. 백악관도 예외는 아니었다. 리처드 닉슨 부통령은 그 책이 아주 자극적이고 건설적이라고 발견했다.[195] 헨리 캐봇 로지(Henry Cabot Lodge, Jr.) 유엔대사는 그 책을 아이젠하워 대통령에게 맑은 정신의, 심오하고, 건설적이라고 그 책을 추천했다. 아이젠하워는 요약본에 인상을 받아 그 책을 덜레스 국무장관에게 추천했다. 8월 11일 <뉴욕 타임즈>(The New York Times)는 정부의 고위층에서 키신저를 읽고 있다고 보도했다. 그것을 부인하는 것은 불가능했다.

1957년 여름은 아이젠하워 행정부에서 인사의 변화의 시간이었다. 그런 변화는 키신저와 같은 비판을 위한 시기를 성숙하게 만든 1년의 외교정책 위기 후에 나왔다. 1956년 10월 29일에 미국정부와 상의도 없이 영국, 프랑스, 그리고 이스라엘이 수에즈 운하(the Suez Canal)에 대한 가말 압델 나세르(Gamal Abdel Nasser) 대통령의 국유화정책을 번복할 뿐만 아니라 나세르 자체를 전복하려는 계획 하에 이집트(Egypt)의 침공을 단행했다. 1주일도 안 된 11월 4일 소련의 붉은 군대가 임레 나지(Imre Nagy) 개혁정권을 타도하기 위해 헝가리(Hungary)를 침공했다. 아이젠하워는 아랍의 지도자들이 소련의 궤도에 끌려갈 것을 두

---

195) *Ibid.*, p. 379.

려워하여 그들을 유인하기 위해 열심히 일하고 있었다. 영국의 많은 좌파들처럼 아이젠하워는 헝가리의 침공을 규탄하고 또 동시에 이집트의 침공을 인정하기 어렵다고 느꼈다. 키신저가 아이젠하워 행정부를 비웃기에 어렵지 않았다. 키신저는 최근 사건에서 자기가 가장 반대하는 것은 미국정책의 어리석음이 아니라 무엇보다도 미국행위의 현학과 스타일의 부족이라고 일갈했다. 워싱턴의 시시한 관료들은 영국이 그들의 계획을 보다 완전히 뒤집었다고 해서 소련에 대해서 보다 영국과 프랑스에 더 많은 화를 냈다. 그리고 그들은 헝가리인들에 대해선 별로 자극되지도 않았다. 이것은 행정부의 외교정책에 대한 법률적인 접근에 관한 점점 빈번해지는 공격들 가운데 하나의 실마리였다.

"정부를 운영하는 영리한 법률가들은 내적 헌신 외에 모든 것에 해답을 갖고 있는 것처럼 보인다. 그러나 서방세계는 그것이 언제나 사명감의 부재에 의해서 그리고 우리들의 가장 현저한 특징인 최소의 모험에 의해 생명력을 얻었다면 야만적 유라시아에 중요하지 않은 부속물에 여전히 지나지 않을 것이다. 우리의 상황에서 순수한 도덕성의 고집은 그 자체로 가장 비도덕적인 자세이다. 그리고 헝가리인들은 우리들에게 우리의 도덕적 신분의 시시함을 보여주었다. 유럽인들도 책망이 없지 않다. 왜냐하면 그들은 평화주의를 너무나 오랫동안 설교했기 때문에 그들은 우리들과 자신들을 마비시켰지만 나는 그들의 반응이 우리들의 반응보다 더 건강했다고 생각한다."[196]

영국과 프랑스가 유엔의 결의안에 굴복하고 자국의 병력을 이집트

---

196) *Ibid.*, pp. 380-381 에서 재인용.

에서 철수한 한참 뒤인 1957년 2월 초에 헨리 키신저는 여전히 그 위기에 대한 미국의 대응의 현학적이고 독선적인 태도를 비난했다. 미국은 침략이 이익이 되지 않는다는 것을 입증할 수도 있었지만 미국은 평화를 가장 적게 흔들 국가들에게, 그리고 한동안 충분히 분명해지지 않을 그들의 국가적 자존심에 상처를 주었다고 키신저는 비난했다. 많은 미국인들이 머나먼 헝가리와 이집트에서 발생한 사건들에 대한 키신저의 분노를 공유했는지는 의심스럽다. 1957년 초에 대부분의 사람들은 여전히 핵의 위협에 대해 분명한 무관심을 보였다. 그러나 대량보복의 위협이 파고드는 소련의 팽창을 막는데 불충분하다는 명제에 대한 지지는 의심할 여지없이 증가하고 있었다.

그러나 헨리 키신저를 명사로 만드는 일이 1957년 10월 4일 밤에 발생했다. 최초의 인공위성인 스푸트니크(Sputnik)가 타원형의 지구궤도로 소련에 의해 성공적으로 발사된 것은 군사적인 면에서 뿐만 아니라 기술적이고 경제적으로도 소련이 미국을 따라잡고 있다고 상정하는 미국의 불안감 증대를 선명하게 해주었다. 농구공의 2배 크기인 스푸트니크는 96분 동안에 지구의 궤도를 완주할 수 있었으며 밤하늘에서 보고 또 지구로 보내는 단파 라디오 신호들의 발신을 통해 들을 수 있었다. 그 자체는 해롭지 않았다. 그러나 소련인들이 그것을 발사할 수 있었다는 사실은 그들이 미국 내에 공격목표에 도달할 수 있을 장거리 미사일을 생산할 수 있을 것이라는 사실을 암시했다. 그 결과는 미디어가 불을 지르는 대중적 경악의 파도였다. 러시아의 과학이 미국의 과학을 후려쳤다고 <보스턴 글러브>(*The Boston Globe*)는 선언했다. 미국의 위성 프로그램이 한참 뒤처진 상황에서 중앙정보국은 소련의 공포를 신속하게 상대할 수 있는 이목을 끄는 행위를 마련하려고 노력했다. 중대하게도 아이젠하워의 고려된 위기에 대한 대응은 제한적 핵 전쟁의 가능성이 없이는 별로 의미가 없을 무기체제에서 미국의 이점을 강조했다.

스푸트니크는 키신저를 새로운 궤도로 발사시켰다. 갑자기 그는 모든 곳에서 보고 들을 수 있었다. 키신저는 <뉴욕 헤럴드 트리뷴>(New York Herald Tribune)에서 언급되고 "주목할 인물"(a Man to Watch)이 되었다.[197] 소련이 위성발사 후 10일만에 이 신문은 키신저 경력에서 압도적인 첫 인터뷰에 기초한 "키신저가 말하다"라는 제목 하에 특별 긴급사설을 실었다. 키신저는 공격했다:

"소련이 우리들을 능가했다. 우리는 정말 곤란에 처했다. 우리는 점진적으로 한곳 한곳에서 밀리고 있다. 기본적 추세는 우리에게 불리하다. 특별히 스푸트니크는 러시아인들이 그들의 군사적 프로그램을 어떻게 수행하는지를 노출했다. 그들은 우리가 할 수 없는 방법으로 그들의 시간격차를 줄일 수 있다. … 그들의 경제는 우리의 반밖에 안 되고 그들의 훈련된 인력은 비록 증가하고는 있지만 우리보다 적다. 이것은 우월한 조직과 우월한 교리를 예시한다. … 이와는 대조적으로 국방성은 전쟁을 수행하기 위해 조직되지 않았다. 그것은 내부적 관리를 위해 조직되었다."[198]

키신저의 공격은 거기에서 멈추지 않았다. 그는 사태가 현상태로 계속된다면 유라시아에서 우리의 추방은 수학적으로 확실하다고 선언

197) "Man to Watch," New York Herald Tribune, March 21, 1958.
198) "Kissinger Speaks," New York Herald Tribune, October 14, 1957.

했다. 8년 전에 소련이 중동에서 주요 강대국이 될 것이라고 상상하는 것은 환상으로 보였다. 우리는 이제 1938년 볼드윈(Baldwin)과 체임벌린(Chamberlain)에게 비웃음을 보내길 좋아하지만 그래도 그들은 자신들을 단호한 현실주의자라고 생각했다고 키신저는 부언했다.[199)]

스푸트니크 이전에 키신저는 단지 한 권의 책에 관련하여 초대받았다. 그러나 10월 4일 이후에 미국연구소(the Research Institute of America), 미국육군협회(the Association of the United States Army), 그리고 전국적인 거대한 청중을 확실히 해주는 CBS 방송국의 "국가를 직면하다"(Face the Nation)라는 일요일 토크쇼로부터 초대가 밀려들었다. 그 토크쇼에서 텔레비전의 신참인 키신저는 잘 대처해 나갔다. 그는 아이젠하워의 정책에 대한 비판을 했다. 미국인들은 너무 오랫동안 자신들이 비교적 취약하지 않다고 믿었다. 미국인들은 평화에 보다 많은 관심을 갖고 있는 반면에 미국의 상대국은 승리에 더 관심이 있다. 이것은 심리적 불평등을 창조했다. 그는 핵무기로 제한 전쟁을 수행하는 것이 가능하다고 생각했다. 그리고 키신저는 구체적인 실례를 제시했다. 즉, 미국은 중동에서 소련의 침략을 억제하기 위해 제한전쟁을 수행할 준비가 되어 있어야 한다는 것이다. 다시 그는 미국이 러시아인들에게 헝가리를 분쇄한 최대의 대가를 지불하게 했어야 했다고 주장했다. 키신저는 그가 민주당원인지 아니면 공화당원인지를 묻는 질문에 "자기는 독립당원"(Independent)이라고 간결하게 그러나 분별력 있게 대답했다.[200)]

---

199) *Ibid.*
200) Niall Ferguson, *Kissinger 1923-1968,* Vol. 1, *The Idealist,* New York: Penguin Press, 2015, p. 384.

<외교정책과 핵무기>의 출판을 통해 키신저의 주장이 실제로 미국외교정책이 얼마나 변한 것일까? 피상적으로는 변화에 영향을 주었다. 1958년 1월 아이젠하워는 대한민국에 280mm 핵포와 762mm 포인 "어니스트 존"(Honest John) 로켓들을 전개하는 것을 포기했다. 1년 후에 공군은 북한에서 뿐만 아니라 소련과 중국에 있는 목표물들을 타격할 수 있는 핵이 부여된 마타도어(Matador) 크루즈 미사일 소함대를 추가했다. 그러나 이것이 새출발은 아니었다. 아이젠하워는 그가 공개적으로 어떤 갈등도 전면전으로 확대될 수 있다고 주장했음에도 불구하고 전술 핵무기들을 사용할 대안을 항상 조용히 보유하고 있었다. 이런 그리고 다른 점에서 대중적 지식인의 역할에는 한계가 있음을 알 수 있다. 외교협회와 넬슨 록펠러를 통해 키신저가 그 어느 때보다도 미국정부의 고위층에 더 가까이 갔다. 그러나 그는 비밀 문건에 대한 가장 제한된 접근권을 가지고 밖에 머물렀다. 키신저가 워싱턴의 관료제도를 혹평한 것은 먼 케임브리지에서 읽는 신문보도들에 입각한 것이었다. 키신저는 미국이 "관료적 합리성"에 지나치게 얽매여서 그것이 없이는 큰 것을 달성하는 것이 불가능한 사명감이 부족하다고 두려워했다.[201]

헨리 키신저는 <핵무기와 외교정책>이 그에게 가져다 준 명성을 받을 만했다. 비록 미래의 책이 내다본 제한 전쟁은 일어나지 않았다고 할지라도 아이젠하워 행정부의 전략에 대한 그 책의 비평적 효과를 떨어뜨리지는 않는다. 타이밍이 그보다 더 좋을 수는 없었지만 스

---

201) Thomas A. Schwartz, *Henry Kissinger and American Power: A Political Biography,* New York: Hill and Wang, 2020, p. 43.

푸트니크의 발사가 키신저를 옹호한 것은 아니었다. 그것은 미국전략에 관해 일관된 비판을 형성하려는 지적 군비경쟁에서 키신저가 선방을 날린 것 이상이었다.[202) 외교사 학자인 헨리 키신저 박사가 마침내 핵무기 시대의 외교 안보전략에 관한 주목받는 저서를 통해 미국에서 안보전략가로 등극했던 것이다.

---

202) Niall Ferguson, *Kissinger 1923-1968*, vol. 1, *The Idealist*, New York: Penguin Press, 2015, p. 385.

제6장
넬슨 록펠러(Nelson Rockefeller)와 함께

"모든 사람의 삶에서 젊음의 무제한적 가능성으로 보이는 것으로부터
사실상 하나의 실상이 되었다는 것을 그가 깨닫는 시점이 온다."
-헨리 키신저-

외교협회에서의 일이 끝나가고 있었다. 하버드는 그를 멀리했다.
이때 시카고 대학교에서 새롭고 이로운 제안이 있었다. 1890년 록펠러 돈으로 세워진 시카고 대학교는 경제학 뿐만 아니라 정치학에서도 국제적 명성을 갖고 있었다. 그러나 그 제안을 수락하라는 맥 조지 번디의 충고에도 불구하고 키신저는 그곳으로 가기를 상당히 주저했다. 시카고 대학교의 학문적 지위는 의심할 여지없이 높았지만 교수들은 미국의 공적 삶에서 하버드의 교수들보다 더 작은 역할을 했다. 그의 세대의 많은 다른 학자들처럼 키신저에게도 워싱턴 D.C.로 가는 길은 케임브리지, 보다 정확하게 말해서, 하버드 캠퍼스(Harvard Yard)를 통해서였다. 1965년에 뉴잉글랜드에서 버지니아에 이르는 초기의 거대 도시를 묘사하는 보스워시(Boswash)라는 용어가 탄생했지만 헨리 키신저는 1956년에 이미 보스워시의 시민이었다.203) 그는 비행기로,

기차로, 그리고 필요하면 자기 자동차로 두뇌를 돈에, 권력에 연계시
키면서 보스턴, 뉴욕, 워싱턴으로 연결되는 회랑을 왔다 갔다 하면서
자신의 남은 삶의 많은 시간을 소비하고자 했다.

　헨리 키신저는 동부해안에 집착하고 있었다. 일종의 구원이 넬슨
록펠러에게서 왔다. 록펠러는 키신저의 작품에 아주 깊은 인상을 받
아 1956년 5월에 그를 콴티코(Quqntico) 재모임에 초대하고, 록펠러
형제기금(the Rockefeller Brothers Fund)에서 상근 자리를 제안하고 그
에게 새로운 특별연구 프로젝트에서 주도적 역할을 하게 했다. 이것
은 20세기 후반에 미국이 직면하고 있는 전략적 도전들을 찾아서 다
루는 대담한 시도였다. 이 제안은 키신저가 원하는 것 이상이었다. 하
지만 그는 록펠러의 제안에 전적으로 굴복한다는 것은 모든 지적 및
정치적 자유를 상실할지도 모른다고 의심하면서 학술적 길에 계속 헌
신할 것이라고 했다. 그러나 록펠러는 정교했다. 키신저는 외교협회의
아직 끝내지 않은 책만이 아니라 시카고 대학교의 제안 등 다른 약속
을 호소했을 때, 록펠러가 이미 그 모든 것들을 처리해버린 것을 알고
놀랐다. 정말로 엄청난 압박이 그에게 주어졌다. 록펠러나 그의 형제
들은 키신저 모르게 외교협회와 시카고 대학교에 가서 그들에게 3개
월 동안 약속을 미뤄줄 것을 요청했다. 그 결과는 타협이었다. 키신저
는 1957년 3월까지 록펠러 형제기금에서 특별연구 프로젝트의 단장
자리를 수락하고 그 후 모든 다른 일이 실패하면 시카고 대학교로 갈
것이었다.

---

203) Niall Ferguson, *Kissinger 1923-1968*, Vol. 1, *The Idealist*, New York: Penguin
　　Press, 2015, p. 387.

키신저의 양다리 걸치는 전략은 성공했다. 그가 시카고로 가야만 하기 전 아슬아슬하게 맥조지 번디가 그에게 대학의 새로운 "국제문제센터(Center for International Affairs, CFIA)를 출범하는데 도와 달라고 초대하며 하버드로부터 생명줄을 던져주었던 것이다. 번디는 1년 전에 그에게 만장일치로 우호적이지 않았던 학과에 키신저가 돌아오길 원할지에 대해 다소 불확실성을 발견했다. 그러나 그는 이 점에서 키신저를 격려하려고 노력했다. 그리하여 정부학과는 키신저를 3~4년 동안 강사로 임명하는 데에 만장일치로 의결했다.

그리고 키신저는 동시에 새 연구 센터의 부소장으로 임명되었다. 아마도 번디는 키신저에게 그가 전임교수가 되기 위해 오래 기다릴 필요는 없을 것이라고 암시했을 것이다. 그러나 키신저는 운에 맡기질 않았다. 록펠러가 제시한 직책과 하버드의 지위에 만족하지 않은 키신저는 펜실베니아 대학교에 새로 수립된 "외교정책연구소"(Foreign Policy Research Institute, EFRI)와 연봉 4천 달러의 관계를 자신의 직위에 추가해 나갔다. 또한 그는 록펠러를 위한 일이 끝난 후에 카네기 법인(the Carnegie Corporation)을 위한 자문역으로 한 달에 이틀씩 일하는 거래를 맺었다. 그것도 만족스럽지 않은 것처럼 키신저는 합동참모부(the Joint Chiefs of Staff)에 상담자로 일하고 있다고 적어도 1개 신문 이상에서 보도되었다. 1959년에 키신저가 다른 의무를 내세워 단념한 유일한 약속은 예비장교협회였다. 고통스러운 무명의 몇 년을 보낸 후에 갑자기 자신들을 찾는 수요를 발견하는 젊은 학자들은 아주 종종 지나치게 과잉 약속을 한다. 키신저가 바로 그런 경우였다. 키신저의 일정이 너무나 가득차서 그는 1957년 가을 학기에 학부의

지도학생들을 사양해야만 했다.[204]

1957년 미국이 직면하고 있는 도전들은 새로웠다. 핵 군비경쟁에서 소련이 미국을 따라잡거나 심지어 추월하고 있는 것으로 보였다. 아시아, 아프리카, 그리고 중동에서 유럽의 식민제국들이 무너지면서 신생국들 중 자본주의 서방과 제휴하는 국가는 별로 없었다. 록펠러와 키신저의 특별연구 프로젝트는 6개의 패널과 하나의 전체패널로 구성되었다. 그리고 외교정책이 그들의 주된 관심사였다. 조직하는 문제는 엄청난 도전이었다. 키신저는 108명의 패널리스트들과 102명의 상담역들과 저자들을 관리해야 했다. 6개의 보고서들이 준비되는 대로 출판될 것이다. "국제안보: 군사적 측면"(International Security: The Military Aspect)이라는 제목으로 먼저 출판되었다. 그것은 미국이 곧 소련의 공격에 취약하기 때문에 미국의 보복적 제2차 공격능력의 보호를 향상시켜야 한다는 것이었다.

1958년 1월 6일 발행된 "록펠러 보고서"는 창조자들의 희망을 채우는 이상이었다. 6개의 보고서는 3년 이내에 총 60만부 이상이 팔렸다. 키신저에게 있어 특별연구 프로젝트를 관리한 경험은 전환적이었다. 처음으로 그는 중요한 행정적 책임을 맡았었다. 처음으로 그는 책이나 논문이 아니라 사람들을 관리해야만 했다. 지적으로 자신에 차 있지만 사회적으로 다듬어지지 않은 채 혼자 일하는데 습관이 든 많은 학자들처럼 키신저는 처음에 어려움을 겪었다. 대학교는 강력한 계층적 구조를 갖고 있지 않다. 학장들이 보스는 아니다. 그러나 이제

---

204) Niall Ferguson, *Kissinger 1923-1968*, Vol. 1, *The Idealist,* New York: Penguin Press, 2015, p. 390.

록펠러에게서 키신저는 자신의 명령이 추종되는데 익숙한 보스를 갖게 되었다.[205]

키신저는 록펠러를 위해 상근으로 일하는 것을 사양했지만 수고비를 받았다. 예를 들어 1958년에 그는 봉사비로 3천 달러를 받았다. 그러나 이 액수는 록펠러를 위해 일하기 위해 시간을 냄으로써 하버드에서 잃어버린 소득을 대치하는 정도였다. 그의 동기는 돈 이상이었다. 미국에서 가장 저명한 거물의 손자들 중 가장 역동적인 손자와 점점 긴밀한 관계에 있다는 것은 뭔가 만족스러운 것이 있었다. 다른 것이 없다 해도 그것은 환상적인 사회학적 연구라고 키신저는 말한 바 있었다. 키신저에게 록펠러 가족들은 상위 계급의 가장 유용한 기능을 수행하는 것처럼 보였다. 그것은 탁월성을 진작하는 것이었다. 그들은 매일 매일의 일 내용을 판단하는 척하는 관료의 접근법을 갖고 있지 않았다.[206] 1957년에 록펠러는 키신저에게 웨스트체스터 카운티(Westchester County)에 있는 3천 에이커에 달하는 록펠러 부동산인 포칸티코 힐스(Pocantico Hills)에 있는 저택들 중 하나의 사용을 키신저에게 제안했다. 1년 후에 키신저는 록펠러의 궁전 같은 맨해튼의 아파트를 사용했다.

헨리 키신저는 힘든 보스를 견뎌내면서 자기의 부하들을 더 힘들게 한 역사상 첫 인물은 아니었다. 그의 개성의 새로운 일면, 후에 정부에서 그의 밑에서 일했던 모든 사람들에게는 잘 알려진, 그런 일면이 나타난 것은 록펠러 특별연구 프로젝트의 사무실들에서였다. 그는

---

205) *Ibid.*, p. 395.
206) *Ibid.*, p. 396.

호통치고 격노하는 걸 배웠다. 1950년대에 이것을 가장 많이 본 여성은 특별연구 프로젝트 기획위원이며 동시에 그 프로젝트의 간사인 낸시 행크스(Nancy Hanks)였다. 마이애미 비치에서 태어나고 듀크 대학교에서 교육받은 행크스는 록펠러가 아이젠하워의 정부조직에 관한 자문위원회 의장일 때 그를 위해 처음 일했으며 록펠러가 보건부(the Department of Health)를 잠시 운영할 때 그의 개인비서가 되었다. 그러나 특별연구 프로젝트의 사무실 정치는 보기보다 더 복잡했다. 지적이고 매력적인 낸시 행크스는 1950년대에 전문적 직업을 염원하는 어느 여자도 직면했던 도전들을 구현했다.

키신저는 이제 35세의 나이로 분명히 행복하게 결혼한 남자로서 하버드에 돌아왔다. 그러나 대학교에서 자신의 지위가 보다 안정적이 되자 키신저는 세상에서 출세할 수 있다고 느꼈다. 1959년 3월에 첫딸인 엘리자베스가 태어났고 2년 후에 아들 데이비드가 태어났다. 그의 부인 앤은 케임브리지에 정착하려고 돌아왔지만 키신저에게 하버드는 보스워시(Boswashi)의 다른 부분에서 보다 큰 일로 가는 준비단계에 지나지 않았다. 록펠러를 위해 일하는 것은 그에게 보다 화려한 세계, 즉 맨해튼의 부와 워싱턴 D.C.의 힘을 들여다보게 해주었다. 키신저가 그런 세계에 입장하려고 애쓰는 동안 그의 부인 앤과 소원해졌다.[207]

새로 설립된 국제문제센터(the Center for International Affairs)에는 국무성에서 정책기획국장과 차관보를 역임한 변호사 출신의 로버트

---

207) Niall Ferguson, *Kissinger 1923-1968*, Vol. 1, *The Idealist*, New York: Penguin Press, 2015, p. 400.

보위(Robert R. Bowie)가 부임했고 헨리 키신저는 그곳의 부소장이 되었다. 1958년에 출판된 그 센터의 프로그램은 사용된 언어로 판단할 때 적어도 부분적으로는 두 사람의 합작이었다.

"오늘날 어떤 지역도 고립되지 않고 아무도 무관할 수 없으며 먼 곳에서의 행동들과 사건들이 범세계적인 즉각적 영향을 미칠 수 있다. … 동시에 거대한 세력이 무분별한 속도로 세계를 재형성하고 있다. 전쟁들과 민족주의, 기술과 공산주의의 충격으로 구질서는 부서졌다. 과거에 지배적인 국가들도 줄어든 영향력에 적응할 수밖에 없다. 신생국가들은 등장하고 생존을 위해 투쟁하고 있다. … 그리고 무엇보다도 그것의 약속과 위협으로 원자를 품고 있다."[208]

국제문제센터는 빠르게 번창했다. 개발경제학자 에드워드 메이슨(Edward Mason)과 게임 이론가 토마스 셸링(Thomas Schelling)이 합류했다 무엇보다도 센터는 일류 학자들을 끌어들이는데 성공했다. 현저하게 즈비그뉴 브레진스키(Zbigniew Brzezinski), 모턴 핼퍼린(Morton Halperin), 새뮤얼 헌팅턴(Samuel Huntington), 그리고 조셉 나이(Joseph Nye) 등이 그들이었다. 또한 이 센터가 미국 외교정책에 대한 토론에서 중대한 참가자로 자신을 세우는 데는 오래 걸리지 않았다. 1960년 초에 그것은 두 개의 묵직한 보고서를 생산했다. 상원외교분과 위원회를 위한 "이념과 외교정책"(Ideology and Foreign Affairs)와 국무장관 허터(Herter)를 위한 "북대서양 국가들"(The North Atlantic Nations)

---

208) Robert R. Bowie and Henry A. Kissinger, *Program for the Center for International Affairs,* Cambridge MA: Harvard University Press, 1958.

이 그것들이었다.

1959년 7월 맥조지 번디가 정부학과에 두 명의 교수자리를 채용할 수 있는 기금을 포드재단(the Ford Foundation)에서 정부학과로 받아 왔다. 번디는 한 자리를 키신저에게 지정했고, 다른 한 자리를 프랑스 학자 스탠리 호프만(Stanley Hoffmann)에게 배정했다. 그 두자리는 전임으로 부교수의 지위를 가짐에 따라 학과에서 투표가 필요했다. 학과는 두 사람을 승인했다. 이제 키신저는 궁극적인 직업의 안정을 갖게 되었다. 하버드의 전임교수로서 그는 쉽게 해고될 수 없었다. 정말로 키신저는 그가 그렇게 선택하기만 하면 가능한 종신직업을 갖게 되었다.[209] 교수로서 그는 보다 성숙한 학생들인 대학원 세미나들을 선호했다. 그러나 그는 학부학생들도 가르쳤다. 학수번호 "정부학 180"인 그의 "국제정치의 제원칙들"(Principles of International Politics) 이라는 과목은 인기가 있었고 4페이지의 리딩 리스트에도 불구하고 정규적으로 1백 명 이상의 학생들이 수강을 신청했다.[210]

그의 실라버스(syllabus)가 말해주듯, 그는 학부 학생들에게 권력정치의 성격, 전략과 통제를 포함하여 기본적 권력문제에 대한 강조로 국제정치의 주된 개념과 쟁점들을 다룬 다음에 그 과목의 첫 과제는 10권의 교재들을 요구했다. 그것들은 투키디데스(Thucydides)의 <펠로포네소스 전쟁사>(Peloponnesian war), 마키아벨리(Machiavelli)의 <군주론>(The Prince), 버크(Edmund Burke)의 <프랑스 혁명의 성찰>(Reflections on the Revolution in France), 처칠(Churchill)의 <다

---

209) Niall Ferguson, *Kissinger 1923-1968.* vol. 1, *The Idealist,* New York: Penguin Press, 2015, p. 405.
210) *Ibid.,* p. 406.

가오는 폭풍>(*Gathering Storm*) 모겐소(Hans J. Morgenthau)의 <국 가간 정치>(*Politics among Nations*) 그리고 키신저(Kissinger)의 <핵 무기와 외교정책>(*Nuclear Weapons and Foreign Policy*) 등을 포함 했다.211)

1950년대 말에 헨리 키신저는 제3세계에 대해 별로 알지 못했다. 그는 분명히 아이젠하워 행정부가 공산주의의 확산을 막기 위해 실제 로 하고 있는 일에 관해서 자신의 무지 정도를 과소평가했다. 1958년 7월 ABC 방송국의 마이크 월리스(Mike Wallace)와 현저한 30분간의 대담에서 키신저는 대량보복과 제한전쟁의 상대적 장점에 관한 1년 전의 토론에서 벗어났다.212) 그런 교환은 성공으로 키신저가 어떻게 변했는지에 대해 많은 것을 노출했다. 그는 그의 첫 TV 출현 때보다도 훨씬 더 안정된 모습을 보여주었다. 키신저가 선호하는 제한전쟁의 대안의 본보기를 제시하라고 월리스가 압박했을 때 대담은 새로운 장 을 열고 있었다. 한 숨도 놓치지 않고 키신저는 예를 들어 이라크에 대해 소련이 공격하는 경우를 주제의 시나리오로 제시했다. 범아랍(Pan-Arab) 육군장교들에 의한 쿠데타로 바그다드에서 하심가(Hashemite) 군주제가 타도되기 꼭 24시간 전에 키신저는 이라크가 미국이 방어할 재래식 군사력이 부족한 그런 곳이라고 주장했다. 월리스가 아무런 긍정적 평화정책이 없이 오직 전쟁정책만을 제시했다고 키신저를 비

---

211) 후에 투키디데스와 마키아벨리는 Alan Bullock과 Michael Howard 같은 역사가로 대체되었다. 그리고 1963년 이후에는 John Herz와 Kenneth Waltz 같은 미국의 국 제관계 이론으로 대체되었다고 한다.

212) Niall Ferguson, *Kissinger 1923-1968*, vol. 1, *The Idealist*, New York: Penguin Press, 2015, pp. 412-413.

난했을 때 키신저는 그를 돌아보며 그 구분은 틀린 것이라고 거부했다. 방위정책들은 평화유지에 본질적이다. 그러나 그것들이 세계의 정치적 문제들을 해결하지는 않는다고 키신저는 대꾸했다.

월리스가 다시 뉴스에서 또 다른 나라인 알제리의 프랑스 식민지 문제를 제기했다. 그곳은 유혈의 4년을 보낸 후에 궁극적인 독립을 달성할 반란이 이제 4년째에 있었다. 키신저는 일반적으로 미국은 식민지 정책에 반대해야 한다고 했다. 그러나 다른 한편으로는 아이디어를 내야했다. 독립된 알제리는 순수한 독립국가로 생존할 수 없다고 키신저는 대답했다. 또한 월리스가 완전히 사회주의적 혁명 속에서 미국이 존재할 수 있을 것인가에 대해 묻자 키신저는 진정 어린 답변을 주었다.

"사회주의적인 것과 혁명적인 것을 동일시하는 것은 아주 좋은 것이 아니라고 당신은 말할 수 있을 것이다. 당신은 당연히 자본주의 사회, 혹은 나에게 더 흥미로운 것으로, 자유사회는 19세기 사회주의보다 더 혁명적 현상이다. 그리고 바로 이점이 우리의 문제들 중 하나를 정확하게 설명해준다. 우리가 세계에서 정신적 공세를 취해야 한다고 나는 생각한다. 누리들은 우리 자신들을 혁명과 동일시해야 한다. 우리는 자유가, 만일 그것이 해방되면 많은 것을 이룰 수 있다고 말해야 한다. … 우리는 남미가 공산화되는 것을 막아야 한다. 우리는 우리들의 의무를 상기해야 한다. 이런 일들은 우리는 공산주의자들을 격퇴하기 위해서가 아니라 우리가 지향하는 가치들 때문에 우리가 하고자 하는 것이다."[213]

213) *Ibid.*, pp. 415-416 에서 재인용.

이것은 전혀 정치적 현실주의의 언어가 아니었다. 키신저가 답변에서 머뭇거린 것은 끝판에 국내정치문제에 관한 질문에서였다. 미국에서 누구에게 리더십을 기대하느냐는 월리스의 질문에 그는 비정당파이며 독립적이다. 그는 민주당이나 공화당의 어느 쪽도 대변하지 않는다고 대답했다.

헨리 키신저는 단순한 교수가 아니었다 그는 명사였다. 1958년 7월에 록펠러가 키신저에게 2~3개의 짧은 연설문을 함께 작성할 것을 요구했을 때 몫은 이미 높았다. 그 시점에서 록펠러는 뉴욕 주정부의 공화당 지명을 추진하고 있었고 곧 다음달인 8월에 그것을 확보했다. 그러나 이것이 대통령직 추구의 발판으로 봉사할 것이라는 사실은 관계된 모든 사람들에게 분명했다. 그렇지 않으면 외교정책이 주지사의 권능에 결코 속하지 않는 때 외교정책의 새롭고 보다 적극적인 스타일에 대한 연설을 할 리가 없었다. 키신저는 록펠러의 지연되고 집단적인 수정의 과정에 대한 선호에 항의하면서 외교정책 연설문 작성에 자기의 지배력을 내세우는데 시간을 소모하지 않았다. 록펠러의 가장 큰 도전은 공화당 관료들 사이에서 굳건한 지지 기반을 가진 현직 부통령에 맞서는 것이었다. 리처드 닉슨(Richard Nixon)은 공화당의 보수주의 파에 의해 사랑을 받지 못했다. 그러나 록펠러는 그들이 노골적으로 싫어했다. 더구나 1960년 대통령 선거에서 닉슨은 미국외교정책에서 점점 현저한 역할을 수행하도록 허용되었다. 그는 심지어 1959년 7월에 모스크바에서 미국의 국립 박람회에서 발생한 유명하게 텔레비전으로 방영된 "부엌논쟁"(kitchen debate)에서 얼굴을 마주하고 흐루시초프(Khrushchev)에 맞서기도 했다. 동시에 초강대국 사이에 향상의 징후를 보여서 그것이 록펠러 특별연구 프로젝트에서 내세운 기우를 손상하는 것으로 보였다.214)

키신저의 명성은 미국에서 뿐만이 아니라 해외에서도 성장하고 있었다. 1959년 6월 그는 NATO창설 10주년을 장식하는 "대서양 회의"(The Atlantic Conference)에 대표들 중 한 사람으로 영국을 방문했다. 그러나 키신저가 가장 큰 영향을 미친 것은 그의 탄생지인 독일에서였다. 전년도인 1958년 말에 키신저는 독일연방공화국의 초청을 받아 뮌헨, 본, 함부르크, 그리고 그가 탄생한 퓌르트를 포함하는 강의 투어를 했었다. 그의 타이밍이 좋았다. 베를린에 대한 위기가 고조되고 있었다. 아이젠하워는 냉전이 세계대전의 모험이 고도로 높아진 시기에 접어들고 있다는 경고를 받았다. 그해 11월 흐루시초프는 서방군대가 베를린을 떠나고 베를린의 접근 통제는 동독 당국에 넘겨져야 한다고 요구했다. 그러나 아이젠하워나 그의 주 서독 대사인 데이비드 브루스(David Bruce)는 적대적 영토로 둘러싸인 서방의 섬으로서 베를린의 지위를 좋아했다. 베를린은 재래식 무기로 분명히 방어될 수 없었기 때문에 다시 한 번 전면전을 위협하는 외에 다른 대안이 없었다.

키신저는 하버드에서 열린 한 행사에서 불길한 전조의 연설로 가득한 미국으로 돌아왔다. 그와 그의 정부학과에서 조교수였던 폴란드의 재능 있는 이민자인 후배 동료인 즈비그뉴 브레진스키와 베를린에 대해 토론했다. 소련정치에 대한 전문가로 명성을 올리고 있는 브레진스키에게 모스크바는 공감을 치고 있었다. 러시아인들은 전쟁의 의

---

214) *Ibid.*, p. 424.

도가 없다고 그는 주장했다. 그에게 그들의 요구는 동독으로부터 피난민들의 탈출을 중단시키기 위해 그들의 진정한 동기를 숨기는 외관이었다. 그러나 키신저는 보다 더 비관적이었다. 그는 소련인들부터 계속되는 말썽을 기대하면서 이 문제를 다루는 아이젠하워의 솜씨는 그에게 불쾌하고 불행하다고 덧붙였다. 당시 또 하나의 4개국 회의의 준비가 진행되고 있었다. 그 회의는 과거에 여러 차례 열렸지만 매 경우에 독일에 대한 합의에 도달하는 것이 불가능하다는 것을 입증했다. 그러나 키신저는 아이젠하워가 무거래보다도 나쁜 거래를 위한 대중적 압력에 굴복할 것이라고 염려했다. 1959년 이 회의 기간에 작성된 그의 다음 <포린 에페어스>에 실린 논문인 "안정의 추구"(The Search for Stability)는 중립화에 기초한 독일통일을 위한 소련의 최근 제안을 하나씩 제거했다.215)

  "안정의 추구"는 베를린에 대한 논쟁에 기여한 것으로 뿐만 아니라 당시에 키신저가 자신을 외교정책 현실주의의 비판자로서 여전히 얼마나 보고 있는가를 설명해 주는 가치 있는 것이었다. 독일 분단을 수용하는 것에 관한 현실주의의 과잉이 소련으로 하여금 독일 통일을 막는 책임을 미국에게 전가할 수 있을 것이라고 키신저는 주장했다. 이 쟁점에 관해서 키신저는 자기 자신을 의심할 여지없이 이상주의자로 보았으며 재통일을 주창함으로써 독일문제에 대해 막중한 도박을 할 용의에 차 있었다. 그래서 그는 2번의 세계대전에도 불구하고 그리고 독일의 야만성의 부활에 대한 이해할 만한 두려움에도 불구하고

---

215) Henry A. Kissinger, "The Search for Stability" *Foreign Affairs,* Vol. 37, No. 4 (1959), pp. 537-560.

서방세계는 독일통일을 주장해야만 한다고 했다. 독일통일을 위해 노력하는 것은 흥정의 장치가 아니라 유럽 안정의 조건이라고 키신저는 주장했다.216)

독일 재통일은 원칙의 문제였다. 그것은 대통령들 가운데 최고의 이상주의자인 우드로 윌슨(Woodrow Wilson)에 의해서 40년 전에 공표된 것처럼 민족자결의 원칙이었다. 키신저는 미국이 아시아와 아프리카에서 방어한 것을 유럽에서 부인해야 하는가 하고 물었다. 수에즈 운하 위기 시에 미국은 자신의 동맹국들에 반하면서 까지도 미국의 원칙들을 고수할 것이라고 고집했다. 이제 미국이 그것들을 오직 미국의 동맹국들에 반해서 그것들을 유지할 것이라는 인상을 주려고 하는가? 독일의 재통일 문제에 관해서 키신저는 모종의 중립적 벨트로부터 NATO와 바르샤바 조약(Warsaw Pact) 기구의 병력을 철수하는 가능성을 숙고할 준비가 되어 있었다.217)

키신저는 소련인들이 미국의 가치와 이익과 양립할 수 있는 어떤 제안도 거절할 것이라고 보았다. 그 경우에는 미국이 실패를 인정하고 합의나 협상을 목적 그 자체로 만들어서는 안 된다고 주장했다. 외교적 실패의 결과와는 무관하게 미국정책을 강력한 신념 위에 둘 필요성의 주장은 현실주의의 반대였다. 그렇다면 독일문제에 대한 키신저 답변의 이상주의를 우리는 어떻게 이해해야 할까? 하나의 답변은 그의 서독방문이 그가 인정했던 것보다 그를 더 깊이 움직였다는 것이다. 아데나워(Adenauer) 수상뿐만 아니라 베를린 시장인 빌리 브란

---

216) *Ibid.,* p. 542.
217) Niall Ferguson, *Kissinger 1923-1968,* Vol. 1, *The Idealist,* New York: Penguin Press, 2015, p. 430.

트(Willy Brandt) 같은 서독의 정치 지도자들이 그에게 큰 인물들이라는 인상을 주었다.

아데나워의 지도적 원칙은 가장 평범한 후계자 조차도 그것을 깰수 없을 정도로 자신의 생애동안 독일을 서방에 묶는 것이었다. 아데나워와 브란트 모두가 소련에 대한 어떤 양보도 저항하는데 결연했다. 그러나 키신저가 독일에 대해 그런 절대주의적 입장을 취한 또 하나의 이유가 있었다. 아주 간단히 말해서 만일 대통령을 위한 키신저의 후보가 리처드 닉슨의 손에서 공화당의 지명을 거머쥘 수가 있다면 그는 국가안보 문제에서 그를 앞질러야만 했을 것이다. 록펠러는 닉슨을 이길 수 있다고 믿었다. 그리고 그는 또한 헨리 키신저가 그것을 하는데 그를 도울 것이라고도 믿었다. 키신저는 분명히 핵무기에 관해서 록펠러 보다 더 많이 알았다. 키신저는 미국에서 독일에 관해서는 누구보다도 많이 알았다. 그러나 문제는 그가 미국에 관해서 보다 독일에 관해서 더 많이 알았다는데 있었다.[218]

자신의 성년 대부분을 뉴욕이나 매사추세츠에서 보낸 사람은 록펠러의 대중적 호소를 과장할 수밖에 없었다. 이와는 대조적으로 닉슨은 뉴욕의 자유주의자들의 눈에 미운 인물로 이미 찍혔다. 록펠러가 유리한 것으로 보였다. 그러나 다음 2년 동안 키신저는 뉴욕에서의 인기가 전국적 경합에서 승리의 보장과는 아주 다르다는 것을 배웠다. 록펠러가 공식적으로 닉슨에 대항하여 출마를 선언할 때까지 키신저는 록펠러의 상근 보좌역이 되는 것을 사양했었다. "국가적 연구 프로그램"(the National Studies Program)이라고 이름을 바꾼 특별연구

---

218) *Ibid.*, p. 432.

프로젝트는 록펠러 선거운동의 정책 날개로 부활할 것이었다. 1959년 여름은 국가안보에 관해 닉슨을 앞지르는 전략의 전망이 좋았다.

1959년 7월 닉슨의 흐루시초프와의 유명한 "부엌 논쟁"은 공화당에서 상당한 의심을 자아냈다. 그런 의심은 9월 흐루시초프의 미국방문에 의해 높아졌을 뿐이다. 키신저는 그 방문에 대해 아주 모호한 입장을 취했다. 그는 록펠러에게 아이젠하워 대통령을 위한 환호에 인상을 받지 못했다며 뮌헨 후에도 그랬었다고 말했다. 흐루시초프의 미국방문은 매릴랜드의 캐톡틴(Catoctin) 산장에 있는 캠프 데이비드(Camp David)에서 아이젠하워와 2일간의 만남으로 절정을 이루며 분명한 성공이었다. 베를린에 대한 협상시한을 정하지 않기로 합의하는 대가로 아이젠하워는 다음해 또 하나의 4개국 정상회담에 참가하기로 동의했고 또 그 후 러시아를 방문하기로 하였다.[219] 케임브리지에서 열린 한 포럼에서 헨리 키신저는 비웃었다. 만일 흐루시초프가 오늘날 그의 위상과 1년 전의 위상을 비교한다면 서방을 다루는 최선의 방법이란 미국인들에게 겁주는 것이라고 결론지을 것임에 틀림없다. 베를린을 지칭하면서 키신저는 우리는 자신을 기만하고 있다고 말했다.[220]

1959년 12월 록펠러는 지명전에서 철수하지는 않지만 첫 투표의 대결에 참가하지 않기로 결정했다. 키신저는 거의 절망적인 기분에 젖었다. 1960년의 대통령 선거는 근소한 차이로 결정될 운명이었다.

---

219) Stephen E. Ambrose, *Eisenhower: Soldier and The President.* The Renowned One-Volume, New York: Simon & Schuster, 1991(originally 1984), pp. 492-493.

220) Niall Ferguson, *Kissinger 1923-1968,* vol. 1, *The Idealist,* New York: Penguin Press, 2015, p. 435.

그런 상황에서 키신저가 록펠러를 위한 연설문들을 작성면서도 자기는 정치적으로 독립적이라고 고집한 것은 아마도 신중했을 것이다. 맥조지 번디가 하버드 학생들에게 키신저는 공화당에 기울고 있다고 말했다는 것을 들은 그는 서둘러 그런 아이디어를 불식시켰다. 키신저는 자신의 선택을 열어 놓고 있었다. 그는 록펠러에게 1960년 벼락이 친다 해도 1960년의 선거전에 나아가는 것을 고려하지 말라고 촉구했다. 지금은 정치적 논란 위에 머무는 것이 그를 1964년을 위한 거의 필연적 선택으로 만들 것이다. 1960년 3월까지 키신저는 거의 결론에 다가가고 있는 특별연구 프로젝트에서 사임할 의도를 내비치고 있었다. 록펠러도 대중의 갑작스럽게 솟구치는 지지나 아이젠하워 대통령의 승인이 그를 공화당 지명을 위한 경쟁으로 몰아줄 것이라는 희망에서 역시 자신의 선택을 열어놓고 있는 것이 문제였다. 그리하여 키신저는 이러지도 저러지도 못하고 있었다.[221]

아이젠하워 대통령은 군비축소에 관해서 진지했다. 그는 국방예산이 넘치는 무기들로 부풀려 있다고 의심했다. 파리의 4개국 회의가 다가옴에 따라 도달이 가능한 것으로 보이는 목표는 핵실험 금지에 대한 합의였다. 소련인들은 대기 중 실험과 대규모 지하 실험에 대한 미국의 모라토리엄(moratorium) 제안을 수락했다. 합의를 위해 남은 것은 동결의 기간과 현지사찰의 수였다. 그러나 파리회의는 소련이 게리 파워스(Gary Powers)의 U-2기 정찰을 시켰을 때 무산되었다. 아이젠하워가 올바로 지적했듯이 그것은 어리석은 혼란이었다. 키신저는 실험 금지의 기술적인 것들에 관해서 설명하느라 바빴다. 반면에 록펠러가

---

221) *Ibid.*, 443.

여전히 끓이고 있는 베를린 위기에 관해서 그는 앞서 나갔다. 파리회의의 좌절은 아이젠하워의 정책에 대해 반대하는 주장을 할 새로운 기회를 제공했다. 키신저는 묵시적으로 미사일 갭(missile gap) 이론을 승인하면서 록펠러에게 미사일에서의 열등함이 전체보복 무력의 취약성만큼 염려할 것은 아니라고 말했다. 설사 갭이 메꿔진다고 해도 상호 취약성에 기초한 불안정한 균형이 있을 것이라고 말했다.[222]

　1960년 6월에 키신저는 미사일 갭이 1960~1964년 기간 동안에 실현되지 않을 것이라고 더 이상 논쟁하지 않았다 유일한 문제는 그것이 소련의 공격으로 나갈 것인지 아니면 베를린에 대한 위기가 그것의 전조인 자유세계의 점진적 부식으로 나갈 지의 여부였다. 이제 키신저의 타이밍은 더 좋았다. 파리회의의 실패로 대중들의 무드는 스프트니크 직후 낙담으로 복귀했다. 이제 록펠러와 케네디는 청중들과 언론인들에게 미사일 갭을 줄이고 대량보복이 아닌 다른 대안들을 창조하기 위해서 방위비 지출을 늘릴 필요가 있었다. 닉슨은 양측으로부터 조여 왔다. 그러나 그는 아이젠하워 대통령을 암시적으로 규탄하지 않고서는 비판자들이 일리가 있다고 인정할 수 없었다.

　록펠러는 공화당 대회에 앞서 닉슨을 앞서가려고 한다면 아이젠하워의 승인이 필요했지만 아이젠하워가 가장 잘 알고 있다고 믿는 바로 그 문제에 대해 대통령을 혹평하면서 그의 승인을 어떻게 얻을 수 있겠는가? 싫었지만 키신저는 1960년 6월 록펠러의 브리핑에 대비하기 위해 고액 강사료를 받는 독일 강의 투어를 취소해야만 했다. 6월 8일 록펠러가 아이젠하워에게 자기가 출마해야 하는가를 물었을 때

---

222) *Ibid.*, pp. 444-445.

아이젠하워는 그에게 국가안보에 대해 국민들을 불필요하게 경계하는 것은 옳다고 생각하지 않는다고 퉁명스럽게 말했다. 아이젠하워는 록펠러에게 경쟁에 재진입하지 말라고 권고했으며 만일 그가 그렇게 하면 거듭해서 웃음거리가 될 것이라고 말했다.[223]

1960년 7월 시카고에서 공화당 전당대회가 열리는 민감한 달에 <포린 어페어스>는 키신저의 "군비통제, 사찰과 기습공격"(Arms Control, Inspection and Surprise Attack)이라는 에세이를 실었다.[224] 지명을 위한 경쟁자들을 지칭함이 없이 이번에 이 에세이의 두드러진 특징은 결연히 비정치적인 성격이었다. 이 에세이는 군비축소에 반대하고 숫자를 통해서가 아니라 미국의 보복능력의 강화를 주장했다. 책임 있는 군비통제 조치들의 목표는 어떻게 보복능력을 제거할 것인가가 아니라 그들 사이에 균형을 어떻게 유지할 것인가를 감상주의에 빠지지 않고 결정해야만 한다. 핵무기 숫자의 축소는 군비축소 운동을 벌이는 사람들에게 보이는 결함 없는 구제책이 아니었다. 사찰이나 감시제도에 의해 달성될 수 있는 것에도 한계가 있다. 어떤 그런 제도도 전략적 균형을 뒤집을 수 있는 꼼수를 막을 수 있을 만큼 충분히 믿을 만해야 하지만 보복능력을 파괴할 만큼 그렇게 넘쳐서는 안 된다. 최종적으로, 공격적 무기의 안정, 다른 말로, 상호억제라는 키신저가 선호하는 구제책조차도 만일 한쪽이 미사일 방위에서 기술적 혁명을 이룬다면 실패할 것이다.[225]

---

223) *Ibid.,* p, 446.
224) Henry A. Kissinger, "Arms Control, Inspection and Surprise Attack," *Foreign Affairs,* Vol. 38, No. 4 (July 1960), pp. 557-575.
225) *Ibid.,* p. 559, p. 568, and p. 571f.

미국의 학술원(the American Academy of Arts and Science)의 저널인 <다이달로스>(*Daedalus*)의 편집위원회가 지도적 권위자들에게, 그들 가운데 다수가 하버드-MIT 군비통제 세미나 출신인데, 핵무기와 군비통제에 관한 특별호를 위해 원고를 청탁했다. 그들 가운데 키신저도 있었으며 그는 이 기회를 이용하여 유턴(U-turn)의 연기를 수행했다.

"여러 가지 발전이 핵무기에 대항하는 만큼이나 재래식 군사력에 주어지는 상대적 강조에 대한 나의 견해에 전환을 야기했다. 이 가운데에는 우리가 핵전쟁을 제한하는 법을 알 것인지의 여부에 대해 제기한 제한전쟁의 성격에 관해 우리의 군부와 동맹국들 내에서 의견 불일치가 있다. 어떤 국가도 핵무기의 전술적 사용의 경험을 갖고 있지 않기 때문에 계산착오의 확률이 상당하다. 재래식 전쟁처럼 동일한 공격목표체제를 사용하고 또 그리하여 거대한 사상자를 내려는 유혹이 압도적일 것이다. 작전의 속도가 협상의 가능성을 앞설 것이다. 양측은 그들을 안내하는 아무런 전례도 없이 어둠속에서 작전을 할 것이다."[226]

이것은 3년 전에 출판된 그 주제에 대해 그의 베스트셀러의 중심적 논제로 명성에 올랐기 때문에 키신저의 입장에서 놀라운 변환이었다.[227] 그것은 실제로 장거리 미사일의 도래에 의해서 창조된 새로운 현실과 소련 무기고의 급속한 신장에 대한 합리적인 조정이었다. 키

---

226) Henry A. Kissinger, "Limited War: Conventional or Nuclear? A Reappraisal," *Daedalus,* Vol. 89, No. 4, (1960), pp. 800-817.

227) Niall Ferguson, *Kissinger 1923-1968,* vol. 1, *The Idealist,* New York: Penguin Press, 2015, p. 447.

신저도 역시 서독 정치인들의 주장에 분명히 귀를 기울이고 있었다. 그것은 만일 서독에 대한 소련의 공격이 서독연방정부의 붕괴로 이어 진다면, 소련은 어느 지점에서 처음 위치로 복귀를 제안하기만 해도 중요한 이득을 확보할 것이라는 것이었다. 어쨌든 핵무기 사용에 대한 대중적 반감은 줄지 않고 오히려 증가하고 있었다. 이런 상황에서 유일한 합리적 행동의 노선은 서방의 재래식 무기능력을 증가시키는 것이었다. 다시 한번 키신저는 새로운 사령부 구조를 제안했지만 이번에는 전술적이고 전략적인 자기 과거의 분리 대신에 키신저는 재래식과 핵의 사령부의 구분을 제안했다. 이제 핵의 선택은 제한전쟁의 발발부터 사용이 가능한 대안이 아니라 최종적 수단이 되었다.[228] 때로는 전향이 학문적 순수성의 증거이다. 경제학자 존 메이너드 케인즈(John Maynard Keynes)가 말했듯이 정보가 바뀌면 결론이 바뀌는 것이다.

키신저는 그가 하버드로 돌아온 이후 넬슨 록펠러를 위해 오랫동안 힘들게 일했다. 그는 연설문을 작성하고 필요하면 언제나 록펠러에 응했다. 그러나 1960년 중반까지 록펠러가 공화당의 후보가 될 가능성은 갈수록 줄어들었다. 그러나 그해 지난 3년간 작성한 모든 논문들과 정책 건의서들을 폐기하지 않고 또 하나의 책으로 출간했다. <선택의 필요성>(*The Necessity for Choice*)은 여러 가지로 적합한 제목이었다.[229] 피상적으로 미국외교정책의 여러 가지 측면에 관한 그의 최근 에세이들의 개요인 이 책은 즉시 역사적 과정과 정치적 설

---

228) *Ibid.*, p. 448.
229) Henry A. Kissinger, *The Necessity for Choice: Prospects of American Foreign Policy*, New York: Harper and Brothers, 1961.

명 사이의 관계에 대한 미묘한 천명이었으며 다음 대통령에게 행동의 대안들 중에서 선택하라는 암시적 촉구였다. 그것은 케네디가 1960년에 대통령으로 선출된 뒤 몇 주 후에 출간된 것으로 키신저 자신의 완전한 철학적 설명의 첫 출판이었다.[230] 그리고 키신저는 물론 모든 후보로부터 독립적으로 권유함으로써 자기 자신의 선택을 피할 수 있었다. 이 책은 국제문제센터(the Center for International Affairs)의 출간이 아니라 센터의 후원 하에 출판되길 고집함으로써 키신저는 로버트 보위 센터 소장을 분노하게 만들기도 하였다.

과거의 논문들을 책의 각 장으로 묶는 어떤 것도 일관성의 부족이라는 위험이 있다. 그리고 지난번 책이 베스트셀러였던 어떤 저자도 그런 책의 서평자들에게서 기대할 수 있는 것은 뻔했다. <뉴욕 타임즈>(*The New York Times*)에 실린 서평에서 월터 밀리스(Walter Millis)는 키신저가 "선택의 필요성을 강조하지만 우리에게 선택할 어떤 것도 제공하지 않았다"고[231] 결론지었다. 거기에는 학자나 정치가를 위한 청사진이 없었다. 예리한 분석과 다루는 솜씨에도 불구하고 입장은 고정되고 경직되었다. 그것은 마키아벨리가 자기의 군주에게 용서 못할 적에 대항할 것을 제시한 것처럼 미국을 방어할 사상들과 주장을 제공하고 있었다. 그 책은 예리하고 통렬하지만 역시 아주 활기가 없다는 것이었다.[232] 그러나 이러한 판단들은 목표물에서 멀리 벗어났

230) Walter Isaacson, *Kissinger: A Biography,* New York: Simon & Schuster, 1992, p. 105.
231) Niall Ferguson, *Kissinger 1923-1968,* vol. 1, *The Idealist,* New York: Penguin Press, 2015, p. 449.
232) Esmond Wright, "The Necessity for Choice: Prospects of American Foreign Policy," *International Affairs,* Vol. 38, No. 1 (1962), p. 83.

다. 확실히 그 책은 미사일 갭의 산물이었다. 그의 출발점은 트루먼과 아이젠하워가 미국의 전후 지위를 높이는데 실패했고 또 지난 15년 동안 세계에서 미국의 지위가 악화되었다는 경고성 주장이었다. 미국은 전략적 교리와 일관된 군정책이 부족했다. 여유 공간이 위험스럽게 좁아졌다. 미국은 소련의 기습공격의 치명적 위험 속에 있다고 키신저는 주장했다.

돌이켜보면, 키신저의 구체적인 정책권고는 참으로 인상적이다. 왜냐하면 거의 모든 그의 권고들이 1960년대에 채택되었기 때문이다.[233] 미사일을 사용하는 소련의 기습공격의 위험에 대처하기 위해 미국의 제2차 공격능력은 보다 더 단단하고 무엇보다도 기동성을 통해서 덜 취약하게 될 필요가 있었다. 이것이 행해졌다. 제한적 핵전쟁을 위한 그의 초기의 주장을 다시 거부하면서 키신저는 미국이 재래식 무장을 강화해야 하며 그리하여 비핵 군사력이 소련에 의한 위협에 맞설 수 있어야 한다고 주장했다. 개선되었든 악화되었든 이것도 역시 행해졌다. 서방세계가 타결된 오데르-나이세(Oder-Neisse) 동부 국경선의 토대 위에서 독일의 재통일을 위해 압박하여야 한다고 키신저가 주장했다. 이것도 역시 그것이 비록 1990년까지 달성되지 않았지만 미국외교정책의 목표가 되었다. 그는 또한 국제원자력기구(International Atomic Energy Authority)의 후원 하에 범세계적인 사찰제도에 의해서 강화된 국제적 핵의 비확산에 관한 합의를 주장했고 이것도 1968년에 처음으로 서명되었다.

---

233) Niall Ferguson, *Kissinger 1923-1968,* Vol. 1, *The Idealist,* New York: Penguin Press, 2015, p. 450.

그리고 그는 초강대국들이 적절한 통제가 마련된다면 핵의 생산을 줄이고 또 그들의 재고를 축소하는 협상을 촉구했다. 이것은 후에 전략무기제한 협상으로 나아가는 노선이었다. 전혀 진전이 없었던 그의 유일한 제안은 NATO의 정치적 단결을 증가시켜서 연방제도의 접근을 시작하고 그리고 나서 핵무기의 재고를 그것의 통제 하에 두자는 주장이었다. 아이러니하게도 이것이 바로 키신저가 이 책의 출판후에 가장 강하게 밀고 나갈 주장이었다.

그러나 <선택의 필요성>의 가장 좋은 부분들은 초점이 된 정책보다도 보다 철학적인 측면이었다. 키신저는 정치적 진화라는 장에서 소련제도가 경제발전의 결과로 자유주의적 방향으로 전개될 것이라는 경제학자들의 가설에 대응하여 역사철학의 새로운 버전(version)을 제시했다. 즉 그는 공산주의 사회들이 변할 수밖에 없을 것이라는 데 동의했다.

"그러나 전환의 성격이 반드시 예정된 것은 아니다. 그것은 자유화를 향해 나아갈 수 있지만 그러나 그것은 1984년의 회색 악몽을 생산할 수도 있다. 그것은 자유의 향상으로 나아 갈 수 있지만 그것이 노예제도의 도구들을 개량할 수도 있다. 더구나 변환의 단순한 사실이 우리 세대의 유일한 관심은 아니다. 똑같이 중요한 것은 그것이 발생하는 시간적 척도이다. 카르타고(Carthage)가 파괴된 후 150년 후에 로마가 평화적인 현상유지 국가로 변환되었다는 것이 카르타고에겐 결국 아무런 위안이 되지 않았다."[234]

---

234) Henry A. Kissinger, *The Necessity for Choice: Prospects of American Foreign Policy,* New York: Harper and Brothers, 1961. p. 122.

헨리 키신저가 지적했듯이 진화의 과정은 후세들에게 보이는 것처럼 그렇게 쉽거나 명확한 방향으로 작동하지 않았다. 서방세계의 다원주의는 수백 가지들 중 선택의 결과이며 그들 각자는 달리 선택했다면 전적으로 다른 결과를 가져왔을 것이다. 개인의 양심에 대한 종교개혁의 강조는 확실히 다원주의를 조성하도록 의도되지 않았다. 실제로 유럽에서 민주주의의 궁극적인 출현은 그런 특수성들의 다양성의 결과였다. 즉 그것은 그리스-로마의 유산, 교회와 국가의 기독교적 분리, 국가들의 다양성, 그리고 관용을 실천적 필요로 부과하는 종교 전쟁들의 교착상태 등의 결과물이었다. 키신저의 말처럼 산업화가 이런 요인들 중에서 가장 중요한 것은 결코 아니었다. 다른 요인들 중 어떤 것이 빠졌다면 서방의 정치적 진화는 아주 달랐을 것이다. 역사적 진화가 필연적으로 보이는 것은 오직 후손들에게만 그렇다. 역사가는 성공적 요인들만, 그것도 거기에서 아주 명백하게 성공적인 것만 다룬다. 그는 참가자들에게 무엇이 가장 중요했는지를 알 수 없다. 즉, 역사가는 성공과 실패를 결정한 선택의 요인들을 알 방법이 없다.

키신저에게 역사적 과정은 자연사와는 근본적으로 달랐다. 진화는 직선적이 아니라 일련의 복잡한 변화를 통해서 진행한다. 그 길의 모든 발자국마다 보다 낫든, 보다 못하든 당연하게 취해지는 도는 길과 사거리들이 있다. 결정을 지배하는 조건들은 가장 미묘한 점진적 변화이다. 회고적으로 선택은 거의 무작위에 가깝거나 아니면 지배적 환경에서 가능한 유일한 대안으로 보일 수도 있을 것이다. 어느 경우이든 간에 그것은 생존을 위한 욕구의 즉각적인 압력에다가 전통과 가치를 반영하는 과거의 전환의 총체적 합의와 상호작용의 결과이다.[235]

키신저는 몰락의 첫 징조인 진화가 경직과 석화로도 나아갈 수 있는 가능성도 알고 있었다. 국가들의 붕괴는 주변 환경을 형성할 도덕적이고 물리적인 능력에서 하락과 함께 내부적 경직 때문이라고 키신저는 주장했다. 키신저 같이 진지한 역사적 사유자는 선택의 필요성을 믿어야 했고 그리하여 반사실적 개연성도 믿어야만 했다. 역사적 결정론의 목적론(teleology)을 선호하는 사람들은 이념의 과잉이나 상상력의 빈곤을 겪는다. 그러나 키신저에게 가장 현저한 사실은 그가 역사적 진화에서 우연의 역할에 대한 고집이 아니라 제3세계에서 미국을 위해 끌어낸 추론이었다. 즉 미국인들이 자유와 인간 존엄성 존중의 개념들을 신생국들에게 의미 있게 만들지 않는 한 탈-진영적인 지역에서 미국과 공산주의 사이에 많이 내세운 생산성의 경쟁은 아무런 의미가 없을 것이다.[236]

물론 많은 동시대인들처럼 키신저도 경제성장의 관점에서 정의된 경합을 이기기 위해서 소련의 능력을 과장했었다. 그러나 우월성에 대한 서방의 주장은 생산성이 아니라 인간의 존엄성에 기초할 필요가 있었다. 서방에서 민주주의를 작동하게 만든 것은 법의 지배로부터 정치가 관여하지 않는 평범한 인간의 신념에 이르는 정부권력에 대한 어떤 특이한 제한들이었다. 이런 제한들은 신생국들에서 자연스럽게 발생하지 않고 있었다. 그러므로 미국인들이 인간의 존엄성을 보호하는 제도들을 격려하는 문제에 자신들이 관여하지 않는 한 자유의 미래는 정말로 어두웠다. 키신저는 단 한번 현실주의자가 아니라 이상

---

235) *Ibid.,* p. 300ff.
236) Niall Ferguson, *Kissinger 1923-1968,* vol.1, *The Idealist,* New York: Penguin Press, 2015, p. 453.

주의자로 글을 쓰고 있었다. 제3세계에서 냉전의 경쟁 목표는 경제발전의 경쟁적 모델들 간의 경합에서 이기는 것이 아니라 무엇보다도 정신적 공허함을 채우는 것이었다. 왜냐하면 공산주의 조차도 그것이 자랑하는 물질적인 측면을 통해서 보다는 마르크시즘의 신학적 성질을 통해서 보다 많은 전향자들을 만들어 냈었기 때문이다.237)

록펠러와 민주당의 케네디는 다같이 <선택의 필요성>에서 제시된 것과 같은 주장을 종종 사용하면서 외국원조에 보다 많은 지출뿐만 아니라 보다 큰 방위 예산을 위해 압박하고 있었다. 그러나 닉슨도 똑같은 주장을 하고 싶었지만 아이젠하워 대통령을 더 이상 소원하게 하지 않고서는 그렇게 할 수 없었다. 민주당에선 허버트 험프리와 열심히 싸워 이긴 케네디가 훨씬 더 많은 언론의 주목을 받았다. 공화당의 닉슨은 이제 록펠러를 자기의 런닝 메이트(running mate)로 삼는 것이 미국의 자유주의적 북동부에서 자신의 지위를 지원할 것이라는 생각을 떠올렸다. 최소한 록펠러를 전당대회에 앞서 태우는 것이 케네디와 최종 결판에 앞서 중도로 이동하는 닉슨의 능력을 보여줄 것이다. 그리하여 7월 22일 시카고에서 공화당 전당대회의 시작 이틀 전에 닉슨 부통령은 비밀리에 뉴욕으로 비행하여 5번가에 있는 록펠러의 아파트에서 그를 만났다. 자기의 선거인단 계산을 솔직하게 인정하면서 닉슨은 록펠러에게 자기가 이길 경우에 부통령직의 중요성을 증대시킬 것이라고 약속하면서 부통령후보직을 제안했다.

그러나 록펠러는 그의 손님이 예상했던 대로 이것을 거절했다. 그리

---

237) Henry A. Kissinger, *The Necessity for Choice: Prospects of American Foreign Policy,* New York: Harper and Brothers, 1961, pp. 311, 318, 328.

고 그는 만일 닉슨이 록펠러의 지지를 원한다면 공화당의 정강정책에 들어가야 할 원칙들에 관한 성명을 내놓으라고 했다. 록펠러의 승인이 무엇보다도 절실했던 닉슨은 대서양연합(the Atlantic Confederation)을 위한 록펠러의 제안까지 포함하여 모든 것에 동의했다. 어려운 사항은 국방예산이었는데 록펠러는 35억 달러만큼 혹은 9%의 증가를 원했다. 닉슨은 아이젠하워가 결코 그것을 수용하지 않을 것으로 알고 있었다. 그래서 숫자로 명기하기보다 그들은 미국이 국방지위를 강화하기 위해 필요한 이 프로그램을 완전히 시행하기 위해 증가된 비용을 제공할 수 있고 또 제공해야 한다는 표현에 그들은 동의했다. 미국의 안전에 대가의 제한이 있어서는 안 된다는 것이었다. 아이젠하워는 록펠러를 개인적 배신이라고 비난했고 닉슨은 행정부의 기록을 부인한다고 비난했다. 닉슨은 아이젠하워 대통령에게 굴복할 수밖에 없었다. 이제 양보해야 하는 것은 록펠러였다. 그는 전당대회에서 자신의 희망을 접고 리처드 닉슨을 마지못해 인정했다.[238)

헨리 키신저는 이런 결과에 크게 놀랐다. 현명하게도 그는 시카고 전당대회를 가까이 하지 않았다. 그러나 8월에 왜 그가 가을 선거운동에서 그를 도울 수 없는지를 설명하기 위해서 그는 메인(Maine) 주의 실 하버(Seal Harbor)에 있는 록펠러의 여름 별장을 방문했다. 키신저는 닉슨에게 도움이 되는 일은 아무 것도 하지 않을 것이라고 말했다. 록펠러도 닉슨에 대한 키신저의 혐오감을 공유했다. 그러나 그가 혐오하지만 인정한 사람을 위해서 선거운동을 할 수밖에 없는 록

---

238) Niall Ferguson, *Kissinger 1923-1968*, Vol. 1, *The Idealist,* New York: Penguin Press, 2015, pp. 455-456.

펠러는 기분이 저기압이었고 축 처져 있었다. 그는 시카고 전당대회에서 반응의 부족에 아주 실망했다. 키신저는 그럴 의무감을 느끼지 않았다. 공화당 전국위원회와 닉슨 선거운동본부에서 국가안보 문제에 대한 자문을 위해 접근했을 때 키신저는 그들에게 자기는 다음 날 아침에 일본으로 떠나기 때문에 가능하지 않다고 알렸다. 1960년 닉슨에 대한 그의 거부감은 그 정도였다.

그러나 키신저는 록펠러에 대해서는 충성했다. 그는 여전히 록펠러의 보좌진들 가운데 자기가 최고라고 계속 간주했다. 북대서양과 서반구를 위해 국가연합을 이루는 실천성에 관해서 점증하는 그의 의구심에도 불구하고 키신저는 지역적 국가연합의 문제에 관해 자신의 일을 계속했다. 그리고 그는 록펠러에게 1964년에 보다 성공적인 지명을 위한 토대를 놓기 시작하라고 촉구했다. 1961년 2월 말에 키신저는 록펠러에게 1964년 대통령 출마를 위한 최선의 준비방법에 관해 긴 편지를 썼다. 그것은 키신저가 3년 후에 그에 대항하여 출마하라고 록펠러에게 촉구한 바로 그 존 케네디(John F. Kennedy) 행정부에서 임명을 고려하고 있다는 뉴스가 터져 나온 지 정확히 19일 후에 쓰여진 것이었다. 키신저에게 록펠러는 그것이 민주주의에서 존재할 수 있는 한 귀족적 정신을 의인화하고 있는 것으로 보였다. 가장 성공적인 민주사회들은 본질적으로 귀족적이었다. 귀족사회는 자제력을 고무한다. 왜냐하면 귀족들이 다른 집단들보다도 더 우월한 도덕성을 갖거나 아니면 덜 이기심을 갖기 때문이 아니라 그들의 구조와 정신이 그들에게 개인적 우월성을 반대하고 그리하여 절대적 지배를 반대하게 하기 때문이다. 그리고 그들은 평등주의적 민주주의의 전제에 반하는 성질의 개념에 의해 자신들을 정당화한다.[239] 헨리 키신저는 민주사회에서 귀족적인 넬슨 록펠러와 늘 함께 하기를 좋아했다.

---

239) Henry A. Kissinger, *The Necessity for Choice: Prospects of American Foreign Policy*, New York: Harper and Brothers, 1961, p. 313ff.

제7장
케네디(Kennedy) 정부의 외부인(Outsider)

"모든 것은 미래에 대한 어떤 개념에 달려있다."
-헨리 키신저-

　케네디와 닉슨은 미국의 정치에서 상반된 극을 상징하게 되었다. 하나의 특이한 사실은 오직 단 한 사람, 헨리 키신저만이 두 대통령 모두를 위해 봉사했다는 사실이다. 헨리 키신저는 케네디 정부를 위해 일하기 위해 워싱턴으로 간 놀라운 숫자의 하버드 학자들 가운데 단지 한 사람에 지나지 않았다. 그가 예외적인 점은 그는 여전히 중심으로 록펠러의 충신으로 남아 있었다는데 있었다.

　하버드는 새로 출범한 케네디 행정부에게 50명 이상의 학자들을 잃었다.[240] 그의 고별사에서 아이젠하워 대통령은 "군사산업복합체"(the military-industrial complex)의 부상을 경고했다. 그러나 케네디 행정부 하에서 지배하는 것은 "대학-지식인 복합체"(the academic-intellectual complex)였다.[241] 록펠러와 그의 잘 알려진 관계에도 불구

---

240) Niall Ferguson, *Kissinger 1923-1968,* Vol. 1, *The Idealist,* New York: Penguin Press, 2015, pp. 463.

하고 헨리 키신저는 실제로 1958년 초 케네디 선거운동본부의 헨리 키신저에 대한 영입 시도가 있었다. 그를 영입하려 한 것은 케네디의 연설문 작성자이며 네브라스카(Nebraska) 주 출신 변호사인 테드 소렌슨(Ted Sorenson)이었다.[242] 그리고 1959년 2월 15일 두 사람은 보스턴의 하버드 클럽에서 오찬을 위해 만났다. 그때 케네디가 30척의 폴라리스(Polaris) 핵무장 핵추진 잠수함의 건설이 소련과의 미사일 갭을 메꾸는 미사일 프로그램에 관한 논문에 대해 키신저의 의견을 물었다. 그리고 나서 케네디는 독일 문제가 엄청나게 중요하다고 느낀다고 앞을 내다보는 지적을 하면서 독일에 대한 키신저의 견해를 물었다. 머지않아 이런 유혹은 공개될 수밖에 없었다. 키신저는 조급히 뉴욕주지사 측에 자기는 록펠러를 저버리지 않는다고 보증했다.

새로운 연대가 밝아오고 있었다. 키신저에게도 거대한 사회적 및 문화적 격변으로 입증된 첫 소동을 무시하는 것은 불가능했다. 그의 <선택의 필요성>에서 그는 이미 "우리의 세대는 변화의 와중에 있을 것이다. 우리의 규범은 격변의 사실이다. 우리 행동의 성공은 단기적 고요함으로 측정되지 않는다. 1960년대는 영웅적 노력을 요구한다"고 아주 간단명료하게 표현했었다.[243] 키신저와 새로운 반문화(counterculture)를 발견한 사람들과의 차이는 그에게 다가오는 격변이 지정학(geopolitical)인 것이라는 점이었다.[244] 유권자 투표의 관점에

241) David C. Atkinson, *In Theory and in Practice: Harvard's Center for International Affairs, 1958-1983,* Cambridge, MA: Harvard University Press, 2007, p. 127.
242) Niall Ferguson, *Kissinger 1923-1968,* Vol. 1, *The Idealist,* New York: Penguin Press, 2015, pp. 463.
243) Henry A. Kissinger, *The Necessity for Choice: Prospects of American Foreign Policy,* New York: Harper and Brothers, 1961, p. 6.

서 1960년의 대통령 선거 결과는 20세기에 가장 근소한 차이였다. 케네디가 텔레비전 토론에서 닉슨보다 나았다. 그러나 내용에선 막상막하였다. 외교정책에 관해서는 분명한 승자가 없었다. 닉슨이 케네디보다 더 많은 주에서 이겼지만 유권자의 11만 3천표의 차이로 졌다. 존 에프 케네디(John F. Kennedy)는 미국의 역사상 최초의 가톨릭 대통령이 되었다.

수일 내에, 케네디 대통령 당선자의 정권인수팀이 키신저와 접촉하여 국무장관직의 후보들을 제안하라고 요청했다. 그는 처음에 아들레이 스티븐슨을 추천할까 하다가 마음을 바꾸어 결국 체스터 보울스(Chester Bowles)를 제안했다. 그는 국무성의 국무차관이 되었다. 케네디는 국무장관에 딘 러스크(Dean Rusk)를 임명했다. 러스크는 트루먼 정부 하에서 극동문제 담당 차관보를 역임했으나 아이젠하워 정부 기간 동안에는 록펠러 재단을 운영했다. 케네디는 자신의 행정부가 경험 있고 또 초당적인 인물로 구성할 것이라는 신호를 보냈다. 이것은 정치적일 뿐만 아니라 지성적 의미를 가졌다. 결국, 케네디와 록펠러는 아주 비슷한 방식으로 전면적 핵전쟁의 위협에 대한 지나친 의존뿐만 아니라 여러 가지 국내적 부작위의 죄에 대해서 비판했었다.

실제로 거의 하버드 코넥션(connection)만큼이나 중요한 것이 수많은 비판들이 형성되었던 록펠러의 특별연구 프로젝트에 대한 연계였다. 록펠러 보고서에 책임이 있는 210명의 패널리스트들, 상담자들 그리고 저자들 가운데 26명이나 케네디 행정부에 합류했다. 그들 가운데에는 러스크와 보울스 외에도 국방성 부장관이 된 로스월 길

---

244) Niall Ferguson, *ibid.*, pp. 465.

패트릭(Roswell Gilpatric), 국무성의 차관보 할렌 클리브랜드(Harlen Cleveland), 그리고 국가안보 부보좌관인 월트 로스토우(Walt Rostow)가 있었다. 그러므로 특별연구 프로젝트를 운영했던 사람도 워싱턴으로 초대될 것이라는 것은 전혀 놀라운 일이 아니었다.[245)

1961년 1월 21일 케네디 대통령의 취임식 날 <뉴욕커>(*The New Yorker*)는 <선택의 필요성>에 관한 화끈한 서평이 실렸는데 여기서 매주 그 잡지의 "워싱턴에서 보내는 편지"(Letter from Washington)를 쓰는 리처드 로비어(Richard Rovere)가 키신저를 군사 및 외교정책에 관한 아마도 미국의 가장 영향력 있는 비평가이며 그의 책을 정책결정자들을 위한 기본 교과서라고 묘사했다.[246) 케네디는 1963년경까지 그 책을 읽지 않았지만 분명히 이 서평을 보았다. 키신저는 케네디의 취임사에 깊은 인상을 받았다. 만일 아서 슐레진저가 백악관에 근무하는 직책을 제안받았다고 들었을 때 키신저가 부러움의 아픔을 느꼈다면 그는 케네디 측의 부름을 오래 기다릴 필요가 없었다. 그 편지는 아이러니하게도 키신저의 하버드 보스인 맥조지 번디로부터 온 것이었다. 번디는 그 편지에서 대통령이 자기에게 키신저의 합류 가능성에 대해서 가능한 빨리 키신저와 얘기해 보라고 요청했다고 말했다. 그리고 정부의 여러 부처가 그를 원한다면서 그가 관심이 있다면 월트 로스토우와 자기가 조직할 작은 그룹에 참여할지의 여부를 탐색했다. 그러다 2월 5일 키신저 박사가 금요일에 대통령을 접견하고 마을에서 밤을 세웠다는 뉴스가 터져 나왔다. <글로브>(*Glove*)지는

---

245) *Ibid.*, p. 467.
246) Richard H. Rovere, "Letter from Washington," *New Yorker,* January 21, 1961, p. 108f.

그의 중요한 임무가 국제정치와 전략의 분야에 있을 것이라고 바쁘게 보도했다.[247]

번디가 암시했듯이 새 행정부 내에서는 키신저의 봉사를 위한 일종의 다툼이 있었다. 러스크 국무장관도 그에게 국무성 내 일자리를 제안했지만 키신저는 번디의 백악관 상담역 자리의 제안이 있었기에 그것을 거절했다. 그러나 키신저는 그 자리도 망설이는 것으로 보였다. 2월 8일 그가 번디에게 말한대로 번디와 대통령이 마음에 두고 있는 임무는 미묘하고 도전적이었다. 문제는 참여의 사실이 아니라 형식이었다. 행정부에 참가하라고 초대받은 것을 명예롭게 느꼈지만 그럼에도 불구하고 그는 자기의 하버드 공약들이 어떤 갑작스러운 출발도 불가능하게 할 것이라고 사정했다. 그러므로 키신저는 비상근 임명(a part-time appointment)을 요청했다.[248] 이것은 그에게 그가 가장 효과적인 기여를 할 수 있는 맥락에 어떤 일반적 사유를 줄 수 있는 시간도 허용할 것이다.

딱 1주일 만에 키신저는 워싱턴으로 돌아와 번디와 세부사항을 다듬었다. 그들은 무기와 정책에 관한 일반적 영역과 독일 문제의 모든 측면들에 관해 생각하는 특별한 분야에서 상담역의 임명에 관해 동의했다. 키신저는 학기 중에는 매달 한 주일 정도 워싱턴으로 올 것이며 5월 중순부터 8월 말까지 대부분의 여름에는 워싱턴에 오기로 했다. 다만 그가 유럽을 방문하기로 이미 약속된 6월은 예외로 했다. 만일

---

247) "Kennedy Expected to Name Dr. Kissinger to Key Post," *Boston Sunday Globe,* February 5, 1961.

248) Niall Ferguson, *Kissinger 1923-1968,* vol. 1, *The Idealist,* New York: Penguin Press, 2015, p. 469.

비상근 임명이 작동하지 않으면 그들은 상근 임무의 문제도 재고하기로 하였다. 2월 27일 키신저의 임명이 발표되었다. 그것은 마치 록펠러의 오른팔이 민주당원들에게 도망친 것으로 보였다.[249]

국가안보문제를 위해 대통령의 특별보좌(special assistant)의 자리를 수락하는데 있어서 번디는 자신이 외교정책을 형성하는데 지배적역할을 할 것이라는 모든 기대를 갖고 있었다. 따라서 그는 만일 록펠러가 대통령이 되었다면 자기와 같은 역할을 수행했을 것이고 또 당시의 핵심적 쟁점들 중 적어도 한 가지에 관해서 의심할 여지없이 보다 더 깊은 이해력을 가진 키신저 같은 사람을 같은 배에 태우고 싶지 않았을 것이다. 따라서 키신저를 상근으로 원했던 것은 번디가 아니라 케네디 대통령이었다. 키신저로 하여금 비상근 역할만을 요청하게 설득한 것은 실제로 번디였다.[250] 그럼에도 불구하고 상근 지위를 사양한 데에는 키신저 나름대로 이유가 있었다. 그의 록펠러와 밀접한 관계가 분명히 살아남을 수 없었다. 키신저는 1964년 대통령직을 위해 도전하라고 그가 완전히 기대하는 록펠러에 대해 진심 어린 헌신을 했기 때문이다. 언론에 알려지자 키신저는 케네디와 협상을 자백할 수밖에 다른 대안이 없었다.

키신저는 록펠러가 그의 주저함을 꾸짖자 깊은 인상을 받은 만큼이나 놀랐다. 록펠러는 진정한 봉사를 할 수 있는 곳이라면 어떤 지위도 수락하라고 촉구했다. 키신저가 자기의 이탈이 록펠러에게 개인적으로 타격이 될 것이라고 말하자 록펠러는 케네디가 모두를 위해서

---

249) *Ibid.*
250) *Ibid.,* p. 470.

성공하길 바랐다. 그러므로 비상근 자리가 번디에게 만큼이나 키신저의 마음에 들었다. 키신저는 다음 선거에서 케네디에게 도전할 것으로 널리 기대되는 사람의 상담역을 유지하면서도, 이제 대통령에게 조언할 수 있는 전망을 가지고 정부의 고위 차원에서 일할 도전을 처음으로 경험할 수 있을 것이다. 백악관의 상담역을 하는 동안 내내 키신저는 그때그때 필요에 따라 록펠러에게 계속해서 상담을 해주었다.251)

케네디 행정부는 겉으로 보기에 대통령에게 정책을 형성하고 결정할 권한을 부여하여 전임 대통령들 보다 더 많이 유연했다. 당시 컬럼비아 대학교의 리처드 노이슈타트(Richard Neustadt)의 신간이었던 <대통령의 권한>(*The Presidential Power*)과 상원 의원 헨리 잭슨(Henry Jackson)의 국가정책기구에 대한 상원분과위원회의 잠정보고서에 의해서 영향을 받아 케네디는 아이젠하워의 복잡한 구조를 기꺼이 해체했다. 기획이사회와 운영조정이사회가 모두 폐지되었다. 그리하여 기획과 운영 사이의 군사적 구별을 없애 버렸다. 국가안보보좌관으로서 번디는 10여 명의 직원들에 의존하면서 대통령과 긴밀하게 일할 수 있게 되었다. 그들은 국무성 조직을 반영하여 지역적 소집단으로 분리하고 요구되거나 필요할 때 국가안보조치 메모랜덤들을 활발하게 생산할 것으로 기대되었다. 대통령 자신은 국가안보위원회의 소집을 원하지 않았고 그 대신에 번디, 국방장관과 국무장관, 중앙정보국(CIA) 국장, 그리고 부통령을 주기적으로 만나고 싶어 했다. 부처 간 특수임무위원회가 종종 국무성을 배제하고 구체적 쟁점들을 다루

---

251) Niall Ferguson, *Kissinger,* Vol. 1, *1923-1968: The Idealist,* New York: Penguin Press, 2015, p. 474.

기 위해 설립되었다. 아이젠하워 시기에 번거로운 관료제도가 노령의 대통령에게 부처간 관료들의 합의된 입장을 승인하도록 제출했다. 번디는 케네디에게 의미 있는 선택적 대안들을 제공하기 시작했다.

그러나 케네디 하에서 백악관이 실제로 작동하는 현실은 노이슈타트나 잭슨의 계획과는 달랐다. 새 제도는 대통령에 대한 근접성에 있어서, 그리고 국무장관, 특히 장관의 일이란 대통령의 견해에 따르는 것으로 되어 있어서 특히 러스크 국무장관 보다 국가안보보좌관에게 더 유리했다. 번디가 예측하기에 훨씬 좋은 자리를 잡았다. 그러나 자기와 다른 직원들이 경험이 없었기에 그들은 처음에 중앙정보국과 군부에 그들의 우월성을 수립하려고 노력했다. 그리하여 백악관 그 자체는 필사적인 활동을 하였지만 그것들이 모두 생산적이지는 않았다.

케네디 대통령직의 첫 해에 백악관을 지배했던 규율의 부족을 고려한다면 그가 넘어질 것이라는 점이 어쩌면 불가피했다. 장애물은 플로리다 해변에서 90마일 떨어진 쿠바 섬으로 드러났다. 1959년 초에 피델 카스트로(Fidel Castro)의 게릴라들이 시어도어 루즈벨트(Theodore Roosevelt) 대통령 시대 이후 비공식적으로 미국에 종속된 쿠바에서 권력을 장악했다. 카리스마적 민족주의자인 카스트로는 그해 봄 미국을, 적어도 하버드 대학교를 방문했을 때 미디어에 의해서 축하를 받았다. 그때 그는 하버드의 솔저스 필드(soldiers Field)에서 1만 명의 군중들에게 아주 긴 연설을 했었다. 그러나 카스트로가 소련과 제휴하려고 준비하는 쌓여가는 증거가 과거 쿠바 정권의 망명한 지지자들에 의한 점차 효과적인 로비와 결합되자 중앙정보국의 알렌 덜레스(Allen Dulles)와 리처드 비셀(Richard Bissell)은 카스트로가 사라져야 한다고 확신하게 되었다. 지하작전에 관한 한 기술적으로 자신만만했던 비셀이 정치적 반대세력의 창조와 지속적인 선전, 그리고 이상적으로 쿠바 내에서 반-카스트로 봉기에 의해 지원받는 유사 군사력에 의해서 쿠바 섬의 침공과 관련된 정권교체의 계획을 수립했다.[252]

1960년 선거에서 대부분의 유권자들에게 쿠바는 중요한 문제가 아니었지만 케네디가 쿠바에 미국의 개입을 선호한다고 보도되었던 10월에 대결의 문제가 되었다. 닉슨은 그런 입장을 케네디가 선거운동 기간 중에 그가 행한 가장 위험스럽게 무책임한 권고라고 위선적으로 비난했다. 공개적으로 케네디는 노골적 군사력의 사용을 서둘러 부인했다. 그러나 선거에서 승리한 직후 케네디는 비셀의 플루토 작전(Operation Pluto)에 관해 브리핑을 들었으며 그의 의구심이 무엇이든지 간에 그는 분명히 그것을 취소하려 들지 않았다.[253] 쿠바의 트리니다드(Trinidad) 항구가 아니라 피그만(The Bay of Pigs)에 상륙하기로 결정했을 때 자파타(Zapata)로 작전명이 바뀐 그 작전의 실패는 4가지 이유에서 예상되었다. 첫째, 정부국과 합동참모들이 실행할 수 있는 침공계획에 대해 합의하지 못했다. 둘째, 비밀작전이 되어야 할 것이 카스트로 정권과 미국의 언론에 의해 아주 널리 예상되어 기습의 요소가 사라졌다. 셋째, 그 계획에 의구심을 품은 행정부내의 사람들이 국무장관, 국방장관 그리고 합참의장에 눌려서 자신들의 주장을 하지 못했다. 넷째, 대통령 자신이 확률이 높은 실패에 관한 상당한 증거를 무시했다. 침공에 미국군의 참가를 배제하고, 카스트로의 공군

---

252) Trumbull Higgins, *The Perfect Failure: Kennedy, Eisenhower, and the CIA at the Bay of Pigs,* New York: W. W. Norton, 1987, p. 50.
253) *Ibid.,* p. 67.

에 대한 두 번째 공습을 취소하고, 그리고 작전이 무너지기 시작하자 공군의 지원을 거부한 것은 케네디 대통령 자신이었다.254)

비록 케네디 대통령이 그 패퇴에 대해 공개적으로 책임을 졌지만 뒤에서는 수뇌들이 떨어졌다. 맥스웰 테일러(Maxwell Taylor) 장군의 연구 보고서에 따라 덜레스와 비셀이 축출되었다. 그리고 1962년 10월에 테일러 장군이 합참의장으로 임명되었다. 여기서 무자격의 승자는 번디였다. 실패의 위험이 즉각적 취소의 비용을 크게 초과한다는 핵심적 주장을 하지 못함으로써 어느 다른 사람들처럼 사실상 크게 실패했다. 그러나 번디의 권한은 오히려 향상되었다. 국가안보회의(NSC)가 백악관 웨스트 윙(the West Wing)의 지하실로 재배치되어 지금부터 번디가 대통령에게 경쟁자 없는 접근을 보장했다. 이런 배치의 변환은 국가안보회의 사무실 옆에 있는 상황실(the Situation Room)로 모든 국가 안보기관들로부터 오는 비밀 정보들을 위한 통로를 만들어 정책결정 과정에 새로운 초점을 부여하려는 의도였다. 바로 이러한 격동 속으로 헨리 키신저가 쿠바에 관해서는 거의 아무 것도 모르고 대부분의 시간을 케임브리지에서 보내는 비상근 백악관 상담역이라는 새 역할로 걸어 들어갔다.

번디가 키신저에게 부여한 첫 임무는 그가 오랫동안 주장했고 또 케네디가 유세를 벌인 미국 국방정책의 일반적 조사의 와중으로 키신저를 빠뜨렸다. 하루나 이틀 수도인 워싱턴으로 초대된 키신저가 보충적 군사예산에 관해 자신의 견해를 묻는데 놀랐다. 그런 상황에서

---

254) Niall Ferguson, *Kissinger 1923-1968*, vol. 1, *The Idealist,* New York: Penguin Press, 2015, pp. 479-480.

메모랜덤을 작성하면서 키신저는 학술적 정밀성에 의존해야만 했다. 펜타곤은 전면전쟁과 제한전쟁 사이의 클라우제비츠식(Clausewitzian) 구별을 인정했다. 그러나 그것은 모종의 아니 모든 형태의 침략이 소련에게 수용할 수 없는 손상을 위협함으로써 억제될 수 있을 것이고 주장하는 제한적 억제와 키신저가 무의미하다고 생각하는 선제 공격을 수용하고 그리고 나서도 여전히 이기기에 충분한 반격능력 혹은 선제공격으로 승리할 수 있는 보복 군사력 사이의 구별을 간파하지 않은 것으로 보였다.255) 워싱턴에서 누가 하버드-MIT 군비통제 세미나에서 나온 이 문서를 읽는다 해도 그들은 아무도 그것을 인정하지 않았다.

그 대신에 두 번째 임무가 나왔다. 그것은 케네디 정부의 신방위전략의 토대로 유연반응에 대한 테드 소렌슨(Ted Sorensen)의 메모렌덤에 코멘트하는 것이었다. 여기서 다시 키신저는 강경노선을 택했다. 왜 대통령은 예방전쟁이나 다른 대량 선제공격의 포기를 제안하는가? 왜 아무런 대가도 없이 이런 대안들을 포기하는가 하고 키신저는 물었다. 주도권을 쥐려고 모색하면서 키신저는 케네디를 위해 "주요국방 대안들"(Major Defense Options)에 대한 길고도 미묘한 메모랜덤을 작성했다. 그것은 제2차 반격전략, 선제공격 전략에 대한 찬반론, 그리고 한정된 억제에 대한 찬반론을 제시했다. 그의 주장의 핵심은 평소처럼 소련의 선제공격을 말살하는 것이 아닌 문제들은 전면전의 가치가 없을 것이기 때문에 핵억제에 대한 지나친 의존은 위험하다는 것이었다. 자유세계의 제한전쟁 병력의 실질적인 증대가 필요하고 바

---

255) *Ibid.*, p. 481.

로 그렇게 하여야 미국과 미국의 동맹국들이 지역에서 개입할 대안을 지탱할 것이었다.

그러나 여기서 키신저는 그것을 새로운 방식으로 주장했다. 재래식 군사력에 대한 증가된 강조와 분리할 수 없는 위험이 있다. 그것은 동맹국들을 경악하게 하거나 소련이 경솔한 행동을 하게 충동할 수도 있을 것이다. 미국은 핵무기에 의지하기보다는 차라리 재래식 군사력에 의한 패배를 선호할 것이라는 인상을 주지 않기 위해 조심해야만 한다. 그러나 재래식 군사력을 건설하지 않는 것은 더 큰 위험이 있다. 즉, 갈등 상황에서 대통령이 핵무기를 사용할 결정에 대한 통제력을 발휘하고 싶어하는 군부에게 상실한 위험이 있다는 것이다. 여기서 키신저는 제1차 세계대전의 발발과의 유사점을 떠올렸다. 그것은 군부에 순전히 전략적인 고려에 입각하여 기획을 개발하도록 허용한 위험을 설명했다. 제1차 세계대전은 아무도 동원태세로부터 후퇴할 방법을 알지 못했기 때문에 불가피하게 되었다.[256] 케네디 대통령이 그 메모랜덤을 읽었다는 증거는 없다. 그러나 그가 읽었다면 그는 동의하는 자신을 발견했을 것이다. 피그만에서의 대실패가 케네디에게 모든 것을 군기획자들에게 맡기면 어떻게 되는지를 맛보게 했었다. 쿠바에 대한 다음 위기 때까지 케네디는 역사가 A.J.P. 테일러(A.J.P. Taylor)가 후에 "시간표에 의한 전쟁"(war by timetable)이라고 부른 것에 대한 두려움에 강렬하게 사로잡혔다.[257] 1960년대 학계 전략가들의 가장 큰 단점은 게임이론에서 그것의 논리적 극단으로 가는 그

---

256) *Ibid.*, p. 482.
257) *Ibid.*

들의 추상화의 사랑이었다. 이와는 대조적으로 키신저는 핵시대의 딜레마를 보다 구체적으로 만들길 갈망했다.[258]

1961년의 베를린 위기는 다음 해의 쿠바 위기 보다 덜 기억된다. 그러나 여러 가지 측면에서 그것은 둘 중에 더 위험했다. 왜냐하면 미국의 지위가 독일의 경우에 심각하게 더 약했기 때문이다. 바로 그러한 이유에서 케네디 행정부는 쿠바에 대해서보다 베를린에 대해서 핵전쟁을 위협할 용의가 더 있었다. 한편, 흐루시초프는 과거 독일 수도의 현상에 작은 변화로 보이는 것을 위해 위험한 길을 다가갈 미국의 용의를 의심했다. 그리하여 그가 1958년 11월에 했던 바로 그대로, 그는 1961년 6월에 서방 3개국들에게 최후의 통첩을 발하고 베를린에서 그들의 군대를 철수할 6개월 간의 시간을 주었다. 그의 의도는 동독과 별도의 평화조약을 체결하고 그 후부터는 동독이 베를린에 대한 접근을 통제하게 하려는 것이었다. 케네디는 당선 직후에 러시아인들이 베를린 문제를 타결하여 철의 장막 뒤로부터 서방으로 피난민의 이동을 막으라는 무거운 압력 하에 있다는 것을 알게 되었다. 그러나 미국의 입장은 상당수 유럽 동맹국들의 비타협성에 의해 복잡했다. 영국은 베를린을 자유 도시로 수용할 준비가 되었던 반면에 프랑스는 전혀 그렇지가 않았다. 베를린에서 어떤 후퇴도, 지위의 어떤 변화도, 어떤 군대의 철수도, 수송과 통신에 대한 어떤 새로운 장애물도 패배를 의미할 것이라고 파리에서 드골(de Gaulle)은 케네디에게 말했다.[259]

유럽연합군 최고사령관(the Supreme Allied Commander Europe)인

---

258) *Ibid.*, pp. 482-483.
259) Niall Ferguson, *Kissinger, 1923-1968,* Vol. 1, *The Idealist,* New York: Penguin Press, 2015, p. 484.

로리스 노르슈타트(Lauris Norstad) 장군에 의하면 베를린에 대한 어떤 전쟁도 핵전쟁이거나 아니면 즉각적이고 창피한 패배가 될 것이다. 그 이유는 분명해 보였다. 베를린에 대한 재래식 전쟁에서 서방은 주변에 있는 붉은 군대의 엄청나게 더 큰 규모를 고려하면 기회가 없었다. 베를린 위기는 쿠바와는 전혀 다르게 다루어졌다. 국무성, 국방성, 그리고 합동참모부의 관리들이 베를린 특별전문 위원회에서 협력했다. 그러나 베를린 그 자체의 상황은 비정상이었다. 베를린의 미군사령부는 군사적 권능이 아니라 정치적 권능의 보유자인 본(Bonn)에 있는 대사에게 보고하고, 그는 하이델베르그(Heidelberg)에 있는 4성 장군에게 보고하고 그리고 그를 통해 파리에 있는 노르슈타트 최고사령관에게 보고했다. 노르슈타트 장군은 최고사령관일 뿐만 아니라 1958년 11월에 3개 국가들이 설립한 베를린의 방위를 위한 비밀 군사조직인 라이브 오크(Live Oak)의 사령관이기도 했다. 문제를 더욱 복잡하게 만든 것은 1961년 8월에 케네디 대통령이 전후 미국점령지대의 전 통치자였던 루시우스 클레이(Lucius Clay) 장군을 베를린에 자신의 개인적 대표로 파견한 것이었다. 소련 주재 르웰린 톰슨(Llewellyn Thompson) 대사가 동독인들이 그들이 관용할 수 없는 베를린을 통한 난민들의 계속되는 흐름을 중지시키기 위해서 그 지역의 국경선을 폐쇄할 것이라고 알려왔다. 그러나 워싱턴에서 케네디는 곧 이 문제에서까지 양보하지 말라는 압력을 받았다. 강경한 입장을 촉구하는 사람들 가운데에는 헨리 키신저가 있었다.260)

3월 10일 금요일 키신저는 국가안보회의에 참가했다. 다음 월요일

---

260) *Ibid.*

과 목요일에 그는 중앙정보국과 펜타곤뿐만 아니라 국무성 전문가들로부터 베를린에 관한 브리핑을 들었다. 번디의 제안으로 애치슨 국무장관도 검토 그룹을 주도하기 위해서 나왔다. 애치슨의 결론은 단호했다. 베를린에 대한 문제는 협상으로 해소될 수 없는 의지들의 갈등이었다. 소련인들은 핵전쟁으로 갈 미국의 의도를 믿지 않았다. 워싱턴이 베를린의 보호를 위해 핵무기를 사용할 준비가 되어 있다는 것을 소련인들이 알게 해야만 했다. 애치슨은 베를린으로 서방측의 이동을 방해하는 어떤 시도가 있자마자 결판을 예상하여 핵과 재래식 군사력을 모두 증강할 것을 권고했다. 그는 또한 소련의 전 진영을 겨냥하여 제재의 프로그램과 지하작전의 준비도 촉구했다. 키신저의 견해는 거의 같았다. 최선의 접근법은 군사적 기획에 관해 단호함과 베를린의 지위를 유지하기 위한 명백한 결의의 표명이라고 키신저는 4월 4일 로스토우(Rostow) 국가안보 부위원장에게 말했다.[261]

서독정부는 곤혹스러운 입장에 있었다. 그들의 전 수도의 운명이 달려있을 뿐만 아니라 그들의 분단된 조국의 생존이 달려 있었다. 그러나 핵심적 결정은 본에서가 아니라 모스크바는 물론이고 워싱턴, 런던, 그리고 파리에서 이루어지고 있었다. 베를린의 구체적 문제에 관해서 서독의 수상인 콘라트 아데나워는 실제로 모호한 입장이었다. 그는 사적으로 독일의 분단에 깊이 반대하지 않았다. 그것은 공산주의자들이 아니라 해도 사회주의자들에게 권력을 주는 재통일에 비해 훨씬 선호되었다. 아데나워의 주된 목표는 서방측 특히 미국의 서독의 방위에 대한 공약이 흔들리지 않게 확실히 하는 것이었다. 유럽에

---

261) *Ibid.*, p. 485.

서 미국의 군사적 자세의 어떤 변화도 아데나워에겐 미국의 불개입이나 철수의 전조로 해석될 수밖에 없었다.

서독인들은 키신저를 의심하지 않을 수 없었다. 자기의 많은 친척들을 죽인 국민을 향한 그의 진정한 감정은 반감일 것이라고 간주되었다. 아데나워의 비서들 중 한 사람은 아데나워를 가장 걱정시키는 두 미국인들이 헨리 키신저와 아들레이 스티븐슨이라고 말했다. 그와 그의 동료들은 키신저가 비밀리에 마음속으로 어떤 운명을 품고 있는지를 알 수 없었다. 그것은 제한적 핵전쟁을 수행하여 서독이 잿더미가 되어버리든가 아니면 전면적 핵전쟁의 위협을 제거함으로써 소련인들의 자비 하에 남겨 둘 수 있을 것이기 때문이었다.[262]

실제로 키신저는 5월 5일자 그 주제에 관한 메모랜덤에서 분명히 했다. 키신저의 주된 관심은 미국외교 정책의 신뢰성(credibility)이었다. 애치슨의 말을 반영하면서 키신저는 베를린의 운명이 북대서양공동체의 미래를 위한 시금석이라고 말했다. 베를린에 대한 패배는 필연적으로 서독정부의 사기를 떨어뜨릴 것이다. 모든 다른 NATO 국가들은 서방의 무기력의 그런 과시로부터 예시된 결론을 얻게 될 것이다. 세계의 다른 지역에서 공산주의 운동의 저항할 수 없는 성격이 강조될 것이다. 그러나 만일 소련인들이 베를린에서 현상유지를 바꾸려는 그들의 노력에서 끈질기면 그것은 결판을 의미했다. 그리고 결판은 핵전쟁의 가능성을 포함해야만 할 것이다. 이러한 키신저의 입장이 국가안보회의 상근 구성원들에게 맞는 사고의 흐름이 아니라는 것을 충분히 잘 알고 있었다. 키신저는 번디의 모호한 태도를 감지하

---

262) *Ibid.*, p. 487.

기 시작했다.263)

1961년 4월 말 하버드 대학교의 봄 학기가 끝나 감에 따라 키신저는 두 개의 이점을 갖고 있었다. 첫째, 번디와 그의 팀은 피그만의 대실패로 비틀거리고 있었다. 둘째, 키신저는 이미 본의 방문을 약속했고 아데나워 수상과 국방장관인 프란츠 요셉 스트라우스(Franz Joseph Strauss)와의 면담을 모두 확보할 수 있음을 충분히 알게 되었다. 아데나워와의 면담은 독일식 사고방식에 대해 더 많이 알게 되었다. 키신저가 베를린이 단지 독일의 도시가 아니라 모든 곳의 자유의 시험이라는 키신저의 보장에도 불구하고 수상은 의심으로 가득했다. 미국이 NATO를 통합된 핵전략의 방향으로 이끄는데 실패했기 때문이었다. 이제는 미사일 갭이 아니라 모든 핵무기에서 소련의 선두를 아데나워가 이제 어떻게 이해하고 있느냐의 문제에 직면한 아이젠하워가 비밀리에 흐루시초프에게 베를린을 넘겨주기로 약속했다는 것이다. 영국의 맥밀란(Macmillan)은 그런 극단적 취약성에서 굴복할 준비가 되어 있었다. 드골만이 의지할 수 있었다. 그리고 이것은 그가 독립적 핵능력을 보유했기 때문이라는 것이었다. 아데나워는 미국이 유럽의 두려움을 이해해야 한다고 말했다. 키신저는 프랑스의 새로 성취한 핵 지위에 대한 이런 암시를 놓치지 않았다. 미국의 정책결정자들은 핵시대의 새로운 도전을 간파하기 시작하고 있었다. 만일 프랑스와 독일이 재래식 병력에 대한 미국의 강조가 유럽에서 미국이 벗어나기 위한 장치라고 진지하게 믿는다면 그들은 자신들의 핵억제를 원하는데 대해 별로 탓할 일이 아닐 것이다. 유럽인들이 명시적으로 말하는 경

---

263) *Ibid.*, p. 488.

우는 별로 없지만 더 진전된 주장은 그들의 재래식 병력을 증가하기 보다는 이런 노선으로 가는 것이 정치적으로 보다 더 용이하다는 것이었다.[264]

키신저의 독일 여행은 워싱턴과 더 넓은 세계에서 그의 존재를 크게 향상시켰다. 그와 스트라우스는 그들 간의 차이를 공개적으로 알렸다. 재래식 무장의 신속한 건설을 요구하는 대통령의 최근 의회연설도 마치 키신저에 의해 작성된 것처럼 보였다고 6월 초에 <뉴욕 포스트>(New York Post)는 열광했다. 필요하다면 베를린을 위해 싸운다는 미국의 약속은 키신저의 주된 논제였다. 버디가 키신저의 이런 부상을 좋아할 것으로 믿기 어렵지만 더욱 중요하게도 그의 견해는 키신저의 입장에서 벗어나기 시작하고 있었다. 애치슨에게 뿐만 아니라 키신저에게 이 문제는 명백했다.

흐루시초프와 케네디가 6월 초 비엔나에서 만났을 때 키신저는 흐루시초프의 저돌적인 행위에 의해서 전혀 놀라지 않았다. 이것은 키신저가 정확하게 기대했던 것이었다. 키신저의 마음속에 베를린에 대한 결판은 소련인들이 그것을 원한다는 간단한 이유만으로도 불가피했다. 핵심적인 일은 최소한 대통령이 확전의 과정에 통제를 유지하는 것이 확실하도록 미국의 대응의 단계를 상세히 준비하는 것이었다. 대안적 전략은 러시아인들에게 조용히 양보하는 것이었다. 특히 베를린 내에서 자유로운 민간인들의 이동에 대한 미국의 주장을 포기하는 것이었다. 그것은 동서 베를린 사이의 국경선뿐만 아니라 서베

---

264) Niall Ferguson, *Kissinger,* Vol. 1, *1923-1968: The Idealist,* New York: Penguin Press, 2015, p. 491.

를린과 주변 동독 사이의 국경선의 폐쇄를 용인하는 것이었다. 그러나 아직 워싱턴에서는 그 누구도 그런 결과를 명시적으로 논의하고 있지 않았다. 그러나 강경노선자들과 연성노선자들 사이의 불일치는 이미 분명했다.[265]

7월 19일 핵심적 국가안보회의에 앞서 번디는 애치슨과 니츠(Nitze)가 이끄는 콜러(Kohler) 그룹의 강경파와 평화조약이나 아우토반(Autobahn)을 따라 동독인들이 러시아인들을 대치하는 것이 싸울 일이 아니라는 것을 분명히 하고 싶어하는 자신을 포함한 연성파 사이의 구별을 분명히 하고 위기의 최종 타결의 요소들에 관해서 소련인들에게 진지한 탐지를 행했다. 아서 슐레진저는 헨리 키신저가 베를린 기획의 중심으로 들어와야 한다고 대통령 자신에게 강력히 촉구했다. 그러나 그런 일은 일어나지 않았다. 좌절한 키신저는 여름 내내 번디를 위해 상근하겠다는 그의 제안을 철회하고 필요에 따라 일시적으로 상담에 응하는 지위로 복귀할 것을 제안했다. 번디는 이 제안을 가장된 곤혹스러움으로 수락했다. 그는 베를린에 대한 그의 견해가 정해졌고 그가 강경노선을 함께하는 것은 월터 리프만(Walter Lippman)과 윌리엄 풀브라이트(William Fulbright) 상원 의원과 같은 사람들과 대통령을 당혹스럽게 할 것이라고 말했다. 이제 소위 최고의 가장 총명한 사람들(the best and the brightest)은 빛을 잃었다. 이제 <타임>(Time)지는 일단의 케네디의 백악관 교수들과 훈수꾼들을 비웃었으며 그들 가운데에는 특별 대통령 자문역인 헨리 키신저도 있었다. 현실의 중대한 시험으로 존 케네디의 체제는 작동하지 않는다고 그 잡지는 선

265) *Ibid.*, p. 492.

언했다. 외교정책 분야에서 기록은 유감이다. 곤란에 처할 때 케네디 해결책은 조치 대신에 활동처럼 보였다. 그러나 이것은 지나치게 가혹한 평가였다. 베를린은 대단히 복잡한 문제였기 때문이다. 더구나 키신저는 종종 모순적인 정보와 분석으로 폭격을 받고 있었다.[266]

아마도 키신저는 알지 못했겠지만 가장 당혹스러운 것은 코로나(Corona)위성 프로그램에 주로 입각하여 사실상 미사일 갭은 없었으며 오히려 그 갭은 미국에 유리하다는 사실을 알게 된 것이다. 이것은 베를린에 대해 대결을 강요하려는 흐루시초프의 분명한 결의를 더욱더 알 수 없게 만들었다. 동시에 케네디 대통령은 전술적 미사일을 사용하는 제한 핵전쟁의 개념을 포괄적으로 거부하는 것으로 보이는 토마스 셸링(Thomas Schelling)의 새 논문을 흡수하고 있었다. 애치슨의 접근법이 너무 협소할지 모른다고 당장 느꼈던 케네디는 슐레진저에게 베를린 문제에서 그동안 탐구되지 않은 문제들에 관해서 서명이 없는 메모랜덤을 준비하라고 요구했다. 슐레진저는 키신저와 에이브 체이스(Abe Chayes)를 불러들였고 그 결과물은 7월 6일 급하게 작성되었다. 핵 문제에 관해 가장 강하게 미는 것은 키신저였다. 그는 강경, 연성, 혹은 단호함 같은 정책에 응용되는 형용사들을 좋아하지 않았다. 베를린의 경우에 이런 구별들은 특히나 의미가 없었다. 7월 13일 국가안보회의에서 애치슨은 린든 존슨(Lyndon Johnson) 부통령의 지지를 받아 국가비상사태의 선언을 촉구했다. 반면에 키신저는 미국이 비타협적 태도의 모습을 보이는 것을 회피하기 위해서만이라도 외교적 시도를 제안했다. 그는 비상사태 선언에 반대했다.[267]

---

266) *Ibid.,* p. 493.

실제로 헨리 키신저는 만일 대안이 핵전쟁이라면 동독정권의 사실상(de facto) 인정마저 고려할 준비가 되었다. 대통령이 군부에 의해 선명하게 서술된 대안들을 받지 못했다고 확신한 키신저는 협상 실패의 군사적 결과에 사로잡혀 있었다. 이런 주장들이 그냥 흘러가진 않았다. 7월 25일 밤 텔레비전을 통해 전국에 연설하면서 케네디는 베를린을 서방의 용기와 의지의 가장 큰 시험대라고 불렀다. 로스토우는 이 순간을 하이눈(High Noon)이라고 불렀다. 그러나 대통령은 애치슨에게 당혹스럽게도 미국의 입장을 제시할 때 비상사태 선언을 하지 않았다. 그리고 그는 6개의 추가적 육군 사단을 위한 국방비 지출로 흐루시초프의 가장 최근의 방위비 증가에 맞서는 반면에 또 이와 동시에 이제 미국은 오직 서베를린의 접근과 주둔을 유지하는 데에만 관심이 있다는 것을 시사했다.

흐루시초프는 케네디의 메시지를 받았다 소치(Sochi) 근처에 있는 그의 별장에서 존 맥클로이(John J. McCloy)와의 대화에서 흐루시초프는 도발적으로 무슨 일이 있는 자기는 평화조약에 서명할 것이라고 말했다. 그러나 그는 서베를린의 자유와 독립을 보장할 용의도 재확인했다. 협상의 문을 열어놓은 채로 자기의 재래식 병력을 증강하는 데 있어서 케네디는 어떤 면에서 키신저의 권고를 따르고 있었다. 그러나 그는 키신저의 이런 권고를 번디를 통해 받고 있었다. 키신저는 대통령이 자기에게 상근을 요청했지만 번디가 그러지 말라고 강력히 촉구했다고 슐레진저에게 불평을 털어 놓았다. 대통령의 내부 서클

---

267) Niall Ferguson, *Kissinger 1923-1968*, Vol. 1, *The Idealist,* New York: Penguin Press, 2015, p. 495.

(inner circle)에서 배제당한 키신저는 만일 소련이 베를린 국경선을 폐쇄하기로 결정한다면 이미 굴복하기로 한 중대한 결정을 알 수 없었다. 케네디 자신도 흐루시초프가 피난민들을 중지시키기 위해서 뭔가를 해야만 할 것이며, 어쩌면 장벽을 세우겠지만, 미국인들이 그것을 막지 않을 것이라고 로스토우에게 말했다.268)

모스크바에서는 르웰린 톰슨 대사가 흐루시초프에게 동독에서 주민들에 대한 어떤 형태의 제약은 미국에게 수용될 것이라고 거의 상세하게 말했다. 8월 9일까지 바르샤바 조약기구의 나머지 국가들도 이 계획에 동의했으며 동독 정권은 콘크리트 기둥들, 철조망, 목재, 그리고 서베를린을 울타리를 치는데 필요할 다른 재료들을 비밀스럽게 획득했다. 이틀 후에 로이터 통신은 동독정부가 베를린에서 복수주의적 상황을 처리하기 위해 착수하고자 하는 어떤 조치들도 동독인민들의 대표자회의가 승인한다고 말하는 불가해한 결의안을 통과시켰다고 보도했다. 1961년 8월 13일 새벽 1시에 동독의 지도자 발터 울브리히트(Walter Ulbricht)의 하수인들이 베를린 장벽을 건설하기 시작했다. 베를린에 있는 미군 사령관은 바라볼 뿐 아무 것도 하지 않았다. 그 소식을 들은 케네디는 냉정하게 러스크에게 야구게임에 가라고 말하고 자기는 존슨 부통령과 함께 케이프 코드(Cape Cod)의 앞바다에 있는 요트로 돌아가서 베를린에서 미국 주둔군의 증강을 승인했다.269)

하나의 우월한 입장에서 보면 베를린 장벽의 건설로 귀결된 사건들은 하나의 재앙이었다. 그것은 비일관성, 무결정, 그리고 정책실패

---

268) *Ibid.*, p. 496.
269) *Ibid.*, p. 496.

의 결과였다. 케네디 대통령이 선호하는 실용적 관점에서 보면 그 결과는 최적이었다. 첫째로 그리고 가장 중요한 것은 핵전쟁을 피했다는 것이다. 둘째로는 재래식 충돌도 피했다는 것이다. 셋째로는 소련과 그들의 동독 종복들의 민낯을, 즉 자유에 무감각한 적이라는 사실을 보였다는 것이다. 그러나 이것이 베를린 위기의 끝이라고 생각하는 케네디는 틀렸다. 어쩌면 놀랍게도 가능한 군사적 시나리오들에 관해서 그가 얼마나 많이 생각했는가를 고려할 때 키신저는 동베를린인들이 그들의 운명에 포기하는 것을 예상하지 못했었다. 그렇다. 베를린 장벽의 건설은 철의 장막에서 마지막 간격을 단지 막아버린 것이었다. 기술적으로 그 장벽은 동베를린이 아니라 서베를린을 둘러쌓았다. 동독의 국경 경비원들이 동쪽에서 서쪽으로 넘어가려는 민간인들을 사살했다. 첫 희생자인 귄터 리프틴(Günter Liftin)은 8월 24일 총에 맞았다. 키신저에게 이것은 이중으로 분노케 하는 일이었다. 하나는 장벽이 독일이 내다볼 수 있는 장래에 통일될 수 있을 것이라는 모든 구실의 포기를 대변했다. 다른 하나는 그것이 소련에 대한 미국의 또 하나의 양보처럼 보였다. 이런 점에서 본다면 키신저는 이상주의자였다. 케네디가 현실주의자였던 것이다.[270]

헨리 키신저가 원했던 것은 민족자결의 보편적 원칙이 독일에게 그리고 베를린의 모두에게 적용되어야 한다고 주장하는 것이었다. 미국정책은 소련인들이 독일을 분단시킨 책임을 져야할 것으로 형성되어야 했다. 이것은 동독의 정통성 인정을 거부하는 서독 정부의 입장

---

270) Niall Ferguson, *Kissinger 1923-1968*, Vol. 1, *The Idealist*, New York: Penguin Press, 2015, p. 497.

을 글자 그대로 취하는 것을 의미했다. 그 해 여름에 이 주제에 대해 그가 집필한 많은 문서들 가운데 한 곳에서 키신저는 아데나워가 미국정책에 거부권을 행사해서는 안 된다고 말할 것을 알고 있지만 동맹국들이 자신들의 조국에 영향을 주는 결정에서 중요한 목소리를 내서는 안 되는지가 그에게는 분명하지 않았다. 또 다른 문서에서 키신저는 명시적으로 현실주의가 미국으로 하여금 미국이 변경할 수 없는 것을 확인하게 하고 그러므로 미국이 독일의 분단을 최종적인 것으로 수락해야 한다는 견해를 거부했다. 오히려 정반대로 키신저는 시장이 두 차례의 세계대전에도 불구하고 독일의 통일을 내세워야 한다고 주장했다. 재통일에 대한 키신저의 주장은 분명히 순진했다. 그는 만일 서방측이 독일의 분단을 수락하는 것으로 보이면 서독인들은 동쪽과의 개별 거래를 시도할 일종의 라팔로 정책(a Rapallo policy) 속으로 유인될 수도 있다고 확신했다.271)

워싱턴이 베를린 장벽의 건설에 대한 서독 대중들의 반발을 과소평가했다. 가장 열정적으로 반발한 사람은 베를린의 시장 빌리 브란트(Willy Brandt)였다. 키신저는 맥스웰 테일러 장군에게 자신의 역겨움을 분명히 했고 미국은 마치 인기 경쟁을 하고 있는 것처럼 행동해서는 안 된다고 말했다.272) 키신저는 이제 전쟁노선에 있었다. 그에 관한한 베를린 위기는 결코 끝나지 않았다. 결국 소련인들은 방벽을 건설하고 그 도시에서 미국의 권리를 직접 침해하는 다른 행동을 보일 것이다. 케네디가 장벽에 대한 미국의 외교적 대응과 가능한 군사

---

271) *Ibid.*, p. 498.
272) *Ibid.*, p. 499.

적 대응조치를 위한 보다 더 강인한 대안들을 제안 받는 것이 중요했다. 그는 역사의 건강한 심판대 앞에 서서 조심스럽고 예리하게 제시된 대안들 가운데 선택을 해야만 한다. 만일 소련인들이 템펠호프(Tempelhof) 공항으로 가는 항공로를 제한하는 길을 추구한다면 미국은 따르지 말아야 한다. 9월 초까지 키신저는 지연된 위기를 예측하고 있었다. 미사일 갭에 대한 새로운 정보를 분명히 알지 못한 채 그는 소련인들이 미국과 평등을 이루었거나 앞서가고 있는 바로 그 이유 때문에 소련인들이 핵실험을 재개했다고 경고했다. 만일 그들이 우월성이 일시적이라고 기대한다면 미국은 연내에 결판을 기대해야만 할 것이다. 키신저는 결판들을 위한 기분에 젖어 있었다.[273]

9월 8일 키신저는 슐레진저에게 비상하게 번디를 비난하는 11페이지에 달하는 편지를 보냈다. 그는 자기가 더 이상 유용한 기여를 할 수 없음이 분명하다고 썼다. 처음에 그는 공식적 사직서를 제출할까 했으나 이 당시에 공식적 사직서는 강경노선의 패배로 해석될 소지가 있어 그냥 워싱턴에 오는 걸 중단하기로 했다. 만일 지난 4주간이 기준이라면 그의 봉사에 요구가 없을 것이라고 말하면서 자신의 기여가 그렇게 무시될 정도라면, 아니 오해하게 한다면 그는 떠날 수밖에 없다고 말했다. 비상근 상담역이라는 키신저의 역할은 결코 잘 정의되지 않았다. 아마도 번디가 키신저를 위협으로 보았거나, 어쩌면 그의 견해가 너무나 교조적이기 때문이든 간에 번디는 실제로 중요한 백악관 회의에서 키신저를 배제하고 멀리했었다. 많이 주저한 다음에 번디는 마침내 키신저에게 비록 공식적은 아니지만 베를린에 관해서 일

---

273) *Ibid.*

하도록 요청했다. 그리하여 번디는 베를린 조정 그룹에 제출할 때 키신저를 "백악관의 베를린 사람"으로 인용한 것으로 알려졌다. 그러나 키신저 자신은 봄철 이래 국가안보회의에 참가하지 않았다. 그는 베를린 작업그룹(the Berlin Working Group)의 10개 분과 그룹에도 합류를 요청 받지 않았다. 그의 여러 가지 메모랜덤들은 무시되었고 핵심적 역할들에 그를 배제했다. 동독에서 정보활동들의 문제에 대해 기여하기 위한 그의 노력은 또 하나의 굴욕으로 끝이 났다. 상황실에서 배제되고 번디가 접촉조차 하지 않자 그는 자신이 옆 줄에서 아무런 코멘트나 외쳐대는 방해꾼 같이 느꼈다. 미국외교 정책의 내용으로 말하면서, 그는 휘발유가 가득한 자동차로 절벽으로 향하는 운전자의 옆에 앉아 있는 사람에 자신을 비유했다.[274]

슐레진저는 이 편지의 일부를 케네디 대통령에게 보여주었고 케네디는 키신저의 상처받은 마음을 달래주라고 지시했다. 서로가 껄끄러운 만남에서 번디는 많은 조치들이 키신저의 여름 작업의 토대 위에서 취해졌다고 키신저를 안심시켰다. 번디는 미래에도 필요에 따라 키신저의 전문성을 여전히 요청할 수 있기를 희망했다. 키신저는 번디가 어떻게 케네디가 자기에게 한 약속에도 불구하고 케네디 행정부에서 그를 밀어냈는지를 회고했다. 슐레진저가 그 이유를 묻자 그것은 분명히 번디가 자기에 의해 위협을 받는다고 느꼈기 때문이라고 대답했다. 그가 케네디와 같이 일하는 것을 막음으로써 키신저를 닉슨과 함께하는 지위의 길로 밀어 넣었다. 만일 그가 케네디 행정부의

274) Niall Ferguson, *Kissinger 1923-1968*, Vol. 1, *The Idealist*, New York: Penguin Press, 2015, p. 500.

일원이 되었다면 닉슨은 그를 결코 임용하지 않았을 것이라고 키신저는 말했다.[275]

　냉전 기간 동안 미국과 소련의 시민들 사이에 접촉을 위한 기회는 별로 없었다. 이런 법칙에 대한 예외가 과학자들 사이의 상호작용에 있었다. 1955년 이래 매년 핵 감축 문제에 관심을 가진 학자들이 퍼그워시(Pugwash) 회의에서 만났다. 1961년에 회의 장소는 버몬트(Vermont) 주의 녹색산맥에 있는 마을인 스토우(Stowe)였다. 워싱턴에서 당한 굴욕 뿐만 아니라 워싱턴 습기를 피할 수 있어서 의심할 여지 없이 안심이 된 헨리 키신저도 참석자들 중 한 사람이었다. 그가 그곳에서 배운 것은 소련의 대표단들이 독일 문제가 결코 해소되지 않았다고 생각하다는 자신의 믿음을 확인해주었다. 본회의 과정에서 미국대표들 중 한 사람인 러시아 태생인 물리학자이며 <원자과학자들의 불리틴>(The Bulletin of the Atomic Scientists)의 설립자인 유진 라이비노위치(Eugene Rabinowitch)는 미국정부가 베를린 문제에 대해 19세기 정책들을 수행하고 있다고 불평했다. 키신저가 신속히 나서서 소련대표들에게 베를린에 대한 미국의 위협은 전적으로 진지하다는 것을 보장할 수 있다고 안심시켰다. 미국이 공갈치고 있다는 가정에 기초한 소련의 정책은 재앙으로 갈 뿐이라고 말했다. 베를린에 대해 이제 익숙한 입장들을 교환한 후에 대화는 독일의 동부 국경선의 보다 넓은 문제로 이어졌다.

　소련 육군의 총참모부의 니콜라이 탈렌스키(Nikolai Talensky) 장군이 독일의 동부 국경선의 보장을 대가로 베를린에 대한 접근을 보장

275) Ibid., p. 501.

하는 합의가 가능한지를 물었다. 키신저는 사적인 입장임을 강조하면서 그렇게 생각한다고 말하면서 동독인들은 소련의 대리자로서 서베를린에 대한 접근의 업무를 인수할 것이지만 그런 거래의 시작은 워싱턴이 아니라 모스크바로부터 올 필요가 있다는 것을 강조하는 부언을 했다. 회의의 마지막 날에 키신저는 소련의 물리학자인 이고르 탐(Igor Tamm)과 역사학자 블라디미르 흐보스토프(Vladimir Khvostov) 등과의 대화를 이어갔다. 이것은 헨리 키신저가 소련의 대표단들과 통신할 많은 백채널(back Channel) 교환들 중 첫 번째였다. 그런 대화는 냉전시기에 중요했다. 왜냐하면 양측이 다 같이 공식적 입장을 대변하고 있지 않다고 주장할 수 있었기 때문이다.

베를린 위기 내내 키신저는 동일한 주장을 방북해서 너무 강경하다는 비난을 받았다. 사실은 그가 계속 주장했듯이 베를린에 대한 그의 입장은 너무나 미묘해서 단순히 강경이나 단호함으로만 분류되지 않았다. 그는 독일의 민족자결 문제에 완고한 입장을 선호했다. 그러나 스토우에서 키신저는 광범위한 문제들에 대해 협상할 용의가 있었다. 10월 16일 키신저는 대통령, 합참, 러스크 그리고 맥나마라에게 행한 노르슈타트의 최근 증언을 찢어버리는 가혹한 메모랜덤을 작성했다. 그는 여기서 노르슈타트가 우연한 사건들이나 다음 조치를 구체적으로 제시하지 않고 위기 시에 자기에게 적절한 것으로 보이는 것을 할 백지수표를 요구함으로써 당연한 대통령의 권한을 자기 자신에게 귀속시키고 있다고 비난했다.

키신저가 전에 상담역을 그만 두려고 하다 실패했었다. 10월 9일 그는 다시 시도했다. 평소와 다름없이 슐레진저는 동정적이었다. 번디도 평소와 다름없이 그를 머물게 하려고 했다. 그러나 키신저가 이번에는 공식적으로 사임할 결심이었다 그래서 케네디 대통령에게 직접 편지를 쓰고 그것을 슐레진저가 번디 모르게 전달하도록 요청했다. 번디는 키신저에게 그의 사임을 발표할 특별한 이유가 없어 보인다고 썼다. 키신저의 백악관 데뷔는 흐느낌으로 끝났다. 비밀 자료에 대한 그의 접근도 종료되었다. 케임브리지 사무실에 있던 중앙정보국 금고도 제거되었다. 그러나 공식적인 어떤 성명도 없었기에 세계는 키신저를 계속해서 케네디의 조언자로 그리고 대통령에 대한 특별 상담역으로 간주했다.

1961년 10월 27일 금요일에 키신저가 예상했던 대로 러시아인들은 동맹국 민간인들이 소련 점령지대로 운전해 들어가기 전에 그들의 서류를 제출하도록 요구할 권한을 동독 국경 경찰에게 승인했다. 기선을 장악한 클레이(Clay) 장군은 외교관들이 동베를린으로 통과할 때 무장 호위를 제공함으로써 수립된 절차로 이 중단행위에 저항할 결심이었다. 이제 양측은 베를린 중심지에서 탱크들을 전개했다. 27일 밤까지 체크포인트 찰리(Checkpoint Charlie)로 알려진 프리드리히슈트라세(Friedrichstrasse)에 있는 초라한 초소의 양쪽에서 10대의 미국의 M48 탱크가 10대의 소련 T55 탱크들과 대치했다. 양측은 실탄을 갖고 있었다. 그들은 겨우 160야드 떨어져 있었다. 자정에 워싱턴의 케네디와 전화가 연결된 클레이 장군은 추가적인 소련의 20대 탱크가 오고 있다고 보고했다. 도시 전체에서 미국의 총 탱크의 수는 겨우 30대였다. 그것은 냉전의 결정적 순간들 가운데 하나였다. 그리고 그것은 프리드리히슈트라세의 지하역에서 나오는 베를린 인들이 아마

겟돈이 될 수도 있었던 진원지에서 자신들을 발견했던 것처럼 가장 초현실적인 것 가운데 하나였다.[276)]

클레이 장군은 러시아인들이 공갈 협박을 하고 있다고 확신했다. 흐루시초프에 대해서 이제는 우리가 모두 알고 있듯이 그는 거의 확실히 옳았다. 그러나 케네디 대통령과 그의 보좌진들은 또 다시 후퇴했다. 비밀리에 케네디 대통령은 자기의 동생인 로버트 케네디(Robert Kennedy) 법무장관을 보내서 유연한 소련 첩자인 게오르기 볼샤코프(Georgi Bolshakov)에게 만일 러시아의 탱크들이 돌아서면 미국의 탱크들도 20분 이내에 그렇게 따라 하겠다고 말했다. 동시에 딘 러스크는 클레이 장군에게 베를린의 입성이 치명적으로 중요하지 않다고 지시했다. 다음 날 10시 반에 소련의 탱크들이 철수했고 30분 후에 미국의 탱크들도 철수했다. 제22차 당대회에서 연설하면서 흐루시초프는 자신의 최후통첩을 철회한다고 발표했다. 묵시적으로 미국, 영국, 그리고 프랑스 관리들은 그 도시의 소련지대의 접근을 계속해서 향유할 것이다. 위기는 끝났다. 그러나 최후 통첩의 전례가 세워졌다. 케네디는 핵 전쟁을 감수하기보다 공개적으로 회피를 하지 않은 것으로 보이는 한 백채널을 통해 양보할 준비가 되어 있었다.[277)]

번디가 키신저를 효과적으로 활용하지 않은 것은 키신저가 주장한 대로 번디의 개인적 경쟁심에 기인했다고 말할 수도 있겠지만 실제는 키신저가 여전히 록펠러의 사람으로 간주되었기 때문이었다. 넬슨 록펠러는 여전히 1964년 대통령직을 위해 케네디에 도전할 가능성이 가

---

276) Niall Ferguson, *Kissinger 1923-1968,* Vol. 1, *The Idealist,* New York: Penguin Press, 2015, p. 508.
277) *Ibid.* p. 509.

장 많은 사람으로 보였다. 키신저는 충성의 충돌이 있다는 것을 부인하려 애를 썼다. 그는 슐레진저를 통해 그가 과거에 록펠러 주지사의 보좌역이었지만 백악관 시기에 록펠러와 협의하지 않았으며 지금도 그렇다는 것을 케네디에게 재보장하려고 했다. 키신저는 외교정책은 공화당 정부 하에서 보다 민주당 정부 하에서 있는 것이 훨씬 낫다고 느꼈다. 로드 퍼킨스(Rod Perkins)가 키신저에게 록펠러를 위해 케네디 행정부의 외교정책을 검토하고 비판하는 연설문 초안을 요구했을 때 그는 아무리 빈약하다고 해도 백악관의 상담역으로서 행정부와 관계를 유지하는 한 자기가 행정부에 대한 공격에 기여하는 것은 적절하지 않을 것이라는 근거에서 거절했다. 키신저는 1961년 11월 3일 케네디에게 쓴 편지에 공식적으로 사임을 전했기에 양심에 걸리는 것 없이 록펠러를 위해서 다시 일할 수 있었다. 1962년 초까지 그는 외교정책의 모든 문제들에 관해서 록펠러를 보좌하는 일에 돌아왔다.

유연반응(Flexible Response)은 케네디 행정부의 대표적 아이디어였다. 군사전략으로서 유연반응의 단점들은 베를린 위기에 의해서 노출되었다. 결국 케네디는 제한 전쟁이 전면적 핵전쟁으로 확전 되지 않은 채 싸울 수 있다고 간단히 확신하지 않았다. 믿을 만한 군사적 대안이 없이 케네디는 두 번이나 흐루시초프와 거래를 해야만 했다. 위협으로 든 아니면 어떤 종류의 록펠러의 사람으로든 키신저에 대한 점증하는 의심에도 불구하고 번디는 그를 유럽인들에게 그리고 특히 독일인들에게 유연반응을 파는 일에 관한 한 키신저를 하나의 자산으로 계속 간주했다. 이것이 1961년 10월 키신저의 사임문제를 얼버무린 유일한 이유였다.[278] 키신저가 인도를 방문하고 있을 때 번디는 다시 편지를 써 그가 행정부의 정책에 관해서 아데나워 수상을 안심시키기 위해 가능한 빨리 독일에 가 줄 수 있는지를 물었다. 키신저는 동의했다. 번디가 그에게 상담역으로 새로운 계약서에 서명하게 한 워싱턴에서 하루 동안의 브리핑을 받은 후에 키신저는 유럽으로 비행했다. 번디가 키신저와 공유한 중대한 비밀정보는 U-2기들과 코로나 위성 프로그램으로부터 얻은 정보에 근거하여 미사일 갭이 있기는커녕 러시아인들이 핵의 무장경쟁에서 진실로 뒤처져 있다는 것이었다.

본으로 가기 전에 키신저는 파리에 들렀다. 그는 이미 유럽정치의 주요 문제를 파악하기 시작했다. 이상적인 세계에서 미국은 모든 유럽핵무기들을 공동관리하고 그것의 사용에 일종의 미국의 거부권을 수용하고 모든 유럽의 병력이 확장되어 영국의 리더십 하에 다소간 통일된 서유럽을 원했다. 그러나 현실에선 영국의 유럽 경제공동체 가입에 대해 프랑스가 거부하고 있었다. 프랑스와 영국은 핵능력의 어떤 공동관리에 대해서도 거부하고 있었다. 그들은 각자가 핵무기를 소유하고 독립적인 억제력을 좋아했으며 어느 국가도 핵능력을 독일과 공유하길 원치 않았다. 경제적으로 영국의 협상 지위는 급속히 약화되고 있었고 수년 내에 영국이 "유럽의 병자"라는 것이 모두에게 분명해질 것이었다. 그러나 보다 신속하게 성장하는 독일과 프랑스의 경제의 책임자들조차 방위비 지출을 증가시킬 욕망이 없었다. 결국 영국의 국제수지의 문제들은 부분적으로 영국의 쇠퇴 때문이기는 하지만 값비싼 제국적 의무감의 결과 때문이 아니었던가?

---

278) Niall Ferguson, *Kissinger 1923-1968,* vol. 1, *The Idealist,* New York: Penguin Press, 2015, p. 526.

소련에 대항하는 국방의 핵심문제에 대해 대서양이 얼마나 넓은가는 키신저가 2월 5일 프랑스 공군 참모총장 폴 스텔린(Paul Stehlin)과 오찬을 할 때 눈부실 정도로 분명했다. 키신저가 가장 균형이 잡힌 프랑스 장교라고 간주한 그는 낙심했다. 드골의 믿음은 한 나라의 핵무기 축적과 국제적인 영향력은 즉각적인 상관관계가 존재한다는 것이었다. 외교관인 드 로제(de Rose)는 정찬을 하면서 프랑스가 마음대로 할 수 있는 작은 국가가 아니라는 것을 미국이 깨달아야 한다고 난폭할 정도로 정직하게 말했다. 그럼 어떻게 되는가에 대한 질문에 로제는 미국의 태도 변화에 실패하면 우리 모두는 지옥에 떨어질 것이고 그것이 우리가 함께 할 수 있는 유일한 일이라고 대답했다. 키신저는 그가 사용하는 용어의 신랄함에 놀랐다.[279]

10일 후에 키신저는 독일에 있었다. 두 가지가 즉시 분명해졌다. 첫째는 그것이 독일 재통일에 대해 수용할 만한 합의의 일부가 아니라면 폴란드와의 동독 국경선의 어떤 최종적인 타결에도 강렬한 반대가 있다는 것이었다. 둘째는 본에서 가진 키신저의 만남에서 등장한 것으로 그것은 케네디 행정부에 대한 아데나워의 깊은 불신이었다. 아데나워는 소련의 선제공격의 경우에 조차 미국이 소련보다도 더 많은 무기와 운반 장비들이 남아있을 것이라는 미국의 주장을 솔직하게 믿지 않았다. 그의 견해에 따르면 미국의 기획은 미국과 소련을 성역으로 만들고 갈등의 부담을 서유럽과 위성국가들에게 떨어지게 하는 것이었다. 그리고 그는 동유럽에서 소련의 재래식 군사력에 관한 미

---

279) Niall Ferguson, *Kissinger 1923-1968,* Vol. 1, *The Idealist,* New York: Penguin Press, 2015, p. 528.

국의 정보의 추산에도 의견을 달리했다. 그의 추산에 의하면 소련은 26개 사단이 아니라 이 지역에 80개에 가까운 사단들을 갖고 있었다. 그러므로 그는 재래식 조치는 재앙이나 굴욕 아니면 핵전쟁을 가져올 수밖에 없다는 것이다. 그래서 이것이 그는 궁극적인 대결로 가는 중요한 한 단계로 해군에 의한 봉쇄를 제안하는 이유였다. 미국의 재래식 병력은 소련의 재래식 병력보다 훨씬 부족하게 무장하고 있다고 아데나워는 부언했다. 이것은 재래식 행동을 특히 바보로 만들었다는 것이다.[280]

끝으로, 아데나워는 미국의 국가적 위신의 하락을 깊이 걱정하고 있다고 부언하는 걸 주저하지 않았다. 그것은 유럽과 라틴 아메리카, 그리고 아시아에서 현저했다. 세계의 많은 곳에서 미국은 공산주의와 싸우는 명분으로 이데올로기가 부족했다. 전투적인 대담자에게 어떻게 이길 것인가를 아는 것은 외교기술의 중대한 측면이다. 키신저는 워싱턴의 상급자들에게 환멸을 느낄 좋은 이유를 가진 비상근 상담역이었고 또 정부의 유럽 전략에 관해서는 심각한 유보를 하고 있었다. 그러나 미국대사가 경이에 가까운 어떤 것으로 기록했듯이 아마추어 외교관인 키신저는 인내력과 동정심 그리고 주장을 탁월하게 효과적으로 섞어가면서 아데나워의 모든 항목들에 맞섰다. 키신저는 미국이 선제공격을 견딜 수 있을 것이라는 증거를 시작했다. 그리고 그는 미국의 전략이 유럽의 그것의 운명에 맡기는 것을 의미하지 않는다는 것을 보여주었다. 또한 국가적 핵무장 군사력의 다수화에 대해 워싱턴의 반대는 유럽을 2류의 지위로 유지하려고 계획되지 않았다고 했

---

280) *Ibid.,* p. 530.

다. 미국은 NATO의 동맹국들에게 바람직스럽게 보인다면 원칙적으로 다변적으로 통제되는 다국적 NATO군의 창설을 진행할 준비가 되어 있다고 키신저는 설명했다.[281]

지금까지 키신저는 화해적이었다 그러나 이제 그는 전투적이 되는 모험을 했다. 어떤 소련의 도전에 대한 가능한 대응으로 해군력에 의한 봉쇄를 위한 아데나워의 주장에 대한 반응으로 키신저는 그가 아주 솔직하고 또 어쩌면 다소 비외교적이길 원한다고 대답했다. 아데나워 수상의 이 제안은 어떤 대응조치의 부담과 모험을 동맹의 다른 구성원들에게 전가하려는 서독에 의한 시도라고 해석하는 것이 가능하다. 그것은 서독정부가 지상에서 재래전이나 핵전쟁이 발생할 경우에 베를린을 위해서 싸울 준비가 되어 있지 않다는 것을 시사할 것이라고 키신저는 말했다. 아데나워의 국가적 자존심을 찌르도록 조심스럽게 계산된 이런 선수치기는 성공했다. 처음에 아데나워는 키신저의 비난을 단호하게 부인했다. 그러나 다음 문장에서 그는 핵전쟁을 준비함이 없이 재래식 행동을 해서는 안 된다는 키신저의 과거 주장을 자신에게 인용하고 있었다. 그리고 아데나워는 패배한 적들이 자존심을 다시 찾는 걸 돕는 데에서 미국의 역사적 성취를 칭송했다. 아데나워 자신의 주장으로 아데나워를 이기는데 키신저가 너무나 성공적이어서 아데나워 수상은 미국인들이 오찬에 늦게 만들었다.[282] 키신저는 상근 외교관들이 실패한 곳에서 성공했다.

키신저는 유럽에서 모든 것은 프랑스와 독일 관계에 달려 있다는

---

281) *Ibid.*
282) *Ibid.*, p. 531.

것을 백악관의 주인들보다도 더 잘 이해했다. 전후 유럽에서 개인적 관계가 아데나워와 드골 사이의 것처럼 보다 더 중대하고 또 보다 더 휘발성인 것은 별로 없었다. 키신저는 국무성에게 외교의 기술에서 교훈을 주고 있었다. 그러나 그는 국가안보위원회에도 전략적 사고의 교훈을 주고 싶었다. 1962년 4월 키신저는 유럽인들에게 그들의 대륙의 핵방위에서 더 큰 몫을 감당할 잠수함에 기초한 유럽의 다국적군 (Multilateral Force)을 창설하기 위한 미국의 계획에 예리한 비판을 작성했다. 그의 결론은 급진적이었다. 미국이 독립적인 유럽의 원자력무력을 지원해야 한다는 것이었다. 그러나 백악관에서는 아무런 답이 없었다. 키신저는 물론 공적 영역을 완전히 떠날 생각이었다. 그는 록펠러에게 베를린에 대한 정책 페이퍼를 작성해 제출했다. 그러나 이번에는 록펠러가 키신저를 무시했다. 1962년 7월에 록펠러의 새 저택에서 만나고 나서야 두 사람의 옛 우정과 파트너십이 재개되었다.

헨리 키신저는 1962년 2월 7일 쿠바에 부과된 중요한 엠바고 (embargo)를 시작으로 카스트로(Castro) 정권을 압박하기 위한 케네디 행정부의 노력을 알고 있었지만 쿠바 미사일 위기(the Cuban Missile Crisis)를 내다보지 못했다.[283] 키신저는 알지 못했지만 지난해 11월에 케네디는 카스트로 정권을 손상시키고 또 궁극적으로 전복할 비밀 작전을 승인했었다. "몽구스 작전"(Operation Mongoose)은 로버트 케네디의 사무실에서 운영하는 부처간 합동 작전이었다. 번디는 비밀 작전이 전 세계에 걸쳐 심각한 결과를 가져올 것이기 때문에 노골적인

---

283) Niall Ferguson, *Kissinger 1923-1968,* Vol. 1, *The Idealist,* New York: Penguin Press, 2015, p. 546.

미국의 개입에 반대했지만, 1962년 8월까지 정보국장 존 맥콘(John McCone)은 케네디 대통령을 설득하여 성공하기 위해서는 미국의 개입이 필요할지도 모르는 카스트로에 대한 전면적 폭동을 의도적으로 야기하는 보다 공격적인 전략을 채택했다. 9월에 그 문제는 공개되었다. 상원은 공화당 의원들에 의해서 미국의 안보를 위협하는 공세적 군사능력을 외부적으로 지원되는 상황을 막기 위해서 쿠바에 대해 무력의 사용을 승인하는 결의안을 통과시켰다. 리처드 닉슨은 쿠바가 격리되어야 한다고 촉구함으로써 정치적 삶으로 복귀를 시사했다. 록펠러는 키신저의 자문을 구했다. 키신저는 그에게 11월까지 외교분야에서 벗어나 있으라고 말했다. 그럼에도 불구하고 소련의 무기로 유지되는 공산주의 국가로의 쿠바의 전환은 1947년 리우 데 자네이루(Rio de Janeiro)에서 체결된 미국 간 상호원조조약(the Inter-American Treaty of Reciprocal Assistance)의 제6조의 위반일 뿐만 아니라 먼로 독트린 (the Monroe Doctrine)의 위반으로 규탄한다는 정책 페이퍼를 록펠러를 위해 작성했다.[284]

키신저가 민첩하게 지적했듯이 과거에 카리브해나 중앙아메리카의 국가에 미국이 개입하는 것은 솔직했을 것이다. 그러나 1954년만 해도 과테말라(Guatemala) 공산주의자들이 지배하는 정부가 다른 곳에서 소련의 보복을 누가 암시하거나 서반구에서 심각한 반향없이 타도될 수 있었다. 케네디 대통령에 의하면 "오늘날은 이것이 더 이상 경우가 아니다." 이것은 미국의 지위의 곤란한 악화를 표시했다. 따라서 쿠바에 의해서 제기된 위험은 카리브해에 있는 비교적 작은 섬나라의

---

284) *Ibid.*, pp. 546-547.

공산주의 뿐만 아니라 서반구의 혼돈이었다. 그러나 키신저는 모호하지 않았다. 베를린에서처럼 해군의 봉쇄든 무장 공격이든 군사적 조치는 두 개의 결과만이 있을 것이다. 첫째는 도전하는 것이고 아니면 둘째로 무장된 갈등이다. 만일 이런 조치들을 사용하기로 결정이 이루어진다면 미국은 주요전쟁으로 가능한 확전의 결과를 수락할 준비를 갖추어야 하고 조치를 끝까지 실천하는데 미국이 군사적으로 투신해야 한다. 미국은 엉거주춤하게 마음에도 없는 또 하나의 시도를 할 수 없을 것이다.[285]

흐루시초프의 동기는 비록 카스트로는 그런 식으로 해석하기를 좋아했겠지만 쿠바에서 마르크시즘의 실험을 단지 방어하기 위한 것이 아니었다. 소련의 지도자는 심리적 승리를 거두려고 단지 시도하는 것도 아니었다. 그의 전략적 계산은 두 가지였다. 첫째로, 쿠바를 미국의 목표물을 노리는 중거리 미사일들의 발사대로 전환하여 소련과 미국 사이의 핵능력에서 격차를 좁힐 수 있다는 것이고, 둘째로, 그의 묘수는 베를린에서 미국인들을 견제하는 것이었다. 미국의 쿠바 봉쇄는 소련의 서베를린 봉쇄를 초래할 것이다. 쿠바에 대해 미국이 공격하면 소련은 서베를린에 대한 공격을 무릅쓸 것이다.[286] 미국은 소련의 첫 핵 미사일이 쿠바에 도달하는 9월 8일과 미국의 정보기관이 미사일 기지들을 찾아낸 10월 15일 사이에 미국정부는 쿠바에 공급되고 있는 무기들이 핵무기라는 사실을 알지 못했다.

흐루시초프는 이 작전에서 승리할 것이라고 말했지만 소련의 승리

---

285) *Ibid.*, p. 547.
286) *Ibid.*, p. 548.

는 미국이 굴복할 경우에만 발생할 것이다. 그것은 그가 베를린에서 그런 위험한 노선을 착수했을 때 흐루시초프가 베를린에 대한 케네디의 위협들에 의해 어떤 인상을 받았는가의 표시였다. 그것은 마치 소련의 지도자가 자신이 미국은 이미 그것을 떼어내려고 노력하는 바로 그때 존 포스터 덜레스의 베를린에서 일촉즉발의 개념을 믿게 된 것이다. 그러나 흐루시초프 자신의 대사나 그의 외무장관이 모두 알고 있듯이 쿠바와 베를린 사이에는 등가가 있을 수 없었다. 베를린은 4천 마일이나 떨어져 있는 반면에 쿠바는 미국의 뒤뜰에 있었다.

케네디 행정부에 대한 키신저의 비판의 일부는 행정부가 유연반응 전략을 믿을 만한 것으로 만들지 못했다는 것이었다. 여기에는 상당한 진실이 있었다. 소련의 첫 탄도 미사일들이 쿠바에 도달하기 단 4일 전인 9월 4일 국가안보팀이 모였을 때 로버트 케네디는 자기의 형에게 미국은 쿠바에서 소련의 공세적 무기들을 용인하지 않을 것임을 발표하도록 촉구했다. 로버트 케네디와 소련의 무표정한 도브리닌 (Dobrynin) 사이에서 결론을 내리지 못한 회담 후에 케네디 대통령은 바로 그 일을 했다. 3일 후에 백악관은 15만 명의 예비병력을 소집할 권한을 요청했다. 이 단계에서 쿠바에 소련 핵미사일의 아이디어는 워싱턴에서는 여전히 하나의 가상적인 일로 간주되었다.

소련인들이 확실히 알지는 못했지만 그래도 강력히 의심했던 것은 소련의 작전 규모가 분명해지기도 전에 미국인들이 쿠바에 대한 공격을 이미 생각하고 있다는 것이었다. 공습과 해군 봉쇄는 모두 9월에 이미 논의되었다. 실제로 미국의 U-2 정찰기들이 소련의 미사일 기지들을 촬영하기 2주 전인 10월 1일 맥나마라 국방장관은 대서양 함대의 수장인 로버트 리 데니슨(Robert Lee Dennison) 제독에게 봉쇄를 준비하도록 명령했다. 그날 저녁 데니슨 제독은 자신의 함대 사령관들에게 10월 20일까지 공습을 준비하라는 명령을 내렸다. 완전한 규모의 침공도 역시 고려되고 있었다.[287]

흐루시초프는 그런 미국의 대응 조치가 전혀 있을 것 같지 않은 것으로 분명히 간주했다. 그러나 그는 그것들을 전적으로 배제하지는 않았다. 미국인들이 알지 못했던 것은 9월 7일 그가 그의 국방장관에게 쿠바에 있는 소련의 기갑부대들에게 루나스(Lunas)로 알려진 10개의 전술 핵 미사일들을 주라고 말했다는 것이었다. 그는 미국이 침공을 시도하면 이것들을 사용할 의도였다. 그의 가장 신중한 군사보좌관들의 만류로 그는 그것들을 비행기로 수송하는 것을 포기했다. 흐루시초프는 중거리 미사일들을 위한 핵탄두들과 함께 그것들을 배편으로 보내는데 동의했다. 그는 또한 핵무장한 폭스트로트(Foxtrot) 잠수함들에게 핵무기를 수송하는 배들을 호위하라고 명령했다. 9월 11일 소련의 뉴스 통신기관인 타스(TASS)는 쿠바에 대한 어떤 공격이나 그곳으로 가는 배들에 대한 어떤 공격도 소련 자체에 대한 공격으로 해석할 것이라 공식적 경고를 발표했다.[288]

일찍이 키팅(Keating) 상원 의원이 10월 10일에 미국의 심장부에서 전략적 목표물을 공격할 수 있는 미사일들이 쿠바에 설치되었다고 주장했음에도 불구하고 6일 후에야 케네디 대통령은 U-2 정찰기가 아

---

287) John Lewis Gaddis, *We Now Know: Rethinking Cold War History,* New York: Oxford University Press, 1997, p. 265.

288) Niall Ferguson, *Kissinger 1923-1968,* Vol. 1, *The Idealist,* New York: Penguin Press, 2015, p. 550.

바나(Havana) 근처에서 미사일들을 포착했다고 보고 받았다. 케네디와 그의 핵심 보좌진들은 소련 조치의 대담성에 의해 혼란에 빠졌다. 이미 중앙정보국은 최대 8대의 중거리 미사일들이 쿠바에서 미국으로 발사될 수 있을 것이라고 보고했다. 6~8주 내에 두 개의 미사일 기지들도 준비될 것이다. 일단 모든 미사일들이 설치된다면 미국전략무기의 오직 15%만이 소련의 공격에서 살아남을 것이다. 그것은 마치 미국이 갑자기 상당한 수의 중거리 탄도미사일들을 터키에 설치하기 시작했던 것과 같다고 케네디는 애를 태웠다. 케네디 대통령에게 제시된 공습으로부터 해군의 봉쇄에 그리고 카스트로에게 외교적 호소에 이르는 일련의 대안들이 처음에 제시되었다. 쿠바를 폭격하려는 욕구에도 불구하고 합동참모부는 러시아의 핵 보복의 가능성을 열어 놓은 채 모든 미사일이 그런 공습으로 파괴될 것이라고 보장할 수 없었다. 커티스 르메이(Cutis LeMay) 공군 참모총장을 제외하고는 누구도 쿠바에 대한 공격이 베를린에 대한 소련의 공격을 초래할 것이라는 위험을 부인하지 않았다. 그들 모두가 지난해에 배웠던 것처럼 베를린에 대한 소련의 공격에 대한 유일하게 가능한 대응은 굴복이 아니면 전면적 핵전쟁일 것이다.

르메이 공군 참모총장의 서투른 뮌헨에 대한 암시를 무시하고 케네디는 이중노선의(twin-track) 접근법으로 결정했다. 맥나마라의 주도에 따라 그는 쿠바로 더 이상의 소련 군사장비의 수송을 막기 위해서 부분적 해군의 봉쇄를 실시하기로 결정했다. 그러나 그는 소련과 동시에 협상을 하자는 맥나마라의 제안을 거절했다. 그 대신에 10월 22일 오후 7시에 텔레비전 연설에서 케네디는 소련인들이 그들의 미사일을 철수할 것을 요구하는 최후의 통첩을 발표했다. 케네디는 소련의 쿠바 미사일 설치를 세계평화에 대한 비밀스럽고, 무모하며, 도발적인 위협이라고 비난했다. 그리고 이 최후통첩이 거부되는 경우에 케네디는 대규모 침공의 준비를 명령했다. 타스 통신(TASS)은 미국이 국제법을 위반하고, 해적작전을 시작하고, 그리고 핵전쟁을 도발하고 있다고 비난했다.[289]

케네디 행정부의 초기에 비교하면 1962년 10월 결정과정은 많이 향상되었다. 12명으로 구성된 국가안보회의 실무위원회(Executive Committee of the National Security Council, ExComm)는 집단적 사고(group-think)에 빠질 만큼 그렇게 작지 않으면서 관리하기에는 충분히 작았다. 번디는 공습의 대안을 가능한 대안으로 열어 두면서까지 케네디에게 의미 있는 선택들을 제공하려고 자신의 최선을 다했다. 다행스럽게도 흐루시초프는 타협할 용의가 있었다. 첫째로, 우 탄트(U Thant) 유엔 사무총장의 제안에 반응하면서 그는 쿠바로 가는 소련의 배들이 쿠바 섬의 해안선 밖 500마일에 달하는 미국의 격리선을 넘지 않도록 명령했다. 둘째로 처음에 케네디의 텔레비전으로 방영된 최후의 통첩에 처음에는 별다른 인상을 받지 않은 것으로 보인 뒤에 그는 두 개의 가능한 거래를 제안했다. 하나는 케네디에 대한 편지의 형식이었고 다른 하나는 라디오 모스크바(Radio Moscow) 방송이었다. 처음 것은 10월 26일 금요일 오후 9시에 국무성에 도착했는데 그것은 쿠바를 침공하지 않겠다는 미국의 보장에 대한 대가로 미사일들의 철수를 상정하는 것이었다. 다음 것은 실무위원회가 열린 13시간 후에 백악

---

289) *Ibid.*, p. 551.

관에 도착한 것으로 그것은 터키에 있는 주피터(Jupiter) 미사일의 철수에 대한 대가로 쿠바의 미사일 철수를 제안했다. 처음 것이 비밀이었다는 사실과 반면에 공개적인 나중의 제안은 상황을 아주 복잡하게 만들었다. 터키 미사일과 쿠바 미사일을 교환한다는 것은 대통령의 말처럼 어떤 이성적인 사람에게도 아주 공정한 거래가 될 것이지만 NATO에 대한 그런 거래의 함의는 대부분의 실무위원회 구성원들에게는 양립할 수 없는 것이었다.[290]

1962년 10월 27일 바로 그날은 아마도 세계가 파괴에 가장 가까이 간 날이었다. 오전 10시 22분 미국의 U-2 정찰기 한 대가 소련의 SA-2 로켓에 의해서 격추되었는데 이것은 모스크바로부터 승인 없이 현지 사령관에 의해서 발포되었다. 비행사는 죽었다. 그에 따라 쿠바의 방공포들이 다른 낮게 비행하는 미국의 정찰기들에게 발포했다. 그 사이에 또 한 대의 U-2 정찰기가 베링 해협(the Bering Strait) 근처에서 의도치 않게 길을 잃었다. 소련의 미그기들(MiGs)이 그것을 저지하기 위해 이륙했을 때 알래스카에 기지를 둔 F-102As들이 긴급하게 출격을 했다. 그 밖에 다른 곳에서는 단순한 사건들이 아포칼립스의 점화에 다가왔다. 덜루스 공군기지(Duluth Air Force Base)에서 방황하는 한 마리의 곰이 미네소타 주에 있는 핵무장한 F-106기들의 동원을 가져왔다. 케이프 커내버럴(Cape Canaveral)에서 일상적 시험은 뉴저지에 있는 레이다 부대에 의해서 소련의 미사일로 해석되었다. 실무위원회의 구성원들은 그들이 그날 오후에 소집되었을 때 고도의 불안한 상태에 있었다.

---

290) *Ibid.*, p. 552.

오후 4시에 격추된 정찰기의 소식이 들어왔다. 그날 저녁때 실무위원회가 소집되기 전에 린든 존슨 부통령이 각료실의 케네디 형제의 부재를 이용하여 후퇴에 반대하는 맹렬한 비난을 가하고 정찰기의 격추에 대한 군사적 대응을 촉구했다. 그리고 그는 쿠바의 미사일과 터키의 미사일의 효과적 교환을 가져올 어떤 종류의 거래에도 반대했다. 존슨 부통령은 대통령이 회의장에 돌아왔을 때 대통령의 이전 외교정책은 어디로 갔는가를 물으면서 "당신은 터키에서 모든 것을 철수한다. 2만 명의 병사들, 모든 기술자들, 그리고 모든 항공기들과 당신의 모든 미사일을 철수한다. 그리고는 무너진다."고 말했다.[291]

그날 밤 맥나마라는 마치 실무위원회가 이미 전쟁을 결정한 것처럼 말했다. 그러나 존슨이 알지 못했던 것은 대통령이 자기 동생에게 도브리닌과 쿠바-터키 미사일 교환에 동의하라고 비밀리에 승인했다는 사실이었다. 법무부 장관실에 지친 채로 앉아서 로버트 케네디는 위협하고 또 미묘하게 거래를 했다. 그는 만일 그들이 기지들을 제거하지 않으면 미국이 그것들을 제거할 것이라고 말했다.[292] 핵심적 사항은 대통령이 터키에 관해서는 어떤 것도 공개적으로 말할 수 없었다는 것이다. 그러나 국내정치가 결정적이지는 않았다. 핵심적 실무위원회의 구성원들이 그것이 NATO를 약화시킬 것이라는 근거에서 이 거래를 거부했다. 비록 그들은 주피터 미사일들이 낡았고 또 지중해에 있는 폴라리스 잠수함들에 의해 대치될 것이라는 점을 알고 있었지만 터키 정부도 그것들을 제거하는 결정이 조용히 유지되길 원했

291) *Ibid.,* pp. 552-553.
292) Graham Allison and Phillip Zelikow, *Essence of Decision: Explaining the Cuban Missile Crisis,* 2nd ed, New York: Addison Wesley Longman, 1999, p. 271.

다. 케네디 형제들을 제외하고 실무위원회의 8명만이 그것을 알고 있었고 존슨이나 맥콘(McCone)에겐 알려주지 않았다. 실제로 그것은 1980년대까지 비밀로 남았다.

흐루시초프는 케네디에게 두 개의 개인적 편지를 보냈다. 두 번째 편지는 미사일들이 터키 문제에 대한 케네디의 합의에 입각하여 오직 철수되고 있다고 말했다. 미국의 유엔대사인 애들라이 스티븐슨이 후에 쿠바의 미사일과 터키의 미사일의 교환을 제안했다고 비난을 받았지만 이것은 중상이었다. 그렇게 한 것은 케네디 형제들이었다. 위기는 완전히 끝난 것도 아니었다. 펜타곤은 쿠바에 그들이 추산한 것보다도 4배나 많은 소련군이 있었고 또 그들은 전술용 핵 미사일들로 무장하고 있다는 것을 여전히 알지 못한 채 쿠바의 침공 준비를 계속했다. 흐루시초프가 IL-28 폭격기들도 철수하기로 동의한 11월 20일에 가서야 위기가 마침내 끝이 났다.[293]

쿠바의 미사일 위기는 치킨 게임(a game of chicken)이었다. 최종적 분석에서 케네디가 행운과 위험회피, 그리고 노련한 홍보의 혼합으로 승리했다. 터키-쿠바 간 거래를 공개적이 아니라 사적으로 수락함으로써 흐루시초프는 케네디에게 홍보의 승리를 안겨주었다. 그리고 여러 가지 방식으로 쿠바 미사일 위기의 결과는 유연반응에 대한 심리전의 승리를 대변했다. 프랑수아 드 로제(Francois de Rose)가 키신저에게 케네디가 세계문제를 다룬 장인적 방식(masterly fashion)을 축하하는 행복한 편지를 보냈다. 그러나 그 축하는 다른 사람들의 몫

---

293) Niall Ferguson, *Kissinger 1923-1968,* Vol. 1, *The Idealist,* New York: Penguin Press, 2015, p. 555.

이었다. 키신저는 그 편지를 백악관에 있는 슐레진저에게 겸허하게 보냈다. 헨리 키신저는 1962년 10월의 위기 해결 과정에서 완전히 배제되었다. 그러나 케네디가 정확히 어떻게 성공했는가에 대한 의문에 키신저의 답변은 두 개였다. 첫째, 흐루시초프가 군사적으로 전혀 의미가 없는 거대한 실수를 범했다. 둘째, 소련의 양보는 진정으로 미사일 갭이 없었다. 오히려 핵의 우위를 갖고 있는 것은 미국이라는 사실을 확인했다. 미사일 갭에 관해 애를 태우고 베를린과 많은 다른 곳에서 케네디가 유약했다고 꾸짖는 데에서 키신저는 틀렸다. 그리고 키신저는 그것을 인정하는데 주저하지 않았다.[294]

1962년에 헨리 키신저는 39세에 하버드 대학교의 정교수가 되었다. 과거에는 정교수직이 그에게는 가장 빛나는 포상으로 보였다. 그러나 이제 그의 강의홀과 세미나실은 많은 광택을 잃었다. 물론 키신저는 케임브리지에서 오랫동안 숨어 있을 것 같지 않았다. 1962년 11월에 뉴욕주지사에 재선된 록펠러는 1964년에 출마할 의도를 선언하지는 않았지만 키신저에게 국제안보 분야에서 취할 입장들을 준비하고, 지식 공동체와의 접촉을 마련하고, 그리고 외국인 지도자들과 안면을 트기 위한 접촉을 조정하는 책임을 맞아줄 것을 요청했다. 그런 일을 준비하는 와중에 1963년 1월에 번디가 준사적인 자격으로 독일에 가달라는 또 하나의 요청을 가지고 그에게 접근했을 때 키신저는 단호히 거절했다.[295]

키신저는 이제 케네디 행정부에 대해 아주 비판적인 연설문과 정

---

294) *Ibid.*, p. 558.
295) *Ibid.*, p. 562.

책 페이퍼를 자유롭게 썼다. 케네디에 대한 그의 혹독한 비판은 놀라웠다. 1963년 1월에 총 25페이지 메모랜덤에서 키신저는 그가 한때 일했던 행정부를 비난했다. 그것은 관료제와 많은 군부의 사기를 떨어뜨렸다. 정부는 즉흥과 조작으로 일을 했다. 정부는 홍보수단과 피상적으로 관리된 언론에 의존했다. 리더십에 대한 케네디 정부의 개념은 미국의 주요 신문들의 사설란에서 표현된 여론을 등록하는 것이었다. 강력한 의지의 지식인들은 권력의 입맛에 취해서 관료제도나 직업적 군부의 사기에 미칠 영향을 고려하지 않고 그들이 이론들을 내놓았다. 케네디 행정부는 단지 미국뿐만 아니라 미국의 동맹국들에게도 사기를 저하시키고 있었다. 브라질은 무정부 상태에 돌입하고 있고 이란은 언제든 날아갈 수 있다. 베트남에서는 공산주의자들의 공격 규모가 증가하고 있다. 행정부는 미국의 의존성에 대한 명성을 손상하고 있다. 이 모든 것은 정책이 이루어지는 방식의 부분적인 결과였다. 국무성은 국무장관의 유약함과 백악관의 간섭으로 비틀거리고 있었다. 행정부의 비상한 실용주의가 피할 수 없이 무기력과 보통은 미국의 동맹국들에게 신속한 해결을 부과하는 갑작스러운 조치들 사이에서 오고 가는 극단적으로 변덕스러운 정책을 낳았다. 그리고 또한 전략적 선명성, 즉 혁명적 변화의 시기에 필사적으로 필요한 어떤 것의 근본적 결핍이 있었다. 요컨대, 케네디의 외교정책은 본질적으로 "카드로 만든 집"(a house of cards)이었다.[296]

그럼에도 불구하고 케네디 외교정책의 약점은 세 가지의 요인들에 의해서 단지 모호해졌다고 키신저는 지적했다. 첫째는 미국이 여전히

---

296) *Ibid.,* pp. 563-564.

강력한 국가라는 사실이다. 미국은 여전히 너무도 강해서 세계의 도처에서 심지어 잘못된 정책들도 강요할 수가 있다. 둘째는 미국에게는 다행스럽게도 공산주의 운동이 내부적 분열을 겪고 있다. 그리고 셋째로 홍보의 엄청나게 기술적 사용이 토론을 부질없이 만들어버리고 반대를 위한 어떤 가능한 초점도 중립화 시켰다. 결과는 한심했다. 만일 현재의 정책들이 교착상태를 유발하지 않는다면 케네디는 1964년 선거에서 승리할 것이다. 그러나 머지않아 그것들은 틀림없이 교착상태를 낳을 것이라고 키신저는 예상하면서 그렇게 된다면, 적시에 경고하는 사람들이 1940년의 윈스턴 처칠이나 1958년의 샤를 드골이 그랬던 것처럼 필사적으로 필요할 것이라고 말했다.[297]

케네디 대통령을 공격하는데 문제는 그가 전략적 실패의 턱으로부터 정치적 성공을 낚아채는 능력을 갖고 있다는 것이었다. 베를린 문제를 다루는 행정부의 솜씨는 이상적이 못 되었다. 그것은 소련인들에게 양보를 했고 또 그 도시를 시대착오적인 4개국 조정 하에 분단된 채로 남겨놓았다. 그 분단은 1989년까지 남아 있을 것이다. 그러나 케네디가 1963년 빌리 브란트 시장의 초청으로 그 도시를 방문했을 때 케네디는 자신의 경력 중 가장 위대한 연설 가운데 하나를 전달했다. 6월 26일 서베를린 상원인 쉐넨베르그 라트하우스(Schönenberg Rathaus)에서 행한 "나는 베를린인이다."라는 케네디의 연설은 수백만 명의 독일인들을 깊이 감동시켰다. 공산주의를 미래의 파도로 보는 사람들에 대한 케네디의 도전은 어떤 록펠러의 연설도 하지 못할 방식으로 스릴 만점이었다. 핵심적 주장들이 다 잘 표현될 수 없었다.

---

297) *Ibid.*, p. 564.

장벽에 대한 그의 경멸은 빛났다. 그의 궁극적인 목적은 단지 베를린이 아니라 독일의 재통일이라는 그의 확인은 흥분되고 진지하게 표명되었다. 키신저는 슐레진저에게 보낸 추신에서 "그러나 미국인들이 모든 것을 가질 수는 없다"고 비꼬듯이 말했다.[298]

록펠러에게 문제는 케네디가 보다 재능 있는 연설가라는 것만은 아니었다. 또한 케네디가 키신저의 유럽 접촉자들을 더 잘 이용할 수 있다는 것도 아니었다. 문제는 핵심적 외교문제에서 케네디가 성공하고 있었다. 소련인들이 1961년 대기에서 핵실험을 재개한 뒤에 케네디는 동일한 일을 하지 말라는 번디의 권고에 압도당했다. 그러나 동시에 케네디는 국가의 감시제도들에 의해서 모니터될 대기에서 실험의 금지를 제안했다. 키신저는 처음에 록펠러에게 이 문제에 대해서 관심을 보이지 말라고 촉구했지만 후에 반성하고 케네디의 제안을 지지하는 것이 더 좋을 것이라고 결정했다. 1962년 8월부터 1963년 7월까지 록펠러와 그의 팀은 이 문제에 우물쭈물했다. 4개월 후에 키신저가 결과에 상한선을 정하고 국가들에게 쿼타(quatas)를 주는 것과 관련된 대안적 계획을 제안했지만 이것은 정책으로 생명력 있기에 너무 복잡했다. 그리하여 록펠러는 텔러(Teller)에 추가적으로 스탠리 호프만(Stanley Hoffmann), RAND의 버나드 브로디(Bernard Brodie)와 말콤 호아그(Malcolm Hoag) 등의 브레인들을 선발했다. 흐루시초프가 케네디에 대한 반대를 예상 밖으로 철회하자 결국에 록펠러는 마지못해 지하를 제외하고 대기와 우주 혹은 수중에서 실험을 금지하는 부

---

298) Niall Ferguson, *Kissinger 1923-1968,* vol. 1, *The Idealist,* New York: Penguin Press, 2015, p. 573.

분적 실험금지에 찬성하게 되었다. 부분적 핵실험 금지 조약과 함께, 크렘린에 대한 핫라인(hot line)의 설치 그리고 제네바에서 군비축소 회담의 부활이 긴장 완화의 아이디어를 현실로 만들었다. 반대하기가 어려웠다.

숨어 지내는 것이 더 이상 의미가 없었다. 이제 키신저는 <워싱턴 포스트>(*The Washington Post*)에서 록펠러의 군사 보좌관으로 불리우고 있었다. 1963년 11월 22일 댈러스에서 리 하비 오스월드에 의한 캐네디 대통령의 암살은 결코 확실하게 알려질 수 없는 방식으로 미국 역사의 노선을 바꾸었다. 케네디의 죽음에 따른 30일간의 모라토리움 후에 키신저는 록펠러가 어떤 최선의 방식으로 대응해야 하는지를 숙고할 시간을 가졌다. 그래서 그는 흥미롭게도 그의 연설문 초안에 민권을 위한 지지를 명시적으로 확인하는 것을 포함했다. 헨리 키신저는 종종 권력의 추구에서 아주 무모하고 계산적이라고 묘사되었다. 그러나 넬슨 록펠러에게 거듭해서 헌신함으로써 그는 결코 미국의 대통령이 되지 않을 사람을 지원하고 있다는 것을 알지 못했다.

케네디 하에서 미국은 그것이 핵전쟁으로 확대될 것을 두려워하여 베를린이나 쿠바에 대해 재래식 전쟁을 하지 않기로 선택했다. 그러나 긴장완화는 확대의 모험을 감소시켰다. 그러나 역설적이게도 미국이 싸우기로 선택한 것은 재래식 전쟁이었다. 그것은 케네디가 싸우기로 이미 선택한 것은 전략적으로 축이 되는 베를린이나 미국의 이웃 국가인 쿠바가 아니라 멀고도 전략적으로 중요하지 않은 프랑스의 전 식민지 베트남이었다. 미국은 소련과의 대결을 피해서 소련이 지원하기 어렵다고 판단되는 베트남에서 전쟁을 하게 되었다. 헨리 키신저는 케네디 행정부에서 권력의 회랑에서 서성였지만 백악관에 입성하지 못하고 비상근 상담역이라는 역할에 머물렀다. 그는 케네디 행정부에 상당히 기여했지만 끝내 오직 외부인(outsider)으로만 남았다. 이러한 사실은 케네디 대통령에 관한 대표적 전기 가운데 하나인 2012년에 출간된 앨런 브링클리(Alan Brinkley)의 190페이지 <존 에프 케네디>(*John F. Kennedy*)에서[299] 헨리 키신저의 이름이 단 한 차례도 언급되지 않았다는 것에서 알 수 있을 것이다.

---

299) Alan Brinkley, *John F. Kennedy*, New York: Times Books, 2012.

제8장
존슨(Johnson)정부의 외부인(Outsider)

"권력은 궁극적인 아편이다."
-헨리 키신저-

미국의 제35대 케네디 대통령의 비극적 암살로 인해 갑자기 그를 계승하여 제36대 대통령이 된 린든 존슨(Lyndon B. Johnson)은 처음에 케네디의 정책을 계속하는데 만족했다. 베트남이라는 주제에 대한 그의 첫 성명은 애매하지 않게 애매했다. 그는 "월남(South Vietnam)에 대한 미국정책의 중심적 사항과 최우선 목적은 여전히 공산주의 베트콩 반란자들에 대항하는 그곳 신정부를 돕는 것이지만 1천 명에 달하는 미국의 인사들을 철수하는 목표도 역시 남아있다"고 말했다.300) 케네디의 외교정책 팀도 그대로 유지되었다. 그러나 1963년 12월 월남으로부터 뉴스가 악화되자 존슨은 걱정하기 시작했다. 케네디보다 훨씬 더 존슨에게 외교정책은 수단을 달리한 국내정치의 연속이었다.

공정히 말해서 존슨은 국내정치에 관해서 생각할 수밖에 없었다.

---

300) Niall Ferguson, *Kissinger 1923-1968*, Vol. 1, *The Idealist*, New York: Penguin Press, 2015, p. 596.

1964년은 전임자의 암살 후 채 1년도 안 되어 치르는 선거지만 그는 동정표에 의존하고 싶지 않았다. 최선의 희망은 공화당을 분열시키는 분열에 있었다. 또 다시 록펠러는 자유주의로 기울어진 북동부 지역, 소위 기성사회의 후보자였다. 도전자는 1952년에 상원에 선출되었으며 철두철미 보수주의자인 애리조나(Arizona) 태생의 비행사였다. 배리 골드워터(Barry Goldwater)였다. 리처드 닉슨과는 달리 골드워터는 이념적 우익의 총아였다. 두 선두 주자들은 각자가 하나의 커다란 장점을 가지고 있었다. 록펠러는 돈을 가지고 있었고 골드워터는 작은 정부와 주들의 권한 그리고 "자유 아니면 죽음"이라는 반공주의를 혼합한 골드워터의 이름으로 출간된 <보수주의의 양심>(*the Conscience of a Conservative*)이라는 책자를 움켜쥐고 미국의 전역에서 가가호호 방문할 준비가 된 열성적인 젊은 교외 전사들의 군대를 갖고 있었다.

그러나 동시에 각자는 심각한 약점도 갖고 있었다. 골드워터는 민권에서 냉전에 이르는 문제들에 대해서 극단적으로 단호한 성향을 갖고 있었다. 반면에 록펠러의 아킬레스 건은 그의 사생활이었다. 만일 두 사람만의 경쟁이었다면 그의 이혼과 재혼 그리고 새 어린아이의 출생에도 불구하고 록펠러가 이길 수 있었을 것이다. 그러나 그것은 결코 그렇게 간단하지 않았다. 닉슨은 출마하지는 않았지만 공화당의 지도부가 추대한다면 지명을 수락했을 것이다. 사이공에 있었지만 헨리 캐봇 로지(Henry Cabot Lodge) 대사도 아이젠하워의 격려를 받고 경선에 이름을 올렸다. 펜실베니아의 주지사인 윌리엄 스크랜튼(William W. Scranton)도 경선에 뛰어 들었다. 그리고 마지막으로, 미시간의 주지사인 조지 롬니(George Romney)도 그랬다. 이런 추가적인 후보자들의 순수효과는 록펠러에게 치명적임이 입증되었다.

헨리 키신저는 록펠러가 베트남에 관해서 입장을 취해야 한다고 믿었다. 오른쪽에는 북베트남으로 전쟁을 수행해야 한다고 주장하는 골드워터가 있었다. 그리고 왼쪽에는 군대의 철수를 약속하면서도 사이공에 대한 통제력을 증가시키는 분명히 모순적인 정책을 계속하는 존슨이 있었다. 1964년 초에 공화당원들과 공화당에 기운 독립적 유권자들의 여론조사는 46%가 미국이 베트남에서 충분히 잘하고 있다고 생각하는 반면에, 12%는 미국이 더 하길 원했고, 22%는 덜하기를, 그리고 20%는 모르겠다는 응답이었다. 전반적 선거구에서는 오직 약 1/3의 유권자들만이 미국의 노력을 증대하길 원했다. 역설적이게도, 린든 존슨은 미국이 전쟁의 밖에 있게 유지하는 데 대해 68%의 지지율을 받았다.

1963년 10월 초에 시작하여 키신저는 록펠러에게 베트남에 대한 새로운 주장들을 퍼부어 대면서 그에게 다른 후보자들과의 차별화를 꾀하고 또 대중적 불확실성을 이용하도록 촉구했다.[301] 그럼에도 불구하고 키신저는 그 문제에 관해 외로운 목소리였다. 1964년 3월 17일 동남아시아 전체에 월남의 중요성과 미국정책 혼동의 사기 저하 효과를 강조히는 것을 넘어서는 록펠러 캠프 내에 베트남에 대한 합의가 여전히 없었다. 그것은 좋지 않았다. 4월 26일에 가서야 록펠러는 키신저에게 이미 필요한 것으로 보인 라오스와 캄보디아에서 베트콩 보급선에 대한 미공군의 공격을 요청했다. 그러나 그의 베트남 논

---

301) Niall Ferguson, *Kissinger 1923-1968,* Vol. 1, *The Idealist,* New York: Penguin Press, 2015, p. 599.

쟁에서 뒤늦은 개입은 아무런 영향을 미치지 못했다. 록펠러는 6월 2일 캘리포니아 예선에서 골드워터에게 근소한 차이로 패배했다. 부분적으로는 수백 명의 골드워터 보수주의 지원자들에 벌인 "지상전 게임"으로 록펠러가 졌다. 그러나 록펠러의 말썽 많은 재혼의 딱 1년 후인 5월 30일 넬슨 록펠러의 아들의 출생이 록펠러의 지명을 앗아갔다.

1963년 12월에 베트남 노동당(the Vietnam Workers Party) 중앙위원회의 제9차 전체회의에는, 린든 존슨이 대규모로 전쟁에 미군을 투입하는 운명적 결정이 있기 1년 반 전에, 다음의 결의안을 통과시켰다: "만일 우리가 적의 군사력을 패배시키지 않는다면 우리는 혁명을 승리로 가져갈 수 없다. 이러한 이유에서 무장 투쟁이 직접적이고 결정적인 역할을 수행한다."302) 하노이(Hanoi) 정권은 존슨이 다낭(Da Nang)의 해안에 미해병대를 보내기 6개월 전인 1964년 9월에 호치민 루트(the Ho Chi Minh Trail)를 따라 북베트남의 정규군인 베트남 인민군들을 남쪽으로 보낼 것을 공약했다. 전쟁기간 내내 그것의 목표는 미제국주의에 패배를 안기고 북베트남을 방어하고 월남을 해방시키고 전국에서 국가적 인민혁명을 완성하는 것이었다. 그러므로 1964년 8월 2일과 4일에 미국의 구축함 매독스(Maddox)가 통킹 만(the Gulf of Tonkin)에서 월맹의 어뢰정으로부터 공격을 받았을 것이라는 것은 개연성이 없었다.303) 또한 존슨 대통령이 월맹을 공개적 침략으로 규탄한 것이 비합리적이지도 않았다. 그가 의회에서 추구한 승인

---

302) *Ibid.*, p. 611에서 재인용.
303) *Ibid.*, p. 611.

은 정당성이 없지 않다.[304)

9월 7일 존슨은 미군부대에 대한 공격의 경우에 장군 멍군식으로 보복적 공습을 명령했다. 그러나 베트콩이 비엔 호아(Bien Hoa)에서 미공군 기지를 공격했을 때 이제 동아시아와 태평양 문제를 위한 국무성 차관보인 맥조지 번디의 동생인 윌리엄 번디(William Bundy)가 주도하는 국가안보회의 작업팀에게 두 개의 다른 대안을 고려하라고 요구했다. 르메이 장군이 갈망하는 대량 공습이나 아니면 월트 로스토우가 주장하는 보다 점진적 폭격작전이 그것들이었다. 후자의 대안이 쉽게 선택되었다. 그리하여 1965년 3월에 "롤링선더 작전"(Operation Rolling Thunder)의 첫 단계가 등장했다. 이것은 간헐적 중단이 있었지만 8년간 계속될 월맹에 대한 폭격작전의 시작이었다. 또한 1965년 3월에는 첫 미군 전투 대대들이 다낭 근처 해안에 상륙했다. 4월 1일 국가안보회의는 베트콩에 대항하여 이런 병력들을 직접 전개하기로 결정했다. 1965년 5월까지 4만 7천 명의 미 전투병들이 이미 베트남에 있었다. 6월 7일 웨스트모어랜드(Westmoreland) 장군은 자기의 요구를 44개 대대로 증가시켰는데 이것은 그해 말까지 전개된 미군의 전체 수를 17만 5천 명으로 증가시킬 것이었다. 비록 맥나마라 국방장관은 이런 요구를 어리석음에 이르는 무분별한 것으로 불렀지만 그럼에도 불구하고 총병력의 수를 10만 명으로 올리는 결정을 지지했다.

출구를 마련하기보다 서서히 상승하는 속도로 베트남 전쟁을 확대하는 결정은 미국이 냉전에서 행한 최악의 전략적 실수였다. 처음부터 존슨 대통령은 행정부의 다른 구성원들처럼 이런 전략에 자신도

---

304) *Ibid.*

의구심을 가졌지만 4가지 이유에서 그렇게 추진했다. 첫째, 직접적인 미국의 조치가 월남의 만성적 불안정에 맞서는 가장 간단한 방식으로 보였다. 둘째, 윌리엄 웨스트모어랜드(William Westmoreland) 장군 하의 군부는 존슨 대통령에게 제한적 목적으로 제한된 전쟁을 약속하고 있었다. 셋째, 천천히 상승하는 군사력은 그의 보다 신속하게 부상하는 국내정치 프로그램을 위험하게 하지 않고서 사용할 수 있었던 최대의 수단이었다. 넷째, 그리고 중대하게도, 점진적 확대의 전략에 의구심을 가진 사람들은 자기들의 주장을 내세우는데 비참하게 실패했다. 그리하여 만일 월남을 잃으면 제3세계를 잃을 것이라는 터무니없는 예측으로 주사위는 던져졌다.[305]

헨리 키신저는 월남에서 전쟁을 확대하는 운명적 결정에 전혀 책임이 없었다. 두 번이나 선거에서 패배한 넬슨 록펠러의 수석상담역으로 키신저는 완전히 빠져 있었다. 그의 전임자와는 달리 존슨 대통령은 경쟁자에 충성하는 보좌관을 사용하지 않았다. 어쨌든 존슨이 미국을 베트남에서 끌어냈을 출구전략을 배제할 때조차 키신저는 자신의 출구전략에 사로잡혀 있었다. 1964년 8월에 키신저와 앤은 네바다(Nevada)주의 리노(Reno)에서 이혼의 승인을 받았다. 케임브리지의 가족이 살던 집에서 이사를 나오는 것은 즐거울 수 없었다. 가장 큰 도전은 물론 아이들이었다. 비록 그때 아이들은 5세와 3세였지만 돌이킬 수 없는 불화를 인정할 만큼 충분히 나이를 먹었다. 키신저의 부모들은 그가 아이들을 충분히 보지 않을 것이라고 걱정했다. 그러나

---

305) Niall Ferguson, *Kissinger 1923-1968*, Vol. 1, *The Idealist*, New York: Penguin Press, 2015, pp. 614-617.

실제로는 이혼이 키신저를 보다 관심을 가진 아버지로 만들었다. 이혼은 그를 부모와 더 가까워지게 만들었다.

헨리 키신저는 1965년 12월 텔레비전 출연을 시작으로 미국외교 정책에 관한 토론으로 돌아가기 위해 열심히 일했다. 이것은 단지 대중적 토론일 뿐만 아니라 정책과정에 관한 토론이었다. 아주 독립적으로 키신저는 당시 도미노 효과를 주장하는 맥나마라 국방장관과 비슷한 결론을 내렸다. 키신저는 당연히 월남에서 행정부의 정책을 강력히 지지한다고 재천명하고 당시 학계의 구성원들에 의한 말도 안되는 공격을 규탄했다. 그러나 케네디 하에서 비상근 상담역의 실패 이래 그의 첫 정부의 일을 확보해준 것은 민주당원이 아니라 공화당원이었다. 공화당의 대통령 후보 지명전에서 실패했지만 헨리 캐봇 로지 대사는 존슨 대통령에 의해 사이공의 대사 자리에 재임명되었다. 매력공세의 일환으로 키신저는 로지 대사를 그의 국방정책 세미나에 초청했지만 월남의 내부정치가 또 하나의 악화를 맞아 취소될 수밖에 없었다. 그러나 제2의 로지가 이용되었다. 그는 대사의 장남인 조지(George)로서 당시에 하버드 경영대학의 젊은 교수였고 또 발전도상 국가의 노동에 관한 책의 저자였다. 키신저가 급속히 심화되는 미국 내에서 세대 간의 갈등에 관해서 그의 국제 세미나에서 몇 번의 강의를 해 줄 총명한 젊은 학자를 찾아서 주변을 두리번거릴 때 조지 로지가 그의 마음속에 떠오른 것이다. 두 사람은 그것을 논하기 위해 센트리 클럽(the Century Club)에서 오찬을 함께 했다. 그러나 로지가 더 좋은 아이디어를 갖고 있었다. 그것은 그들이 사이공 주재 로지 미국대사의 상담역으로 베트남에서 봉사를 자원하는 것이었다.[306)]

키신저는 조지 로지의 초청에 뛰어 들었다. 거의 즉시 키신저는 하버드 대학교에 1년 간의 안식년을 신청했고 승인을 받았다. 만일 번디가 그에게 한달 간의 지연을 촉구하고 로지 대사가 10월이 좋겠다는 전보를 치지 않았다면 키신저는 거의 즉시 사이공으로 떠났을 것이다. 그러나 그렇게 함으로써 키신저가 야심에 차 있었다고 쉽게 말할 수는 없을 것이다. 왜냐하면 사이공에 있는 대사의 특별 상담역의 역할은 결코 위신이 있는 것이 아니었기 때문이다. 더구나 그 일은 위험이 없지 않았다. 키신저의 부모들은 사이공에서 베트콩의 테러공격이 점점 빈번해지고 있는 때라서 그의 안전을 위해 기도할 충분한 이유를 갖고 있었다. 키신저가 월남에서 미국정부의 대표를 도와 무엇을 얻으려고 했는지는 몰라도 매사추세츠 주의 케임브리지에서는 인기가 없었다.[307]

1965년 여름까지 베트남은 미국이 직면하고 있는 가장 중요한 외교정책적 도전이었을 뿐만 아니라 그것이 유일한 도전이었다. 키신저는 문제를 더 잘 이해하고 싶어했다. 키신저는 베트남에 가본 적이 없었다. 그는 그 나라의 역사에 관해서 아는 것이 별로 없었고 언어는 단 한마디도 몰랐다. 그러나 그가 사이공으로 멀고도 고난의 출장을 준비하기 시작했을 때인 1965년 8월에 그는 한 가지를 이미 알고 있었다. 그것은 군사적 수단으로 이길 수 있는 전쟁이 아니라는 것이었다. 토론의 가치가 있는 유일한 문제는 어떻게 그것에 대한 종식을 협상할 것인가였다. 그것은 키신저가 그 해답을 찾아 다음 8년간을 보

---

306) *Ibid.*, p. 624.
307) *Ibid.*, 625.

낼 운명이었다.308)

　1965년 8월이었다. 장소는 하버드 세미나 룸이었다. 참석자들 가운데에는 하버드-MIT군비통제 세미나의 구성원들이 있었다. 토론의 주제는 베트남이었으며 헨리 키신저가 좌장이었다. 그가 제안한 의제는 첫 번째가 "협상과 관련된 군사작전의 행위"였다. 키신저 의제의 두 번째 항목은 협상들의 절차적 문제였다. 세 번째 그리고 아마도 가장 중요한 것은 협상의 내용과 목적이었다. 환언하면 베트남 전쟁을 논의하기 위한 키신저의 출발점은 베트남 전쟁에는 협상에 의한 종식이 있어야 한다는 것이었다. 그의 사령관들에 의해서 존슨에게 반복해서 약속된 승리를 키신저는 이미 신기루로 간주했다. 논의는 3가지 문제들을 중심으로 전개되었다 첫째, 정확히 무엇이 협상의 목적이 되어야 하는가였다. 두 번째 문제는 월남에서 고립된 장소들(enclaves)을 창조하는 아이디어였다. 셋째는 중국의 역할이었다. 키신저는 이 모든 논의에 조심스럽게 귀를 기울였다. 그러나 논의의 중간지점에서 키신저는 단 한 차례 개입했는데 그것은 명확한 것이었다. 키신저는 미국이 적어도 넓은 한계 속에서 미국의 목적이 무엇인지를 알지 않는 한 협상에 들어갈 수 없다면서 키신저는 "우리의 견해에서 무엇이 바람직스럽고 또 무엇을 견딜 수 있는가를 알아야 한다고 말했다. 새로운 홍콩처럼 고립된 장소들을 설립하는 데 대해서 키신저는 그것들이 오직 항구적 자극물일 뿐이기 때문에 관심이 없었다. 만일 그런 지점에 도달한다면 미국은 나와야 한다고 키신저는 말했다.309)

---

308) *Ibid.*
309) *Ibid.,* p. 631.

무엇이 바람직하고 또 무엇을 견딜 수 있을까 라는 의문은 케임브리지에 있는 교수들에게 알려지지 않은 채로 존슨 행정부는 이미 베트남에서 나올 협상된 방식을 찾기 시작했다. 문제는 그들과 월맹은 그런 질문에 대해 서로 양립할 수 없는 대답을 주었다. 1964년 12월에 존슨에 의해 설립된 작업반이 미국은 수락할 만한 방식으로 미국의 목적을 획득할 협상된 해결을 탐색할 준비를 해야 한다고 보고했다. 그러나 이 목적들은 월맹의 지원과 베트콩의 지시에 종식을 고하고 필요한 미국과 다른 외부의 원조를 받을 자유를 포함해서 적절한 국제적 보호 하에서 독립적이고 안전한 월남을 수립하는 것이었다. 월맹은 이런 목적들을 수용할 수 없는 것으로 간주했다. 북베트남인들은 통일된 베트남을 원했다. 그리하여 1964년 여름에 널리 홍보되었지만 유산된 유엔 사무총장 우 탄트(U Thant)가 시작하려던 대화의 시도가 같은 이유에서 실패했었다.

존슨 대통령은 월맹의 폭격을 승인하고 있는 때에도 존슨은 평화회담에 열려 있다고 보임으로써 폭격에 대한 점증하는 국내적 적대감을 해소하려고 노력했다. 1965년 3월 25일 그는 명예로운 평화를 향한 진전의 약속이 있을 때에는 언제든지 어느 곳에서든 누구와도 만나러 갈 준비가 되었다고 말했다.[310] 4월 7일 존스 홉킨스(Johns Hopkins) 대학교에서 그가 "무조건 논의"에 관해 행한 연설에서 이 메시지를 반복했다. 다음 날 하노이는 평화의 목적들에 관한 그 정권의 첫 공식 입장표명인 그것은 4개 항목(Four Points)으로 대답했다.

---

310) Niall Ferguson, *Kissinger 1923-1968*, Vol. 1, *The Idealist,* New York: Penguin Press, 2015, p. 632.

이것들은 존슨의 목적에 거의 정확히 반대였다. 첫째, 미군은 월남에서 철수해야 한다. 둘째, 베트남의 통일 이전에 외국과의 동맹이 있어서는 안 된다. 셋째, 민족해방전선(the National Liberation Front)이 사이공에서 잠정적 권위를 가져야 한다. 넷째, 재통일은 민족자결의 원칙의 토대 위에 이루어져야 한다.[311] 존슨은 5일 후에 이 비타협적인 문건에 대해 롤링선더(Rolling Thunder) 폭격작전으로 대응하기로 결정했다. 존슨은 외교가 복싱과 다르다는 것을 결코 진정으로 이해하지 못했다. 거듭해서 존스의 오른손은 마치 그것이 자기의 왼손이 하고 있는 것을 모르는 것처럼 행동했다. 그가 하노이에 가한 군사적이고 또 외교적인 타격은 서로 상쇄하는 경향이 있었다.[312]

1965년 10월 7일 키신저는 보스턴에서 출발하여 베트남으로 비행했다. 베트남에 대한 키신저의 첫 방문의 가장 현저한 측면들 중 참을 수 없는 것은 자신감의 완전한 결핍이었다. 번디와 로지가 키신저의 출발을 지연시킨 것은 옳았다. 그것은 키신저에게 자신의 지식을 심화할 시간을 그에게 주었다. 그럼에도 불구하고 키신저는 답변이 아니라 질문들을 가지고 사이공을 방문했다. 1960년대 사이공은 지옥이었다. 적어도 그것이 많은 언론인들이 전달하려는 인상이었다. 그러나 키신저에게 사이공은 지옥이 아니었다. 그곳은 8월의 워싱턴 같았다. 비록 어떤 이유로 미국에서 열기의 파도가 그러는 것처럼 무기력하게 하는 효과가 없었다. 이 출장에서 그가 당한 최악의 일이란 그가 가지고 다니던 247달러가 들어 있는 그의 지갑을 소매치기 당한 것이었

311) *Ibid.*
312) *Ibid.,* p. 633.

다. 다른 사람들은 그들에게 악몽을 가져다 준 기억을 갖고 사이공을 떠났다. 키신저는 모두 40달러 가치의 옻칠을 한 상자, 후에(Hue) 꽃병, 그리고 몇 개의 작은 몽타주를 집으로 가져갔다. 키신저는 사이공에만 머물지 않았다. 10월 26일 베트남에서 1802년부터 1945년까지 베트남의 수도였던 동남아시아에서 가장 매력적인 도시들 중 하나인 후에(Hue)로 비행했다. 또한 키신저는 모골을 송연하게 하는 플레이쿠(Pleiku)의 활주로로 여행했다. 플레이쿠는 월남의 제2군단의 본부들이 있었고 키신저의 방문시에 두 개의 월남군 사단과 한 개의 미국, 그리고 한 개의 한국군 사단에 의해 점령되고 있었다. 키신저는 단지 3주 동안에 베트남의 많은 것을 보았다.

월남정부의 키(Ky) 수상이 나트랑(Nha Trang)에서 오찬을 하면서 키신저에게 설명하려고 했듯이 월남은 2가지 점에서 만성적으로 유약했다. 첫째, 수세기에 걸친 지역주의와 종교적 차이로 인해 나라가 정치적으로 분열되었다. 둘째로, 정부가 많은 시골에서 베트콩과 경쟁하는 방법을 아직 찾아내지 못했다. 이런 이유에서 협상의 수락을 발표만 해도 그것은 위험할 정도로 공산주의에 저항할 사기와 의지를 약화시킬 것이다. 더구나 휴전은 베트콩이 지금 장악하고 있는 그들의 지역에서 장악력을 강화하는 수단이 될 뿐이다.[313] 키신저가 베트남을 떠나려고 준비할 때 그의 기분은 낙심했다. 귀국 후 키신저의 연구는 국가에 대한 어떤 책임감이 있기 전에 가족과 일족에 대한 충성이 있다고 주장했다. 키신저는 그가 베트남에 가기 전에 믿었던 것보다

---

313) Niall Ferguson, *Kissinger 1923-1968,* Vol. 1, *The Idealist,* New York: Penguin Press, 2015, pp. 652-653.

도 베트남의 상황은 덜 고무적이라고 인정했다. 그러나 문제는 사이공 정부의 유약함이 아니었다. 그것은 단지 징조일 뿐이었다. 어쨌든 현정부가 어떤 가능한 대란만큼이나 좋았다. 그는 백악관이 왜 일관되게 월남에서 행정부의 정책을 지지한 사람을 의절하기로 그렇게 성찰적으로 결정하는지 이해할 수 없었다. 분노한 만큼이나 상처받은 키신저는 공식적 수정을 요구했다.[314]

도대체 베트남에 대해 무엇을 해야 하나? 윌리엄 번디를 비롯한 관련부처 인사들에게 하는 처음 브리핑 모임에서 키신저는 자기보다 먼저 워싱턴으로 가야했던 클리포드(Clifford)와 경쟁하고 있는 자신을 발견했다. 클리포드는 가장 극단적인 비둘기파였다. 귀국 후에 키신저는 무조건적 협상은 외교적으로 현명하지 않고 정치적으로도 신중하지 않다고 말하고 있었다. 그러나 클리포드에 의하면 미국은 결과와 공산주의자들의 양보에 보다 초점을 맞춘 슬로건이 필요했다. 그러나 키신저는 월남인들에게 설득되었다. 즉, 북베트남인들에게 대화하는 것에 관한 단지 대화하는 것은 충분하지 않았다. 아니 오히려 실제로 그것은 아주 위험스러웠다. 워싱턴은 한 방을 원한다고 주장함에도 불구하고 지적으로 협상할 준비가 되어 있지 않았다. 그의 여행으로 얻은 또 히나의 결론은 중앙정보국의 평화화(pacification)에 관한 프로그램은 점진적으로 건설될 필요가 있다는 것이었다. 로지 대사에 대한 그의 보고들은 기민하고 도움이 되는 것으로 환영을 받았다. 이제 헨리 키신저는 워싱턴에서 사이공 인물(Saigon's Man)로 자신의 위치를 자리매김하고 있었다.[315]

---

314) *Ibid.*, p. 659.

베트남에서 미국의 노력에 대한 전반적인 평가는 민첩하고 통렬했다. 아주 간단히 말해서, 정부부처 간 협력이 비참할 정도로 부족했다. 무엇보다도 각 기관은 자신의 프로그램을 열심히 밀어붙이기 때문에 사실상 일련의 비침공을 통해 운영하는 성향이 있었다. 한 기관의 프로그램이 임무의 다른 요소에 대해 직접적으로 충돌하지 않는 한 자신의 소중한 프로젝트들이 일반적 조사에 대상이 될까 두려운 나머지 그것에 도전하지 않는 데에 프리미엄(premium)이 있다. 이런 과정은 직접 경쟁을 피한다. 그리고 그것은 관료제의 확산과 모든 대란들을 수행하려고 시도함으로써 선택을 피하려고 노력하는 경향을 부추긴다. 이것은 가용한 자원의 희소성, 특히 훈련된 인력을 고려하면 실망을 가져올 수밖에 없는 과정이다. 미국이 취한 도전은 내란의 와중에 있는 분열된 사회에서 국가건설을 시도하는 것이었다. 그러나 지방에서 월남의 민간정부의 사실상 붕괴와 너무 많은 일을 너무 빨리 너무 대규모로 하려는 경향으로 인해서 개념과 집행 사이에는 만성적 갭이 있었다.[316]

키신저는 어떤 긍정적인 권고사항으로 결론을 맺으려고 최선을 다했다. 보다 주의 깊게 측정된 파일럿 프로젝트들이 그것이었다. 그것은 일단 시작하면 보다 철저히 추종되고 지방의 인력의 철저한 조사를 하고 기관의 2인자들의 프로그램 검토위원회(Program Review Committee)를 창설하는 것이었다. 그러나 최선의 아이디어는 가장 간단한 것이었다. 누군가가 베트남의 지도를 펴 놓고 군부대에 적용하

---

315) *Ibid.*, p. 662.
316) *Ibid.*, p. 665.

지 않지만 민간주민들에 영향을 주는 안전상황을 성찰할 때였다. 평화화(pacification)를 포기할 때였다. 그것은 원주민들을 평화화 할 때 너무나 식민지 전쟁을 상기시킨다고 키신저는 지적했다. 키신저가 작성한 보고서는 그냥 보내기에는 너무 심하게 때렸다. 이틀 후에 그는 로지 대사에게 가혹한 비판을 빼고 초판에서 눈에 띄게 부재한 의무적인 긍정들을 포함해서 살짝 다른 결론을 가진 크게 편집된 판의 보고서를 보냈다. 즉 새로 수정된 결론은 베트남이 성공과 실패가 다가오는 연대(decade)에 미국의 역할을 결정할 미국의 국가적 노력의 돌쩌귀라고 주장했다.

수정된 보고서를 끝낸 후에 키신저는 두 개의 뒷생각을 추가했다. 하나는 학생들과 지식인들을 시골로 보내서 그들이 평화주의를 도움으로써 일반적으로 그들이 전쟁노력에 대한 헌신의 부족과 싸우기 위해 평화봉사단(the Peace Corps)의 월남판이 창설될 수 있을 것이다. 그리고 같은 목적으로 월남과 미국의 대학들 사이에 긴밀한 연계를 수립하는 것이 좋은 생각이 아닐까 하는 것이었다. 키신저는 한 가지에 관해서 옳았다. 그것은 미국이 직면하고 있는 근본적인 문제는 인민들 그리고 특히 지식인들을 끌어들일 수 있는, 즉 거부할 뿐만 아니라 긍정할 수 있는 어떤 이데올로기를 개발하는 것이었다.[317] 그러나 1965년이 끝나가면서 그런 이데올로기가 하버드와 후에(Hue) 사이에 학술교환에서 출현할 수 있을 것이라고 그가 진지하게 믿었다면 이것들은 모두 다 날라가 버렸다.

봄 학기가 시작할 때 하버드-MIT 군비통제 세미나에 연설하는 키

---

317) *Ibid.*, p. 666.

신저는 완전히 다른 키신저였다. 1965년 8월에 키신저는 질문을 하고 그의 동료들의 답변에 귀를 기울였다. 그러나 1966년 1월 12일에 그는 베트남에 다녀왔고 그곳에서 몸소 미국의 질곡을 보았다. 이것은 아무런 비밀유지의 보장이 없는 학술적 모임이라는 사실을 고려하고 또 지난해 11월 사이공에서 자유롭게 말하지 못했던 불행한 경험을 고려하면 이제 그가 얼마나 자유롭게 말하는지가 놀라웠다. 그 모임에서 키신저는 좋은 소식이란 미국이 패배하지 않을 것이라는 것, 즉 디엔-비엔-푸(Dien-Bien-Phu) 같은 재앙은 없을 것이 분명하다는 것이었다. 불행하게도 그것이 좋은 소식의 끝이었다. 나쁜 소식은 그가 로지 대사에게 윤곽을 말했던 그대로였다. 첫째, 베트콩들이 고전적인 전투작전을 하거나 미국인들이 그들을 몰아낼 수 없는 핵심적 지방의 수도를 완전히 장악함으로써 미국의 군부를 강요할지가 분명하지 않다. 둘째로, 월남정부는 깊게 분열되고 조직화가 안 되어 정부가 일관된 적극적 프로그램을 갖지 못하고 있으며 장관들 사이에도 살인적인 싸움의 파괴적 관습을 갖고 있다. 셋째로, 미국은 게릴라 전쟁에 대항하는 군사작전의 수행을 위한 그리고 국가건설을 위한 어떤 전반적인 개념이 부족했다. 키신저는 그가 불길한 상황을 제시했다고 공개적으로 인정했다.318)

토마스 셸링(Thomas Schelling)은 밝은 측면을 보려고 했다. 고통, 비용 등의 관점에서 미국은 베트콩에게도 삶이 어렵다는 것을 기억해야만 한다. 하노이에서의 삶도 워싱턴에서의 삶만큼이나 좋지 않다. 미국인들은 상대방의 절망을 과소평가해서는 안 된다. 현 상황에서

318) *Ibid.*, p. 668.

어느 쪽도 군사력으로 목적을 달성할 수 없지만 싸움의 확대가 베트 콩에게는 상대적으로 더 큰 위협을 제기한다. 게임이론가인 셸링의 이런 견해는 게임이론과 현지에서 수집한 지식 사이의 차이를 완벽하게 설명해 주었다.[319] 키신저는 진정한 문제는 갈등의 확대가 아니라 연장이라고 반박했다. 어쩌면 그들이 우리보다 더 인내력이 있고 투쟁의 완성보다는 투쟁 기간에 대해 환희를 느낄 것이다. 미국은 단지 신속하고 요란한 프로그램을 추적하기보다는 지구력을 보여줌으로써 그들이 더 버틸 수 있다는 기대를 좌절시켜야만 한다.[320] 그러나 그가 이미 보여주었듯이 그것은 실행하기보다는 말하기가 보다 쉬웠다.

헨리 키신저가 베트남에서 돌아온 순간부터 키신저는 자신이 불쾌한 입장에 있다는 것을 발견했다. 케임브리지와 워싱턴에서 전문가들의 모임에서 그는 사적으로 베트남에서 전쟁과정에 관한 깊은 염려를 입 밖으로 낼 수 있었다. 그러나 공개적으로 그는 행정부를 옹호하는데 그리고 번지, 로지 그리고 다른 사람들에게 헌신했었다. 1965년 12월에 합동참모회의 의장인 얼 휠러(Earle Wheeler)가 키신저는 지적이고 잘 알고 있는 사람들과 사적으로 아주 설득력이 있지만 텔레비전에는 적합하지 않을 것이라고 지적했다. 1965년과 1966년의 환경속에서 그것은 정확한 평가였다. 왜냐하면 베트남에서 미국의 전략에 관해 그가 행할지도 모르는 공개적 옹호는 마음이 내키지 않을 수밖에 없었기 때문이다.[321]

---

319) *Ibid.*, p. 669.
320) *Ibid.*
321) *Ibid.*

하버드를 포함하여 미국의 대학 캠퍼스들에서 분위기가 어두워지고 있었다. 민주사회를 위한 학생회(the Students of Democratic Society)의 지부가 1964년에 설립되었고 1965년 가을에는 그 대표들이 징집을 거부하라는 요구의 목소리를 내기 시작했다. 학생들과 몇 명의 교수들이 워싱턴으로 여행하여 그 해의 주요 반전 데모에 참가하고 있었다. 전쟁의 수행에 대한 그들의 사적인 걱정이 무엇이든 키신저는 반전 데모들이 가속화 되자 그가 어디에 서 있는지에 관해 아무런 의구심이 없었다. 제2차 세계대전에서 싸웠던 사람에게 이것은 패배주의였다. 1965년 12월 10일 그는 <뉴욕 타임즈>에 편지를 보내 행정부의 정책에 그들의 지지와 지식 공동체의 소수의 요란스러운 전술들이 베이징과 하노이로 하여금 미국의 공약의 정도를 심각하게 과소평가하게 하여 전쟁을 연장시킬 수 있다는 우려를 표명한 190명의 학자들 가운데 한 사람이었다.

키신저의 공개적인 행정부 옹호의 침체기는 11일 후에 텔레비전으로 방영된 하버드 대 옥스포드 토론에서 나왔다. 이 토론은 미국측에선 키신저와 두 명의 하버드 법학전문대학원 학생들과 영국 측에선 노동당 하원의 마이클 푸트(Michael Foot)와 두 명의 옥스포드 대학원생이 참가했다. 미국 측은 베트남에서 미국의 공약을 수행해야 한다는 결의안에 찬성했다. 비록 그것은 CBS의 연출이었지만 토론은 옥스포드 학생회의 판에 입각하여 수행되었다. 그리고 키신저에게는 불행하게도 상대측은 두 명의 적대적 토론의 마스터들을 포함했다.

그는 공식적 노선으로 시작했다. 즉 미국의 공약은 월남의 인민들에게 외부의 간섭없이 자신들의 미래를 결정할 기회를 주기 위한 것이었다. 이제 와서 그 공약을 포기한다는 것은 셀 수 없는 수천명의 사람들을 잔인한 운명에 맡기는 것이 될 것이다. 이 전쟁이 불길하고 필사적인 투쟁이라는 것은 맞지만 미국은 그곳에 머물기를 원해서 베트남에 있는 것이 아니다. 미국은 철수하기를 원하기 때문에 베트남에 있다. 그리고 미국은 자유로운 선택이 월남의 인민들에게 보장되자마자 미국은 철수할 것이라고 했다. 이에 영국 팀은 미국이 1954년 제네바 협정(Geneva Accords)을 위반하고 하노이와 협상할 기회들을 피했다고 응수했다.

두 번째 사항은 쉽게 반박되었다. 하노이가 유엔의 중재를 거듭해서 거부했다. 우 탄트 유엔사무총장을 통해 분위기를 보는 것은 협상하려는 선명한 제안이 아니었다. 그리고 분명히 또 하나의 대화의 개최를 제공할 수 있었던 그후 15차례에 걸친 미국의 제안들이 있었다. 그러나 키신저는 제네바에서 넘어졌다. 미국은 제네바 협정을 현재의 전쟁의 타결을 위한 기초로서 수용해야 한다는 것이 자기의 믿음이며 미국정부는 그렇게 할 용의를 시사했다는 것이 자기의 인상이라고 키신저는 말했다.[322]

이 지점에서 영국의 푸트 의원은 자기 편이 이겼다는 것을 알았다. 왜냐하면 그가 의기양양하게 지적했듯이 오직 수일 전에 러스크 국무장관이 미국은 여전히 베트남에 관한 평화회담을 원하지만 오직 월남의 독립과 영토적 순수성이 보장되는 경우에만 해당된다고 말했기 때문이다. 푸트는 바로 그것이 제네바 협정에 모순된다고 기염을 토했

---

322) Niall Ferguson, *Kissinger 1923-1968*, Vol. 1, *The Idealist,* New York: Penguin Press, 2015, p. 671.

다. 미국이 베트남에서 평화의 기초로 제네바 협정을 수용할 것이라고 시사하는데 있어서 키신저는 존슨 정부의 정책의 진정한 확신자가 해서는 안 될 방식으로 넘어지고 말았다.[323] 마이클 푸트와 타리크 알리(Tariq Ali) 같은 사람들에 대항해서 논쟁한다는 것은 즐거운 일이 아니었다. 그들의 엄청나게 쏟아지는 공격과 그들의 분노에 찬 수사학으로 특히 군중들 앞에서 그들을 이기기엔 거의 불가능했다.

키신저의 첫 베트남 여행에 관한 보고서에서 가장 가시적인 부재는 전쟁을 종식시키는 방법으로 협상에 관한 어떤 논의도 없다는 점이었다. 본질적으로 키신저가 그것을 배제했다. 사이공 정부가 너무나 취약해서 그것에 대해 단순히 제안하는 것만으로도 약해질 것이기 때문이었고 키신저는 말했다.[324] 하버드에서 연설하면서 키신저는 그 문제를 절대 쉽게 피할 수 없었다. 왜냐하면 특별히 그가 베트남에 가기 전에는 오직 협상만이 전쟁을 끝낼 것이라는 그의 가정이 천명되었기 때문이다. 도날드 브레넌(Donald Brennan)이 무엇이 협상을 막고 있느냐고 물었을 때 키신저는 그것이 미군사력의 사전 철수에 대한 월맹의 요구임을 시사했다.

두 번째 넘어야 할 장애물은 양측에 다 같이 있는 문제였다. 미국은 동맹국들을 끝임없이 안심시켜야 하는 문제가 있다면서 하노이에 대한 동일한 종류의 압력이 어쩌면 중국으로부터 있을 수 있다고 암시했다. 그러나 단기적으로 주된 장애물은 미국이 어떤 조건에서 협상에 동의할지를 상세하게 적시할 수 없는 것으로 보인다는 것이었

---

323) *Ibid.*, p. 672.
324) *Ibid.*, p. 673.

다. 더구나 만일 미국이 베트콩의 전복이 임박하고 기대된다는 인상을 준다면 그러면 그것은 곧 월남정부의 몰락을 가져올 것이다. 위험은 만일 미국이 베트콩에게 미국의 느린 후퇴를 제안하지 않으면 이것이 어쩌면 미국을 빠른 후퇴로 몰아넣을 것이라고 키신저는 말했다. 이것은 일종의 진퇴양난을 낳았다. 월남정부가 너무 약해서 협상들이 필요하지만 그것들은 월남정부가 너무 약해서 발생할 수 없는 것이다.

아서 슐레진저와 한스 모겐소(Hans Morgenthau)에 의한 비판적 기사들과 함께 등장한 <룩>(Look) 지에 게재된 키신저의 범 친-존슨 기사에서 키신저는 철수의 불가능과 협상의 불가피성에 관해서 말했다. 그러나 그는 중대한 추가조항을 첨가했다. 하노이가 그것의 시골에 있는 정치기구가 체계적으로 축소되고 또 이 과정이 전쟁이 오래 지속될수록 가속화될 것이라고 깨달을 때에만 협상이 가능할 것이었다. 이런 토대 위에서 군사작전의 주된 목적은 안전한 지역의 창조일 것이라고 키신저는 이제 주장했다. 결국 100%의 나라에서 40%를 통제하는 것보다는 40%의 나라에서 100%의 통제력을 갖는 것이 더 나았다. 이런 형식은 1965년 8월 그가 베트남에 가기 전에 취한 키신저의 입장과 비교하면 놀라운 것이다. 그때는 월남에서 미국 통제 하에 고립지역들의 아이디어를 단호히 거부했기 때문이다. 그것은 또한 시간이 하노이 측에 있다고 어디에선가 그가 말했던 것과 기이하게 대조되었다.[325]

이 시점에서 헨리 키신저는 워싱턴에서 여전히 단역배우(a bit-part

---

325) *Ibid.*, p. 674.

actor)였다.[326] 존슨 행정부가 승산이 없는 전쟁을 이기기 위해 투쟁함에 따라 그의 이름이 점점 오르내렸다. 키신저는 알지 못했지만 미국의 다음 조치가 무엇이 되어야 하는가에 관해서 행정부 내에서 열린 논쟁이 계속되고 있었다. 한편에는 남쪽에서는 미국의 지상군이 달려들고 북쪽에서는 공습을 감행하는 것 외에 대안이 없다고 보는 장군들이 있었다. 그리고 다른 한편에는 의심하는 사람들이 있었다. 1965년 12월 초에 클라크 클리포드(Clark Clifford)는 도대체 미국이 어디로 가고 있는가를 물으면서 그는 미국이 돌아올 전망도 없이 전쟁에 점점 더 깊이 빠져들고 있다는 느낌이라고 말했다. 그는 미국이 마오쩌둥(Mao Zedong)이 미국과 싸울 그런 성격의 전쟁을 하고 있다고 주장했다.

맥나마라 국방장관도 이제는 의구심에 사로잡혀 미국은 상대방에게 휴전을 제시할 준비를 해야 한다고 갑자기 주장했다. 12월 8일 그는 군사적 해결이 확실하지 않다고 말함으로써 존슨을 경악하게 했다. 번디도 같은 견해에 다가가고 있었지만 1965년 12월에 백악관을 떠났다. 그의 후임은 보다 더 매파인 월트 로스토우가 되어 번디를 황당하게 했다. 존슨은 이제는 제2의 번디, 즉 정치에서 여전히 첫 충성이 존 케네디에게 있는 사람을 쓰지 않겠다고 말했다. 국가안보보좌관으로 로스토우의 임명은 존슨이 만일 그가 충분한 힘으로 상대방을 강타하고 그리고 나서 상대방이 타올을 던지면 이길 수 있는 권투시합으로 월남전을 계속해서 생각할 것임을 확실히 했다.[327] 그러나 그

---

326) Niall Ferguson, *Kissinger 1923-1968,* Vol. 1, *The Idealist,* New York: Penguin Press, 2015, p. 674.

327) *Ibid.,* pp. 675-676; Charles Peters, *Lyndon B. Johnson,* New York: Times

것은 권투시합이 아니었다.

1965년 성탄절 전야에 시작해서 또 하나의 폭격중지가 시도되었다. 지정학적 현실보다는 언제나 국내정치의 분위기에 더 많이 민감했던 존슨은 에버럴 해리먼(Averell Harriman)을 부다페스트와 바르샤바, 그리고 덤으로 베오그라드, 카이로, 델리에 파견했다. 이번에 폭격중지의 중요성은 두 채널을 통해 전달되었지만 하노이는 전혀 관심을 보이지 않았다. 하노이를 방문했던 폴란드의 특별 공사 예지 미칼로브스키(Jerzy Michalowski)는 민족해방전선의 대표들이 새로운 외적에게 제2의 디엔 비엔 푸를 안겨줄 수 있다고 확신하고 있다고 말했다. 월맹의 외무성은 폭격중지를 속임수라고 비난한 반면에 1966년 1월 28일 국립 라디오에서 방송된 호치민(Ho Chi Minh)의 편지는 미국의 속임수와 위선을 비난하고, 미군의 철수를 요구했고 또 어떤 타결도 민족해방전선을 월남의 유일한 인민의 대표로 인정하는 것을 포함하여 월맹의 4개 조항에 기초해야 한다고 주장했다. 1월 31일에 37일 동안 계속된 폭격의 중지가 끝났다.[328]

이제는 로스토우 안보보좌관마저 협상진전을 만들 미국의 최선의 기회는 하노이와 바로 비밀회담을 통해서라고 인정할 수밖에 없었다. 그러나 어떤 토대 위에서 할 것인가? 1966년 4월 말에 맥스웰 테일러 장군은 북베트남의 폭격을 중지하는 대가로 미국이 베트콩과 남쪽에서 월맹인들의 활동의 상당한 정도의 축소나 제거, 아니면 북으로부터 침투의 중지, 혹은 이 두 가지의 결합을 요구해야 한다고 제안했

Books, 2010, p. 135.
328) *Ibid.,* p. 677.

다. 당시에 알려진 대로 "블루 칩"(Blue Chips)의 교환은 최선의 거래처럼 보였다. 실제로 그것의 생명력은 드골 대통령에 의해서 하노이에 보내져 호치민과 팜반동(Pham Van Dong) 수상과 회담을 가진 전 프랑스 내각장관인 장 생트니(Jean Sainteny)에 의해서 확인되었다. 중대한 것은 그런 거래가 너무 잘 알려지지 않은 개인에 의한 비밀채널로 가능하면 여기 파리에서 행해져야 한다고 파리 주재 미국 대사인 찰스 볼린(Charles Bohlen)에게 말했다.[329]

그러나 키신저는 확신하지 않았다. 1966년 5월 해롤드 윌슨 하에서 당시 외무성 장관을 지낸 마이클 스튜어트(Michael Stewart)와 베트남 전쟁을 논할 기회를 가진 디칠리 공원(Ditchley Park)에서 열린 회의에 참석했다. 키신저가 월남의 현 정치적 상황에 관하여 결정적으로 우울했다고 스튜어트는 보고했다. 그리고 키신저는 맥스 테일러의 "블루 칩" 아이디어에 대해서도 심한 불안감을 갖고 있었다. 왜냐하면 키신저에게 그런 제안은 본질적으로 미국의 폭격을 일방적으로 끝내는데 대한 대체로서 일반적 휴전을 제안하는 것으로 보였기 때문이다. 그것은 쉽게 예상에 어긋나는 결과를 가져올 수 있을 것이다. 분명히 협상의 시작은 미국에게 폭격을 중지하라는 굉장한 압력이 가해질 것이다. 반면에, 암살이나 사보타주 같은 베트콩의 전술을 모니터할 수 있는 감시체제를 마련하는 것이 가능할 것인가? 휴전은 베트콩이 월남의 대부분을 효과적으로 통제하게 할 것이다. 보다 나은 교환은 월맹이 남쪽에서 침투를 단연코 중단하고 또 호치민 루트에 따라 그리고 베트남과 라오스의 국경선의 양쪽에 통제소의 설치에 동의

---

329) *Ibid.*, p. 678.

한다면 공습전쟁을 끝낼 것이다. 키신저는 이것이 천명된 목적인 보급품의 제지에 폭격의 중지를 관련시키는 이점을 갖게 될 것이라고 키신저는 덧붙였다.[330]

협상에 반대하는 키신저의 주장이 환영을 받는 한 곳이 있었다. 그곳은 사이공이었다. 1966년 4월 로지 대사와 키신저는 키신저의 두 번째 월남 방문을 논의하고 있었다. 키신저가 윌리엄 번디에게 말했듯이 그는 3가지 문제들을 조사하려고 했다. 첫째, 평화화 분야에서의 진전, 둘째, 내부 정치적 상황의 조사, 셋째는 헌법 작성의 문제였다. 국무성의 공식적 지시는 사실상 로지와 협상의 시나리오들과 휴전과 적대행위의 중단, 확고한 위치, 그리고 국제통제위원회(International Control Commission, ICC)나 다른 기관 등에 의한 사찰을 포함하여 가능한 협상의 시작과 연계되어 일어나는 다른 문제들을 논의하는 것이었다. 그것이 이론이었다. 그러나 실제로 키신저는 워싱턴에서 사이공 사람의 역할을 계속하고 있었다. 1966년 7월 16일 도착하여 키신저는 사이공에 돌아왔다. 로지 대사는 전쟁에서 실제로 이겼다고 말했으며 웨스트모어랜드 사령관은 그가 어떻게 베트콩의 주력 부대들을 끊임없이 이동하게 하고 있는지를 설명하는 반면에 국경선 근처에 월맹군의 집결지를 폭격하고 있다고 말했다. 그 사이에 월남의 장관들은 더 악화되었다. 그들은 그것이 삶의 기본적 사실인 것처럼 부패와 비효율성에 관해서 어깨를 움츠리었다.

전선을 기피하지 않는 키신저가 직접 보기 위해 출발했다. 첫 방문지는 비엔 호아(Bien Hoa)였다. 그가 탄 헬리콥터는 양옆에 두 개의

---

330) *Ibid.*, p. 679.

기관총과 전면에 기관총을 갖고 있었다. 그가 비엔 호아에서 대화를 나눴던 AID와 CIA 작전요원들은 기간요원 제도가 하나의 소극임을 확인했다. 키신저는 해변가에 있는 퀸농(Quin Nhon)으로 비행했다. 허리케인의 위력을 가진 바람이 바다를 쓸어버리면서 그가 타기로 한 해안 비행기(Beechcraft)가 추락했기 때문에 분출 속에 날으면서 그는 약 3피트 차이로 간신히 죽음을 피했다.331) 사이공으로 돌아온 키신저는 의무감에서 지역 정치인들과 종교지도자들을 만났다. 9월 11일 예정된 헌정 의회의 선거를 앞두고 대화의 주된 주제는 누가 그 나라의 다음 대통령으로 등장할 것인가였다.

비밀 경찰의 수장인 구엔 곡 로안(Nguyen Ngoc Loan)이 다음 대통령은 프랑스에서 훈련 받은 카톨릭 장교인 응우옌 반 티에우(Nguyen Van Thieu) 장군이 될 것이라고 예측했다. 총체적으로 상황은 1년 전보다 더 나빠진 것 외엔 아무 것도 알 수 없었다. 자신의 두 번째 여행에서 키신저가 알게 된 가장 중요한 것은 외무성 장관인 도(Do)에 의해 파리에서 민족해방전선 대표들에게 여러 차례 접근이 이루어졌다는 사실이었다. 이것과 다른 토막기사들로부터 키신저는 두 가지를 유추했는데 그 가운데 한 가지는 옳은 것으로 입증되었다. 첫째는 틀린 것으로 판명되었지만 하노이와 베트콩 사이에 쐐기를 박을 가능성이 있을 것이다. 둘째는 만일 협상거래로 가는 길이 있다면 그것은 파리를 통할 것이다는 점이었다. 불행하게도 그것이 워싱턴으로 돌아와서 그가 강조한 첫 통찰이었다.

헨리 키신저는 1966년 8월 자신이 깊이 느낀 신념을 말한 것은 아

---

331) *Ibid.*, p. 683.

니었지만 다음과 같이 썼다. 이것은 어떤 고통스러운 진실들을 전달하기에 앞서 헨리 로지 대사에게 향유를 바르고 있었다.

"베트남을 방문한 것은 언제나 고무적이었다. 나는 오늘의 세계에서 보다 더 중대한 임무는 상상할 수가 없다. 베트남은 우리의 국가적 노력의 중심점이다. 만일 우리가 그곳에서 실패한다면 나는 수십 년간의 점증하는 위기를 내다본다. 만일 우리가 성공한다면 그것은 전후 시대에 역사적 전환점을 표시할 것이다. 쿠바-베를린 대결이 소련인들에게 군사적 수단으로 정치적 돌파구를 추구하는 무용성을 확신시켜 주었던 것과 꼭 마찬가지로 베트남도 무력의 사용이나 위협으로 중국의 팽창주의에 종식을 고할 것이다."[332)]

이 진실들 가운데 첫 번째는 베트남에서 정치적 구조를 재건하려고 노력하는데 있어서 미국은 불가능한 것을 시도하고 있다는 것이었다. 둘째, 미국은 어떤 식민 종주국가의 아무런 이점도 없이 불가능한 것을 시도하고 있다. 셋째, 평화화(pacification)는 환상이다는 것이었다. 키신저의 학생들조차도 그가 베트남에 관해서 어떻게 생각하는지를 알고 있었다. "정부학 180" 과목을 위한 그의 강의는 하버드에서 케네디와 존슨 행정부의 외교정책들에 관해서 모두 강력하게 비판적인 것으로 이제는 유명했다. 그러나 상황이 더 나빠질수록 키신저는 더 많이 베트남으로 돌아가기를 열망했다. 그리하여 1966년 10월에 그의 세 번째 여행은 단지 10일 동안이었다.

키신저가 베트남에서 배운 것은 미국이 외교적 수단으로 그곳에서

---

332) *Ibid.*, pp. 687-688 에서 재인용.

빠져나와야 된다는 것이었다. 미국은 외부에서 지원받는 게릴라 운동에 대항하여 수용할 만한 시간과 비용으로 전쟁을 이기길 희망할 수 없었다. 설상가상으로 미국이 방어하려는 베트남 정부는 보존될 가치는 고사하고 능력의 징조도 별로 없었다. 그러므로 키신저의 역할이 변해야만 했다. 그는 미국의 전쟁이 향상될 수 있을까 하는 질문으로 시작했다. 사이공이 강화될 수 있을까? 굴욕을 당하지 않고 어떻게 빠져나올 수 있을까? 1966년 8월부터 거의 9년 후에 사이공의 몰락 때까지 키신저는 이 문제에 자신의 시간과 에너지를 엄청 쏟아부었다. 그것은 처음부터 불가능한 과제였다. 명예로운 평화로 가는 장애물은 때때로 생각되는 것처럼 미국 내에서 반전운동이 아니었다. 그것은 그들에게 끼치는 손실들과는 관계없이 완전한 승리가 아니면, 그리고 두 개의 베트남이 공산주의 지배가 아니면 아무것도 타결하지 않겠다는 월맹의 무자비한 결의였다.

1966년 8월 17일 키신저의 시지푸스 같은 노력이 시작했다. 첫째, 비록 그가 아무런 공식적 상담역의 지위를 이제는 갖고 있지 않지만 그는 윌리엄 번디와 그의 비서인 다니엘 데이비슨(Daniel Davison)에 의해서 폴란드에서 개최되는 서방과 소련진영의 학자들의 다가오는 퍼그워시(Pugwash) 회의에서 하노이와의 회담을 위한 미국측 주장을 마련하라는 요청을 받았다. 다음 날 애버럴 해리먼이 주재하는 협상위원회는 키신저가 월맹의 수장 팜반동을 만난 것으로 알려진 장 생트니(Jean Sainteny) 전 프랑스 장관과 회담할 적합한 인물이라고 결의했다.[333] 존슨 정부의 입장은 첫 눈에 직설적이었다. 즉, 미국은

---

333) *Ibid.*, p. 734.

월남의 독립이 확보되자마자 월남에서 그의 군대를 철수할 것이다. 존슨 대통령이 그해 10월에 마닐라에서 개최되는 아시아 지도자들의 정상회담에서 분명히 할 것이지만 그는 월남에서 항구적 군사 기지들을 원하지 않았다. 키신저가 보기에 문제는 한두 개의 다른 주요국가들이 얼마나 멀리 설득하거나 혹은 그렇지 않으면 월맹이 이 기초 위에서 평화거래를 수용하도록 얼마나 멀리 유도할 수 있는가 였다. 미국과 소련은 동남아시아에서 중국의 영향과 팽창을 견제하는 데 공동이익을 갖고 있다고 믿을 명백한 증거가 있었다. 또한 프랑스인들이 그 누구보다도 하노이에 보다 나은 접촉을 갖고 있는 것도 분명했다. 다만 드골 장군이 미국에게 도움의 손을 내밀 것으로 상상하기가 어려웠다.

키신저가 점진적으로 발견했듯이 평화를 타진하는 것이 간단한 문제가 아니었다. 첫째, 적합한 중간자를 발견하는 도전이 있다. 둘째, 비밀이 필요하지만 비밀은 동시에 방해가 되었다. 셋째, 키신저가 자신의 "국내구조와 외교정책"(Domestic Structure and Foreign Policy)에서[334] 보여준 것처럼 모든 주요 행위자들은 고려할 내부 정치를 갖고 있다. 넷째, 외교관들의 일상적 두통이 있다. 그 과정에 참가자들이 여러 언어를 사용한다면 핵심적 개념들이 번역에서 상실될 수 있다. 다섯째, 역사가와 후손을 의식해서 문건들은 무엇보다도 기록을 위해 더 많은 것들이 담겨진다. 마지막으로 여섯째, 알려지지 않은 성질이 있었다. 하노이가 마음에 두고 있는 것을 알아내기가 가장 어려웠다.[335]

---

334) Henry A. Kissinger, "Domestic Structure and Foreign Policy, *Daedalus,* Vol. 95, No. 2, (1966), pp. 503-529; Henry A. Kissinger, *American Foreign Policy,* Expanded edition, New York: W. W. Norton, 1974, chapter 1.

1966년 퍼그워시(Pugwash) 회의는 폴란드의 발트해 해변가에 있는 황량한 해변 휴양지들 가운데 하나인 소포트(Sopot)에서 개최되었다. 그리고 바로 이곳에서 키신저는 중-소간의 불화의 정도를 알게 되었다. "중국은 더 이상 공산주의 국가가 아니라 파시스트 국가라"고 소련의 수학자인 스타니슬라브 에멜야노프(Stanislav Emelyanov)가 말했다. 홍위병(the Red Guards)은 그에게 히틀러의 청년들(Hitler Youth)을 상기시켰다. 그래서 미국과 소련은 중국의 팽창주의를 막는데 공동이익을 갖고 있다는 것이었다. 키신저는 이것이 사실이라면 베트남에서 전쟁을 끝내는데 소련이 돕지 않으려는 것을 이해할 수 없다고 키신저가 말하자 에멜야노프는 좀 더 인내력이 있어야 한다고 말했다. 그는 흐루시초프의 스탈린 격하 연설의 후유증 이래 소련 정부가 그렇게 혼란에 빠진 것을 보지 못했다. 어떤 스탈린주의자들은 베트남 전쟁을 복귀할 기회로 보고 다른 사람들은 어찌할 바를 모르고 있었다. 키신저는 회의장 밖에서 그가 말을 건 소련 대표단의 다른 구성원들로부터 완전히 같은 얘기를 들었다.

소련인들은 그들의 동유럽 위성국가들 가운데 하나가 그들보다 하노이와 관련하여 미국에 더 도움이 될 보다 나은 위치에 있다고 말했다. 이 말을 염두에 두고 키신저는 소포트에서 바르샤바로 여행을 했다. 소련인들이 소포트에서 했던 말을 반영하면서 워싱턴에서 과거 폴란드 참사관을 했던 마리안 도브로실스키(Marian Dobrosielski)는 키신저에게 하노이가 평화를 원한다고 확인했다. 그는 하노이가 베트콩

---

335) Niall Ferguson, *Kissinger 1923-1968*, Vol. 1, *The Idealist*, New York: Penguin Press, 2015, p. 735.

을 월남의 유일하게 정당한 대표들로 대우해 줄 것을 고집하는 것은 단지 시작하고 흥정하는 책략이라고 주장했다.훨씬 더 흥미로운 것은 키신저가 프라하(Prague)에서 다음날 들었던 것이었다. 그는 체코의 과학자들이 퍼그워시 회의에서 얼마나 동정적인가에 의해서 놀라웠다. 유명한 미생물학자이며 체코 공산당 중앙위원인 이반 말레크(Ivan Malek)는 그와 오찬을 하면서 체코는 그것 만이 유럽에서 긴장완화를 지연시킬 수 있기 때문에 베트남에서 전쟁이 종식되길 필사적으로 원하지만 상황이 어렵다고 말했다.

중유럽 문제들의 논의에 참석한다는 구실로 키신저와 폴 도티(Paul Doty), 그리고 마샬 술만(Marshall Shulman)은 프라하로 건너가서 과거 독일에서 정보작전의 수장이었으며 지금은 체코의 국제정치와 경제기구의 소장인 안토닌 스네즈다레크(Antonin Snejdarek)를 만났다. 19일 정찬 후에 스네즈다레크는 키신저에게 가능한 한 평화적 해결을 위해 강하게 압력을 가할 의도를 가지고 고위직 체코 대표단이 다음 날 하노이로 떠난다고 말했다. 그러나 그는 그의 정부의 행동의 자유가 얼마나 제한되어 있는지에 대해 솔직했다. 그가 말한 모든 것은 소련의 거부권에 굴복할 것이라는 것이었다. 왜냐하면 체코는 베트남의 문제로 인해 중유럽에서 소련의 지원을 상실할 수 없기 때문이었다.

체코인들은 소련인들이 베트남 전쟁의 타결을 원하는지에 대해 전혀 확신할 수 없다. 긴장완화가 소련인들을 가장 불안하게 만든 중유럽에서 소련의 통제의 완화를 초래할 수 있을 것이라고 그는 키신저에게 말했다. 체코인들이 알고 싶은 것은 미국이 평화의 추구에 얼마나 진지한지 아니면, 평화가 지속적인 확대의 연막을 제공하는 것인지, 그리고 중재자가 어떤 역할을 할 수 있는지였다. 키신저는 워싱턴이 명예로운 평화를 추구하는데 의심의 여지없이 진지하고 또 제3자가 분명히 유용하다고 대답했다.[336] 소련의 모호성을 염려하여 체코 공산당 중앙위원회는 미국과 어떤 공식적 접촉도 원하지 않으며 이번 대화도 최소의 사람들에게만 국한되길 바란다고 말했다. 환언한다면 그는 키신저가 워싱턴에 대한 체코의 비공식 채널(back channel)이 되기를 원했다.[337]

월트 로스토우 국가 안보보좌관은 갈수록 매파가 되어 존슨 대통령에게 하이퐁(Haiphong) 항구에 기뢰를 설치하고 월맹에 보다 더 비중을 두도록 촉구했다. 중앙정보국과 웨스트모어랜드 사령관에 의해 고무된 존슨은 미국의 조치를 확대하여 처음으로 라오스에 있는 침투 루트들을 목표물로 삼았지만 이제는 월맹 자체를 침공할 준비가 된 로스토우 만큼 멀리 가지는 않았다. 이 대안은 중국의 개입을 촉발하여 제2의 한국전쟁이 될 두려움 때문에 존슨에 의해 일관되게 거부되었다. 이제 존슨의 정책결정은 매파와 비둘기파를 나누는 것으로 구성되는 것처럼 보였다.

5월 22일을 출발점으로 하여 그는 하노이의 10마일 이내의 목표물에 대한 공격을 중단하자는 맥나마라의 건의를 수용했다. 그 중단은 8월 9일까지 지속되었다. 그리고 나서 존슨은 몇 개의 중대한 목표물에 대한 2주간 동안의 폭격에 동의했다. 동시에 그는 또 한번의 병력 증가를 승인하여 월남에 있는 미군의 총 병력의 수를 처음으로 50만

---

336) Niall Ferguson, *Kissinger 1923-1968,* Vol. 1, *The Idealist,* New York: Penguin Press, 2015, p. 739.
337) *Ibid.*

이상으로 끌어 올렸다. 이 빌어먹을 전쟁을 미국이 승리할 수 있겠는가 라고 존슨은 월남을 여행하고 돌아온 맥나마라에게 물었다. 웨스트모어랜드 사령관의 확신감을 주지 못하는 대답은 상황이 교착상태가 아니며 미국은 느리지만 꾸준하게 이기고 있으며, 만일 미국이 그런 성공을 재강화한다면 속도가 가속화될 것이라고 했다.[338]

그러나 백악관 밖에서는 흐름이 바뀌고 있었다. 3월 2일 로버트 케네디(Robert Kennedy)가 무조건 폭격을 중단하는 것으로 시작하여 베트남에서 미국의 개입을 종식시킬 3가지 항목(a three point)의 계획을 소개했다. 러스크는 실질적으로 유사한 제안들이 이미 탐색되었지만 아무 소용이 없었다고 정확하게 대응한 반면에 존슨은 인기를 위한 흥정안으로 위장된 불명예스러운 타결의 계획이라고 맹렬히 케네디의 계획을 비난했다. 1965년 초에 발생한 첫 반전 항의들이 이제는 미국의 전역에서 불을 켜고 있었다. 베트남 전쟁에 반대하는 절규가 점점 높아가고 있었고 당시의 다른 뜨거운 문제들을 하나의 전국적 거대한 화재로 포괄하고 있었다. 4월 4일 뉴욕의 리버사이드 교회(Riverside Church)에서 마틴 루터 킹(Martin Luther King, Jr.)이 미국 사회에 의해서 장애자가 된 흑인 청년들을 데려 가서 남서부 조지아나 이스트 할렘(East Harlem)에서 그들이 발견하지 못한 자유들을 그곳에서 보장하기 위해 8천 마일이나 떨어진 동남아시아로 보낸다고 전쟁을 비난했다. 꼭 3주 후에 세계의 권투 챔피언인 무하마드 알리(Muhammad Ali)가 종교적인 이유와 개인적 신념을 구실로 징집을 거부했다. 4월에 뉴욕과 샌프란시스코에서, 6월엔 로스앤젤레스에서, 그리고 10월

---

338) *Ibid.,* p. 751.

엔 워싱턴에서 반전 데모가 있었다.

반전 항의자들이 그리고 실제로 존슨 행정부가 전혀 알 수 없었던 것은 1967년 6월에 월맹의 정치국이 1968년에 전쟁에서 승리하도록 계획된 월남정권에 대한 대규모의 공격인 "총공세와 총봉기"(General Offensive, General Uprising)를 위한 구엔치탄(Nguyen Chi Thanh) 장군의 계획을 승인했다는 사실이었다. 구정공세(Tet Offensive)라고 알려진 것을 준비할 책임은 보구엔지압(Vo Nguyen Giap) 장군에게 부여되었다. 하노이 정권 내에서 친-소련 전략의 남아있는 주창자들은 레두안(Le Duan)과 레둑토(Le Duc Tho)에 의해서 수립된 일련의 숙청에서 1967년 7월, 10월, 그리고 12월 3차에 걸쳐 완전히 제거되었다.[339]

아시아에서 공산주의와 싸우는데 익숙해진 사람들만이 상대방을 가늠했다. 리콴유(Lee Kuan Yew) 싱가포르 수상이 1967년 하버드에서 새롭게 재명명된 존 에프 케네디 스쿨(John F. School of Government)을 방문했을 때 그는 베트남 전쟁에 관해 코멘트를 요청하면서 원로 교수들을 만나기 시작했다. 후에 키신저의 회고에 의하면 오직 그만이 이견을 가진 그 교수집단은 존슨 대통령이 전범자인가 아니면 사이코 패스인가의 문제에 관해 주로 갈리었다. 미국이 너무 일찍 베트남을 떠날 수 없다는 존슨 정책의 지루한 비판들을 경청한 뒤에 리콴유는 간단히 응수했다. <하버드 크림슨>(Harvard Crimson) 지에 게재한 글에서 그가 말했던 바에 따르면 "당신들은 나를 구역질나게 한다. 미국은 월남 주변에 군사적 방패를 유지함으로써 지역에 무한한 봉사를 수행하고 있다. 사이공은 싱가포르가 했던 것을 할 수 있다.

---

339) *Ibid.*, p. 753.

만일 미국이 떠나면 그 후엔 우리가 군인이 될 것이다."라고 그는 주장했다. 그는 던스터 하우스(Dunster House)에 모인 학생 관중들에게 "나는 오직 철수가 의미할 무서운 결과를 여러분들에게 말하고 있을 뿐이라고 말했다."[340]

키신저가 실천하는 외교관으로 자신의 명성을 얻은 "펜실베니아" (PENNSYLVANIA) 평화 시도에 관한 정통적 견해는 모호하지 않다. 즉 협상을 시작하는 데 주된 장애는 미국의 월맹 폭격이었다. 하노이는 협상이 시작할 수 있기 전에 폭격이 중단되어야 한다는 것을 분명히 한 반면에 미국은 폭격의 중단에 대한 반대급부로 하노이가 월남에 병사들과 보급품의 침투를 중지하거나 축소하거나 아니면 적어도 증가시키지 않아야 한다고 요구했다. 1967년에 평화가 가까웠다고들 주장했다. 그러나 그것이 손에 닿을 만할 때마다 미국인들은 하노이를 폭격했다고들 한다. 그러나 월맹과 다른 원천의 증거에 기초하는 대안적 견해는 하노이 정권이 구정공세를 치열하게 준비하고 있었기 때문에 1967년에는 가장 먼 평화의 가능성도 결코 없었다는 것이다. 미국은 마이 반 보(Mai Van Bo)라는 고도를 기다린다고 생각했던 데 반해 월맹인들은 그들이 모두 쥐덫에 잡혀 있었고 그들 자신들이 죄인들임을 알고 있었다.[341]

그것은 대부분 파리에서 발생했다. 키신저는 1967년 6월에 퍼그워시 집행위원회의 증가된 회의에 참석하기 위해 그곳으로 출장을 갔다.

---

340) Joel R. Kramer, "Lee Kuan Yew," *Harvard Crimson,* October 23, 1967. (*Ibid.,* p. 753 에서 재인용)

341) Niall Ferguson, *Kissinger 1923-1968,* Vol. 1, *The Idealist,* New York: Penguin Press, 2015, p. 754.

그 회의는 폴란드 태생인 물리학자이며 퍼그워시의 사무총장인 조셉 로드블래트(Joseph Rodblat)와 프랑스의 파스퇴르 연구소(the Institute Pasteur)의 회장이며 미생물학자인 허에르베르 마르코비치(Herbert Marcovitch)에 의해서 소집되었다. 비록 당시의 첫 의제가 이스라엘과 아랍 이웃국가들 사이에 벌어진 6일 전쟁(the Six-Day War)이었지만 그 회의는 베트남에서 전쟁의 확대를 중지시킬 방식을 발견하려고 했다. 사실상, 키신저는 이미 방식을 갖고 있었다. 그것은 정교하게 수정된 "Phase A-Phase B" 라는 수정본이었다. 적절한 채널을 통해 상대방에게 그 쪽의 상응하는 긍정적 조치를 요구하지 않고 월맹의 일방적 폭격을 중지할 미국의 의도를 전달하지만 그들의 그 후 조치들의 토대 위에서 미국이 재고한다는 것이었다.[342]

그 회의는 마르코비치에 의해 그 전달이 수행될 것이라고 결정했다. 마르코비치는 파스퇴르 연구소와 동남아에 있는 그것의 과거의 지부들 사이에 과학적 연결을 재수립한다는 구실로 캄보디아를 통해 하노이로 여행할 것이다. 그는 로마에 있는 유엔의 식량 및 농업기구(FAO)의 고위 관리인 레이몽 오브라크(Raymond Aubrac)와 함께 여행할 것이다. 호치민은 1946년에 오브라크 가족과 함께 살았으며 오브라크의 딸인 바베뜨(Babette)의 대부였다. 처음에 3가지 사항이 특별한 강조를 필요로 했다. 첫째, 보통 베트남 문학에서 저항의 영웅으로 묘사되는 오브라크는 철저한 공산주의자였다. 둘째, 펜실베니아 작전의 시도는 키신저 자신으로부터 나왔다. 그는 러스크 국무장관에게 무엇이 시도되고 있는가를 알렸지만 국무성은 무시했다. 러스크에게

---

342) *Ibid.*

일찍 보낸 전문들 중 하나의 복사본을 본 후에 그가 필요로 하는 공식적 지지를 키신저에게 제공한 것은 맥나마라 국방장관이었다.[343] 셋째, 미국의 폭격을 위한 출격의 타이밍은 중재자들이 실제로 하노이에 가서 그곳으로 돌아올 생각이었기 때문에 펜실베니아의 경우에 추가적 중요성을 갖고 있었다. 미국 비행기들이 8월 20일에 하노이와 하이퐁을 공격했을 때 그것은 소름이 끼치는 미국의 실수였다. 그때는 마르코비치와 오브라크가 하노이에 도착하기로 예정된 시간이었다. 그리고 존슨이 키신저에게 8월 24일을 기점으로 그들의 안전을 보장하고 미국의 선의의 표시로 하노이 주변에서 폭격유형에서 현저한 변화가 있을 것이라고 말하도록 승인한 하루 후였다.

1967년 8월보다 존슨 외교의 왼손과 전쟁수행의 오른손이 서로 결코 조정되지 않은 최악의 상황은 없었다. 이것은 하노이의 이중 거래를 크게 촉진시켰다. 오브라크와 마르코비치는 7월 9일 캄보디아에 도착했다. 프놈펜에 있는 월맹의 대사관에서 그들에게 하노이로 갈 비자를 발급하도록 설득하는 데 이틀이 걸렸다. 21일 그들은 그곳으로 비행하여 24일 오후에 팜반동과 늙은 호치민을 만났다 그리고 다음 날 그들은 팜반동과 팜응옥타익(Pham Ngoc Thach)을 만났다. 그들은 하노이에서 미국 폭격의 파괴적 효과를 직접 볼 시간도 가졌다. 그들은 파리로 돌아온 직후에 그 두 프랑스인들이 키신저를 만나서 하노이에서 그들이 가진 대화에 대해 보고하고 오브라크와의 회담에 관한 노트들도 제공했다. 키신저는 서둘러서 그러나 꼼꼼하게 그들이 그에게 말한 것을 워싱턴으로 전달했다.

---

343) *Ibid.*, p. 756.

여러 가지 방식으로 그것은 돌파구처럼 보였다. 그 대화는 흥미로웠다. 오브라크가 팜반동에게 폭격이 중지했다는 공식적 선언을 원하는지 아니면 폭격의 사실상 중단으로 만족하는지를 물었을 때 베트남 수상은 사실상 폭격의 중단을 수락한다고 대답했다. 그리고 나서 오브라크가 폭격의 중단과 협상의 시작 사이에 어떤 지연이 있어야 하느냐고 물었을 때 그에 대해 팜반동은 다소 생략하듯이 그것은 문제가 아니라고 대답했다. 오브라크가 어떤 채널이 사용되어야 하는지를 묻자 팜반동은 그것 역시 문제가 아니지만 양측에서 승인된 인물이어야 한다고 대답했다. 그는 프랑스인들에게 처음 협상은 주역들인 미국과 월맹에 영향을 미치는 문제들에 관해서 이루어질 수 있을 것이라고 말했다. 그리고 월남에 영향을 주는 문제들이 제기될 때에만 민족해방전선이 참석할 필요가 있을 것이라고 부언했다. 오브라크와 마르코비치는 이 모든 대화로부터 팜반동이 내다보는 시나리오는 수용할 만한 후원 하에서 협상을 시작함으로써 수일 내에 뒤따를 미국의 폭격을 중단하는 것과 관련되었다고 유추했다. 팜반동과의 만찬은 아주 고무적이었다.

다음날 그들의 회담에서 팜반동은 지금까지와는 대조적으로 월맹의 군사적 결의에 대한 도전적 주장을 그들에게 퍼부었다.

"백악관과 펜타곤은 월맹에 대한 전쟁을 계속할 결심인 것으로 보인다. 그러므로 우리는 월맹에 대한 공격이 증가할 것으로 생각한다. … 우리는 우리의 영토에서 전쟁을 수용할 준비가 되어 있다. 우리의 군사적 잠재력은 소련과 다른 사회주의 국가들로부터 오는 원조 때문에 증가하고 있다. … 전투장의 상황에 대해서 말한다면 그것은 항상 향상하고 있다. … 우리는 우리가 선택할 때에만 싸운다. 우리는 자원들을 절약하고 있다. 우리는 오직 정치적 목적을 위해서만 싸운다. 우리는 사이공 내에서 쉽게 우리의 조치들을 높일 수 있다. 그러나 우리는 정치적 의미가 있고 사람의 생명을 절약하는 행동들만 취할 것이다. … 우리는 우리의 독립을 위해 4천년 동안 싸웠다. 우리는 몽골인들을 3차례 패배시켰다. 비록 강하긴 하지만 미국은 징기스칸 만큼 무섭지는 않다."[344]

이것은 전날의 주장에 대한 되풀이의 전주곡에 지나지 않았다. 하노이는 폭격의 중단에 대한 공개적 인정없이 사실상의 중단에 타협할 용의가 있었다. 만일 미국인들이 공습을 중단한다면 우리는 그들이 대화하려고 한다고 이해할 것이다. 그러면 지연의 문제가 없을 것이다. 협상 그 자체는 비밀로 유지되어야 한다. 협상이 월남을 다루지 않는 한 민족해방전선도 밖에 머물 것이다. 그리고 팜반동은 새로운 사항을 추가했다. 그는 약간의 미군이 정치적 타격과정이 끝날 때까지 머물러야 할 것이다. "우리는 미국에 굴욕을 주기를 원하지 않는다"고 말하면서 거기에서 멈추지 않았다.

"우리의 입장은 이렇다: 월맹은 사회주의 국가이며 또 그렇게 남기를 원한다. 남쪽에 관해서 우리의 목적은 국가적 독립, 민주주의, 평화와 중립이다. 어떤 사람들은 우리가 남쪽에 사회주의를 강요하길 원한다고 생각한다. 우리는 민족해방전선이 그런 실수를 하지 않을 것이라고 확신한다. 민족해방전선은 괴뢰정부의 구성원들을 포함하여 과거의 활동을 고려하지 않고 모든 중요한 집단과 종

---

344) *Ibid.*, p. 757.

교를 포함하여 광범위한 연립정부를 상정하고 있다. 본질적인 것은 과거를 잊는 것이다. 통일에 관해서 말한다면, 우리는 중대한 첫 단계가 남쪽의 정치적 타결임을 인정한다. 우리는 통일을 위해 밀어붙이지 않기를 동의한다. 일단 남쪽에서 전쟁이 타결되면 우리는 남쪽과 논의할 것이고 최선의 수단을 발견할 것이다."[345]

마르코비치의 생-클루(Saint-Cloud)의 집에서 키신저는 이 모든 말에 귀를 기울였다. 프랑스어가 그의 강점이 아니라서 그는 거듭해서 영어로 번역을 요청해야만 했다. 그들이 끝냈을 때 그는 그들이 무엇인가 새로운 것을 가지고 왔다고 간단히 말했다. 그는 자신의 보고서를 작성하고 집으로 비행했다. 협상위원회는 훨씬 더 흥분해서 반응했고 팜반동과의 대화를 상당히 잠재적으로 중요한 것으로 간주할 적어도 4가지 이유를 탐색했다. 맥나마라는 그것을 협상에 관한 가장 흥미로운 메시지라고 불렀지만 인정하듯이 존슨, 로스토우, 그리고 윌리엄 번디는 모두가 회의적이었다. 실제로 존슨은 폭격작전의 계획된 확대에 보다 더 초점을 맞추었다.[346]

오브라크와 마르코비치가 월맹에 줄 키신저가 작성한 답변의 첫 방안은 선명했다. 미국은 만일 이것이 미국과 월맹의 대표자들 사이에 즉각적으로 생산적인 논의를 가져온다면 월맹에 대한 공습과 해상 폭격을 중지할 용의가 있었다. 미국은 공개적이든 비밀로든 논의가 진행할 것으로 가정하는 반면에 월맹군은 폭격 중단이나 제한의 이득을 취하려 하지 않을 것이었다. 프랑스인들은 하노이로 돌아갈 용의

---

345) *Ibid.*, p. 758.
346) *Ibid.*

가 있다고 답변했지만 그들은 미국 답변의 프랑스어 판을 원했다. 이것은 합의되었다. 이제는 기다리는 일만 남았다. 오브라크와 마르코비치는 월맹의 공사관에 하노이로 여행할 의도를 다시 전달했지만 그들은 지속되고 있는 미국의 폭격이 그것을 불가능하게 만들었다고 전달받았다. 비합리적이지 않게 프랑스인들은 키신저에게 폭격이 적어도 일시적으로나마 중지될 보장을 얻어내도록 압력을 가했다.

8월 18일 존슨은 하노이 주변에 10마일 내에 폭격의 중지에 동의했다. 러스크가 지적했듯이 25일에 이 친구들이 그곳에 도착할 것이며 그들이 그곳에 도착할 때 그들을 때리는 것은 좋지 않았다. 그는 키신저가 비밀접촉을 수립할 기회는 50대 1이라고 생각했다. 맥나마라는 그 가능성을 10대 1로 보았다. 그러므로 국방장관은 키신저로 하여금 8월 24일을 기점으로 그들의 개인적인 안전을 보장하기 위해, 그리고 미국의 선의의 표시로, 하노이의 주변에 폭격 유형이 현저하게 변할 것이라고 말해도 좋다고 승인했다. 키신저는 최후의 통첩이라는 인상을 피하기 위해서 지리적인 범위와 폭격 유형의 변화의 지속기간에 관해서 일부러 막연히 했다. 그러나 맥나마라는 하노이의 공습이 9월 4일에 재개될 것으로 그가 구체적으로 제시해야 한다고 주장했다.

월맹은 비자의 발급을 단호히 거부했으며 프랑스인들이 중요한 메시지를 가져올 것이라는 명시적 시사에도 불구하고 이 거부에 집착했다. 맥나마라는 이것이 월맹의 날씨 호전으로 8월 20일과 8월 23일 사이에 수행된 미국의 제파식 공격에 대한 반응으로 가정했다. 그러나 이것이 비자신청에 대한 거부의 구실이라는 데에는 고도로 의심스러웠다. 오브라크와 마르코비치가 8월 25일에 마이 반 보(Mai Van Bo)를 만났을 때 그는 키신저의 역할에 관해서 뿐만 아니라 워싱턴으로부터 최신의 통신에 명백한 관심을 보였지만 이 정보를 하노이에 전문으로 보내겠다고 보장하면서 그들을 간단히 돌려보냈다. 다음 주동안 마이 반 보는 오브라크와 마르코비치와 매일 통신을 했지만 그 것은 항상 "대답이 없는 대답"이었다.

8월 29일에도 마이 반 보는 하노이로부터 아무 소리도 듣지 못했다. 하노이와의 통신에 기술적 고장이 있었기 때문이다. 프랑스인들은 미국폭격의 확대로 비자를 받을 수 없었지만 그럼에도 불구하고 오브라크와 마르코비치는 파리에 남았다. 9월 2일 마이 반 보는 하노이의 폭격중지가 다음 며칠간 더 연장되어야 한다고 요구했다. 키신저는 72시간 동안 연장될 것이라고 말할 수 있다는 승인을 받았다. 9월 4일 마이 반 보는 지연을 미국의 공습 탓으로 돌렸다. 9월 6일 마르코비치가 마이 반 보를 만났을 때 그는 하노이 폭격중단의 3일간 연장을 궁극적인 성질을 가진 것으로 간주한다는 인상을 형성했지만 이것은 마이 반 보의 얼음장 같은 반작용으로부터의 유추였다. 사실 마이 반 보는 폭격중지가 2~3배 더 길었다고 할지라도 완고했을 것이었다.

키신저는 파리에서 무작정 기다리지 않았다. 그는 케임브리지로 돌아와 하버드 학기의 시작을 준비했다. 오브라크는 로마로 돌아갔다. 그리하여 이것은 기이한 통신의 문제를 초래했다. 마르코비치는 마이 반 보와의 회담의 서면 설명서를 보내는데 미국의 외교행랑의 사용을 거부했다. 그리하여 적어도 하나의 핵심적 메시지가 정규항공메일로 보내졌다. 그러나 9월 8일 밤에 독일에서 과거에 약속된 강의를 하러

가는 길에 파리에 돌아왔다. 중대하게도 마이 반 보는 마르코비치에게 만일 키신저가 파리로 돌아온다면 그가 하노이로부터 그를 만나는 허락을 요청하겠다고 말했다. 펜실베니아 작전은 이제 존슨 대통령의 관심을 끌만큼 충분히 심각해졌다.[347]

9월 5일 존슨 대통령은 키신저 프로젝트에 관한 모든 파일을 요구했다. 그리고 그는 로스토우에게 그것을 중앙정보국장인 리처드 헬름스(Richard Helms)에게 보내라고 지시했다. 헬름스의 평가는 혼합되었다. 키신저의 메시지에 답변하는데 있어서 월맹 측의 지연은 그 지역에서 미국의 동기에 대한 깊은 불신으로 강화된 것으로 타이밍과 해석의 복합적 요인들을 반영한다고 볼 수 있다. 다른 한편으로 하노이는 폭격의 무조건적 중단과 그들의 4개 항목에 기초한 타결을 계속해서 고집했다. 그들은 아직도 그러한 목적들을 타협할 어떤 용의 표명도 보여주지 않았다. 윌리엄 번디도 동등하게 모호했다. 그는 하노이가 미국을 속이고 단지 하노이 폭격 예외만을 연장하려고 할 가능성을 전혀 배제할 수가 없었다. 존슨은 이제 키신저의 채널에 아주 많은 관심을 가졌지만 로스토우나 러스크는 그에게 계단에서는 많은 소음이 있는 반면에 아무도 방에 들어오지 않았다는 사실을 상기시켰다.[348]

이제 키신저가 압박을 강화해야 한다는 데 합의가 이루어졌다. 그리고 키신저는 마르코비치를 통해 하노이로부터 아무런 대답도 받지 못한데 대한 미국의 점증하는 초조감을 전달하고 남쪽에서 미국이 감내하는 수많은 공격과 지금까지 미국의 자제를 비교하였다. 키신저는

---

347) Niall Ferguson, *Kissinger 1923-1968*, Vol. 1, *The Idealist*, New York: Penguin Press, 2015, p. 761.
348) *Ibid.*

오브라크에게 미국의 관리들은 하노이와의 통신이 일방적이라는 인상을 받았다고 강조해서 말했다. 미국은 하노이가 미국의 제안에 대한 아무런 신호도 없이 연장된 시기에 걸쳐 일방적 자제를 행사하도록 요구받을 수 없을 것이다고 말하면서도 키신저는 하나의 사탕을 추가했다. 그는 8월 말에 있었던 하노이에 대한 공습은 관료적 실책에 책임을 돌리고 미국의 정책결정과정의 복잡성을 이해할 수 있는 유일한 다른 정부는 아마도 소련일 것이라고 지적했다. 그리하여 의심의 여지없이 마이 반 보에게 잘 먹힐 소련에 대한 일침이었다.

계속된 일정에서 마이 반 보의 행위에 대한 조심스러운 연구는 번디가 다시 옳았음을 암시했다. 정말로 하노이는 워싱턴을 속이고 있었다. 8일에 마이 반 보는 마르코비치에게 키신저가 얼마나 오랫동안 파리에 머물지를 물었고 10일간이라는 답을 들었다. 마이 반 보의 반응은 그 기간 동안에 하노이의 폭격이 없다면 무엇인가가 발생할 수 있을 것이라는 것이었다. 9일에 오브라크와 마르코비치에 의해 점증하는 미국의 초조감에 관해 경고를 받은 마이 반 보는 월트 로스토우가 그것을 승인했는가를 물었다. 프랑스인들은 그가 누구인지를 몰랐다. 그러자 그는 8월 25일의 메시지가 여전히 타당한지를 진실로 묻고 싶다고 설명했다. 그러면서 그는 남북 베트남에서 한국형의 "맥나마라 라인"(McNamara Line)을 창조하려는 미국의 어떤 시도로 형제들을 영원히 분리시키려는 정치적 행동으로 간주될 것이라고 경고했다. 그런 사항들은 미국 측에 하노이가 훌륭한 정보통을 갖고 있으며 한동안 갖고 놀겠다는 것을 분명히 전달하려고 의도된 것이었다.

9월 11일 마침내 마이 반 보는 프랑스인들에게 공식 답변을 넘겨주었다. 그것은 전적으로 부정적이었으며 미국이 최후통첩을 발표했다고 비난하고 그리고 폭격의 무조건 중단, 미군의 철수, 그리고 민족해방전선의 인정 같은 이제는 익숙한 요구들을 하였다. 그 메시지를 액면 그대로 받아들이고 A-M 채널(Aubrac-Marcovitch channel)을 끝내지 않고 키신저는 워싱턴에게 그 메시지를 복잡한 흥정과정의 첫 단계로 다루면서 하노이의 기분과 의도를 보다 더 충분히 탐색하고 공식적 기록을 향상시키는 기회를 포착하도록 촉구했다. 하노이의 반응을 첫 단계로 간주하는데 있어서 키신저가 옳았다고 생각할 수는 없었다고 로스토우는 말했다. 키신저가 훌륭한 분석가이긴 하지만 그는 곤란에 처하면 다소간 연성이 될 것이라는 데 러스크도 동의했다. 키신저는 기본적으로 그들 편이었지만 그가 속았다고 러스크는 말했다. 그들은 옳았다.[349]

키신저-마이 반 보의 회담을 하노이에 계속해서 구걸하고 하이퐁의 폭격을 계속 변명하는 것은 유약함의 분명한 과시였다. 키신저는 마이 반 보를 만나는 것이 너무 필사적이 되어서 그는 정교한 계략을 마련하였고 그 계략에 의해 마르코비치는 월맹의 공사에게 키신저가 새로운 미국의 메시지뿐만 아니라 개인적으로 직접 전달하라고 지시를 받았다고 말하면서 평범한 종이에 서명도 없는 하나의 봉해진 봉투에 노트를 전해주었다. 마인 반 보는 분명히 그 계략이 아주 흥미로운 것임을 발견했다. 그는 마로코비치에게 키신저를 만날 수는 없지만 만일 필요하다면 봉해진 봉투 속에 서명이 안 된 편지들로써 그 채널을 기꺼이 유지하고 싶다고 말했다. 미국은 어떤 교환에 조금씩 다가갈 수

---

349) *Ibid.*, p. 764.

있다는 것이 워싱턴에 대한 키신저의 희망찬 메시지였다.[350]

키신저가 워싱턴에 미국이 과도하게 열성적이라는 인상을 주지 말라고 말하면 할수록 그 자신은 보다 더 열정적으로 변해갔다. 이제 마이 반 보가 최초의 미국측 통신을 받은 지 25일이 지났다. 짜증내는 프랑스인들에게 마이 반 보가 해줄 수 있는 말은 이것이었다. "우리는 키신저를 통해서 통신하길 원하지 않는다는 결론에 도달했다. 그러나 당신들과 키신저는 계속하길 원한다." 이틀 후에 그는 하노이 밖 목표물의 계속된 폭격과 갈등을 박멸의 지점까지 실제로 확대하면서 협상을 추구하는 두 얼굴의 정책을 비난하고 미국행위에 대한 또 다른 신랄한 규탄을 퍼부었다. 9월 30일 그는 8월 25일자 미국의 편지가 암시적으로 조건부라서 받아들일 수 없다고 다시 한 번 되풀이했다. 미국이 폭격을 모두 중지할 경우라면 키신저가 자기의 모자를 쓰고 파리에 즉시 와야 한다는 것이었다.

10월 2일 마이 반 보가 마르코비치와 만난 것은 고도의 도착을 예시하는 것으로 보였다. 마르코비치가 마이 반 보의 성명을 키신저에게 전하기 위해 쓴 노트는 하노이가 폭격의 무조건 중단을 공식적 선언으로 간주할 것이라는 점을 제안했다. 다시 한 번 회의론이 지배적이었다. 늘 그랬듯이 외교적 실망에 대한 존슨의 반응은 맥나마라에게 할 수 있는 모든 목표물들을 공격하라는 것이었다. 존슨은 외교와 전쟁을 같은 정책과정의 요소들이 아니라 서로가 대안적이라고 고집했다.[351]

---

350) *Ibid.*
351) *Ibid.*, p. 766.

늦은 밤에 백악관에서 존슨과 맥나마라, 로스토우, 그리고 러스크가 미국이 폭격을 중단하자마자 월맹이 군사적 노력을 확대하는 등 그들이 악감정으로 행동할 경우를 대비해서 존슨을 커버할 답변을 작성하려고 애를 썼다. 그 결과는 키신저가 마이 반 보에게 전달하도록 지시를 받은 방안이었다. 그것은 월맹에 대한 미국이 모든 형태의 폭격을 아무런 조건 없이 중지 하자마자 월맹은 미국과 즉각적으로 생산적인 논의에 들어갈 것이다. 이 논의의 목적은 미국과 월맹 사이에 문제들을 해소할 것이다. 미국 정부는 8월 25일의 제안에 따라서 월맹에게 미리 폭격이 중단될 정확한 날짜를 전달하고 논의의 시작을 위한 날짜와 장소를 제시할 것이라고 되어 있었다. 그리고 나서 이런 토대 위에서 존슨은 월맹의 폭격을 중단할 준비를 했다. 그 회담에서 미국을 대표할 가장 적합한 사람으로 맥나마라는 노쇠한 해리먼을 헨리 키신저로 대체하는 데 찬성했다. 그러나 이 모든 것은 시기 상조였다. 1967년 10월 8일 오전에 프랑스인들이 마이 반 보를 만났을 때 그는 조건 없이 폭격을 중단하겠다는 미국의 용의를 밝히는 첫 구절 후에 나타나는 모든 것은 사실상 조건들을 구성한다고 즉시 반대했다. 그는 10월 8일 메시지에는 새로운 것이 아무 것도 없다고 단호히 거부했다. 10월 17일 그는 마르코비치에게 미국의 평화제안들은 2개의 얼굴을 갖고 있다고 지적했다.

로스토우는 구역질이 났다. 키신저는 파리로 계획된 일정을 연기했다. 백악관에서는 분위기가 다시 어두워졌다. 10월 17일 키신저는 펜실베니아 작전을 구출하기 위해서 절망적인 심정으로 로스토우에게 전화를 했다. 키신저는 파리에서 온 가장 최근의 통신에 대한 전적으로 부정적인 해석에 완전히 의견을 달리했다. 키신저는 마이 반 보에게 다음과 같이 말하자고 권유했다.

"폭격이 무조건 중단될 때 당신이 생산적 논의에 들어갈 용의가 있다는 것을 의미하는 것으로 당신의 메시지를 해석한다. 그리고 우리는 축소의 기간을 그런 논의를 위한 시간과 장소를 탐색할 계기로 기꺼이 간주할 것이다. 이 토대 위에서 우리는 폭격을 20도 선으로 줄이고 그리고 우리들은 우리의 해석이 정확하다고 당신이 확인한다면 폭격을 무조건 중단할 준비가 되어 있다."[352]

키신저의 가정은 외부인에게는 의도적으로 보이는 것이 현실에서는 베이징과 모스크바 사이에서 쉽지 않은 통과를 반영할지도 모른다는 것이었다. 월맹의 정책은 정치적 생존을 위한 개인들 간의 타협안이었다. 그리하여 그것이 선명하지 못하고 완곡하고 복잡한 것이었다. 10월 18일 저녁때 키신저는 백악관에 초대되었다. 그때 그는 존슨 대통령과 그의 내부서클(inner circle)을 만날 수 있었다. 키신저는 마이 반 보가 이것을 계속 유지하고 싶어한다는 자신의 주장을 했다. 대통령의 반응이 어쩌면 옳았다. 존슨 대통령의 판단은 그들은 우리가 단지 하노이를 폭격하지 않기 때문에 이 채널을 유지하고 있다는 것이었다. 백악관에서는 찬반의 논의가 있었지만 존슨 대통령은 키신저에게 마지막 기회를 주고자 했다.[353]

분명히 펜실베니아 채널의 마이 반 보의 주된 편의성은 영향력이

---

352) *Ibid.*, pp. 769-770에서 재인용.
353) *Ibid.*, p. 771.

있는 미국의 브레인(brain)을 뽑을 기회를 제공할 뿐만 아니라 하노이의 진정한 의도를 위장하는 데 있었다. 미국의 대통령 선거가 이제 1년 정도 밖에 남지 않은 시점에서 미국의 국내정치적 상황이 하노이에게는 점점 더 흥미로웠다. 마치 키신저를 흉내 내듯이 마이 반 보는 이 기간 내내 미국의 언론인들과 인터뷰를 계속했으며 특히 특약을 맺은(syndicated) 칼럼니스트인 조 크래프트(Joe Kraft)와 인터뷰를 했다. 그가 웃으면서 마르코비치에게 설명했듯이 그는 어떤 공식적으로 연계된 미국인도 만날 수 있는 승인을 하노이로부터 받지 않았다. 그러나 그는 자신이 간접적으로 그리고 극적으로 워싱턴에서 정치적 상황에 영향을 미치고 있다는 것을 알지 못했을 것이다. 맥나마라는 키신저가 무협상(non-negotiation)을 대단하게 다루고 있다고 칭찬했다. 존슨은 키신저에게 편지를 써서 키신저가 평화로 가는 길을 모색하는 기술과 헌신에 대해 자신의 존경을 표현했다.354)

10월 20일 키신저는 국무성으로부터 길고 분노에 찬 지시들을 갖고 또 다시 파리에 도착했다. 미국은 8주 동안 하노이 가까운 주변에서 폭격을 일방적으로 거듭 자제했지만 어느 시점에서도 월맹정부는 미국의 제안에 따라 폭격이 중단될 경우에 조차 미국과 논의할 이 채널이나 다른 채널을 시사하는 어떤 시도도 하지 않았다. 그리고 차이점에 대한 평화적 타결을 가져올 논의를 어떻게 진행할 것인지에 대해 아무런 실질적 역제안도 하지 않았다는 내용이었다. 키신저에게는 기분 좋게도 마르코비치가 미리 흥분 상태에 있는 것을 발견했다. 오브라크도 로마에서 도착했을 때 똑같이 환상적이었다. 이제 또 다시

---

354) *Ibid.*, p. 772.

고도(Godot)를 기다리는 일만 남았다. 10월 20일 그날 밤에 오브라크와 마르코비치가 또 하나의 기술적으로 작성된 문건을 가지고 마이 반 보를 만나러 출발했다. 그러나 마이 반 보는 그들을 만나 주지도 않았다. 그들이 통화했을 때 그 월맹의 공사는 완강했다. 그는 과거의 문구를 거듭해서 이전처럼 되풀이할 뿐이었다. 키신저는 프랑스인들이 미칠 지경이라고 워싱턴에 보고했다. 마르코비치는 울상이었고 오브라크는 극도의 심리적 압박을 받았다. 월트 로스토우는 그것이 파리 채널의 끝이었다고 회고했다. 파일을 재검토하면서 그는 월맹은 키신저와의 대화를 15번이나 거절했다고 계산했다. 결국 존슨 대통령은 원점으로 돌아온 것이었다. 키신저는 존슨 주변의 매파들에 의해서 패배했다.[355]

그 사이에 하노이는 섬멸의 전략을 추구하라는 호치민에 대한 마오쩌둥의 권유에 따라 그것의 맹공격을 시작할 준비가 되었다. 1967년 10월 월맹 공산당 정치국은 구정공세(Tet Offensive)를 착수할 결정을 내렸다. "총공세 총봉기" 전략은 사이공, 후에, 다낭이라는 남쪽의 주요 도시들에 대한 전면적 공격을 하도록 계획되었다. 월맹에서 민족해방전선의 일원인 트루옹 콩 동(Truong Cong Dong)의 말에 의하면 회담은 미국인들이 그들에게 패배를 안기거나 아니면 그들이 미국에게 패배를 안길 때 시작할 것이었다. 모든 것은 전투장에서 해결될 것이었다. 이것은 하노이가 1967년에 평화회담에 조금이라도 진지했다는 생각이 틀렸음을 입증해 주었다.[356] 구정공세가 기습이었다는

---

355) *Ibid.*, p. 779.
356) *Ibid.*, p. 781.

것은 베트남 전쟁 중 수없이 많은 정보실패의 하나였다. 그러나 전략적 실수도 있었다. 이제 존슨은 그에게 불가능한 입장으로 보이는 처지에 처했다.

록펠러에 대한 키신저의 권유는 이전처럼 새롭고 인기있는 입장을 내세우라는 것이었다. 그러나 록펠러는 여전히 망설였다. 3월 10일 <타임즈>(Times)는 그의 보좌관들이 베트남에 대해 깊게 분열되었다고 보도했다. 그 사이에 닉슨은 키신저가 추천하고 있는 바로 그런 종류의 벼랑 끝에 있었다. 그는 그럴 필요가 없었다. 존슨은 과감한 조치를 결정했다. 텔레비전을 통해서 그는 3가지를 발표했다. 첫째, 하노이가 평화회담을 시작하도록 하는 인센티브로 부분적인 폭격의 중단, 둘째, 가능한 한 빨리 협상을 수행하도록 애버럴 해리먼의 임명, 셋째, 대통령 경합에서 자신의 철수였다. 여기에 아무도 적절히 생각하지 못했던 또 하나의 결정이 있었다. 월맹에게는 미국이 대단히 어려움에 처해 있다는 생생한 증거가 있었다. 그리고 그것은 구정공세에서 실패한 뒤 월맹에게 위안이 되는 생각이었다. 즉 예비논의에 동의하는 결정은 쉬웠다. 레두안(Le Duan)은 실질적 논의가 필요하지는 않아도 즉각적 거절이 존슨의 출마 포기 후에 하노이의 국제적 이미지를 해칠 것이라고 주장했다. 그들은 과거처럼 오직 모든 폭격의 무조건적 중단 후에 이것들이 시작할 수 있을 것이라고 계속해서 주장했다. 또 다른 비밀 시도가 이미 착수되었다. 이번에는 이탈리아인들이 중재자들이었다. 그것은 이미 비밀리에 진행중인 것을 공개하는 것 이상이었다.

월남의 지도자들인 티에우(Tieu) 와 키(Ky)는 반대로 미국의 철수로 나아갈 비탈길의 전망에 경악했다. 미국 측이 월맹의 대표들에게 양보할 것보다 얼마나 더 많은 요구를 할 계획인지를 그들이 알았다면 안심했을 지도 모른다. 하노이는 제네바, 비엔나 등의 여러 장소를 거부했다. 최종적으로 러스크가 파리를 제안했고 동의가 이루어졌다. 그리고 해리먼이 사이러스 밴스(Cyrus Vance)와 같이 프랑스로 비행할 준비가 되었다. 그러나 1년 전에 파리에서 평화를 중재하려고 노력하고 실패한 사람들은 잊혀지지 않았다. 해리먼은 키신저에 보내는 편지에서 키신저의 모든 힘든 일이 이제 일어나는 미국의 논의를 위해 토대를 놓았다고 믿고 그에게 깊은 감사를 표했다.

1968년 5월 파리평화를 위한 장소로서, 특히 공산주의 정권과의 협상을 위한 장소로서 파리의 선택은 그 보다 더 나쁠 수는 없었다. 5월에 학생들의 폭력적 시위가 소르본느(Sorbonne)와 파리 시내의 중심부에 다다랐다. 소르본느와 공화국 궁전에 많은 붉은 깃발들이 있어서 하노이의 대표자들은 편안함을 느꼈다. 조르주 퐁피두(Georges Pompidou) 수상은 프랑스의 상황을 중세의 침울함에 비교했다. 드골은 그에게 알리지 않고 국경을 넘어서 바덴-바덴(Baden-Baden)으로 피신하여 군대를 자기 뒤에 끌어들였다. 해리먼과 밴스는 한동안 초기의 프랑스 내전으로 날아든 것처럼 보였다. 예상대로 회담은 전혀 진전을 이루지 못했다. 키신저는 파리의 대표단들 누구와도 접촉하지 않았다.

헨리 키신저가 파리 평화회담에 아무런 관심을 갖지 않은 데에는 3가지 이유가 있었다. 첫째, 그는 물론 초대되지 않았다. 둘째, 낸시 매긴스(Nancy Maginnes)가 이제 미국으로 돌아왔다. 셋째, 1968년 4월부터 8월까지 그는 미국의 대통령이 되기 위해 공화당의 후보자가 되려는 록펠러의 세 번째 시도에 주로 전념했다. 4월 10일 <뉴욕 타임즈>는 록펠러가 외교정책을 위해 헨리 키신저를 고용했다고 보도했다. 키신저는 화를 냈다. 그는 자기의 신분은 늘 그랬던 것처럼 참여의 정도를 스스로 결정하는 외부 상담역이라고 말했다. 그것은 진실이었다. 존슨 대통령이 닉슨이 백악관에 오는 걸 막기 위해 그에게 수줍어하는 입장을 포기하고 적극적 후보자가 되라고 촉구한 1주일 후인 4월 30일 록펠러는 출마를 선언하고 매사추세츠 예선에서 승리했다. 다음날 록펠러는 키신저가 작성한 연설을 했다. 제목은 "정의로운 새로운 세계질서의 건설"(the Building of a Just World Order)이었다.357) 그것은 베트남의 위기를 핵과 재정적 조건에서 미국의 상대적 하락으로 인해서 세계질서의 일반적 위기의 일부로 보고, 공산주의 세계의 균열, 그리고 지구의 가장 깊은 분단은 동서가 아니라 남북간, 즉 부국과 빈국 사이라는 점증하는 인식을 보여주었다.

그런 맥락에서 베트남에서 전쟁에 대한 건전한 평가를 할 때이다. 군사적으로 미국은 승리가 영토의 통제에 달려있다는 금언을 적용했다. 그러나 베트남에서 적의 목적은 영토를 장악하는 것이 아니라 질서 있는 정부를 분열시키는 것이었다. 미국의 개념은 점증하는 폭력의 수준과 교착상태를 가져왔다. 그 사이에 월남의 전쟁 노력은 더욱더 미국화 되었다. 정치적으로도 실패했다. 평화화 노력은 베트남의 마을 사람들에게 적합한 안전을 간단히 제공하지 못했다. 이 모든 것

---

357) Niall Ferguson, *Kissinger 1923-1968,* Vol. 1, *The Idealist,* New York: Penguin Press, 2015, p. 817.

들로 봐서 록펠러는 미국인들의 대다수가 순전히 군사적 해결은 없다고 합리적으로 결론지었다고 선언했다. 인정하듯이, 뒤따르는 긴 제안들의 목록은 새롭거나 놀라운 것을 별로 내포하지 않은 것이 분명했다. 그러나 그 연설은 닉슨이 인정한 장식으로 끝났다.

> "공산주의 중국에 관해서 우리는 얻은 것이 없다, 그리고 우리는 그렇게 거대한 인민의 자아 고립을 돕거나 고무하여 아무 것도 입증하지 못했다. 그 대신에 우리는 우리 모두의 이익을 위해서 접촉과 통신을 조성해야만 한다. 이것은 공산주의 세계와 우리의 전 미래에 중대하게 영향을 미칠 수 있을 것이다. 왜냐하면 공산주의 중국과 소련과의 미묘한 3각에서 우리가 양국의 평화 의지를 시험할 수 있듯이 우리의 각국과의 관계를 궁극적으로 향상시킬 수 있을 것이다."358)

이것은 3년 후에 키신저가 베이징에 출현함으로써 세계를 놀라게 했을 때 그가 시작할 정확히 3각 외교의 뒤에 있는 철학이었다.359)

어쩌면 놀랍지 않게도 키신저의 주된 책임은 록펠러의 외교정책 연설문을 작성하는 것이었다. 6월 15일 그는 워싱턴에서 정책결정을 향상시키기 위한 구체적인 제안을 제시한 "외교정책 수행을 위한 정부조직"(Government Organization for the Conduct of Foreign Policy)에 관한 또 하나의 중요한 연설문을 작성했다.360) 대통령의 행정 사무실

---

358) *Ibid.,* pp. 817-818 에서 재인용.
359) Walter Isaacson, *Kissinger: A Biography,* New York: Simon & Schuster, 1993, p. 126.
360) Niall Ferguson, *Kissinger 1923-1968,* Vol. 1, *The Idealist,* New York: Penguin Press, 2015, pp. 819-820.

에 국제적 정책과 프로그램들의 사무실이 장기적 기획과 조정 그리고 프로그램의 평가에 관한 소멸해가는 일을 맞도록 창설되어야 한다. 새로운 국가안보검토이사회도 설립되어 전략이 전술들을 지도하는 것을 확실히 해야 한다. 그리고 그는 앞선 연설문들의 주제를 토대로 하여 그는 외교정책에 대한 록펠러의 강령도 작성했다.

1960년대 말의 변화된 환경 하에서 키신저는 5개항이 이해될 필요가 있다고 주장했다. 첫째, 미국은 세계의 경찰로 행동할 수 없다. 둘째, 미국은 잘 정의된 우선순위에 따라 미국의 자원을 잘 측정하고 할당해야 한다. 셋째, 미국의 작은 규모의 병력을 파병하기 전에 이 행동의 모든 광범위한 의미를 직면해야 한다. 넷째, 현지의 자원을 최대한으로 이용하도록 주장해야 하며 미국은 동맹국들을 지원해야지 그들을 대치해서는 안 된다. 다섯째, 미국은 가능한 곳에서 유엔을 통해 가장 널리 가능한 국제적 협력을 확실히 해야 한다. 미국의 일방적 개입은 오직 마지막 수단이며 또 오직 압도적 위험에 대한 반응이어야 한다. 이 5개 항목들이 부인하는 행위인 베트남 전쟁에 관해서 미국은 민주적 절차들을 존중하는 어떤 집단도 월남의 정치적 삶에 자유롭게 참여하는 원칙에 입각하여 이제는 명예로운 평화를 달성할 필요가 있다. 그 사이에 미국은 이 전쟁을 가능한 한 신속하게 탈-미국화 해야 한다.[361]

공화당 전당대회의 단 2주 전인 7월 13일 록펠러는 6개월 정도 내에 전쟁을 종식시킬 그의 4단계 계획을 밝혔다. 이것은 키신저와 록펠러의 다른 보좌진들 사이에서 작성된 것이었다. 제1단계는 미국과

---

361) *Ibid.*, pp. 819-820.

월맹군이 상호 철수하고 그들 사이에 국제적 중립군을 투입하는 것이다. 제2단계는 아주 적은 수의 병력만을 그들의 기지에 남겨두고 미국은 미군의 대부분을 철수하는 반면에 확장된 국제군대가 베트남의 인구지역에 들어가는 것이다. 만일 민족해방전선이 무력을 포기하면 그들은 정치에 참여할 수 있을 것이었다. 제3단계는 국제감시 하에 자유선거를 실시하고 마지막 미군이 철수하는 것이다. 제4단계는 두 베트남 국가들 사이에 재통일에 대한 직접 협상을 하며 뒤이어 국제군대가 떠나는 것이다. 월맹이 재빠르게 지적했던 것처럼 이 계획의 명백한 단점은 그것이 그들의 조국에 대한 공습작전이 언제 끝날 것인가에 대해 아무 말이 없었다는 것이다.

그러나 그 계획의 가장 가혹한 비판자는 그것을 전쟁의 지지자들 측에서 그들의 속임수를 감추기 위한 그때까지 가장 정교한 시도라고 공격한 외교정책 현실주의의 아버지인 한스 모겐소(Hans Morgenthau) 였다. 그는 1956년 이후 인도차이나에서 미국의 정책에 비판적이어서 1965년 펜타곤에서 해임되는 대가를 지불했었다.362) 이제 키신저는 비록 실제적인 문제에서 국제적 반향 때문에 자기가 과정을 끌고 가려고 노력했지만 자신의 견해가 모겐소의 것과 크게 다르지 않다고 주장했다. 이것은 모겐소가 수락한 옹호가 아니었다. 그럼에도 불구하고 키신저가 자신의 생각을 설명한 것은 정확했다. 그러나 놀라운 사항은 두 사람이 전 냉전 중에서 유일하게 가장 큰 외교적 실수에 대해 아주 치열하게 의견을 달리했다는 것이다.363)

---

362) *Ibid.*, p. 821.
363) *Ibid.*, p. 822.

8월은 마이애미(Miami)를 방문할 최적의 달이 아니었다. 공화당 전당대회의 첫 날인 1968년 8월 5일 <내셔널 리뷰>(*National Review*)의 편집장이었기에 윌리엄 버클리(William E. Buckley, Jr.)는 키신저가 그에게 만남을 요청했을 때 놀라지 않았다. 버클리가 정확하게 키신저에게 말했듯이 록펠러가 대통령 후보 지명자로서 마이애미를 떠날 가능성은 아주 멀었다. 리처드 닉슨이 첫 투표에서 지명되었다. 그러나 한 가지 점에서 키신저와 록펠러는 의미 있는 역할을 하고 있었다. 닉슨과는 달리 그들은 베트남을 위한 하나의 계획을 가지고 있었고 베트남은 만일 파리회담이 선거일 이전에 활성화 된다면 선거에서 핵심적 정책 논쟁이 될 것이 분명했다. 미국의 국내정치에서는 실마리가 없었지만 키신저는 베트남에 관한 공화당 인물이었고 닉슨은 그것을 알고 있었다. 키신저와 비교해 그 자신의 외교정책 보좌관인 리처드 앨런(Richard Allen)은 기껏해야 실체가 없었다. 그러나 키신저는 닉슨에 대해 "큰 의심"을 갖고 있었다. "그는 닉슨이 큰 재앙"이라고 말했다. 그는 "닉슨이 대통령으로 부적합하다"고 생각했다.[364] 이 점에서 키신저도 당시 케임브리지와 맨해튼의 통상적인 지혜를 공유했다.[365]

그러나 닉슨이 공화당 후보로 지명된 이상 만일 록펠러가 닉슨의 선거운동을 돕기로 결정한다면 키신저는 그를 도울 준비가 되어 있었다. 그들은 만일 닉슨이 민주당의 후보 험프리(Humphrey)를 이긴다면 록펠러가 각료의 자리를 수락할 것이라는 생각마저 하기 시작했

---

364) Walter Isaacson, *Kissinger: A Biography,* New York: Simon & Schuster, 1993, pp. 127-128.
365) Niall Ferguson, *Kissinger 1923-1968,* Vol. 1, *The Idealist,* New York: Penguin Press, 2015, p. 826.

다. 존슨이 약 10월 중순에 폭격의 중지를 명령할 가능성이 높다는 정보를 보낸 그의 9월 파리여행에 관한 키신저 측의 기록은 없다. 그 인용은 9월 17일 오직 그들과 함께 하고 파리회담과 다른 정보에 접근성을 가진 고위 외교 원천이라고 닉슨 캠프의 홀더만(Halderman)이 언급한 보고서에서 원래 나온 것이었다. 그러나 중대한 사항은 어떤 정보도 파리에 있는 해리먼 대표단의 구성원에서 나온 정보가 아니라는 것이다. 그것은 키신저가 했던 탁월한 정보의 분석이었다. 그것은 닉슨이 리처드 앨런이나 그 밖의 어느 누구에게서 얻는 것보다도 더 좋은 것이었다. 지적할 또 하나의 사항으로서 키신저는 존슨이 꾸미고 있는 10월 놀라움으로 방해받지 않으려는 필사적 노력에서 닉슨이 수집하고 있는 수많은 외부의 원천들 가운데 하나일 뿐이었다.[366] 분명히 닉슨은 자기의 입장이 험프리의 입장보다 더 강할 것이라고 사이공이 알기를 원했다. <뉴욕 타임즈>를 읽은 사람이라면 누구나 그러한 사실을 발견했을 것이다. 닉슨은 파리로부터 오는 키신저의 통찰력에 크게 의존하지 않았다.

여러 가지 방식으로 사건의 연계성은 내부의 정보 없이도 예측할 수 있었다. 험프리는 비무장 지대의 부활에 대한 공산주의자들의 용의의 대가로 북쪽의 폭격을 중지함으로써 평화를 위해 수용할 만한 모험을 하겠다고 제안함으로써 왼쪽으로 이동했다. 10월까지 그는 월남에서 미군의 체계적인 축소를 말하고 있었다. 존슨은 후보자로서 험프리에 관해서 상당히 모호했다. 그러나 험프리가 닉슨을 따라잡게 되니 자신의 당에 대한 충성이 끼어들었다. 험프리가 비둘기파이면서

---

366) *Ibid.*, p. 829.

인기를 얻자 티에우와 키의 점증하는 불안감도 예측할 수 있었다. 민족해방전선과 함께 월남이 확대회담에 참석하는 해리먼의 "우리편, 상대편" 방식에 동의하는 월맹의 결정은 의미가 있었고 그들이 받는 압박을 반영했다. 따라서 정치적 공세를 펴고 있는 것은 대통령이었다. 닉슨은 방어적이었다. 백악관의 모든 사람들이 알고 있었다.

10월 22일 존슨은 오찬에서 이것이 여우를 닭장에 넣는 것이 아닌지를 물을 것이라고 닉슨을 조롱했다. 닉슨은 물론 험프리 후보를 돕기 위해서 존슨이 냉소적인 마지막 시도를 하고 있었다고 시사한 4일 후에 싸움을 하고 있었다. 존슨이 그렇게 하고 있다는 증거가 모호하지 않았다. 10월 31일 밤 그의 텔레비전 연설에서 존슨은 미국 대중들에게 상당한 수의 유권자들이 듣고 싶어하는 바로 그것을 말했다. 즉, 미국의 북폭이 즉시 중단될 것이고 사이공이 참여할 심각한 회담이 선거 다음날 시작될 것이라고 발표했던 것이다. 같은 날 티에우는 미국의 벙커(Bunker) 대사에게 그는 그 계획에 같이 갈 수 없다는 것을 분명히 했다. 11월 2일 티에우는 월남의 국회에 동일한 메시지를 보내서 열화 같은 환호를 받았다.

11월 4일 대통령 선거에서 리처드 닉슨이 승리했다. 그가 이긴 것은 평화회담을 둘러싼 그의 공작 때문이 아니라 민권을 최대한으로 밀어붙인 존슨에 의해 창조된 민주당 내의 근본적 분열 때문이었다. 그것은 참으로 접전의 선거로 주민 투표에서 승리의 차이는 단지 0.7%에 지나지 않았다. 헨리 키신저는 케네디 행정부 시절에 권력의 회랑에서 서성인 외부인이었다면 린든 존슨 행정부 내내 여전히 외부인으로 남아 있었다. 이때는 케네디 행정부 때와 달리 권력의 회랑에서 서성이지도 못했다. 그는 오히려 퍼그워시 회의(Pugwash Conference)에 적극 참여한 기회를 활용하여 미국과 월맹 사이에 평화의 가교를 놓아보려고 했다. 하지만 그것은 전혀 가능하지 않았다. 케네디 행정부 때와는 판이하게 존슨 행정부 하에서는 그에게 연결고리가 되어줬던 아서 슐레진저나 맥조지 번디 같은 인물이 백악관에 없었다. 백악관에 친근한 접촉 인물이 없다 보니 키신저가 철저히 외부인(Outsider)에 머물 수 밖에 없었다는 사실은 존슨 대통령에 대한 최근의 대표적 전기들 중 하나인 찰스 피터스(Charles Peters)의 <린든 B. 존슨>(*Lyndon B. Johnson*)에서 헨리 키신저가 한 번도 언급되지 않았다는 사실로 입증된다.[367]

다시 말해서 헨리 키신저는 1961년부터 1968년까지 창문의 유리에 자신을 코를 대고 안의 권력을 들여다보기만 하는 외부인으로 머물렀다.[368] 그런 초라한 8년간의 외부인으로서 경험은 그에게 유용한 경륜이 되었다. 그리하여 헨리 키신저는 이제 더 이상 권력의 회랑에서 서성이기만 하지 않았다. 그는 야심적이었고 그의 마음은 언제나 워싱턴에 있었다. 결국 그는 닉슨의 새 공화당 정부에서 곧바로 백악관으로 입성하는 내부인(Insider)이 되었다.

---

367) Charles Peters, *Lydon B. Johnson,* New York: Times Books, 2010.
368) Walter Isaacson, *Kissinger: A Biography,* New Yok: Simon & Schuster, 1992, p. 110.

제9장
권력의 내부인(Insider)이 된 헨리 키신저

"지도자들이 성찰할 시간은 거의 없다. 그들은 긴급한 안건의 중요성이 계속해서
증가하는 끝없는 투쟁 속에 갇히어 있다. 모든 정치적 인물의 공적 삶은
환경의 압박으로부터 선택의 요소를 구출하려는 계속적인 투쟁이다."
-헨리 키신저-

　헨리 키신저가 새로 선출된 닉슨 대통령의 국가 안보 보좌관으로
임명되어 마침내 워싱턴의 내부인이 되었을 때 적어도 하버드 대학
교의 동료들의 눈에는 그가 악마인 메피스토펠레스(Mephistopheles)
와 계약을 한 파우스트(Faust)처럼 보였다.[369] 그러나 헨리 키신저는
1968년까지 그의 외부인으로서 활동을 통해서 정치적 지식인들과 정
부관료들 사이, 즉 외부인과 내부인들 사이의 차이를 누구보다도 잘
알고 있었다. 그가 닉슨 행정부에서 고위직에 임명될 것임을 예상했
더라면 존슨 행정부에서 닉슨 행정부로 이동하는 고도로 민감한 시기
에 확실히 출판될 두 개의 논란이 된 논문을 쓰지는 않았을 것으로

---

369) Niall Ferguson, *Kissinger 1923-1968: The Idealist*, Vol. 1, New York: Penguin
Press, 2015, p. 16.

보인다.370)

첫 번째 논문은 1968년 12월 브루킹스 연구소(the Brookings Institution)에 의해서 출판된 "미국외교정책의 중심적 문제들"(Central issues of American Foreign Policy)이었다. 이 논문은 피할 수 없이 곧 닉슨 행정부 외교정책의 선언(Manifesto)이 되었다. 영국의 저명한 주간지 <이코노미스트>(*The Economist*)는 저자의 철학적 질서를 위한 염원이 당장 눈앞의 것들과 씨름하면서 그가 일단 일에 착수하면 곧 통과할 것이라고 거만하게 지적했다. 그것은 사실상 미래 지향적이기보다는 더 회고적이었다. 그리고 그 논문의 내용은 그가 그 논문을 쓸 때 그것의 출판 3주 이내에 그가 국가안보 보좌관으로 임명될 것임을 알 수 없었다는 것을 강력하게 암시했다.

1968년 말에 그 논문을 쓰면서 키신저는 당시의 소요를 간과하기 어려웠으며 1960년대 말의 위기가 성격에서 두 번의 세계대전보다는 덜 종말론적이지만 훨씬 더 근본적으로 혁명적이라는 마음을 붙잡는 사상을 제공하기 시작했다. 이것으로 키신저는 당시의 과격한 학생들을 치하할 의도가 없었다. 오히려, 정반대로 그는 권력의 관리가 무관한 것이고 어쩌면 심지어 사악한 것이라고 간주하며 그들의 새로운 자유의 윤리가 시민적이 아니라 그것은 다른 것이거나 체제나 질서의 개념에 적대적인 것으로 간주하는 보다 젊은 세대를 향해 어떤 잘 조종된 화살을 날릴 기회를 잡았다. 게바라(Guevara), 혹은 호치민 혹은 마오쩌둥 같은 전체주의 국가의 지도자들에게서 자유의 권리주장을 발견하는 어리석음을 망각하고 저항 운동들이 억압적인 신생국가들에

---

370) *Ibid.,* p. 835.

서 지도자들을 영웅으로 만드는 방식에 관해서 용서할 수 없는 어떤 것이 있다고 키신저는 관찰했다.[371]

초강대국들의 시대는 끝나고 있었다. 이것은 프랑스 혁명 만큼이나 심오한 혁명을 대변한다고 키신저는 발표했다. 그에게 혁명은 합의된 질서의 개념에 대한 필사적 필요성을 창조했다. 특히 세계인구의 2/3를 차지하는 지역들에서는 만성적인 정치적 정당성의 문제가 있었다. 제3세계의 전쟁은 내란처럼 보였다. 그러나 그들이 단순히 제시한 숫자와 폭력은 국제질서를 불가능하게 만들고 있다.[372] 키신저의 분석에서 놀라운 점은 그가 발견한 혁명이 성격상 탈인간적(impersonal)이라는 것이었다. 체게바라, 호치민, 혹은 마오쩌둥의 일이 되기는커녕 그것의 원인들은 깊이 자리 잡고 있으며 구조적이었다.

이런 원인들 중 첫째는 이미 이따금씩 세계화라고 불리는 것이었다. 유럽 제국들의 붕괴 이래 민족국가들의 증가가 무역 자유화의 전후 시대 미증유의 경제적 통합, 그리고 국가적 고려를 하지 않는 관료화, 오염, 환경적 통제, 도시의 성장과 같은 모든 근대국가들이 직면하는 새로운 문제들의 출현과 결합했다. 둘째는 탈식민지 세계의 국제체제적 다극성과 냉전의 경직된 군사적 양극성 사이의 긴장이 핵기술의 혁신에 의해 가능하게 된 파괴력의 거대한 증가와 결합했다. 그 결과는 역설적이게도 약소국가들에 대한 초강대국의 영향력을 감소시키는 경향이 있었다. 이것은 초강대국들이 그들의 거대한 원자 무기고를 점점 덜 사용할 것으로 보이기 때문일 뿐만 아니라 그것은 또한

---

371) *Ibid.*, p. 836.
372) *Ibid.*

핵보유국 클럽에 합류하는 새로운 각 국가들이 회원자격의 가치를 축소시켰기 때문이다. 요컨대 핵의 억제력은 신빙성을 잃고 있었다. 초강대국들 사이에 긴 평화가 길어지면 길어질수록 그들의 시민들은 공포의 균형에 대한 그들의 빚을 덜 이해하게 되었다.373)

키신저는 미국인들에게 어떤 손쉬운 해결책을 제시하지 않았다. 그는 단지 미국인들에게 두 개의 간단한 질문에 답하도록 촉구했다. 미국의 이익에서 방지하려는 것이 무엇인가? 그리고 미국인들은 무엇을 달성하려고 해야 하는가? 만일 베트남 전쟁이 아무런 좋은 일을 하지 않았다고 해도 적어도 그것은 이런 답변들이 "모든 것"일 수가 없다는 것을 입증했다. 왜냐하면 모든 비공산 지역에서 수탁자(the trustee)인 미국은 머지않아 심리적 자원들을 탕진할 것이기 때문이다. 그렇다고 키신저의 물음에 대한 답변이 "아무 것도 없다"는 것이 될 수도 없었다. 키신저에 의하면, 세대 차이가 있든 아니면 없든 간에 미국인들의 기분이 "권력을 부끄러워하는 것"과 "그것에 너무 많은 것을 기대하는 것" 사이에서 위험스럽게 오고 가는 것을 멈추어야 할 때였다. 이 모든 것은 리처드 닉슨이 왜 헨리 키신저를 자신의 국가안보보좌관으로 선택했는지를 이해하기 시작하는 데 도움이 되는 것이다.374)

만일 키신저가 닉슨이 당선될 경우 그가 닉슨 행정부에 합류하라고 초대받을 줄을 1968년 가을에 조금이라도 알았다면 "베트남 협상"(The Vietnam Negotiations)375)이라는 또 하나의 일류급 논문을 썼을

---

373) *Ibid.,* p. 837.
374) *Ibid.,* p. 838.
375) Henry A. Kissinger, "The Viet Nam Negotiations," *Foreign Affairs,* Vol. 11, No. 2, (1969), pp. 38-50.

것으로 보이지 않는다. 이 논문은 닉슨이 대통령으로 취임하던 1969년 1월에 <포린 어페어스>에 등장했는데, 이를 보면 대통령 선거 즈음에 작성되었음에 틀림없다. 실제로 닉슨이 백악관에서 자기를 원한다는 사실을 알았을 때 키신저는 그것이 정책을 위한 청사진으로 파악될 것이 분명했기 때문에 그 논문의 출판을 중지시키려고 노력했지만 허사였다. 사실상 그 논문은 닉슨의 판단을 확인하는 예상치 못한 효과를 가졌다. 왜냐하면 그 논문은 지금까지 베트남에서 미국이 처해 있는 질곡에 관해 발표된 가장 탁월한 분석들 중 하나로 입증되었기 때문이다.376) 그 논문은 키신저가 소위 "베트남 신드롬"(Vietnamese syndrome)이라고 불렀던 것을 정의하기 시작했다. 그것은 당황하여 이랬다저랬다 하는 낙관주의, 즉 군사적 성공들이 항구적인 정치적 이득으로 전환될 수 없는 근본적 문제에 입각하여 조절로 변화는 환호였다.

왜 그랬는가? 키신저는 그것이 부분적으로는 문화적 관점에서 거대한 격차 때문이었다고 지적했다. 그러나 주된 이유로 그것은 미국의 전략이 늘 잘못 착상되었기 때문이었다. 케네디 행정부 하에서 군사적 개입의 출발 때부터 베트남의 지정학적 중요성을 적절하게 분석하지 못한 실패가 있었다. 한스 모겐소가 옳았으며 키신저는 당시에 지정학적 상대적 중요성을 미묘하게 과소평가했었다.377) 그리고 미국의 승리는 영토의 통제와 적의 소모의 결합에 달려 있다는 군부의 고전적 교리에 따라서 게릴라들에게 재래식 전쟁을 수행하려 했던 근본

---

376) Niall Ferguson, *Kissinger 1923-1968: The Idealist,* Vol. 1, New York: Penguin Press, 2015, p. 838.
377) *Ibid.,* p. 839.

적인 문제가 있었다. 그들은 하노이의 손실을 수용할 수 없을 때까지 미국이 당하는 것보다도 실질적으로 더 큰 사상자들을 초래하게 함으로써 승리할 것이라고 믿었지만 그 전략은 이중으로 잘못된 것이었다. 첫째로, 그 전략은 게릴라 전쟁의 성격을 오해했다. 게릴라들은 땅을 장악하려 들지 않는다. 그들의 전술은 헌법적 권위와의 협력을 단념하도록 공포와 겁주기를 사용하는 것이다. 둘째로, 월맹의 사상자들에 대한 미국의 살상 비율들(kill-ratios)은 믿을 수 없는 척도들이었다. 심지어 그 숫자들이 정확할 때조차 그것들은 의미가 없었다. 왜냐하면 본국에서 수천 마일 떨어진 곳에서 싸우는 미국인들에게 수락될 만한 것의 수준은 베트남의 땅에서 싸우는 하노이의 그것보다 훨씬 낮은 것으로 드러났기 때문이다.

가장 많이 인용되는 키신저의 어록처럼, 게릴라들은 지지 않으면 그들이 승리하는 것이다. 그러나 이 논문은 월남에 대한 미국의 원조의 성격에 관해 동등하게 따끔한 지적을 했다. 그것은 그가 과거에 종종 지적했던 사항을 반복한 것으로 경제가 모든 것이 아니라는 것이었다. 대부분의 발전도상 국가들의 경우에서처럼 월남에서 압도적으로 중요한 문제는 정치적 틀을 강화하는 것이 아니라 개발하는 것이다. 기존의 의무감의 유형을 손상하는 경제적 발전은 정치제도의 필요성을 역설하는 데 봉사할 것이다. 미국은 이상적 철학을 내세우지만 미국의 실패는 물리적 요인들에게 지나치게 의존하기 때문이다.

반면에 공산주의자들이 유물론적 해석을 견지하면서도 수많은 성공을 거둔 것은 정치적 권위의 성격과 토대의 문제에 대해 대답을 제공하는 그들의 능력 덕택이다.378)

또한 키신저는 어떻게 미국의 외교와 군사전략이 서로간 고립되어 수행되었는가를 보여주면서 미국외교의 주된 결함을 노출했다. 이와는 대조적으로 하노이는 전쟁과 협상을 별개의 과정으로 보지 않았다. 전쟁과 외교가 지속성의 일부를 형성한다는 것을 이해하지 못한 대통령이 여러 개의 강요되지 않은 실수를 범했다. 첫째, 존슨 대통령은 미국이 언제 어디에서나 무조건 협상할 준비가 될 것이라고 거듭해서 발표했다. 이것은 사실상 협상의 타이밍을 상대방에게 넘겨주는 것이었다. 그리고 나서, 둘째로 존슨은 항목을 올리는데 빠져들었다. 하노이는 4개 항목, 민족해방전선은 5개 항목, 사이공은 7개 항목, 그리고 미국은 마치 회담을 위한 의제의 길이가 어떻게든 그들이 시작하는데 도움이 될 것처럼 14개 항목을 공표했다. 셋째, 평화의 탐색을 제시하는데 있어서 존슨은 월맹이 어떻게 그를 가지고 놀 지를 예상하는데 실패했다. 넷째, 미국은 일관된 협상 입장을 공표하는데 실패했다. 다섯째, 존슨은 단순히 너무나 섬세하지 못해서 하노이 통신에서 긴장과 분위기의 변화를 감지하지 못했다. 여섯 번째, 존슨은 하노이가 결코 수락한 적이 없는데도 회담이 생산적일 것이라는 조건에서 월맹의 폭격을 중지하는 데 동의했다. 마지막으로, 사이공을 회담에 끌어들임으로써 존슨은 자신도 모르게 워싱턴과 사이공 사이에 이익의 잠재적 갈등을 노출했다.

그렇다면 이제 무엇을 해야 하는가? 키신저는 미국 외교정책의 이후 4년을 정의할 용어들을 사용하여 일방적 철수를 명백하게 배제했다.

---

378) Henry A. Kissinger, "The Viet Nam Negotiations," *Foreign Affairs,* Vol. 11, No. 2, (1969), pp. 38-50.

"50만 명의 미군의 공약은 베트남의 중요성 문제를 타결했다. 왜냐하면 관련된 것이 미국의 약속에 대한 믿음이기 때문이다. 신용이나 위신의 용어들을 비웃는 것이 아무리 유행이라 할지라도 그것들은 공허한 용어들이 아니다. 다른 국가들은 그들이 미국의 견고함에 의지할 수 있다면 그들의 행동을 우리의 행동에 맞출 수 있을 것이다. 베트남에서 미국 노력의 몰락은 많은 비평가들을 진정시키지 않을 것이다. 그들의 대부분은 나쁜 판단의 비난에 믿을 수 없다는 비난을 간단히 추가할 것이다. 그들의 안전이나 국가적 목적들이 미국의 공약에 의지하는 사람들은 오직 난감하게 될 수 있을 뿐이다. 중동, 유럽, 라틴 아메리카, 그리고 일본 같은 세계의 많은 부분에서 안정은 미국의 약속에 대한 믿음에 달려 있다. 그러므로 일방적 철수나 의도하지 않아도 동일한 결과를 가져오는 타결책은 자체의 부식을 가져오고 또 훨씬 더 위험스러운 국제적 상황을 가져올 것이다. 어떤 미국의 정책결정자도 이런 위험들을 간단히 무시할 수 없다."[379]

이런 말들이 사이공에서 크게 환영 받았을 것을 상상하기는 어렵지 않았다. 그것은 동시에 이스라엘과 적어도 서독의 어떤 지역의 사람들은 물론이고 일본, 한국, 그리고 타이완에서도 상당히 열정적 환영을 받았다. 키신저는 거기서 끝내고 도망칠 사람이 아니었다. 그는 민족해방전선과 사이공이 관련하지 않는 쌍무적 외교를 선호한다고도 시사했다. 현재의 영토적 장악을 고려할 때 궁극적인 타결을 미리 결정하고 또 분할로 나아갈 휴전에 동의하지 않을 것이다. 또한 그는 이것이 월남의 기존의 정치구조를 파괴할 것이고 그리하여 공산주의자들의 권력장악을 가져올 것이기 때문에 민족해방전선을 포함하는 연

379) *Ibid.*

립정부를 부과할 시도에 가담하지 않을 것이다. 단 한편으로 키신저는 외부세력, 즉 미국과 월맹의 단계적 철수를 선호했다. 그리고 그는 폭격을 재개하는 걸 꺼린다고 최소한 암시했다.

그러나 키신저가 제안한 가장 적극적인 권고는 한 걸음 물러나서 중동과 동유럽에서 세계의 다른 위기들을 고려하면서 그들의 가장 광범위한 맥락에서 베트남 협상의 장소를 찾는 것이었다. 여기에는 적어도 어떤 희망의 근거가 있었다. 즉 당시 사회주의적 국내구조를 보호하기 위해서 모스크바가 개입할 권리가 있다는 소련의 교리(후에, 브레즈네프 독트린)는 동-서 간의 전쟁을 최소한 상정해 볼 수 있게 만들었기 때문이다. 베이징에 대한 모스크바의 규탄은 프라하에 대한 것보다도 훨씬 더 신랄했다. 중소갈등의 경우에 하노이는 그냥 빠져 있을 것이다. 단지 2개월 전에 적대적 행위가 우수리강(the Ussuri River)을 따라 발발했다는 사실은 키신저와 닉슨이 취할 전략적 반향을 확인하는데 많이 기여했다. 어떻게 월남에 들어갔든, 미국의 행동에 대한 판단이 무엇이든 전쟁을 명예롭게 끝내는 것이 세계평화를 위해 긴요하다고 키신저는 결론을 지었다. 어떤 다른 해결책도 국제질서의 전망을 복잡하게 할 세력들을 풀어 놓을지 모른다.[380]

"베트남 협상"이라는 논문은 논란의 여지가 있었지만 키신저가 지금까지 쓴 가장 예리한 것이었다. 그 후에 일어난 사건들은 그가 제안한 것이 그가 추구하는 명예로운 평화를 달성하는데 얼마만큼이나 충분할지를 결정할 것이다. 그러나 아직은 헨리 키신저의 주된 급선무가 베트남이었다고 가정하는 것은 실수가 될 것이었다. 오히려 그 자

---

380) *Ibid.*

신의 논문들로부터 아주 분명한 것은 워싱턴에서 정책결정의 과정을 향상시키는 것이었다. 키신저의 통찰력은 국가안보전략을 수립하고 집행하는 제도의 근본적 결함 때문에 미국이 혼란에 빠져 있다는 것이었다. 이것이 1968년 그의 에너지의 진정한 초점이었다. 그리고 베트남에 관해서 생각하는 것보다도 훨씬 더 인지적이고 또 철학적 세계질서의 염원보다도 훨씬 더 많이 그것은 리처드 닉슨에 의한 그의 임명에 대한 열쇠를 제공할 것이다.[381]

헨리 키신저는 닉슨이 자기를 직접 고용하리라고 생각하지 않았다. 그는 닉슨이 록펠러에게 제시할 가장 가능한 자리는 국방장관이라고 생각했다. 그러면 록펠러가 자기를 추천할 것이라고 생각했다. 록펠러가 닉슨 내각의 일부가 될 것이라는 것은 실제로 선거의 즉각적인 후유증 속에서 널리 유포된 일반적 가정이었다. 닉슨이 자기의 오랜 경쟁자를 임명할 의도가 없다는 것을 알지 못한 록펠러는 자신의 보좌관들을 소집하여 그가 닉슨의 제안에 어떻게 반응할지를 논의했다. 전화벨이 울렸을 때 그 대화는 한참 무르익었다. 그것은 닉슨의 약속 담당 비서인 드와이트 채핀(Dwight Chapin)이었고 그는 키신저와 전화하길 원했다. 이는 회의에 참석한 모든 사람들에게 마른 하늘의 벼락 같아서 닉슨이 키신저에게 일자리를 실제로 제안할 가능성은 진지하게 고려된 적이 없었다. 키신저 자신은 닉슨이 취임하기 전에 클라크 클리포드(Clark Clifford)가 사이공에서 쿠데타를 고려하고 있다는 자기의 가정에 관해서 그와 단지 논의하기를 원하는 것으로 가정했을 것이

---

381) Niall Ferguson, *Kissinger 1923-1968,* Vol. 1, *The Idealist,* New York: Penguin Press, 2015, p. 843.

다. 닉슨은 후에 그의 결정이 마음의 만남이라고 스스로 묘사했다.382)

닉슨은 키신저가 수년 동안 록펠러의 외교정책 보좌진으로 봉사한 것을 알고 있었다. 키신저가 사적으로 그 분야에 있어서 자신의 능력에 관해서 수차례 자신을 헐뜯는 코멘트를 한 것도 닉슨은 알고 있었다. 그러나 그는 록펠러 사람으로부터 그런 정도는 예상했다. 그래서 그는 그것을 정치의 탓으로 돌렸다.383) 닉슨은 1957년에 출판된 키신저의 <핵무기와 외교정책>을 읽었다. 그는 그들의 일반적 조망이 아주 유사하다는 것을 알았으며 세계적 힘의 균형에 영향을 주는 요인들을 고립시켜 영향을 미치는 일의 중요성에 관한 믿음을 공유했다.384) 11월 25일 월요일 오전 10시에 뉴욕의 5번가(Fifth Avenue)에 있는 피에르 호텔(the Pierre Hotel)의 39층에 있는 닉슨의 정권인수 사무실에서 닉슨과 키신저가 만났을 때 그것은 과거의 정치가 아니라 미래의 전략을 논의하기 위한 것이었다. 닉슨은 그들의 만남을 이렇게 회고했:

"우리는 외교정책이 어디에서나 믿을 수 있게 강력해야 한다는데 동의했다. 그리고 그것은 성공적이기 위해서 신빙성이 있어야한다고 했다. 나는 파리 평화회담을 통해 베트남 전쟁을 타결할 전망에 대해 희망적이지 않았다. 그리고 나는 베트남에 관한 전 외교적 및 군사적 정책을 재고할 필요가 있다고 느꼈다. 키신저는 나보다 덜 비관적이었지만 동의했다. 나는 사실상 나의 모든 외교정책

---

382) *Ibid.*, p. 851.
383) Richard Nixon, *RN: The Memories of Richard Nixon,* New York: Grosser & Dunlap, 1978. P. 340.
384) *Ibid.*

시간과 에너지를 단기적 문제인 베트남에 헌신하여 존슨이 빠진 덫을 피할 결심이라고 나는 말했다. 보다 장기적 문제들을 다루는 데 있어서의 실패는 미국의 안전과 생존에 대단히 파괴적일 수 있다고 느꼈다. 그래서 이 점에 관해서 NATO의 활력을 회복하는 것에 관해서, 그리고 중동, 소련, 그리고 일본에 관해서 얘기했다. 마지막으로 나는 공산 중국에 대한 우리의 정책을 재평가할 나의 관심에 관해서 언급했고 그리고 나는 그에게 내가 가능성과 필요성으로 이 아이디어를 처음 제기한 <포린 어페어스> 에세이를 읽어보라고 촉구했다. 키신저는 내가 그런 관점에서 생각하는 것에 대해 기쁘다고 말했다. … 나는 키신저에 대해 강력한 직감을 갖고 있었다. 그래서 나는 그 자리에서 그가 나의 국가안보보좌관이 될 것임을 결정했다."[385]

닉슨은 이어서 자기의 새로운 정부를 수립하는 과제에 관해서 그리고 그의 목적에 봉사할 외교정책기구를 설치할 것에 관해서 말했다. 그는 자기가 부통령으로 있을 때 자기를 경멸했던 국무성이나 외교관들에게 아무런 믿음이 없었다.[386] 그는 백악관에서 외교정책을 운영할 결심이었다. 그는 정책의 수립 과정에서 중앙정보국(CIA)을 배제하는 것이 지상명령이라고 느꼈다. 그곳은 분석의 객관성이라는 가면 뒤에서 보통 그들 자신들이 원하는 것을 밀어붙이는 아이비리그 (Ivy League) 출신들로 이루어진 곳이었다. 그들은 언제나 정치적으로 그를 반대했다.[387]

385) *Ibid.,* p. 341.
386) Robert Dallek, *Nixon and Kissinger: Partners in Power,* New York: HarperCollins, 2007, p. 79.
387) *Ibid.,* p. 80.

이제 자기가 권력을 갖게 되자 닉슨은 일군의 비협조적인 관리들이 그에게서 외교문제에 관한 정당한 권리와 그가 갈구하는 위대한 대통령의 기록을 활용하지 못하게 할 것이라고 사실상 말했던 것이다. 외교정책 관료에 대한 닉슨의 견해에 대한 그의 의견을 묻는 질문을 받은 키신저는 자기 자신의 마음을 아는 대통령은 항상 외교정책을 지배할 수 있을 것이라고 안심시켰다. 그는 보다 공식적인 정책결정과정의 필요성에 대한 닉슨의 견해를 공유했다. 보다 체계적인 구조가 필요한 것으로 보였다. 닉슨 외교정책에 관하여 그의 비전을 서술하라고 초대를 받은 키신저는 미국의 외교정책을 환호와 경악 사이에 난폭한 역사적 파동으로부터 해방시킬 필요성을 강조했다. 과제는 어떤 특수한 행정부도 초월하는 국가이익의 기본적 원칙들을 찾아내는 것이었다. 두 사람 간의 대화는 결론 없이 끝이 났거나 혹은 적어도 행정부에서 종사하라는 확실한 제안이 없이 끝났다. 거절당하는 것에 대한 닉슨의 두려움이 그런 모호한 방식으로 제안하게 했던 것이다. 키신저가 후에 글로 쓴 것으로 보면 닉슨은 자신이 기획하는 어떤 권능에서 그의 행정부에 키신저가 합류할 준비가 원칙적으로 되어 있는지의 여부를 묻고 있었다. 닉슨은 키신저에게 정부의 가장 효율적인 구조에 관한 메모랜덤을 준비하도록 제안했다.

다음날 존 미첼(John Mitchell) 사무실에서 전화를 해와 새 정부에서의 그의 직위를 논의하기 위해 11월 27일에 만나는 약속을 잡을 지를 물어왔다. 키신저는 어떤 직위가 제안되었는지에 대해 분명하지 않았다. 그들이 만났을 때 미첼이 물었다. 국가안보직에 관해서 뭘 결정했나요? 키신저는 그가 그것을 제안 받았다는 것을 알지 못한다고 대답했다. 그러자 미첼은 "오, 하나님, 그가 또 엉망을 만드는 구만" 하고 고함을 질렀다. 닉슨 대통령 당선자와 5분 정도의 대화 후에 미첼은 키신저가 닉슨을 만날 수 있게 해주었으며, 닉슨은 헨리 키신저가 자기의 안보 보좌관이 되길 원하고, 그가 백악관에서 외교정책을 운영하는데 돕기를 원한다는 것을 분명히 했다.388)

   헨리 키신저가 그 자리를 늘 탐했다면 아마도 그는 그 제안을 망설이지 않고 수락했을 것이다. 그러나 그 대신에 키신저는 그가 나중에 당황스럽게 느낄 비상한 요청으로 자기의 동료들과 상의할 시간을 요청했다. 키신저의 주저함은 닉슨에 대한 그의 지속적인 의구심의 진정한 반영이었다. 그는 펜타곤에서 록펠러 하에서 일하는 것의 딜레마를 예상했다. 칼럼니스트 조셉 크래프트(Joseph Kraft)가 닉슨의 제안을 눈치챘을 때 키신저는 경악했다. 그는 크래프트에게 누구에게 발설하거나 글로 쓰지 말아 달라고 애원했다.389) 비록 다른 록펠러 직원들은 그 소식에 곤혹스럽게 반응했으나 록펠러 자신은 8년 전에 케네디로부터 키신저에게 제안이 왔을 때와 꼭 마찬가지로 그에게 즉시 수락하라라고 촉구했다.390) 아서 슐레진저도 같은 말을 했다. 11월 29일 금요일 오후 키신저는 약속담당 비서인 드와이트 채핀(Dwight Chapin)에게 전화하여 수락한다고 말했다. 12월 2일 다음 월요일에 닉슨은 피에르 호텔에서 가진 기자회견에서 기대에 차서 모인 기자들

388) *Ibid.*
389) Walter Isaacson, *Kissinger: A Biography,* New York: Simon & Schuster, 1992, p. 135.
390) Niall Ferguson, *Kissinger 1923-1968: The Idealist,* Vol. 1, New York: Penguin Press, 2015, p. 854.

에게 헨리 키신저를 소개했다.

닉슨은 키신저에게 사적으로 말했던 것과는 상당히 다른 프로그램을 발표했다. 그는 키신저의 역할을 원칙적으로 안보보좌관으로서 기획에 헌신할 것이라고 서술하고 그가 대통령과 국무장관 사이에 서지는 않을 것이라고 말했다. 그는 아직 임명되지 않은 국무장관이 외교정책의 수립에 강력한 영향력을 갖게 될 것이라고 선언하기도 했다. 닉슨 대통령 당선자는 키신저가 그에 앞서 로스토우(Rostow)나 번디(Bundy)가 수행한 것과는 다른 역할을 갖게 된 것이라고 분명히 말했다.[391] 키신저의 선택을 가장 강력하게 밀어붙인 사람들 가운데에는 1960년 닉슨의 런닝 메이트이었고 그 후 사이공 주재 미국대사를 지냈던 헨리 캐봇 로지(Henry Cabot Lodge)였다. 로지는 하버드에서 키신저를 알게 되었고 그의 지성과 지구적 전략의 파악 능력에 인상을 받았다.

선거 직후에 로지는 키신저를 국가안보보좌관 자리에 밀기 위해 닉슨을 만났다. 그러나 그는 닉슨을 만났을 때 닉슨이 이미 그런 방향으로 생각하고 있다는 것을 발견했다.[392] 키신저를 임명하는 닉슨의 결정은 파리평화회담에 대한 정치적 음모와 관련되기보다는 외교정책 분석가로서 키신저의 인상적인 신용장들이었다.[393] 마침내 헨리 키신저는 서성이던 외부인(outsider)의 신세를 떨치고 권력의 회랑을 지나

---

391) *Ibid.*
392) Walter Isaacson, *Kissinger: A Biography,* New York: Simon & Schuster, 1992, p. 135.
393) Robert Dallek, *Nixon and Kissinger: Partners in Power,* New York: HarperCollins, 2007, p. 81.

당당히 권력의 상징인 백악관에 입성했다. 이제 그는 드디어 권력의 내부인(Insider)이 된 것이다.

키신저의 임명에 관한 소식은 11월 29일에 터졌지만 12월 2일에 승인되었다. 한 사람에 대한 대통령의 임명이 그렇게 광범위한 열정을 불러일으킨 적은 별로 없었다. 연합통신(the Associated Press)은 간결하고 조심스러운 키신저의 모습을 좋아했다. <뉴욕 타임즈>의 제임스 레스턴(James Reston)은 그 임명을 새 행정부가 미국의 안보 문제들과 우선순위를 진지하고 객관적으로 재평가하려는 확실한 표시라고 불렀다. 키신저는 지적이고, 명료하고 현저하게 근면하다고 썼다.[394] 뉴욕 타임즈는 키신저를 자기 비하적 농담에도 불구하고 활달하고 사업가 같지만 요구가 많은 사람이라고 소개한 반면에 주도적 기사는 그의 지적이거나 이념적인 경직성의 부재를 칭송했다. 버클리(Buckley)는 플로렌스 나이팅게일(Florence Nightingale) 이래 어떤 공직 인물도 그런 우주적인 갈채를 받은 적이 없다는 농담을 했다.[395]

키신저의 임명에 대해 해외에서는 보다 혼합된 환영이 있었다. 런던의 <타임즈>(Times)는 키신저를 미국의 군사적 준비성의 지도적 지적 주창자로 칭송했다. 그러나 이 영국 기존사회의 신문은 키신저 박사가 로스토우 만큼 영향력이 있을 것으로 기대하지 않았다. <이코노미스트>(The Economist)는 의견을 달리했다. 키신저의 작품 속에서 그 잡지는 당시의 진부한 용어들에 탁월한 저항을 발견했고 그

---

394) James Reston, "Kissinger: New Man in the White House Basement," *New York Time,* December 4, 1968.
395) "Kissinger: The Uses and Limits of Power," *Time,* Vol. 93, No, 7, February 14, 1969.

리고 경우에 따라 그가 틀렸을 지도 모른다는 것을 인정하는 적절하고 호감이 가는 능력도 발견했다. 그렇지 않으면 그는 신 행정부에 약간의 지적 오만을 가져올 것이다. 좌파 언론인 <가디언(*Guardian*)>은 그를 그의 바로 직전의 두 전임자들처럼 동일하게 강경하고 약간 매파적 성질의 강경론자로 묘사했다. 언제나 이민자들에게 동정적인 이 신문은 키신저의 어머니가 부유한 뉴욕의 가정에서 정찬파티에서 봉사하는데 때때로 도움을 주는 상냥한 독일 숙녀였다는 사실을 만족스럽게 지적했다. 프랑스의 <르 몽드>(*Le Monde*)는 키신저를 귀를 기울이고 기존 개념에 만족하지 않는 대화의 인물이라고 칭송했다. 서독의 <디 차이트>(*Die Zeit*)는 닉슨이 단순히 한 사람이 아니라 두 지식인들을 임용한 것은 축하할 만하다고 말했는데 또 다른 지식인 이란 도시문제에 대해 보좌할 다니엘 패트릭 모이니한(Daniel Patrick Moynihan)이었다. 그러나 철의 장막의 다른 쪽에서 키신저를 예상대로 그의 냉전의 철학의 관점에서 비난했다.396)

인정할 수 있듯이 미국의 미디어로부터 따뜻한 환영은 단지 닉슨과 언론계에 있는 그의 옛 적들 사이에 기대하지 못했던 그래서 결국 짧았던 허니문(Honeymoon)의 일부였다. 그러나 학계는 키신저의 등용에 역시 기뻐했다. 아담 야몰린스키(Adam Yarmolinsky)가 "나는 워싱턴에 헨리 키신저가 있어 잠을 더 잘 것이다"라고 말했을 때 그는 하버드 교수진을 대변하는 것 같았다. 스탠리 호프만(Stanley Hoffmann)은 그의 동료 키신저에 대해 자기가 이용되는 것을 허용하지 않을 엄

---

396) Niall Ferguson, *Kissinger 1923-1968*, Vol. 1, *The Idealist*, New York: Penguin Press, 2015, p. 858.

청난 성격과 지혜를 가진 사람이라고 불렀다. 존 케네스 갈브레이스 (John Kenneth Galbraith), 칼 케이슨(Carl Kaysen), 그리고 조지 케넌 (George Kennan)도 역시 열광했다. 슐레진저가 닉슨의 초기 내각의 임명들을 특징이 없지만 재앙적은 아니라고 공허한 칭찬으로 저주했지만 최선의 임명이 키신저였다는 것을 의심하지 않았다.

12월 초에 키신저는 프린스턴(Princeton)으로 가서 미국에 대한 거대한 정치학 회의에 등장했을 때 그는 동부해안 지성계의 축배의 인사였다. 하버드에서는 키신저가 12월 16일 그의 마지막 세미나를 수행할 때 진심으로 축하하는 분위기였다. 하버드는 대부분의 대학들보다 권력을 더 사랑했다. 키신저는 기립 박수와 환성까지 받았다. 그 마지막 세미나에서 베트남 이후 아시아의 안전에 관해서 발표자인 모턴 핼퍼린(Morton Halperin)은 새로운 역할에서 키신저를 위해 이미 일하기 시작했다. 하버드의 국제문제센터로 돌아오기 전에 펜타곤에서 맥나마라 밑에서 일했던 핼퍼린은 로버트 맥나마라가 국방성에서 사용한 테크닉을 외교정책 문제들의 전반에 걸쳐 어떻게 적용할 수 있을까 하고 묻는 이상적인 사람으로 보였다. 리처드 노이슈타트 (Richard Neustadt)도 이미 국가안보회의 분석 검사의 일에 열심히 일하고 있었다.

워싱턴은 손짓을 했다. 키신저는 케네디를 위해 비상근 상담역을 할 때부터 백악관을 알았지만 1961년 이후 많은 것이 변했다. 그리고 1967년 펜실베니아 작전에 관해 존슨에게 브리핑하기 위해 한 번 방문했을 때에도 가이드가 안내하는 백악관 여행을 포함하지 않았었다. 키신저는 백악관 웨스트 윙(West Wing)에서 일할 수 있기를 기대했다. 그러나 키신저는 상황실이라고 불리는 복잡한 파일들과 통신들, 그리고 감시원들의 옆방에서 일할 것이다. 그것은 진실로 정보와 보고의 센터이며 때로는 지휘센터도 되었다. 그곳에서 키신저는 위기 시에 백악관을 크렘린에 연결시킬 수 있는 쿠바 미사일 위기 후에 설치된 "핫라인"(the Hotline)을 발견할 것이다. 그것은 똑똑하고 젊은 감시원들에 의해서 24시간 운영되고 매일 시험하는 붉은 전화가 아니라 붉은 텔레타이프(teletype) 시스템이었다.[397]

키신저가 퇴임하는 존슨 대통령을 방문하여 충고를 요청했을 때 존슨은 키신저에게 그의 전형적인 냉소적 권고 한마디를 하는데 만족했다: "신문 칼럼들을 읽어라. 그리고 만일 그들이 당신의 직원들 가운데 한 사람을 사려 깊고 헌신적이며 혹은 어떤 다른 우호적 형용사로 부르면 그를 즉시 파면하라. 그가 바로 당신의 누설자이다."[398] 키신저는 도전의 규모를 과소평가하지 않았다. 아무도 그가 그렇게 하게 하지 않을 것이다. 당장 관대함과 해방의 행위로 록펠러는 그에게 미국의 국민에게 봉사하는데 있어서 그가 행한 일에 자기의 우정과 자기의 감사의 표시로 5만 달러의 수표를 써 주었다. 키신저는 그것을 받는 것이 합법적인가를 확인한 후에 그 선물을 받았다. 결국 그는 이제 정부의 봉급을 받는 하버드에서 연장된 안식년에 있는 이혼한 교수였다. 언제나 호기심에 찬 슐레진저가 키신저에게 닉슨이 그가 기대한 친절한 사람인지를 물었다. 키신저는 과거에 그를 염려하게 했던 어떤 것들에 대해 보장을 받았지만 문제들을 창조할 다른 기대

---

397) *Ibid.*, p. 861.
398) *Ibid.*, p. 862.

하지 못한 성지들을 상봉하고 있다고 수수께끼 같이 대답했다. 슐레진저가 그가 임명될 때 얼마나 기뻤는지를 말하자 키신저는 "내가 말할 수 있는 모든 것은 1년 후에도 동일하게 기쁘게 느끼길 바란다고 침울하게 말했다. 갈브레이스(Galbraith)도 어느 정도 비슷하게 말했다. 그는 <뉴욕 타임즈>에게 키신저의 인기의 진정한 시험은 키신저가 돌아오는 4년 후에 사람들이 어떻게 반응할지 알 것이라고 말했다. 그 말은 닉슨이 단임 대통령이 될 것이라는 것을 익살맞게 시사했다.

그러나 아우리가(Auriga)의 역할을 수행하는 것은 프리츠 크래머(Fritz Kraemer)에게 남겨졌다. 노예인 아우리가의 역할은 로마의 승리의 순간에 승자의 귀에 대고 "모든 것은 부질없다"(Momento homo)고 속삭이는 것이다. 1968년 12월 9일 크래머는 새 행정부에서 산더미 같은 임명을 위한 추천서들의 파일에다 그가 펜타곤에서 일하면서 알게 된, 최근에 베트남에서 돌아온 44세의 장교 한 사람을 위해 비상한 칭송의 찬가를 추가했다. 영리하게도 크래머는 이 젊은 장교의 성질을 칭찬함으로써 키신저가 새로운 역할에서 보여주기를 원하는 것을 간접적으로 키신저에게 알렸던 것이다. 이 중령은 절대적으로 비상한 용기를 가지고 자신의 지상에 서 있었으며 그의 상관들과 서면과 비공식적 대화에서 지치지 않고 반대되는 주장을 대변했다. 그의 비저돌적이고 조용한 태도로 인해 어느 누구의 적대감도 일으키지 않고 그는 놀라운 정도로 충분히 그렇게 할 수 있었다. 후자의 재주는 사유와 행동에서 그의 독립성보다도 어쩌면 더욱 현저한 것이다.[399]

그리고 크래머는 요점을 말했다. 무서울 정도로 책임 있는 지위에

---

399) *Ibid.*, p. 863.

서 키신저는 외로운 사람이었을 것이다. 그러므로 그는 흔들림 없는 의존성과 순결성, 그리고 그가 의존할 만한 깊은 이해력을 가진 적어도 아주 소수의 사람들이 필요했을 것이다. 크래머가 키신저에게 추천했던 사람은 알렉산더 헤이그(Alexander Haig)였고 키신저는 주저하지 않고 그를 자신의 군사 보좌관으로 임명했다. 키신저에 펜타곤의 안과 밖을 알고 있는 헤이그 중령은 만족스러웠다. 키신저 삶의 전반부는 끝이 났다. 되는(becoming) 시간은 끝났다. 존재(being)의 시간이 마침내 시작된 것이다.[400] 백악관의 외부인으로서 초라한 삶이 끝이 나고 이제부터는 백악관의 내부인, 다시 말해 권력을 행사할 수 있는 위치에 들어선 것이다. 그가 염원했던 권력, 즉 외교적 마법사의 망토(mantle)를 마침내 그의 양 어깨 위에 걸치게 된 것이다. 그는 지금까지 주로 "생각하는 사람"(thinker)이었다면 이제부터 "행동하는 사람"(actor)이 될 것이었다.

---

400) *Ibid.,* p. 864.

제10장
닉슨 정부의 국가안보 보좌관:
외교의 마법사 I

"각 새 정부의 약속들은 사나운 바다에 떠 있는 나뭇잎들이다. 어떤 대통령 당선자나 그의 보좌관들도 데드라인의 폭풍, 모호한 정보, 복잡한 선택, 그리고 위대한 국가의 모든 지도자들을 짓누르는 여러 가지 압박에 의해서 최종적으로 어떤 해안으로 휩쓸려갈 지에 대해서 감히 알 수가 없을 것이다."

-헨리 키신저-

1969년 1월 20일 리처드 밀하우스 닉슨(Richard Milhous Nixon)이 미국의 제37대 대통령으로 취임했다. 그날 오후에 헨리 키신저는 닉슨 대통령의 국가안보보좌관으로서 해외에 있는 미국 대사들에게 보낼 수천 통의 전문 가운데 첫 전문을 작성했다. 그리고 윌리엄 로저스(William Rogers) 국무장관의 승인을 받아 국무성의 채널들을 이용했다. 결국에 그는 자신의 비밀 통신의 비공식 채널(back channel)을 설치할 것이다.401) 그리고 키신저는 닉슨이 소련의 레오니트 브레즈네프

---

401) Walter Isaacson, *Kissinger: A Biography,* New York: Simon & Schuster, 1992, p. 157.

(Leonid Brezhnev) 서기장에서 프랑스의 샤를 드골(Charles de Gaulle) 대통령에 이르는 정부의 중요한 수반들에게 보내는 일련의 사적인 편지들을 작성했다. 닉슨은 그가 말하고자 하는 것을 국무성이 다시 쓰는 데 4주가 걸릴 것이고 그것을 뒤범벅으로 만들고 말 것이라고 정확하게 이해했다. 그래서 국무성은 그 편지들에 관해서 통보를 받지도 못했다. 그 편지들은 워싱턴에 있는 각 대사관에 인편으로 전달되었다. 이것은 닉슨과 키신저가 로저스 국무장관 뒤에서 공유할 첫 공식적 비밀이 되었다.[402]

닉슨과 키신저가 집무를 시작할 때 미국은 베트남에 53만 6천 명의 군대를 두고 있었다. 미국인들은 1주일에 약 2백 명의 죽임을 당하고 있었다. 미국 국민들의 세금에 대한 비용은 1년에 약 30억 달러에 달했다. 터널 끝에 한 줄기의 빛도 보이지 않았다. 하노이 공산주의자들은 1954년 제네바 협정에서 규정한 것처럼 베트남을 하나의 국가로 간주했으며 두 개의 행정 단위로 분할은 처음엔 프랑스인들 그리고 나서 미국인들인 외부인들에 의해서 강요된 단지 일시적 일탈로 간주했다. 다른 한편 미국은 이 전쟁을 북쪽의 공산주의자 이웃에 의한 월남 주권국가의 침공으로 보았다. 이 투쟁을 냉전의 맥락으로 보고 미국은 공산주의의 장악을 막으려 했으며 펜타곤 페이퍼스(the Pentagon Papers)로 알려진 공식 연구의 주장으로서는 월남이 중국인들의 손에 들어가는 것을 막으려고 했다.[403]

닉슨 새정부의 국가안보 보좌관으로 임명된 직후 헨리 키신저는

---

402) *Ibid.*, p. 158.
403) *Ibid.*, p. 159.

자기의 옛 동료이며 가끔 비판자인 헨리 로웬(Henry Rowen)에게 전화를 걸었다. 그는 정부를 위한 군사연구를 전문으로 하는 싱크 탱크로 캘리포니아의 산타 모니카(Santa Monica)에 소재하는 랜드 연구소(the Rand Corporation)의 회장이었다. 키신저는 랜드 연구소가 개최하는 베트남에 관한 여러 번의 세미나에 참석했었다. 그는 그곳의 사람들이 미국의 정책에 대해 실제적인 회의론자들이라는 것을 알고 있었다. 대안들이 무엇인가를 키신저는 물을 것이었다. 이제 그는 이런 대안들을 탐색하고 또 대안들의 폭을 분석하기 위해서 랜드 연구소의 분석가들의 팀을 고용하길 원했다. 그 팀을 이끌기 위해서 로웬은 랜드 연구소의 최고 베트남 전문가인 다니엘 엘스버그(Daniel Ellsberg)와 랜드의 사회과학부 부장인 프레드 이클레(Fred Ikle)를 선발했다. 1968년 성탄절 날 그들은 로웬과 함께 뉴욕으로 비행하여 그곳의 피에르 호텔(Pierre Hotel)에서 그들의 보고서를 논의하기 위해 4일간 키신저와 만났다. 결코 공개된 적이 없는 그들의 보고서는 7개의 대안들을 제시했다. 하나의 극단적인 대안은 협상을 통한 승리를 위한 군사적 확전이었다. 이것이 내포한 군사적 조치 가운데에는 캄보디아에서 공군 및 지상작전, 하노이를 포함한 월맹의 무제한 폭격, 그리고 하이퐁의 기뢰 부설이었다. 대안 1에 따르면 이 목적은 월맹이 반란자들을 지원하는 의지와 능력을 파괴하는 것이었다.

다른 극단적인 대안은 모든 미군의 일방적 철수였다. 이 대안의 논의는 미국정부 내에서는 주장하는 사람이 아무도 없다는 인정으로 시작했다. 엘스버그 조차도 찬성하지 않았다. 그럼에도 불구하고 그것에 찬성하는 주장들이 전쟁은 이길 수 없는 것이고 따라서 미국의 손실

을 끊어야 한다는 전제로 시작하여 탐색되었다. 국가 신용(credibility)
의 문제에 관해서는 다른 국가들은 미국이 대규모의 인적 및 물적 공
약들을 충족시켰고 또 상황을 수용하는 지혜를 보였기 때문에 미국의
조치를 수용할 것이다. 토론의 첫 날에 일방적 철수의 대안은 배제되
었다. 키신저는 그것이 발생할 일의 너무 먼 밖에 있고 또 닉슨을 화
나게 할 것이라고 말했다. 그 결과 가장 평화주의적 대안은 6번째 것
이었다. 즉, 그것은 타협적 타결을 모색하면서 주둔 미군의 상당한 축
소를 단행하는 것이었다. 이 아이디어는 임무를 이어받을 월남의 군
대를 증강하는 한편 미군의 주둔 수준을 1971년 말까지 10만 명으로
줄이는 정규적 철수를 위해 사이공의 승인을 확보하는 것을 포함하고
있었다.

그 사이에 다른 대안들이 있었다. 그러나 어느 곳에서도 미국이 두
개의 가장 극단적인 대안들의 혼합에 입각하여, 즉 정규적 철수뿐만
아니라 군사적 확전의 결합에 입각하여 정책을 추구할 수 있다는 제
안이 없었다. 엘스버그와 이클레는 후에 한편으로는 무제한 폭격과
캄보디아의 침공을 통해 하노이를 굴복시키려고 노력하는데 입각한
정책을 생각하는 반면에, 동시에 상당한 일방적 군대 철수의 정책에
착수하는 것이 역설적이게 보였을 것이라고 말했다.[404] 미국외교정책
이 결국 위협, 폭격발작, 그리고 냉혹한 철수의 미친 누더기가 될 하
나의 이유는 닉슨이 한때 "미친놈 이론"(the madman theory)이라고
부른 것 때문이었다.[405] 1968년 선거운동 기간 중에 닉슨이 측근에게

---

404) Seymour M. Hersh, *The Price of Power: Kissinger in the Nixon White House,*
   New York: Summit Books, 1983, pp. 48-49; Marvin Kalb and Bernard Kalb,
   Kissinger, Boston, Mass: Little, Brown, 1974, p. 125.

베트남 해결의 열쇠는 하노이가 미국의 위협을 두려워하게 하는 것이라면서 그는 그것을 "미친놈 이론"이라고 불렀다. 그는 월맹이 자기가 전쟁을 중지하기 위해 무슨 짓을 할지 모르는 지점에 도달했다고 믿기를 바란다고 말했다. 닉슨의 측근인 홀더만(Haldeman)에 의하면 키신저가 이 미친놈 이론을 사들였고 키신저는 대통령이 어느 순간에는 강력한 조치를 취할지도 모른다고 소련인들이 생각하기를 바랐다.[406]

키신저의 철학에 근본적인 것은 현실주의자의 전통으로 외교란 무력의 위협에 의해서 뒷받침되어야 한다는 것이었다. 키신저는 권력의 도구로서 폭력 위협의 효력과 정당성에 대한 아주 강력한 이념적 신념을 갖고 있었다. 랜드 연구소의 보고서는 미국정부 내에 기본적 사실에 대한 이견이 존재한다는 것을 지적했다. 그리하여 엘스버그는 키신저가 일련의 질문들을 정부기관들에게 보내서 그들이 각기 별도로 대답하게 하고 그 불일치들을 비교하라고 제안했다. 키신저는 부분적으로 그것이 관료제를 궁지에 빠뜨리고 자기에게 정책을 개발할 시간적 여유를 줄 것이기 때문에 그 아이디어를 좋아했다. 키신저의 비서가 된 프리츠 크래머(Fritz Kraemer)의 아들인 스벤(Sven)은 엘스버그가 제안한 질문들의 취지에 반대했다. 그러자 키신저는 스벤에게 그가 완전히 옳지만 그가 자기가 하고 있는 일을 이해하지 못하고 있다고 말하면서 자기는 관료제도를 1년 동안 묶어 두고 새 대통령을 위해 시간을 벌고 있다고 대답했다.[407]

---

405) Walter Isaacson, *Kissinger: A Biography,* New York: Simon & Schuster, 1992, p. 163.
406) *Ibid.,* p. 164.
407) *Ibid.*

28개의 주요 제목과 56개의 질문을 내포하는 6페이지짜리 문서가 취임식 날 국가안보연구 메모랜덤-1(National Security Study Memorandum, NSSM-1)으로 발행되었다. 2월과 3월 내내 답변들이 정부 부처들과 기관들로 부터 몰려들자 엘스버그는 그것들을 키신저에게 조합하는 상담역으로 비밀리에 일했다. NSSM-1은 어떤 질문을 답하는데에도 봉사하지 않았다. 그러나 그것은 키신저에게 관료제 내에서 들끓고 있는 이견들에 대한 통찰을 제공했다.

사이공의 함락이 인접국가들의 계속적 혁명을 가져올 것이라는 "도미노 이론"(the domino theory)은 옳았는가? 중앙정보국은 그 가능성을 얕보았다. 국방장관실도 역시 그랬다. 그러나 육군, 해군, 그리고 공군의 정보부대들은 도미노 이론을 지지했다. 국무성 내에 있는 정보국은 그 이론이 과도하다고 생각하지만 동아시아국은 그것을 인정했다. B-52공격은 효과적인가? 군부는 그렇다고 생각했고 중앙정보국과 국무성은 그렇지 않았다. 중앙정보국은 폭격이 하노이로 하여금 공산주의자들의 전쟁 노력 뒤에 인민들을 동원하기 더 쉽게 만든다는 실질적 증거가 있다고까지 주장했다. 캄보디아를 통한 적의 보급선들이 얼마나 중요한가 라는 핵심적 질문에 대한 반응으로는 미국 군부와 사이공에 있는 대사관은 그것들이 매우 중요하다고 간주하는 반면에 중앙정보국은 강력하게 이의를 제기했다. 일반적으로 군부와 사이공 대사관은 대부분의 질문에 낙관적인 견해를 취하면서 전쟁이 잘 수행되고 있다고 주장했다. 중앙정보국, 펜타곤의 민간인들, 그리고 국무성의 대부분의 국들은 보다 비관적이었다.[408]

---

408) Henry A. Kissinger, *White House Years,* Boston: Little, Brown, 1979, p. 238.

헨리 키신저는 자기가 6개월이면 평화의 타결에 도달할 수 있을 것이라고 믿었다. 그의 직원들인 젊은 지식인들도 그를 믿었다. 그러나 키신저는 신속한 미군 철수의 아이디어에 동정적이지 않았다. 미국은 2개의 행정부, 5개의 동맹국들, 3만 1천 명의 사망자와 관련된 일에서 간단히 도망칠 수 없었다고 키신저는 후에 기록했다.[409] 그리하여 키신저는 협상타결을 위해 4년이나 몰두해야 될 일에 착수했다. 처음에 미국은 두 개의 주요 요구사항이 있었다. 하나는 월맹군이 남쪽에서 철수해야 한다는 것이었고 또 하나는 사이공의 응우옌 반 티에우(Nguyen Van Thieu) 정부가 자유선거가 아닌 다른 방법으로 축출되어서는 안된다는 것이었다. 하노이는 정반대를 요구했다. 즉 미국은 일방적으로 철수해야 하고 또 미국의 괴뢰정부인 티에우는 퇴위해야 한다는 것이었다. 1972년 말에 가서 미국은 첫 항목을 양보할 준비가 될 것이고 하노이는 적어도 관대한 2년간의 휴지 기간 동안 두 번째 항목을 양보할 것이었다.[410]

닉슨은 소련이 베트남에서 사태의 타결을 가져오는데 열쇠라고 믿었다. 키신저는 보다 회의적이었지만 재빨리 베트남에서 평화로 가는 길은 모스크바를 통해서 간다는 닉슨의 노선을 채택했다. 이것은 키신저가 연계(linkage)라고 부르는 접근법을 낳았다. 즉 소련에 대한 미국의 정책들은 무역, 군비통제, 베트남 등 여러 가지 문제들에서 연계되어야 한다는 것이다. 닉슨은 키신저가 대통령 취임식 당일 날 국가안보위원회의 회의에서 키신저가 상세히 설명한 연계의 아이디어를

---

409) *Ibid.,* pp. 228, 261.
410) Walter Isaacson, *Kissinger: A Biography,* New York: Simon & Schuster, 1992, p. 165.

받아들였다. 주제는 전략무기제한회담(Strategic Arms Limitation Talks, SALT)을 가능한 한 빨리 시작하자는 소련의 제안이었다. 닉슨은 소련 인들이 베트남에서 얼마나 도움이 될 것인가에 대해 미국이 감을 잡을 때까지 재개된 무기통제 회담을 위한 날짜를 정하길 원하지 않는다는 것을 분명히 했다.

메테르니히(Metternich)라는 이름을 들어본 적이 별로 없는 대부분의 미국인들에게 연계전략은 편치 않은 개념이었다. 미국 관료제도의 성향은 각 부처별로 세분화하는 것이었다. 연계전략은 군비통제와 향상된 대소관계에 장애가 된다고 비판을 받았다. 몇 달 전에 소련의 체코슬로바키아 침공에도 불구하고 미국의 여론과 지도자들은 동서간의 해빙을 열망했다. 외교협회 연구집단은 조속한 무기통제 합의가 지상명령이라고 불렀다. 2월에 <뉴욕 타임즈> 사설은 동서간 정치적 문제들이 타결되기 어려울 것이라면서 연계전략을 직접 공격했다. <워싱턴 포스트>도 군비통제는 정치적 문제들의 지위와는 전혀 관계없이 가치 있고 긴급하다고 주장했다. 연계전략에 대한 반대는 국무성 내에서도 발생했다. 닉슨은 SALT의 조기 개최를 밀어붙이는 로저스(Rogers) 국무장관을 마주하기 싫어했다. 그래서 키신저가 연계의 원칙을 강조하는 서신을 작성했고 닉슨은 그것을 서명하여 행정부의 최고 관리들에게 보냈다. 이 서신에서 소련의 지도자들은 다른 곳에서 긴장이나 대결의 이득을 챙기려고 하면서 다른 영역에서 협력해 이득을 획득하려고 기대할 수 없을 것이라는 것을 이해시켜야 한다고 닉슨은 말했다.[411]

411) Henry A. Kissinger, *White House Years,* Boston: Little, Brown, 1979, pp.

이런 배경 속에서 키신저는 부드러운 말씨의 민주당 정치인으로 파리에서 존슨의 협상대표들 중 한 사람이었던 사이러스 밴스(Cyrus Vance)를 베트남과 군비통제에 대한 패키지 거래(a package deal)를 제안하는 비밀의 임무를 갖고 모스크바에 파견할 계획을 마련했다. 국무성은 통보를 받지 못했다. 밴스는 만일 소련인들이 베트남의 평화회담을 촉진시키는데 동의한다면 그 경우에만 군비통제회담을 시작할 권능이 승인될 것이었다. 밴스의 임무는 전쟁이 어떻게 가장 잘 종식될 수 있는 가에 대한 연계이론의 시험으로 의도된 것이었다. 그러나 밴스의 임무는 아무 소용이 없었다. 그러자 키신저는 그 계획을 닉슨의 대화 메모의 복사본까지 보여주며 소련 대사인 아나톨리 도브리닌(Anatoli Dobrynin)에게 극적으로 제시했지만 도브리닌 대사는 아무런 답변도 하지 않았다. 따라서 연계이론은 적어도 명시적인 형태로서 서서히 죽어 가기 시작했다. 1969년에 적어도 10차례에 걸쳐 키신저가 도브리닌에게 베트남에 대해 모스크바의 협력을 요청했지만 매번 도브리닌은 피했다. 수년 후에, 소련의 미국문제 전문가인 게오르기 아르바토프(Georgi Arbatov)를 포함한 소련의 관리들은 모스크바가 하노이에 대해 가진 영향력을 미국이 과대평가했다고 주장했다.[412]

자신의 대통령 취임 후 꼭 한 달 만에 닉슨은 서유럽으로 출장을 갔다. 그의 공적 이유는 소련과의 협상 전에 동맹국들과 협의하기 위

130-135; Marvin Kalb and Bernard Kalb, *Kissinger*, Boston, Mass: Little, Brown, 1974, pp. 103-105; Raymond Garthoff, *Détente and Confrontation*, Washington D. C.: Brookings, 1985, p. 129.

412) Walter Isaacson, *Kissinger: A Biography*, New York: Simon & Schuster, 1992, p. 168.

한 것이었다. 게다가 그는 자기가 베트남에만 사로잡혀 있지 않다는 것을 보여주길 원했다. 키신저에게 자기 젊은 날의 대륙으로 돌아가는 것은 그의 새 신분에 통절함의 음조를 덧붙였다. 이 출장의 중심 행사는 샤를 드골 프랑스 대통령을 방문하는 것이었다.413) NATO 동맹에 대한 그의 독립적 태도는 케네디와 존슨 행정부를 분노하게 했었다. 닉슨이 비행기 안에서 훑어 본 키신저의 <곤란한 동반자 관계>(*The Troubled Partnership*)는 드골을 옹호했다. 드골은 중국에 대한 문호개방의 아이디어를 강력하게 밀었다. 그는 서방이 중국을 분노에 찬 고립으로 놓아두어서는 안된다고 말했다. 닉슨은 양다리를 걸쳤다. 즉각적인 문호개방은 아시아에 있는 동맹국들을 불안하게 할 것이지만 장기적으로 그것은 의미가 있었다. 닉슨은 10년 후에 중국이 중대한 핵 진전을 이루었을 때 서방은 선택의 여지가 없다고 말했다. 드골은 닉슨이 어쩔 수 없이 그렇게 하기 전에 중국을 인정하는 것이 더 나을 것이라고 대답했다. 하나의 씨가 뿌려진 것이다.414)

베트남에 대해서 드골은 베트남 그 자체와 알제리(Algeria)에서 두 차례나 그것을 경험한 나라의 사람으로서 말했다. 키신저와 자연스런 칵테일 담소에서 드골은 키신저의 신뢰성(credibility)이라는 개념을 무시했다. 드골이 키신저에게 왜 철수하지 않느냐고 물었다. 키신저는 갑작스러운 철수는 미국에게 신뢰성 문제를 가져올 것이라고 대답했다. 드골은 어디에서 그러느냐고 물었다. 키신저가 중동이라고 말하자

413) Henry A. Kissinger, *White House Years,* Boston: Little, Brown, 1979, pp. 104-105.
414) Walter Isaacson, *Kissinger: A Biography,* New York: Simon & Schuster, 1992, p. 169.

드골은 아주 기이하다면서 미국의 적들이 신뢰성 문제를 가지고 있다고 그가 생각하는 곳이 정확하게 중동이라고 말했다.[415] 그는 닉슨에게 미국이 간단히 철수를 결정하고 시간표를 정하라고 제안했다.[416] 그가 월맹과 아마도 비밀리에 파리에서 직접 협상을 제안했을 때 닉슨이 관심을 표명했다. 드골을 가장 흥미롭게 한 주제는 소련이었다. 이용할 커다란 기회가 있었다. 중국에 대한 크렘린의 성장하는 편집증이 바로 그것이었다. 드골은 소련인들이 중국과의 가능한 충돌의 관점에서 생각하고 있다면서 그들이 동시에 서방과 싸울 수 없다는 것을 알고 있다고 말했다. 그러므로 드골은 그들이 화해(rapprochement) 정책을 위한 대안을 선택하게 될 것으로 믿는다고 말했다. 그리고 나서 그는 나중에 닉슨-키신저 정책의 상표가 될 단어를 사용했다: "긴장완화(détente)를 위해 일하는 것은 좋은 감각의 문제이다. 만일 당신이 전쟁할 준비가 되어 있지 않다면 평화를 만들어라."[417]

헨리 키신저에게 유럽 출장의 중요성은 그 내용에서보다는 자신의 역할을 정의할 기회였다. 일하기 시작한지 한 달 정도 밖에 안 된 키신저는 아직 대통령과 개인적 관계를 형성하지 못했다. 그들은 주로 메모나 거드름을 피우는 모임에서 소통했다. 관료제로부터 통제권을 잡아채려고 갈망하는 키신저는 자신의 권위를 세우기 위해 그 출장의 많은 부분을 소비했다. 그 출장은 키신저에게 굉장한 격려였다. 첫날 밤 늦게 대통령은 키신저에게 전화하여 클라리지스 호텔(Claridge's

415) *Ibid.,* p. 161.
416) *Ibid.,* p. 169.
417) Henry A. Kissinger, *White House Years,* Boston: Little, Brown, 1979, pp. 104-108.

Hotel)로 들르라고 요구했다. 드문 순간 동안이지만 닉슨은 즐거움으로 가득했다. 그는 잠이 오지 않았다. 포도주, 흥분, 스트레스 그리고 늦은 시간이 결합하여 그로 하여금 아무 말이나 하게 했다. 닉슨은 자기 자신이 얼마나 잘했는지를 필사적으로 듣고 싶어했다고 키신저는 회고했다. 클라리지스 호텔에서 그날 밤에 일어난 일은 몇 달에 걸쳐 반복될 것이고 그것은 닉슨과 키신저의 기이한 관계를 위한 결속이 될 것이었다. 그날 밤에 시작된 것은 5년 이상 동안 그들의 거친 파트너십을 지탱하는 데 도움이 되었다.[418]

캄보디아는 베트남의 반 정도의 크기에 인구가 10%인 나라고 수세기 동안 팽창주의적 인접 국가에 의해 괴롭힘을 당했다. 1941년 이후 이 나라는 군주 노로돔 시아누크(Prince Norodom Sihanouk)가 지배해 왔다. 그러나 지난 20년간 그는 노련한 이중성과 미묘한 균형을 잡는 행동으로 자기 나라의 독립을 유지할 수 있었다. 그의 균형의 일부는 월맹이 월남의 캄보디아 국경선을 따라 성역들을 설치하도록 허용하는 것을 포함했다. 그리고 그 성역들은 북쪽으로 라오스를 따라 내려오고 남쪽으로 시아누크빌(Sihanoukville) 항구를 통해 이어지는 호치민 루트(Ho Chi Minh Trail)를 통해 보급되었다. 미국이 월맹과 라오스에 있는 보급선들을 폭격하고 있는 동안에도 그것은 캄보디아에 있는 공산주의자들의 기지를 그대로 두었다. 닉슨은 취임하기 전부터 이 정책을 재고하기 시작했다. 2월에 미국 관리들은 국경선을 따라 성역으로 월맹의 침투 비율을 경계하기 시작하고 있었다. 그러

---

418) Walter Isaacson, *Kissinger: A Biography*, New York: Simon & Schuster, 1992, p. 171.

나 월맹의 폭격에 반대하는 일반적 합의가 있었다. 후에 키신저는 폭격의 재개가 촉발할 국내적 규탄을 소화할 사람은 아무도 없었다고 말했다.[419]

합동참모회의 의장인 얼 휠러(Earle Wheeler) 장군이 캄보디아에 있는 베트남 공산주의자들의 성역들을 가장 열렬히 폭격하자고 주창하는 사람들 중 하나였다. 2월 9일 그는 베트남의 미국 사령관인 크레이턴 에이브람스(Creighton Abrams) 장군으로부터 자기의 주장을 지지하는 비밀 전문을 받았다. 그것은 공산주의자들의 월남중앙본부(the Central Office for South Vietnam, COSVN)의 위치에 관한 것이었다. 그곳은 월맹과 베트콩이 그들의 전쟁노력을 조정하는 것으로 가정되는 포착하기 어려운 정글 속 본부들이었다. 그의 요청이 최고의 권위에서 고려되고 있다는 말이 에이브람스 장군에게 보내졌다. 비밀이 강조되었다. 최고의 권위를 대신해서 행동하는 키신저였다. 그는 에이브람스 장군이 사이공에서 파견한 두 명의 대령을 출연시키는 조찬 브리핑을 열었다. 그 회의는 국방장관 레어드(Laird), 합참의장 휠러, 그리고 다른 장교들을 포함했다. 이 배경으로 인해서 비상기획들은 "조찬"(Breakfast)이라는 암호명이 주어졌다. 키신저와 레어드는 모두 캄보디아에 있는 성역들의 폭격이 어떤 도발이 있지 않는 한 정치적으로 현명하지 않다고 주장했다. 닉슨은 유럽으로 떠나기 하루 전인 2월 22일 자기의 여행을 망칠 수 있는 말썽 많은 군사적 행동을 취할 필요가 없다고 동의했다.[420]

---

419) Henry A. Kissinger, *White House Years,* Boston: Little, Brown, 1979, pp. 239-241.
420) *Ibid.,* p. 247.

그러나 바로 그날 도발들이 시작되었다. 월맹은 첫 주에 미군의 사망자 비율을 453명까지 배 이상으로 늘리는 모든 전선에서 공세를 단행했다. 키신저는 분개했다. 하노이는 공세를 단행하기 전에 미국의 새 행정부가 무엇을 제안할지 보려고 기다리지도 않았다. 키신저는 대통령 집무실(the Oval Office)에서 군사적 브리핑을 마련했다. 대통령은 분노했다. 이런 것들을 개인적으로 받아들이는 성향이 있는 닉슨은 이 공세가 자기를 탐색하려고 분명히 계획된 의도적 시험이라고 불렀다. 그러나 잠시동안 그가 한 일은 키신저에게 도브리닌 소련 대사에 전화해서 비난하라고 말했다 그리하여 이것은 미국의 딜레마에서 미국을 구원하는데 모스크바의 도움을 끌어내려는 또 한 차례의 헛된 시도를 추가했다. 브뤼셀로 비행하는 도중에 닉슨은 갑자기 대담해졌다. 즉, 그는 피시 훅(the Fish Hook) 성역을 가능한 한 빨리 폭격하라고 명령했다. 키신저는 그의 군사문제 보좌인 알렉산더 헤이그(Alexander Haig) 대령에게 세부사항을 마련하기 위해 즉시 브뤼셀로 오라는 긴급 메시지를 보냈다.

헤이그는 펜타곤에서 기획자로 일하고 있는 전략공군사령부 장교인 레이 시턴(Ray Sitton) 대령을 호출하였다. 헤이그는 뉴욕에서 상업용 비행을 사용할 처음의 계획을 버리고 대신에 군사용 제트 비행기가 그들을 브뤼셀로 수송하도록 명령했다. 그리하여 그들은 브뤼셀의 공항에 기착하고 있는 대통령 전용기(the Air Force One)에서 키신저를 만났다. 그들은 서둘러서 군사적 및 외교적 시나리오들을 개발했다. 그들은 폭격들이 발표되지 않을 것이지만 만일 캄보디아가 항의를 제기하면 그것들이 인정될 것이라고 결정했다. 키신저는 시턴 대령에게 이 임무들은 전략공군사령부의 정상적인 보고체계 없이 수행되어야 한다고 말했다. 닉슨은 관심을 끌지 않고 그렇게 할 수가 없었기 때문에 이 논의에 합류하지 않았다고 후에 키신저가 말했다. 그리하여 적이 아니라 주로 미국 국민으로부터 주요 군사작전을 비밀로 유지하려는 욕구가 최초의 영향력을 행사했다. 즉 그 기획은 온전하게 대통령의 참여 없이 진행되었다. 아무도 같은 비행기를 타고 있는 국무장관 로저스에게 말해주지 않았다. 닉슨은 런던에 도착한 후 로저스에게 자기 생각에 대해 수수께끼 같은 설명을 해주었지만 상세한 내용을 말하지는 않았다. 헤이그는 레어드 국방장관에게 브리핑하기 위해 워싱턴으로 돌아갔다.

그러나 마지막 순간에 닉슨은 자기가 유럽을 방문하는 동안에 주요 폭격작전을 시작하는 거북함이 마음에 걸렸다. 그래서 연기를 명령했지만 이상하게 일이 뒤틀려서 국무성의 누설 채널을 통해 캄보디아를 폭격하는 모든 논의가 중지되고 있다고 말하는 하나의 전문이 사이공의 엘스워스 벙커(Ellsworth Bunker) 대사에게 보내졌다. 그러나 비밀 군사체계를 통해 벙커 대사에 보낸 메시지를 무시하라고 말하는 메시지가 에이브람스 장군에게 보내졌다. 그것은 비상계획을 진행해야 한다는 것이었다. 3월의 2주 동안 닉슨의 보좌진들은 그를 밀고 당겼다. 다시 한 번 키신저로부터 권고를 받은 닉슨은 성역들을 폭격하라는 명령을 발했다. 그러나 다시 한 번 로저스에 경청한 닉슨은 후퇴했다. 그런데 3월 15일 토요일 월맹이 사이공을 포격했다. 그것은 1968년 10월 폭격중단 이래 그들이 하지 않았던 일이었다. 그날 오후 3시 30분 직후에 대통령으로부터 키신저의 전화선이 울렸다. 닉슨은 단호했다. 그는 캄보디아의 피시 훅 지역에 있는 공산주의자 성역들을 즉시 폭격하라고 명령했다. 닉슨이 기운차게 키신저에게 익숙해진 스타일로 말했다. 그의 문장들은 돌발적이고 단음적이며 이견을 제시하는 자는 누구든 파면할 것이라는 경고들로 첨가되었다. 그는 자기의 결정을 소리치고 전화를 끊었다. 그리고 나서 추가적 명령을 다시 전화했다. 즉, 국무성은 돌아올 수 없는 지점을 지난 후에야 통보될 것이라고 말했다. 그리고는 쾅하고 전화기를 내려놓았다. 그리고 나서 일순간 후에 그 명령은 호소할 수 없는 것이 되었다.[421]

피시 훅 성역들의 비밀 폭격을 승인하는 닉슨의 결정은 휠러 장군 발신의 "조찬작전을 실시하라"고 쓰여진 전문으로 3월 17일 오후에 괌(Guam)에 있는 앤더슨 공군기지(Anderson Air Force Base)에 도달했다. 그날 밤 40기의 B-52폭격기들이 이륙하여 베트남으로 5시간의 비행을 시작했다. 맑은 밤이었다. 그들이 베트남의 영공에 들어가자 미국의 지상통제관들이 항적을 넘겨받았다. 통제관들이 그들의 카운트다운을 끝내자 폭탄들이 줄줄이 항공기에서 떨어져 가로 2마일, 세로 반 마일인 "상자"(box)로 땅으로 폭발했다. 3월 18일 이른 아침에 전쟁 중 처음으로 B-52 폭격 상자들 중 48개가 캄보디아의 영토에 떨어졌다. 알렉산더 헤이그가 종이 한 장을 들고 들어왔을 때 자기의 웨스트 윙 지하층 사무실에서 모턴 햄퍼린에게 말을 하고 있었다. 키신저는 미소를 지으며 미국의 비행기들이 캄보디아에 있는 월맹의 기지를 방금 공격했다고 설명했다. 적어도 73개의 2차 폭발이 보고되었다. 그것들 가운데 어떤 것은 정상적 폭발의 5배나 강력했으며 폭탄

---

421) *Ibid.*, p. 245.

들이 연료나 탄약 저장 지역을 공격했다는 것을 의미했다. 핼퍼린은 비밀을 지키기로 맹세했다.[422]

소수의 사람들은 폭격에 대해 훨씬 덜 낙관적이었다. 그러나 닉슨과 키신저의 열정은 돋우어졌다. 아주 어렵게 이루어진 원래의 결정은 피시 훅 지역에 소재하는 것으로 가정된 COSVN 본부들을 쓸어버리기 위한 단 한번의 비밀 공습이었다. 그러나 공습이 임무를 달성하거나 커다란 규탄이 제기되지 않았을 때 닉슨은 캄보디아의 다른 지역에 있는 성역들에 대한 공격을 승인했다. 모든 것은 비밀리에 이루어졌다. "조찬 작전"은 오찬, 스넥, 정찬, 후식, 그리고 가용한 식사가 떨어지자, 저녁 작전들이 뒤따랐다. 후에 키신저가 그 암호명들은 맛이 없었다고 했다. 그 모든 프로그램은 메뉴(MENU)로 명명되었다.

시턴(Sitton) 대령은 키신저와 헤이그에게 말한 다음에 폭격을 비밀로 유지하기위한 정교한 체제를 설립했다. 일단의 가짜 보고서들이 정규 펜타곤 채널을 통해 보내졌다. 그리고 실제 목표물을 내포하는 비밀 장부가 간직되었다. 그것은 모두 정치적 이유에서 필요했다. 공군장관과 기타 최고 관리들은 공습들에 관해서 전혀 통보를 받지 못했다. 그리고 심지어 국무성조차도 어둠 속에 있었다. 소수의 선발된 의원들에게만 처음 공습에 관해서 알려주었지만 의회와 공식적으로 협의하려는 노력이나 작전의 정도에 관해서 솔직하려는 아무런 노력도 없었다. 이것은 후에 키신저가 후회한다고 인정한 것이다. 비밀 폭격은 1970년 5월까지 14개월간 계속되었다. 그 동안에 미국의 B-52 폭격기들은 3,875번의 출격을 했고 108,823톤의 폭탄들을 6개의 국

---

422) *Ibid.,* p. 257.

경지역 기지 캠프에 투하했다. 이 프로그램의 기간은 단 한 번의 공격이 공산주의자들의 본부를 쓸어버린다는 원래의 주장이 거짓이었음을 말해주었다. 그것은 폭격이 도발되지 않은 공산주의자들의 공세에 대한 대응이었다는 이유도 도려냈다. MENU 폭격은 그것이 성공적이라서가 아니라 그것이 성공적이지 못해서 끝이 났다. 성역들과 찾을 수 없는 COSVN 본부들은 여전히 위협으로 남아서 닉슨은 캄보디아의 전면적 지상침공을 단행하기로 결정할 것이다.[423]

그럼에도 불구하고 군부는 그 작전을 반겼다. 미국인의 사망자수가 폭격 후 250명으로 떨어졌고 이것은 반 이하로 줄어든 것이었다. 합참의장 휠러 장군도 역시 마치 그것이 이득인 것처럼 폭격이 캄보디아에서 베트남 공산주의자들에 의해 인적 및 물적 보급의 분산을 가져왔다고 지적했다. 그러나 휠러 장군에게 이득으로 보였던 것이 캄보디아의 시아누크 군주에게는 반드시 그렇지 않았다. 폭격이 1년 후 캄보디아가 혼돈에 빠져든 주된 이유는 아니었을 지는 몰라도 그것은 시아누크의 균형 행위를 더 이상 쉽게 만들지 않았다. 키신저와 다른 관리들은 후에 시아누크 군주가 반대하지 않았고 내심으로는 그것을 환영했다고 말함으로써 폭격의 합법성을 옹호했다. 실제로 시아누크는 폭탄이 떨어지고 있는 1969년 7월에 미국과 외교적 관계를 부활했다. 어느 지점에서나 시아누크가 진실로 무엇을 느꼈는지를 정확하게 집어내는 것은 대부분의 역사가들을 넘어서는 과제이지만 그의 말은 별로 도움이 되지 않았다 왜냐하면 그는 순간의 필요에 가장 적절하다고 느끼는 것을 말했으며 그의 회고록이나 인터뷰도 서로 모

---

423) *Ibid.*, p. 247.

순되었기 때문이다. 그러나 시아누크와 그의 정부가 월맹의 기지들을 제거하는데 미국의 도움을 공식적으로 요청한 적은 결코 없었다.

후에 키신저는 시아누크를 현장에 밀어 넣는 것을 피하기 위해서 폭격을 비밀로 하는 것이 필요했다고 주장했다. 공개적 발표가 미국이 중단해야 한다고 요구할 수밖에 없을 캄보디아 정부에 이유가 없는 타격이 될 것이기 때문에 그것이 비밀로 유지되었다는 것이다. 거기에는 일리가 있지만 사실상 워싱턴은 정반대로 시아누크가 공습을 승인할까 두려워할 이유가 있었다. 즉 그것은 전쟁을 또 하나의 다른 동남아시아 국가로 확대하는 조치들을 공개적으로 취하는 셈이 될 것이고 이 결과는 닉슨과 키신저가 피하고 싶었던 국내적 대소동이었을 것이다. 국방장관 레어드는 폭격의 지지자였지만 그도 역시 그것을 비밀로 유지하는 것은 아주 어리석은 일이라고 느꼈다. 그러나 프로그램이 성장하면서 비밀이 폭격 그 자체 보다도 더 중요하게 되었다. 곧 키신저와 닉슨은 정기적 폭격에는 별다른 관심을 두지 않았지만 비밀의 필요성에 점점 더 사로잡히게 되었다.[424]

닉슨은 1968년 자기의 지명을 수락하면서 그 해 초 북한이 해군 정찰함인 푸에블로(Pueblo) 호를 나포했을 때 존슨 행정부가 무기력했다고 비난하면서 새로운 리더십이 필요한 때라고 선언했었다. 이제 그가 어떻게 보다 결정적으로 행동할지를 보여줄 기회가 4월 14일 월요일 밤에 왔다. 그때 한국의 해안에서 90마일 떨어진 완전한 공해상에서 31명의 승무원들을 나르던 미국의 비무장 정찰기 EC-121기를 북한의 제트기가 격추했던 것이다. 이 위기는 행정부 내에서 닉슨과

<hr />

424) *Ibid.*, 249.

키신저가 주도하는 매파들과 로저스, 레어드, 그리고 중앙정보국장 리처드 헬름스(Richard Helms)가 이끄는 비둘기파들 사이에 처음으로 선명한 균열을 가져왔다. 그것은 키신저와 닉슨이 포용하는 권력과 신용에 관한 철학의 시험대가 되기도 했다.

처음부터 키신저는 보복을 찬성했다. 모턴 핼퍼린과 다른 고위 국가안보회의 직원들도 그랬다. 그러나 국무성은 반대했고 1주일 후에 열리는 정전위원회(the Armistice Commission)의 회의에 미국이 불참함으로써 미국의 불쾌감을 알려주어야 한다고 제안했다. 레어드와 국방부는 베트남의 노력에서 관심을 돌릴 수 있는 어떤 군사적 조치에도 반대했다. 그 사이에 그들은 그 지역에서 모든 미국의 정찰 비행을 취소했다.[425] 거의 이틀 후인 수요일이 되어서야 국가안보회의 전체 회의를 열었다. 키신저는 북한의 전투 제트기 기지에 대해 "무모한"(sterile) 공격이라고 부른 것을 밀어붙이기 시작했다. 레어드와 그의 군사 보좌관들은 공습은 수술적이거나 헛된 것이 될 것이라는 가정을 비웃었다. 그들은 공습에 반대했다. 국무성도 그랬다. 알렉시스 존슨(Alexis Johnson) 차관은 북한이 어떻게 이것이 전면전쟁의 시작이 아니라 단지 보복적 타격이라고 가정할 수 있겠는가를 계속 물었다.[426]

키신저는 정치적인 면에서도 반대에 부딪쳤다. 국가안보회의 후에 홀더만(Haldeman)과 엘리크만(Ehrlichman)을 만나 국내적 반응이 어떠할지를 물었다. 무슨 반응이냐고 엘리크만이 물었다. 북한 비행기들

425) Henry A. Kissinger, *White House Years,* Boston: Little, Brown, 1979, pp. 351-353.
426) Seymour Hersh, *The Price of Power: Kissinger in the Nixon White House,* New York: Summit Books, 1983, pp. 70-75.

이 날아오는 기지를 파괴하는 것이라고 키신저는 말했다. 엘리크만이 그것은 좋지만 만일 그들이 미국의 기지를 파괴하면 어쩔 것이냐고 물었다. 그러면 확대가 될 것이라고 말했고 어느 정도까지 확대될 지를 묻자 키신저는 그것이 핵까지 갈 수 있을 것이라고 대답했다. 그것은 키신저가 그에게 마치 스트레인지러브 박사(Dr. Strangelove)를 적지 않게 상기시키는 두려움을 이미 갖고 있는 특히 엘리크만 앞에서 말을 주고받을 종류의 시나리오가 아니었다. 키신저가 핵 대안의 가능성을 시사하고 있다는 말이 곧 백악관 주변에서 떠돌았다. 관료제도의 헤픈 감상에 의해서 좌절된 키신저는 핼퍼린에게 대통령을 위한 메모를 준비해야 한다고 말했다. 핼퍼린이 그것은 그들이 하고 있는 일이하고 말하자 키신저는 아니라면서 심각한 메모를 의미한다고 대답했다. 다음날 닉슨은 군사적 보복에 반대하기로 결정했다. 키신저는 레어드를 보러 가서 그가 대통령의 권위를 침해했다고 비난했다. 키신저는 레어드에게 그 지역에서 정찰비행을 다시 하게 하기 위해 4주간 메모들을 쏟아부었으며 5월 8일에 가서야 그것들이 재개되었다. 관료들이 어떻게 행정적 결정을 저항하는지에 관해 키신저의 학술적 저작들이 바로 그의 눈 앞에서 실행되고 있었다.[427]

온건한 반응의 발표 후에 키신저가 닉슨을 만났을 때 그는 다시 한 번 보복의 실패가 미국의 신뢰성을 해칠 것이라고 주장했다. 강력한 대응만이 미국이 공격을 당하면 공산주의자들을 어떻게 겁을 줄일 것인가에 관한 닉슨의 "미친놈 이론"을 강화할 것이었다. 그래야 닉

427) Walter Isaacson, *Kissinger: A Biography,* New York: Simon & Schuster, 1992, p. 181.

슨이 비이성적이 되고 있으니 그와 타결하는 것이 낫다고 그들이 말할 것이라고 키신저는 주장했다. 그러나 로저스, 레어드, 그리고 헬름스가 군사적 보복에 계속해서 반대했다. 그래서 키신저는 최종적으로 그 합의를 수락했다. 닉슨은 후에 그것이 행정부를 분열시키고 어떤 각료의 사임을 가져올 수도 있었다고 회고했다. 그러나 결정이 이루어진 후에 닉슨은 레어드와 로저스가 용기가 없었는가에 대해서 키신저에게 불평을 늘어 놓았다. 그는 그들을 사임케 할 것이라고 결심했다. 그리고 그는 위기에서 그들과 다시는 협의하지 않았다. 결과는 그의 고립된 정책 결정을 닉슨에게 확인해주었다. 다른 결과도 있었다. 키신저는 그의 비군사적인 보좌진들에 대한 분노를 가슴에 새겼다. 키신저는 강력하게 말함으로써 자기가 대통령에게 더 가깝게 다가갈 수 있다는 것을 깨달았다.[428]

국가안보회의(NSC)는 그것의 첫 시험에서 크게 실패했다. 그것은 유용한 대안들을 생산하거나 선명한 목적들을 수립하지 못했다. 그리고 그것은 결정적 행동을 위한 어떤 개시도 놓치는 서툰 속도로 작동했다. 사실상 그것은 북한의 공격이 의도적 도발인지 아니면 고립된 즉흥적인 행동인지도 결코 결정하지 않았다. 그리하여 키신저는 위기 관리에 대해 자기의 장악력을 강화하려고 움직였다. 그는 워싱턴 특별 행동그룹(Washington special Action Group)이라는 새 기구를 설치하고 자기가 의장을 맡았다. 다른 구성원들로 정부 부처와 기관들의 관리들이 포함되었다. 미래의 위기에서 그것은 전략을 개발하고 방향

428) Henry A. Kissinger, *White House Years,* Boston: Little, Brown, 1979, pp. 319-320.

감각을 부여했다. 그리고 이 모든 것은 키신저의 책임하에서 이루어졌다. 키신저가 취하는 강경노선의 입장은 주로 미국의 신념이 달려 있으며 유약함은 미래의 도전을 촉진한다는 그의 주장에 의해서 지도되었다. EC-121기 사건을 후에 자신의 회고록에서 논하면서 키신저가 주저함은 적으로 하여금 고집을 부리게 하고 심지어 분담금을 올리도록 진작할 것이라는 교훈을 인용했다. 대응의 실패는 미국의 적들을 대담하게 만들 것이라고 주장했다.[429]

이런 키신저의 주장은 이론적으로 의미가 있지만 EC-121 격추 사건에 관해서 그것이 진실이라는 증거는 별로 없었다. 미국은 아무 조치도 취하지 않았다. 미국은 보복 공격을 하지 않았으며 겨우 무력의 과시를 했다. 그럼에도 불구하고 북한이 분담금을 올리지 않았다. 닉슨이 북한의 행동에 대해 취한 유일하게 진지한 반응은 캄보디아에 있는 월맹의 성역들에 대한 또 한 번의 공습을 명령하는 것이었다. 연계전략의 기이한 버전(version)은 비밀로 수행한 베트남 공산주의자들에 대한 공격이 북한을 응징하고 겁먹게 하는데 봉사할 것이라고 가정하는 것이었다.[430]

닉슨 대통령에게 국가안보회의 전체회의들이 곧 번거로웠다. 그곳에서 어떤 주제가 논의될 때 그것은 그가 로저스 국무장관과 레어드 국방장관의 반대를 직접 다루어야 할 뿐만 아니라 두 부처의 관료들 내에서 그 문제를 고려하게 하는 누설 과정을 다루어야 한다는 것을

---

429) Walter Isaacson, *Kissinger: A Biography,* New York: Simon & Schuster, 1992, p. 182.
430) *Ibid.,* p. 318; Raymond Garthoff, *Détente and Confrontation,* Washington D. C.: Brookings, 1985, p. 75.

의미했다. 1969년 6월 초 어느 날 아침에 홀더만과의 일상적인 사적 만남에서 닉슨은 5개월 동안 전개된 것을 공식화하기로 결정했다. 키신저의 역할이 국무장관과 국방장관을 대체해 승격되었다. NSC 전체 회의에서 대부분의 외교정책 문제들을 고려하는 대신에 키신저와 닉슨 둘만이 결정할 것이다.[431] 이제부터 문제들을 NSC 전체회의를 위한 의제로 내놓는 대신에 그 문제들에 대해 키신저가 직접 대통령에게 가야 했다. 그러면 그들은 로저스와 레어드 없이 결정할 수 있었다. 그리고 닉슨은 그가 보통 강조를 위해 말하듯이 호소는 없다고 부언했다.[432] 이것은 키신저에게 아주 잘 어울렸다.

키신저는 처음부터 가능할 때 언제나 닉슨과 사적으로 외교정책 만들기를 추구해왔다. 베트남 대안들을 다루었던 NSC의 첫 모임에서 키신저는 핼퍼린에게 국무성과 다른 정부기관들로부터 제출된 계획들을 요약하는 2페이지짜리 메모를 작성하게 했다. 그리고 거기에는 닉슨의 서명을 위한 작은 테두리가 있었다. 키신저는 그것을 바라보고 좋은데 이제 그에게 어떻게 뭘 할지를 말하라고 핼퍼린에게 말했다. 요약 문건들은 키신저가 국무성이나 기타 정부 기관들로부터 유지해야 할 또 다른 비밀이 되었다.[433] 언론도 재빠르게 권력의 이동을 눈치챘다. 집무를 시작한 지 3개월 후에 타임<*TIME*>지가 헨리 키신저를 표지 인물로 실었다. 그리고 키신저가 전통적으로 국무성과 국

---

431) Walter Isaacson, *Kissinger: A Biography,* New York: Simon & Schuster, 1992, p. 203.
432) *Ibid.*
433) Seymour Hersh, *The Price of Power: Kissinger in the Nixon White House,* New York: Summit Books, 1983, p. 36.

방성에 위임된 권한들을 탈취하게 될 것으로 워싱턴에서 널리 의심받고 있다면서 겸양은 그의 특징이 아니라고 그 잡지는 지적했다. 마찬가지로 <뉴욕 타임즈>도 키신저가 과거에는 국무장관에게 주어진 위임인 닉슨 행정부에서 외교정책을 위한 책임을 장악하고 있다고 보도했다.[434]

관료제에 대한 키신저의 주된 권력의 원천은 어떤 문제가 대통령에 보고되고 언제 보고되는가를 결정하는 NSC의 고위 검토 그룹(NSC's Senior Review Group)의 의장직이었다. 워싱턴의 권력 원천의 하나는 채널을 통해서 갈 필요 없이 정보에 직접 접근을 갖는 것이다. 키신저는 중앙정보국장인 리처드 헬름스에 대해서 아주 편안하게 느낀 적이 없었다. 키신저는 군부를 직접 다루기 시작했다. 1969년 초 키신저가 해군작전 사령관인 줌월트(Zumwalt) 제독에게 아프리카에 관련된 문제에 관해서 전화를 걸었다. 레어드 국방장관이 분노했다. 그는 군부를 다루는 것은 그를 통해야만 했다고 말했다. 키신저는 대통령의 대표로서 군부를 직접 다룰 권한이 있다고 대응했다. 수주 후에 줌월트와 키신저는 어떤 사교모임에서 만났을 때 해군 사령관은 명령계통의 밖에서 거래하는 데 대해 레어드의 반대를 공유한다고 지적했다. 키신저는 단호했다. 그는 그것이 권력과 원칙의 문제라고 느꼈다. 그래서 그는 자기가 모든 합동참모총장들과 거래할 권리를 갖고 있다고 고집했다. 줌월트는 키신저 모르게 레어드 국방장관에게 완전히 보고했다.[435]

---

434) *Time,* February 14, 1969; *New York Times,* February 5, 1969.
435) Walter Isaacson, *Kissinger: A Biography,* New York: Simon & Schuster, 1992, p. 205.

외교정책을 통제하려는 키신저의 욕망은 모두 부당한 것은 아니었 다는 것이 지적되어야 한다. 관료제도를 관찰하여 그는 국무성과 국 방성에 만연한 낡은 사고 가운데 어떤 것들을 축출할 수 있었다. 그들 이 첫 여름이 끝날 때까지 키신저와 닉슨은 더 이상 메모로 통신하고 있지 않았다. 대신에 그들은 두서가 없는 대화로 여러 시간을 보내고 있었다. 닉슨은 매일 아침 세계 정세를 검토할 것이고 대전략적 개념 으로부터 여러 지도자들과 사람들에 관한 시시한 편견에 이르는 그의 언급들이 있었다. 키신저는 그를 공손한 개인교수처럼 안내했고 그의 관찰을 칭송하면서 몇 개의 통찰력을 추가하고 국무성의 여러 가지 불신과 어리석음을 지적했다. 홀더만 비서실장은 키신저가 독점하는 시간에 저항하기 시작했지만 자신의 보스가 즐기는 형태의 논의라는 것을 알고 있었다. 그것은 사적이고, 음모적이며, 고결한 마음과 시시 한 것이 혼합된 논의였다.[436)

미국외교의 기본적 규칙들 중의 하나가 외국 정부와의 모든 공식 적 접촉들은 국무성의 채널을 통해서 다루어진다는 것이었다. 여기에 는 프랭클린 루즈벨트 대통령을 위해 해리 홉킨스(Harry Hopkins)가 수행했던 것과 같은 대통령 특사들에 의해서 행해지는 협상들도 포함 되었다. 이런 절차들의 이점은 단점과 같았다. 즉, 모든 관련 기관들 이 그들의 전문성과 반대로 끼어든다는 것이다. 놀랍지 않게도, 이 과 정은 닉슨이나 키신저에게는 호소력이 없었다. 그들이 상정하는 외교 정책의 유형은 비밀스러운 작업과 극적인 놀라움, 그리고 국무성이 아니라 백악관이 공적을 인정받으려는 욕망과 관련되었다. 그리하여

---

436) *Ibid.*

키신저가 국무성을 무시하기 위해 설립한 "비공식 채널"(back channel) 작전의 복잡한 제도가 생기게 되었다. 모스크바에 비밀 협상 통로와 관련하여 이것들 중 가장 중심적인 것은 그냥 "채널"(The Channel)이라고 알려졌다. 키신저는 학자일 때에도 상시의 정책결정 채널들의 단순화를 선호했었다.[437]

키신저는 집무하기 시작한 수주 내에 소련에 대한 비공식 채널을 수립하기 시작했다. 소련 대사관의 리셉션에서 한 관리가 그에게 다가와 자기의 위층 별실에서 감기로 요양하고 있는 도브리닌(Dobrynin) 대사가 그가 올라와서 자기를 만나 주기를 바란다고 말했다. 그를 워싱턴의 사교계 인물로 만든 잘 실천된 다정함으로 도브리닌은 키신저를 맞이했고 그들은 앞으로 서로를 그들의 첫 이름(first name)으로 부르자고 제안했다. 상실된 보다 나은 관계들을 위한 여러 가지 기회를 논의한 후에 도브리닌은 자기의 지도자들이 보내는 편지를 닉슨에게 전달하기 위한 만남을 요청했다. 키신저가 후에 닉슨이 로저스가 그 만남에서 배제되기를 원했다고 말했지만 닉슨은 그런 방식을 원한 것은 키신저였다고 회고했다. 어쨌든 로저스 국무장관이 아니라 키신저가 대통령과 소련대사의 첫 만남에 참가한다고 국무장관에게 알리는 보람없는 일은 홀더만에게 떨어졌다. 그 모임에서 닉슨은 도브리닌 대사에게 어떤 민감한 문제들도 국무성이 아니라 키신저와 사적으로 논의해야 한다고 말했다. 키신저는 그들이 도브리닌과 자기 사이에 사적인 채널을 발전시키자고 제안했고 닉슨도 이에 동의했다고 회고했다. 이렇게 채널이 공식적으로 수립되었다고 키신저는 말했다. 그

---

437) *Ibid.*, p. 206.

후 도브리닌은 1주일에 한번 꼴로 보통 백악관의 이스트 윙(the East Wing)에 잘 알려지지 않은 문을 통해 방문하여 프랭클린 루즈벨트가 전쟁전략을 세웠던 지도실(Map Room)에서 키신저와 만났다.[438]

직업외교관들이 새로운 운영방식의 의미를 이해하는 데에는 한참이 걸렸다. 비공식 채널의 사용은 아마도 창조적 외교를 위해 필요한 것으로 정당화될 수 있었을 것이다. 그러나 이중 거래의 지루한 설명이 조사되면 칭찬하기 어려운 동기도 작용했다는 것이 분명해진다. 이런 비상한 절차들은 자기의 내각을 믿지 않거나 그들에게 직접명령을 내리고 싶지 않은 대통령에 의해서 본질적으로 필요하게 된 것이었다. 키신저는 로저스와 대통령의 많은 정책에 저항하는 모든 관료들을 책망했다. 만일 정책결정이 적당한 채널에 남겨지면 창조적 접근들이 제도의 타성에 의해서 헛된 일이 되고 말 것이라고 키신저는 주장했다. 단기적으로 비공식 채널은 성공했다. 역사도 주요한 성공들이 달성되었다고 기록할 것이다. 목적이 그것을 정당화했든 아니면 안했든 간에 비공식 채널은 미국외교정책을 복잡하게 만들었다. 게다가, 비밀 채널들에 대한 의존은 키신저의 직원들의 시간과 창조성을 낭비했다. 그것은 또한 직원들의 도덕적 가치를 낭비했다.[439]

키신저와 닉슨은 그것이 국가의 안보이익에 적합했기 때문이 기보다는 그들의 개성에 더 잘 어울렸기 때문에 비공식 채널에 의존했다. 그들은 모두가 비밀에 대한 취향, 다른 사람과 공을 공유하는데 대한 혐오, 그리고 외로운 자들로서 자신들에 대한 낭만적 견해를 갖

---

438) Walter Isaacson, *Kissinger: A Biography,* New York: Simon & Schuster, 1992, p. 207.
439) *Ibid.,* p. 208.

고 있었다. 그들은 모두가 타인의 성공을 기뻐할 능력을 갖지 못했다. 그들은 모두가 직업 외교관이나 의회의 의원들로부터 배울 것이 있다고 믿지 않았다. 또한 그들은 모두 대중의 투입과 민주적 토론의 혼란이 보다 현명한 결정들로 나아갈 것이라는 신념을 갖고 있지 않았다. 허영심도 빠질 수 없을 것이다. 회고적으로 키신저는 어느 정도로 덜 부상된 허영심의 동기와 권력의 추구가 역할을 했는지를 자기가 판단하기 어렵다고 인정했다. 그러나 키신저는 그것들이 전적으로 없었을 것 같지 않다고 기꺼이 인정했다.[440]

미국이 베트남에서 궁지에 몰린 이유는 간단했다. 월남이 스스로 공산주의자들을 막아낼 수 없다는 것이었다. 월남이 그렇게 할 수 있을 때까지 월남정부의 전복을 가져올 수 있는 미군의 철수를 협상하기란 불가능 했다. 왜냐하면 지상에서 이길 수 없는 어떤 것을 협상 테이블에서 이길 수 없다는 것이 외교의 믿을 만한 규칙이었다. 그것이 월남의 군대를 강화하는 닉슨의 정책 뒤에 있는 합리화였다. 사이공의 군사력 건설은 미국으로 하여금 자신의 군사력을 줄이도록 허용할 것이라면서 새 행정부는 점증하는 반전규탄에 앞서 가며 미군의 정기적 철수를 통해 여론을 무마하기 위해 시간을 버는 것이 중요하다는 것을 깨달았다.

이런 사항들이 함께 고려되어 "탈-미국화"(de-Americanization) 그리고 보다 우아하지만 미끄럽게 빠져나가는 냉혹한 용어로 레어드 국방장관이 "베트남화"(Vietnamization)라고 부른 프로그램이 등장했다. 그것은 레어드가 밀고, 닉슨이 수용했으나 키신저는 불평했다.[441]

---

440) *Ibid.*, p. 209.

레어드의 지원에도 불구하고 미국의 군부는 월남화가 느린 항복이나 다름이 없기 때문에 그 개념에 경악했다. 6월 7일 닉슨은 호놀룰루에서 베트남의 미군 사령관인 크레이턴 에이브람스(Creighton Abrams) 장군과 결판을 계획했다. 그리고 나서 닉슨은 다음날 미드웨이 섬(Midway Island)에서 월남의 티에우(Thieu) 대통령과 만났다. 에이브람스 사령관은 닉슨의 계획을 듣는 동안 경멸로 들끓었다. 입술을 굳게 다문 사령관은 철수 제안이 미국이 승리할 가능성의 종말이나 다름없으며 미군부에 의한 슬픈 후위전의 시작임을 깨달았다. 키신저는 후에 에이브람스 장군의 불편한 모습을 바라보기가 고통스러웠다고 회고했다.[442]

　티에우 월남 대통령은 미국동맹국의 지도자로서 평등하게 대접을 받으려고 필사적이었다. 그는 만남의 장소에 닉슨보다 먼저 와서 기다리라는 키신저의 요청을 거부했으며 자기와 닉슨의 단독회담을 요구하기도 했다. 닉슨이 키신저를 통해 키신저가 그 자리에 참석해야 한다고 고집하자 티에우도 보좌관 한 사람을 대동했다. 티에우는 이미 그 사실이 누설되었기 때문에 상당한 규모, 즉 2만 5천 명 미군의 철수가 계획되고 있다는 것을 알고 있었다. 티에우는 철수를 "재전개"(redeployment)로 부르기를 제안했다. 그들은 2만 5천명의 미군이 본국에 재 전개하기로 공동으로 합의했다고 발표했다. 닉슨이 후에 회고한 것처럼 그날의 발표는 돌이킬 수 없는 과정이 될 것이라는 것이 두 대통령들에게 분명했다. 티에우도 "만일 머리가 빠져나가면 꼬리

---

441) Walter Isaacson, *Kissinger: A Biography,* New York: Simon & Schuster, 1992, p. 235.
442) *Ibid.*

도 따라갈 것이다"라는 베트남의 옛 속담을 생각하면서 그 뜨거운 오후에 가졌던 메스꺼운 느낌을 회고했다. 닉슨에게 그 순간은 역사적 대성공이었다. 그리고 정치적으로도 역시 그랬다. 1965년 3월 8일 다낭(Da Nang) 북쪽에 있는 "레드 비치 투"(Red Beach Two)에 미 해병 제9원정군 여단이 상륙한 이래 처음으로 미군들이 베트남에서 철수하고 있었다. 그는 환희에 넘쳤다. 그러나 키신저에게 베트남화는 현실주의의 핵심적 규칙을 위반했다. 즉 군사력과 외교는 함께 해야 한다는 것을 위반했던 것이다.[443]

냉전이 시작된 이래 20년 이상 미국 외교정책은 자유의 생존과 성공을 확실히 하기 위해서 어떤 짐도 기꺼이 지겠다는 용의에 의해서 표현되었다. 그러나 이제 그런 시대는 끝났다. 베트남 전쟁의 견강부회와 그것이 초래한 자아 의심으로 끝이 났다. 그 자리에 제한의 시대가 들어섰다. 그것은 해외 개입에 대한 회피적 태도와 미국이 소련 공산주의 팽창에 대한 각각의 저항 그리고 심지어 모든 저항에 책임을 질 수 없다는 인식에 의해서 특징되었다. 개입의 시대는 20년 이상 지속되었다. 그것은 미국이 영국으로부터 그리스와 터키를 공산주의로부터 방어할 짐을 지겠다고 트루먼 대통령이 결정한 1947년 2월 24일부터 시작되었다.[444] 그것은 상징적으로 끝이 났다. 그리고 미국의 20년에 걸친 제한의 시대가 1969년 7월 25일 시작한 것이다. 이날 미 육군의 제9보병사단 제1여단이 그들의 임무가 미완성인 채로 베트남의 메콩 델타(Mekong Delta)로부터 귀국한 것이다. 베트남으로

---

443) *Ibid.,* 237.
444) 강성학, <대한민국의 대부 해리 S. 트루먼: 평범한 인간의 비범한 리더십>, 서울: 박영사, 2021, 제5장을 참조.

부터 이 첫 공식 미군의 철수가 있던 그날에 닉슨 대통령은 그의 첫 세계 일주 출장의 첫 기착지인 괌(Guam)에 있는 장교클럽에서 기자들과 담소를 하고 있었다.

　헨리 키신저가 자신의 임기 중 가장 어려웠던 과제는 월남에서 전쟁을 끝내는 것 외에도 베트남 후 한계의 시대를 다룰 틀을 창조하는 일이었다. 과잉 개입과 과잉 고립주의 사이를 역사적으로 배회한 미국이 또 다시 후자로 선회하는 표시들을 보여주고 있는 상황에서 미국은 중간 노선을 계획할 도전에 직면할 것이다. 이 과제를 달성하기 위해서 키신저는 미국이 소련과 중국으로 3각 균형을 창조하여 지구적 질서의 전반적 틀을 형성해야 한다고 느꼈다. 그러면 미국은 어떤 지역 동맹국들에게 그들의 이웃을 공산주의에 대항하여 방어하는 인력 부담을 위임할 것이다. 이것이 곧 "닉슨 독트린"(Nixon Doctrine)으로 명명될 개념이었다.[445] 미국의 위대한 대부분의 외교정책들처럼 닉슨 독트린도 부분적으로 "짐을 꾸리는 문제"(packaging problem)에 대한 대응이었다.[446] 닉슨은 베트남에서 미군의 철수가 아쉬운 상황에 대한 단지 어쩔 수 없는 반작용으로 보이길 원하지 않았다. 그 대신에 그는 월남화의 아이디어를 취해 그것을 일관되고 목적 있는 철학으로 위장하여 포장하기를 원했다. 뿐만 아니라 더 이상 베트남은 안 된다는 것을 확실하게 하는 도전도 있었다. 다음 국지전쟁이 발발하기 전에 닉슨과 키신저는 미국이 군인들을 파견하는 책임을 지지 않을 것을 확실히 하는 정책을 수립하길 원했다.[447]

---

445) Walter Isaacson, *Kissinger: A Biography,* New York: Simon & Schuster, 1992, p. 240.
446) *Ibid.*

그런 제목들이 숙고되는 무미건조한 심포지엄들과 학술지들에서 수년 동안 키신저는 베트남 전쟁 후에 미국이 수행할 역할을 탐색했었다. 사실상 "한계의 교리"에 대한 그의 매혹은 학부학생으로서 "역사의 의미"에서 그의 부푼 성찰에까지 거슬러 올라갔다. 칸트에 관한 그의 분석에서 역사적 필연에 대한 감각이란 한계의 인정, 즉 인간의 분투에는 한계를 두어야 한다는 지식이라고 썼었다. 마찬가지로 메테르니히와 비스마르크에 대한 그의 저작들은 현실주의 전통의 핵심에 있는 기회와 한계의 냉정한 계산을 탐구했다. 그가 여전히 록펠러를 위해서 일하던 1968년 초에 쓴 에세이에서 키신저는 후에 닉슨 독트린이 될 것을 제시했다.

> "1950년대와 1960년대 우리는 그 정책을 제안했다. 1960년대 말과 1970년대에 우리의 역할은 타국들의 이니셔티브를 촉진할 구조에 기여하는 것이 될 것이다. … 우리는 지역의 책임감을 격려하려고 해야 하며 그것을 억눌러서는 안 된다."[448]

키신저는 이 테마를 1969년 7월 닉슨의 괌, 아시아, 그리고 전 세계의 여행에 이르는 그들의 매일 한담에서 닉슨과 종종 논의했다. 그들은 미래에 미국은 작은 아시아 동맹국이 직면할 안보위협에 관해 3가지 유형을 구별해야 한다고 동의했다. 그것들의 내부 반란, 이웃 국가에 의한 공격, 아니면 소련이나 중국으로부터의 공격이었다. 그러

---

447) Henry A. Kissinger, *White House Years,* Boston: Little, Brown, 1979, pp. 56-57.
448) Walter Isaacson, *Kissinger: A Biography,* New York: Simon & Schuster, 1992, p. 240 에서 재인용.

나 그들의 논의는 이상적이었을 뿐 새로운 독트린의 선포를 위한 공식적 준비는 없었다. 그 대신에 닉슨 독트린은 닉슨이 괌에서 수행하는 기자들과 보도하지 않기로 한(off-the-record) 어떤 반추 속으로 빠져들어 갔을 때 의도하지 않고 발표된 것이었다. 질문에 대한 답변에서 베트남과 동일한 질곡에 빠진 다른 아시아 동맹국들에 관해서 말했다. 내부적 안전의 문제에 관한 한 미국은 이 문제가 아시아 국가들 자신들에 의해서 점차로 다루어지도록 격려하고 기대할 것이라고 닉슨은 말했던 것이다. 미국은 동맹국이 소련이나 중국에 의해 공격을 받았을 경우에만 개입할 수밖에 없다고 느꼈다. 후에 닉슨은 그들이 국내외적인 문제들을 갖고 있을 때 이 국가들의 방어를 위한 주된 책임을 지는 길을 단지 계속한다면 그들은 결코 스스로 자신들을 돌보지 않을 것이라고 설명했다.[449]

닉슨의 이런 언급들은 주요 스토리가 되었고 닉슨은 그것들이 보도될 수 있다고 동의했다. 또한 그는 키신저에게 중대한 임무를 위임했다. 즉, 새 정책을 괌 독트린(Guam Doctrine)이라고 즉시 명명한 언론은 섬이 아니라 저자에게 명예를 부여하는 보다 적절한 명칭을 가지고 나오는 걸 확실히 하는 것이었다. 수년 후에 자신의 말을 회고하면서 닉슨은 그것들이 주요한 새 독트린으로 의도되지는 않았지만 그것들은 그와 키신저가 베트남에 관해서 행한 생각을 반영했다고 말했다. 닉슨은 무기, 경제원조, 그리고 병사들을 제공하는 것은 실수라고 믿었으며 어느 국가가 관련되든 스스로 병력을 제공해야 한다고 했다. 베트남화가 바로 거기에 적합하다고 말했다.[450]

---

449) Henry A. Kissinger, *White House Years,* Boston: Little, Brown, 1979, p. 223.

닉슨 독트린은 주로 대아시아 전략이 아니라 곧 미국의 지구적 전략으로 제시되었다. CENTO와 SEATO같은 NATO의 복제품들을 통해 광범위한 방어공약을 착수하는 1960년대의 독트린 대신에 미국은 현장 방어의 짐을 질 지역적 강대국들을 건설할 것이다. 예를 들어 페르시아 만(the Persian Gulf) 지역에서 이란의 샤(Shah)는 사우디아라비아(Saudis)에 의해서 수행되는 지원의 역할과 함께 그런 명예를 부여 받았다.[451] 미국 외교정책의 이런 전환은 그들의 핵심에서 국제주의자들인 두 사람으로부터 나왔지만 그들은 미국의 대중 속에서 일어나고 있는 완전한 규모의 후퇴를 막기 위해서 미국의 지구적 책임을 줄이는 것이 필요하다고 느꼈다. 베트남 전쟁에 대한 반감은 신고립주의와 반제국주의 맹렬한 분위기를 창조했으며 그 분위기는 베트남 전쟁을 본질적으로 사악한 군사개입, 지하 활동, 혹은 해외의 경제적 연계로 비난했다.

이런 고립주의적 조류에 대한 닉슨과 키신저의 반응은 2가지 형태를 취했다. 하나는 미국인들을 속임으로서 그것을 포위하는 것이었다. 캄보디아의 폭격과 같이 대중적 항의를 야기할 행동들은 비밀로 수행되었다. 또 하나는 정반대로 미국의 공약을 줄이는 합리적인 시도와 관련되었다. 해외개입을 지도하는 원칙들이 재검토되고 또 연간 "세계의 현황" 보고서 같은 탁월한 문건들로 상세히 제시하였다. 음모적 작업을 위한 키신저의 재능이 닉슨의 시대에 충분히 이용되었지만 생

450) Walter Isaacson, *Kissinger: A Biography,* New York: Simon & Schuster, 1992, p. 241.
451) *U.S. Foreign Policy for the 1970s, A Report from the President to the Congress,* February. 18, 1970.

각을 촉진하고 사람들이 새로운 아이디어에 마음을 열개할 수 있는 교사로서 재능이 조금은 더 많이 행사될 수 있었다. 베트남화를 우아한 도피 이상으로 보이게 과장하는 방법으로 닉슨 독트린은 유용했다. 그러나 그 교리는 결코 대단치 않았다. 유일하게 끌어올린 지역적 동맹국은 이란(Iran)이었지만 그것은 현명한 투자 전략으로 입증되지 않았다.452)

곰을 떠난 뒤에 닉슨은 세계일주 여행에 올랐다. 그 여행의 끝 무렵에 키신저는 그의 조수 앤소니 레이크(Anthony Lake)와 함께 빠져나와 파리로 가는 작은 미국 군용 제트 항공기에 올랐다. 그리고 파리에서 그들은 언어능력과 사려 깊은 미국의 무관인 버논 월터스(Vernon Walters) 장군과 합류했다. 그들은 키신저의 옛 친구인 장 생트니(Jean Sainteny)의 아파트로 향했다. 수분 후에 두 명의 월맹협상자인 수안 투이(Xuan Thuy)와 마이 반 보(Mai Van Bo)가 도착했다. 그리고 키신저가 그들에게 손을 내밀자 어색한 미소로 키신저와 악수를 했다. 이렇게 키신저와 월맹인들 사이에 변덕스러운 3년간의 비밀협상이 시작되었다. 그때까지 키신저는 닉슨을 위해 2가지의 역할을 수행했다. 하나는 안보보좌관으로서 역할이고 또 하나는 NSC기구의 마스터로서 역할이었다. 그런데 이제 그는 세 번째이며 보다 흥분되는 역할을 맞고 있었다. 처음으로 키신저가 협상가로서 봉사하고 있었다. 이제 더 이상 그는 대통령의 그림자 속에만 머물지 않았다. 그는 극적 외교와 창조적 조작을 위한 천부적 재능을 과시할 수 있을 것이고 자기 자신

---

452) Walter Isaacson, *Kissinger: A Biography*, New York: Simon & Schuster, 1992, p. 242.

을 현대의 가장 유명한 정치가로 만들었다.[453]

1969년 8월의 시작과 함께 키신저는 베트남의 상황에 연계된 것으로 그가 보기 시작한 여러 가지 주제들에 관해서 작업을 하고 있었다. 지난 주에는 중국이 자국의 영해에 들어온 몇 명의 즉흥적인 미국의 요트인들을 석방했다. 그것은 키신저가 단순히 친절함 이상의 동기가 있다고 확신한 중국의 제스처였다. 키신저가 파리로 이탈하기 직전에 루마니아에서 닉슨은 니콜라에 차우셰스크(Nicolae Ceausescu) 대통령에게 미국이 통신 채널을 여는데 관심이 있다는 말을 중국인들에게 전해 달라고 요청했다. 차우셰스크는 확실히 소련인들에게도 이런 제안을 알렸다. 그러나 소련인들을 조금 불편하게 하는 것은 전혀 잘못된 일이 아니었고 실제로 그것이 루마니아 방문의 목적이었다. 닉슨은 또한 차우셰스크에게 11월 1일까지 베트남에서 아무런 진전이 없으면 과감한 조치가 취해질 것이라고 털어 놓았다. 그리고 이것은 모스크바에 전달되길 의도했다. 키신저와 닉슨은 오직 최근에 월맹의 철수가 미군철수의 6개월 전에 시작해야 한다는 린든 존슨의 "마닐라 방식"(Manila Formula)을 공식적으로 포기했다. 파리에서 키신저는 만일 하노이가 상호철수에 동의한 것이라면 미국은 남쪽에 잔류병력을 남기지 않을 것에 동의할 것이라고 말함으로써 미국의 입장을 감미롭게 했다.[454]

그러나 인식에 근본적인 차이가 남아 있었다. 하노이는 월남에서 자신을 외부 병력으로 간주하지 않았다. 그들의 병력이 남쪽에 있다

---

453) *Ibid.*
454) *Ibid.*, p. 243.

는 것을 공식적으로 인정하지 않았으며 또한 그들이 그곳에 있을 권리가 있는지의 여부를 논의조차 하지 않으려 했다. 그런 식으로 월맹인들은 미국인들과는 달리 상호철수에 아무런 관심이 없었다. 그리고 그들은 그런 입장에서 결코 이탈하지 않을 것으로 판명되었다. 수안 투이가 제안한 초대는 하노이가 키신저와 더 많은 비밀회담을 고려할 것이라고 말한 것이다 그러나 그 과정이 재개될 일은 다가오는 2월까지 없을 것이다. 파리 회담에 관한 비밀의 숭배를 위한 정당화는 별로 없었다. 그것은 미국의 대중과 국무성을 배제한 것 외에는 아무 것도 없었다. 사실상 그것은 자신들의 입장을 위해 공개적 선전을 부추기는 반면에 수개월 동안 진정한 미국의 협상제안을 비밀로 유지하려는 하노이의 목적에 봉사했다. 아마도 미국의 이익은 만일 키신저가 파리 여행을 공개적으로 하고 또 자신의 협상 입장의 전략을 설명했더라면 더 잘 봉사 되었을 것이다. 뿐만 아니라 베트남 타결을 협상하기 위한 키신저의 가시적이고 잘 설명된 노력은 반전 운동의 분노를 어느 정도 진정시켰을 것이다.[455]

키신저는 수안 투이와의 8월 만남에서 11월까지 진전이 없다면 미국은 엄중한 결과의 조치들을 고려할 수밖에 없을 것이라고 분명한 경고를 발했다. 11월 1일은 존슨이 폭격을 중지한 1주년 기념일이었다. 그래서 닉슨은 어떤 결실을 생산할 외교의 데드라인이 될 것이라고 세계에 위협을 알리고 있었다. 사실상 닉슨은 11월 1일 데드라인에 관해서 너무나 많은 경고를 해서 미국이 그것을 뒷받침하기 위해 무엇을 할 것인지 생각하는 것이 곧 필요하게 되었다. 9월에 키신저

---

455) *Ibid.,* p. 245.

는 효과적일 수 있는 군사적 대안이 있는지의 여부를 결정하기 위해서 회의를 소집했다. 그들의 과제는 야만적이고 응징하는 타격을 위한 대안을 마련하는 것이었다. 그 회의 벽두에 월맹 같은 4류 국가가 무너지는 순간이 없다는 것을 그는 믿을 수 없다고 설명했다. 그들의 프로젝트에는 "덕 훅"(Duck Hook)이라는 암호가 주어졌다. 그들이 마련한 군사적 아이디어들은 합동참모부의 격려를 받아 하이퐁과 다른 월맹의 항구들에 기뢰를 설치하고 하노이와 다른 산업지역들에 집중적 폭격을 가하는 것이었다. 10월 15일은 대규모 전국적인 베트남 모라토리움의 날이었다. 그래서 25만 명의 항의자들이 워싱턴에서 행진을 했다. 그날 밤 닉슨은 자신의 메모지에 중얼거리지 말자, 흔들리지 말라, 대응하지 말라고 자기 자신에게 썼다.456)

키신저는 "덕 훅" 연구를 명령했지만 그의 마음은 그것이 어떤 결론을 낼지 마음을 열었고 그의 감정은 혼합되었다. 10월 17일 키신저는 마침내 메모로 그 계획에 반대를 건의했다. 어떤 신속하고 결정적인 군사적 행동도 얻을 수 없는 것으로 그는 결론지었다. 그리고 키신저는 그렇게 대범하고 모험적인 노선을 추구하기 위한 행정부 내에 충분한 합의가 없었다고 했다. 닉슨도 동의했다. 데모꾼들이 행진할 때 흔들리지 말자고 다짐했음에도 불구하고 그는 11월 1일 데드라인을 수행하지 않은 이유 가운데 모라토리움이 최후통첩의 신용을 손상했다고 인용했다. 놀랍게도 그의 최후통첩을 실행하지 말라는 키신저의 건의를 수락한 직후에 닉슨은 도브리닌 대사를 만났으며 거기에서

---

456) Walter Isaacson, *Kissinger: A Biography,* New York: Simon & Schuster, 1992, p. 246.

그는 자기의 모든 위협과 강경발언을 개인적으로 취소했다.

그러나 뭔가가 곧 발생하지 않으면 닉슨은, 키신저가 바라보는 가운데, 미국이 베트남에서 죽음으로 빠져드는 데에 대해 가만히 있을 수는 없다고 경고했다. 그러나 도브리닌은 그것을 허세로 간주했다. 그는 이제 막 모스크바에서 돌아왔다. 그리고 그는 자기의 소련지도자들은 베트남에 대해 아무 것도 제공하지 않았다고 말했다. 그러나 그들은 가능한 한 빨리 군비통제회담을 시작할 준비가 되어 있다고 그는 지적했다. 키신저의 연계전략에도 불구하고 닉슨은 그것을 수락했다.[457] 키신저는 소련인들이 미국에게 연계전략을 역으로 적용하고 있었다고 키신저는 후에 인정했다, 그리고 도브리닌은 의심할 여지가 없이 닉슨의 위협을 심각하게 받아들이지 않았다.[458]

군사적 확대를 발표하는 대신에 11월 3일 연설에서 닉슨 대통령은 미국인들의 "거대한 침묵의 다수"(the great silent majority)에게 지지를 요청했다. 그것은 결의에 차 있었지만 사실상 자신의 군사적 위협으로부터 후퇴를 대변한 기이한 연설이었다. 그날 밤 닉슨은 너무나 긴장하여 잠을 이룰 수 없었다. 닉슨 정책은 부드럽게 말하지만 몽둥이를 가지고 간다고 자신의 일기장에 썼지만 그는 자기가 바로 정반대의 행동을 했다는 사실을 무시했다.[459] 그럼에도 불구하고 "침묵의 다수" 연설은 성공적이었다. 왜냐하면 그것은 참으로 미국인들의 다

---

457) Ibid., p. 248.
458) Richard Nixon, RN: The Memories of Richard Nixon, New York: Grosset and Dunlap, 1978, p. 407; Henry A. Kissinger, White House Years, Boston: Little, Brown, 1979, p. 305.
459) Henry A. Kissinger, White House Years, Boston: Little, Brown, 1979, p. 306.

수가 여전히 그를 기꺼이 지지할 것임을 과시했기 때문이다. 지지의 폭발은 대단했다. 그 연설은 베트남화를 위한 닉슨의 주장과 돌연한 철수는 실수가 될 것이라는 그의 주장을 할 수 있었다. 그것은 비밀과 속임수에 의존하기 보다는 미국 국민들의 눈높이에 맞춤으로써 무엇이 달성될 수 있는가에 대한 힌트를 주었다.[460]

끝이 난 1969년은 키신저에게 신나는 해였지만 좋은 해는 아니었다. 키신저는 로저스 국무장관으로부터 중동에 관한 것을 제외하고는 외교정책을 완전히 통제했다. 로저스가 승리한 유일한 투쟁은 베트남에 대한 소련의 도움이 없었지만 SALT 협상을 시작하게 한 것이었다. 그러나 키신저는 그 사이에 군비통제의 입장을 종합하는 책임을 인수받았다. 그리고 그는 자기 혼자만이 조각들을 어떻게 맞출지를 결정할 정책수립 블록(building block) 제안들을 자기에게 제공하면서 일하는 관료를 갖고 있었다. 1969년 말까지 SALT 회담이 착수되자 키신저는 자신의 연계정책의 마지막 흔적을 포기했다. 도브리닌 대사가 연말 검토를 위해 성탄절 직전 키신저의 사무실에 들렀을 때 그는 그들이 베트남에서 진전에 모든 협상을 중지하기보다는 채널을 통해 다른 문제들을 논의하기 시작하자고 제안했다. 이에 키신저가 동의했다. 곧 그는 SALT에서 베를린의 지위에 이르는 문제들에 관해서 도브리닌과 직접적으로 협상을 수행할 것이었다.[461]

1970년이 시작되자 키신저는 새로운 라운드의 비밀 베트남 회담을 위한 조건들이 맞다고 느꼈다. 잠시 동안 미국은 강력한 입장에 있었

---

460) Walter Isaacson, *Kissinger: A Biography,* New York: Simon & Schuster, 1992, p. 249.
461) Henry A. Kissinger, *White House Years,* Boston: Little, Brown, 1979, p. 524.

다. 닉슨의 "침묵하는 다수"의 연설이 일시적으로 대중의 지지를 끌어 올렸고 반전 감정이 철수가 계속됨에 따라 감소하고 있었다. 닉슨은 전쟁을 신문들의 전면에서 걷어갔으며 대부분의 미국인들의 마음 뒤편으로 몰아넣었다. 놀랍게도 베트남화도 많은 사람들이 의심했던 것보다는 더 잘 진행되고 있었다. 월남의 육군은 85만 명에서 이년에 1백만 명 이상으로 성장했다. 그러나 키신저는 이 모든 것이 변하기 쉽다는 것을 알았고 그래서 그는 월맹과 신속하게 비밀회담을 재개하려고 했던 것이다. 뿐만 아니라 키신저는 노벨평화상을 탈 수 있는 그런 유형의 외교적 대성공을 추구하려고 열심이었다.[462] 많은 논의 후에 키신저는 닉슨을 설득하여 또 하나의 외교적 라운드를 승인하게 했다. 버논 월터스가 수안 투이에게 요청했을 때 아무런 반응이 없었다. 그러다가 갑자기 2월 16일 월맹은 월터스에게 5일후 일요일에 키신저를 만날 것이라고 말했다. 키신저는 그런 행위가 무례하다 (insolent)고 생각했지만 그래도 즉시 수락했다.

키신저의 열성에 대한 하나의 이유는 하노이가 파리에 월맹 공산당 정치국의 고위층인 레둑토(Le Duc Tho)를 파리에 파견하고 있었다는 것이다. 그는 협상을 위한 여지를 분명히 갖고 있지 않은 수안 투이에게 특별 조언자로 봉사할 것이었다. 키신저는 수안 투이 수준에서 협상을 계속한다는 것이 무용하다는 것을 알고 있었다. 키신저는 레둑토와 3번의 주말 회의를 가졌다. 2월 21일 레둑토와 상봉을 준비하면서 키신저는 그에게 어떤 말을 해야 할지 자기의 작은 사무실을 오르고 내리면서 연습하고 있었다. 레둑토는 변함없이 칙칙한 마오

---

462) *Newsweek,* February 10, 1970.

(Mao)식 복장을 하고, 힌 머리를 가진 홀쭉한 사람이었다. 프랑스와 투쟁 기간 동안에 여러 감옥에서 10년을 복역했었다. 그가 평화에 관해서 웅변적으로 말할 수 있었지만 그것은 그에게 하나의 추상적 개념이었을 뿐이었다. 키신저는 레둑토와의 첫 회의에서 농담과 칭송, 자아 겸양, 그리고 역사적 암시들을 섞어가면서 개인적 소통의 인상을 주려고 했다. 레둑토는 정중했다. 그는 키신저의 농담에 웃었고 때로는 폭소를 터트렸다.[463]

키신저가 자기의 협상 전략은 수없는 작은 조각 같은 양보 보다는 대담한 조치를 취하는 것과 관련된다고 종종 말했다. 그는 구체적으로 베트남을 언급하면서 가장 합리적인 결과를 결정하고 그리고 거기에 한두 번의 조치로 도달하려고 항상 노력했다고 기록했다. 살라미 (the salmi) 방식은 상대방으로 하여금 다음 양보가 무엇일지를 알기 위해 기다리게 만든다. 그러나 사실상 키신저는 미국의 입장을 작은 것들로 살짝 감미롭게 했다. 그는 이미 철수가 동시에 이루어 질 수 있고 미국은 잔여 병력을 두지 않을 것이라고 양보했다. 레둑토에게 그는 작은 양보를 하나 더 했다. 그것은 남부 월남부터 월맹군의 철수가 미국의 것처럼 동일한 법적 기반에 둘 필요가 없으며 그것이 공개적으로 발표되지도 않을 것이라는 점이었다. 키신저는 자기의 많은 주장을 원칙이 아니라 미국에게 정치적으로 가능한 것에 입각하여 제시했다. 예를 들어, 티에우 정권이 전복되어야 한다는 요구를 논의하면서 키신저는 대통령이 국내적인 이유로 그렇게 할 수 없으며 자기

---

463) Walter Isaacson, *Kissinger: A Biography,* New York: Simon & Schuster, 1992, p. 252.

가 레둑토의 지상명령에 현실적일 테니 레둑토도 자기의 지상명령에 관해서 현실적이어야 한다고 대답했다. 군사력이 월맹에 유리하지 않다고 레둑토를 설득하려는 시도에서 키신저는 중국과 소련을 이간질하는 전략을 암시했다. 그는 국제적 상황이 복잡성을 갖고 있으며 그것은 월맹을 지금 지원하는 국가들의 지원을 분열 없이 향유하지 못할 것이라는 것을 의미한다고 말했다.[464]

그는 또한 닉슨 대통령이 국내적 지지를 증가시켰다고 지적했다. 그러나 레둑토는 풀브라이트(Fulbright) 상원 의원의 텔레비전으로 중계된 청문회에서 이루어진 갤럽(Gallup) 여론조사 결과들과 성명들을 들어서 반박했다. 키신저는 그가 미국의 여론에 관해서 하노이로부터 오는 어떤 더 이상의 명제에도 경청하지 않을 것이라고 날카롭게 대꾸했다. 키신저를 특별히 괴롭히는 것은 레둑토가 베트남화에 따른 미군의 철수가 미국의 협상 지위를 깎아내린다는 자신의 믿음을 공유하고 있다는 것이었다. 만일 미국이 50만의 병력으로 이길 수 없었다면 그의 월남의 괴뢰 군대가 싸울 때 어떻게 성공할 수 있겠느냐고 레둑토가 물었을 때 그것은 자기를 괴롭히는 문제였다고 키신저는 후에 인정했다.[465]

3월 16일 개최된 두 번째 회의에서 키신저는 어떻게 미군이 철수될 것인지에 관해 아주 정확한 시간표를 제공했다. 그러나 레둑토는 미군의 일방적 철수가 아닌 상호 철수를 요구하는 어떤 계획도 거부했으며 4월 4일의 회담에서도 그 입장을 그대로 되풀이했다. 그리고

---

464) *Ibid.,* p. 253.
465) Henry A. Kissinger, *White House Years,* Boston: Little, Brown, 1979, pp. 442-444.

그 자리에서 그는 키신저에게 미국이 입장을 바꿀 때까지 더 이상의 회담이 필요하지 않다고 말했다. 4월에 회담이 깨어진 이후에도 키신 저는 채널을 유지하고 또 그것을 비밀로 하려고 열성적이었다. 그 결과 닉슨에 대한 그의 보고서들은 실제보다 훨씬 더 낙관적이었다. 그러나 9월에 가서야 하노이는 그 채널을 작동시켰고 전쟁은 중대하게 넓어졌다.466)

　문명사에서 1970년대 캄보디아를 소용돌이친 홀로코스트 보다 더 큰 지옥을 견딘 국가들은 별로 없었다. 킬링필드(the killing field)의 창조는 여러 가지 원인이 있었고 많은 손들에 피를 묻혔다. 미국도 책망을 공유했다. 캄보디아에서 미국의 직접 행위는 월남에서 공산주의 자들의 작전 본부들로 봉사했던 COSVN으로 알려진 중심적 사무실을 제거하기 위해 계획된 1969년 3월로 거슬러 올라가는 단일 폭격으로 시작되었다. 그것은 실패했지만 그 비밀 공격은 계속되었다. 정규적인 1년 간의 폭격 후에 환영 같은 COSVN이 제거되지 않았으며 베트남의 공산주의 성역들이 감소되지도 않았다. 그리하여 1년 후인 1970년 대 봄에 미국의 군부는 COSVN을 제거할 또 하나의 아이디어를 밀고 있었다. 그것은 캄보디아의 국경선을 넘어서 미국과 월남의 군대들을 파견하는 지상 병력이었다. 바로 그런 순간에 시아누크의 29년간의 숨찬 균형자는 행위가 끝이 났다. 이 캄보디아 수상이 정규적으로 건 강 치료를 위해 프랑스에 갔다가 월맹이 자국의 국경지역에 있는 그 들의 성역들을 줄이도록 설득하는데 도움을 모색하기 위해 모스크바

---

466) Walter Isaacson, *Kissinger: A Biography*, New York: Simon & Schuster, 1992, p. 255.

와 베이징을 들릴 계획이었다. 그는 워싱턴에 우익적 장군으로 알려진 론 놀(Lon Nol)에게 수상직을 맡겼다.

그러나 시아누크가 멀리 가 있는 동안 론 놀 장군이 조성한 대규모 시위가 월맹의 국경 성역들의 존재에 대항하여 발생했다. 처음에 많은 미국 관리들은 그 시위 행진은 시아누크가 그 문제를 협상하려고 시도하기 위해서 자기의 입장을 강화하기 위한 그의 전형적으로 정교한 책략이라고 생각했다. 그러나 3월 18일 캄보디아의 입법부가 그를 권좌에서 표결로 축출했다. 시아누크는 이런 사실을 베이징으로 가는 그를 공항으로 데려 가던 소련의 알렉세이 코시긴(Aleksei Kosygin) 수상으로부터 모스크바에서 들었다. 그것은 그 정부가 바뀌지 않은 이래 기이한 종류의 쿠데타였다. 오직 국가원수만 바뀐 것이다. 프놈펜(Phnom Penh)에서 그 소식은 일반적 안도감으로 맞이되었다. 그러나 시아누크가 시골에서는 마치 신처럼 간주되었다. 콤퐁 참(Kompong Cham)의 마을에서 분노한 농민들이 론 놀의 형제들 가운데 한 사람을 찾아서 그를 죽이고 그의 간을 꺼내서 그것을 트로피로 식당으로 가져가서 요리하고 잘라서 시위자들이 먹어 치웠다.[467]

미국의 CIA가 쿠데타를 지원했다는 즉각적인 의심들이 있었다. 그러나 미국의 직접적인 개입의 증거는 없었다. 마이크 맨스필드(Mike Mansfield) 상원 의원의 고집으로 확인한 결과 CIA는 캄보디아에 지국장조차 갖고 있지 않았기에 그 쿠데타로 놀랐다. 닉슨은 아무런 경고를 받지 않은데 대해 화를 냈다. 닉슨이 받은 마지막 정보 보고는 쿠데타의 하루 전이었으며 그때 키신저는 그에게 시위에 관한 메모를

---

467) *Ibid.*, p. 257.

보냈다. 그것은 베트콩과 월맹인들이 떠날 것을 촉구하는 시아누크가 소련과 중국의 협력을 요청하도록 허용하게 하려는 정교한 공작일 가능성이 높다고 보고했었다. 키신저의 보고는 잘못 추측했다. 그 쿠데타에 미국의 간접적인 유일한 관련성은 베트남에 기지를 둔 몇 명의 군사 관리들이 론 놀로 하여금 만일 그가 정권을 장악하면 미국의 지원을 받을 것이라고 믿도록 하였을 것이다. 미국의 특수전 사령관들 사이에서 시아누크 군주에 대한 높은 존중은 없었다.[468]

4월 4일 파리의 비밀 회의에서 미국이 시아누크의 전복을 조장했다고 레둑토가 미국을 비난했을 때 키신저는 프놈펜에서 일어난 일에 미국이 무관하다고 설득하는데 절망했다고 말했다. 그러나 중대한 문제는 미국이 쿠데타를 조성했는지가 아니라 다른 국가들이 그렇게 생각하는지의 여부였다. 뒤 이은 몇 주 동안에 행동으로 미국은 시아누크와 월맹인들에게 미국이 그랬다고 믿게 만드는 실수를 저질렀다. 처음에는 키신저와 닉슨이 미국의 론 놀을 위한 지원에 인색했다고 주장했다. 왜냐하면 미국은 상황에 편견을 갖게 하거나 캄보디아의 중립성을 훼손하길 원하지 않았기 때문이었다. 그러나 닉슨이 새 군부 지도자에게 내기를 걸 것이라는 것은 진실로 의문이 없었다. 시아누크가 축출된 다음 날 닉슨은 키신저에게 비밀 노트를 보냈다. 그것은 닉슨이 CIA 헬름스 국장이 캄보디아에서 친미적인 요소들을 최대한으로 지원하기 위한 계획을 개발하고 시행하길 원한다는 것이었다.[469]

---

468) Henry A. Kissinger, *White House Years,* Boston: Little, Brown, 1979, pp. 457-469.
469) Walter Isaacson, *Kissinger: A Biography,* New York: Simon & Schuster, 1992, p. 258.

그 사이에 자신의 균형을 상실한 시아누크는 오른쪽 보다는 왼쪽으로 떨어지는 것이 더 안전하다고 결정했다. 그는 베이징에 착륙하여 저우언라이(Zhou Enlai)의 포옹을 받았고 그 이후 미국의 제국주의에 저항하는데 합류할 것을 서약했다. 그를 일종의 괴상한 사람으로 보는 소련인들은 그들의 거리를 두고 공식적으로 론 놀 정부를 인정했다. 그러나 중국인들과 월맹인들 그리고 신출내기 크메르 루즈(Khmer Rouge)가 그를 승인했다. 론 놀은 지혜보다는 진취적 기상으로 월맹인들과 베트콩들에게 캄보디아를 즉시 떠나라고 명령했다. 그러자 베트남의 공산주의자들이 캄보디아 정부에 공격을 시작했고 장비를 갖추지 못한 캄보디아의 장병들은 프놈펜 근처의 골프장에서 훈련을 받고 펩시콜라 트럭으로 전투에 보내졌다. 그리하여 1970년 4월에 캄보디아인들이 긴급지원을 간청하기 시작했고 베트남에 있는 미국의 지휘관들이 개입을 주장하기 시작했다. 그리고 닉슨은 그의 대통령직의 가장 숙명적인 군사적 결정을 마주하게 되었다. 그러나 그것은 좋은 때가 아니었다.

그때 4월은 닉슨 대통령직에서 가장 잔인한 달이 되고 있었다. 파리에서 키신저의 레둑토와의 비밀 협상이 깨졌고 전쟁의 타결이 갑자기 절망으로 보였다. 소련의 군사 고문관들이 이집트로 쏟아졌다. 닉슨은 키신저에게 모스크바에서 소련과 정상회담을 조정할 수 있는지 알아보라고 지시했지만, 그러나 그가 도브리닌을 만나러 갔을 때 소련 대사가 그에게 제공할 수 있었던 모든 것은 시베리아에서 호랑이 사냥에 관한 영화를 보는 것이었다고 키신저는 회고했다. 상원은 닉슨의 대법원 지명자를 거듭 거부했고 아폴로(Apollo) 13호의 달 비행은 중요한 기능 장애를 일으켜 우주비행사들이 그들의 우주선에서 사라질 위험에 처해 있었다. 그리고 항의자들의 위험은 닉슨으로 하여금 자기 딸 줄리(Julie)의 스미스 대학(Smith College) 졸업식에 참석할 계획을 취소하게 만들었고 그래서 그가 딸의 눈물을 보게 만들었다. 뿐만 아니라, 닉슨은 도전하는 "벌지 전투"(the Battle of the Bulge)의 허세부리는 장군이 영웅처럼 보이는 "패튼"(Patton)이라는 영화를 거듭해서 관람하는 다소 당황케 하는 욕망을 발전시켰다.[470] 아폴로 13호의 우주 비행사들이 마침내 안전하게 착륙했을 때 닉슨은 하와이로 날아가 그들을 맞이했다. 4월 18일 그곳에서 그는 미국의 태평양 사령관인 존 매케인(John McCain) 제독에게 브리핑을 받았다. 맥케인 제독의 아들은 그때 전쟁포로였다. 그는 매케인 제독에 깊은 인상을 받아 다른 관리들에게도 그가 브리핑을 해줄 수 있는 샌클레멘테(San Clemente)로 함께 돌아가자고 요청했다.

닉슨은 샌클레멘테에 있는 동안에 다음 라운드의 병력철수에 관해 결정했다. 비밀 파리 협상은 깨졌고 월맹인들은 공세를 벌이고 있었고 사이공의 베트남화는 여전히 약했다. 그것은 닉슨의 3가지 베트남화의 기준들 중 어느 하나도 충족되지 않았다는 것을 의미했다. 그러나 아무도 그것에 관해 심각하게 생각하지 않았다. 대부분의 국민들처럼 로저스 국무장관은 마치 외교적 조치와 군사적 조치가 양립할 수 없는 것처럼 군사적 조치보다는 외교적 조치의 필요성에 관해서 말했다. 그러나 키신저는 군사적 압력이 외교와 양립할 수 있을 뿐만 아니라 외교를 위해 그것이 필요하다고 느꼈다. 레둑토는 그런 믿음

---

470) *Ibid.*, p. 259.

을 공유했다. 레둑토를 충분히 보고 나니 그럴듯한 군사전략이 없이는 미국이 효과적인 외교를 가질 수 없다고 키신저는 후에 지적했다.

그러나 키신저는 새로운 라운드의 철수에 저항하는 것은 헛된 일이란 것을 알고 있었다. 그러므로 그는 하나의 책략을 내 놓았다 그것은 아주 상당한 규모의 철수를 발표하지만 그것을 1년 동안으로 기간을 늘리는 것이었다. 합동참모회의 의장과 협의한 뒤에 키신저는 15만 명의 병력이 1년에 걸쳐서 철수하기로 결정했다.[471] 그리하여 가장 많은 병력의 철수는 1971년 초 이후에 이루어졌다. 닉슨은 그것을 승인했다. 그러나 전형적으로 그는 레어드 국방장관과 로저스 국무장관이 그 계획에 관해서 오도하기로 결정했다.

1970년에 캄보디아의 침공을 가져온 심의는 닉슨이 워싱턴으로 돌아왔을 때였다. 시아누크를 전복한 론 놀 우익정부와 거리를 유지할 구실이 더 이상 없었다. 4월 22일 수요일 닉슨은 새벽 5시에 잠에서 깨어나 키신저에게 메모를 받아쓰게 했다. 그것은 미국이 론 놀을 지지한다는 것을 보여주기 위해 캄보디아에서 대담한 조치가 필요하다고 생각한다는 것이었다. 월맹 공산주의자들에 관해서 그들은 그곳에서 멋대로 활동하고 있었다. 지난 25년 만에 친서방과 친미적 입장을 취하는 용기를 가진 캄보디아에서 유일한 정부가 몰락할 준비가 되어 있다고 닉슨은 덧붙였다.

닉슨, 키신저, 레어드, 로저스, 그리고 헬름스를 포함하는 국가안보위원회의 전체회의가 캄보디아로 공산주의자들의 진격을 어떻게 할 것인지를 논의하기 위해서 그날 오후에 각료실에 모였다. 3가지 대안

---

471) *Ibid.*, p. 260.

들이 테이블에 있었다. 첫째는 로저스와 레어드가 선호하는 것으로 감시하고 기다리는 것이었다. 둘째는 미국의 공습의 지원을 받으면서 월남군을 이용하여 캄보디아 내에 있는 공산주의자들의 성역들을 공격하는 것이었다. 그리고 셋째 대안은 미군을 파견하는 것이었다. 키신저는 두 번째 대안을 선호했다. 논의된 주 목표물은 피시 훅(the Fish Hook) 지역이었다. 그곳은 1년 전에 첫 비밀 공습이 수행된 동일한 국경지역이었다. 다시 한 번 군부는 환영 같은 공산주의 본부들인 COSVN 이 그것에서 발견되어 파괴될 수 있다고 약속했다. 다른 잠재적 목표물은 패롯스 비크(Parrot's Beak)라고 불렀는데 그곳은 더 남쪽에 있으며 사이공에서 33마일이 떨어진 지역이었다.[472] 닉슨은 보통 공식 국가안보회의에서는 자기 생각을 말하지 않았지만 이번에 그는 그 자리에서 결정을 발표했다. 즉 그는 두 번째 대안을 선택했다. 즉, 미국은 작은 규모의 공습지원을 제공하면서 월남 군인들 만을 패롯스 비크로 보내는 것이었다.[473]

다음날 저녁에 키신저는 상원외교 분과 위원회 의원들과 베트남에 관한 비공식적 논의를 위해서 아칸소(Arkansas) 출신의 신사다운 비둘기 파인 제이 윌리엄 풀브라이트(J. William Fulbright) 상원 의원의 집에 있었다. 백악관의 전화교환수는 그의 소재를 찾아내서 대통령으로부터 3차례나 전화를 연결했다. 그는 무척 화가 나 있었다. 왜냐하면 캄보디아에 CIA 지국을 개설하라는 3주나 지난 명령이 여전

---

472) Henry A. Kissinger, *White House Years,* Boston: Little, Brown, 1979, pp. 489-492.

473) Walter Isaacson, *Kissinger: A Biography,* New York: Simon & Schuster, 1992, p. 261.

히 수행되지 않았기 때문이라고 키신저는 회고했다. 키신저가 웨스트
윙에 있는 사무실로 돌아왔을 때 전화가 계속 왔다. 닉슨은 링컨 거실
(Lincoln Sitting Room)에서 늦게까지 머물렀다. 7번이나 키신저는 닉
슨이 고함지르고 수화기를 쾅 내려치는 소리를 특별 전화선을 통해
들어야 했다. 마지막 전화로 자정 이후에 닉슨이 캄보디아의 작전에
서 미군을 사용하길 원한다는 것이 키신저에게 분명해졌다.[474] 4월
24일 금요일은 어떻게 기이한 분위기와 개인적 흥분이 역사적 순간의
결정에 영향을 미칠 수 있는가를 보여주는 날들 중의 하나였다. 또 한
번의 국가안보회의가 열릴 계획이어서 레어드와 로저스가 자신들이
말을 할 수 있었을 것이다. 그러나 닉슨은 그것을 갑자기 일요일까지
연기시키고 자기의 오랜 친구인 마이애미(Miami)의 기업인인 비브 레
보조ㄴ(Bebe Rebozo)와 함께 캠프 데이비드로 향하고 있었다.

　닉슨이 캠프 데이비드에서 금요일 밤 친구와 함께 열기를 식히고
있을 때 키신저는 NSC 위원들 중 비둘기파들을 만나고 있었다. 지적
으로 자신감에 찬 키신저는 자기의 아이디어들이 도전 받는 것을 좋
아했다. 그러나 사교적으로 불안전한 그는 주변사람들 모두의 승인을
획득하려고 했다. 그 모임은 때로 열기가 높았다. 그러나 그가 덕 훅
계획에 반대하는 주장들을 들으면 들을수록 그것은 더욱 더 키신저로
하여금 미군이 주도 하에 성역들의 본격적 습격이 해답이라고 설득하
게 했다. 토요일 오전에 닉슨은 키신저에 전화를 걸어 캠프 데이비드
에 초대했다. 닉슨이 미군을 파견하기를 원하고 있다는 데에는 아무
런 의문이 없었다. 이제 그는 훨씬 더 나아 가는 것을 생각하고 있었

---

474) *Ibid.*, p. 264.

다. 그는 왜 덕 혹 계획도 실행하지 않느냐고 하면서 어차피 대중들이 히스테리컬 하게 될 텐데 왜 하이퐁에 기뢰를 설치하지 않고 하노이를 폭격하지 않느냐고 물었다. 키신저는 닉슨이 정말로 진지한지를 알 수 없었지만 그것들은 쉬운 일이라고 대답했다.[475]

4월 26일 일요일에 NSC 회의가 열렸다. 왜냐하면 키신저가 국방성과 국무성 장관들과 적어도 협의하지 않고 다른 국가를 간단히 침공할 수 없다고 닉슨을 확신시켰기 때문이다. 일요일 아침에 키신저는 닉슨에게 메모를 보내서 그에게 레어드 국방장관이 피시 훅크에 대한 미군의 사용이 심각하게 고려되고 있다는 것은 깨닫지 않고 있다고 상기시켰다. 키신저는 그 메모에서 사이공에서 미군사령부가 그런 침공을 준비해 왔지만 지금까지 국방장관이 그것을 승인할지 알 수 없으며 그 뿐만 아니라 국무장관으로부터도 반대가 예상된다고 말했다. 다시 한 번 닉슨과 키신저는 결정을 이미 내리고 NSC회의에 들어가서 그들이 배제한 관리들을 지나쳐 가려고 노력했다. 이번에 그들은 회의가 단지 가능한 대안들에 대한 군사적 브리핑인 척하기 위해 그렇게 했다. 회의가 끝나자마자 닉슨은 키신저를 백악관 거실로 불렀다 그리고 닉슨은 군사명령에 이니셜을 썼다. 그리고 나서 그는 마치 자신이 결의를 강조하려는 듯이 자신의 풀 네임을 바로 그 밑에 서명했다.[476]

그러나 닉슨은 로저스와 레어드의 반대가 마음에 걸려 자신의 명령을 24시간 동안 중지했다. 그 사이에 키신저는 사이공에 있는 에이

---

475) Henry A. Kissinger, *White House Years,* Boston: Little, Brown, 1979, pp. 497-498.
476) *Ibid.,* pp. 498-499.

브람스 장군에게 비밀로 전문을 보냈다. 키신저는 그 명령서를 레어드에게는 완전히 비밀로 유지할 방식으로 에이브람스 장군에게 백채널로 조심스럽게 보냈다. 그러나 에이브람스 사령관이 그것을 받자마자 전화를 통해 레어드 장관에게 그 명령서를 읽어 줄 것이라는 것을 키신저는 깨닫지 못했다. 국방장관은 자기에게 비밀로 전달되었다는데 화가 났지만 그것에 익숙해져 있었다. 마침내 4월 28일 화요일 닉슨은 캄보디아에서 미군이 참여하는 두 갈래의 침공을 승인하기로 결심했다. 그는 레어드와 로저스를 백악관으로 불러들여서 그들에게 직접 말했다. 키신저는 그곳에 없었다. 그래서 법무장관 존 미첼(John Mitchell)이 닉슨의 노트를 기록했다. 대통령은 여전히 키신저가 사태를 통제하려고 한다고 염려하여 두 장관들이 오기 전에 옆문으로 빠져나가라고 요구했다. 미첼의 노트들은 닉슨이 그 조치에 책임을 질 것이고 그 기록은 국무성과 국방성의 두 장관들의 건의에 반해서 홀로 행동한 것임을 보여줄 것이라고, 그리고 그 노트는 키신저가 반대로 기울고 있다고 선언하고 있었다.[477]

사실상, 그때까지 키신저는 미군 사용의 아이디어를 지지했지만 닉슨은 자기 주변에 우유부단한 자들을 패튼 장군식으로 무시하고 행동하고 있다는 생각을 분명히 좋아했다. 그는 여전히 그 임무를 환영 같은 공산주의 지휘센터를 제거하는 것으로 상정하고 있었다. 대통령은 COSVN 작전이 베트남화 프로그램의 지속을 지탱해 나가는데 필요하다는 견해를 피력했다.[478] 모든 군사작전의 가장 중요한 측면들

---

477) Walter Isaacson, *Kissinger: A Biography,* New York: Simon & Schuster, 1992, p. 267.
478) *Ibid.,* p. 502.

가운데 하나는 그것이 어떻게 인식되느냐는 것이다. 닉슨과 그의 비판자들은 캄보디아의 침공을 대담하고 뻔뻔스러운 미국전쟁 노력의 확장으로 묘사했기에 그것은 그렇게 되었다. 만일 닉슨이 선택해야 했다면 그 침공은 보다 완화된 관점에서 표현될 수도 있었다. 불 같은 대통령의 연설로 시작하는 대신에 사이공에 있는 에이브람스 장군의 공보관에 의해서 미군을 위협하고 있는 성역들을 제거하려는 계획에서 국경을 넘는 작전을 수행하는 정책의 확장으로 발표될 수 있었다. 그래도 여전히 그것은 항의를 촉발했겠지만 닉슨이 4월 30일 연설로 점화한 폭발을 촉발하지는 않았을 것이다.[479] 그러나 그때까지 패튼 영화를 너무 자주 관람하여 자기가 듣는 모든 것에 도전을 선포할 준비가 되어 있었다. 행정동 건물의 어두운 은신처에 앉아서 스테레오에선 차이코프스키의 음악이 흘러나오는 가운데 닉슨의 분노와 높아진 긴장이 그의 연설문에 스며들었다.[480]

레어드와 로저스의 호소를 무시하고 닉슨은 지도를 가리키며 목적은 월남에서 전 공산주의 군사작전의 본부들을 공격하는 것이라고 말했다. 미국은 가엾고 무능한 거인처럼 행동하지 않을 것이라고 선언했다. 닉슨은 오직 닉슨만이 할 수 있는 것을 했다. 즉 그는 용기 있는 결정을 내리고 그것을 경건하고 분열적인 연설로 했던 것이다. 과장을 넘어서 닉슨은 지난 5년간 미국이나 월남은 주변국의 영토를 손상하길 원하지 않았기 때문에 이런 적의 성역들에 대한 조치를 취하지 않았다는 노골적인 거짓말을 했다. 키신저도 그날 저녁 언론을 위

---

479) Walter Isaacson, *Kissinger: A Biography*, New York: Simon & Schuster, 1992, p. 268.
480) *Ibid.*

한 배경 설명에서 비슷한 것을 말했다.[481] 다음날 오전인 1970년 5월 1일 3만 1천 명의 미군과 4만 3천 명의 월남군이 국경선을 넘어서 피시 훅과 패롯스 비크로 쏟아져 들어갔다. 잠을 별로 자지 못한 닉슨은 키신저를 동행하여 펜타곤에 즉흥적 방문을 했다. 장군들이 그들의 지도와 핀들을 가리켰고 닉슨은 다른 성역들에 관해서 묻기 시작했다. 그가 이 모든 성역들을 미국이 제거할 수 있느냐는 질문에 긴 침묵이 흘렀다. 그는 이 모든 성역들을 제거하고 싶다면서 모든 것을 파괴하라고 말했다. 대담한 결정이 역사를 만든다며 그것들을 날려버리자고 고함을 쳤다.[482]

미군철수로 구매했던 국내적 고요함이 특히 오하이오 주에 있는 켄트 주립 대학에서 5월 4일 발생한 비극 후에 신속하게 깨졌다. 그곳에서 소총으로 무장한 젊은 주 방위군들이 비무장 학생 시위자들의 군중에 총을 겨누었고 두 명의 여학생과 두 명의 남학생을 죽이는 사격을 가했다. 쓰러진 친구 위에 무릎을 꿇고 소리 없는 아우성의 얼굴을 가진 한 젊은 여학생의 사진이 국가의 공포를 상징하게 되었다. 미국은 경련을 일으켰고 미국의 권위체제는 신경파괴의 벼랑에 이르렀다. 시위자들 때문에 자기의 아파트에서 잠을 이룰 수 없던 키신저는 백악관의 지하층으로 옮겨야 했다. 10만 명의 시위자들이 백악관으로 모여들자 5월 8일 금요일 경찰은 대통령 저택을 60대의 버스들과 병력을 동원하여 그들이 지하에 진을 쳤다. 닉슨은 전쟁과 항의의 근본

---

481) Henry A. Kissinger, *White House Years,* Boston: Little, Brown, 1979, pp. 503-505.
482) Walter Isaacson, *Kissinger: A Biography,* New York: Simon & Schuster, 1992, p. 269.

원인들에 관한 장황한 논의를 위해 저녁 9시 20분 직후에 키신저를 불렀다. 잠을 잘 수 없었던 대통령은 링컨 거실에 남아서 생각에 젖었고 또 새벽까지 전화를 걸었다.[483]

닉슨의 "미친 놈" 전략은 그에게 오히려 역풍을 가져 다 주었다. 많은 미국인들의 눈에 그는 평정심을 잃은 것으로 보였다. 그 결과 캄보디아의 침공은 월맹이 1968년 구정공세에서 패배한 이래 하노이에게 가장 큰 승리로 변했다. 캄보디아의 침공이 베트남에서 치르는 전쟁 노력에 약간의 도움이 되었는지의 여부는 미국이 캄보디아에 행한 것의 문제에 더하여 빛을 잃었다. 그 나라는 지옥으로 가라앉기 시작했다. 침공에 반대하는 사람들의 예측이 옳았지만 심지어 비관론자들이 예측했던 것보다 더 으스스했다. 미국이 침공을 시작했을 때 월맹군은 캄보디아 시골의 1/4에 퍼져 있었다. 그러나 그것이 끝났을 때 그들은 전국의 절반 이상으로 퍼져버렸다. 하노이의 군대가 괴물을 창조하기 시작했다. 적어도 잠시 동안의 동맹으로 월맹 공산주의자들은 현지의 크메르 루즈(Khmer Rouge)를 건설하기 시작했다. 침공의 시기에 5천 명의 무기력한 반란자들의 깡패집단인 크메르 루즈가 수, 끈기, 그리고 야만성에서 성장했다.[484]

캄보디아 침공의 후유증 속에서 키신저는 학생들, 시위자들, 그리고 저명한 반전 활동가들과의 소규모로 알려지지 않은 모임들의 프로그램을 시작했다. 5월에만 그는 10번의 그런 모임을 대부분 백악관에서 가졌고 어떤 모임은 사저나 식당에서 가졌다. 1971년 초까지 그는

---

483) *Ibid.*
484) *Ibid.*, p. 273.

학생집단들과 19번의 모임을 열었으며, 지식인들과 학자들과는 29번, 그리고 기타 저명한 대중적 인물들과는 30차례의 모임을 열었다. 그 것은 대부분 진지한 노력이었다. 교수였던 키신저는 닉슨이 그렇게 생각하든 말든 행정부는 비판자들, 특히 학생들에게 손을 뻗칠 의무 가 있다고 믿었다. 그는 기회가 주어진다면 대부분의 비판자들을 자 기 주장을 바라보게 확신시키고, 감언으로 속이고 또 매혹할 수 있을 것이라는 모두가 부당하지는 않은 자부심을 품고 있었다. 뿐만 아니 라, 그는 실제로 지적으로 도전 받는 것을 좋아했다.[485]

학계의 비판자들과의 모임에서 가장 고통스러운 것은 침공 이후에 그가 개최한 첫 번째 모임이었다. 1970년 5월 8일 하버드에서 13명의 원로 교수 동료들이 "헨리"로 오랫동안 알아온 것에 자부심을 갖는 사람과 백악관에서 오찬을 갖기 위해 내려왔다. 그에게 SALT에 관해 서 자문했던 폴 도티(Paul Doty), 케네디와 존슨 행정부에서 일했던 아담 야몰린스키(Adam Yarmolisky), 아이젠하워의 과학 상담역 조지 키스티아코프스키(George Kistiakowsky), 군비통제 논의 그룹의 일원인 토마스 셸링(Thomas Schelling), 사회적 관계 교수인 마틴 립셋(Martin Lipset), 정의와 부정의의 전쟁과목을 인기있는 정부학 교수인 마이클 월저(Michael Walzer), 대통령의 권한에 관해서 가르치는 리처드 노이 슈타트(Richard Neustadt), 매력적인 학장인 어니스트 메이(Ernest May) 역사학 교수였다.

메이 학장은 키신저가 나라를 국내적으로 분열시키고 있다면서 이

---

485) Walter Isaacson, *Kissinger: A Biography,* New York: Simon & Schuster, 1992, p. 279.

것은 내일의 외교정책이 오늘의 국내적 상황에 기초하기 때문에 장기적 결과를 가질 것이라고 말했다. 그리고 다른 참석자들도 돌아가면서 발언을 했다. 클라이맥스는 셸링에 의한 느리지만 주저하며 강조하는 강의였다. 경제학자 셸링은 두 가지 가능성이 있는데, 대통령이 그가 캄보디아에 들어갈 때 주권국가를 침공하고 있다는 것을 이해하지 못했거나 그가 이해했다는 것이라며 어느 것이 더 겁이 나는지를 모르겠다고 말했다. 셸링은 침공을 도덕적 문제로 보았다. 그러나 키신저에게 이들은 그의 오랜 친구들이었고, 그들은 쓰린 마음으로 떠났다. 이 회의는 학계로부터 그의 전이를 완성했다고 키신저는 말했다. 그를 괴롭힌 것은 그들의 반대가 아니라 그들의 공감의 부족, 거만한 정의감, 그리고 대안 제시의 거부였다. 이 모임의 상처는 심지어 전쟁의 종식에 의해서도 치유되지 않았다.[486]

1970년 9월 14일의 한 주 동안에 닉슨의 인기는 대통령으로서 그의 20개월 만에 처음으로 50% 이하로 떨어졌다. 그러나 국가는 현저하게 조용했다. 새 학기가 시작하자 학생들은 캠퍼스로 돌아가고 있었고 중요 항의 시위의 징표는 없었다. 9월 14일 이른 아침 키신저의 명령에 따라 U-2정찰기 한 대가 시엔프에고스 만(the Bay Of Cienfuegos)에 있는 해군기지의 사진을 찍기 위해 쿠바의 남쪽 해안을 선회했다. 그러나 쿠바 공군의 소련제 MIG 전투 제트비행기가 그것을 쫓아버렸다. 키신저는 날씨가 허락하자 마자 정찰비행이 다시 시도되도록 요구했다. 닉슨은 2주 후엔 흥분된 9일간의 유럽 여행을 떠날 것이었다.

---

486) Henry A. Kissinger, *White House Years,* Boston: Little, Brown, 1979, pp. 514-515.

이번에는 키신저가 연설, 성명서, 그리고 브리핑 북의 모든 것을 준비하는 책임을 국무성으로부터 빼앗았다. 그날 아침 키신저는 베오그라드(Belgrade)에서 조시프 티토(Josip Tito)를 방문하는 닉슨의 스케줄에 관해서 논하기 위해 유고슬라비아의 대사를 만났다. 닉슨은 1년 전에 루마니아에서 그의 요란한 환영을 너무나 즐기고 또 그것이 모스크바에서 야기한 불편함을 향유했기 때문에 그는 비동맹 공산주의 이웃을 방문하기로 결정했다. 또한 키신저는 그날 아침에 프란시스코 프랑코(Francisco Franco) 장군에 대한 닉슨의 방문을 논의하기 의해 스페인 대사도 만났다. 늙은 공산주의 독재자의 은신처에서 훨씬 더 늙은 파시스트 독재자의 은신처로 직접 비행하는 상징성은 살짝 키신저의 신경을 쓰이게 했지만 그는 일정을 재조정할 가치는 없다고 결정했다.[487]

그날 키신저는 법무장관 존 미첼과 함께 했는데 그는 칠레(Chile)에 관해서 얘기하길 원했다. 변호사로서 미첼은 그곳에서 많은 사업적 이익을 가진 고객들을 다루었다. 보수주의자인 그는 칠레가 민주적으로 마르크스주의 국가를 선택하는 첫 국가가 될 지도 모르는 전망에 두려움을 표현했다. 요르단(Jordan)에서 위기에 관해 의회 지도자들에게 브리핑하기 위해 의사당을 재빨리 다녀온 뒤에 키신저는 비밀활동을 감시하는 작은 규모의 고위 관리들의 집단인 "40인 위원회(the 40 Committee)와 4시 반 회의에서 칠레의 주제로 되돌아갔다. 어떻게 아옌데(Salvador Allende)가 대통령으로 취임하는 것을 가장 잘

---

487) Walter Isaacson, *Kissinger: A Biography,* New York: Simon & Schuster, 1992, p. 288.

막을 수 있느냐가 의제에 올라 있었다. 키신저는 산티아고(Santiago)에 있는 미국 대사로부터 군사 쿠데타의 가능성에 관해 냉혹한 평가를 요청했다. 에드워드 코리(Edward Korry) 대사는 칠레의 군부와 더 나아가 중대한 미국정부의 행동을 위한 기회들은 존재하지 않는 다는 답변을 전문으로 보냈다. 칠레의 무장병력은 현재 연약한 우유부단의 관습적 상태에 있다고 그는 덧붙였다.[488]

키신저와 CIA 헬름스 국장의 촉구에 따라 40인 위원회는 그날 오후에 "루브 골드버그 방식"(Rube Goldberg gambit)이라고 명명된 계획에 동의했다. 칠레 의회는 10월 24일 새 대통령의 선출을 비준할 예정이었다. 역사적으로 그것은 주민 선거에서 선두주자, 이 경우에는 아옌데를 항상 선발했다. 그러나 아이디어는 칠레 의회가 아옌데의 보수적인 차점자를 그가 사임하고 새로운 선거의 길을 연다는 조건에서 선출하도록 설득하는 것이었다. 그러면 헌법에 의해 연임이 금지된 현재 기독교 민주주의자인 에두아르도 프레이(Eduardo Frei)가 다시 출마할 자격을 얻을 것이다. 40인 위원회는 코리 대사에게 그 작전의 비밀 지원을 위해 25만 달러의 지출을 승인했다. 환언하면 그 돈으로 칠레 의회에서 투표를 사는 것이었다. 그 계획은 소련인들이 전문적으로 했던 몇몇의 전복만큼 터무니없는 것은 아니었다. 그러나 그것은 여전히 더러운 짓이었다. 그날 40인 위원회는 만일 아옌데가 선출되면 경제가 망할 것이라고 칠레의 의회를 확신시키는 비밀 선전 노력을 증가하기로도 결정했다. 전 세계로부터 CIA가 지원하는 20명 이상의 언론인들이 반-아옌데 스토리를 생산하기 위해서 칠레로 비행

---

488) *Ibid.*

했다. 그리고 그들을 실제로 그 일을 했다.[489]

40인 위원회 모임이 산회하자 키신저는 새 합참의장인 토마스 무어러(Thomas Moorer) 제독을 만나서 그에게 제6함대가 요르단에서 작전을 위해 준비될 수 있도록 확실히 전개되도록 하라고 말했다. 그곳에서는 팔레스타인 게릴라들이 그들이 4대의 공중납치한 비행기들로 부터 인질을 여전히 잡고 있었다. 그리고 나서 키신저는 닉슨 대통령의 일정 담당자인 드와이트 채핀(Dwight Chapin)과 한 시간 동안 유럽 여행을 살피고 오후 8시엔 대통령과 최종 회의를 위해 대통령 집무실에 들렸다. 그날 키신저가 닉슨과 보낸 시간은 전형적이었다. 즉 오전에 30분간 사적 브리핑, 정오에 닉슨과 홀더만과 30분, 오찬 직후에 예정에 없는 15분간 회의, 4번의 전화, 그리고 최종적으로 비공식적 저녁 회의가 그것들이다.

칠레에서 가장 존경받는 신문의 출판자인 오거스틴 에드워드스(Augustin Edwards)는 아옌데에 관해 경각심을 퍼트리기 위해서 워싱턴을 방문하고 있었다. 그는 펩시 콜라의 회장인 그의 친구 도날드 켄달(Donald Kendall) 집에 머물고 있었다. 그는 패배한 캘리포니아 정치인인 닉슨이 뉴욕으로 이사해서 존 미첼의 법률사무소에 합류했던 1960년대 초에 닉슨에게 법률계좌를 제공했던 인물이었다. 그러므로 법무장관 존 미첼이 에드워드와 켄달이 그날 아침 키신저와 조찬을 마련했을 때 많은 옛 사적 연계들이 관련되어 있다. 그 모임은 1시간 이상 계속되었다. 키신저는 존 미첼을 사적으로 만났고 그리고 나서 칠레에 펩시 콜라의 이익보다도 더 광범위한 이익을 갖고 있는 체이

---

489) *Ibid.,* pp. 288-289.

스 맨해튼 뱅크(the Chase Manhattan Bank)의 의장인 데이비드 록펠러(David Rockefeller)를 만났다. 키신저는 미국이 아옌데가 취임하지 못하도록 훨씬 더 많은 일을 해야 한다고 설득되었다.

오후 3시에 닉슨은 키신저, 헬름스, 미첼을 칠레에 관한 가장 숙명적 회의들 중에서 하나가 될 회의를 집무실에서 가졌다. 그 회의는 오직 13분간 만났다. 닉슨은 자기의 책상 너머로 명령을 소리쳤다. 그는 아옌데가 권좌에 오르는 것을 막기를 원했다. 이것이 소위 트랙 II(Track II)로 알려진 것의 시작이었다. 칠레 의회에서 아옌데의 다수를 전복할 공식적으로 승인된 트랙 I (Track I)과 동시에 추구될 CIA 행동을 위한 일급 비밀 계획이었다. 키신저는 칠레의 내정에 간섭하는데 대해 거리낌이 별로 없었다. 그의 현실 정치의 조망은 미국의 국가이익을 최우선으로 취급하고 다른 국가의 주권에 관한 도덕적 관심은 2차적이었다. 키신저는 칠레가 미국의 지정학적 의지의 넓은 망의 시험들에 연결되어 있다고 보았다. 즉 소련인들은 요르단, 베트남, 그리고 시엔프에고스에서 상황을 이용하려고 노력하고 있었다. 따라서 후에 키신저는 그런 맥락에서 대응을 봐야 한다고 강조했다.[490]

키신저는 오후 4시에 베트남을 논의하기 위한 NSC의 원로그룹 회의에 참석했다. 주요 정책 변화가 고려되고 있었다. 그것은 하노이에게 일종의 현 위치에서 휴전을 제안하는 것이었다. 실제로 현 위치에서 휴전은 월맹이 남쪽에 그들의 군대를 유지할 수 있다는 묵시적 양보였다. 그것은 하노이가 결국 수용한 거대한 조치였다. 1970년 9월

---

490) Walter Isaacson, *Kissinger: A Biography,* New York: Simon & Schuster, 1992, p. 290.

까지 현 위치에서 휴전은 대중적 지지를 받고 있었다. 원로검토그룹 회의에서 결정이 이루어졌다. 대통령은 10월 중에 그런 제안을 하기로 했다. 오후 5시 직후에 키신저는 대통령과 사적으로 이 결정은 물론이고 칠레와 요르단을 논의하기 위해 대통령 집무실로 갔다. 그날 밤 레어드 국방장관이 버지니아 주 워렌턴(Warrenton)에 있는 에어라이 하우스(Airlie House)에서 상을 수상하는 정장 만찬이 있었다. 키신저도 참석했다. 그 순간에 요르단에 있는 미국 대사로부터 전문이 전해졌다. 후세인 왕(King Hussein)이 방금 군사정부를 수립하고, 군대를 동원해서 팔레스타인 해방기구(the Palestine Liberation Organization, PLO)와 결판을 내기로 결정했다는 것이다. 후세인 왕은 만일 이라크나 시리아가 PLO를 위해 개입할 경우 미국이 지원해 줄 것을 요청하고 있었다.

알렉산더 헤이그가 전화를 했다. 그가 메시지를 전화로 읽어 줄 때 키신저는 만찬 중이었다. 헬름스, 무어러(Moorer) 제독, 그리고 다른 사람들을 불러모아 키신저는 워싱턴 특별 행동그룹(Washington Special Action Group, WSAG)의 즉흥적 회의를 위해 헬리콥터로 돌아왔다. 그 회의에서 키신저는 최선의 길이 이스라엘(Israel)을 격려하여 후세인 왕을 지원하게 하는 것이라고 확신시켰다. 그 사이에 미국 군부는 후세인에게 보급품을 보낼 것이었다. 온건하고, 친-서방 접근을 모험하는 요르단 같은 국가들을 지원하는 것이 중요하다고 키신저는 주장했다. 그렇지 않으면 중동에서 소련의 영향력이 계속 증가할 것이었다. 이것은 미국의 결의에 대한 또 하나의 시험대였다. 그것은 쿠바, 칠레, 그리고 베트남의 맥락에서 보아야만 했다. 늘 그랬던 것처럼 키신저

는 미국의 신용이 걸려있다고 느꼈다.[491]

　9월 16일은 키신저가 언론에 부여하는 중요성을 보여주는 날이었다. 닉슨은 중서부 지역 대규모 편집자들에게 브리핑을 하기 위해 시카고로 비행할 예정이었고 키신저가 동행하기로 결정했다. 그들이 출장을 위해 출발하기 전에 닉슨과 키신저는 늦은 밤 WSAG 회의에서 나온 권유서들을 검토하기 위해 아주 간단한 만남을 가졌다. 대통령은 놀랍게도 PLO에 대항하여 요르단을 원조하는 아이디어에 적대적이었다. 아니면, 닉슨은 이스라엘ㄴ이 그렇게 하도록 사주하는 것을 더욱 싫어했다. 그는 대결을 피하고 싶었다. 키신저와 달리 닉슨은 이스라엘이 조치를 취하도록 사주하거나 심지어 허락하는 것도 원치 않았다. 만일 군사적 조치가 피할 수 없다면 그것은 일방적인 미국의 조치여야 했다. 시카고로 가는 도중에 닉슨은 캔자스 주립대학의 요란한 집회를 위해 들렀다. 바로 그 시간에 헬름스 국장은 비밀 작전부대의 단장인 토마스 카라메시니스(Thomas Karamessines), 부하인 코드 메이어(Cord Meyer)와 다른 믿을 만한 관리들과 비밀 트랙 Ⅱ 특수임무 부대에 관한 첫 회의를 CIA 본부에서 개최했다. 그것은 칠레에서 쿠데타를 촉진할 방법들을 고려하는 것이었다.[492]

　시카고에 모인 편집자들에게 브리핑하게 되자 키신저는 3개 위기들 모두를 언급했다. 시엔프에고스에서 상황은 아직 공개되지 않았지만 키신저는 브리핑을 이용하여 모스크바에 사적인 시그널을 보냈다. 만일 러시아가 쿠바에서 전략군을 운용하기 시작하면, 예를 들어 폴

---

491) *Ibid.,* p. 292.
492) Henry A. Kissinger, *White House Years,* Boston: Little, Brown, 1979, p. 612.

라리스(Polaris)형 잠수함들을 운용하고 또 그들이 그곳을 저장소로 이용하면 그것은 미국이 아주 면밀하게 연구할 문제가 될 것이라고 키신저는 말했다. 그는 또 그 브리핑 기회를 이용하여 미국의 언론이 칠레의 선거결과를 향해 취하고 있는 희희낙락하는 태도에 도전했다. 키신저는 칠레에서 아옌데의 정권장악이 미국에게 대량의 문제들을 제시하지 않을 것이라는 환상에 빠질 것으로 생각하지 않는다고 말했다. 중동에 관해서 키신저는 위기를 소련에 책임을 돌리려고 했다. 이집트인들과 소련인들이 휴전을 글자 그대로 위반했고 실제로 첫날부터 그랬다고 키신저는 편집자들에게 말했다. 그는 모든 문제들을 월남에 대한 미국의 공약에 대한 논쟁과 연계했다. 그리고 그는 세계의 평화와 안전은 다른 국민들이 미국의 신용에 대해 갖는 확신에 크게 달려있다고 결론을 맺었다. 그리고 최종적으로 중국에 대한 미국의 태도가 변하고 있다는 힌트를 주었다. 키신저는 운집한 편집자들에게 오늘날 존재할 수 있는 가장 깊은 경쟁은 소련과 중국 사이에 있다고 가르쳤다.[493]

9월 17일 전날 밤 사이에 요르단의 후세인 왕은 그의 군대에 명령을 내려 수도를 확보하고 모든 반항하는 팔레스타인 부대들을 축출했다. 대규모 전투가 북쪽 국경, 즉 시리아에서 발생했다. 이에 대한 반응으로 시리아가 국경으로 자국의 탱크들을 이동했다. 키신저가 목요일 아침에 7시 30분에 WSAG 회의를 소집했을 때 새로운 문제가 갑자기 의제로 올라왔다. 그것은 만일 시리아의 탱크들이 요르단으로

493) Walter Isaacson, *Kissinger: A Biography,* New York: Simon & Schuster, 1992, p. 293.

진입하면 어찌할 것인가였다. 90분간의 오전 회의에서 그리고 오후 중반에 계속된 30분간의 회의에서 키신저는 그 지역에서 미군의 중대한 증가를 요청했다. 두 대의 항공 모함이 이미 동 지중해에 있었다. 이제 카리브해에서 훈련 중인 항공모함 존 에프 케네디(John F. Kennedy)호도 그 지역으로 진입하도록 명령을 받았다. 키신저가 아직 시카고에 있는 닉슨에게 전화로 모든 활동에 관해서 보고하자 닉슨의 아드레날린이 넘치기 시작했다. 그는 때때로 작은 대결, 즉 약간의 흥분보다 더 좋은 것은 없다면서 군사적 조치들이 즉시 발표되어야 한다고 명령했으나 키신저는 그것이 현명하지 않다고 생각하고 그 명령을 무시해버렸다.[494]

그날 아침 전쟁의 발발에도 불구하고 요르단이 목요일 키신저의 의제의 주요 항목이 아니었다. 그의 대부분의 시간은 베트남으로 보내졌다. 그는 두 명의 프랑스인 허에르베르 마르코비치(Herbert Marcovich)와 레이몽 오브라크(Raymond Aubrac)을 만날 예정이었다. 이들은 1967년에 키신저가 존슨 대통령을 위해 무대 뒤 협상인으로 행동하려 할 때 하노이에서 접촉했던 자들이었다. 그날 오후 내내 키신저는 그들을 만났다. 그러는 동안 그는 월터 크롱카이트(Walter Cronkite)에게 브리핑을 하고 아트 버크월드(Art Buchwald)와 오찬을 하고, 또 WSAG을 위해 30분간 회의를 주재하기도 했다. 키신저는 하노이가 휴전 제안에 어떻게 반응할지에 관해서 프랑스인들의 해석을 얻고 싶었다. 그러나 그들이 파리에 도착하기 몇 시간 전에 베트콩은 "8개 항목"의 새 평화제안을 발표했다. 정말로 키신저는 그 제안을 미국의

---

494) *Ibid.*, p. 294.

항복을 위한 포뮬라(formula)에 지나지 않는다고 비웃었다. 그것은 티에우 정부를 전복하고 공산주의자들이 지배하는 연립정부를 설치하는 또 하나의 계획을 제시했다.

그러나 그 계획에는 키신저가 모색하지 않은 하나의 새로운 요소가 있었다. 즉 만일 워싱턴이 9개월 철수 계획에 동의한다면 공산주의자들이 모든 미국의 전쟁포로들을 석방하는 회담을 시작하는데 동의할 것이라는 것이었다. 티에우 정부가 타도되지 않는 한 전쟁포로는 하노이에 그대로 남을 것이라면서 일방적 미군의 철수마저 수용하는 아무런 표시를 하노이가 보여주지 않았다고 키신저는 종종 주장했다. 1967년에 발표된 "10개 항목"은 포로의 석방을 모든 정치적 문제에 대한 합의에 달려 있다고 했었다. 그러나 그날 오전 "8개 항목" 계획은 이 문제에 대해 분명한 변화를 대변했다. 프랑스인들과의 대화에서 키신저는 "현 위치 종전"의 가능성을 탐색하는데 보다 관심이 있었다. 그러나 하노이가 수락하지 않을 것이라는 데 일반적 합의가 있었다. 그럼에도 불구하고 그것은 키신저로 하여금 그것을 선호하게 만들었다. 왜냐하면 너무도 많은 비둘기파들이 종전을 요구하고 있어 그것이 성공하면 모험성이 낮은 선전의 성공이 될 것이기 때문이었다.[495]

9월 18일 금요일, 오전 8시 30분 WSAG 회의는 요르단의 상황에 관해서 업데이트(update)였지만 헬름스 국장은 뒤에 남아 다른 문제에 관해서 키신저에게 얘기했다. 쿠바에 대한 U-2기 정찰 비행들이 마침내 좋은 사진들을 얻을 수 있었다. 결론은 분명했다. 병사들과 부두를 포함하여 제법 큰 시설들이 시엔프에고스에서 솟아났다. 무엇보

---

495) *Ibid.*, p. 295.

다도 그것은 축구장을 포함했다. CIA 분석관은 쿠바인들이 축구를 별로 하지 않기 때문에 그것은 아마도 소련의 수병들을 위한 레크레이션을 제공하기 위해 그곳에 있는 것이라고 지적했다. 분명히 모호하게 소련인들이 하고 있는 것은 1962년 쿠바 미사일 위기 후에 수립된 불명확한 여백들을 시험하고 있었다. 모스크바가 시엔프에고스에서 건설하고 있는 시설은 완전한 잠수함 기지는 정확히 아니지만 잠시 정박하고 연료를 재급유하고 레크리에이션을 위해 마련된 준 항구적 지원 시설이었다. 이것은 소련인들이 그들의 잠수함의 폭을 확장하고 쿠바 근처에 핵 미사일을 실은 잠수함들을 전개할 수 있게 허용할 것이다.

그러므로 키신저는 도전의 성격을 최소화할 수 있는 것이 아니었다. 그날 아침 키신저가 서둘러 작성하여 대통령 집무실에 가져온 메모는 이렇게 시작했다: "쿠바에 대한 정찰비행 사진들의 분석은 오늘 아침에 확실히 잠수함 전개 기지의 건설임을 확인해 주었다." 쿠바를 자극할 어떤 종류의 조치를 지원하기 위해 CIA가 할 수 있는 것이 무엇인지, 그리고 터키에 미사일들을 설치하거나 흑해(the Black Sea)에 잠수함 기지를 설치하기 위해서 비밀이나 공개적으로 미국이 취할 수 있는 어떤 조치들이 있는지에 관한 보고서를 요구한다는 명령을 그 메모의 가장자리에 썼다. 닉슨은 특히 그 순간에 새로운 쿠바 미사일 위기를 원치 않았다. 그것은 그가 열심히 예상하는 유럽 여행의 취소를 강요할 것이고 또 요르단의 위기에서 관심을 돌릴 것이다. 마찬 가지로 로저스 국무장관도 그날 전화로 키신저에게 고도의 긴장을 피하라고 촉구했다.

그러나 키신저는 동의하지 않았다. 이른 오후 CIA 브리핑에서 그는 지원시설이 소련 잠수함들이 미국의 사정거리 안에 들어올 수 있는 시간의 양을 33%만큼 증가시킬 것이라고 알게 되었다. 그는 다음 날 쿠바를 WSAG 의제에 올리고 또 다음 수요일 대통령과 NSC 전체 회의를 열기로 결정했다. 다시 한 번 키신저는 자기 자신이 로저스는 물론이고 닉슨보다도 더 매파적 입장에 있다는 것을 발견했다. 그에게는 군사적 결의를 보여주는 것이 치명적으로 중요했다.[496] CIA의 쿠바 감시자들에 의한 브리핑이 있은 후에 헬름스 국장과 그의 비밀 작전 대장이 칠레에서 아옌데를 제거하기 위한 트랙 II 비밀 프로젝트에 관해 보고하러 왔다. 그 보고는 비관적이었다. 미국이 쿠데타를 지원할 것이라는 말이 전달되었지만 칠레의 군부는 여전히 조직되지 못했고 행동을 취하려 하지 않는다고 카라메시니스는 말했다. 한동안 CIA는 선거를 방해하는 어떤 군사적 노력에도 반대하는 무장병력의 수장인 레네 슈나이더(Rene Schneider) 장군을 납치하는 사람들에게 5만 달러를 제안하기까지 하고 있었다. 그러나 아무 것도 성공하지 못하고 있었다. 헬름스 국장은 성공의 가능성이 얼마나 적은가를 키신저에게 분명히 하려고 노력했다고 회고했다. 키신저는 그들에게 실행하라고 말했다.[497]

9월 19일 토요일, 키신저는 보통 토요일에는 늦게 도착하지만 이 날은 오전 8시 전에 사무실에 나와서 WSAG 회의를 준비하고 있었다. 시리아의 군대가 국경을 넘고 있으리라는 보고들이 들어오기 시

---

496) Henry A. Kissinger, *White House Years,* Boston: Little, Brown, 1979, pp. 638-642.

497) Walter Isaacson, *Kissinger: A Biography,* New York: Simon & Schuster, 1992, p. 297.

작했다. 그것을 알기 어려웠다. 그 지역에 빈약한 정보망을 갖고 있는 미국은 자국의 이익을 갖고 있는 이스라엘에 의존했다. 시리아에서 나와 진입하는 탱크들은 PLO 군대의 표시를 달고 있었다. 그러나 그 것들은 성급히 페인트를 칠했지만 실제로 시리아의 것이었다. 칠레에 관해서 헬름스는 3위의 후보자가 아옌데를 지지할 것 같다고 보고했다. 트랙 Ⅱ 암살과 쿠데타 계획에 관해서는 아무런 언급이 없었다. 왜냐하면 WSAG 위원들을 그것들에 관해서 모르고 있었기 때문이었다. 쿠바는 의제에 마지막 순간에 추가되었다. 그리고 WSAG 위원들은 그들의 관료적 반응이 준비되지 않았다. 소련의 조치들이 1962년 미-소간의 양해를 위반 했는지의 여부를 논의했다. 그것은 무관하다고 키신저는 주장했다. 그는 상황에 대해 법률적 접근을 취하는 미국의 취향에 별로 인내력을 갖지 못했다. 1962년 미사일 위기는 소련이 불법적인 어떤 행동을 했기 때문이 아니라 그들이 미국의 국가이익에 반하는 어떤 일을 했기 때문이라고 그는 그들에게 상기시켰다. 현재의 경우도 비슷했다.[498]

그날 밤 키신저는 캠프 데이비드에 있는 닉슨에게 전화를 했다. 쿠바에 관해서 대통령은 키신저에게 그 문제를 경시하라고 촉구했다. 요르단에 관해서 키신저는 소련으로부터 메시지에 의하면 팔레스타인들이 패배했고 시리아인들이 후퇴할 준비가 되었다고 말했다. 그들이 통화할 때 중동에선 이른 아침이었다. 그리고 시리아의 탱크들이 요르단의 국경을 넘어 쏟아지고 있었다. 토요일 자정에 끝나는 일 주 동안에 베트남에서는 52명의 미군이 전사했다. 그것은 1966년 12월 이

---

498) *Ibid.*, p. 298.

래 가장 낮은 주간 숫자였다. 1961년 이래 43,674명의 미국인들이 그 전쟁에서 그들의 생명을 잃었다. 그 주에 3,200명의 미군장병들이 베트남화의 프로그램 하에서 철수되었고 396,300명을 여전히 그 나라에 남겨 놓았다.

9월 20일 일요일, 키신저는 그날 대부분을 쉬다가 오후 7시에 자기의 사무실로 돌아왔다. 거의 새벽 2시까지 키신저는 시리아의 레바논 침공에 몰두한 WSAG 회의를 주관할 것이다. 키신저는 하루 전날 소련에서 그가 받은 안심시키는 메시지에 의해서 기만을 당했다고 느꼈다. 그의 마음속에는 그 전쟁은 중동에서 미-소간의 분명한 경합이었다. 따라서 그곳에서, 그리고 쿠바와 칠레에서 결의를 보이는 것이 더욱 더 중요했다. 닉슨은 주말 내내 외부의 도움이 필요하다면 요르단에서 이스라엘이 아니라 미국이 일방적으로 행동해야 한다는데 단호했다. 키신저는 정반대의 입장이었다. 그는 각 대안의 이점들을 요약하는 문건들을 준비했고 그것들을 대통령을 위해 캠프 데이비드로 보냈다. 키신저의 주도하에 WSAG 회의는 신속하게 키신저의 대안을 권유하기로 결정했다. 그것은 이스라엘을 격려하여 행동을 하게 하는 것이었다. 후세인 왕은 미국의 군사적 원조, 특히 항공지원을 희망하고 있었다. 이제 키신저는 닉슨과 이스라엘이 동의하게 하는 이중의 일을 마주했다. 닉슨의 경우는 쉬웠다. 닉슨이 키신저 사무실에 전화를 했다. 키신저의 주장은 이스라엘이 일을 처리하게 하는 것이 낫다는 것으로 닉슨을 설득했다.[499]

다음은 이스라엘 차례였다. 골다 메이어(Golda Meir) 이스라엘 수

---

499) *Ibid.,* p. 299.

상이 뉴욕으로 비행하여 그날 일요일 밤에 힐튼 호텔에서 거대한 "통일된 유대인의 호소" 만찬에 참석하고 있었다. 10시 직후에 웨이터가 이츠하크 라빈(Yitzak Rabin) 이스라엘 대사에게 쪽지를 건넸다. 그것은 긴급하게 백악관에 있는 키신저에게 전화하라는 것이었다. 호텔 전화를 이용하여 라빈은 전화를 걸었다. 후세인 왕은 명시적으로 이스라엘의 군사적 지원을 요청하지 않았다. 키신저에 의하면 이스라엘이 항공지원으로 도울 수 있다고 제안함으로써 그 아이디어를 처음 꺼낸 것은 라빈이었다. 그러나 이것은 라빈이 기억하는 방식이 아니었다. 라빈에 의하면 그날 밤 첫 전화통화에서 키신저가 그에게 요르단이 이스라엘 항공지원을 요청했다고 말했다. 어찌되었든 키신저와 라빈의 버전들은 미국이 무기에서 어떤 손실도 보충할 것이며 소련인들의 개입으로부터 이스라엘을 보호할 것이라는 키신저의 서약으로 결론지었다.[500]

9월 21일 월요일, 이스라엘이 당일 공습뿐만 아니라 레바논(Lebanon)에 있는 시리아인들을 겨냥하여 지상행동을 고려하고 있다는 라빈 대사의 메시지의 의해 아침 5시 15분에 잠에서 깨어났다. 그들은 미국 무기를 사용하고 또 세계에 의해 미국의 대리자로 간주될 것이기 때문에 그들은 오직 미국정부의 허가가 있을 경우에만 수행할 것이라고 라빈 대사가 말했다. 키신저는 즉각 전화로 대통령을 깨웠다. 닉슨은 그것을 결정했다며 누구에게도 묻지 말고 라빈에게 진행하라는 명령을 내렸다. 그러나 마지 못해서 닉슨은 그의 최고위 관리들이 그날 아침 8시 30분에 예정된 NSC 회의에서 그와 함께 그것을 고려

500) *Ibid.*, p. 301.

하도록 허용하는데 동의했다. 키신저는 다른 결판에서와 마찬가지로 결의를 보이는 것이 더 이상의 싸움 없이 대결을 종식시킬 것이라고 믿었다. 그는 지금 시리아가 요르단에 300대의 탱크를 갖고 있고 또 국경에서 15마일 떨어진 이르비드(Irbid) 마을을 장악했다고 말했다.

다른 한편으로 로저스 국무장관은 요르단이 어떤 지상지원, 특히 이스라엘로 부터 어떤 지원도 실제로 요청하지 않았다는 불편한 사실을 지적했다. 요르단은 공식적으로 이스라엘과 전쟁상태에 있어서 어떤 확장도 대결을 피하기 위해서 느리고 신중해야 한다고 그는 말했다. 키신저는 정반대의 주장을 했다. 진짜 전쟁을 피하는 최선의 길은 신속하게 확대하는 것이고 분명히 무모함도 각오해야 할 것이라고 그는 주장했다. 만일 미국이 소련과 대결을 피하고 싶다면 그들이 마주 하려고 하지 않을 모험의 계산을 신속하게 창조하는 것이라고 그는 믿었다. NSC에서 로저스와 다른 이들의 의견들을 경청한 뒤에 닉슨이 자기와 키신저는 이미 사적으로 결정을 내렸다고 발표했다. 즉, 미국은 이스라엘을 격려하여 항공과 지상개입을 준비하게 할 것이며 소련, 이집트, 그리고 어떤 다른 적에 의한 보복적 반응으로 부터 이스라엘을 보호하는 공약을 할 것이다.[501]

9월 22일 화요일, 이스라엘 탱크들이 요르단 강을 향해 전진했고 또 골란 고원(Golan Heights)에 집결하여 요르단으로 남진하고 있는 시리아 군대를 위협했다. 신호를 보내는 데에도 민감한 키신저는 한 항공모함으로부터 또 다른 비행기를 텔 아비브(Tel Aviv)로 보내서 소련 정찰 배들이 그것을 볼 수 있게 하였다. 요르단의 위기 위원회 회

---

501) *Ibid.*, p. 302.

의를 위한 백악관에서 헬름스와 카라메시니스는 키신저에게 칠레에 관한 CIA 업데이트를 보고했다. 그에게 재선을 허용하는 루브 골드버그 계획의 수혜자로 가정되는 기독교 민주당의 현직 프레이 대통령이 참여하지 않을 것이다. 트랙 Ⅱ 군사 쿠데타 희망에 관해서는 육군 사령관 슈나이더 장군이 장애물로 남았다. CIA는 그를 납치해서 죽이려고 음모를 꾸미고 있는 우익 변절자들에게는 돈과 기관총들을 제공할 계획들을 꾸미고 있었다. 칠레에서 다음에 무엇을 할지의 문제는 목요일에 열리는 40인 위원회를 위해 계획되었다. 미국이 반-아랍이 아니라는 곳을 보여주기 위해서 키신저는 그날 저녁 이집트 대사관에서 열리는 파티에 참석했다.[502]

9월 23일 수요일, 아침 8시 직전에 키신저가 사무실에 도착하여 받은 보고서들에 따르면 요르단의 위기가 가라 앉고 있는 것으로 보였다. 소련인들이 그들은 시리아에게 철수의 압력을 가하고 있다고 모두에게 말하고 있었다. 4척의 구축함이 추가로 지중해에 파견되었다. 그날 아침 WSAG 회의에서 이스라엘에 대한 소련의 잠재적 위협에 어떻게 대처할 것인가에 대한 기획이 계속되었다. 키신저는 NSC의 아침 회의에 참석하고 닉슨과 여러 번 즉흥적 회의를 가졌다. 그 사이에 시리아의 탱크들이 실제로 요르단을 떠나고 있다는 보고들이 계속 들어왔다. 키신저에게 그것은 황홀한 순간이었다. 무력의 과시가 마침내 효과를 가져왔다고 키신저는 느꼈다. 그는 상황실에서 지난주 동안 위기를 조정하는데 도움을 주었던 WSAG의 각 위원들에게 전화를 걸어 축하했다. 그날 오후 늦게 키신저는 시간을 내서 칼럼니스트

---

502) *Ibid.*, p. 303.

인 조셉 알소프(Joseph Alsop)에게 브리핑을 해주었다. 알소프의 독자들은 직접 키신저의 공을 말하지 않아도 이스라엘을 동원하게 했던 키신저의 아이디어가 시리아인들이 요르단에서 철수한 주된 이유임을 곧 알게 되었다.[503]

9월 24일 목요일, 요르단의 위기가 가라 앉고 시엔프에고스가 대통령의 정지 명령을 받자 그날의 의제에 올라있는 유일한 위기는 칠레였다. 그날 오후 2시간 이상 동안 키신저는 비밀전략을 논의하기 위해 40인 위원회의 회의를 주재했다. 공식적 트랙 I 접근법과 초비상의 트랙 II가 등장하기 시작했다. 복잡한 선거의 속임수를 위한 트랙 I 계획이 쿠데타를 장려하기 위해 포기되고 있었다. 40인 위원회는 코리(Korry) 대사에게 선발된 군부 지도자들에게 접근하라 지시하기로 결정했다. 키신저는 또한 요르단의 스토리가 언론에 의해 적절히 취급되는 것을 확실히 하기 위해 신경을 썼다. 비록 그의 오찬은 보통 45분 이내에 끝났지만 그날 그는 <타임-라이프>(*Time-Life*)의 칼럼니스트인 휴 시디(Hugh Sidey) <타임>(*Time*)지의 워싱턴 지국의 다른 일원들과 2시간의 모임을 가졌다. 그들은 다음날 닉슨과 공식 인터뷰가 계획되어 있어서 안내를 원했다.

키신저는 그들에게 중국에 관해서 물으라고 권유했다. 그것은 그 주의 소용돌이치는 위기들의 와중에서 제기하기 비상한 제목이었지만 그것이 대통령의 마음속에 있었다. 그는 자기가 죽기 전에 하고 싶은 일이 있다면 그것은 중국에 가는 것이라고 말했다. 다음 주 <라이

---

503) Henry A. Kissinger, *White House Years,* Boston: Little, Brown, 1979, pp. 630, 643; Seymore Hersh, *The Price of Power: Kissinger in the Nixon White House,* New York: Summit, 1983, p. 353.

프>에서 시디의 칼럼은 "위기의 환희" 라는 제목을 달고 요르단의 결판이 얼마나 잘 처리되었는가에 관해서 키신저의 브리핑을 반영했다. <타임>에서는 한 고위 백악관 관리가 개입의 위협이 상황을 안정시키는데 도움이 되었다고 말한 것으로 인용되었다.504) 그러나 그 잡지는 그 자체의 회의론을 추가했다. 그런 게임은 위험했고 기껏해야 그것은 한 번 이상 그것은 작동하지 않을 것이라고 말했다.

그날 이른 저녁에 키신저가 칼럼니스트 조셉 크래프트(Joseph Kraft)에게 브리핑을 하고 있었는데, 그 브리핑은 워싱턴에 방금 도착한 도브리닌 소련대사로부터 온 전화로 중단되었다. 도브리닌은 가능한 정상회담에 관한 메시지를 개인적으로 전달하기 위해 닉슨과의 예약을 원한다고 말했다. 닉슨이 원하기로는 중간 의회선거 직전인 10월에 모스크바에서 1970년 정상회담을 열망하고 있었다. 키신저가 도브리닌과의 대화를 보고하기 위해 전화를 했을 때 닉슨은 키신저에게 링컨 거실로 건너오라고 말했다. 그들은 부분적으로 정상회담 제안에 대한 대답으로 6주만에 돌아온 데 대한 응징으로 도브리닌이 그의 메시지를 대통령이 아니라 키신저에게 전달하라고 말하기로 결정했다. 도브리닌의 요청을 처리한 뒤에 대통령은 요르단 위기로 관심을 돌렸다. 닉슨은 각 승리의 조치를 자세히 설명하고 키신저가 그들이 내린 결정의 지혜를 거듭해서 분석하는 것을 듣고 싶어 했다. 오후 11시 이후에 키신저는 마침내 집으로 갈 수 있었다.505)

---

504) Walter Isaacson, *Kissinger: A Biography,* New York: Simon & Schuster, 1992, p. 305.

505) Henry A. Kissinger, *White House Years,* Boston: Little, Brown, 1979, pp. 630, 675.

9월 25일 금요일, 시엔프에고스에서 숙성하고 있는 문제가 한동안 가려질 수 있을 것이라는 닉슨의 희망은 "남쪽에서 추악한 구름"(Ugly Clouds in the South)이라는 설즈버거(C. L. Sulzberger) 칼럼이 마침내 금요일 아침 <뉴욕 타임즈>에 등장했을 때 사라졌다. 그것은 키신저의 브리핑을 받은 지 9일만이었다. 키신저는 그 얘기가 누설되기 시작할 경우를 대비해서 펜타곤, 국무성, 그리고 백악관 언론 관련 사무실들에게 비상계획들을 보냈다. 그것들은 누가 무엇을 말해야 되는가에 대한 전형적인 키신저 식의 다층적 접근과 관련되었다. 펜타곤 브리핑 담당자가 기자들에게 단순히 자기가 아는 것을 말하자 "펜타곤은 오늘 소련이 쿠바에 항구적 잠수함 기지를 건설하고 있다는 확고한 증거를 갖고 있다는 말이 긴급 스토리로 AP통신을 탔다.

그 브리핑이 진행 중일 때 도브리닌 대사는 키신저에게 닉슨의 정상회담에 대한 반응을 전달하기 위해 백악관에 있었다. 도브리닌은 정상회담 제안에 예스(yes)로 답하고, 소련인들은 정상회담을 갖는 걸 행복해할 것이라면서 다가오는 여름 이후에 갖자고 대답했다. 아무도 소련인들이 시엔프에고스에서 하고 있는 것의 문제를 제기하지 않았다. 그 대신에 키신저는 그날 늦게 그에게 전화를 걸겠다고 말했다. 도브리닌과 일을 마치자마자 키신저는 대통령을 만나러 가서 그에게 누설로 인해 키신저가 늘 촉구했던 노선을 취할 수밖에 없다고 설득했다. 키신저는 대통령에게 이제 미국은 소련인들을 내려다보는 것 외에 선택이 없다고 말했다. 배의 이동을 통해 신호를 보내는 그들의 취향을 살려 그들은 시엔프에고스 앞바다에 구축함 한 척을 전개하기로 결정했다.506)

그 사이에 한 가지 관계를 정리하는 것이 필요했다. 키신저는 라빈 이스라엘 대사에게 전화를 걸어 이스라엘을 소련으로부터 보호하기 위한 미국의 공약은 이제 지나갔다고 공식적으로 알렸다. 만일 새로운 상황이 발생하면 새로운 의견교환이 있어야 할 것이라고 말했다. 이것은 라빈에게 별다른 인상을 주지 않았다. 왜냐하면 어쩌면 그는 그것이 당연하다고 생각했기 때문이다. 이 메시지의 일부가 가장 중요하다고 그는 생각했다. 즉 그것은 미국이 중동에 이스라엘 같은 동맹을 갖는 것은 행운이라며 이 사건들은 모든 미래의 사태발전에서 고려될 것이라고 말했다. 라빈은 이 메시지가 아마도 양국 사이에 동맹의 상호성에 대한 미국 대통령의 성명들 가운데 가장 멀리 미치는 것이라고 불렀다. 이스라엘에 대한 미국의 공약은 도덕적인 것이었다.

이제 닉슨 독트린과 키신저의 현실주의 정치 접근법 하에서 이스라엘은 그 지역에서 군사적 및 전략적인 동맹으로 계산되고 있었다. 이스라엘을 무장시키고 원조함으로써 미국은 그 지역에서 국가이익이 위협받을 때 자국의 군인들은 전선에 세우는 것을 피할 수 있을 것이다. 그것은 위험한 게임이었다. 미국과 이스라엘은 항상 양립하지는 않을 상이한 안보이익을 갖고 있었기 때문이다. 더구나 어느 날 만일 그 지역에서 소련의 위협이 감소한다면 이스라엘은 더 이상 전략적 자산으로 필요하지 않을 것이다. 그 관계를 도덕적이 아니라 전략적 관점에서 계산함으로써 그런 상황에 처하면 미국의 지원을 위한 기지가 되지 못할 것이라는 사실을 의미했다.[507]

---

506) Walter Isaacson, *Kissinger: A Biography,* New York: Simon & Schuster, 1992, p. 307.
507) *Ibid.,* p. 308.

키신저는 그날 요르단-PLO 전쟁을 처리하는데 있어서 행정부의 성공을 칭찬하고 대통령의 유럽 방문을 논의하기 위한 언론과의 배경 설명을 계획했다. 그러나 그는 쿠바에 경고를 보내는 기회를 갖게 될 것임을 알고 있었다. 실제로 그에 관한 질문이 신속하게 제기되었다. 그래서 미국은 카리브해 지역에 전략적 기지의 설치를 최대한의 심각성을 가지고 보게 될 것이라는 데에 소련이 어떤 의심도 할 수 없을 것이라고 키신저는 말했다. 그러나 그는 기지가 설치되고 있다는 것을 단호히 선언하는 것을 피했다. 그리하여 그는 소련인들이 빠져나갈 길을 제공했다. 키신저는 그날 두 번째로 도브리닌을 만났을 때 그 점을 분명히 했다. 키신저는 그런 상황에 자기가 좋아하는 문구들 중의 하나인 "최고의 엄중함"(utmost gravity)을 언급했다. 도브리닌은 이 모든 것을 모스크바에 보고할 것이라고 말했다.

키신저는 그날 저녁에 카라메시니스와 마지막 모임을 가졌다. 칠레에서 CIA의 비밀 공작은 여전히 잘 진행되지 않고 있었다. 군부의 누구도 움직일 준비가 되어 있지 않았다. 그는 카라메시니스에게 감사를 표했지만 트랙 II 쿠데타 노력을 취소하지 않았다. 오후 9시 30분 전에 키신저는 퇴근했지만 잠자리에 든 것이 아니라 가방을 챙겨서 앤드류스 공군기지(Andrews Air Force Base)로 향했다. 그곳에서 보잉 707기 한 대가 그를 월맹과의 또 한번의 회담을 위해 파리로 데려갔다. 그 후에 그는 일요일에 이탈리아에 도착하여 대통령의 일행과 합류할 것이다.[508]

508) Henry A. Kissinger, *White House Years,* Boston: Little, Brown, 1979, pp. 644-646; Seymore Hersh, *The Price of Power: Kissinger in the Nixon White House,* New York: Summit, 1983, p. 255.

9월 27일 일요일, 레둑토는 파리에 없었다. 그래서 키신저는 수안 투이를 만나서 다양한 파벌로 구성되는 선거 위원회와 가능한 휴전 조정 같은 몇 개의 아이디어를 내놓았지만 그는 관심을 보이지 않았다. 키신저는 퀴리날레 펠리스(Quirinale Palace)에서 열리는 리셉션에서 닉슨 대통령과 합류할 시간에 늦지 않게 로마에 도착했다. 다음 날은 교황을 알현하고 또 이집트의 대통령 가말 압델 나세르(Gamal Abdel Nasser)의 갑작스러운 사망소식을 다루었다. 이탈리아에서는 키신저의 모든 위기들, 즉 요르단, 칠레, 쿠바, 그리고 베트남이 적어도 잠시 동안 가라앉았다.[509]

1971년 초까지 미국은 군비통제에 관해 헤매고 있었다. 미국은 진행중인 새로운 공세적 프로그램이 없었던 반면에 소련은 지상 및 잠수함에 기지를 둔 미사일들을 만들고 있었다. 그러나 키신저는 ABM (요격용 미사일)에 관한 제한된 거래가 수용될 수 있을 것이라고 도브리닌에게 시사함으로써 공세적 프로그램들의 동결을 위한 기회를 손상시켰다. 뿐만 아니라 미국은 어떤 유형의 ABM 체제를 원하는지에 관해 즉, 미사일 장소들의 보호인지 아니면 국가 수도들의 보호인지에 관해 혼동이 더 악화되었다. 3월에 닉슨과 키신저는 스미스(Smith) 장군과 그의 협상 팀에게 공포스럽게도 미사일 기지를 보호하는 4곳의 ABM 장소가 허용되어야 한다는 제안을 하도록 갑자기 명령을 내렸다. 소련은 이 제안을 거부했다. 도브리닌은 키신저에게 그들은 이미 각자가 국가의 수도들을 보호하는 하나의 ABM을 갖자는 미국의

---

509) Walter Isaacson, *Kissinger: A Biography,* New York: Simon & Schuster, 1992, p. 309.

제안을 수락했다고 상기시켰다. 키신저는 다소 당황스러웠지만 그것을 인정했다. 이 혼란을 타개하기 의해서 키신저는 도브리닌에게 하나의 거래를 제안했다. 즉 자기들 두 사람이 그들의 비공식채널에서 SALT뿐만 아니라 베를린 문제의 접근을 사적으로 마련하자는 것이었다. 1958년 이후 소련인들이 해결하고 싶어 안달인 베를린 문제는 그 도시에 서방측의 접근을 보장하는 반면에 동독인들에 수용될 만한 방식으로 서독과 서베를린 사이의 관계를 정의하는 방법들과 관련되었다. 도브리닌은 이 제안에 호의적으로 반응했다.[510]

베를린 비공식 채널을 설립하기 위해서 키신저는 베를린에 대한 4개국 회담에서 미국의 대표였던 켄 러쉬(Ken Rush) 대사와 빌리 브란트 서독 수상의 국가안보 보좌관인 에곤 바(Egon Bahr)를 위한 편지들을 휴대한 급사(急使)를 본에 파견했다. 두 사람은 키신저와의 비밀 상봉을 위해 미국으로 오도록 초대되었다. 키신저가 마련한 계획은 바와 러쉬가 베를린의 교착상태를 해결할 아이디어를 제시하고 키신저가 그것들을 도브리닌과 협상하는 것이었다. 그리고 나서 러쉬와 바는 그 결과를 공식 제도 속으로 가져 갈 것이다. 바와 러쉬는 그 모든 비밀은 미국의 국무성이나 독일 외무성에는 비밀을 유지하기로 동의했다. 1971년 5월 초에 키신저와 도브리닌은 ABM 회담과 공세적 무기와 관련된 회담들을 재연계할 것이라는 비공식 채널 합의에 가까이 도달했다. 그리고 나서 소련인들은 적어도 키신저에게는 궁극적 이중성으로 보이는 짓을 저질렀다. 즉, 그들은 비공식 채널에서 비밀리에 논의되고 있던 것을 공식 채널에서 제기했던 것이다.[511]

---

510) *Ibid.*, p. 323.

이 불신행위는 비엔나에서 스미스 장군의 57번째 생일파티에서 발생했다. 만찬 후에 소련 측 상대방인 블라디미르 세메노프(Vladimir Semenov)는 스미스가 상당히 흥미로운 생일선물이라고 불렀던 것을 제시했다. 그는 ABM이 논의되는 동안 소련이 그들의 공세적 미사일 프로그램을 일시 중단할 것을 제안했다. 스미스는 통역을 통해 그것을 확인한 후에 그 제안을 워싱턴에 전문으로 알렸다. 그 세부 내용에서 그 제안은 키신저가 도브리닌과 함께 작업을 하고 있는 것만큼이나 좋았다. 그러나 스미스는 그런 사실을 전혀 알 길이 없었다. 키신저가 격노하여 도브리닌을 만났다. 소련인들이 두 미국의 채널을 서로 경쟁하게 할 수 있다고 생각하는 것이라고 키신저는 말했다. 그러나 소련대사는 대통령의 완고함과 관료에 대한 그의 통제력은 곧 백악관 채널이 결국 지배하게 될 것임을 의심해서는 안 된다고 말했다. 그러면서 그땐 무슨 일이 발생하겠는가? 그가 그의 신용을 박탈하려는 의도적 공작으로 해석될 것에 대한 대통령의 분노가 엄청날 것이라고 도브리닌 대사에게 경고했다. 며칠 내에 도브리닌은 키신저에게 수락할 만한 말을 가지고 돌아왔다. 그리하여 닉슨과 브레즈네프(Brezhnev)가 공동으로 5월 20일 합의를 발표했다. 비록 키신저가 "돌파"로서 그것을 성공시켰지만 그것은 1년 전에 있던 그 자리에 문제들을 회복하는 것 이상은 별로 없었다. 양국은 공세적 무기들을 제한할 조치들과 함께 ABM 조약에 합의하도록 노력하기로 합의했다는 성명을 작성했다. 닉슨은 브레즈네프가 닉슨에게 보낸 편지로 인해 합의가 갑자기 발생했다고 로저스 장관에게 거짓말하는 일은 홀더만

---

511) *Ibid.*, p. 324.

비서실장에게 맡겨졌다.512)

5월 20일 군비통제에 대한 합의가 발표된 직후에 소련인들은 베를린에 대한 동의를 얻었다. 그러나 사실상 한번도 의심하지 않은 관료제에 비공식 채널 거래를 탄생시키는 어려움이 있었다. 키신저가 후에 인정했듯이 SALT와 베를린 회담을 비공식 채널로 수행한 결정은 비싼 대가를 치르게 했다. 장기적으로 그는 정책결정의 민주적 제도에 손상을 입힌 것이다. 그러나 닉슨의 성격과 그에 대한 관료들의 경멸은 그것을 불가피하게 만들었다고 키신저는 주장했다. 그러나 모든 결함에도 불구하고 백채널 방법은 상당히 주목할 만한 성공을 생산하고 있었다. 베를린과 SALT 합의가 완벽하지는 않아도 그러나 그것들은 국무성이 달성할 수 없었던 업적들이었다. 키신저가 이제 비로소 마법사 같은 외교적 협상 솜씨를 보인 것이다. 그것은 관료들에게 사기를 떨어뜨리고 있었지만 성공했다. 결과가 그것들의 장점에서 판단되어야 한다고 키신저는 주장했다. 키신저에게는 개인적으로 비공식 채널이 국가의 최고 전략가가 되는 것을 허용했을 뿐만 아니라 미국의 최고 외교관이 될 수 있게 해주었다. 키신저가 경이로운 외교의 마법사로 등극한 셈이었다. 처음 2년 동안 백악관은 정책의 수립에 국한되었지만 그러나 이제 백악관은 정책의 집행으로 확대했다고 키신저는 말했다.513)

찰스 콜슨(Charles Colson)이 스카치 위스키와 소다의 잔을 올리면

---

512) *Ibid.,* p. 325.

513) Henry A. Kissinger, *White House Years,* Boston: Little, Brown, 1979, pp. 805-830; Seymore Hersh, *The Price of Power: Kissinger in the Nixon White House,* New York: Summit, 1983, pp. 340-342.

서 "헨리 키신저에게" 라고 말했다. 닉슨의 완강한 정치적 첩보원에 의한 축배는 키신저의 1971년 5월 SALT의 마법사 같은 성공을 축하하는 것이었다. 닉슨도 자기의 스카치 잔을 높이 들었고 홀더만과 얼리크만도 그들의 진저에일스(ginger ales) 잔을 높이 들었다. 키신저도 감사하며 미소를 지었다. 이 다섯 사람들은 요트 세쿼이아(Sequoia)호를 타고 포토맥(Potomac)강을 따라 내려가는 또 하나의 저녁을 즐기고 있었다. 그리고 다시한번 그들은 조지 워싱턴의 기념관인 마운트 버논(Mount Vernon)에서 성조기를 통과할 때 똑바로 차렷 자세를 치했다. 세쿼이아 호가 종을 울려 인사를 했다. 콜슨이 "그것은 풍미의 순간이었다"고 회고했다. 길고 가늘게 자른 스테이크와 옥수수의 만찬을 위해 갑판으로 내려갔을 때 닉슨은 넥타이를 느슨하게 하고 소련인들과의 긴장완화와 베트남에서 평화의 전망에 관해 긴 담론을 시작했다. 그것은 최선의 상태에 있는 닉슨이었다. 그는 갑자기 콜슨을 돌아보며 "중국으로 날아갈 SST를 가져올 수 있다고 생각하느냐"고 물었다. 키신저는 혼비백산했다. 중국 이니셔티브는 그의 모든 비밀들 중에서 가장 긴밀하게 간직된 것에 속했다. 만일 당신의 직원들 중에 자유주의자들이 있다면 <뉴욕 타임즈>에게 모든 것을 주는데 멈추지 말라고 키신저에게 말했다. 원숙한 전략가가 어두운 정치인으로 변질되고 있었다. "누설, 누설"이라고 닉슨은 맹렬히 비난했다. 그것은 우리가 어떤 대가를 지불해서라도 중단해야 하는 것이라고 키신저에게 소리쳤다. 그것이 닉슨의 그가 최상일 때조차도 백악관을 침투한 누설자들과 적들에 대한 태도였다.514)

514) Walter Isaacson, *Kissinger: A Biography,* New York: Simon & Schuster, 1992,

6월 14일 일요일, 1년 전에 키신저에게 그것을 읽으라고 애걸했던 다니엘 엘스버그(Daniel Ellsberg)가 <뉴욕 타임즈>의 닐 쉬헌(Neil Sheehan)에게 제공한 비밀 보고서들을 그 신문이 출판하기 시작했다. 펜타곤 페이퍼스ㄴ(Pentagon Papers)로 알려진 그것은 주로 케네디와 존슨 시대의 비밀 전문들의 개요였다. 그것은 그 자체로서 닉슨에게 아무런 정치적 해를 끼칠 위협이 되지 않았으며 어쩌면 오히려 이익이 될 수도 있는 것이었다. 그럼에도 불구하고 키신저는 비밀외교를 수행하는 미국의 노력에 그 누설이 파괴적이라고 보았다. 그는 격노하였고 그의 폭발에 익숙한 사람들도 놀라게 했다. 그는 이것이 미국의 신용을 완전하게 영원히 파괴할 것이라고 말했다. 키신저의 염려는 상당한 타당성이 있었지만 그 누설이 엘스버그에게서 나왔다는 사실이 그를 더욱 열 받게 했다. 그는 1969년 초에 베트남 정책의 재검토를 위해 NSC에 엘스버그를 상담역으로 고용했었다.515) 닉슨이 그가 엘스버그와 함께 일하게 했고, 또 그를 핼퍼린(Helperin)과 키신저 휘하의 다른 자유주의적 배신자들을 모두 한 덩어리로 보았기에 키신저는 취약성을 느꼈다. 그것이 그가 분노로 표현하는 감정이었다. 그 결과로 한 달 이내에 배관공들(Plumbers)이라고 알려진 새로운 백악관 부서가 형성되어 누설을 막는 임무를 맡았다.516)

키신저가 펜타곤 페이퍼스에 관해 그렇게 열을 냈던 하나의 이유

---

p. 328.

515) Thomas A. Schwartz, *Henry Kissinger and American Power,* New York: Hill and Wang, 2020, p. 136.
516) Walter Isaacson, *Kissinger: A Biography,* New York: Simon & Schuster, 1992, p. 330.

는 그것의 출판이 비밀외교를 수행하는 미국의 능력에 대한 베이징(Beijing)의 믿음을 파괴하여 중국에 대한 외교적 개시를 탈선 시킬 것이라고 두려워 했던 것이었다. 그것은 오도된 걱정이었다. 중국은 불가해한 서양의 비밀의 접근법에 별로 관심이 없었다. 뿐만 아니라 키신저는 비밀 베트남 협상이 심각한 순간에 있는 것으로 보였기 때문에 열을 받았다. 5월 31일 파리에서 수안 투이와의 만남에서 키신저는 마침내 베트남으로부터 일방적인 미군의 철수를 제안했다. 그 대신에 미국은 하노이에게 인도차이나 전역에서 휴전에 동의하고 티에우 대통령 정부가 대치되어야 한다는 고집을 버릴 것을 요구했다.[517]

키신저는 자기 스타일대로 양보하지 않는 척 모호하게 행동했으며 월남의 지지자들의 기분에 맞게 만들었다. 모든 다른 외부 병력이 철수할 것이라는 문구가 사용되었지만, 그것은 하노이가 자신의 병력을 베트남 어느 곳에서도 외부 병력으로 간주하지 않는다는 사실을 피해 나갔다. 키신저는 월맹군의 철수에 대한 요구가 버려지고 있다는 것을 당시에 그리고 심지어 배경에 대해서도 일체 분명한 공식적 설명을 하지 않았다. 그 결과 이런 노선으로 잠정적 거래가 1972년 10월에 가서 마침내 달성되었다.[518]

키신저는 우선 소련과 SALT 회담의 개최를 성사시킴으로써 외교적 마법사의 숨겨진 자질을 보여 주었지만 그는 아직 조용히 참모로서 역할에 충실했다. 그는 아직 언론이나 대중 앞에 직접 나서지 않았다. 아니 그는 그럴 수 없었다. 그것은 닉슨 대통령이 아직 키신저 보

---

517) *Ibid.*, p. 331.
518) *Ibid.*, p. 332.

좌관에게 허용하지 않았다. 참모는 대통령을 그림자처럼 조용히 돕는 것이지 직접 정책을 수행하는 위치에 있지 않았기 때문이다. 그러나 키신저의 이러한 처지는 곧 서서히 바뀌게 되었다.

제11장
국제 3각(Tripolar)체제의 건축:
외교의 마법사 II

"인간들은 그들이 아는 것에 의해서가 아니라,
심지어 그들이 성취하는 것에 의해서가 아니라,
그들이 스스로 정하는 과업에 의해서 신화가 된다."
-헨리 키신저-

1971년 6월에 자기를 초대해서 미국 대통령의 중국 방문을 위한 길을 닦으라는 중국정부로부터 온 오랫동안 추구된 비밀 메시지를 받았을 때 키신저는 그것을 대통령에게 성대하게 보고했다. 즉, 키신저가 "이것은 제2차 세계대전의 종식 이래 미국의 대통령에게 온 가장 중요한 통신"이라고 말했다.519) 그 말은 비록 과장되었지만 진실의 핵심을 내포하고 있었다. 즉, 중공에 대한 전략적 결속의 창조는 제2차 세계대전 종결 후 마샬 플랜과 NATO의 창설 이래 아마도 가장 중대하고 분별력 있는 미국 외교정책의 이니셔티브였다. 닉슨과 키신

---

519) Walter Isaacson, *Kissinger: A Biography,* New York: Simon & Schuster, 1992, p. 333.

저에게 그것은 대담하고 여러 가지로 빛나는 대성공이었고, 키신저의 후에 보다 고려된 평가대로, 국제정치의 구조를 전환한 극적인 일격이었다. 놀라운 갑작스러움으로 25년 동안 세계질서를 정의했던 동서 간 힘의 양극적 균형이 창조적 외교와 미묘한 수단을 위해 기회가 무르익은 3각체제를 가져왔다. 뿐만 아니라, 마치 하나의 마법처럼, 인류의 1/4을 내포한 신비스러운 땅을 향한 미국의 태도는 돌아섰다. 한 세대동안 미국의 대중과 직업적 정책 엘리트는 중국을 고대의 지도제작자들이 "용들의 땅"이라고 불렀던 그런 광신적이고, 혁명적인 땅, 미지의 땅으로 간주했다. 미국의 정책결정자들은 중공의 팽창이 베트남 전쟁을 가져왔다고 잘못 믿었다. 이제 닉슨과 키신저는 보다 뉘앙스가 있는 연계를 이용할 준비가 되었다. 즉, 중국의 문을 열어 그들은 월맹을 보다 더 고립되고 취약하게 만들 수 있을 것이었다.[520]

중국의 개문(opening)을 향한 키신저의 접근법은 그의 개인적인 스타일이 어떻게 외교에 관련되는가를 보여주는 주된 본보기였다. 홀로코스트의 어린이로서, 그리고 나폴레옹 시대의 통치술의 학자로서, 그는 위대한 세력뿐만 아니라 위대한 인간들이 세계를 형성했다고 느꼈으며 또 그는 개성과 정책이 결코 완전히 떨어질 수 없다는 것을 알고 있었다. 비밀이 그에게는 자연스러운 통제의 도구였다. 그리고 그는 심리적이고 또 지정학적인 권력의 관계와 균형에 대한 본능적 느낌을 갖고 있었다. 미국과 중국이 소련에 대해 동일한 걱정을 공유했기 때문에 종국적으로 전략적 관계가 발전할 것 같았다. 각 국에 대한 도전은 이념적인 관점에서라기보다는 지정학적인 관점, 즉 닉슨과

---

520) *Ibid.*, p. 334.

키신저가 채택하는 데 아무런 문제가 없는 전망으로 상대방을 보게 된 것이다. 닉슨은 키신저가 그랬던 것처럼 비감상적 현실주의자였다. 그리고 이런 현실주의 독트린은 세계에서 가장 오래된 정체인 중국의 지도자들에게 마찬가지로 전혀 생소하지가 않았다.[521]

키신저는 그가 넬슨 록펠러의 선거 연설문을 썼던 1968년 이래 그런 노선으로 생각해왔다. 닉슨은 베트남 전쟁이 중국의 팽창주의의 표명이라고 믿었다. 1967년까지 닉슨은 중국과의 보다 좋은 관계에 관심이 있는 신호들을 보였다. 이 점에서 가장 빈번히 인용되는 것은 1967년 10월 <포린 에페어스>에 실린 "베트남 이후 아시아"(Asia After Vietnam)라는 제목의 에세이였다.[522] 닉슨은 장기적으로 볼 때 미국은 중국을 영원히 국가들의 무리 밖에 방치할 수 없다고 말했다. 그러나 그 에세이는 전체적으로 중국을 향한 즉각적인 조치들을 실제로 주창하지 않았다. 그 대신에 그것은 중국이 저돌적인 정책들을 단념하도록 중국에 압력을 가해야 한다고 주장했다. 닉슨은 중국이 변할 때까지 세계는 안전하지 않다고 썼다. 그리고 나서 단기적으로 이것은 단호한 억제, 무보상, 창조적 역압력의 정책을 의미한다고 말했다. 그때 당시에 중국은 문화혁명의 혼란 속에 있었다. 그리고 닉슨은 현재 베이징에서 열중하고 있는 것은 중국인들의 조작적 테크닉과 그들의 환상을 강조하고 있다고 말했다.[523]

---

521) Henry A. Kissinger, *White House Years,* Boston: Little, Brown, 1979, pp. 169, 691.

522) 이 에세이는 닉슨이 윌리엄 새파이어(William Safire)의 도움을 받아 작성한 것이었다.

523) Richard Nixon, "Asia After Viet Nam," *Foreign Affairs,* Oct. 1967, pp. 111-136.

닉슨은 취임 직후에 모스크바를 약화시키는 방식으로 가능한 중국 정책 변화의 아이디어를 조용히 불어넣으라고 키신저에게 말했다.[524] 키신저는 닉슨의 이런 견해를 공유했지만, 중국을 민감한 보다 미묘한 각도에서도 접근했다. 베이징과의 개선된 관계를 주로 모스크바를 위협하는 곤봉으로 사용하는 대신에 키신저는 보다 안정된 세계균형을 창조할 수 있는 3각관계를 상정했다.[525] 키신저는 처음에 중국의 어떤 빠른 개문에 대해서도 회의적이었다. 그리고 이니셔티브를 작동시킨 것은 닉슨의 고집스러운 비전이었다. 1969년 봄에 중국과 소련 사이에 부상하는 갈등은 닉슨과 키신저로 하여금 새로운 기회들에 관해서 생각하도록 자극했다. 도브리닌 소련대사가 중국은 그들이 봉쇄하기 위해 함께 일해야 할 위협이라고 강조하면서 키신저에게 발생한 국경충돌 사건에 대해 자원해서 감정적인 설명을 해주었다. 그날 저녁 키신저는 대통령에게 도브리닌의 흥분을 묘사했고 닉슨은 흥미로워 했다. 몇 주 후에 <라이프>(Life) 잡지가 중소분쟁에 관한 사설을 싣고 행정부로 하여금 그 분열을 완전히 러시아식으로 이용할 유혹을 거부하고 그 대신에 중국과 함께 살아가는 보다 나은 길을 발견하도록 모색하라고 촉구했다. 비록 국무성의 관리들은 갑작스러운 정책의 변화에 다소 경계했음에도 불구하고 로저스 국무장관은 닉슨의 목표를 지지했다. 그럼에도 불구하고 키신저는 다시 한 번 로저스를 조치팀에서 배제하려고 했다.[526]

---

524) Walter Isaacson, *Kissinger: A Biography*, New York: Simon & Schuster, 1992, p. 335.
525) *Ibid.*, p. 336.
526) *Ibid.*

우선 키신저가 미국과 중국 사이에 공식적 접촉은 바르샤바에 있는 두 국가의 대사들에 의해서 다루어졌기 때문에 국무성으로부터 통제를 빼앗기가 어려웠다. 1954년 이래 134번의 회의가 있었다. 그러나 그것들은 단 하나의 주목할 업적을 내지 못했다. 1969년 말에 회담이 1년 동안 휴회한 뒤에 폴란드 주재 미국대사인 월터 스퇴셀(Walter Stoessel)은 키신저의 지시에 따라 리셉션에서 중국의 전권공사를 찾아 회담의 재개를 제안했다. 중국 측이 동의했을 때 국무성 관료제도는 그런 정보를 알 필요가 있다고 주장할 수 있는 여러 대사관들, 담당국장들, 그리고 다른 거대한 기구의 구석구석에 그 보고를 돌리고 또 유포하는 표준 절차를 따랐다. 키신저는 이런 공개적인 방법에 경악을 했다. 그래서 그는 대통령에게 그렇게 말했다. 닉슨은 동의했고 "이런 자식은 태어나기 전에 죽을 것이다"라고 걱정했다.[527]

국무성으로부터 통제를 장악하는 또 하나의 보다 타당한 이유는 그것이 융통성을 허용하기엔 너무나도 많은 견고한 태도들을 내포하고 있다는 것이었다. 1970년 1월에 개최된 바르샤바 모임에서 키신저는 베이징에 특사의 파견을 제안하고 싶었다. 그러나 여러 국무성 관리들은 동의하지 않았다. 특사의 개념을 백안시할 뿐만 아니라 그들은 양국관계의 진전이란 군비통제 회담에 중국을 합류시키고 또 타이완(Taiwan)에 대해 무력을 사용하지 않겠다고 중국이 서약하게 하는 것들과 같은 오랫동안 계류 중인 문제들에 달려있을 것이라고 강조하는 것이 중요하다고 느꼈다. 전투는 전형적인 관료적 타협으로 끝났다. 국무성은 그것이 원하는 모든 옛 문제들을 재천명할 수 있을 것이

---

527) *Ibid.*, p. 337.

지만 키신저는 말하고 싶어하는 하나의 문장을 추가했다. 즉, "미국은 직접 논의를 위해서 베이징에 대표의 파견을 고려할 준비가 되어 있을 것이다" 라는 문장이었다.528) 이에 대해 중국의 전권공사는 이 회담이 대사급 수준에서 수행이 계속될 수 있거나 아니면 다른 채널을 통해서 더 고위급 수준에서 수행될 수 있을 것이라고 말했다.529)

적어도 키신저에게 문제는 그 회담을 어떻게 국무성 채널에서 벗어나게 할 것인가였다. 우연한 해결은 캄보디아의 침공이었다. 중국이 1970년 5월 회담을 취소했고 아무런 새로운 모임의 계획이 없었다. 키신저는 후에 그 회담의 결렬을 섭리적이라고 불렀다. 그것은 바르샤바 회담과 그 과정에서 국무성의 관련성을 종식시켰다. 그해에 나중에 미국이 접촉을 재수립했을 때 그것은 좀 더 예리한 초점을 둔 다른 채널을 통해서였다. 키신저는 베이징에 비공식 채널을 창설하려는 여러 가지 시도를 진행했다. 그 사이에 분위기 조성은 인터뷰들에 의해서 계속되었다. 1970년 9월 <타임>지와의 인터뷰에서 닉슨이 어느 날이든 그가 중국을 방문하고 싶다는 데 대한 반응으로 마오(Mao)는 <라이프>지를 위해 에드가 스노우(Edgar Snow)와의 인터뷰를 갖고 관광객으로서든 아니면 대통령으로서든 닉슨과 대화하는 것이 행복할 것이라고 말했다.530)

워싱턴에 의한 과잉 신호 보내기가 수개월 진행된 후에 중국이 마침내 선택한 채널은 파키스탄(Pakistan)을 통해서였다. 닉슨은 1969년

---

528) Ibid.
529) Ibid.
530) Walter Isaacson, *Kissinger: A Biography,* New York: Simon & Schuster, 1992, p. 338.

8월 세계일주 일정에서 야히아 칸(Yahya Khan) 대통령과 연계를 수립했다. 그래서 닉슨은 그에게 워싱턴이 새로운 관계를 기꺼이 시작하겠다고 베이징에게 전달해 달라고 개인적으로 요청했다. 닉슨은 야히아 칸이 대통령의 집무실에 왔었던 1970년 10월에 다시 시도를 했다. 거기서 야히아 칸은 베이징을 향했다. 그는 거기서 가져온 노트를 급사에게 주어 미국에 있는 파키스탄의 대사에게 가져다 주도록 했다. 12월 8일 파키스탄의 대사가 백악관에 와서 키신저에게 그 노트를 큰 소리로 읽어 주었다. 현대의 통신 시대에 급사들은 손으로 쓴 노트들을 지구를 건너오고 가면서 그것들을 큰 소리로 읽는데 6주가 걸렸다. 그 메시지는 저우언라이(Zhou Enlai) 수상으로부터 온 것이었다. 그것은 "타이완이라 불리는 중국의 영토에서 휴가의 주제를 논의하기 위해서 닉슨 대통령의 특사는 베이징에서 크게 환영 받을 것이다"라고 말했다. 키신저는 타이완 문제에 대한 초점은 만일 만남들이 예상에서 벗어난 결과를 가져올 경우에 중국의 지도층에게 탈출구를 제공하기 위한 단지 쇼일 뿐이라고 믿었다. 중요한 것은, 원칙적으로, 베이징이 미국의 특사를 환영할 것이라는 점이었다.[531]

키신저는 미국정부의 무늬 없이 평범한 제록스(Xerox) 복사용 종이에 타자로 친 반응을 작성해서 파키스탄 대사에게 건네주었다. 그것은 미국의 특사가 양국이 직면하고 있는 광범위한 문제들에 대해가서 기꺼이 논의할 의향이 있다고 말했다. 타이완 주둔 미군에 관해서 미국정부의 정책은 이 지역에서 긴장이 감소하면 동아시아와 태평양 지역에서 미군의 주둔을 축소할 것이었다. 그것은 또 하나의 미묘

---

531) *Ibid.*

한 연계였다. 즉 타이완에 있는 미군은 베트남 전쟁이 타결되면 더 신속하게 축소될 것이다. 로저스 국무장관과 국무성에게 이 메시지는 통보되지 않았다. 그러나 한 장의 본사본이 닉슨과 키신저가 또 하나의 비공식 채널로 마련한 루마니아 정부를 통해 중국으로 보내졌다. 후에 소련의 한 관리가 루마니아를 통해서 그 메시지에 관해서 알았다고 말했다. 이것은 중국, 파키스탄, 루마니아, 그리고 소련의 외무성들은 모두가 중국에 대한 미국의 이니셔티브를 알고 있었지만 미국의 국무성은 알지 못한 기이한 상황을 가져왔다.[532]

1971년 봄철 내내 투박한 도관을 통한 통신이 거의 없었다. 그러다가 일본에서 열린 세계탁구 대회에서 미국팀과 함께 있던 산타 모니카 출신의 19세의 탁구선수인 글렌 코원(Glenn Cowan)이 우연한 행동을 취했다. 대회 후에 그는 중국 팀의 감독에게 접근하여 근처의 진주 농장에 관광 가는 버스에 탔다. 후에 그는 그의 새 친구에게 선물로 T-셔츠 하나를 주고 그 대신에 스카프 한 장을 받았다. 중국인들은 글렌 코원의 싹싹한 태도가 워싱턴에서 안무한 정책 신호로 신중히 간주된다고 잘못 가정했다. 그 결과, 미국팀은 다음 주에 베이징을 방문하라는 놀라운 초청장을 받았다. 그리고 세계는 갑자기 핑퐁 외교의 장관에 고정되었다. 저우언라이는 친히 인민대회당에서 열린 리셉션에서 선수들에게 "여러분들은 미국과 중국 인민들 사이의 관계에 새로운 장을 열었다"고 말했다.[533]

1주일 후인 4월 21일 저우언라이 수상으로부터 새로운 메시지가

---

532) *Ibid.,* p. 339.
533) *Ibid.*

파키스탄 채널을 통해 왔다. 그것은 중국정부가 미국 대통령의 특사 (예를 들어, 미스터 키신저)나, 미국무장관, 아니면 직접 만남을 위해 미국 대통령 자신을 베이징에서 공개적으로 영접할 용의를 재확인한다고 말했다. 중대한 순간이 왔다. 그것은 누구를 보낼 것인가가 문제였다. 여러 사람들을 놓고 여러 가지를 고려했다. 그는 자기에 앞서 방문하는 어떤 외교사절도 없이 자기가 먼저 중국에 가는 생각을 굴려보기 시작했다. 그러나 키신저가 전례 없는 대통령의 중국 여행은 너무 위험하다고 주장하여 닉슨이 그 생각을 포기하도록 열심히 설득했다. 온갖 고려사항들을 검토한 닉슨은 마침내 헨리 키신저를 중국에 보낼 특사로 선택했다. 키신저는 굉장한 안도감을 느꼈다. 그는 열정적으로 이 일의 결실을 가져오게 할 사람이 되기를 원했다. 저명한 특사에 의해 자기의 "천둥소리"를 훔쳐갈 위험성을 부분적으로 염려한 닉슨이 키신저를 택한 것이다. 당시에 키신저는 기록을 남기는(on-the-record) 기자회견을 한 번도 하지 않은 여전히 별로 알려지지 않은 보좌관이었다.534)

파키스탄 급사의 이용은 최종적 세부사항들을 정리하는데 너무나 번거로웠다. 그래서 키신저는 해군으로 하여금 카라치에 있는 무관을 통해 사적 케이블 채널을 설치하게 했다. 베를린 협상에서처럼, 이것은 키신저가 몰랐지만, 펜타곤이 비밀에 관계하도록 허용하였다. 5월 9일 키신저는 이 채널을 이용하여 자기가 개인적으로 특사로 봉사할 것이며 자기 여행의 한 가지 목적은 후에 있을 대통령의 방문을 정하

534) Walter Isaacson, *Kissinger: A Biography,* New York: Simon & Schuster, 1992, p. 340.

는 것이 될 것이라고 제안했다. 6월 2일 키신저가 제2차 세계대전 이래 가장 중대한 것이라고 서술할 답장이 돌아왔다. 저우언라이는 그의 여행을 승인하고 또 그 후 가까운 어느 때 닉슨 대통령을 영접할 전망에 마오 주석의 기쁨을 표했다.535) 닉슨과 키신저는 곧 링컨 거실에서 그들의 두 번째 승리를 축하했다. 그는 "우리가 한 일 덕택에 평화롭게 살아갈 보다 나은 기회를 갖게 될 수 있을 미래의 세대들에게 건배하자"고 닉슨은 말했다.536) 그러나 닉슨은 키신저가 자기를 그늘지게 할 것이라고 걱정하기 시작했다. 그들의 관계에서 새로운 단계가 시작되고 있었다.537)

닉슨은 사적으로 키신저에게 그가 중국 관리들을 만나는 장소로 베이징이 아닌 다른 곳을 찾도록 촉구했다. 만일 그가 다른 곳에서 만난다면 그것은 후에 닉슨의 여행 드라마를 훨씬 덜 돌릴 것이었다. 키신저가 그 임무를 위해 선택된 4월에 논의된 대로 원래의 계획은 키신저가 남부 중국이나 파키스탄에서 중국의 지도자들을 만나는 것이었다. 자신이 특사가 될 것이라는 것을 베이징에 알리는 5월 9일의 메시지에서도 키신저는 파키스탄에서 비행거리인 어떤 장소에서 중국 땅에서 만나는 것을 선호한다고 제안했다. 6월 2일의 저우언라이의 메시지는 중국인들에게 적합한 그런 계획은 키신저가 이슬라마바드 (Islamabad)에서 대중에게 공개되지 않는 중국공항으로 비행하는 것임을 분명히 했다. 6월 2일 메시지에 대한 답변을 작성하기 위해 키

535) *Ibid.*
536) *Ibid.*
537) *Ibid.*, p. 341.

신저는 윈스턴 로드(Winston Lord)와 같이 앉았다. 키신저의 답변은 그가 파키스탄의 보잉 항공기로 이슬라마바드에서 베이징으로 비행하여 7월 9일 도착할 것이라고 제안했다. 이리하여 닉슨은 미국의 대중이 자신의 그곳 방문에 대한 키신저의 화려한 묘사를 들은 후에야 중국의 수도에 도착할 운명이었다.[538]

닉슨은 더 많은 영광을 자신을 위해 보존하려는 또 하나의 다른 노력을 벌였다. 닉슨은 키신저에게 방문 후 발표될 성명에 키신저의 이름을 올리지 말라고 명령했다. 키신저는 이 명령이 불합리하다고 생각했다. 닉슨은 외교사절의 이름을 노출하지 않고 베이징에 미국 사절의 방문을 어떻게 발표할지 설명하지 않았다고 말했다. 때가 왔을 때 키신저는 닉슨의 그 요청을 간단히 무시했다.[539] 키신저의 출장을 가져온 비밀은 부분적으로 발표의 드라마를 보존하고, 또 부분적으로 국무성 관료제도의 저항을 피하고, 그리고 또 부분적으로 마비시키는 대중적 그리고 의회의 논쟁을 피하기 위한 것이었다. 후에 닉슨은 비밀이 중국의 고집으로 행해졌다고 주장했다. 그러나 그것은 진실이 아니었다. 중국의 4월 21일 메시지는 분명히 미국 사절을 공개적으로 영접할 그들의 용의를 밝혔다. 키신저의 5월 9일 답변은 그의 이름을 세 번이나 언급했으며 각각 그의 방문을 엄격히 비밀로 할 준비의 필요성을 강조했다. 후에 키신저는 중국인들이 미국의 비밀의 갈망을 극단적으로 의심하고 있었음을 알게 되었다고 말했다. 중국인들은 1954년 제네바 회담에서 저우언라이와 악수하길 거부한 존 포

---

538) Ibid.
539) Walter Isaacson, Kissinger: A Biography, New York: Simon & Schuster, 1992, p. 342.

스터 덜레스(John Foster Dulles)의 한 방을 여전히 느끼고 있는 자부심에 찬 인민이었다.[540]

중국 이니셔티브를 둘러싼 비밀은 닉슨과 키신저가 그들의 행동을 비밀로 유지하려는 다른 시도들에 비해 더 많이 정당화되었다. 국무성 내에 너무나 많은 기존의 지위들이 존재하여 마비시키는 관료적 요구들이 모든 각 단계에서 있었을 것이다. 걸려 있는 보다 큰 지정학적 문제에 외적인 항목들에 대해 양보를 추구하는 압력도 있었을 것이다. 다른 국가들은 여러 가지 재보장들을 추구했을 것이고 그러면 이니셔티브는 신속하게 누설되었을 것이다. 그러면 닉슨이 말하는 것처럼 보수적 반대가 동원되어 모든 노력을 침몰시켰을 것이다. 키신저와 닉슨이 일반적으로 생각하는 것에도 불구하고 대부분의 외교 정책결정은 대중적 투입으로 이득을 보고 만일 공개적으로 발전된다면 지속적 지지의 보다 큰 기회를 갖게 될 것이다. 그러나 어쩌면 중국의 개방은 만일 그것이 공개적 토론으로 공식적 채널에서 다루어 졌다면 그런 적합한 순간에 발생하지 않았을 것이다. 왜냐하면 월맹 및 소련과의 협상들이 가열되고 있었기 때문이다. 닉슨이 간단히 말했듯이 만일 그들이 그것을 비밀로 유지하지 않았다면 그것을 이룰 수 없었을 것이다.[541]

1971년 7월 1일 키신저는 사실을 발견하기 위한 아시아 출장으로 발표된 것을 착수했다. 마침 대통령이 그의 전용기를 이용하고 애그뉴(Agnew) 부통령과 레어드 국방장관이 대통령의 기대에 있는 두 대

540) *Ibid.*
541) *Ibid.*, p. 343.

의 사적 제트기들을 사용하고 있어서 키신저와 그의 적은 수의 일행들은 전술 공군사령부의 창문도 없는 통신항공기를 이용해야만 했다. 기자는 아무도 동행하지 않았다. 7월 10일 대부분의 토요일 신문들에 묻혀진 전신 보도에 많은 생각을 한 사람은 거의 없었다. 예를 들어 <뉴욕 타임즈>는 그것을 사람들의 동정난에서 두 번째 항목으로 취급했다. 그것도 라왈핀디(Rawalpindi) 주변 평원의 덥고 습도 있는 공기를 피해서 닉슨 대통령의 안보보좌관인 헨리 키신저가 북부 파키스탄의 시원한 언덕에 있는 나티아갈리(Nathiagali)에서 그 날을 보냈다. 그는 약간 기분이 나지 않게 느낀 것으로 묘사되었다.[542] 그러나 키신저는 나티아갈리에 결코 가지 않았다. 사이렌을 울리고 미국의 성조기를 휘날리는 유인용 자동차 행렬이 시원한 언덕까지 달려갔을 뿐이었다. 키신저는 이슬라마바드 공항에서 군사용 지역으로 "납치"되어 그곳에서 중국의 항법사와 함께 파키스탄의 보잉 707이 그를 기다렸다. 3명의 비서들이 그를 동행했다. 윈스턴 로드, 리처드 스마이서(Richard Smyser) 그리고 존 홀드리지(John Holdridge)가 그들이었다.[543]

1971년 7월 9일(베이징 표준시간) 금요일 정오 직후에 키신저와 그의 일행이 베이징에 도착했다. 그들은 꼬불꼬불한 호수와 우아한 다리들과 함께 벽으로 둘러싸인 공원에 있는 빅토리아식 건물의 영빈관

---

542) *New York Times,* July 10, 1971; Henry A. Kissinger, *White House Years,* Boston: Little, Brown, 1979, pp. 686-732; Raymond Garthoff, *Détente and Confrontation,* Washington: Brookings, 1985, p. 227.

543) Walter Isaacson, *Kissinger: A Biography,* New York: Simon & Schuster, 1992, p. 343.

으로 안내되었다. 그곳에서 키신저는 저우언라이를 만났다. 그는 73년 중 50년 동안 중국에서 공산주의 운동의 지도자였던 마오의 장정을 함께 한 수척하고 우아한 베테랑이었다. 덜레스의 속물적 얘기를 기억하고 있던 키신저가 허세를 부리듯 자신의 손을 내밀었다. "그것은 과거의 유산을 우리의 뒤에 두는 데 있어서 첫 조치였다"고 키신저는 회고했다.[544) 이틀에 걸쳐 키신저는 저우언라이와 17시간 동안 회담을 개최했다. 그들의 회담은 7시간까지 계속되었다. 그러나 저우언라이는 모든 진실로 완숙한 지도자들의 특이한 우아함을 가지고 결코 서두르지 않고, 결코 중단하지 않고, 결코 보다 급한 어떤 일이 있다는 인상을 주지 않고, 그리고 세계의 가장 큰 국가를 운영하는 그의 의무들에도 불구하고 결코 전화를 받을 필요가 없었다. 이 특징은 키신저에게 가시적으로 부족한 것이었다. 키신저는 나중에 그가 어떻게 해 나가는지 모르겠다고 경이로워 했다. 키신저는 타결할 하나의 실질적 업무만 가지고 있었다. 그것은 베이징에서 정상회담을 위해 닉슨의 초청에 동의하는 것이었다. 그 일을 제외하고는 키신저와 저우언라이는 세속적인 일에 부담을 갖지 않는 사치를 누렸고 또 개념적 논의를 즐기면서 그들의 시간을 보낼 수 있었다.[545)

키신저는 두툼한 브리핑 노트북을 앞에 두고 양국이 공유하는 전략적 이익에 관해서 상세히 설명했다. 저우언라이는 자기 앞에 종이 한 장을 두고 말했다. 양식화 된 것이었지만 그래도 쉬운 농담이 두 정치철학 교수들 사이의 대화 같았다고 키신저는 지적했다.[546) 그들

544) Henry A. Kissinger, *White House Years,* Boston: Little, Brown, 1979, pp. 733.
545) Walter Isaacson, *Kissinger: A Biography,* New York: Simon & Schuster, 1992, p. 345.

이 논의한 상호이익은 주로 그들의 소련에 대한 불신과 관련되었다. 키신저는 소련의 군사적 활동에 관해 그가 가져온 최고급 정보를 저우언라이에게 보여주는 비상한 조치를 취했다. 그는 심지어 저우언라이에게 중국의 국경에 따라 설치된 소련의 시설들에 관한 통신의 도청기록과 고화질의 사진들을 주었다.[547] 회의 사이에서 키신저는 중국의 음식과 온전히 사랑에 빠졌다. 미국인 일행은 관광도 했다. 즉, 그들은 중국인들에게 입장이 금지된 오후 동안 자금성을 관광했다. 그것은 15세기 중국제국 궁전의 사적 관광이었다.

저우언라이가 마침내 당황스러운 방식으로 닉슨의 정상회담의 주제를 꺼냈다. "천하에는 많은 혼란이 있다"와 같은 마오주의자들의 표준적 캐치프레이스들을 사용하며 중국의 의식서의 강력한 인용을 시작했다. 중국과 미국 사이에 거대한 간격을 고려할 때 닉슨 방문에 많은 의미가 있을 것인가? 닉슨의 초청 여부는 중국의 결정에 달려 있다고 답변하면서 키신저는 저우언라이와 상대하지 않을 것같이 다소 퉁명스러운 반박을 했다. 만일 그들이 오찬을 위해 쉬지 않는다면 오리요리가 식을 것이라고 한마디 말한 뒤에 키신저의 말을 잘랐다. 오찬이 끝나자 저우언라이는 호의적이 되어서 키신저에게 가라앉는 것으로 보인 마오에 의해 명령된 급진적 사회적 격변인 중국의 문화혁명에 관한 설명을 제안했다. 그곳은 중국의 국내적 문제라고 키신저가 반대하자 저우언라이는 그렇지 않다며 만일 미국이 중국을 이해하려고 한다면 미국은 중국의 문화혁명을 이해해야 한다고 말했다.[548]

---

546) *Ibid.*
547) Henry A. Kissinger, *White House Years,* Boston: Little, Brown, 1979, pp. 743-746.

저우언라이가 자기의 분석을 끝냈을 때 키신저가 오전 심한 매도의 반박을 재개했다. 그러나 몇 분 후에 저우언라이는 다시 그의 말을 끊었다. 그리고 닉슨은 다음 해 초에 정상회담을 위해 오는 것을 환영할 것이다. 중국의 고위 외교관인 황화(Huang Hua)가 코뮤니케를 협상하기 위해 키신저의 숙소를 방문할 것이라고 저우언라이가 말했다. 키신저는 매우 기뻤지만 그것도 잠시 동안이었다. 황화가 제공한 초안은 닉슨이 초청을 간청하였고 정상회담의 목적은 타이완을 논할 것이라고 선언했다. 키신저가 이것은 수용할 수 없다고 반응했다. 그래서 각 항목의 협상으로 진행하는 대신에 황화가 다른 접근법을 제안했다. 그것은 각 측이 상대방에게 그것의 근본적 욕구가 무엇인지를 말하고 그리고 나서 그것들을 수용하는 문안이 시도될 수 있었을 것이다. 그것은 협상에 대한 전형적인 중국식 접근법이었다. 그것은 키신저가 익숙한 작은 양보의 살라미(salami) 전술의 정반대였다. 중국인들은 각 측이 간단히 타협할 수 없다고 느끼는 기본적 원칙의 문제를 제시함으로써 시작하기를 좋아했다. 그리고 나서 양측의 근본적 욕구를 보존하는 동의할 만한 목적으로 그들은 재빠르게 다가가는 주요 조치들을 취하고 추구했다. 소련인들, 베트남인들, 그리고 아랍인들과 대부분의 협상에 그런 증거가 거의 없었지만 키신저는 자기자신도 이 방법을 포용했다고 종종 말했다.549)

미국의 욕망과 필요성을 고려한 후에 황화는 다음날 아침에 코뮤니케의 수정안을 가지고 돌아왔다. 쉽게 이루어진 단지 작은 단어의

---

548) Walter Isaacson, *Kissinger: A Biography*, New York: Simon & Schuster, 1992, p. 345.
549) *Ibid.*, p. 346.

변화가 있을 뿐 그것은 키신저가 원할 수 있었던 모든 것이었다. 그것은 타이완을 전혀 언급하지 않았다. 그것은 중화인민공화국을 방문하고자 하는 닉슨 대통령의 염원을 알고서 그가 1972년 초에 정상회담에 초청될 것이라고 되어 있었다. 그 목적은 관계의 정상화를 모색하는 것이며 양국에 걱정되는 문제들에 대한 견해를 교환하는 것이었다. 코뮤니케에 자신이 이름을 써서는 안 된다는 닉슨의 거듭된 지시에도 불구하고 그 문건은 "저우언라이 수상과 헨리 키신저 박사는…" 이라는 말로 시작했다. 키신저가 중국 정상회담을 손에 쥐고 등장했을 때 사전에 마련된 암호가 백악관으로 급히 알려졌다. 그것은 "유레카"(Eureka)였다. 샌클레멘테(San Clemente)에 도착하자마자 키신저는 대통령에게 온전한 설명을 제시했다. 그것은 그가 중국에서 보낸 49시간에 관한 40페이지에 달하는 보고서였다. 그것은 " 우리는 당신과 마오가 역사에서 한 페이지를 넘기는 토대를 놓았다"고 결론지었다.[550]

7월 15일 목요일, 닉슨의 간단한 텔레비전에 방영된 발표는 그 내용에 관한 사전 경고가 없었기에 텔레비전 해설가들 중 적어도 한 사람은 거의 10초 동안 아무 말도 못하게 만들었다. 단 한 방으로 대통령은 그의 모든 적들을 어리둥절하게 했다. 그들은 소련인들, 월맹인들, 언론, 그리고 진보적 민주당원들이었다. 잠시 동안 닉슨은 환호속에 빠질 수 있었다. 칼럼니스트 맥스 러너(Max Lerner)는 "놀라운 정치가가 경악의 문을 통과하여 희망의 왕국으로 안내한다"고 썼다. 상원의 민주당 지도자 마이크 맨스필드(Mike Mansfield)는 "나는 놀라고, 기쁘고, 그리고 행복하다"고 선언했다. 그리고 조지 맥거번(George

---

550) *Ibid.*

McGovern)은 "나는 대통령의 상상력과 판단을 칭송한다"고 말했다.551)

그날 저녁 닉슨은 자신의 참모와 사교하는 비상한 제스처로 기념했다. 킨저, 엘리크만, 홀더만, 그리고 론 지글러(Ron Ziegler)를 데리고 그는 페리노(Perino) 식당에서 만찬을 위해 로스엔젤레스로 비행했다. 닉슨이 젊은 시절에 페리노 식당을 유행 따라 자주 들렀지만 지금은 그 영광이 사라졌다. 그것은 한 체인점에 팔렸고 주로 버스로 실어오는 관광객들에게 음식을 공급했다. 대통령이 온다고 하자 늙은 페리노 씨가 재빠르게 봉사하도록 소환되었다. 식사 끝에 닉슨은 식당을 지나 로비에서 텔레비전 발표를 시청하면서 그날 저녁을 보내지 않은 당황한 관광객들에게 키신저를 방금 베이징으로 갔던 사람으로 소개했다.

그 기념에는 한 가지 몹시 언짢은 요소가 있었다. 중국 개방의 가장 교묘한 요소를 실수했다. 도쿄는 워싱턴이 충분한 협의 없이는 베이징에 대한 이니셔티브를 행사하지 않을 것이라는 엄숙한 보장을 받았었다. 비밀에 대한 그의 열정, 일본의 걱정에 대한 그의 무시, 그리고 국무성을 이용하지 않으려는 그의 욕망으로 키신저는 이 서약의 깨짐이 최대의 실패를 야기했다. 비록 일본인들이 여전히 분개하고 있었지만 키신저는 그 실패를 주로 에티켓의 결례로 간주했다.552) 반면에, 모스크바 정상회담에 대한 닉슨의 염원을 지연시켜온 소련인들은 베이징 발표에 의해 당황했다. 다음날 도브리닌 대사가 백악관에

---

551) Henry A. Kissinger, *White House Years,* Boston: Little, Brown, 1979, pp. 747-755

552) Walter Isaacson, *Kissinger: A Biography,* New York: Simon & Schuster, 1992, p. 348.

나타나서 소련과 정상회담을 먼저 개최할 가능성에 관해서 물었다. 키신저는 정상회담은 조정된 순서로 개최될 것이라고 대답했다. 모스크바 정상회담은 베이징에서 정상회담 3개월 뒤인 1972년 5월로 계획되어 있었다. 두 공산주의 강대국들이 미국과 좋은 관계를 위해 경쟁하게 하는 것은 평화의 대의에 이득이 될 뿐이라면서 그것이 3각 전략의 본질이었다고 키신저는 후에 지적했다.[553]

7월 15일 키신저의 중국으로의 비밀 출장 발표는 그를 국제적 명사로 변모시켰다. 그는 뉴스잡지들의 표지에 올랐고 텔레비전 네트워크 뉴스에 등장했으며 전국에 걸쳐 신문들의 전면에서 소개되었다. 48세의 외교 전문가가 대통령 외교의 개발을 관리했다고 <뉴욕 타임즈>는 "알 수 없는 서양인"이라는 헤드라인의 기사에서 말했다. <타임>지는 "빛나는 경력의 정상에서 그는 대부분의 교수들이 오직 도서관에서 읽는 지구적 각광과 영향력을 즐기고 있다"고 말했다. 키신저는 10월 달에 이번에는 공개적으로 다시 한 번 중국으로 돌아갈 것이다. 이번에는 도착한 다음 날 중국측은 키신저가 만리장성(the Great Wall)의 정상에서 길을 따라 아주 공개적으로 걷도록 배려했다. 그리고 이때의 사진들은 거의 모든 신문의 전면에 등장할 것이고 닉슨을 또 한번 분노의 발작을 일으키게 할 것이다.[554]

닉슨이 가장 좋아하는 꿈을 망치는 것이 그의 최악의 악몽의 망령이었다. 조지타운(Georgetown)과 기성 언론의 연인인 키신저가 자신의 대통령직에서 가장 대범한 성공에 대한 명성의 많은 부분을 비축

553) *Ibid.*, p. 349.
554) *Ibid.*

하고 있었다. 닉슨은 키신저가 칼럼니스트들을 포함하여 <뉴욕 타임즈>나 <워싱턴 포스트>의 누구도 만나서는 안 된다고 요구했다. 며칠 후 닉슨은 훨씬 더 단호했다. 키신저는 자신의 주변에 절대적인 벽을 설치해야 한다는 것이었다. 즉, 그는 어떤 근거에서도 <뉴욕 타임즈>, <워싱턴 포스트>, CBS 혹은 NBC에 등장해서는 안 된다는 것이었다.[555]

키신저의 두 번째 방문의 주된 일은 국무성에 비밀로 하고 1972년 2월 정상회담에서 닉슨과 저우언라이가 협상할 코뮤니케를 작성하는 일이었다. 중국인들이 두 번째 방문 일정을 10월 중순으로 제안했고 키신저는 동의했다. 이때 키신저는 그것이 유엔에서 타이완이 아니라 중화인민공화국을 자리에 앉게 할지의 여부에 대한 유엔총회의 연례 투표의 시기와 일치한다는 사실을 깨닫지 못했다.[556] 중국은 아마도 그것이 미국이 양보하는 미묘한 방식으로 생각했을 것이다. 사실상 유엔에서 미국의 새 대표인 조지 부시(George Bush)는 타이완의 축출을 막기 위해 전선을 유지하라고 들었다. 그러나 키신저가 너무나도 현저하게 베이징에서 구애하고 있는 상황에서 그것은 불가능했다. 타이완은 유엔총회에서 75 대 35의 투표결과로 추방되었다. 최종적 유엔의 투표가 진행되는 동안 키신저가 보이지 않도록 하기 위해서 그는 귀국길에 하루 동안 알래스카(Alaska)에서 머물라는 명령을 받았다. 뿐만 아니라 닉슨은 여전히 키신저가 받고 있는 평판에 초조했다. 그리하여 백악관은 그의 비행기가 워싱턴의 앤드류스 공군기지에서

---

555) Walter Isaacson, *Kissinger: A Biography*, New York: Simon & Schuster, 1992, p. 349.
556) *Ibid.,* p. 352.

아주 구석으로 활주하도록 조정하는 수고까지 했다. 그것은 키신저가 사라지기 전에 언론과 카메라맨들의 눈에서 벗어나도록 하기 위해서 그렇게 했다. 후에 키신저는 "특히 전날들의 힘겨운 노력이 있은 후에 그것은 영웅적 귀국이 아니었다"고 기록했다.[557]

베이징과 워싱턴의 화해는 누가 대통령이었든 1970년대에 있었을 어떤 것이었다. 소련과 중국의 불화는 악화되었고 베트남에서 미국 개입의 탈확장은 중국에 미국의 침공이 있을 지도 모른다는 베이징의 두려움을 지웠다. 그러나 닉슨과 키신저는 저우언라이와 함께 전환을 아주 신속하게 가져온데 대해 명예를 받을 자격이 있었다. 닉슨의 원래 비전과 끈기가 그 문제를 강제했다. 키신저는 그 이니셔티브가 결실을 맺게 했고 또 그것이 미국을 지주로 하는 지구적 3각 균형에 기초한 외교정책의 틀에 맞게 만들었다. 키신저의 지성과 철학적 세련미의 깊이가 저우언라이의 마음과 상상력에 대처하는데 아주 적합했다. 중국의 문호개방이 닉슨의 비전이 없이는 시작되거나 계속될 수 없었던 것과 꼭 마찬가지로 그것은 결코 키신저 없이 그렇게 노련하게 집행될 수 없었다고 키신저의 전 조수이며 빈번한 비판자인 로저 모리스(Roger Morris)가 말했다.[558] 베트남에 대한 분노와 그에 따른 고립주의의 부상 속에서 닉슨과 키신저는 적어도 잠시동안은 미국국민의 상상력을 사로잡을 수 있었다. 멀고 먼 땅에 대한 극적인 문호개방은 매혹적이고, 흥분되고, 또 감각이 있을 뿐만 아니라 활기를 북돋았다. 창조적 외교를 수행하는 미국의 능력과 세계에서 긍정적인 세

557) Henry A. Kissinger, *White House Years,* Boston: Little, Brown, 1979, p. 786.
558) Walter Isaacson, *Kissinger: A Biography,* New York: Simon & Schuster, 1992, p. 353.

력이라는 데 대한 비관주의가 이렇게 일시적으로 추방되었다.559)

호수의 얼음이 깨지는 것과 같은 갑작스러움으로 중국에 대한 문호개방은 베트남 전쟁을 시대착오적인 것처럼 보이게 만들었다. 베이징과 워싱턴 그리고 모스크바에게도 동남아시아 정글에서의 충돌은, 이념적 투쟁으로서 그리고 또 전략적 투쟁으로서, 돌연히 초조하게 하는 역사적 잔재로 보였다. 이제 중국인들은 미국이 아니라 소련을 그들의 주적으로 간주하게 되자 그들은 모스크바와 제휴한 월맹에 의한 승리의 전망에 의해 더 이상 스릴을 느끼지 않을 것이다. 마찬가지로 베이징에 대항하게 된 자신을 발견한 모스크바는 베트남에서 미국의 시련을 연장시키기 보다는 긴장완화에 더 많은 관심을 갖게 되었다. 그리고 미국에선 베트남 전쟁을 정당화했던 중국 공산주의의 위협을 중지시킬 필요성이 더 이상 그렇게 압박으로 보이지 않았다.560)

키신저가 떠난 후 며칠 내에 저우언라이는 월맹의 지도자들에게 중국이 그들을 팔아 넘기지 않을 것이라고 안심시키기 위해 하노이로 갔다. 그러나 그는 곧 티에우 정부의 생존을 허용하는 타협을 받아들이라고 하노이에 압력을 가했다. 그는 심지어 미국의 평화제안을 전하기도 하여 그것을 묵시적으로 인정하였다. 그리고 그는 사이공 괴뢰정부의 전복이 장기적 문제라고 권고했다. 월남에서도 비슷한 불편함이 있었다. 티에우 대통령은 월남의 생존이 중국과의 화해를 간섭할 만큼 충분히 중요하지 않다고 키신저가 결정했는지의 여부를 의아해 했다. "미국은 더 좋은 정부(mistress)를 찾고 있었다. 이제 닉슨은

---

559) *Ibid.*
560) *Ibid.*

중국을 발견했다. 그는 늙은 정부가 주변에 서성거리는 것을 원치 않는다. 베트남은 늙고 추해졌다"고 당시에 티에우는 자신의 비서들에게 말했다.[561]

아마도 중국의 문호개방의 가장 흥미로운 결과는 그것이 미국외교정책에 대한 미국 대중들의 인식을 바꾸었다는 점이었다. 그때까지 미국의 참여를 필요로 했던 세계의 사건들은 보통 선과 악 사이의 투쟁들로 묘사되었다. 서부영화에서 보안관처럼 주저함으로 미국은 권리가 그것을 보호할 힘을 필요로 하거나 아니면 대부분의 미국인들이 그렇게 생각하길 좋아할 때 개입했다. 그러나 이제 갑자기 외교정책은 전혀 다른 어떤 것과 관련되었다. 즉 좋은 놈과 나쁜 놈 사이의 냉전이 아니라 국제적 안정을 유지하기 위해서 미국이 균형을 잡아야 하는 도덕적으로 애매한 관계의 거미줄이 된 것이다. 그것은 결코 간단하거나, 선명하지 않은, 그리고 역사적으로 힘의 균형에 불편했던 국가에게는 지탱하기에 편안하지 않은 그런 역할이었다.[562]

워싱턴에서도 다른 한 가지 산업의 도시처럼 사교적 신분은 가족의 유산보다는 직업적 지위의 기능이었다. 사교적 지위는 너무나 권력에 의존하기 때문에 역류도 발생한다. 즉 사교적 가시성이 권력의 모습을 향상하는 길이 되었다. 이것은 중요하다. 왜냐하면 워싱턴에서 누가 올라가고 누가 내려갔느냐 라는 권력은 주로 인지의 게임이었다. 그 결과 권력의 모습은 권력 현실의 큰 요소이다. 키신저 시대에 이 세계의 지리적 중심은 조지타운(Georgetown)의 30평방 블록 핵심

---

561) *Ibid.*
562) *Ibid.,* p. 354.

제11장 국제 3각(Tripolar)체제의 건축: 외교의 마법사 II **433**

지역이었다. 조지타운의 사교 무대는 케네디 행정부 시대 이후 정체되었다. 닉슨이 당선된 후에 이 마을의 호스테스들은 어떤 흥미로운 새 인물들을 필사적으로 찾았다. 백악관의 새 비서들 가운데 가장 화려하고 또 사교적으로 열심인 헨리 키신저가 신속하게 선택되었다. 그는 좋은 마음, 많은 매력, 잘 지내려는 욕구, 그리고 그런 살롱에서 칭송되는 비밀을 공유하는 재능을 갖고 있었다. 그리하여 비밀 사교인이라고 주장하는 이 작고 둥글게 생기고 이름없는 교수가 조지타운 사교무대의 연인이 되었다.[563] 처음 2년 동안 키신저의 명성은 작은 지역에만 국한되었다. 그러나 중국의 비밀 임무와 6개월 후 그가 월맹과 비밀 회담을 위해 파리로 비행했다는 뉴스는 그를 지구적 명사로 만들었다. <뉴스위크>의 표지는 그를 "수퍼-K(Super-K)로 명명했다.[564] 뿐만 아니라 그의 명사로서 신분이 성장하자 할리우드 세계가 갑자기 그에게 문을 활짝 열었다. 키신저는 1969년 이전에는 할리우드(Hollywood)의 근처에 가본 적도 없었지만 이제 키신저도 열심히 할리우드의 사교무대에 파고 들었다. 키신저는 각광과 고도로 가시적인 사교적 생활을 찾아냈다.[565] <뉴스위크>의 멜 에플린(Mel Eflin)은 후에 키신저는 자기의 직업적 활동을 감추기 위해 자신의 사생활을 이용한 유일한 사람이었다고 말할 것이다.[566]

1947년 영국은 인도에 독립을 승인할 때 무슬림 지역을 분리하여

---

563) Walter Isaacson, *Kissinger: A Biography,* New York: Simon & Schuster, 1992, p. 358.
564) *Ibid.*, p. 356.
565) *Ibid.,* p. 359.
566) *Ibid.,* p. 369.

파키스탄을 창설했다. 독립한 파키스탄은 힌두교가 지배적인 인도를 그 사이에 둔 두 개의 부분으로 구성되었다. 즉 펀자브인(Punjabis)이 주로 살고 있는 서파키스탄이 주로 벵골인(Bengalis)이 주민인 더 가난한 동파키스탄을 정치적으로 지배했다. 이 두 파키스탄을 묶는 유일한 유대는 그들의 공유된 이슬람 신앙이었다. 자기 자신을 방글라데시(Bangladesh)라고 부르는 동파키스탄의 분리주의적 감정은 20만 명을 죽인 1970년 11월의 파괴적 사이클론(cyclone)에 의해서 악화되었다. 다음달 국회의원 선거에서 동파키스탄의 자치에 찬성하는 아와미 연맹(Awami League)이 그곳에서 169석 중에서 167석을 획득했다. 서파키스탄에서는 국가의 분할에 반대하는 줄피카르 알리 부토(Zufikar Ali Bhutto)가 가장 강력한 세력으로 등장했다. 그 결과는 야히아 칸(Yahya Khan) 현 대통령이 새로운 민간인 정부에게 권력을 이양하려는 계획을 방해했다. 야히아 칸의 해결책은 잔혹한 탄압을 명령하고 아와미 연맹의 지도자인 세이크 무지부르 라흐만(Sheik Mujibur Rahman)을 체포하는 것이었다. 미제 M-24 탱크들로 다카(Dacca)시로 진격하여 1971년 3월 파키스탄의 군대는 독립적 방글라데시를 위한 운동을 분쇄하려는 노력으로 자국 시민들의 체계적 학살을 시작했다. 1971년 말까지 죽임을 당한 자의 총 수는 50만 명 이상에 달했다. 게다가 1천만 명의 피난민들이 국경을 넘어 인도로 도망치기 시작했다. 피난민의 홍수는 인도의 수상 인디라 간디(Indira Gandhi)로 하여금 동파키스탄의 자치를 요구하게 했다. 그리하여 파키스탄에서 공포스러운 내란이 역사적 경쟁자인 인도와의 결판을 위한 무대를 세웠다.

미 국무성에서는 아주 드문 만장일치로 파키스탄의 잔혹성을 규탄하는 소리가 높았다. 그러나 키신저는 1971년 초에 다른 고려사항들을 갖고 있었다. 파키스탄과 그곳의 대통령은 중국에 대한 비공식 채널을 제공하고 있었다. 키신저는 이 중대한 채널을 붕괴시키지 않으려고 열망했으며 야히아 칸 대통령에게 배은망덕하게 보이고 싶지 않았기에 파키스탄에 대한 미국정책의 왜곡이 키신저의 비밀 숭배의 또 하나의 숨겨진 비용이 되었다.[567] 또한 키신저는 보다 큰 전략적 문제가 도덕적 감정을 압도해야 한다고 느꼈다. 그는 파키스탄과 인도의 긴장을 지역적 관점이 아니라 미-소간의 대리 대결로 보았다. 따라서 그 갈등은 그의 외교의 기본적 테마들 중 2개를 설명했다. 즉 하나는 도덕적 관심 위에 현실주의가 우선이고, 또 하나는 분쟁들을 소련과 미국간 경쟁의 프리즘을 통해 보는 경향이었다.[568]

1971년 7월 중국으로 비밀 출장을 하고 돌아온 후에 샌클레멘테에서 대통령과 고위 보좌관들의 모임에서 키신저는 지정학적인 분석을 제시했다. 인도는 방글라데시 위기를 그것의 역사적 적인 파키스탄을 분할하는 구실로 이용할 것 같았다. 소련은 인도를 격려하면서 선동적인 상황에서 방화광처럼 행동했다. 만일 인도가 공격하면 중국이 파키스탄을 지원할 것이다. 그러면 소련이 인도편에 들 것이다. 인도의 공격과 소련의 개입을 단념시키기 위해 파키스탄에 집착해야 한다. 국무성은 키신저에 동의하지 않았다. CIA가 지지하는 그것의 평가는 인도가 서파키스탄을 공격할 계획을 하지 않았고 소련도 인도가 그러길 원하지 않았다. 전쟁의 경우에 워싱턴은 중국의 개입을 막기

---

567) Walter Isaacson, *Kissinger: A Biography,* New York: Simon & Schuster, 1992, p. 372.
568) *Ibid.,* p. 373.

위해 인도 및 소련과 같이 일해야 한다. 국무성은 7월 말에 고위 검토 그룹에서 그런 주장을 했을 때 키신저가 폭발했다. 대통령은 항상 파키스탄으로 기울라고 말하지만 그가 받는 모든 제안은 반대방향에 있다고 키신저가 말했다. 그것은 "기울다"는 단어의 기록된 첫 사용이었다. 그것은 곧 행정부의 정책을 위한 표어가 되었다.[569]

8월에 인도와 소련이 새 우호조약을 발표했을 때 그는 더 분개했다. 국무성은 낙관적이었다. 그 조약은 모스크바가 그것의 밀접한 동맹국들과 가진 강력한 상호방위의 의무를 포함하지 않았으며 정보보고에 따르면 그것이 뉴델리(New Delhi)에 유용한 억제영향으로 봉사할 수 있을 것이라고 암시했기 때문이다. 그러나 키신저에게 그 조약은 폭탄이었고 또 정보보고는 얼빠진 것이었다. 그러나 소련-인도의 조약은 부분적으로 키신저의 중국 출장의 부수적 산물이었다. 인디라 간디(Indira Gandhi)가 1971년 11월 국가원수의 방문을 위해 워싱턴에 왔을 때 이것은 행복하지 않은 상황이었다. 키신저는 후에 백악관에서 그녀와의 회담을 닉슨이 어떤 외국지도자와 가진 가장 불행한 모임이었다고 회고했다. 비록 그녀가 중국을 개방한 것에 대해 닉슨을 칭송했을 때조차도 간디의 어조는 다소 뒤떨어진 학생을 칭찬하는 교수의 칭찬으로 키신저를 놀라게 했다. 그리고 그녀는 파키스탄과의 거래에서 자제의 필요성에 관한 닉슨의 주장을 무시하고 그 대신에 그 분쟁의 역사적 교훈으로 들어갔다. 닉슨은 그들의 두 번째 모임에서 그녀가 도착했을 때 45분 동안 기다리게 함으로써 보복을 가했다.

---

569) Henry A. Kissinger, *White House Years,* Boston: Little, Brown, 1979, pp. 864-867; Seymour Hersh, *The Price of Power: Kissinger int eh Nixon White House,* New York: Summit, 1983, p. 447.

간디는 회담에서 키신저가 수행하는 지배적 역할에 놀랐다. 닉슨은 거듭해서 몇 분간 얘기하고 키신저에게 발언하게 했고 그러면 키신저가 한동안 얘기했다고 그녀는 회고했다. 그녀는 닉슨보다 차라리 키신저와 얘기하고 싶다고 말했다.[570]

키신저는 회담을 마치고 간디의 목표가 파키스탄을 파괴하는 것이라고 확신했다. 이 고정된 아이디어는 그의 권고뿐만 아니라 그의 사실 인식을 색칠했다. 그리하여 11월 22일 인도가 뱅골의 분리주의자들을 지원하여 동파키스탄으로 국경선을 넘어가는 작전을 수행했다. 키신저는 이 사건을 전면전쟁으로 고려한 몇 사람 중의 한 사람이었다. 그 대신에 대부분의 객관적 역사가들은 1971년 인도-파키스탄 전쟁의 시작을 파키스탄이 지난 3월 그것의 분쇄 같은 무모한 행동을 범했던 12월 3일로 간주했다. 즉, 파키스탄은 과거에 싸움이 전혀 없었던 서파키스탄으로부터 인도 공격을 몰래 단행했다. 이것은 인도에게 평화애호 희생자로서 코스프레를 지탱하면서 전면적 보복을 시행하도록 허용했다. 그날 WSAG 회의에서 키신저는 국무성이 닉슨의 친-파키스탄으로 기울기를 수용해야 한다고 요구했다. 닉슨은 파키스탄 쪽으로 기울기를 원하고 있다고 키신저가 상황실에 모인 차관보들에게 말했다. 이 모임에서 가장 주목할 만한 것은 키신저가 논란의 여지가 없이 정부를 책임지고 있는 방식이었다. 부재한 대통령은 마치 그가 멀리 있는 유령처럼 키신저에 의해 이따금씩 언급되었다.[571]

친-파키스탄으로 기우는 것이 의회와 대중 사이에서 인기가 없었기

---

570) Walter Isaacson, *Kissinger: A Biography,* New York: Simon & Schuster, 1992, p. 374.
571) Henry A. Kissinger, *White House Years,* Boston: Little, Brown, 1979, p. 897.

때문에 키신저는 그것을 비밀로 유지하려고 애를 썼다. 그는 행정부가 반-인도라는 주장을 완전히 부정확한 것으로 딱지를 붙인 12월 7일 사전에 배포하지 않기로 한 브리핑을 제공했다. 그러나 배리 골드워터 (Barry Goldwater) 상원 의원이 키신저의 브리핑을 공개했을 때 그리고 "기울기" 코멘트가 위선을 폭로하려는 잭 앤더슨(Jack Anderson)에 노출되었을 때 새로운 신용의 갭이 즉시 창조되었다. 키신저의 반-인도 열정을 심어주는 것은 그날 도착한 CIA의 보고서였다. 그것은 간디가 카슈미르(Kashmir)의 분쟁지역에서 파키스탄이 지배하는 어느 정도의 영토가 인도를 위해 장악되거나 파키스탄의 기갑부대와 공군 능력이 제거될 때까지 그녀는 휴전을 수락하지 않을 것이라고 그녀의 내각에 말했다는 것이었다. 키신저는 CIA의 보고서를 간디가 파키스탄의 단지 기갑부대가 아니라 파키스탄의 육군을 제거하길 원하고 있다고 인용했다. 당시에 키신저는 그것이 인도가 서파키스탄을 분할하고 파괴하길 원하는 의미라고 고집했다. 키신저의 다른 정력적인 논제는 인도가 강대국 대결에서 소련의 대리인으로 간주되어야 한다는 것이었다.[572]

1971년 12월 12일 일요일까지 1주일 이상의 전투 후에 인도가 이기고 있는 것이 분명했다. 그날 유엔 주재 중국대사가 전달하고자 하는 공식적 노트를 가지고 있다는 메시지가 백악관에 있는 키신저와 닉슨에게 도착했다. 이것은 중국이 위기에서 그런 조치를 취한 것은 처음이었다. 키신저는 중국이 파키스탄 편에서 개입을 계획하고 있다

---

572) Walter Isaacson, *Kissinger: A Biography,* New York: Simon & Schuster, 1992, p. 376.

는 그의 추측을 완전히 뒤집고 베이징에서 온 메시지는 유엔의 어떤 휴전 요구도 기꺼이 지지하겠다고만 말했다.573) 12월 16일 인도가 휴전을 제안하고 파키스탄이 재빠르게 수락하여 모든 것이 충분히 잘 진행되었다. 간디는 서파키스탄을 분할하려고 시도하지 않고 또 심지어 분쟁지역인 카슈미르의 어떤 일부도 빼앗지 않고서 평화를 이루었다. 키신저는 자기의 마음속에 그것은 소련의 압력의 마지못한 결정이라는 아무런 의심의 여지가 없다고 말했다. 그런 평가를 부인하기는 어렵지만 그것은 아마도 최소한 과장된 것이다. 인도와 소련은 미국이 함대를 어슬렁거리게 하고 또 모스크바에 경고하기 이전에 이미 그들이 추구하는 것은 방글라데시의 독립이고 그리고 서파키스탄과 전쟁 이전으로 복귀하는 것이라고 선언했었다. 그리고 실제로 그것이 그들이 추구했던 모든 것이었다. 키신저가 인도-파키스탄의 전쟁에서 얻은 주된 교훈은 힘과 결의의 강력한 과시가 국지전쟁에서 소련의 이익 추구를 억제하는데 필요하다는 것이었다. 그러나 장기적으로 소련인들이 위협과 공갈로 지역적 위기에 개입하는 것을 억제할 수 있다거나 혹은 미국의 지역적 적들이 모스크바에 압력을 가해서 통제될 수 있을 것이라는 믿음은 주로 환상으로 밝혀졌다.574)

1972년의 새해가 시작되었다. 인도-파키스탄 전쟁을 다룬 데 대한 침울함이 사라지고 베이징과 모스크바로 가는 것에 관한 그의 기대가 좀 더 구체화되자 닉슨은 키신저에게 다시 말을 하기 시작했다. 그는

---

573) Henry A. Kissinger, *White House Years,* Boston: Little, Brown, 1979, pp. 900-913.
574) Walter Isaacson, *Kissinger: A Biography,* New York: Simon & Schuster, 1992, p. 379.

심지어 선거의 해 초기에 비록 그것이 키신저를 더욱더 미디어의 스타로 만드는 부작용이 있을 것임에도 불구하고 키신저가 월맹의 레둑토와 비밀 협상을 벌여왔음을 노출하는 것이 유용할 것이라고 결정했다.575) 그러나 닉슨의 연설 뒤에 키신저의 최소 언급에도 불구하고 닉슨이 아니라 키신저가 헤드라인을 장식했다. <타임>과 <뉴스위크>가 동시에 그를 "닉슨의 비밀 대리인"이라고 광고하며 그것들의 표지에 등장했다.576) 키신저가 반 농담조로 그가 두 개 잡지의 표지 등장으로 살아남을 수 있을 지를 한 동료에게 물었다. "아니야, 그러나, 얼마나 멋진 퇴장인가"라는 답변이 왔다.577)

회담을 발표함으로써 닉슨은 한 동안 국내적 반대를 잠재웠으며 사실상 이미 이루어진 제안들을 해야 한다고 요구하는 비판자들을 잘라냈다. 실제로 무엇보다도 지나치게 비밀을 위한 이유가 별로 없었다. 이제 그것들이 공개된 이상 하노이가 변화를 위한 수세에 몰렸다.578) 최근의 극적인 역할에 관한 뉴스의 팡파르(fanfare) 속에서 키신저는 1월 27일 워싱턴 언론인 클럽의 "의회에 대한 경의" 연례 만찬에 참석했다. 각 정당 지도자들의 유머러스한 연설을 비롯해 검은 넥타이를 매는 축제였다. 키신저의 적나라한 기지가 완전히 과시되었다. 그는 자기의 상대자로 대통령의 전쟁권한을 제한하는 유명한 쿠퍼-처치(Cooper-Church) 결의안을 공동으로 발의한 프랭크 처치(Frank

---

575) *Ibid.*, p. 396.
576) *Time,* Feb. 7, 1972; *Newsweek,* Feb. 7, 1972.
577) Walter Isaacson, *Kissinger: A Biography,* New York: Simon & Schuster, 1992, p. 397.
578) Henry A. Kissinger, *White House Years,* Boston: Little, Brown, 1979, p. 1045. *Life,* Feb. 11,1972.

Church) 상원 의원에게 재미있는 한 방을 날렸다. 상원 의원은 자기의 오랜 친구이며 그들은 서로를 첫 이름(first name)으로 부르는 사이라면서 "그는 나를 헨리라고 부르고, 나는 그를 쿠퍼라고 부른다"고 말했다.[579] 그리고 나서 전통적이지만 진지하게 민속적 연설의 결말을 위해 키신저는 자기가 느껴온 깊은 불쾌감을 노정하는 어떤 성찰로 그의 청중들을 침묵시켰다. 후에 그의 타고난 비관주의가 정치적 문제가 되었다. 그러나 그날 밤 그것은 귀에 거슬리는 만찬을 침묵시키기엔 충분했다.[580]

"우리는 분명히 우리들의 역사에서 가장 어려운 시기들 중의 하나를 살아내고 있다. 어떤 사람들은 우리가 베트남으로 분열되고 있다고 말한다. 다른 사람들은 국내적 분열을 책망한다. 그러나 나는 우리의 고뇌는 더 깊다고 믿는다. 우리의 역사를 통틀어 우리는 노력이 그것의 보답을 받는다고 믿었다. 부분적으로는 여기 미국에서 너무나 많은 것이 성취되었기 때문에 우리는 모든 문제는 해결책이 있기 마련이고 또 좋은 의도는 어떻게든 좋은 결과를 보장한다고 가정하는 성향이 있다. 유토피아는 하나의 꿈이 아니라 만일 우리가 바른 길을 여행하기만 하면 도달하는 우리의 논리적 목적지로서 간주되었다. 우리의 세대가 길은 끝이 없고 또 그것을 여행하는데 있어서 우리는 유토피아가 아니라 오직 우리 자신들만을 발견하는 첫 세대이다. 우리들의 본질적 외로움의 자각이 그렇게 많은 우리의 좌절과 우리 시대의 분노를 설명해 줄 것이다."[581]

579) Walter Isaacson, *Kissinger: A Biography,* New York: Simon & Schuster, 1992, p. 397.
580) *Ibid.*
581) *Ibid.,* pp. 397-398 에서 재인용.

그의 우울함은 감동적이었다. 그러나 그것은 완전히 정당화되지 않았다. 왜냐하면 1972년은 좋은 해가 될 것임을 약속했다. 어떤 미국 대통령도 방문한 적이 없는 다가오는 두 공산 국가들의 수도에서의 정상회담으로 키신저는 미국의 외교정책에서 전반적인 전환을 창조하는 것을 돕고 있었다. 뿐만 아니라 미국의 역사상 가장 오도된 전쟁에서 철수하고 있었다. 닉슨이 취임했을 때 베트남에 있었던 54만 명의 미군들 중에서 41만 명이 이미 귀국했고 또 다른 7만 명의 철수가 막 발표되었다. 잔여 군대의 누구도 전투부대가 되지 않은 것이다. 미국의 전장에서 사망자 수는 1968년 평균 주당 280명으로부터 주당 10명으로 떨어졌다. 이제 미국 사회가 전쟁뿐만 아니라 그 나라에서 가장 위협적인 반정부 봉기에서 살아남을 것으로 보였다. 그 과정에서 하노이는 국제적으로 고립되고 있었다. 베트남 전후 시대에도 미국은 세계에서 주요 역할을 수행할 것이며 창조적인 외교를 통해 자국의 이익을 보호할 잠재력을 갖게 될 것이었다.

1972년 2월 21일 저우언라이와 그의 첫 악수의 드라마를 드높이기 위해서 리처드 닉슨은 그가 베이징에 착륙할 때 대통령 전용기에서 혼자 내려올 것을 결정했다. 그의 부인 팻(Pat)여사 만이 사진속에 있을 것이고 그의 몇 발작 뒤에 있을 것이다. 적어도 비행 중 10여 차례에 걸쳐 키신저는 악수행사가 완료될 때까지 비행기에서 나오지 말라고 거듭 상기되었다.582) 방문 계획은 빈틈없이 텔레비전 방송에 맞춰졌다. 1971년 1월 닉슨이 도착하기 한 달 전에 백악관으로부터 물류

---

582) Walter Isaacson, *Kissinger: A Biography,* New York: Simon & Schuster, 1992, p. 399.

담당 선발팀이 중국에 들어왔다. 그것은 이제 겨우 문화혁명에서 살아남은 중국의 관리사회에 미국의 경이로운 홍보를 알게 하는 선발진이 되었다. 미국에겐 다행히 중국인들은 야만인들의 침공을 견디는 오랜 방식을 갖고 있다고 키신저는 지적했다. 사실상 중국인들은 텔레비전의 위력에 관해서 키신저보다 세련되었다. 최종적 코뮤니케에 대한 사소한 것들과 같은 문제들은 프라임 타임 텔레비전에서 미국 국민들에게 닉슨과 사회자인 월터 크롱카이트(Walter Cronkite) 같은 수퍼스타들로 텔레비전의 모든 마술적 영광 속에 자국이 제시하는 영향보다 덜 중요하다는 것을 그들은 알고 있었다. 그러므로 중국인들은 텔레비전 방영의 장관을 연출하는 것을 돕기로 동의했다. 즉, 악수의 장면, 만리장성에서의 닉슨의 모습, 인민대회당에서 개최된 연회에서 중국의 군악대가 "미국은 아름다워"를 연주하는 것 등 모든 비디오 이미지는 미국의 시청자들과 유권자들의 마음속에서 그동안 금지되고 또 불길한 땅이었던 중국을 즉각적으로 매혹적이라고 부르는 땅으로 변환시켰다. 이것은 가장 우아한 코뮤니케조차도 결코 달성할 수 없었던 위업이었다. 결국, 사전 팀원들은 그가 사전에 이해하거나 감지하지 않았던 방식으로 역사에 그들 자신들의 기여를 했다고 키신저는 후에 인정할 것이었다.[583]

마오(Mao)는 닉슨과 키신저를 베이징의 제국도시의 붉은 울타리 내에 있는 그의 적의를 없애는 수수한 집에서 영접했다. 그의 서재에는 서가가 줄지어 서 있었고 책들은 책상 위와 바닥에 쌓여 있었다. 그리하여 그것은 키신저에게 세계에서 가장 인구를 가진 국가의 아주

---

583) *Ibid.,* p. 400.

444 헨리 키신저 -외교의 경이로운 마법사인가 아니면 현란한 곡예사인가?-

강력한 지도자의 응접실보다는 학자의 은둔지처럼 보이게 했다. 마오의 옆에는 책들이 쌓여 있고 재스민 차의 컵을 내포하고 있는 테이블이 있었다. 그리고 그 앞에는 타구가 있었다. 그들을 맞이할 때 마오의 미소는 예리하면서도 살짝 비웃는다는 인상을 주었다. 키신저는 하버드에서 마오의 저작들을 읽게 했다고 지적하는 것으로 시작했다. 38년 전 장정을 시작했던 농부의 아들은 "나의 이 저작들은 아무 것도 아니다. 내가 쓴 것에는 가르치는 것이 아무 것도 없다고 대답했다.584) "주석님의 저작은 국가를 움직이고 세계를 바꾸었다"고 닉슨이 말했다. "나는 오직 베이징 주변의 몇 곳들만 바꿀 수 있었다"고 마오가 대답했다. 자신의 세계관에 대해 담론을 하기 보다 마오는 기만적 우연성으로 자기의 손님들을 자신의 결론으로 안내하는 놀리는 듯한 소크라테스식 대화를 통해 자신의 생각들을 전달했다. 그의 생략법의 코멘트는 플라톤의 동굴벽의 그림자들처럼 보였다. 왜냐하면 그것들은 현실을 반추했지만 그것을 포함하지는 않았기 때문이다. 방중 기간 내내 중국의 관리들은 한 시간 길이의 회의에서 마오의 어록을 복음에 가까운 구체적 지침인 것처럼 인용했다.585)

가장 중요한 실질적 문제는, 아니 거의 모두가 그렇게 생각했던 것은 타이완이었다. 기만적 방식으로 마오는 너무나 분명해서 다른 사람들이 무시했던 진실을 지적함으로써 해결의 길을 열었다. 그것은 타이완이 사실상 양국 사이에서 가장 중요한 실질적 문제가 아니라는 것이다. 그것은 비교적 작은 문제였다. 타이완 문제를 해결하는데 서

---

584) *Ibid.,* p. 401.
585) *Ibid.*

두를 필요가 없었다. 그 문제는 20년 동안 해결되지 않았다. 그리고 그 문제는 앞으로 20년 혹은 100년을 기다릴 수 있을 것이다.[586] 그러므로 타이완에 대한 큰 돌파구는 타이완에 관한 큰 돌파구가 필요하지 않다는 것이었다. 정상회담에서 미국은 그것의 병력철수에 대해 장기적 의도를 천명하는 것과 같은 어떤 양보를 했고, 중국은 상황이 무력으로 해결되지 않는 것을 보는데 미국이 관심을 주장하도록 허용하는 것과 같은 어떤 양보를 할 것이었다. 키신저는 코뮤니케의 문안 작성에 늦은 밤 과도한 양의 에너지를 소비했다.

정상회담의 상징성은 첫날밤 저우언라이가 주최한 국가연회에서 수립되었다. 인민대회당에서 역사적으로 알 수 없는 하나의 일이 발생했다. "누가 중국을 잃었는가?" 클럽의 정식 회원으로서 공산주의 탄압자인 리처드 닉슨이 조지 워싱턴의 탄신일에 미국에서 아침 생방송이 되고 있는 가운데 줏대 없이 마오타이(mao-tai) 술잔을 높이 들고 "날을 잡아라! 시간을 잡아라!"라는 마오 주석의 어록을 인용하면서 미국외교정책의 변화를 위한 정당화를 강조한 장면이었다. 그때 중국의 군악대는 "집으로 가는 길"(Home on the Range)이라는 곡을 연주하기 시작했다. 바로 이때 미국에선 과거 적에 대해 열중하여 중국의 매력이 태어났다.[587] 닉슨과 키신저와의 공식회담에서 저우언라이는 협상의 내부사항에 관해서가 아니라 철학적으로 말하는 것을 선호했다. 이것은 흥정보다는 지구적 전략을 논할 때 최선인 닉슨에게도 잘 어울렸다. 힘의 균형의 필요사항들에 대한 것에 대한 강조가 있

586) *Ibid.*, p. 402.
587) Walter Isaacson, *Kissinger: A Biography,* New York: Simon & Schuster, 1992, p. 402.

었으며 이데올로기는 무시되었다.

저우언라이는 타이완의 중요성을 축소함으로써 타이완 문제에 대한 마오의 접근법을 추종했다. 베이징과 워싱턴은 타이완에 대한 염려에 우선하여 추구해야할 보다 중대한 상호이익을 갖고 있었다. 이 상호이익 가운데 가장 중요한 것은 양국을 함께하게 한 것이었다. 그 것은 소련 영향력에 저항하는 것이었다. 그것이 닉슨과 키신저를 만나는데 있어서 마오의 주된 관심사였다. 그는 소련의 위협에 대해 두 가지의 완곡어법을 채용했다. 그것들은 국제적 맥락과 헤게모니라는 개념이었다. 저우언라이는 그 주의 회담에서 그 주제를 선정했고 양국을 마주하고 있는 주된 과업은 헤게모니 추구의 갈망에 공동으로 반대하는 것이었다.588)

소련에 반대하는 명시적 파트너십을 위한 중국의 열정은 미국에게 비록 행복한 것이긴 하지만 딜레마를 선물했다. 키신저의 목적은 옛 양극체제 게임에서 단지 새로운 동맹을 끌어들이기 보다는 3각 외교를 창조하는 것이었다. 그는 베이징뿐만 아니라 모스크바와 긴장완화를 원했다. 미국의 이익은 중국과 소련이 각자 상대방을 겨냥하는 파트너십에 미국을 끌어들이려고 모색하도록 하는 것이었다. 그리고 이런 상황이 1972년 초에 정확하게 발생한 것이었다. 그것은 3차원 게임이었지만 어떤 단순화도 재앙을 생성시킬 것이다. 미국에게 주된 관심은 베트남이었다. 만일 그가 두 공산주의 거인들을 서로 미국의 애정을 위한 경합에서 경쟁하게 할 수 있다면 두 국가들은 월맹을 지원하는데 덜 확고할 것이라고 생각했다. 이것이 키신저가 추구하는

---

588) *Ibid.*, p. 403.

정책이었고 1972년 초에 효과를 보았다. 사실상 월맹의 팜반동(Pham Van Dong)수상이 베이징을 방문하여 마오에게 닉슨을 영접하지 말라고 요청했지만 거부당했다.[589]

키신저는 국무성이 중국의 외무성과 베이징에서 가진 회담을 무역과 문화적 교류 같은 관료제의 강박관념을 다루는 바쁜 일로 치부했다. 그 사이에 그는 비밀리에 "상하이 코뮤니케"(the Shanghai Communique)로 알려진 것을 자유롭게 작성하였다. 당의 관리들은 코뮤니케에 대한 언쟁의 과업을 키신저가 간주하는 것만큼 흥분되는 것으로 간주하지 않는 것으로 보였다. 키신저의 상대방은 한갓 외무성 부상인 차오관화(Qiao Guanhua)였다. 닉슨도 그 코뮤니케에 대해 별로 관심을 보이지 않았다. 그는 그것을 저우언라이와 직접 논한적이 없었다. 중국의 수상은 키신저와의 회담에서 오직 한 번 언급했다. 사실상 저우언라이는 로저스와 그의 협상 팀과 더 많은 시간을 보냈다. 키신저가 협상한 코뮤니케는 저우언라이가 1년 전에 제시했던 형식을 따랐다. 그 문건의 일부는 공유하는 입장을 담았다. 반면에 다른 부분은 각 측의 다른 일방적 선언들을 내포했다. 소련에 관해서 양측은 공동으로 헤게모니를 비난했다. 그러나 베트남에 관해서는 일방적 선언들이 있었다. 중국은 혁명적 투쟁을 위한 견고한 지원을 표현했지만 모든 외국 군대가 자국의 영토로 철수되어야 한다고도 지적하였다. 그리고 이것은 라오스와 캄보디아에 있는 월맹군을 포함하는 것으로 추측되었다.[590]

타이완 문제는 비록 양측이 별도의 입장을 선언할 계획이었지만

---

589) *Ibid.*
590) Walter Isaacson, *Kissinger: A Biography,* New York: Simon & Schuster, 1992, p. 404.

마지막까지 걸리적거렸다. 중국은 미국의 성명에서 두 개의 양보를 원했다. 하나는 국가가 싸워야 하는 외교정책의 목적을 정할 때 사용되는 용어인 분쟁의 평화적 해결에 미국이 관심을 갖고 있다고 선언하는 것과 관련되었다. 베이징은 "관심"이 "희망"으로 격하되길 원했다. 키신저는 거절했다. 중국이 원하는 또 하나는 타이완으로부터 미군철수를 미국이 공약하는 것이었다. 키신저는 결국 완전한 미군의 철수가 궁극적 목표라고 선언하는 데 동의했다. 그 사이에 미국은 그 지역에서 긴장이 감소된 만큼 발전적으로 미군을 축소할 것이었다. 이것은 철수의 속도를 베트남 전쟁의 진화에 연계하는 깔끔한 부수효과를 갖게 되었다.591)

어떤 협상도 국무성을 배제하려는 키신저의 노력 없이는 완전하지 않았을 것이다. 이번에도 예외가 아니었다. 첫날 키신저는 미국관리들이 회담의 측면들에 관해서 비밀이라는 것을 설명하면서 저우언라이와 한 시간을 보냈다. 중국인들은 회의들을 계획하고 정보를 마치 그것들이 자기 일생동안 이상한 실천으로 처리했던 것처럼 부처별로 나누었다고 키신저는 회고했다. 키신저는 국무성의 전문가들을 코뮤니케를 작성하는 회의에서 모두 배제했다. 그는 국무성의 누구도 일어나고 있는 일에 접근하지 않도록 심지어 중국측의 통역에 의존하기까지 했다. 코뮤니케의 최종본은 닉슨과 저우언라이 그리고 중국의 정치국이 그것을 승인하고 또 대통령의 일행이 상하이로 가고 있을 때까지 국무성의 전문가들에게 보여주지 않았다.

놀랍지 않게도, 국무성은 그 문건에서, 실제이든 상상이든, 결함들

---

591) *Ibid.*

을 지적하기 시작했다. 그것은 협상에서 사람들을 배제한데 대해 지불해야 하는 대가였다. 그들은 이상주의적 목적들을 수립하는데 여념이 없거나 별 것 아닌 일에 트집을 잡았다고 키신저는 후에 회고했다. 닉슨은 국무성에 의한 사소한 간섭에 분개했다. 이것은 키신저가 불어넣은 감정이었다. 그날 밤 늦게 닉슨은 워싱턴에 있는 존 미첼(John Mitchell) 법무장관에게 전화를 걸어 로저스 국무장관을 해임하겠다는 다소 빗나간 지시를 내리기도 했다. 미첼은 이것은 무시할 일임을 알고 있었다.[592] 닉슨은 중국에 대한 문호개방을 생각해 냈고 마땅치 않아 하는 관료제에도 불구하고 그것을 밀어붙였다. 처음에는 조심스러웠던 키신저가 3각 외교의 틀을 발전시켜서 결실을 거두게 했다. 그 결과는 두 사람을 위한 박수갈채였다. 이것은 닉슨을 행복하게 만들지 않았다. 그는 자기가 적합한 평가를 받고 있지 않다는 두려움에 사로잡힌 것으로 보였다고 키신저는 말했다.[593]

베이징에서 닉슨의 성공적 정상회담과 모스크바에서 다가오는 5월 정상회담의 전망이 월맹의 연례 춘계 공세를 시작할 그들의 결의를 약화시키지 않았다. 비무장 지대를 넘어오는 공산주의자들의 침공은 3월 30일에 시작했다 그리고 1968년 구정공세(Tet offensive)처럼 미국의 선거에 맞춰졌다. 1972년 시도는 중대한 큰 일이 될 것이었다. 닉슨의 즉각적인 반응은 다시 한 번 통명스러운 형태의 직접연계 작전이었다. 그는 모스크바가, 그리고 보다 적은 정도로는 베이징이 월맹의 행동에 책임을 지길 원했다. 그러나 키신저는 동의하지 않았다.

---

592) *Ibid.*, p. 405.
593) *Ibid.*, p. 406.

중국인들은 노련하게 이런 방화선에서 벗어나 있었다. 그들의 월맹과 유대는 소련만큼 강력하지 않았다. 그리고 닉슨과 키신저는 여전히 새로운 우호에 매료되어 싸움을 걸고 싶지 않았다. 월맹 무기의 대부분을 공급했던 소련은 다른 문제였다. 닉슨을 대신하여 키신저가 4월 3일 백악관에서 도브리닌 소련대사를 만나서 만일 하노이의 공세가 지속된다면 정상회담을 취소하겠다고 위협했다. 그 주 말에 도브리닌은 다시 한 번 소환되어 비슷하게 엄격한 경고를 받았다. 도브리닌은 월맹에 대한 키신저의 호통을 계속 무시했지만 소련은 닉슨에게 100명의 기자들을 모스크바에 데리고 오는 것을 허용할 것이라는 말을 전달했다.[594] 도브리닌은 행정부의 우선순위가 어디에 있다는 것을 잘 알고 있었다.

키신저는 4월 24일 재개하기로 잠정적으로 계획된 파리에서 레둑 토와의 비밀협상에 관해서 그 혼란의 또 하나의 위협을 추가했다. 키신저는 도브리닌 대사에게 그것은 구체적 결과를 가져와야 한다. 만일 그렇지 않으면 계산할 수 없는 결과가 초래될 것이라고 말했다. 도브리닌은 그에게 소련인들이 4월 24일 회의가 잘 될 것으로 희망하고 있다고 안심시켰다. 정상회담을 취소하겠다는 키신저의 모든 위협들을 무시하고 도브리닌은 5월 정상회담을 위한 계획을 최종 마무리하기 위해 키신저를 모스크바에 초청했다. 그 아이디어가 2월에 새어나왔을 때 키신저는 그런 방문을 모스크바에 의한 전쟁을 끝낼 어떤 조치에 조건부로 만들었다. 그 이후에 공산주의자들은 주요 공세를

---

594) Walter Isaacson, *Kissinger: A Biography,* New York: Simon & Schuster, 1992, p. 408.

단행했고 소련인들은 그들을 중지시키기 위해 아무 일도 하지 않았다. 그럼에도 불구하고 키신저는 그 초청을 수락하기로 결정했다.595)

키신저가 그의 비밀 방문을 승인하도록 마지못해 하는 닉슨을 설득한 직후에 월맹은 그들이 4월 24일 레둑토와의 회담을 취소한다고 선언했다. 이것은 소련인들이 그들의 동맹국에게 회의가 성공적이 되게 하라고 설득하지 않았다는 것을 의미했다. 키신저는 그날 소련에게 강력한 메시지라고 부르는 것을 보내서 만일 소련이 단 한번의 회의조차 가져올 수 없다면 그의 모스크바 방문 동안에 베트남에 관하여 어떤 진전을 이룰 수 있다는 것을 의문시 할 수밖에 없다고 말했다. 닉슨은 그들이 어떤 종류의 게임을 벌이고 있는지를 그들이 발견할 때까지 그가 모스크바로 비밀 방문 하는 것을 생각하지 않는다고 키신저에게 말했다. 도브리닌은 여전히 키신저가 정상회담 이전 비밀회담을 위해 모스크바로 가기를 열망했다. 그가 가도록 닉슨을 확신시켜 허락하도록 하기 위한 하나의 유인책으로 키신저는 어쩌면 그가 모스크바에 있는 동안에 소련인들이 월맹인들을 설득하여 그들의 외무장관을 협상을 위해 그곳으로 보낼지도 모른다는 가능성을 내놓았다. 닉슨은 많이 누그러졌다. 그래서 키신저의 모스크바 비밀 방문을 허락했다.596)

4월 29일 수요일 저녁에 조지타운 파티에 들린 후에 자정쯤 키신저는 앤드류스 공군기지를 향하고 있었다. 동시에 백악관의 배려와 키신저의 동의로 도브리닌 소련 대사도 같은 비행기에 올랐다. 키신

---

595) *Ibid.*
596) *Ibid.,* 410.

저가 떠나기 전에 닉슨은 그에게 만일 소련의 당서기장인 레오니트 브레즈네프(Leonid Brezhnev)가 베트남에 관해 실질적인 어떤 것을 제안하지 않는다면 곧바로 짐을 챙겨 귀국하라고 말했다. 닉슨은 키신저가 정상회담을 위한 열성에서 이 명령을 불복하지 않을까 하고 염려했다. 그래서 그는 키신저의 비행기가 모스크바를 향해 비행하고 있을 때 키신저에게 전문을 보내서 베트남 문제를 즉시 제기하고 또 브레즈네프가 모종의 이해를 승인할 때까지 어떤 다른 것으로도 넘어가서는 안 된다고 고집했다.[597]

모스크바에서 키신저의 4일간의 회의는 금요일 오전에 시작했다. 그리고 그것은 다가오는 월요일 오후까지 계속될 계획이었다. 그와 그의 비서들은 모스크바 강을 내려다 보는 벽을 친 별장들의 단지에 있는 레닌 힐스(Lenin Hills) 영빈관에 숙소를 받았다. 미국에 관한 크렘린의 최고 학자인 게오르기 아르바토프(Georgi Arbatov)는 브레즈네프가 불안해했다고 회고했다. 그는 외교정책에 관해 별다른 느낌이 없었다. 키신저가 도착하기 1주일 전에 브레즈네프는 크렘린 바로 밖에 있는 중앙위원회 건물의 5층 사무실로 아르바토프를 초대하였다. 2시간 동안 그들은 키신저에 관해서 얘기했다. "그는 사람들에게 매력을 풍기고 어떤 주장이 효과적일지를 직감적으로 느끼는 굉장한 능력의 소유자"라고 아르바토프는 브레즈네프에게 말했다. 아르바토프의 가장 중요한 충고는 키신저의 마음속으로 가는 길은 그의 에고(ego)를 통해라는 것이었다. "그는 거대한 에고의 소유자이다. 그것을

---

597) Henry A. Kissinger, *White House Years,* Boston: Little, Brown, 1979, pp. 1136-1137.

이용하라. 그를 달래고 그를 특별한 사람으로 취급하라. 그를 마치 단지 대통령의 비서가 아니라 동등하게 다루어라." 4일간 브레즈네프는 저우언라이가 할 수 있었던 방식으로 키신저를 현혹하고 매혹시킬 수는 결코 없었지만 아르바토프가 권고한 바로 그대로 했다. 대신에 그는 키신저에게 다소 우둔하고 어두운 인상을 주었다.598)

닉슨의 명령에 따라 키신저는 베트남을 먼저 제기했다. 하노이의 공세 때문에 미국은 5월 정상회담을 취소할 수도 있다고 그는 경고했다. 그것은 소련을 무시하기로 작정하고 배운 위협이었다. 브레즈네프는 모스크바에서 키신저를 만날 사절의 파견을 거절하는 하노이로부터 온 메시지를 읽는 것으로 반응했다. 그는 자기의 진정성을 과시하려는 듯 러시아어로 된 전문을 키신저에게 자랑스럽게 보여주었다. 브레즈네프는 모든 군대가 현 위치에서 머물도록 허용하는 휴전의 소련 판을 제안했다. 그것은 일찍이 미국이 제안했던 것과 비슷했지만 키신저는 그것을 거부했다. 왜냐하면 그것은 봄 공세 동안에 비무장지대로 쏟아진 모든 새로운 월맹의 사단들을 월남에 남겨둘 것이기 때문이었다.

그리고 닉슨의 명령에 도전하여 키신저는 비록 베트남에 관해 아무 것도 해결되지 않았음에도 불구하고 토요일 회의 동안에 군비통제 문제로 넘어갔다. 요격용 미사일 방어체제(AMB)의 문제에서 브레즈네프는 모순되는 미국 측의 제안들에 의해 야기된 곤경의 종식을 각 측에 두 장소를, 즉 하나는 수도를 방어하고 또 하나는 공세적 미사일 설치를 보호할 곳을 간단히 허용함으로써 해결하자고 제안했다. 잠수

---

598) *Ibid.*, pp. 1138-1140.

함 문제에 관해서 그는 비록 그것이 다소 높은 숫자이고 새 미사일을 위해 보다 낡은 미사일들을 교체하는 완전한 대안과 관련되지만 그것들의 전개의 상한선을 받아들이라고 제안했다. 게다가 소련인들은 만 5년 동안 운용될 공세적 무기에 대한 제한의 모든 패키지를 허용한다는 데 동의했다. 그것은 미국이 원했던 것이었다.[599] 모두 합쳐서 이것은 다소 중대한 양보였다. 다음 이틀 동안 키신저는 주로 그로미코(Gromyko)와 함께 그것들을 더 탐색했다.[600]

4월 21일 금요일, 알렉산더 헤이그와 로버트 홀더만이 헬리콥터로 닉슨이 주말을 보내고 있는 캠프 데이비드로 날아와 키신저의 외교적 불복종에 대한 거친 알현을 했다. 헤이그를 통해 닉슨은 키신저에게 그가 계획대로 월요일이 아니라 토요일 저녁까지 귀국해야 한다는 말을 보냈다. 키신저는 개인적으로 헤이그를 통해 닉슨을 자제시켜 달라고 도움을 요청하면서 브레즈네프가 거의 어떤 대가를 지불할지라도 정상회담을 원하고 있다고 말했다. 그는 어떤 경우에도 그것을 취소할 수 없다고 자기에게 사실상 말했다는 것이다. 비록 키신저가 닉슨으로부터 월요일까지 머물 승인을 받았지만 그것은 만일 베트남 문제에 진전이 있을 경우에만 그렇게 하라는 닉슨의 훈계를 동반했다. 그 사이에 대통령은 하노이와 하이퐁 주변에 즉각적인 폭격세례를 고려하고 있었다고 헤이그는 말했다. 키신저는 헤이그에게 격렬한 전문을 보내서 그가 월맹으로 하여금 5월 2일 파리에서 비밀회담을 계획하게 할 수 있을 지를 결정할 때까지 폭격의 확대가 있어서는 안 된

599) Walter Isaacson, *Kissinger: A Biography,* New York: Simon & Schuster, 1992, p. 412.
600) *Ibid.*

다고 촉구했다. 키신저는 브레즈네프를 설득하여 미국의 제안을 가진 사절을 하노이에 파견했다. 만일 그것이 공개적으로 발표될 수 있었다면 그것은 중요한 외교적 성공이 되었을 것이다. 소련이 이제 전쟁의 타결 노력을 위해 미국을 돕고 있다는 모스크바에 의한 선언은 하노이를 고립시키고 불안하게 했을 것이다. 게다가 그것은 미국에서 국내적 지원을 모았을 것이다.[601]

그것이 닉슨의 지시들이 명시적이었던 이유였다. 그러나 키신저가 모스크바를 떠났을 때 그의 여행을 발표하는 성명서의 텍스트는 베트남이 논의되었다고 분명히 밝혔다. 닉슨의 마음속에 그것이 키신저의 방문을 허용한 유일한 이유였기 때문에 그가 이 명령이 수행되었을 것으로 기대하는 것은 부당한 것이 아니었다. 그러나 키신저는 모스크바의 초청을 받으면서 이 점을 소련인들에게 분명히 하지 않았다. 종국에는 그로미코 소련 외상이 키신저가 만남을 요청했으며 그 목적은 정상회담을 준비하는 것이었다고 시사하는 텍스트 초안을 제안했다. 키신저가 할 수 있는 일이란 발표문의 몇 개의 단어들을 바꾸어 누가 그 회의를 시작했는지의 문제를 언급하지 않고 논의는 쌍무적 관계뿐만 아니라 5월에 있을 닉슨 대통령과 소련 지도자들 간의 회담에서 다룰 중요한 국제적 문제들을 위한 예비모임이었다고 선언했다. 키신저는 중요한 국제적 문제들이 베트남에 대한 분명한 지칭이라고 주장했다. 그러나 중동과 베를린이 논의된 국제적 문제들 사이에 있었기 때문에 이런 지나치게 막연한 문구는 사실상 닉슨이 원하는 바를 분명히 하지 않았다.[602]

---

601) *Ibid.*, p. 413.

닉슨은 분노했다. 그는 키신저에게 전문으로 그가 소련인들에 의해 장악되었다고 말했다. 캠프 데이비드에서 받아쓴 메모에서 닉슨은 잔인했다. 정상회담을 논의하라고 키신저를 모스크바에 보낸 주된 목적은 이제 이루어진 반면에 베트남에 대해 어떤 진전을 얻으려던 미국의 목적은 이루어지지 않았다고 닉슨은 꾸짖었다. 키신저는 일찍이 SALT에 관한 진전에 관해서 닉슨에게 전문을 보냈으며 대통령에게 "당신은 지금까지 맺어진 가장 중요한 군비통제 합의에 서명할 수 있을 것"이라고 예측했다. 닉슨은 키신저가 그들의 우선순위를 먼저 아는 것이 매우 중요하다는 것을 알기 바란다고 말했다. 그는 키신저가 베트남이 앞과 중심이어야 한다고 강조하길 원했다. 그것은 군비통제같이 소련이 원하는 것에 대한 진전이 미국이 원하는 것에 대한 진전과 연계하는 것이 중대하다고 닉슨은 믿었다.[603]

그러나 키신저와 닉슨 대통령 사이에 이런 모든 일들이 그의 방문의 발표에 수반된 키신저에 대한 대중적 환호의 새로운 흐름을 축소하지는 않았다. <뉴욕 타임즈>에서 제임스 레스턴(James Reston)의 칼럼은 통상적 반응을 확인시켜 줬다: "그가 이 미묘하고 위험한 역할을 수행한 것은 하나의 기적이다." <라이프>지의 휴 시디(Hugh Sidey)는 키신저의 성공에 기여한 다양한 속성들의 리스트를 작성했다: "그 밖의 어느 누구도 신체적 인내력과 학문적 깊이, 평정, 그리고 권력의 지위에 있는 아주 다양한 인간형들과 잘 어울리는 비결 등을 모두 갖지는 못했다. 우리는 그를 찬양하지 않을 수 없다."고 그는

---

602) *Ibid.*, p. 414.
603) *Ibid.*

썼다.[604] 그에 대한 이러한 칭송들은 키신저가 "외교의 마법사"라는 말의 다른 구체적 표현이라고 해도 과언이 아닐 것이다.

행정부의 베트남 정책은 아수라장이었다. 하노이의 공세는 남쪽으로 내려오면서 오합지졸의 방어꾼들뿐만 아니라 민간인들도 살육했다. 베트남화는 환상으로 보였다. 만일 소련이 베트남 문제에 도움을 주지 않는다면 정상회담의 취소에 관한 분노와 칭송은 허장성세임이 드러났다. 그 대신에 거울 현상이 되고 있었다. 즉, 미국 측이 정상회담에 더 열성적이고 모스크바는 워싱턴에게 하노이의 침공을 앞두고 자제하는 것이 5월 정상회담의 전망을 향상시킬 것이라고 경고하는 노트를 보내는 무모함을 가지고 있었다. 4월 달 내내 닉슨은 1968년 린든 존슨의 폭격 중지 이래 처음으로 B-52 폭격기들의 사용을 포함하여 월맹에 일련의 비효율적인 폭격으로 대응했다. 그러나 4월 26일 닉슨은 월맹이 4월 24일 파리 비밀협상을 취소했고 또 바로 그날 중앙 고지대에서 공세가 단행되었음에도 불구하고 2개월에 걸쳐 또 다른 2만 명의 미군 철수를 승인했다. 5월 1일 쾅트리(Quangtri) 도시가 월맹군에 떨어졌다. 키신저는 그날 밤 늦게 레둑토와 그의 재계획된 비밀회담을 위해서 파리로 떠날 계획이었다. 어떠한 경우라도 만일 미국이 베트남에 대해 여전히 고난에 처해 있다면 정상회담에 가지 않을 것이라고 닉슨은 말했다. 유일한 예외는 미국이 러시아인들부터 정상회담에서 전쟁을 끝내기 위해 함께 영향력을 행사하겠다는 공동 합의를 발표한다는 확고한 공약을 받을 경우일 것이다. 그러나 그런 일은 발생하지 않았다. 월맹에 대해 닉슨은 키신저에게 "타결이냐 아

604) *Ibid.* 에서 재인용(원래는, *New York Times*, April 26, 1972; *Life*, May 5, 1972.).

니면 다른 것이냐 라는 오직 한 가지의 메시지만을 그들에게 주어야 한다"고 충고했다.[605]

레둑토와의 만남은 잔혹했다고 키신저는 후에 썼다. 키신저는 하노이가 타협을 논의할 마음이 없고 그들의 군대가 월남을 휩쓸고 있는 동안에 휴전할 의향이 없다면 놀라지 않았을 것이다. 고함지르는 교환만 몇 차례 보낸 뒤에 키신저는 회담을 결렬시켰다. 키신저가 화요일 저녁에 귀국했을 때 앤드류스 공군기지에서 그들을 세쿼이아(Sequoia)호로 데려 갈 헬리콥터를 가지고 그를 맞았다. 그것은 헤이그가 키신저의 충성스러운 부관이라기 보다는 배에서 열리는 회의에 완전한 참석자로서 초대받았다는 헤이그의 새 신분을 확인해 주었다. 헤이그는 이제 별을 두 개 단 소장이 되어 있었다. 닉슨은 정상회담을 취소하는 것이 필요하다고 마지못해 말했다. 정상회담을 상실한다는 전망은 키신저를 공포스럽게 하였다. 비록 월맹에 대한 그의 분노가 강력한 군사적 타격이 필요하다는 그의 신념을 높이긴 했지만 그는 협상의 몰락과 더 나아가 국내적 혼란을 생각하지 않았다. 무엇보다도 그는 그가 자기의 평화구조라고 부른 것의 기반을 자리잡게 하고 싶었다. 소련과의 정상회담이 그가 지난 3년 동안 작업한 새로운 외교정책 균형을 완성할 것이다. 그가 빈손으로 파리에서 돌아온 날 밤 키신저는 링컨 거실에서 닉슨을 만나 군사적 대안들을 검토했다. 물론 닉슨이 베트남에서 취하기로 결정한 새로운 군사적 조치들에 대한 반응으로 소련인들이 정상회담을 취소할지의 의문은 여전히 남아 있었다.[606]

---

605) Richard Nixon, *RN: The Memoirs of Richard Nixon,* New York: Crossett & Dunlap, 1978, pp. 594-595.
606) Walter Isaacson, *Kissinger: A Biography,* New York: Simon & Schuster, 1992,

5월 4일 목요일 오후에 대통령은 월맹의 가라앉지 않는 공세에 대한 반응으로 취할 군사적 조치에 대한 결정을 하기 위해 행정동 건물 (the Executive Office Building)에 있는 자기의 은신처로 갔다. 그의 곁에는 키신저, 홀더만, 그리고 헤이그가 있었다. 키신저는 합동참모회의 의장인 무어러(Moorer) 제독에게 레어드 국방장관 모르게 비상계획을 준비하라고 명령했다. 무어러 제독의 제안과 1969년에 논의되었던 "덕 훅"(Duck Hook)의 먼지를 턴 버전에 기초하여 키신저는 하이퐁과 다른 월맹의 주요 항구들에 대한 기뢰 부설과 특히 하노이 주변에 대한 B-52기 폭격을 추천했다. 국방성과 CIA는 항구들이 별로 군사적 중요성을 갖지 않을 것이라는 결론을 내렸다. 이미 진행 중인 공산주의자들의 공세가 영향을 받지 않을 것이라는 데 키신저는 동의하지 않았다. 하노이 오일의 대부분은 바다로 왔으며 철로로는 이송이 어려웠다. 설사 기뢰 부설이 현재의 공세를 무디게 하는 데에는 별로 하는 일이 없겠지만 그것이 그 후에 무한정 싸울 수 있을 것이라는 공산주의자들의 확인을 약화시켰다.[607] 월요일 아침에 닉슨은 그가 이미 결정한 것을 공식화하기 위해서 NSC 회의를 개최했다. 오후에 키신저가 기뢰 부설과 폭격 확대를 명령하는 서명을 닉슨이 하도록 문건들을 가지고 닉슨의 은신처로 갔다. 키신저는 기뢰 부설과 폭격의 결정을 옹호했다.[608]

　　닉슨 대통령은 텔레비전으로 방영된 연설에서 확전을 발표했다.

---

608) *Ibid.,* p. 421.

그리고 평론가들과 정치인들의 즉각적인 분석은 하이퐁 항구에 부설된 기뢰들이 정상회담을 침몰시킬 것이라고 했다. 키신저도 비관적이었다. 그래서 그는 친구들에게 그가 대통령의 노선의 지혜를 의심한다는 인상을 주었다. 도브리닌 대사도 역시 우울했다. 모스크바에서는 결정이 지연되었다. 소련 판 전승일(V-E Day)인 5월 9일에 모든 사람들이 소련과 미국 협력의 위대한 승리를 기념하고 있었기 때문이었다. 미국의 조치에 어떻게 대응할 것인가의 문제는 다음날 오전 9시에 중앙위원회 본부에서 취해질 것이고 아르바토프도 참석을 통보받았다. 브레즈네프가 약속된 시간에 회의장에 들어설 때 놀랍게도 편안해 보였다. 십여 명이 참가했는데 나중에 소련의 지도자가 될 안드로포프(Andropov)가 개회를 했다. 안드로포프가 아르바토프를 부르자 이 미국문제 전문 학자는 정상회담을 취소하지 말라고 권고하고 그것은 베트남을 돕지 않을 것이고 그리고 소련의 주된 관심은 독일이며 미국과의 관계라고 주장했다. 그날 늦게 정치국원 대부분의 지지를 받아 브레즈네프는 정상회담을 취소하지 않기로 잠정적으로 결정했다. 그러나 브레즈네프는 보다 더 완전한 지지 없이 행동하기에는 자신의 리더십이 충분히 안전하다고 느끼지 않았다. 그리하여 그는 정상회담이 열리기 3일 전에 그 결정을 비준하기 위해서 전체중앙위원회 회의를 5월 19일에 소집하기로 결정했다. 그는 자기가 모든 책망을 듣고 싶지 않다고 아르바토프에게 말했다.[609]

키신저는 소련이 미국과의 관계를 보존할 필요성을 느끼게 하는데 있어서 중국이 결정적 역할을 했다고 생각했지만, 베를린이 실제로

---

609) *Ibid.*, p. 422.

훨씬 더 큰, 거의 결정적 역할을 했다고 후에 인터뷰에서 아르바토프는 말했다.[610] 동독 상황을 타결하는 것이 소련인들에겐 가장 중요하고 소련인들은 그것을 위험에 처하게 하고 싶지 않았다는 것이다. 중앙위원회 회의 동안에 조약에 대한 서독 의회의 투표가 있었다. 브레즈네프는 서독에서 들어오는 결과를 들을 수 있도록 정회를 선포했다. 아르바토프는 그것이 한 표 차이로 통과되었다고 회고했다. 본에서 사태가 다른 방향으로 갔었다면 브레즈네프와 중앙위원회는 정상회담의 취소를 결정했을 것이다. 그는 확신했지만 그들은 키신저로부터 일이 잘 될 것이라는 보장을 받고 싶었다.[611]

키신저는 5월 10일 도브리닌이 방문했을 때 소련인들이 정상회담을 진행시키려 한다는 첫 시사점을 받았다. 그가 가져온 항의 노트는 부드러웠고 또 그는 정치국이 무엇을 결정했는지 봉해진 봉투로 추측 게임을 유인하려고 시도했다. 그리고 나서 대통령이 통상장관 피터 피터슨(Peter Peterson)의 손님으로 미국을 방문하고 있는 무역상 니콜라이 파토리체프(Nikolai Patolichev)를 영접하기로 결정했는지를 물었다. 키신저는 닉슨의 스케줄에 맞추는 것이 어떻게 가능할지를 허용했다. 언론과 사진기자들도 보통 참가할 것이라고 그는 부언했다. 소련인들이 꺼리는가 하고 묻자 도브리닌이 그들은 그러지 않을 것이라고 대답했다. 파토리체프가 대통령 집무실에 도착했을 때 그와 대통령은 서로 다른 언어로 "우정"이라는 단어를 어떻게 말하는지를 논의했다. NBC 특파원이 정상회담이 여전히 열릴 것인가에 대해 소리쳐

---

610) *Ibid.*, pp. 422-423.
611) Raymond Garthoff, *Détente and Confrontation*, Washington: B100. Brookings 1985, p. 100.

묻자 파토리체프는 "그것에 대해 아무런 의심이 없다. 당신이 왜 그런 질문을 하는지 모르겠다. 당신은 의심합니까?"라고 대꾸했다."[612]

월남의 티에우 대통령은 미국의 기뢰 설치와 폭격계획에 대해 전혀 상의하지 않았지만 그 뉴스에 상기되었다. 1970년 5월 캄보디아 침공과는 달리 1972년 5월 확대는 대중적 대소동을 야기하지 않았다. 베트남화가 국내적 이단을 진정시키는데 도움이 되었다. 게다가 정상회담을 진행하려는 소련의 결정은 항의하는 소수의 목소리도 잘라냈다. 베트남화는 다른 측면에서도 맹렬했음이 입증되었다. 즉 월맹의 진격이 곧 느려지기 시작했다. 정상회담을 개최하기로 한 결정은 연계작전의 원칙을 손상시켰다. 그러나 키신저는 그 결과를 자기의 보다 미묘한 형태의 연계를 위한 승리로 간주했다. 즉, 중국과 소련은 비록 그것이 월맹에 그들의 등을 돌리는 것을 의미함에도 불구하고 각자의 이익을 미국과 더 좋은 관계를 모색하는 망(web)으로 유인되었다는 것이다. 베트남 항구들에 대한 미국에 의한 기뢰 부설은 모스크바와 군사적 결판을 촉발할 수 있는 다른 환경에서는 중대하고 도발적인 조치였다. 키신저는 생기에 가득 찼다. 긴장완화의 첫 중대 시험이 베트남에서 미국의 군사적 타격을 소련이 묵시적으로 수용하는 결과를 가져온 것이다.[613]

1972년 5월 26일 금요일 자정 직전, 미국의 닉슨 대통령과 소련의 지도자들이 족쇄 풀린 군비경쟁 시대의 종식을 고하고 발작적인 군비통제 협상들에 의해서 정의되는 시대로 안내하는 합의문서에 서명하

---

612) Walter Isaacson, *Kissinger: A Biography,* New York: Simon & Schuster, 1992, p. 423.
613) *Ibid.* p. 424.

제11장 국제 3각(Tripolar)체제의 건축: 외교의 마법사 II   **463**

기 위해서 크렘린 대궁전에서 성 블라디미르(St. Vladimir) 녹색과 황금색 홀에 모였다. 대통령은 자기 주머니에서 은빛 파커 만년필을 꺼내 전략적 군비제한협정들 중 가장 중요한 것에 그것을 사용하고 조용히 자기 주머니에 슬그머니 도로 집어넣었다. 후에 그는 사적으로 그것을 헨리 키신저에게 주었다. 샴페인이 도착하자 대통령은 자기의 초청자들에게 건배를 제의했다. 그리고 홀을 지나 그는 키신저의 눈과 마주쳤다. 말없이 그는 자기의 잔을 들어 감사를 표했다. 활짝 미소를 지으며 키신저도 그 제스처에 답례했다. 군비통제 조약들뿐만 아니라 5월 22일에 시작한 1주일 간의 모스크바 정상회담은 적어도 개선된 무역관계와 곡물 판매를 위한 계획을 포함하여 다른 6개의 협정을 체결하였다. 정상회담 내내 닉슨, 키신저, 그리고 고위 비서들은 크렘린에 있는 짜르의 숙소(the Czar's Apartments)에서 묵었다. 그것은 붉은 광장을 내다보는 이탈리아식 요새였다. 로저스와 국무성 직원들은 5분 정도 떨어진 로시아 호텔(Rossiya Hotel)에서 고립되었다.

첫날 오후에 브레즈네프는 닉슨을 개시 회담에 초대했다. 그러나 그가 마오를 만났을 때와 달리 닉슨은 키신저 없이 혼자서 진행했다. 그때 "키신저는 제정신이 아니었다"고 게오르기 아르바토프가 회고했다. 그는 서성이다가 들어가는 것이 허용되자 도브리닌에게 불평을 했다. 이것은 정상회담 중 가장 중요한 회담이 될 것이라며 그 안에서 닉슨이 무엇을 말하고 있는지 알 수 없다고 키신저는 중얼거렸다. 닉슨은 오직 소련의 통역관만을 이용하고 있었다. 따라서 키신저가 검토할 미국측의 노트는 없었다. 모두가 별장의 회의실에서 타원형 테이블에 자리를 잡았을 때 닉슨이 베트남에 초점을 맞출 때까지 다양한 문제들에 관한 종잡을 수 없는 검토가 계속되었다. 갑자기 세 명의 소련 지도자들이 각각 차례로 통렬한 비난을 퍼부었다. 그들은 브레즈네프 서기장, 알렉세이 코시긴(Aleksei Kosugin) 수상, 니콜라이 포드고르니(Nikolai Podgorny) 의장이었다. 열기에도 불구하고 전체적 장면은 마치 소련인들이 국내에서 강경론자들에게 그리고 하노이에 있는 형제적 동맹들에게 보여줄 수 있는 공식적 기록을 만들려는 것처럼 거의 연극적이었다. 하일랜드(Hyland)의 협상 상대방은 그에게 모든 것은 주의 깊게 계획되었다고 말했다.[614] 쇼가 끝나자 브레즈네프는 융숭하고 즐거운 식사를 위해 2층에 있는 식당으로 모두를 초대했다.

다음날 키신저는 그로미코 외상과 베트남에 관해서 보다 실질적인 논의를 가졌다. 여기서 키신저는 미국의 입장에서 수정의 가능성을 내비쳤다. 워싱턴은 과거에 새 월남 선거를 수행하기 위해서 "선거위원회"가 설립될 수 있다고 제안했다. 이제 키신저는 이 위원회가 사이공 정권, 공산주의자들, 그리고 중립주의자들의 대표자들로 구성되는 3자 위원회가 될 수 있다는 민감한 양보를 했다. 이것은 선거위원회를 하노이가 수립하기를 원하는 3자 연립정부 같이 보이게 만들었다. 그 양보는 작은 것이지만 중대했다. 왜냐하면 그것이 선거위원회와 임시 연립정부 사이에 구별을 꾸밀 종국적 해결을 위한 길을 닦았기 때문이다.[615]

---

614) Walter Isaacson, *Kissinger: A Biography,* New York: Simon & Schuster, 1992, p. 426.
615) Henry A. Kissinger, *White House Years,* Boston: Little, Brown, 1979, pp. 1222-1229; Seymore Hersh, *The Price of Power: Kissinger in the Nixon White*

정상회담에서 키신저의 초점 가운데 하나는 긴장완화로 나아가는 지도로 계획된 미-소 관계의 1천 단어로 구성된 기본원칙들(the Basic Principles)의 선언이었다. 그 속에서 양국은 상대방을 대가로 일방적 이득을 얻으려는 노력을 지양하기로 동의했으며 또한 그들은 지역적 긴장을 이용하거나 혹은 세계의 다양한 지역에서 영향권을 주장하지 않기로 서약했다. 소련의 관리들은 기본 원칙들 서류에 높은 우선권을 두고 모스크바의 언론에서 SALT 협정보다도 더 그것을 강조했다. 키신저도 그것을 핵심적 성취로 간주했다. 그런 미국의 관리들, 특히 대통령과 국무성은 그것을 공동의 기사거리로 무시하는 성향이었다. 거기에는 좋은 이유가 있었다. 그 서류는 후에 수년간 소련의 모험주의가 발생할 때마다 그것이 언급될 것이기 때문에 환멸로 가고 마는 모호하고 작동할 수 없는 행동법규(the code of conduct)를 수립하려고 추구했다. 그것은 소련인들이 앙골라에서 긴장을 이용하는 것을 억제하지 못했으며 중동에서 미국이 일방적 이득을 추구하는 걸 막지도 못했다. 실제로 긴장을 이용하거나 일방적 이득을 얻는 것을 지양한다는 바로 그 개념이 긴장완화의 비현실적 과잉 판매의 일부였다. 후에 스탠리 호프만(Stanley Hoffmann)이 후에 지적했듯이, "심지어 평생 술을 마신 사람도 때로는 마차에 그냥 남아 있으려고 하는데, 강대국들은 국제관계 놀이를 포기하는 일이 거의 없다."616)

연계전략의 핵심적 요소들 가운데 한 가지는 보다 좋은 경제적 관

House, New York: Summit, 1983, p. 527.

616) Stanley Hoffmann, *Primacy or World Order,* New York: McGraw-Hill, 1978, p. 64; Henry A. Kissinger, *White House Years,* Boston: Little, Brown, 1979, pp. 1205-1213.

계의 유혹이었다. 정상회담에서 아무런 구체적인 것도 타결되지 않았지만, 최혜국 무역 지위를 논의하기 위해 피터 피터슨 통상장관에 의한 7월 방문이 마련되었다. 다음 수개월에 걸쳐 피터 피터슨은 소련에게 최혜국 무역 지위를 인정하고 제2차 세계대전에서 연유된 무기 대여에 의한 채무(the Lend-Lease debts)를 타결하였다.617) 등장하는 경제적 조정들 가운데 하나는 곡물대강탈(the Great Grain Robbery)이라고 알려진 1972년의 악명 높은 곡물 거래였다. 열광적인 농업장관 얼 버츠(Earl Butz)에 의해서 주로 다루어진 그것은 소련인들이 외상과 보조금을 받는 가격에 구매할 권리에 대한 보답으로 잉여 미국 곡물의 주요 구매를 하도록 조정되었다. 처음에 그것은 대통령을 위한 정치적 성공으로 보였다. 그러나 키신저가 관련된 것으로 생각한 1억 5천만 달러 가치의 곡물 대신에 소련인들은 조용히 시장으로 가서 서로 다른 미국 회사들과 거래를 성사시켰다. 곧 그들은 보조 받는 가격에 비해 엄청난 10억 달러 가치의 곡물을 구매한 것으로 밝혀졌다. 그 결과 선거의 해에 그것은 미국인들에게 빵 값의 인상을 초래했다. 키신저는 미국이 농락당했다는 것을 깨닫는 것이 고통스러운 일이었다라고 말했다. 그는 재앙적 수확이 그들을 그런 절망적 상황으로 밀어 넣었다는 것을 알지 못했다고 주장했다. 곡물 도적의 차원들이 있은 후에 피터슨 통상 장관은 이런 상황에서 소련인들이 달콤한 거래를 끌어냈지만 적어도 그들은 미국에게 상당한 선박수송 비용을 지불할 수 있을 것이라고 주장했다.618)

---

617) Walter Isaacson, *Kissinger: A Biography,* New York: Simon & Schuster, 1992, p. 428.
618) Raymond Garthoff, *Détente and Confrontation,* Washington: B100. Brookings

1972년 5월 정상회담의 중심으로 봉사한 것은 전략무기제한회담 (SALT I)이었다. 거기에는 두 개의 주된 구성요소가 있었다. 하나는 요격용 미사일 방어체제(ABM)를 제한하는 조약이고, 그리고 또 하나는 향후 5년 동안 공격용 미사일 건설을 동결하는 임시 합의안이었다. 4월에 모스크바의 비밀 방문에서 키신저는 ABM 혼란을 상당히 해소했었다. 그는 각 측이 2개의 ABM 장소를, 즉, 한 곳은 국가의 수도를 보호하고 또 하나는 미사일 시설을 보호하는 것을 허용하기로 동의했다. 이것은 미국에게 불리한 것이었다. 왜냐하면 미국은 아무런 계획이 없었고 또 워싱턴 주변에 결코 방어를 구축하지 않을 것이기 때문이었다. 그러나 전반적인 계획에서 그것은 별로 중요하지 않았다. ABM 조약은 그것이 어떤 방어체제도 전략적으로 중요하지 않을 것임을 보증할 것이기 때문에 주요 성취가 될 것이었다. 어떤 국가도 이제 반격으로부터 자기 자신을 보호하려고 노력함으로써 억제의 안정을 뒤엎을 수 없을 것이었다. 잠재적으로 값비싸고 또 복잡한 무기경쟁이 그렇게 봉쇄될 것이었다. 그의 4월 방문 동안에 키신저는 소련인들로 하여금 다소 높은 천정을 양보하기는 했지만 잠수함들을 임시 합의의 미사일 동결에 포함시키도록 하였다. 정상회담에서 타결할 남아 있는 것은 어떻게 이 잠수함발사 탄도미사일(SLBMs)이 대조되고 또 어떻게 대륙간 탄도미사일(ICBM) 현대화가 정의될 것인가에 관한 어떤 비밀스러운 문제들이었다. 그것들의 복잡성은 미국측의 협상 전문가들을 필요로 했다. 그러나 키신저의 초조함과 허영심은 그들이

　　1985, pp. 305-307; Seymore Hersh, *The Price of Power: Kissinger in the Nixon White House,* New York: Summit, 1983, pp. 343-348, 531-534.

공식적 회담을 열고 있는 헬싱키(Helsinki)에 그들을 묶어 두는 결정에 기여했다.[619]

그 결과 최종 합의들의 세부사항들은 키신저가 맺은 자유로운 방랑자 스타일보다 덜 중요할 것으로 입증될 것이다. ICBM 현대화의 분쟁에서 가장 중요한 것은 소련이 그들의 경미사일들을 좀 더 큰 미사일로 업그레이드하는 것을 막으려는 미국의 욕망이었다. 이것은 그들이 두 가지를 얼마나 많이 증가시킬 수 있는가에 제한을 얻어내는 것과 관련되었다. 즉, 미사일들의 규모와 그것들이 전개되는 지하 격납고들(silos)의 크기였다. 그러나 한 가지 장애가 있었다. 소련인들은 이미 MIRV화된 두 개의 새로운 미사일을 건설하는 과정에 있었다. 그것은 구 미사일들 보다 컸다. 따라서 소련인들은 비슷한 규모나 지하 격납고의 증가에 엄격한 제한의 수락을 거부했다. 헬싱키에서 영국의 대표단들은 "중대한"(significant)이란 용어의 정의 없이 지하 격납고 크기에서 중대한 증가가 없어야 한다는 막연한 규정에 동의했다. 키신저에게 놀랍게도 브레즈네프가 "중대한"이라는 단어를 제거함으로써 그들이 그 문제를 해결할 수 있다고 제안했다. 키신저는 헬싱키에 있는 스미스 장군에게 브레즈네프가 미사일의 규모를 증가시킬 의도가 없다는 것을 분명히 의미하는 제안을 했다고 긴급 메시지를 보냈다. 사실상, 그 말은 그것을 의미하지 않았다. 그 말은 미사일이 아니라 지하 격납고를 지칭했던 것이다.[620]

더욱 중요하게도 소련의 제안은 지하 격납고의 직경에만 효과적으

로 적용되었다. 왜냐하면 소련인들은 "국가의 기술적 도움으로 관찰될 수 있는"이라는 문구를 집어넣자고 고집을 피웠기 때문이었다. 통역하자면 이것은 규모의 제한은 오직 위성에 의한 확인에만 해당된다는 것을 의미했다. 그러나 위성은 지하 격납고의 직경을 측정할 수 있을 뿐 깊이는 측정할 수 없다는 것을 의미했다. 소련인들이 건설하고 있는 새로운 경미사일들은 그것들이 깊어지면 구 지하 격납고에 쑤셔넣을 수 있을 것이다. 키신저가 비록 그러한 뉘앙스에 대한 전문가는 아니었지만 그는 SALT 대표단이 모스크바로 올 수 있도록 하지 않고 그런 세부사항들의 협상을 계속해서 고집했다. 그는 그로미코만ㄴ 마주한 것이 아니라 키신저가 웃기는 농담을 시도할 때마다 화를 내는 탁월하고 아둔한 엘. 브이. 스미르노프(L.V. Smirnov)라는 군비 전문가를 마주해야 했다. 소련인들은 브레즈네프가 제안했던 것으로 보이는 것에서 후퇴했고 지하 격납고 차원에서 중대한 변화가 없어야 한다는 규정에만 동의할 것이라고 말했다. 그리고 그들은 미사일 규모에 관해서는 아무 말도 하지 않을 것이다. 키신저는 '중대한'이란 말은 15%로 정의되어야 한다고 말함으로써 대응했다.621)

마침내 그로미코가 지하 격납고 차원에서 증가에 대한 15% 제한을 수용했다. 키신저는 신이 났다. 그리고 수년 후에 그것이 SALT 대표단들이 수용한 것보다 훨씬 잘 되었다고 주장했다. 게다가 키신저가 수용한 타협은 미사일 규모에서 증가에 아무런 제한을 두지 않았다. 그 대신에 그는 경미사일에 대한 미국의 정의를 일방적 성명으로 발표할 것을 승인했다. 다음달 의회에서의 그의 브리핑은 노골적인

---

621) *Ibid.*

기만에 가까웠다. 여기서 키신저는 헨리 잭슨(Henry Jackson) 상원 의원에게 지금 존재하는 가장 무거운 경미사일 보다도 더 큰 어떤 미사일도 대치될 수 없는 안전장치가 있다고 말했다. 그러나 그런 안전장치는 없었고 오직 일방적 선언이 있었을 뿐이다. 이런 부정직한 태도는 SALT 과정을 해쳤다. 키신저는 소련인들이 보다 큰 경미사일의 건설을 계획하고 있음을 충분히 잘 알고 있었다. 그는 심지어 제안된 새 미사일을 논의하는 소련지도자들의 전화감청도 하고 있었다. 소련인들이 새 프로그램을 중지할 합의에 서명하도록 미국이 확신시킬 수 없다는 것이 일단 분명해지자 키신저는 두 개의 선택을 갖고 있었다. 현실을 수용하는 합의, 아니면 소련이 거부한 시행할 수 없는 일방적 성명으로 이 사실을 숨기려고 노력하는 것이었다. 후자의 경우를 선택함으로써 모스크바가 나아가 새로운 미사일들을 건설했을 때 소련의 "사기"에 관해서 미국의 강경론자들 사이에서 소란을 위한 길을 닦았다.[622]

잠수함발사 탄도미사일(SLBM) 문제는 가능하다 해도 훨씬 더 어리둥절하게 할 정도로 난해했다. 그것은 소련인들이 건설 프로그램의 외중에 있었던 반면에 미국은 그렇지 않아서 발생했다. 소련인들에게 잠수함들을 동결에 포함시키도록 하기 위해서 키신저는 레어드 국방장관이 처음 띄웠던 아이디어를 제안했다. 즉, 소련인들은 그들의 새 Y-급 잠수함들을 건설할 수 있을 것이지만 동결의 개념을 유지하기 위해서 그것들을 폐기함으로써 보다 낡은 미사일들을 바꿀 수 있을 것이다. 이것은 간단한 부분이었다. 어려운 부분은 소련인들이 결국

---

622) *Ibid.*, p. 431.

얼마나 높이 가도록 허용할 것인가, 어떤 베이스 라인이 전개되거나 건설 중에 있는 소련의 SLMB의 수를 위해 사용될 것인지 그리고 모스크바의 낡은 G-급 디젤 잠수함들이 베이스 라인의 일부로, 전체의 일부로, 아니면 교체로 사용할 적당한 것인지를 결정하는 것이었다. 키신저는 62척의 잠수함에 950기의 SLBM들에 동의했다.[623]

키신저가 들고 나온 해결책들은 스미스 장군에서 줌월트(Zumwalt) 제독에 이르기까지 그 협상 과정에서 배제된 모든 사람들에 의해서 지나치게 관대했다고 간주되었다. 키신저는 소련이 아무런 제약 없이 건설할 수 있는 연구팀을 통해 950기라는 숫자를 낮게 보이려고 노력했다. 최대의 프로젝션은 그후 키신저가 자기의 성취를 방어에서 인용한 1,150기의 SLBM의 숫자였다. 그러나 소련인들은 잠정협정의 원래 5년 기간 동안에 950기에조차 도달하지 못했다. 예상대로, 키신저의 협상에서 배제된 모든 미국의 관리들은 그 숫자가 더 낮아야 된다는 그들의 의견을 전문으로 보냈다. 그러나 키신저에게 공정하자면 그 거래는 기대할 수 있는 것만큼 좋았다. 미국은 적극적 잠수함 건설 프로그램을 갖고 있지 않았다. 그 결과 협상력이 없었다. 키신저는 본질적으로 소련인들로 하여금 그들이 어쨌든 기획하고 있는 수준 근방에서 그들의 잠수함 전개를 제한하는데 동의하게 만들었던 것이다. 그리고 미국은 아무 것도 포기한 것이 없었다. 키신저는 되돌아보면서 양국 대표단을 모스크바에 불러서 정상회담 중에 그들에게 작업을 계속하게 하는 것이 더 좋았을 것이라고 말했다. 키신저는 스미스 장

---

623) Walter Isaacson, *Kissinger: A Biography,* New York: Simon & Schuster, 1992, pp. 431-432.

472 헨리 키신저 -외교의 경이로운 마법사인가 아니면 현란한 곡예사인가?-

군과 그의 팀을 부르지 않은 결정을 협상 결말에 대한 공적을 백악관이 차지하려는 닉슨의 욕망에 책임을 돌렸다.[624]

그러나 금요일 밤 최종 서명식을 위해서 스미스 장군을 헬싱키에서 불러들일 계획이었다. 목요일 저녁 회담이 교착상태에 빠지자 서명식은 일요일까지 연기되었고 스미스는 그때까지 그곳에 머물게 했다. 그러나 금요일 한낮에 그로미코 외상이 정치국 회의에서 나와 최종적으로 미국의 수정을 수용할 것이며 서명식은 계획대로 그날 저녁에 개최될 것이라고 말했다. 키신저와 닉슨이 동의했다. 그리하여 헬싱키에 있던 스미스, 니츠(Nitze), 그리고 다른 고위 대표단들이 큰 행사를 위해서 급히 모스크바로 비행해야 했다. 그날 오후에 10여 명의 소련 및 미국의 협상자들은 낡은 미국 프로펠러 비행기에 올라가 맥주로 축하했다. 비행기가 이륙하면서 그들이 준비했던 종이 서류들이 맥주에 거의 적시었다. 스미스 장군이 모스크바에 도착했을 때 소련 자동차가 그를 크렘린에 데려 다 주었다. 모든 미국인들은 미국 대사의 저택인 스파소 하우스(Spaso House)에서 닉슨이 브레즈네프를 위해 준비한 만찬을 들고 있었다. 그후 스미스는 키신저와 함께 대사관으로 가서 브리핑 하는데 키신저와 합류했다. 후에 스미스는 더 나은 대접을 받았어야 했다고 회고했다.[625]

SALT 합의에 대한 가장 심각한 비판은 그것이 공격용 미사일 발사대를 다루기 위한 동결 접근법을 신성화 했다는 것이었다. 균등성을 필요로 하는 대신에 이것은 소련에게 1962년 쿠바 미사일 위기 이래

---

624) *Ibid.*, p. 433.
625) *Ibid.*, p. 434.

그들이 획득한 수적 우위를 굳히도록 허용했다. 합동참모본부는 정상 회담의 와중에 반대로 기울기 시작했다. 워싱턴에 돌아와서 알렉산더 헤이그는 이런 걱정을 전달했다. 그리고 키신저에게 보낸 자신의 전문에서 헤이그는 그가 그들과 의견을 공유한다는 점을 분명히 했다. 조약체결 날에 헤이그는 곧 국방장관이 될 제임스 슐레진저(James Schlesinger)에게 "이 날은 국가적 수치의 날"이라고 말했다.626) 그러나 키신저가 지적한 대로 어떤 형태의 동결은 이로웠다. 왜냐하면 적어도 향후 5년 동안 새 미사일들을 생산할 미국의 계획은 없었기 때문이었다. 그 사이에 닉슨 행정부는 미래를 위한 두 개의 주요 미사일 프로그램에 대한 개발을 추진했다. 그것들은 잠수함 발사 탄도미사일 트라이던트(Trident)와 지상에 기지를 둔 미니트맨 Ⅲ(Minuteman Ⅲ) 였다.627)

합동참모본부와 헤이그의 반대가 나오자 키신저는 그 상황을 닉슨에게 제기할 필요가 있다고 느꼈다. 키신저는 닉슨이 그의 대통령직에서 보다 더 용기 있는 결정들 가운데 하나를 내렸다고 후에 지적했다. 그것의 골자는 키신저가 정부의 의구심에 대해 걱정하지 말고 그대신에 합의를 추구하기 위해 진행해야 한다는 것이었다.628) 키신저의 접근법에 대한 하나의 비판은 타당한 것으로 입증되었다. 합의는 미사일 발사대의 숫자를 동결했지만 현대화의 대치를 허용했다. 이것은 각 미사일에 급속한 다탄두의 전개를 허용했고, 아니 사실상 진작

---

626) *Ibid.*, p. 435.
627) *Ibid.*
628) *Ibid.*, p. 436.

했다. 그리하여 레이건(Reagan) 행정부 때까지 미국을 괴롭힌 불안정과 취약성의 문제들은 MIRV를 금지하기보다 오히려 그것들을 격려한 결정의 결과였다.[629]

이상이 "긴장완화의 시대"로 알려진 것의 출범이었다. 그동안에 워싱턴과 모스크바는 상호이익의 영역을 추구하고 이따금씩 우정을 과시함으로써 그들의 경쟁을 조정했다. 1972년 모스크바 정상회담 이후 정상회담들이 미-소 문제에서 정규적 특징이 되었고 관계가 통제에서 벗어나는 것을 미묘하게 억제해 주었다. SALT 과정은 중심적, 상징적 역할을 했다. 그것은 관계가 어떻게 되어가고 있는지에 대한 척도가 되었다. 모스크바에서 성공적인 장관은 키신저를 지구적 수퍼스타로, 미디어 시대의 첫 그리고 유일한 명사 외교관으로 변환을 완성했다. 그가 지금 받고 있는 대중적 추종의 유형은 <시카고 선-타임즈> (*Chicago Sun-Times*)의 피터 리사고(Peter Risagor)가 정상회담 직후 스토리를 위해 쓴 전문에 반영되었다.

> "헨리 키신저는 하나의 현상이기를 멈추었다. 그는 하나의 전설이 되었다. 그리고 이 단어는 가볍게 사용되지 않는다. … 그는 완전한 코스모폴리탄, 허풍 없이 우아하고, 자만 없이 자기중심적인 사람이다. 유명한 숙녀들의 남자로서 이 땅에서 그는 의심할 여지없이 웅크리고, 올빼미 눈을 가지고, 과잉체중의, 중년 총각이다."[630]

629) *Ibid.*
630) *Ibid.*, p. 437 에서 재인용.

제12장
베트남 전쟁의 질곡에서 탈출:
외교의 마법사 III

> "우리는 게릴라 전쟁의 기본적인 금언가운데 하나를 잃어버렸다.
> 게릴라는 그가 지지 않으면 이긴다.
> 재래식 군대는 그것이 이기지 않으면 진다."
> -헨리 키신저-

1972년 5월 미국이 하이퐁 항구에 기뢰를 부설하고[631] 하노이의 포격을 강화한 뒤에 월맹의 군사적 공세는 갑자기 중지되었다. 교착상태는 남쪽에서 4년 전 구정공세 이후 그들이 있었던 곳의 주변에 힘의 균형을 남겼다. 더욱 중요하게도, 키신저가 구축하려고 애썼던 지구적 3각 균형이 효과를 내고 있었다. 즉, 중국 및 러시아와 현실적 관계를 수립하는데 있어서 미국의 성공 덕택에 월맹인들은 자신들이 그들의 주된 후원국들로부터 고립되고 있다는 느낌을 발견했다. 약 14만 명의 월맹군이 아마도 비슷한 숫자의 베트콩 게릴라들을 지원하

---

631) Walter Isaacson, *Kissinger: A Biography,* New York: Simon & Schuster, 1992, p. 439.

면서 월남에 있었다. 이제 하노이는 미국의 공군에 의해 지원받는 사이공의 1백 20만 군대를 패배시킬 즉각적인 기회를 보지 못했다. 그리하여 공산주의 지도자들은 휴전에 대해 보다 호의적으로 바라보기 시작했다. 12년간 이상 투쟁을 벌인 이후인 1972년 8월 하노이 정치국은 협상에 의한 타결을 승인하는 투표를 하였다.[632]

수 주 내에 파리에서 공산주의 협상자들은 티에우 정부가 즉각 연립정부에 의해 대치되어야 한다는 요구를 떨어낼 것을 암시하기 시작했다. 그 시점으로부터 최종적 조약은 세부사항들을 다루는 문제가 되었다. 4년 동안 숨겨져 있던 교환이 이루어지게 된 것이다. 즉, 미국은 월맹이 월남으로부터 군대를 철수해야 한다는 요구를 철회하고 월맹은 이제 티에우가 타도되어야 한다는 요구를 포기했다. 어떤 의미에서 미국은 이제 더 이상 협상할 것을 많이 갖고 있지 않았다. 미군의 일방적 철수가 거의 완결되어 1969년 초에 54만 3천 명에서 2만 7천 명만 베트남에 남았다. 잔여 미군을 철수하고 사이공에 대한 공군지원을 중지하기로 타협함으로써 미국의 전쟁포로(POW)들의 석방은 확실히 확보될 수 있을 것이다. 그러나 5만 명 이상의 미국인 생명의 상실에 어떤 의미를 부여할 해결을 원했다. 그리고 그것은 사이공에서 티에우의 정부가 그대로 남는 것을 허용할 협상에 의한 휴전에 도달할 기회를 포착하는 것을 의미했다. 키신저는 미국의 11월 7일 대통령 선거 전에 휴전을 끌어내길 희망했다.[633]

실제로 키신저의 주된 동기는 미국이 선거 후가 아니라 선거 전에

632) Henry A. Kissinger, *White House Years,* Boston: Little, Brown, 1979, p. 1301.
633) Walter Isaacson, *Kissinger: A Biography,* New York: Simon & Schuster, 1992, p. 440.

보다 더 나은 협상 지위에 있다고 그가 느꼈다는 것이다. 공산주의자들은 닉슨이 안전하게 재선되면 그들에게 닉슨이 폭발할 것이 두려웠기 때문에 신속한 속도로 협상계획을 밀어붙이고 있었다. 키신저는 이런 계획을 충족시키려는 욕망이 레둑토와 그의 하노이 정치국으로부터 양보를 끌어내는데 사용될 수 있다고 키신저는 믿었고 또 그가 옳았던 것으로 밝혀졌다. 게다가 키신저는 닉슨이 압도적으로 승리한다고 할지라도 민주당이 지배하는 의회가 1월에 돌아올 것이고 전쟁을 위한 예산을 제약할 것임을 깨닫고 있었다. 미국이 군사적으로 1972년 말보다 1973년에 더 강력한 지위에 있을 것은 불가능했다.[634] 닉슨은 키신저가 임박한 압도적 선거 승리에서 어떤 공적을 내려고 한다고 의심했다. 닉슨 대통령은 이제 자기의 비서와 더 이상 어떤 것도 공유할 기분이 아니었다. 키신저의 평가와는 반대로 닉슨은 자신의 재선 후에 더 강력한 협상 지위에 오를 것으로 느꼈다. 더욱 더 중요하게도, 닉슨은 협상에 대한 키신저의 신념을 공유하지 않았다. 닉슨은 외교적 해결이 가능하다는 키신저에게 진실로 동의하지 않았다.[635]

닉슨은 키신저와 그의 협상에 대한 빈정대는 코멘트를 알렉산더 헤이그와 점점 공유하기 시작했다. 4성 장군이자 육군참모차장으로의 임명은 그가 두 번째 별을 단 뒤 단 6개월 만인 1972년 9월에 이루어졌다. 그는 베트남 협상이 완결될 때까지 키신저의 부관으로 남아 있었다. 닉슨은 키신저가 그를 필요로 할 것이라고 말했다. 더욱 더 중

634) Henry A. Kissinger, *White House Years,* Boston: Little, Brown, 1979, p. 1308.
635) Walter Isaacson, *Kissinger: A Biography,* New York: Simon & Schuster, 1992, p. 441.

요하게도 닉슨은 자신의 중추를 단단히 할 헤이그가 없이 협상을 다루는 키신저를 믿지 않았으며 헤이그도 그랬다. 8월 14일 파리에서 가진 비밀회담에서 키신저는 휴전을 위한 전제조건으로서 티에우가 축출되어야 한다는 고집으로부터 하노이가 벗어나고 있다는 징후를 보기 시작했다. 그리하여 키신저는 대통령에게 보내는 보고서에서 그 어느 때보다도 미국은 협상에 의한 타결에 접근했다고 썼다.

협상에 대한 키신저의 열망을 공유하지 않는 또 하나의 인물은 월남의 티에우 대통령이었다. 그는 어떤 타협의 평화협정에 대해서도 월남 사람들을 준비시킬 충분한 시간과 사전 경고가 필요했다. 그의 기본적 국가이익은 워싱턴의 국가이익과 정면으로 배치되었다. 그는 미군의 철수를 보고 싶지 않았다. 그러나 키신저는 티에우의 이런 욕구에 대해 신경을 쓰지 않았다. 키신저는 비행기에서 읽을 메테르니히의 새 전기를 들고 8월 중순에 사이공으로 날아갔다. 그의 가장 중대한 과제는 논의되고 있는 휴전으로 월맹이 그들의 군대를 월남의 밖으로 철수하는 것을 필요로 하지 않는다는 것을 티에우에게 분명히 하는 것이었다. 키신저는 파리에서 교착상태가 깨어지고 있다는 것을 알고 있었고 이것을 티에우에게 분명히 하지 않았다. 티에우는 거칠게 문제를 돕지 않았다. 그는 신사답게 미국의 엘스워스 벙커(Ellsworth Bunker) 대사의 영접을 거듭해서 거절했고 또 때로는 키신저와 헤이그를 심부름꾼으로 취급했다.[636]

키신저는 후에 티에우의 태도에 대해서 "무례함(insolence)은 약자의 무기"라고 썼다. 이 단어는 키신저가 레둑토에게 사용했던 것처럼

---

636) *Ibid.*, p. 444.

자신의 회고록에서 여섯 번이나 이 용어를 티에우와 그의 비서들에게 그대로 지칭했다. 티에우는 10월 4일 헤이그가 사이공에서 자기를 방문했을 때 키신저의 외교적 노력에 대한 자신의 반대를 분명히 했다. 4시간 동안의 감정적 회담에서 티에우는 월맹군이 남쪽에 남도록 허용하려는 생각을 규탄하고, 또 임시 연립정부에 대한 공산주의자들의 요구에 립-서비스를 제공하는 방식으로 "국가화해위원회"(a committee of National Reconciliation)를 창설하려는 키신저의 계획을 비난했다. 티에우는 또한 협상을 수행하면서 사이공의 견해를 키신저가 고려할 계획을 세우지 않았다고 말하면서 키신저를 저주했다. 헤이그는 키신저에 관한 이런 비난을 닉슨에게 그대로 전달했다. 워싱턴과 사이공 사이에 충돌이 분명히 형성되고 있었다. 키신저는 그것을 예상했어야 했다.[637]

1972년 가을에 등장하고 있는 타결을 키신저가 추구한 것은 옳았다. 하노이는 마침내 휴전을 제안하고 또 사이공에 티에우 정권을 그대로 둘 준비가 되었다. 이 출구 타겟은 미국의 이익이었고 또 월남이 얻을 수 있는 최선의 거래였다. 그러나 키신저는 이 해결을 추진하는 방식에서 비극적 실수를 했다. 닉슨 대통령과 티에우 대통령이 지지하지 않는 분명한 사인들에도 불구하고 10월 달 합의를 밀고 나감으로써 그는 필연적이고 예상된 충돌로 돌진했다. 키신저의 외교적 강점은 홍정가로서였다. 그는 중요한 몇 개의 문제를 모호하게 하는 반면에 중요하지 않은 사항들을 어떻게 날조하고 위장하고 또 양보할 방법을 발견할 줄 알았다는 것이다. 반면에 그의 외교적 약점은 그가

---

637) *Ibid.*, pp. 444-445.

때때로 진정한 중재자로서, 다시 말해서, 한 쪽을 위한 지지를 모으고 모든 쪽이 성공에 몫이 있다고 느끼는 것을 확실히 하는 그런 진정한 중재자로서 봉사하지 않았다는 것이다. 그는 상황에서 가능한 최선의 결과를 마음속에서 그려냈지만 다른 모든 참가자들이 사항에 대해 충분히 인지시키고, 또 그들의 관심이 고려되었다고 확실히 느끼게 만드는 중요성에 대해서 둔감한 경향이 있었다.[638]

　　파리에서 레둑토와의 사적 회담이 보다 심각하게 되자 키신저는 비밀에 대한 자기의 취향이 극적인 것을 위한 그 자신의 기호를 만족시키는 것과 하노이에게 여론전에서 이길 기회를 주는 것 외에 별로 목적에 봉사하지 않는다는 것을 깨달았다. 그리하여 그는 지금부터 논의되는 세부사항들을 계속 비밀로 남기지만, 각 회담 개최 사실은 대외적으로 발표해야겠다고 결정했다. 보다 지각 있는 이 접근법이 하노이 무기고에 있는 심리적 무기들 가운데 하나를 무디게 만들었다. 그때 가서야 키신저는 지난 3년간의 비밀성이 지나쳤다는 것을 깨달았다. 그렇다고 해도 키신저는 그의 비밀스러운 습관을 버리기는 어려웠다. 9월 15일 레둑토와의 회담에서 키신저는 티에우 대통령에 의해 이미 구체적으로 거부된 제안을 내놓았다. 그것은 공산주의자들과 다른 정당들을 포함하는 월남에서 선거를 감독하기 위해 휴전 후에 선거위원회가 설립될 수 있다는 미국의 오랜 제안의 수정과 관련되었다. 키신저가 이제 제안하는 것은 선거위원회에 "국가화해위원회"라는 보다 장엄한 이름을 주고 공산주의자들도 사이공 정부와 같이 거기에서 균등한 대표권을 갖는다고 규정했다. 그 위원회는 합의를 통

---

638) *Ibid.,* p. 445.

해서만 행동할 것이고 따라서 사이공이 그것의 결정들에 대한 거부권을 가질 것이기 때문에 키신저에게는 별로 큰 문제가 아니었다.[639]

키신저의 목적은 선거위원회를 공산주의자들이 요구하는 "임시 연립정부" 같이 보이게 만드는 것이었다. 그는 하노이가 자기의 아이디어를 체면을 세우는 타협으로 수용하길 희망했다. 그러나 파리에서 키신저의 회담이 열리기 이틀 전에 티에우가 그 제안을 거부했다. 티에우의 결정을 수용하거나 그를 설득하려고 시도하는 대신에 키신저는 닉슨에게 새 계획이 제시되어야 한다고 건의하는 전문을 보냈다. 닉슨은 자신의 열성의 부족을 헤이그에게 표명했고 헤이그는 이를 키신저에게 전문으로 전달했다. 닉슨은 미국인들이 더 이상 타협에 기초한 해결에 관심이 없고 그 대신에 지속적 폭격을 선호하고 미국이 승리하길 바란다고 말했다. 그럼에도 불구하고 닉슨은 마침내 레둑토와의 회담이 공적 의미에서 비둘기파가 아니라 매파들에게 호소할 강인한 것인 한 키신저가 그의 새 제안을 제출할 수 있다고 동의했다.[640]

월맹 협상자는 자신의 수정된 제안을 가지고 나왔다. 즉 그것은 휴전 이후에 설립하지만 티에우 정부를 대치하지 않을 국가화합정부(Government of National Concord)였다. 이 새로운 실체는 선거 감독 이상을 다룰 것이다. 키신저는 그 제안을 거부했지만 타협으로 가는 방향은 분명했다. 필요한 모든 것은 키신저가 제안한 국가화해위원회와 레둑토가 제안한 국가화합정부 사이의 구별을 날조하는 것이었다. 그리고 그 차이를 꾸미는 것은 협상가로서 키신저의 가장 큰 재능이

---

639) Walter Isaacson, *Kissinger: A Biography,* New York: Simon & Schuster, 1992, p. 446.
640) *Ibid.,* p. 447.

었다. 키신저는 10월 8일 시작하기로 계획된 다음 파리 회의가 숙명적 돌파구를 생산할 것 같았다. 그는 헤이그를 동원하고 그곳으로 비행했다. 레둑토는 돌파구를 만들도록 분명히 계획된 새 계획을 제시했다. 거의 모든 요소들이 미국의 입장으로 주요 도약을 대변했다. 몇 개의 수정과 고통스러운 논란 후에 그것은 최종적 평화협정의 기초를 이루었다.

그 협정은 다음과 같은 구체적인 사항들을 포함했다. 첫째, 모든 정치적 문제들의 해결을 기다리지 않고, 환언하면, 티에우가 먼저 축출되는 것을 요구함이 없이 즉시 휴전, 둘째, 월맹의 군대가 암시적으로 머물도록 허용하는 반면에 월남으로부터 모든 미군의 일방적 철수, 셋째, 모든 전쟁 포로들의 귀환, 넷째, 월맹군을 남쪽으로 침투시키지 않겠다는 어둡지만 시사된 공약, 다섯째, 월남군을 계속해서 지원할 미국의 권리와 하노이가 베트콩을 위해 마찬가지로 행동할 권리, 여섯째, 그것의 주요 기능으로 선거를 조직할 국가화합정부는 오직 합의에 의해서만 결정을 내릴 것이며 사이공 정부의 권위나 공산주의 임시 혁명정부를 대치하지 않을 것이고 각자는 그것이 통제하는 지역에서 사태를 운영할 것 등이다.[641] 키신저는 "거의 4년 동안 우리는 이 날을 갈망했다. 그리고 마침내 그 날에 이르렀다"고 말하면서 그는 정회를 요청했다. "우리가 해냈다"고 감정에 벅찬 헤이그가 선언했다. "그들이 베트남에서 봉사하고 죽은 장병들의 명예를 구했다"고 회고했다.[642]

---

641) *Ibid.*, pp. 448.
642) *Ibid.*

회담의 네 번째 날인 10월 11일 장장 16시간에 걸친 회의에서 키신저와 레둑토에게 수용할 만한 합의에 도달했다. 기본적 규정은 10월 8일 하노이에 의해서 제안된 노선을 따랐다. 즉, 티에우 정부는 연립정부에 의해서 대치되지는 않을 것이지만 그것은 월남에서 공산군에 의해서 통제되고 있는 지역들을 통치할 베트콩 임시혁명정부와 자치를 공유할 것이다. 전쟁은 끝이 나고, 미국인들은 철수하고, 전쟁포로들은 석방될 것이다. 키신저의 노력에도 불구하고 휴전은 라오스와 캄보디아에 적용되지 않았다. 하노이가 한 달 내에 라오스에서 추구하겠다고 약속했지만 캄보디아의 크메르 루즈에 대한 그것의 영향력이 감소되고 있다고 항변했다. 레둑토는 진실을 말하고 있었다. 놀랍게도 키신저는 그것이 월남의 운명을 결정지을 서류인 데도 그가 작성한 평화협정의 사본을 사이공에게 보내지 않았다.[643]

10월 12일 저녁에 키신저 일행이 파리에서 귀국했을 때 키신저와 헤이그는 보고하기 위해 닉슨의 은신처로 갔다. 닉슨은 키신저가 그것의 윤곽을 말하자 그 합의를 승인했다. 그것의 주요 규정은 적에 의한 완전한 항복에 해당한다고 닉슨은 후에 말했다. 만일 사이공이 이 합의를 거부한다면 키신저는 뒤로 물러나 선거 후까지 기다려야 한다고 닉슨은 선언했다. 키신저는 그러면 문제가 있을 것임을 알았다. 월맹은 이 주 이내에 가조인식을 주도할 계획을 세우고 있었다. 만일 미국이 후퇴한다면 그들은 키신저가 수락한 합의를 공개할 것이었다. 그러면 분명히 의회는 그 전쟁을 연장하기 보다는 그것이 서명되어야 한다고 확실히 요구할 것이다. 사이공에게 압력을 가하지 말라는 닉

---

643) *Ibid.,* p. 450.

슨의 결정 이후에도 키신저는 하노이에게 계획이 연기될 수 있다고 경고하지 않았다.[644] 키신저는 하노이에서 그 조약을 가조인하기로 한 단지 5일 전에 자기가 한 일을 제시하기 위해서 마침내 사이공으로 비행했다.

키신저가 10월 19일 대통령 궁에 도착했을 때 15분간을 기다려야 했고 사진 기자들은 그 모욕을 기록했다. 키신저가 30분간의 세미나 후 티에우에게 조약의 복사본을 제시하자 티에우는 베트남어로 된 것을 요구했다. 통역을 통해 그 내용을 전해 들은 티에우가 이것은 그들이 기대한 것이 아니라고 말했다. 키신저가 사이공의 공식적 반응을 기다리고 있을 때 그는 하노이로부터 최종적 2개의 미국의 요구 사항을 수락했다는 말을 들었다. 키신저는 대통령의 이름으로 하노이에게 전문을 보내 공산주의자들에게 합의가 이제 완성되었다고 알렸다. 그 메시지는 사이공이 그 협정을 수용하지 않을 지도 모른다는 아무런 시사도 담고 있지 않았다. 또한 그는 사이공이 어떤 변화를 원할지도 모를 가능성에 대한 여지를 전혀 남기지 않았다. 사이공에서 그는 부글거리는 저항을 마주하고 있었지만 평화조약의 작성에서 티에우와 그의 정부가 뭔가를 말하도록 허용되어야 한다는 것을 아직 고려하지 않았다.[645]

월남인들은 키신저의 합의에 두 가지 실질적인 반대사항을 갖고 있었다. 즉, 그것은 공산주의자들이 그들이 장악한 영토를 통제하도록 허용했고 또 실제로 무력한 선거위원회지만 그런 연립정부 같은 냄새

644) *Ibid.,* p. 452.
645) Henry A. Kissinger, *White House Years,* Boston: Little, Brown, 1979, p. 1361.

가 나는 이상한 정체를 수립한다는 것이었다. 이것들은 재협상이 될 수 없는 것이었다. 왜냐하면 그것들이 거래의 심장부에 있었기 때문이다. 마침내 티에우의 키신저와 담판이 일요일에 발생했다. 티에우는 평화에 반대하지 않지만 키신저에게서 만족할 만한 대답을 받지 못해서 그는 서명하지 않을 것이라고 말했다. 키신저는 만일 그가 서명하지 않으면 그들 식으로 처리하겠다고 말했다. 키신저가 티에우의 통역관에게 왜 그의 대통령이 순교자가 되려고 하는가 하고 물었다. 티에우는 웃으면서 그는 순교자가 되려는 것이 아니라 민족주의자라고 말했다 그리고 티에우는 키신저에게 등을 돌려 자신의 눈물을 감추었다.646) 키신저의 경력보다는 자국의 미래를 더 걱정한 티에우는 노벨상을 받으려고 서두르는가 하고 물었다.647) 진정한 문제는 티에우가 어떤 종류의 합의도 원하지 않았다는 것이었다. 특히 이제 하노이의 공세가 후퇴하자 티에우는 휴전할 준비가 되어 있지 않았다. "미국은 내 머리 위에서 거래를 했다. 그것은 또 하나의 뮌헨이었다"고 그는 회고했다.648)

키신저가 워싱턴에 돌아왔을 때 그는 닉슨이 교착상태의 세부사항에 별로 관심이 없다는 것을 발견했다. 그 대신에 닉슨은 주로 그가 재선될 때까지 앞으로 2주 동안 조용히 보내는 데 관심이 있었다. 그러나 닉슨에게는 당혹스럽게도 키신저는 그가 하노이와 원칙적으로

---

646) Walter Isaacson, *Kissinger: A Biography,* New York: Simon & Schuster, 1992, p. 456.
647) Henry A. Kissinger, *White House Years,* Boston: Little, Brown, 1979, p. 1385.
648) Walter Isaacson, *Kissinger: A Biography,* New York: Simon & Schuster, 1992, p. 456.

합의를 달성했다고 누설하기 시작했다. 10월 25일 그는 <뉴욕 타임즈>의 지국장인 맥스 프랑켈(Max Frankel)에 전화를 걸어 그를 상수시(Sans Souci)로 초대했다. 다음날 프랑켈의 전면 스토리가 사이공이나 하노이에서 최고의 우행(愚行)을 범하지 않는다는 전제하에서 휴전이 곧 이루어질 것이라고 말하는 미국의 관리들을 인용했다. 그것은 티에우에게 따라오는 길 외엔 아무런 논리적 대안이 없다는 노골적인 경고를 부언했다. 키신저가 닉슨에게 프랑켈에게 브리핑해주었다고 말했을 때 닉슨은 너무나 화가 나서 자기의 이를 악 다물었다. 그날 밤 프랑켈의 스토리가 인쇄되고 있을 바로 그때 하노이는 라디오 하노이(Radio Hanoi)를 통해 키신저가 수락한 합의의 세부사항들과 어떻게 사이공이 그것을 침몰시켰는가에 대한 얘기를 방송함으로써 공개하고 있었다. 그 방송은 그 협정을 완성되었다고 부른 키신저가 대통령의 이름으로 보낸 전문을 인용했고 또 그것은 합의가 즉시 서명되어야 한다고 요구했다.[649]

키신저는 다음 날 오전에 언론 상대의 브리핑을 이미 계획했다. 그는 그것을 본격적 기자회견으로 전환하고 또 대통령의 승인하에 텔레비전 중계를 허락하기로 결정했다. 후에 키신저는 평화협정이 임박했다고 거짓으로 선포함으로써 닉슨의 재선을 도우려고 했다는 비난을 받았다. 사실상 키신저는 그때까지는 닉슨이 즉각적인 평화의 발표를 위한 정치적 욕망을 갖고 있지 않다는 것을 알아차렸다. 그 대신에 기자회견에서 키신저의 선언은 두 베트남 수도들을 겨냥했다. 즉, 키신저의 선언은 사이공에게는 미국이 그가 작성한 합의를 공약하고 있다

---

649) *Ibid.*, p. 458.

488 헨리 키신저 -외교의 경이로운 마법사인가 아니면 현란한 곡예사인가?-

는 것을 전달하고자 했다. 반면에 하노이에게는 사이공에서 문제들은 갑작스러운 고장에 지나지 않으며, 평화계획의 기본 윤곽은 여전히 유효하고, 그리고 그것은 워싱턴과 사이공에 의해서 작성된 큰 사기가 전혀 아니라는 보증을 보내고 싶었다.[650] 사이공과 하노이 양측에 파리에서 도달한 틀에 대한 미국의 공약을 재확인하려는 브리핑에 앞서 키신저는 수년 동안 그를 따라다닐 한 마디를 입 밖에 내놓았다: 그가 "우리는 평화가 가까이에 있다고 믿는다"고 말했던 것이다.[651]

키신저는 합의가 완성되기 전에 사이공과 협의되어야 한다고 레둑토에게 경고했다고 주장했다. 하노이는 미국이 어떤 해결책도 사이공에게 간단히 강요할 수 있을 것이고 그래서 사이공의 참여가 필요하지 않다는 견해를 갖고 있는 것으로 보인다고 키신저는 언론을 향해 말했다. 하노이의 진지함에 대한 그의 칭송과 사이공의 염려에 대한 그의 인정은 설득력이 있었다. 그날 오후에 주식시장이 치솟았다. <뉴욕 타임즈>의 제임스 레스턴은 "터널의 끝"이라는 칼럼에서 워싱턴으로부터 그렇게 솔직하고 또 복잡한 정치적 문제에 심지어 그렇게 탁월한 설명을 들어 본지 오래되었다고 썼다. <뉴스위크>는 자기의 헬멧에 "베트남이여 안녕히"라고 쓴 한 병사를 표지에 실었다. 몇 주 후에 평화가 가까이에 있다는 문구는 조롱거리가 되었다.[652]

1972년 11월 7일 선거에서 닉슨은 투표자의 60% 이상인 4천 7백만 표를 얻어 승리했다. 이것은 미국 역사상 두 번째로 압도적인 승리

---

650) *Ibid.*, p. 459.
651) *Ibid.*
652) *Ibid.*

였다. 선거 직후 키신저에 대한 티에우의 분노가 파리에서 협상된 합의를 그가 수용하려 하지 않은데 책임이 있다는 이론에 입각하여 닉슨은 헤이그를 사이공에 파견했다. 10월 협정에 월남이 수정을 필요로 한다고 느낀 것은 69곳이라고 티에우는 헤이그에게 말했다. 키신저가 11월 20일에 레둑토와 마주하기 위해 파리에 돌아왔을 때 키신저는 그 모든 것을 제시하고 그것들이 사이공의 요구이며 기록을 위해 제출한다고 지적했다. 레둑토는 아마도 기만당했다고 느끼면서 협상보다는 강의할 기분이었다. 식민 종주국들은 수세기 동안 베트남을 기만했지만 이 경우처럼 그렇게 지독하게 속인 적은 없었다고 말했다. 키신저도 배신의 비난들이 이해할 만하다고 느꼈다. 4일 간의 회담에서 몇 개의 사소한 문제들은 해결되었다. 그러나 하노이는 10월 달에 도달한 협정에서 어떤 기본적인 변화도 수용하려 들지 않았다. 키신저는 자기가 얻어낼 수 있는 유일한 양보가 장식적인 것에 지나지 않는다는 것을 깨달았을 때 닉슨에게 전문을 보내 조약을 그대로 수용하고 사이공의 목에 그것을 쑤셔 넣든가, 아니면 회담을 결렬시키고 북쪽의 폭격을 재개하는 두 대안밖에 없다고 말했다.(653)

협상이 결렬될 것이 분명해지자 그것은 이 나쁜 소식을 대중들에게 누가 터트릴 것인가 하는 보다 다투는 문제를 가져왔다. 키신저는 닉슨 대통령이 그 일에 적합하다고 주장했다. 그러나 백악관에서는 대통령이 그 일로 TV에 나가는 것은 잘못이라는 강력한 만장일치가 있었다. 닉슨은 키신저에게 5페이지에 달하는 지시를 내려 레둑토와

653) Walter Isaacson, *Kissinger: A Biography*, New York: Simon & Schuster, 1992, p. 462.

문제의 리스트를 훑어가면서 미국의 각 제안을 명확하게 하라고 말했다. 그러나 키신저는 레둑토에게 문제들의 리스트를 제시하라는 닉슨의 지시를 무시했다. 회담은 12월 13일에 결렬되었다. 대통령 전용기나 그것의 자매 항공기가 가용하지 않아서 키신저와 그의 팀은 그날 수요일 밤에 창문이 없는 군용기로 워싱턴에 돌아왔다. 키신저는 고립되고 황폐했다. 그가 앤드류스 공군기지에 도착했을 때 파리에서 먼저 돌아왔던 헤이그가 그를 마중했다.

다음날 아침에 대통령 집무실에서 가진 회의에서 키신저는 회담의 몰락을 개인적으로 받아들이는 것 같았다. 그들이 러시아인들을 기분좋게 만들고 있다고 키신저는 말했다.[654] 월맹에 대한 새 주요 폭격을 단행하는 결정이 이루어진 것은 오직 대통령, 키신저, 그리고 헤이그가 참석한 이 회의에서였다. 진정한 문제는 폭격을 할지의 여부가 아니었다. 그것은 정해졌다. 문제는 폭격이 얼마나 잔인해야 하는가였다. 즉, 닉슨은 전쟁에선 처음으로 하노이, 하이퐁, 그리고 월맹의 북쪽 부분의 도시 중심지들을 폭격하기 위해서 육중한 B-52폭격기들의 사용을 명령해야 할 것인가? 지금까지 B-52기는 20도선 남쪽의 보급선과 주요 도시들 밖에서 선정된 목표물들을 폭격하는 데에만 사용되었다. 민간인 지역에는 F-111 혹은 F-4기 같은 보다 작고, 보다 정확한 전투폭격기들이 사용되었다.[655]

헤이그 장군이 가용한 가장 강력한 대안, 즉 제한 없는 B-52기의

---

654) Henry A. Kissinger, *White House Years,* Boston: Little, Brown, 1979, pp. 1445-1449.

655) Walter Isaacson, *Kissinger: A Biography,* New York: Simon & Schuster, 1992, p. 467.

사용을 찬성했다. 닉슨의 모토 가운데 하나는 만일 무력을 사용해야 한다면 절제를 보이는 것은 아무런 의미가 없다는 것이었다. 군사적 힘을 적용하기로 일단 결정하면 전면적으로 나아가는 것이 최선이었다. 그래서 그는 그렇게 했다. 헤이그에 충심으로 동의하는 그는 가용한 모든 B-52 폭격기 모두를, 즉, 총 129대를 무자비한 매일 공습을 위해 베트남으로 보내라는 명령을 내렸다. 그것은 12월 18일 하노이, 하이퐁, 그리고 다른 곳에 있는 목표물에 폭격을 시작할 것이다. 키신저는 마땅치 않아 했다. 그는 20도선 남쪽에 중폭격의 재개를 원했다. 키신저의 불편한 심기는 그의 주변 모두에게 특히 자유주의적 기자들에게 가시적이었다. 그리고 닉슨은 누가 그것을 발표할지도 자기 멋대로 결정했다. 그는 폭격이 시작하기 이틀 전인 12월 16일 기자회견을 하라고 보냈다. 닉슨은 밤늦게 대통령을 묘사하는 데 대한 메모까지 보냈다. 그러나 키신저는 그냥 당할 인물이 아니었다. "평화가 가까이에 있다"고 한 기자회견에서 그는 대통령을 오직 3번만 언급했었다. 이번에 그는 대통령을 14번씩이나 언급하여 교착상태에 대한 책임을 대통령에게 두었다. 그리고 만일 대통령이 공습을 발포할 책임을 지지 않는다면, 키신저는 공습이 아무런 공식적 설명 없이 간단히 시작할 것이라고 결정했다.[656]

12월 18일 월요일 아침 괌에 있는 앤더슨 공군기지에서 제43전략편대(Strategic Wing)의 지휘관 제임스 맥카시(James McCarthy) 대령은 휘하 27명의 승무원들에게 브리핑을 했다. 대부분의 병사들은 "평화가 가까이"라는 발표가 그들이 크리스마스까지 집에 돌아갈 것을 의

---

656) Henry A. Kissinger, *White House Years,* Boston: Little, Brown, 1979, p. 1451.

미하길 희망했다. 그러나 맥카시 대령은 그들의 목표물이 하노이라고 말했다. 이 작전은 지난 5월에 수행한 폭격들에 대한 속편으로 라인백커 II(Linebacker II)라는 암호명을 받았다. 그러나 전 세계에 그리고 역사에서 그것은 "성탄절 폭격"이라고 알려졌다.[657] 그러나 이 가혹한 폭격비행들에도 불구하고 성탄절에는 폭격이 없었다. 그 시점까지 전 전쟁 동안에 이 8백만 달러짜리 항공기들 중에서 오직 1대만이 파괴되었는데 그 날 밤 두대가 더 격추되었다. 그리고 12일 후에 폭격작전이 끝났을 때 총 15대의 손실이 있었다. 15대의 보다 작은 항공기들도 역시 격추되었다. 그리고 93명의 미공군 항공인들을 잃었다. 하노이의 계산에 의하면 하노이에서 1,318명이 죽고 하이퐁에서는 300명이 죽었다. 희생자들의 총 수는 하노이의 거의 모든 학생들과 50만 명의 주민들을 시골로 소개함으로써 줄어들었다. 비록 비판자들은 미국의 공습이 민간인 지역에 대한 무차별 카펫폭격에 해당한다고 비난했지만 그것은 아니었다. 드레스덴(Dresden)의 융단(Blanket) 폭격이나 도쿄의 소이탄 폭격에 비교할 만한 학살은 없었다. 실제로 군사적 목표물만 치려고 상당한 주의를 기울였다.[658]

미국의 위신과 키신저의 명성이 파괴되고 있었다. 성탄절에 수백만의 미국인들은 하노이에 대한 억수 같은 폭격의 스토리와 키신저가 워싱턴 레드스킨스(Washington Redskins) 팀의 게임을 보면서 미소 짓고 있는 모습으로 모순되는 텔레비전의 화면들을 보았다. 칼럼니스트인 조셉 크래프트(Joseph Kraft)는 키신저의 평판이 더럽혀졌으며 모

---

657) Walter Isaacson, *Kissinger: A Biography,* New York: Simon & Schuster, 1992, p. 469.
658) *Ibid.,* p. 470.

든 사람들이 그것을 알고 있다고 썼다. 톰 위커(Tom Wicker)는 평화가 없다. 지상에 수치가 있다. 모두 미국의 수치다. 아마도 오래 갈 분명히 개인적인 수치가 있다고 썼다. 제임스 레스턴은 폭격을 발끈하는 성미에 의한 전쟁이라고 부르며 닉슨 대통령은 그러는 게 기쁜가 하고 물었다. 그리고 데이비드 브로더(David Broder)는 베트남은 그것을 손대는 모두를 파괴하는 비극적 문제들 중 하나라고 키신저가 생각했던 1969년 조찬에서 대화를 회고했다. 교황 바오로 6세(Paul Ⅵ)는 폭격을 일상적 슬픔의 대상이라고 불렀다. 런던의 <데일리 미러>(*Daily Mirror*)는 그것이 세계가 혐오로 움찔하게 만들었다고 말했다. 서독의 디 차이트(Die Zeit)는 동맹국들마저 이것을 인류에 대한 범죄로 불러야 한다고 말했다. 스웨덴 수상인 올로프 팔메(Olof Palme)가 그 조치를 나치의 잔혹성에 비교하자 키신저는 너무나 화가 나서 스웨덴은 제2차 대전 중에 중립국으로 남아 있었다고 공개적으로 언급했다.[659] 성탄절 폭격에 그가 공모함으로써 야기된 키신저의 명성에 대한 오점은 가장 지을 수 없는 것 중의 하나로 남았다.

하노이가 협상 테이블에 돌아오겠다고 동의한 뒤인 12월 30일 닉슨은 마침내 폭격을 중지시켰다. 폭격이 끝난 직후에 키신저는 월맹이 흥정 테이블에 돌아오는 동기에 관해서 추측하는 오프-더-레코드 대화에서 질문을 받자 그는 그렇게 하기를 거절했다. 공개적으로 그는 하노이뿐만 아니라 사이공의 완고함에 의해 폭격이 야기되었음을 인정했다. 그는 CBS의 마빈 캘브(Marvin Kalb)와 텔레비전으로 방영된 인터뷰에서 하노이를 폭격하여 월맹에 정신차리게 하고 월남에는

---

659) *Ibid.*, p. 471.

헤이그 장군을 사이공에 파견하여 제정신이 들게 했다고 설명했다. 이 인터뷰에서 키신저는 계속해서 폭격 결정으로부터 자신을 멀리하려고 했다. 그는 명시적으로 그것을 대통령이 해야만 하는 분명히 가장 외로운 결정이라고 불렀다. 사실상 키신저는 갈등을 느꼈지만 당시에 감정적으로는 아니라 해도 지적으로 성탄절 폭격을 지지했다. 그러나 모두가 보는 기자회견에서 자신의 모든 친구들에게 자신의 고뇌를 과시함으로써 그리고 그것은 계속해서 대통령의 결정이라고 주장함으로써 키신저는 평론가들의 인식이 성탄절 폭격에 자신은 책임이 없는 것이 되게 보증했다.[660]

  "닉슨과 키신저"라는 칼럼에서 레스턴은 대통령의 비서가 의심할 여지없이 폭격전략을 반대하고 있다고 선언했다. 레스턴은 그의 독자들에게 키신저가 베트남에 관한 강력한 비극감을 갖고 있고 베트남을 뒤에 두고 싶어한다고 알렸다. 그러나 키신저가 아직은 대통령과의 결별을 피하고 있다고 레스턴은 계속 했다. 그리고 나서 관석 같은 우려를 했다. 만일 대통령과 그의 주된 외교정책 보좌관 겸 협상가인 키신저 사이에 공개적 분열이 있다면 키신저 박사는 자유롭게 사임하고 파리회담의 전체 스토리와 왜 그것들이 깨졌는지에 관해 쓸 것이고, 그러면 이것은 어쩌면 닉슨 대통령을 고도로 당황스럽게 할 것이라는 것이었다.[661] 콜슨(Colson)은 일요일 캠프 데이비드에 묵고 있는 닉슨에게 전화를 걸었다. 닉슨은 폭발했고 팜 스프링스(Palm Springs)에서 아침 6시 30분인데도 콜슨에게 키신저에게 즉시 전화하도록 명령

---

660) *Ibid.*, p. 472.
661) *Ibid.*

했다. 닉슨은 불복종을 용인하지 않을 것이라고 소리쳤다. "헨리에게 누구에게도 말을 해서는 안 된다고 말하라! 그리고 나에게 전화하지 말라고 해라. 나는 그의 전화를 받지 않을 것이다"라고 말하고 수화기를 쾅 하고 내려 놓았다. 그리고 닉슨은 하루 종일 너무나 울적해서 텔레비전에서 워싱턴 레드스킨스 게임을 즐길 수조차 없었다. 캠프 데이비드에서 닉슨은 계속해서 조바심을 냈다. 그는 자기 휴가를 줄이기로 결정하고 신년 이른 아침에 백악관으로 돌아갔다.[662]

레스턴은 1951년 젊은 대학원 학생이 하버드 세미나에서 연설하도록 저명한 언론인을 초대했을 때부터 키신저를 알고 있었다. 레스턴은 통상적 지혜가 될 것을 정의했다. 즉, 폭격이 키신저와 닉슨 사이에 균열을 초래했다는 것이었다. <타임>과 <뉴스위크>가 다음 호에서 그 테마를 다루었고 1주일 내에 CBS 백악관 특파원인 댄 래더(Dan Rather)는 2천만 시청자들에게 그 꼼수는 이제 루머 단계를 지나 사실 단계로 이동했다고 보도했다. 그 사이에 조셉 크래프트는 그의 신년 전날 밤 전화통화에 근거한 컬럼을 내놓았다: "아마도 키신저 박사가 닉슨 대통령에게 효과적인 외교정책을 위한 가용할 유일한 도구이다. 만일 그가 대통령으로부터 새로운 위임을 받지 않는다면, 다시 말해, 그가 국무장관이 되는 것으로만 얻을 수 있는 종류의 위임을 받지 않는다면, 그는 아마도 내년에 사임할 것"이라고 썼다.[663]

11월과 12월의 대부분을 닉슨은 홀더만과 얼리크만과 함께 캠프 데이비드에서 은둔하며 보냈다. 그의 의제 가운데 일부는 윌리엄 로

662) *Ibid.,* p. 473.
663) Seymour Hersh, *The Price of Power: Kissinger in the Nixon White House,* New York: Summit, 1983, pp. 630-631.

저스를 대치하는 것이었다. 그래서 차기 국무장관으로 닉슨은 전 서독 대사인 케네스 러쉬(Kenneth Rush)를 마음에 두었다. 키신저는 적어도 그 순간에는 스스로 각료의 자리를 얻을 희망이 없다는 것을 깨달았다. 그는 정부를 떠나는 것을 고려하고 있었다. 키신저가 알지 못하고 있었던 것은 닉슨이 로저스뿐만 아니라 자기도 제거할 생각을 다시 품고 있다는 사실이었다. 닉슨은 콜슨에게 곧 키신저가 나갈 것이다. 그것이 키신저에게 더 나을 것이다. 그는 하버드에서 너무 오랫동안 나와 있었다. 진실로 그는 학교로 돌아가야 한다. 자기는 키신저와 끝이 났다고 말했다.[664] 재미가 있긴 하지만 닉슨과의 관계에서 키신저의 실수들 중 가장 분개하게 한 것은 이 기간 동안에 키신저가 이탈리아의 상대를 꿰뚫는 인터뷰로 유명한 언론인인 오리아나 팔라치(Oriana Fallaci)와 가진 인터뷰였다. 그녀는 세계의 지도자들과 만나 고백을 유도해내고 골자를 빼내는 인터뷰로 유명했다. 키신저는 후에 자기가 주로 허영심에서 그렇게 했으며 명성은 나에게 충분히 새로운 것이라서 그녀의 언론인 신전에서 내가 유지해 나갈 일행에 의해서 우쭐했다고 인정했다.[665]

11월 말에 <엘 유로페오>(*L'Europeo*)에 의해서 발행되고 그리고 수주 후에 <뉴 리퍼블릭>(*The New Republic*)에 재수록된 인터뷰는 폭발적임이 드러났다. 그것은 키신저가 닉슨 시대 모든 외교정책에 자신의 공적을 내세우는 키신저를 인용했다. 그것은 대통령의 사람들에게 그를 소중하게 할 운명이 아니었지만 그를 최악의 조롱에 직면

---

664) Walter Isaacson, *Kissinger: A Biography,* New York: Simon & Schuster, 1992, p. 475.
665) *Ibid.,* p. 476.

하게 했다. 마치 자기는 몰랐다는 듯이 팔라치는 똑바로 생각하는 대통령의 보좌 누구도 언급하지 않을 질문으로 그녀의 덫을 놓았다. 그러나 키신저는 그 미끼를 향해 도약했다. 팔라치는 키신저에게 거의 대통령보다도 더 유명하고 인기가 있다는 사실을 어떻게 설명하겠느냐고 물으면서 이 문제에 이론이 있습니까라고 물었다. 키신저는 그에 대해 말하지는 않았다. "내가 여전히 복무 중인데 왜 그래야 하는가? 차라리 당신이 나에게 이론을 말해 보라"고 키신저는 답했다. 팔라치는 "당신은 체스 플레이어처럼 몇 개의 좋은 수를 두었다. 우선 중국을 …"하고 물었다. 이에 키신저는 "예, 중국은 나의 성공의 작동에 아주 중요한 요소였다. 그러나 그것이 주된 요점은 아니"라고 했다. 주된 요점은 그가 언제나 혼자서 행동했다는 사실에 기인하고, 미국인들은 그것을 굉장히 좋아한다는 것이다. 미국인들은 홀로 말을 타고 앞에서 포장마차 떼를 주도하는 카우보이를 좋아하는데, 이런 놀라운, 낭만적 성격이 혼자 있는 스타일이기 때문에 그에게 정확하게 잘 어울렸다. 그는 인기를 추구하지 않았다. 오히려 팔라치가 정말로 알기를 원한다면 인기에 전혀 신경을 쓰지 않는다고 키신저는 대답했다.[666]

팔라치는 키신저에게 그의 엄청난 책임과 그가 즐기는 어이없는 명성을 어떻게 조화시키는가를 물었다. 키신저는 그의 플레이 보이 명성은 사람들을 안심시키는데 봉사했고 여전히 봉사하고 있기 때문에 유용했고 또 여전히 유용한데, 그들에게 그가 박물관의 물건이 아니라는 것을 보여주기 위해서라고 답했다. 팔라치가 그것은 불필요한

---

666) *Ibid.*, p. 477.

명성이라고 믿는다며 현실 대신에 연기를 의미하느냐고 묻자, 키신저는 그것은 물론 부분적으로 과장되었지만 부분적으로만, 그것이 진실이라고 마주하라고 했다. 중요한 것은 어느 정도로 여자들이 그의 삶, 즉 중심적 전심의 일부인가이다. 키신저는 전혀 그렇지 않다면서, 어느 누구도 자신의 취미에 지나치게 많은 시간을 소비하지 않는데, 그에게 여자들은 오직 관심 돌리기, 즉 취미라고 했다. 팔라치가 키신저에게 그는 수줍은가를 물었고 키신저는 제법 그렇지만 보상으로 상당히 잘 균형 잡혀 있다고 생각한다고 답했다. 그를 신비하고 고통스러운 인물로 묘사하는 사람들이 있고 또 그를 거의 항상 미소 짓고, 항상 웃는 모습의 활기찬 사람으로 묘사하는 사람들도 있지만 두 이미지는 맞지 않다. 그는 어느 쪽도 아니다. 그러나 그가 어떤 사람인지는 말하지 않았다 그는 결코 누구에게도 말하지 않을 것이라고 대답했다.[667]

클린트 이스트우드(Clint Eastwood)로서 키신저의 개념은 약간의 어리석은 매력이 있다. 키신저는 평생 말을 탄 적이 없었다. 그리고 그는 닉슨을 비웃는데 가혹할 수 있었다. 그러나 혼자 무장하지 않은 채 모스크바나 베이징이나 파리로 말을 타고 가는 자신을 그리는 낭만적 이미지에는 어떤 다소 지속적이고 소년다운 면이 있다. 그럼에도 여전히 그는 자기가 홀로임을 자랑스러워하는 백악관에 있는 다른 사람에게 호소할 것으로 운명지워진 초상화는 아니었다. 그것은 닉슨이 키신저를 보는 방식이 아니었다고 얼리크만은 말했다. 만일 외교 문제를 다루는 외로운 방랑자가 있다면 대통령은 키신저를 아파치로

---

667) *Ibid.*

간주할 것이라는 의심이 든다고 그는 덧붙였다. 그러나 워싱턴의 대부분의 사람들에게 키신저의 자만심은 화나게 하기보다는 실소하게 하는 것이었다.668)

　1972년이 끝나갈 때, 하나의 마지막 자극이 닉슨을 괴롭혔다. 즉, 그는 <타임>지가 그 해의 인물을 지정하는데 닉슨 혼자가 아니라 키신저와 공유하게 하였다. 키신저는 문제가 꾸며지고 있다는 것을 타임지의 휴 시디(Hugh Sidey)에게 전화를 걸어 그 명예에서 빼 달라고 사정을 했다. 그는 이것이 자신의 삶을 아주 복잡하게 할 것이라고 말했다. 키신저는 편집국장 헤들리 도노반(Hedley Donovan)에게까지 호소했지만 그는 키신저가 그의 집요한 간섭을 멈추지 않으면 키신저 혼자서 "그 해의 인물"이 될 것이라고 대답함으로써 그 문제를 종식시켰다. 닉슨이 그가 자신의 보좌와 함께 <타임>지의 표지를 공유하는 것을 발견했을 때 그는 분노로 입술이 하얘졌다고 홀더만은 회고했다. 그는 그것을 키신저에 의한 또 하나의 자기 홍보장악이라고 보았다. 사실상 그 기사는 비록 기념하는 것이었지만 키신저의 자청 가운데 몇 개를 꼬집으려 했다. 그것은 그의 모든 외견상의 에고(ego)에도 불구하고 키신저는 닉슨을 위한 보좌의 마음을 가지고 있다고 지적했다.669)

　1973년 1월 8일 월요일, 파리 근처의 한 빌라 안에서 월맹 대표단 모두가 서서 미국의 상대방들을 맞이하기 위해 기다리고 있었다. 그들은 새 타결에 도달하는 일을 할 용의를 보였다. 다음날 즉, 1973년

---

668) *Ibid.*, pp. 478-479.
669) *Ibid.*, pp. 479-480.

1월 9일까지 합의의 기본사항들이 이루어졌다. 키신저는 닉슨에게 전문을 보냈다: "오늘 우리는 협상에서 주요 돌파를 함으로써 대통령의 생신을 축하했다. 이런 지점에까지 우리들을 오게 한 것은 대통령의 단호함과 대통령이 의회나 대중의 압력에 영향을 받지 않을 것이라는 월맹인들의 믿음이었다." 닉슨도 비슷하게 화답을 했다: "오늘 당신이 이룬 것은 60년 만에 내가 받았던 최고의 생일 선물이다."[670] 두 사람 사이에 연약한 유대가 수정되고 있는 것처럼 보였다. 1월 13일 월맹의 대표단에게 축제의 작별 만찬 뒤에 키신저는 키 비스케인(Key Biscayne)으로 비행하여 자정에 도착했다. 2시간 동안 그와 닉슨은 합의를 논의하고 드문 애정의 분위기를 공유했다. 1973년 1월의 합의는 근본적으로 10월에 도달했던 것과 근본적으로 동일한 것이었다. 즉, 싸움이 중단되고, 미국은 철수하고, 월맹군은 남쪽에 남고. 티에우는 사이공의 권좌에 남으며, 그리고 양측은 그들이 군사적으로 통제하는 영토를 행정 운영하게 되었다. 민족화해 국가위원회(National Council of National Reconciliation) 라는 거북한 이름의 기구가 모호한 기능들로 설립되었다.

사실상 키신저는 비무장 지대에 관련하여 주요한 양보를 했다. 남과 북을 가르는 지역은 계속해서 주권국가들 사이에 국제적인 국경선이 아니라 일시적 경계선으로 간주되었다. 이것은 전쟁의 모든 것의 핵심이었다. 키신저는 그것을 용어상의 술책으로 기교를 부릴 수 없다는 것을 발견했다. 티에우 대통령은 휴전에서 월남은 월맹군에 의

---

670) Walter Isaacson, *Kissinger: A Biography,* New York: Simon & Schuster, 1992, p. 480.

해서 침공당한 주권국가로 인정되어야 한다고 고집했다. 그러나 하노이는 베트남이 하나의 국가로 취급되어야 한다고 성공적으로 주장했다. 그것의 주장은 유리했다. 왜냐하면 1954년 제네바 협정이 일시적인 군사분계선에 의해서 분리되는 두 개의 행정단위로 나누어 질 것이라고 규정했음에도 베트남의 통일을 선포했었다. 17도 선에서 두 지대 사이에 군사적 분계선은 오직 잠정적이며 정치적이거나 영토적 경계가 아니라고 10월에 도달한 휴전합의는 선언했다. 그리고 그것의 제1조는 미국이 베트남의 통일과 영토적 순결을 존중할 것이라고 서약했다. 그런 용어는 1969년 5월에 공산주의자들이 내놓은 10개항의 프로그램과 거의 동일했다.[671]

더 좋든 더 나쁘든 간에, 키신저의 천재성이 발휘되는 곳은 어떤 양보들을 위장하고, 말썽 많은 쟁점들을 날조하고, 그리고 그것을 모두 창조적 모호성으로 포장하는 것이었다. 어떤 사람들은 평화협정의 목적이 양측에서 수락한 것을 정확하게 분명한 용어로 제시하는 것으로 생각할지 모른다, 그러나 키신저는 그것을 다른 조망에서 접근했다. 즉, 어떤 근본적인 분쟁에 관해서 그는 의도적으로 한쪽과 다른 쪽에 서로 다른 어떤 것을 의미할 수 있는 언어를 마련하는 것이었다.[672] 예를 들어, 그는 비록 하노이의 군대가 남쪽에 머물 수 있다고 동의했지만 키신저는 워싱턴과 사이공이 그들이 그 원칙을 완전히 양보하지 않았다고 말할 수 있게 허용할 용어를 원했다. 그 목적을 위해

---

671) Henry A. Kissinger, *White House Years,* Boston: Little, Brown, 1979, pp. 1411-1419.
672) Walter Isaacson, *Kissinger: A Biography,* New York: Simon & Schuster, 1992, p. 482.

키신저는 닉슨을 대신하여 1월 17일 티에우에게 편지를 써서 미국은 외국군대가 월남 땅에 남을 권리를 인정하지 않는다는 것을 강조했다. 이것은 월맹이 그들의 군대를 베트남의 어느 부분에서든 "외국"이라고 생각하지 않는다는 사실을 모호하게 했다.[673]

키신저의 은밀한 전술의 또 다른 예는 월맹에 대한 미국의 원조 문제에서 발생했다. 하노이는 "배상금"(reparation)을 요구했다. 그 대신에 키신저는 재건을 위한 원조의 패키지를 제안했다. 이것은 당연히 파리 합의에 포함되었다. 그러나 키신저는 레둑토와 이룬 조정을 비밀로 유지하고 닉슨의 이름으로 이 원조의 세부사항을 밝히는 편지를 보냈다. 그것을 파리협정과는 별개의 것으로 보이게 만들기 위해서 그 편지는 파리협정의 공식서명 3일 후에 보내졌다. 훨씬 더 은밀한 것은 그 편지가 원조는 의회의 승인에 달려 있다고 말하지 않아야 한다는 하노이의 주장을 돌아가는 방식이었다. 그것을 해결하기 위해서 키신저는 또 하나의 편지를 써서 닉슨 이름으로 별도로 보내졌다. 그것은 원조 패키지가 각자의 헌법 규정에 따라 각국에 의해서 시행될 것이라고 지적했다. 이것은 키신저와 닉슨에게 해외 원조에 관한 아무런 비밀 거래가 없었다고 의회의 브리핑에서 말할 수 있게 허용했다. 그것은 또한 키신저로 하여금 원조 패키지는 언제나 의회의 승인에 조건부적이라고 주장할 수 있게 해주었다.

서명식을 위해 안무가 이루어진 복잡한 무도회는 기본적 차이들이 어떻게 모호한 문구들로 덮여줬는가를 보여주었다. 심지어 끝까지 티에우 정부는 베트콩의 임시혁명정부의 존재를 인정하지 않거나 이름

---

673) *Ibid.*

으로 그것을 언급하는 서류에 서명하지 않았다. 그리하여 두 개의 상이한 휴전협정 버전이 작성되었다. 하나는 임시 혁명정부를 지칭하고 워싱턴과 하노이에 의해서만 서명되었다. 또 하나는 임시혁명정부를 이름으로 언급하지 않고 티에우의 외무상에 의해서 별도의 행사에서 서명되었다. 임시혁명정부의 외무상도 서명을 했지만 그것은 다른 페이지에 서명했다.[674)

하노이의 1969년 10개항 프로그램과 1973년의 합의를 항목별로 비교해보면 그것들은 대체로 심지어 용어에서도 동일하다는 것을 보여주었다. 그러나 중대한 차이가 있었다. 1973년의 협정에는 1969년 프로그램 중 제5항이 빠졌다. 그것은 티에우 정부가 휴전이 있기 이전에 공산주의자들을 승인하는 연립에 의해서 대치되어야 한다는 정치적 규정이었다. 1972년 10월까지 하노이는 이것을 고집했다. 게다가 베트남화 프로그램은 1973년까지 사이공의 군대가 1969년 보다 자신을 더 잘 방어할 수 있었다. 그러나 그것이 티에우가 사이공에서 권좌에 남아 있게 하기 위해서 추가로 4년 전쟁이 가치가 있었는가? 그 거래는 값비싼 것으로 드러났다. 추가적으로 20,552 명의 미국인이 죽고, 미국사회의 사회적 조직이 거의 풀려버리고, 정부권위에 대한 존경이 무너지고, 해외에서 미국의 명성에 독이 들어갔다. 이 거래가 오직 2년 동안만 유지된 것을 고려한다면, 즉, 그 후 공산주의자들이 장악하고 티에우를 축출한 사실을 고려한다면, 계속된 노력은 비록 협상에 의한 타결의 추구를 위한 동기들이 설사 명예로웠다고 할

---

674) Henry A. Kissinger, *White House Years,* Boston: Little, Brown, 1979, pp. 1464-1472.

지라도 정당화되지 않았다.[675)

그렇다면, 키신저가 수년에 걸쳐 물었던 것처럼 무슨 대안이 있었는가? 키신저가 종종 주장했던 것처럼 미국의 철수는 미국의 신용에, 즉, 미국이 소련에 맞설 것이고 그것의 조약공약을 준수할 것이라고 타국들이 갖는 신념에 상당한 손상을 입혔다. 다른 한편으로 미국은 국내외적으로 여론을 지지를 다시 확보했다. 세계에서 역할을 유지할 미국의 능력에 결과적인 손상은 실제로 발생한 것보다 훨씬 더 적었다. 철수 시간표는 미국의 협상력을 손상했을 것이라고 키신저는 주장했다. 더 좋든, 아니면 더 나쁘든 간에, 미국의 판단은 공개적 발표는 하노이가 협상할 마지막 인센티브를 파괴할 것이라는 점이었다. 그 판단은 오류임이 밝혀졌다. 하노이는 대규모의 미군이 1972년에 떠날 때까지 결코 진지하게 협상을 하지 않았다. 그러나 이 모든 것은 오직 회고적으로만 보다 선명할 뿐이다. 당시에 키신저는 협상타결이 신속하게 올 수 있을 것이라고 진지하게 믿었고 또 그것은 티에우 정권의 포기를 포함해서는 안 된다는 닉슨에 동의했다.[676)

그러나 우리가 이 목적을 수용한다고 할지라도 그것을 추구할 더 좋은 방법이 있었다. 의회와 협의하여 닉슨과 키신저는 국내적 지지를 이끌 만큼 충분히 관대한 최소한의 미국의 입장을 수립할 수 있었을 것이다. 국내적 합의가 없는 곳에서 일관된 정책은 불가능했다. 선명한 정책을 위한 의회와 대중의 지지를 끌어내지 않음으로써 닉슨과 키신저는 곧 비밀의 함정에 빠지게 되었다. 군사적 위협과 압력이 비

---

675) Walter Isaacson, *Kissinger: A Biography,* New York: Simon & Schuster, 1992, p. 484.

676) *Ibid.,* p. 485.

밀리에 적용되어야 했다. 누설에 사로잡혔다. 군대의 철수가 정책적 이유로서 보다는 초조한 대중과 시간을 버는 선물로 발표되었다. 그리고 간헐적 폭격과 침공의 발작적 행동들은 전장에서 지탱되는 이점보다는 국내적 불화를 더 많이 생산했다. 요컨대, 닉슨과 키신저가 추구한 정책은 그것의 지탱에 대한 국내적 지지보다는 기만과 비밀에 의존하는 것이 되어버렸다. 닉슨과 키신저가 달성한 주된 것은 미국의 철수와 그것이 방어하기로 공약한 정부의 패배 사이의 2년이라는 "적당한 휴지기간"(decent interval)[677]이었다. 그것은 미국의 신용을 보존하는 데 도움이 될 작은 무화과 잎을 제공하는 이점이 있었지만 그것은 4년 더 연장된 전쟁과 국내적 불화를 아마도 정당화시킬 수 없었다.[678]

파리협정 당시에 사이공 군대는 월남 영토의 75%를 장악하고 있었다. 월남의 군대는 하노이의 군대보다 더 크고 더 강했다. 만일 그것이 의지를 가지고 있었다면 그것은 권력을 유지할 수단을 갖고 있었다. 뿐만 아니라 키신저는 데탕트가 소련 지도자들에게 하노이를 견제할 것이라고 생각했다. 1975년 데탕트가 시들해 질때까지 그것은 그랬다. 가장 중요한 것으로, 키신저는 노골적 위반들을 응징함으로써 그 합의를 시행할 것이라고 가정했다. 이런 노선에 따라 키신저와 닉슨은 2년 후에 사이공이 몰락하면서 그것들이 드러났을 때 소란을 야기할 비밀서약을 티에우에게 했다. 그것은 만일 하노이가 이 합의의

---

677) 1967년과 1968년 그가 공직을 맡기 전에 참석한 여러 심포지엄에서 키신저가 이 문구를 사용했었다.
678) Walter Isaacson, *Kissinger: A Biography,* New York: Simon & Schuster, 1992, p. 485.

조건들을 준수하길 거부한다면 신속하고 응징적 조치를 취할 것이라는 그의 절대적 보증을 갖게 될 것이라고 11월 14일 티에우에게 보낸 키신저가 작성한 닉슨의 편지는 말했다. 1월 5일 또 하나의 편지가 서약했다: "만일 타결이 월맹에 의해서 위반 된다면 우리는 완전한 무력으로 대응할 것이다."[679] 후에 티에우는 그런 공약들이 마침내 그를 서명하게 확신을 주었다고 말했다.

키신저는 전쟁에 염증을 느낀 국가의 분위기를 잘 알고 있었다. 그래서 그는 미국인들이 군사적 공약의 재개를 허용하지 않을 것이라는데 아무런 환상도 없었다. 만일 그가 미국이 평화협정을 시행할 것이라고 진실로 믿었다면 그는 티에우에게 보낸 닉슨의 비밀 편지들에 그가 썼던 것을 그렇게 오랫동안 공개적으로 말하기를 피하지는 않았을 것이다. 그 대신에 키신저는 그런 서약을 하나의 전형적인 방법으로 취급했다. 즉, 의회와 협의하거나 대중에게 알리지 않고 비밀스럽게 취급했던 것이다. 이런 접근법을 위한 이유는 신비가 아니다. 키신저는 만일 그가 그 서약에 관해서 대중적으로 논의하게 되면 그들은 상원에 의해서 침몰당했을 것이다.[680] 비밀 서약을 함으로써 닉슨과 키신저는 미국의 군사적 공약에 동의하는데 있어서 의회가 수행할 역할을 위반했다. 다른 키신저의 비밀 조정과 마찬가지로 그것은 역효과를 낳았다. 2년 후에 의회가 마침내 알게 되어 헨리 잭슨(Henry Jackson) 같은 상원 의원들을 분노케 하였고 그리고 사이공을 위한 모든 자금을 차단하는 분위기에 기여했다.[681]

---

679) *Ibid.*, p. 486.
680) *Ibid.*

만일 그와 닉슨이 하노이의 위반에 대항하여 폭격하고 응징할 권위를 갖고 있었다면 사이공의 몰락은 연기되었을 것이라고 후에 주장했다. 키신저와 닉슨은 모두 결의의 실패를 워터게이트(Watergate)에 책임을 돌렸다. 그러나 워터게이트의 결과로 인한 행정적 권위의 몰락이 없었다면 미국은 성공했을 것으로 믿는다고 키신저는 말했다. 닉슨은 그가 살아 남았다면 협정을 시행하는 것이 가능했을 것이라고 말했다. 그러나 이 게이트는 많은 물을 지탱할 수 없었다. 일단 미국이 베트남에서 철수하는 길을 발견하자 의회나 대중은 워터게이트가 있건, 없건 간에 재개입을 허용하지 않았을 것이다. 1973년 여름에 의회는 비록 캄보디아에서 전쟁이 계속되고 있고 베트남 휴전이 위반되고 있음에도 불구하고 인도차이나에서 모든 항공작전을 금지하는 법안을 통과시켰다. 베트남에서 최종적 시험이 발생했을 때 그것은 제럴드 포드(Gerald Ford) 행정부의 초기였다. 포드는 1973년 폭격 차단을 통과시키는 데 도왔던 의회 지도자들 가운데 한 사람이었다. 그리고 그나 그의 전 의사당 동료들도 베트남에 재개입을 원하지 않았다. 워터게이트와는 무관하게 미국인들은 베트남과 더 이상의 관계를 원치 않았다.[682]

"전쟁의 시작 때만큼 전쟁의 끝에서 전쟁에 들어간 이유가 그럴듯해 보이지 않는 정치가들에게 재앙이 있을 지니!" 이것은 비스 마르크의 금언 중의 하나였다. 미국이 베트남 전쟁에 처음 들어갈 때 그 이유는 모스크바와 베이징에서 지시하는 단일한 공산주의의 위협에

---

681) Henry A. Kissinger, *White House Years,* Boston: Little, Brown, 1979, p. 1373.
682) *Ibid.,* p. 1470; Stanley Hoffmann, *Dead Ends,* Cambridge: Ballinger, 983, p. 43.

대처하는 것이었다. 1969년까지 키신저와 닉슨은 상황이 그렇지 않다는 것을 알았다. 전쟁에 들어간 또 하나의 이유는 중국을 봉쇄하는 것이었다. 키신저의 1971년 베이징 방문은 이런 전략적 이익이 덜 압박했다. 마지막으로 미국의 개입 이유는 친-공산주의적 민족주의 혁명이 거부하는 인민들에게 그것의 제도를 강요하는 것을 방지하는 것이되었다. 그것은 도덕적이고 품위 있는 목적이었다. 그러나 월남인들과그것의 허약한 정권이 8년간 미국의 대규모 지원 후에도 자신들을 보호할 수 없다면 그러면 미국의 개입은 필연을 연기하는 데에만 기여할 것이다. 이것은 거대한 희생의 가치가 거의 없는 목적이었다.

그럼에도 불구하고 비판은 조망에 넣어야 한다. 1973년 초까지 키신저와 닉슨은 베트남에서 미국의 군사적 불행에 종식을 가져왔다. 베트남의 파벌들이 전쟁을 계속하자 몰래 도망치는 대신에 키신저와닉슨은 적어도 그 순간에는 죽임을 줄이는 휴전을 확보했다. 뿐만 아니라 미국의 동맹국은 생존할 적당한 기회를 부여 받았다. 과거 케네디와 존슨 두 행정부의 관리들 중 많은 사람들은 그들의 책임이 끝나자마자 우쭐대는 비둘기들이 되었다. 그러나 그들은 자신들의 8년 동안 55만 명에 가까운 미군의 어리석은 전개를 간과했다. 닉슨 행정부가 그 과정을 즉시 뒤집고 철수하기 시작했다. 그것은 모든 장병들과전쟁 포로들을 단지 4년에 걸쳐 귀국시켰다. 그것을 보다 신속하고깨끗하게 했다면 더 현명했을 것이지만 적어도 그것을 해냈다. 키신저는 '우리가 정부를 맞았을 때 50만 명 이상의 미국인이 베트남에있었다. 그리고 우리는 우리에게 의지하는 사람들을 파괴하지 않고그들을 귀국시켰다"고 말했다.[683]

파리협정은 미국에게 베트남전 개입을 마비시키는 절망 이전에 세계에서 그랬던 것처럼 영향력 있는 역할을 수행할 기회를 놀랍게도 제공한 재수립된 미국외교정책의 최종적 요소였다. 중국에 대한 문호 개방과 소련과의 긴장완화와 함께 그 전쟁이 종결을 공작함으로써 키신저는 외교정책의 기성제도의 타성적 관료제도뿐만 아니라 케네디와 존슨 행정부의 상상력을 넘어서서 지구적 안정의 3각 구조를 창조하는데 기여했다. 그리고 닉슨의 제2기 임기도 창조적 외교의 확장을 위한 가능성으로 시작했다. 의회의사당 계단의 플랫폼으로부터 키신저는 86세의 부친을 자기 옆에 모시고 닉슨의 두 번째 취임식을 보았다. 3일 후 1월 23일 키신저는 파리로 비행하여 최종적으로 "베트남에서 전쟁을 종식시키고 평화를 부활시키는 합의서"(Agreement on Ending the War and Restoring the peace in Vietnam)에 서명했다. 그리고 그는 휴전을 발표하는 대통령이 텔레비전으로 생방송되는 시간에 늦지 않게 그날 저녁에 귀국했다.

대국민 연설을 한 뒤에 닉슨은 링컨의 거실로 가서 가벼운 저녁을 먹고 차이코프스키의 레코드 판을 틀고 모든 전화의 중지를 명령했다. 자정 즈음에 닉슨은 집에 있는 키신저에게 전화를 걸었다. "모든 성공은 무서운 실망을 가져온다. 그것에 굴복하지 말라. 그리고 낙담하지 말라. 아직 싸워야 할 많은 전투가 있다"고 대통령은 말했다. 키신저는 닉슨이 자기 자신에게 진실로 말하고 있는 것처럼 그것이 다소 기이하다고 생각했다. 키신저는 후에 자기는 흥분하지도, 슬프지도 않았고, 평화로웠다고 지적했다. 그가 로저스에게 하나의 선물이라고

---

683) Henry A. Kissinger, *White House Years,* Boston: Little, Brown, 1979, p. 1386.

부른 것으로, 키신저는 1월 27일 외무상들에 의한 공식 파리 서명식에 참석하지 않는 데 대해 동의했다. 그는 대신에 워싱턴에 머물렀다. 그날 토요일에 무엇을 할 것인지를 그에게 묻는 윌리엄 새파이어(William Safire)에게 "나는 집에 있을 것이다. 나는 잔을 들고 내 목소리에 놀라움을 담아서 '평화가 가까이에'라고" 키신저는 대답했다.684)

684) *Ibid.*, pp. 1467-1476; Walter Isaacson, *Kissinger: A Biography*, New York: Simon & Schuster, 1992, pp. 489-490.

제13장
닉슨(Nixon)의 국무장관(Secretary of the State):
외교의 마법사 IV

"정치가는 각 개별적 사건들을 그것의 장점에서 다룰 수 있는 판사와는 다르다.
냉전 시대에 대전략을 만드는 사람은 적대적이고 중무장한 경쟁자에 대항하는
기나긴 투쟁의 맥락에서 모든 사건들을 동시에 고려해야만 한다."
-헨리 키신저-

1973년 5월 키신저는 그동안 위기들 사이에서 그를 사로잡았던 직
업적이고 관료적인 그리고 또 개인적 문제들을 처리하면서 비교적 편
안한 모습을 보였다. 그때 가서 워터게이트(Watergate) 스캔들이 닉슨
의 백악관을 소진시키기 시작했다. 민주당 본부의 도청 시도로 시작
했던 것이 닉슨과 그의 국내문제 고위 비서들이 그들의 풍성한 자금
의 불법적 선거운동의 폭로를 막으려는 깊은 은폐로 바뀌었다. 4월의
마지막 밤에 감정적이고 거북한 연설에서 닉슨은 국민들에게 비서실
장 홀더만과 국내문제 담당 보좌관 얼리크만이 은폐에 관련하여 사임
한다고 말했다. 키신저가 그들에게 전화하여 자신의 동정심을 전했다.
워터게이트의 뿌리는 키신저가 잘 알고 있는 현상에 있었다. 홀더만

이 떠나자 닉슨에겐 알렉산더 헤이그가 새로운 비서실장으로 적합한 선택이었다. 그는 펜타곤에 있을 때 대통령 집무실에 직접 연결된 사적 전화선을 통해 닉슨과 긴밀한 관계를 유지했다. 그리고 그는 키신저를 넘어 닉슨에 대한 그의 충성을 이미 입증했다.[685]

닉슨은 키신저의 부관을 사실상 그의 보스로 임명하는데 대한 키신저의 반응에 대해 당연히 염려했다. 헤이그는 다음 날 아침에 키신저를 예의상 방문해 키신저의 축복을 받지 않으면 비서실장직을 받지 않겠다고 말했다. 키신저가 그것은 난센스라며 수락할 것을 촉구했다. 그때 가서야 비로소 닉슨은 키신저에게 전화를 걸어 그 임명을 공식적으로 말했다. 그는 직접 만나기보다는 전화를 했다. 닉슨은 그가 선호하는 후임자를 물었고 키신저는 키신저의 최고위 부관이었던 공군 중장 브렌트 스코우크로프트(Brent Scowcroft)를 제안했고 닉슨은 그 제안을 거절했다. 그는 헤이그와 결코 가깝지 않았고 또 사실상 야심적 육군 장군을 많이 좋아하지 않은 것으로 보였다. 스코우크로프트가 결국 헤이그를 대치했을 때 닉슨은 키신저의 활동에 대해 정보를 공급할 것을 확실히 하고 싶었다. 스코우크로프트는 후에 그것은 간접적 대화였으며 아무 곳으로도 가지 않았다고 회고했다.[686]

기대했던 대로 처음엔 키신저와 헤이그 사이에 많은 긴장이 있었다. 헤이그는 대통령을 위한 키신저의 보고서에 자신의 의견을 달았다. 키신저는 참을 수 없다고 분개했다. 그는 그해 여름에 줌월트(Zumwalt) 제독에게 분노를 표시했고, 만일 자기가 곧 국무장관이 되지 않으면

685) Walter Isaacson, *Kissinger: A Biography*, New York: Simon & Schuster, 1992, p. 492.
686) *Ibid.*, p. 493.

떠나겠다고 위협했다.687) 그러나 그들의 배를 위협하는 워터게이트가 시작되자 흥미로운 다이내믹한 현상이 발생했다. 진정으로 국가적 비극에 직면한 키신저와 헤이그가 서로를 동급으로 다루면서 서로를 그 스캔들로부터 보호하면서 조화롭게 일하기 시작했다. 워터게이트를 다뤘던 밥 우드워드(Bob Woodward)와 다른 기자들의 중요한 원천이 된 헤이그가 키신저의 콧대를 꺾거나 혹은 그의 기반을 밀어버려 키신저를 쉽게 무너뜨릴 수도 있었다. 그러나 이상하게도 헤이그는 키신저를 보호했다.688)

헤이그가 비서실장직을 인수한 바로 그날 키신저는 소련으로 1주일 간의 출장을 떠났다. 그것은 키신저가 단지 대통령의 비서가 아니라 어떻게 세계를 여행하는 지도자로 대접받기 시작했는지를 보여주는 거대한 방문이었다. 그의 목적은 다음 달 브레즈네프의 워싱턴, 캠프 데이비드, 그리고 샌클레멘테의 방문을 준비하는 것이었다. 논의할 실질적 업무가 별로 없는 소련 지도자는 키신저와 그의 일행을 자기 자신의 캠프 데이비드에서 머물게 했는데 그것은 자비도보(Zavidovo)라고 불리는 모스크바 북쪽 90마일 지점에 위치한 사냥 금렵 구역이었다. 브레즈네프는 자수성가한 백만장자의 자부심으로 자신의 거대하고 화려한 빌라를 자랑했다.

키신저의 마음속에 소련은 이제 더 이상 혁명국가가 아니었다. 중국과는 달리 그것은 이념적 열정의 불꽃을 계속해서 피우지 않았다. 그 대신에 소련은 적어도 1970년대 동안에 당 관료제도의 자기 보존

---

687) *Ibid.*, p. 494.
688) *Ibid.*

에 헌신하는 제국이 되었다. 자신의 박사학위 논문과 초기 저작에서 키신저는 혁명적 국가들을 다루는데 있어 어려움을 설명했다. 그러나 이제 소련을 다루는 것이 가능하다고 그는 느꼈다.[689] 그들이 아늑한 사냥 타워에 앉자 브레즈네프는 중국인들이 불충실한 야만인들이라고 말했다. 이제 그들은 핵무기를 건설하고 있으니 뭔가를 해야 한다는 것이었다. 키신저에게 브레즈네프는 중국에 대한 소련의 예방공격을 위해 미국의 묵시적 승인을 추구하고 있는 것으로 보였다. 키신저는 중국의 상황은 분쟁을 평화적으로 타결할 중요성을 강조하는 문제들 중의 하나라고 주의 깊게 대답했다. 중국을 통제하는 소련과 미국의 공동지배는 물론 결코 그의 카드에는 없었다.[690]

키신저가 러시아에서 돌아왔을 때 언론은 그에게 도청 프로그램에 관해서 그가 무엇을 알고 있는지를 열심히 물었다. 갑자기 키신저가 더 이상 명쾌하지 않았다. 해석하기 불가능한 애매한 말들의 산만한 과시 속에서 그는 마땅한 헌법적 과정의 개념을 얘기했다. 일단 모든 사람들을 혼란스럽게 한 뒤에 그는 자기 사무실은 다른 과정에 의해 수행되는 어떤 활동도 취급하지 않았거나 알지 못했다고 끝을 냈다. 아무도 그를 물고 늘어지지 않았지만 댐은 막 터지려고 했다. 칼 번스타인(Carl Bernstein)과 함께 그의 워터게이트 조사로 매주 한두 개의 큰 폭로를 생산하고 있는 <워싱턴 포스트>의 밥 우드워드(Bob Woodward)는 FBI의 고위 관리에게 전화하기로 결정했다. 그는 누가 이런 도청을 승인했는가를 물었다. FBI의 여러 사람들 중 한 사람이

---

689) *Ibid.*, pp. 495-496.
690) *Ibid.*, p. 496.

키신저 자신이 명단을 보냈다고 대답했다.

우드워드는 키신저와 잘 아는 사이가 아니었다. 그가 백악관 교환수를 통해 키신저와 연결되었을 때 그는 처음에 수줍어했다. 그가 승인했는지를 묻자 키신저는 그것은 사실이라고 믿지 않는다고 대답했다. 우드워드가 부인하는 것이냐고 묻자 키신저는 잠시 멈추었다가 솔직히 기억나지 않는다고 대답했다. 그리고 키신저는 누설된 서류에 접근할 수 있는 사람들의 명단을 FBI에게 제공했다는 것은 인정하고 그들이 이것을 승인으로 생각했을 가능성이 높다고 말했다. 그것은 키신저에게 있어 비교적 솔직한 인정이었다. 그리고 그는 나아가 책임문제에 관해서 계속 얘기했다. 그러다 갑자기 키신저가 우드워드에게 자기를 인용하느냐고 물었다. 우드워드가 그렇다고 대답하자 키신저가 자기는 배경설명을 했을 뿐이었다고 말하면서 자기는 솔직하려고 노력했는데 그가 이제 자기를 곤란하게 만들고 있다면서 지난 5년 동안 이런 함정에 빠진 적이 결코 없다고 열이 나서 주장했다.

우드워드는 키신저가 언론으로부터 어떤 대접을 받는지가 궁금했다. 그래서 그는 <워싱턴 포스트>를 위해 키신저를 취재해온 외교담당 기자인 머리 마더(Murrey Marder)와 상의했다. 마더는 키신저가 정규적으로 성명을 내고 나면 배경설명이 허용되었다고 인정했다. 그 후 마더와 우드워드는 운영편집자인 하워드 사이몬스(Howard Simons)에게 가서 얘기했다. 그들은 보스인 벤 브래들리(Ben Bradlee)가 이미 귀가했기 때문에 그에게 전화를 걸었다. 사이몬스가 스피커폰으로 연결하자 브래들리는 키신저로부터 전화를 받았는데 그가 몹시 화가 나 있다고 말했다. 그리하여 사이몬스는 그 스토리를 하루 정도 정지시키기로 결정했다. 그러나 그때까지 그것은 <워싱턴 포스트>에 너무 늦은 것이었다. <뉴욕 타임즈>의 세이무어 허쉬(Seymour Hersh)도 역시 그 정보를 갖고 있었다. 그의 원천은 FBI의 제3인자인 윌리엄 설리번(William Sullivan)이었다. FBI국장이 되길 열망하는 그가 키신저에게 그가 도청에 관해서 알고 있는 것을 서술하는 메모를 키신저에게 보냈다. 그것은 거의 성공했다. 헤이그가 취임하는 새 법무장관인 엘리엇 리처드슨(Elliott Richardson)에게 키신저의 설리번 추천을 전했지만 리처드슨은 그것을 거절했다. 그러자 설리번은 키신저 이름이 위에 있는 도청 승인들에 관한 복사본들을 허쉬에게 주었다.

허쉬가 그 스토리를 출판하지 않도록 설득하려고 애를 쓴 사람들 사이에는 헤이그도 있었다. 비록 그가 키신저의 부관으로 일하는 동안에 키신저에 관해서 거듭해서 욕을 했음에도 불구하고 외교정책의 책임자로 키신저의 천재성을 존경했다. 이제 헤이그는 워터게이트의 소용돌이 속에서 어느 정도의 안정을 유지하려고 시도하는 백악관의 비서실장이었다. 헤이그가 언론인들에게 전화를 걸어 키신저는 도청 얘기로 손상되어서는 안 되는 국가적 자산이라고 서술하기 시작했다.[691] 그가 어떤 기자들은 파괴하려는 데 헌신적이라고 우호적 언론인들에게 불평했다. 헤이그는 허쉬에게 그가 쓰고 있는 스토리가 키신저를 사임하게 할 것이라고 경고했다.

그러나 허쉬는 자기의 얘기를 지연시키지 않았다. "키신저가 도청을 요구했다고 한다"는 것이 다음 날 아침 <뉴욕 타임즈>의 전면의

---

691) Walter Isaacson, *Kissinger: A Biography,* New York: Simon & Schuster, 1992, p. 499.

헤드라인이었다. 5월 17일 바로 그날 상원 의원 샘 어빈(Sam Ervin)은 대중들 마음속에 도청 프로그램과 같은 문제들과 엮인 워터게이트에 대한 텔레비전 생방송의 청문회의 시작을 알리는 의사봉을 두드렸다. <워싱턴 포스트>에서는 마더가 키신저의 조망으로 그 상황을 제시하는 스토리로 뒤따랐다. 마더가 "이것은 그의 치솟아 오르는 경력에서 가장 고통스러운 시기들 중 하나"라고 썼다. "지난 주 동안에 키신저는 국내외 옛 친구들에게 그가 사임을 고려하고 있다고 감정으로 말했다"고 전했다.[692] 그 스토리는 또한 헤이그가 도청 프로그램을 활기차게 옹호했고 또 기자들에게 키신저를 잡지 말라고 촉구했다는 것도 지적했다. 키신저에 대한 압력은 닉슨이 자기가 이 전체 프로그램을 승인했다고 말하는 도청에 관한 성명을 발표한 다음 주에 가라앉았다. 한동안 그의 문제는 단지 개인적인 문제가 되었다.

도청의 소용돌이에도 불구하고 키신저는 자기 인기의 절정에 도달하고 있었다. 1973년 갤럽 여론조사에서 그는 닉슨이 몰락하면서 미국인들이 가장 찬양하는 인물 1위에 올랐다. 하원 의원인 조나단 빙햄(Jonathan Bingham)은 키신저와 같이 외국에서 태어난 시민이 대통령의 출마를 허용하는 헌법수정을 제안했다. 그는 런던에서 밀랍인형 박물관인 마담 투쏘(Madame Tussaud)에서 가장 인기 있는 정치적 인물이 되었다. 세계미인대회에 출전자들은 그를 오늘날 세계에서 가장 위대한 인물로 키신저에게 압도적으로 투표했다. 그 달에 그의 제50회 생일은 분출하는 칭송의 계기가 되었다. ABC의 하워드 스미스(Howard K. Smith)는 그를 관광객들이 엘리자베스 테일러(Elizabeth Tayler)에게

692) *Ibid.*, p. 500.

할 것처럼 한 번 보려고 그들이 모여드는 진정한 스타라고 불렀다. <뉴욕 타임즈>의 러셀 베이커(Russel Baker)는 그를 "대중의 명사 제1번"이라고 명명했다. 그의 친구이며 비평가인 조셉 크래프트는 "50세의 거장"(The Virtuoso at 50)이라는 제목 하에 소련과 중국으로 그가 창조한 새로운 세계의 균형을 꿰뚫어보고 그것은 장엄함에서 캐슬레이나 비스마르크의 재주에 버금가는 외교적 업적이라고 선언했다.[693] 맨해튼에서 열린 키신저의 생일 축하 파티에서 넬슨 록펠러 뉴욕 주지사는 그의 건배사에서 "역사가 인간을 만드는가 아니면 인간이 역사를 만드는 가의 문제가 항상 있어왔다면서 헨리 키신저는 그 문제를 해결했다. 인간이 역사를 만드는 것이다"라고 말했다.[694]

닉슨 대통령이 8월에 마침내 키신저를 국무장관으로 임명하기로 결정했을 때 그는 결코 그와 상의하지 않았다. 그 대신에 오직 헤이그와 상의했다. 8월 21일 키신저는 닉슨과 샌클레멘테에 있었다. 대통령 기자 회견이 다음날로 예정되었다. 그리고 키신저는 그것이 자기의 임명에 관한 발표를 포함할 것이라고 가정했다. 그러나 그는 대통령으로부터 아무 말도 듣지 못했다. 그날 오후에 닉슨은 키신저의 자녀들인 데이비드와 엘리자베스를 수영에 초대했다. 대통령이 도착했을 때 그의 딸인 줄리가 생각을 다듬어서 그에게 말했다. 자기 아버지의 요구로 줄리가 키신저에게 전화를 걸어 그가 풀장에 합류하고 싶은지를 물었다. 닉슨이 수영하면서 기자회견에서 예상되는 질문들을 건드리는 동안 키신저는 계단에 앉아 있었다. 갑자기 다정함이나 열

---

693) *Ibid.*, p. 501.
694) *Ibid.*

정도 없이 대통령은 말했다. "나는 국무장관으로 당신의 임명을 발표하는 기자회견을 열 것이다." 키신저는 "당신의 믿음에 가치가 있기를 희망한다"고 키신저가 대답했다.[695]

다음날 기자회견에 키신저는 초대되지 않았다. 그는 자신의 별장에서 그것을 텔레비전으로 보았다. 윌리엄 로저스에 대한 닉슨의 칭송은 너무나 감정적이어서 그것은 진실성이 별로 없어 보였다. 그는 로저스의 사임을 가장 큰 망설임과 유감으로 수락했다면서 로저스는 첫 임기 말에 사임하길 원했지만 베트남 협상의 결말을 포함하여 그의 주의를 필요로 하는 미완의 일들로 인해 그가 직책에 남아 있었다고 말했다. 그의 코멘트는 다정하고, 관대하고, 또 개인적이었다. 그리고 닉슨은 로저스의 후임자에 대해 간결하게 말했다. "이 자리에 대한 키신저 박사의 자격은 여러분 모두에게 잘 알려져 있다"고 그는 생각한다고 말했다. 그 말이 전부였다. 더 이상의 설명이 없었다. 바로 그 순간에 노르웨이의 영화배우 리브 울만(Liv Ullmann)이 오슬로에서 행사를 모르고 잡답을 위해 전화를 걸었다. 키신저는 그가 얘기할 수 없다고 설명했지만 그가 전화를 끊었을 때 자신에 관한 닉슨의 덧없는 언급을 놓쳐버렸다.

태어난 땅에서 박해로부터 살아남은 뒤에 외국에서 태어난 피난민이 토마스 제퍼슨까지 거슬러 올라가는 빼어난 인물들의 줄에서 제54번째로 미국의 국무장관이 되는 순간이었다.[696] 그러나 기자들이 닉슨에게 워터게이트에 관한 질문들을 퍼붓는 동안 그는 그 8월의 오

---

695) *Ibid.*, p. 504.
696) *Ibid.*

후에 텔레비전을 응시하고 있었다. 키신저는 후에 자기가 결코 도달하리라고 상상하지 못했던 직책을 달성했지만 축배같이 느껴지지 않았다고 말했다. 다음날 키신저는 언론에 의해서 그는 "미스터 세크리터리(Mr. Secretary), 아니면 닥터 세크리터리(Dr. Secretary) 중에 어느 것으로 불리우길 선호하느냐"는 질문을 받았다. 그가 자기는 의전에 까다롭지 않다면서 그들이 자기를 "각하"(Excellency)라고 부르면 자기에겐 그만이라고 말했다.[697] 키신저는 그의 인준 청문회에서 가장 어려운 문제는 도청일 것이라고 알고 있었다. 그러나 실제로 청문회는 다소 부드러웠다. 키신저는 비공개 청문회에서 도청의 실행을 결코 추천하지 않았다고 증언했다. 그는 그것에 관해서 알고 있었고 문제의 민감한 서류에 접근성을 가진 사람들의 명단을 제공하는 데까지 함께 갔다고 말했다. 상원 의원들인 존 스파크먼(John Sparkman)과 클리포드 케이스(Clifford Case)가 FBI 파일들에 대한 특별조사를 했고 키신저 박사의 인준을 금지할 근거를 이룰 증거가 없다는 결론을 내렸다.[698]

9월 21일 상원은 키신저를 인준했다. 그의 반대자들은 가장 보수적이고 또 가장 진보적인 공화당원인 제시 헬름스(Jesse Helms)와 로웰 와이커(Weicker)를 포함했다. 민주당은 조지 맥거번(George McGovern)을 포함하여 5명이었다. 그러나 대부분의 상원 의원들을 키신저를 강력하게 지지했다. 다음날 일요일 취임식이 계획되었다. 150여명에 가까운 친구들, 친척들, 그리고 저명인사들이 축하행사를 위해 이스트

---

697) *Ibid.*
698) Walter Isaacson, *Kissinger: A Biography,* New York: Simon & Schuster, 1992, p. 505.

룸(the East Room)을 꽉 메웠다. 물론 프리츠 크래머와 넬슨 록펠러도 그 자리에 있었다. 커크 더글라스와 로버트 이반스도 있었다. 폭정의 피난민이 이민 온 땅에서 최고 장관이 된다는 생각에 고무된 그들의 대부분에게 그것은 미국인으로서 뿐만 아니라 친구들로서 감동의 순간이었다. 그들 대부분의 눈에 눈물이 고였다. 한 사람의 예외가 있었는데 계속해서 빛을 발하는 키신저의 어머니 파울라 키신저(Paula Kissinger)였다. 왜 울고 있지 않느냐는 질문을 받았을 때 그녀는 웃으면서 "헨리가 나에게 금지시켰다"고 말했다.[699] 사실상 그녀는 매 순간을 즐기고 있었다.

키신저가 국무장관으로 승격된 한 달 후에 그와 레둑토는 비록 휴전이 엉망이었음에도 불구하고 베트남 협정에 대해 공동으로 노벨평화상을 수상했다. 이 선발에 대한 반응은 평화적이지 않았다. 레둑토는 월남에서 평화가 아직 수립되지 않았다고 말하면서 그 상과 13만 달러의 상금을 거절했다. 수상자를 뽑은 노르웨이 의회위원회의 5인 위원들 중에서 2명이 항의의 뜻으로 사임했다. <뉴욕 타임즈>는 그 것을 "노벨 전쟁상"이라고 명명했다. 하버드의 에드윈 라이샤워(Edwin Reischauer) 교수는 "노르웨이인들이 그곳에서 무엇이 발생했는지 잘 이해하지 못했거나 좋은 유모어 감각을 갖고 있다"고 선언했다. 60명에 달하는 다른 하버드와 MIT 학자들은 정상적인 정의감을 가진 사람이 취할 수 있는 이상의 상이라고 부르는 편지에 서명했다. 키신저조차도 그 상에 대해서 다소 불편했던 것으로 보였다. 비록 우쭐하긴 했지만 그는 시상식에 직접 참가하지 않고 미국대사를 노르웨이에 보

---

699) *Ibid.*, p. 506.

내기로 결정했다. 그는 조용히 그의 상금을 베트남에서 전사한 장병들의 자식들을 위해 뉴욕 커뮤니티의 신탁회사에 기증했다. 2년 후에 사이공이 공산주의자들에게 떨어졌을 때 그는 노벨 위원회(the Nobel Committee)에 편지를 보내 상과 상금의 반환을 제안했다. 그 제안은 거부되었다.[700]

닉슨 대통령의 제1기 임기 동안에 키신저는 중동외교에 거의 아무런 역할을 하지 않았다. 그곳은 대통령의 생각에 키신저가 유대인으로 믿음이 덜 갔기 때문에 윌리엄 로저스에게 유보된 영역이었다. 그러나 이제 10월 6일 토요일 여명의 직전에 조셉 시스코(Joseph Sisco)가 그의 주말 계획을 뒤엎을 뿐만 아니라 국무장관으로서 그의 다음 2년간을 지배할 소식을 가지고 월도르프 타워스(the Waldorf Towers)의 35층 스위트 룸에서 잠자고 있던 키신저를 흔들어 깨웠다. 그는 놀란 키신저에게 이집트와 시리아가 이스라엘에 기습공격을 단행했다고 말했다. 그후 16일 간의 싸움은 그 공격이 유대인 달력의 가장 신성한 날에 일어났기 때문에 욤 키푸르 전쟁(Yom Kippur War)으로 알려졌다. 무슬림 사이에서는 그것이 그들에게 역시 신성한 날과 일치했기 때문에 라마단 전쟁(the War of Ramadan)으로 지칭되었다. 이집트와 시리아의 공동 사령부는 그것에 바드르 작전(Operation Badr)이라는 암호명을 주었다. 왜냐하면 그것이 무하마드가 메카로 들어간 전투의 1,350주년이 되는 날이었기 때문이었다.[701]

전쟁의 발발 몇 시간 후에 키신저는 NSC의 위기위원회인 WSAG

---

700) *Ibid.*, p. 508.
701) *Ibid.*, pp. 512-513.

의 회의를 주재하기 위해서 워싱턴으로 돌아왔다. 이스라엘은 비록 그들이 하루 이틀 사이에 아랍의 공격을 물리칠 것이라고 널리 기대되었음에도 불구하고 이미 군사적 보급을 위한 비상요청을 했다. 케네스 러쉬(Kenneth Rush) 국무부 부장관은 이스라엘에 즉시 보급품을 보내는데 반대했다. 그는 그들이 진정으로 부족하지 않다고 말했다. 펜타곤은 더욱 강력하게 반대했다. 이스라엘에 뭔가를 보내는 것은 정직한 중재자로서 미국이 가질 이미지를 훼손할 것이라고 제임스 슐레진저 국방장관이 말했다. 키신저는 국방부가 이스라엘에 등을 돌리길 원한다고 그날 저녁에 키 비스케인(Key Biscayne)에서 대통령과 함께 있는 백악관 비서실장인 헤이그에게 보고했다. 이리하여 워싱턴을 1주일 동안 지배할 치명적 분쟁이 시작되었다. 어느 정도로 미국은 이스라엘에 재보급해야 하는 가의 문제였다.

전쟁 동안 닉슨은 워터게이트에 사로잡혀 있었다. 다음 2주 동안 부통령 스피로 애그뉴(Spiro Agnew)가 재정적 스캔들로 사임해야 했고, 제럴드 포드(Gerald Ford)가 그를 대치했다. 그리고 닉슨은 법무장관 엘리엇 리처드슨(Elliot Richardson)과 워터게이트 특별검사인 아치볼드 콕스(Archibald Cox)를 해임하여 토요일 밤의 학살(the Saturday Night Massacre)이라고 알려졌다. 그리하여 키신저는 과거의 담판들에서보다는 더 자유로운 입장이었다.

실제로 많은 대화에서 헤이그와 키신저는 대통령과 협의하지도 않고 치명적 결정들을 했다. 이 과정은 전쟁이 터졌던 그 토요일에 헤이그에게 키신저의 첫 전화들로 시작했다. 이스라엘은 그들이 상당한 탄약이 필요하다고 말한다면서 아랍인들이 후퇴하지 않는 한 미국은 그것을 주어야 한다고 키신저가 말했다. 헤이그가 아무런 문제가 없다고 답했다. 그리고 그들은 대통령과 협의하지 않고 그 토대 위에서 진행했다.[702] 토요일 키 비스케인에서 했던 그의 대화에서 헤이그는 그는 대중들에게 비록 그렇지 않다고 해도 닉슨이 중요한 결정을 하고 있다는 인상을 주어야 한다고 키신저에게 강조했다. 키신저가 동의했다. 이것을 통해 미래 리더십의 중요성을 국민들에게 알릴 수 있다고 생각한다고 키신저는 말했다. 그러나 키신저는 그것이 히스테리컬한 조치로 보일까 두려워서 닉슨이 워싱턴으로 돌아오기를 원하지 않았다. 헤이그도 키 비스케인에게 닉슨을 더 오래 머물게 하는데 노력하겠다는 데 동의했다. 키신저는 헤이그가 직면한 것을 알고 있다면서 이것이 그들이 함께 견뎌낸 처음도 아니라고 헤이그에게 말했다.[703]

키신저는 이스라엘이 신속하게 이길 것으로 가정했다. 그리고 그는 그것의 승리를 지나치게 일방적으로 만들 수 있는 주요지원을 이스라엘에 제공하는 데 반대했다. 키신저는 첫 주말에 슐레진저에게 최선의 결과는 이스라엘이 조금 앞서지만 그 과정에서 피를 흘리고, 그리고 미국이 깨끗하게 머무는 것이 될 것이라고 말했다. 키신저는 후에 전략은 이스라엘이 이집트에게 또 다시 굴욕을 주는 것을 막는 것이었다고 설명했다. 그는 미국의 이집트의 문호개방을 가져오고, 소련인들과 긴장완화를 보존하고, 그리고 이스라엘로 하여금 협상타결의 이득을 보게 하는 것이길 희망했다.[704]

---

702) *Ibid.,* p. 514.
703) *Ibid.*
704) Walter Isaacson, *Kissinger: A Biography,* New York: Simon & Schuster, 1992, p. 515.

외교 전선에서 키신저는 이스라엘이 이집트와 시리아를 원래 전선으로 되돌릴 때까지 유엔이 현장에서 휴전을 부과하려는 노력을 며칠 동안 지연하길 원했다. 그렇지 않으면 그런 휴전은 아랍으로 하여금 그들의 기습공격에서 장악한 땅을 보지하도록 허락할 것이다. 그 대신에 키신저는 전쟁 이전 상태의 휴전을 제안했다. 바꾸어 말하면 각 측이 싸움을 시작하기 이전으로 돌아가는 것을 요구할 휴전이었다. 공개적으로 키신저는 이것이 이집트와 시리아가 개전에 대해 보상받지 않는 것을 확실히 하는 오직 공정한 방법이라고 주장했다. 사적으로 그의 의사일정은 보다 복잡했다. 그는 아랍인들이 마침내 탈환한 그들의 영토를 포기하게 할 길이 없다는 것을 잘 알고 있었다. 그의 진정한 목적은 이 결과를 요구하게 하는 것이었다. 그리하여 만일 전투가 뒤집히고 이스라엘이 새로운 아랍 영토를 장악한다면 그것은 이미 기록상 전쟁 전 전선으로 돌아가는 것을 선호할 것이다. 전쟁 이전 상태의 휴전에 대한 희망은 없었지만 키신저는 이스라엘이 그 원칙에 서명하고 만일 그들이 전쟁을 뒤집었을 때 그것을 그들에게 대항하여 사용할 수 있기를 원했다고 회고했다.[705]

10월 7일 일요일, 전쟁의 둘째 날, 키신저 국무장관과 슐레진저 국방장관은 펜타곤이 이스라엘에 사이드 와인더(Sidewinder) 미사일들과 탄약을 이스라엘에 제공하지만 그것은 버지니아 공군기지에서 공급품을 비밀로 픽업하기 위해서는 무표시의 엘 알(El Al) 항공기들이 필요할 것이라는 데 동의했다. 슐레진저가 미국항공기를 사용할 생각인가를 키신저에게 묻자 그는 아니라면서 그들이 이곳으로 올 것

705) *Ibid.*

이라고 대답했다. 그날 밤 늦게 이스라엘의 대사 심차 디니츠(Simcha Dinitz)가 키신저에 전화를 걸어 이스라엘의 항공기가 미국 군사관리들에 의해 공군기지에 착륙허가가 주어지지 않았다고 말했다. 키신저는 그가 그 문제를 해소하겠다고 약속하면서 "오, 이 저주받을 바보들"이라고 소리를 질렀다.[706]

연계전략이 자연스럽게 다가온 키신저는 디니츠와 소련대사 도브리닌과 모종의 교환을 즉시 수립했다. 그들은 1972년 워싱턴이 소련에게 약속했던 최혜국(MFN) 무역지위에 집중했다. 헨리 잭슨(Henry Jackson) 상원 의원의 주도로 의회는 모스크바가 유대인 이민에 대한 제약을 거두지 않는 한 이 새 무역관계를 막겠다고 위협하고 있었다. 따라서 키신저는 이스라엘의 재보급과 소련무역법안을 연계하기 시작했다. 키신저는 일요일에 만일 소련인들이 중동위기에서 자제를 보인다면 최혜국 지위를 위해 계속 밀고 나갈 것이라고 도브리닌에게 말했다. 다음날 그는 한 워싱턴 회의에서 연설할 계획이었다. 다음날 일찍 도브리닌이 브레즈네프의 메시지를 가지고 전화를 하였다. 그 메시지는 소련이 그와 협력할 것으로 느낀다는 것이었다. 키신저는 그에게 감사하며 자기의 연계를 되풀이했다. 그는 그날 밤 연설에서 MFN에 대해 어떤 언급을 포함하겠다고 약속했다.

그 연계 방식의 이스라엘 측면에 관해서 키신저는 도브리닌에게 이스라엘에 재보급하는 미국의 노력에 대한 대가로 유대인 지도자들이 소련의 무역법안에 대한 잭슨 상원 의원의 수정안에 대한 그들의 지지를 철회할 것을 기대했다. 그들은 마지못해 그렇게 했다. 키신저

---

706) *Ibid.*, p. 516.

는 일요일 아침에 전화 대화에서 헤이그에게 이 거래에 관해서 말했다. 이스라엘에의 재보급에 관해서 말하면서 그는 만일 미국이 그들을 지원하면 그들은 MFN을 도우려 할 것이라고 설명했다. 다음날 그가 도브리닌에게 약속했던 부분의 연설을 준비하면서 그는 디니츠 대사에게 전화를 걸어 그가 MFN 지위를 언급하는 연설을 하려고 하는데 이것에 대해 어떤 유대인 연맹도 그를 공격하기 시작하는 주가 아니길 신에게 기원한다고 경고했다.707) 닉슨이 첫 주 동안에 조금이라도 개입한 정도가 있었다면 그것은 키신저에게 이스라엘에 대해 강경하라고 촉구한 것이었다. 일요일 아침에 그는 키신저에게 전화를 통해 미국이 너무 친-이스라엘이 되면 석유생산 국가들이 전쟁에 합류하길 원치 않는다는 것을 명심해야 한다고 말했다. 다음날 저녁 또 하나의 전화통화에서 닉슨은 이스라엘이 승리할 것이라는 확신을 표명했다. 그들이 이길 것이지만, 그러면 그들은 과거보다도 더 다루기가 훨씬 더 불가능할 것이라고 말했다.708)

10월 9일 화요일 전쟁의 4일째, 이스라엘이 곤란에 처해 있음이 분명하게 되었다. 이스라엘 내각은 밤새도록 회의를 갖고 무엇보다도 핵무장한 예리코(Jericho) 미사일을 경계태세에 두기로 결정했다. 이스라엘의 핵 프로그램은 단단히 감추어진 비밀이었지만 당시 미국의 정보망은 이스라엘이 20개의 핵탄두를 제조했다고 측정했다. 그날 새벽에 골다 메이어(Golda Meir) 수상은 각료회의를 마치고 디니츠 대사에게 전화를 걸어 이스라엘이 패배하고 있다면서 그가 즉시 키신저

---

707) *Ibid.*
708) *Ibid.*, p. 517.

에 전화하라고 말했다. 지금은 너무 이른 시간이라서, 워싱턴에서는 새벽 1시임을 지적하면서 누구에게도 전화를 할 수 없다고 대답했다. 그녀는 몇 시인지 신경을 쓰지 않는다면서 지금 키신저에게 전화하라고 말했다. 그래서 그는 키신저에게 전화를 했다. 꼭두새벽에 두 차례나 무기의 재보급을 요청했다. 키신저는 그날 아침 8시 30분에 백악관의 지도실에서 그를 만나기로 동의했다. 디니츠 대사의 키신저와의 만남은 긴장된 것이었다. 디니츠는 골다 메이어 수상이 보다 많은 보급을 호소하기 위해서 닉슨과 한 시간의 회담을 위해 워싱턴으로 비밀여행을 하려고 한다고 털어 놓았다. 키신저는 그런 제안은 불필요하다고 무시했다. 후에 그는 그것이 행정부를 난처하게 하려고 계획된 것이었기 때문에 공갈의 냄새가 났다고 말할 것이다.[709]

디니츠 대사에게 한 시간 이상 얘기한 후에 키신저는 늦은 오후까지는 그가 답변을 갖게 될 것이라고 대사에게 약속했다. 그리고 키신저는 대통령을 위한 대안들을 준비하기 위해 WSAG 비상위원회의 회의를 소집했다. 그 회의에서 키신저는 또 다시 고립되었다. 국방성의 입장을 반영하는 슐레진저 장관은 이스라엘의 주요 재무장은, 특히 만일 그것이 전세를 뒤집으면 미국의 아랍국가들과 관계에 악영향을 미칠 것이라고 경고했다. 그는 이스라엘의 생존과 이스라엘이 1967년 6일 전쟁에서 장악한 점령된 영토를 계속 통제하는 권리를 방어하는 것 사이에는 구별이 있다고 주장했다. WSAG는 5개의 대안을 내놓았다. 그후 키신저는 닉슨을 행정동 건물의 은신처에서 사적으로 만나

---

709) Walter Isaacson, *Kissinger: A Biography,* New York: Simon & Schuster, 1992, p. 518.

서 그곳에서 그들은 키신저가 선호하는 대안에 동의했다. 그것은 적당한 양의 새 항공기들과 탄약을 이스라엘에 조용하고 낮은 자세로 재보급하는 것이었다. 뿐만 아니라, 키신저는 중대한 서약에 대한 닉슨의 승인을 받았다. 그것은 일단 전투가 끝나면 이스라엘의 모든 손실을 미국이 대치해 준다는 것이었다. 그리하여 이스라엘은 장비를 비축할 필요가 없게 되었다. 그러나 즉각적인 미국의 공수는 없었다. 재보급 작전은 조용히 유지될 것이고 이스라엘은 그것의 새 보급을 픽업할 조정을 해야만 했다.[710]

10월 10일 수요일까지 소련인들은 시리아와 관해 그들 자신의 재보급 작전을 시작했다. 그것은 탱크와 항공기가 아니라 탄약과 연료에 국한된 온건한 공수였지만 그것은 미국의 노력보다는 훨씬 더 노골적이었다. 게다가 이스라엘은 그들의 희소한 7대의 가용한 수송기들을 사용하면서 그들이 필요한 미국의 장비들을 수집하는 문제들이 있었다. 그때 키신저는 재보급 노력에서 가장 번거로운 실수들 중 하나로 밝혀진 결정을 내렸다. 그것은 미국의 항공기들이 보급품을 수송하도록 허용하는 대신에 그는 이스라엘이 그것을 하기 위해서 민간 전세기 회사들을 고용해야 한다고 결정했던 것이다. 이런 어정쩡한 해결책은 이스라엘을 돕지도 못했고 아랍인들을 기쁘게 하지도 못했다. 마침내 소련의 공수작전이 닉슨의 전투 본능을 일깨웠다. 그는 이틀 전에 이스라엘에 보내라고 명령한 5대의 팬텀(Phantom) 전투기가 아직도 가지 않았다는 사실을 발견하고 충격을 받았다. 그는 키신저에게 그것은 이미 행해져야 했다면서 당장 그 일을 하라고 고함을 질

---

710) *Ibid.*

렀다. 키신저는 펜타곤을 책망하면서 그 일이 끝난 줄 알았다며 매일 그들은 그것을 하지 않을 또 다른 구실을 발견한다고 말했다.[711]

그런 상황에서 이스라엘 대사들은 조용히 앉아있는 경우가 별로 없었다. 그리고 심차 디니츠 대사는 대부분의 대사들보다 더 활기찼다. 10월 11일 목요일 신문들은 디니츠가 누설한 스토리, 즉 미국이 약속한 보급을 제공하는데 느리기 때문에 이스라엘의 생존이 위협받고 있다고 말했다. 헨리 잭슨 상원 의원은 키신저에 전화를 걸어 압력을 가했다. 거대한 장애는 국방성의 어떤 사람들이 사우디아라비아(Saudi Arabia)에 사로잡혀 아무것도 하지 않으려고 하는데 있었다고 키신저는 그에게 말했다. 잭슨 상원 의원은 누군가가 대통령의 이름으로 명령을 내려야 한다고 대답해다. 잭슨은 방금 슐레진저에게 애기했지만 자기가 전세기를 징발할 권한이 없다고 말했다고 키신저에게 전했다.

키신저는 즉시 자기의 중동 수석 부관인 조셉 시스코에게 전화하여 이스라엘이 그들의 보급품을 픽업할 전세 항공기들을 얻는데 어려움에 대해서 난리를 치고 있다고 불평했다. 문제는 전세항공기 회사들 중 누구도 그렇게 위험하고 정치적으로 말썽이 많은 일을 하려고 나서지 않기 때문이라고 시스코는 설명했다. 그리고 펜타곤은 그들이 돕도록 완전한 권한과 영향력을 사용하지 않았다고 시스코가 말했다. 그래서 키신저는 이스라엘이 사용할 20대의 수송기들을 임대하도록 군부에 명령을 내렸다. 그리고 나서 키신저는 디니츠에게 전화했고, 금요일 아침에 일찍 대통령에게 전화하여 그가 행한 일을 말했다. 그

711) *Ibid.*, p. 519.

럼에도 불구하고 여전히 전세 항공기 계획은 계속해서 곤란을 겪어 이륙하지 못했다.[712]

10월 12일 금요일 아침에 키신저는 기자회견을 소집했다. 기자 회견에서 키신저는 단어들을 조심스럽게 선택했다. 그는 소련의 군사 장비의 공수가 도움이 될 것으로 생각하지 않지만 그것이 절제 있는 것이라고 말했다. 이것은 소련의 대중 미디어에서 그리고 유엔 안보리에서 그들이 대표들의 행동에서 보여준 상대적 절제에 균형을 이루는 것이었다. 요컨대 그는 긴장완화가 죽지 않았다고 주장했다. 그 사이에 전세 항공기 문제가 여전히 정리가 되지 않았다. 이스라엘의 지도자들은 분노를 터트리고 있었다. 디니츠 대사는 그날 금요일 자정 직전에 키신저의 백악관 집무실에 나타나서 상황이 처참하다고 설명했다. 그는 이스라엘이 3일이면 탄약이 바닥이 날 것이라고 말했다. 이 시점에서 흥미로운 전환이 발생했다. 슐레진저가 미국이 이스라엘에 재보급을 하려고 하는 한 그것은 사적인 전세 항공기들을 고용하려고 계속 빈들거리기보다는 미국의 군용 항공기들을 사용해야 한다고 확신했다. 그러나 새 외교를 시작하길 희망하고 있는 키신저는 여전히 미국의 군용 항공기들의 사용을 피하고 싶었다.[713]

자정 직후 디니츠 대사가 자기 집무실을 떠나자마자 키신저는 전화로 헤이그에게 말하기 시작했다. 헤이그는 슐레진저를 지칭하면서 그가 미 군사원조 사령부의 항공기를 그곳으로 즉시 이동할 준비가 되었다고 말했다. 그러면서 헤이그는 그것이 어리석은 일이라고 주장

712) Walter Isaacson, *Kissinger: A Biography,* New York: Simon & Schuster, 1992, p. 520.
713) *Ibid.,* p. 521.

했다. 키신저는 그것은 재앙이 될 것이라고 대답했다. 그는 펜타곤이 어떤 민간 전세 항공기를 고용할 수 없다는 주장을 믿을 수 없다면서 그들은 시도하지도 않았다고 말했다. 그러자 헤이그가 그들은 몇 대의 미국 항공기들을 그곳으로 보내는 대안이 있다고 다시 지적했다. 이에 대해 키신저는 그것이 미국에게 고도로 모험이라고 생각한다면서 어리석은 일이라고 말했다.714) 전화를 끝내자마자 키신저는 집에서 자고 있던 슐레진저에게 전화를 걸었고 그들은 상당한 합의에 도달했다고 키신저는 지적했다. 그러나 슐레진저는 이스라엘이 무너지자 키신저도 무너지기 시작했다고 회고했다.715)

슐레진저는 잠자리에서 일어나 펜타곤으로 갔다. 그곳에서 그는 대안들을 검토했다. 새벽 3시경에 그는 결론에 도달했다. 즉, 재보급은 이스라엘까지 미국의 군사적 공수를 통해서가 아니면 이루어질 수 없을 것이었다. 키신저가 주장하고 있는 대안, 즉 민간 전세항공기의 사용은 성공할 수 없을 것이었다. 슐레진저는 3대의 C-52 수송기들을 가용할 수 있었다. 이 수송기들은 미국의 병기창에서 가장 거대한 것으로 이스라엘까지 직접 각자가 80톤까지 수송할 수 있었다. 해가 뜨자마자 그는 헤이그에게 전화를 하여 닉슨에게 이 대안을 촉구하게 했다. 닉슨은 동의했고 키신저에게 그렇게 하도록 지시했다. 키신저는 반대하지 않았다. 추가로, 그와 닉슨은 보다 작은 수송기들이 다른 보급품을 수송하고 또 14대의 다른 새 F-4 팬텀 전투기들을 이스라엘에 즉시 보내기로 결정했다.716) 그리하여 10월 13일 일요일, 전쟁을 시

714) *Ibid.*
715) *Ibid.*

작한 1주일 후에 중요 미국의 공수작전이 단행되었다. 윙윙거리는 미국의 수송기들이 텔아비브(Tel Aviv) 상공에 도달하자 거리에서 자동차들이 멈춰 섰고, 아파트의 창문들이 열렸으며, 사람들이 "신이여 미국을 축복 하소서"라고 외치기 시작했다. 골다 메이어 수상은 전쟁이 시작한 이래 처음으로 울었다. 수천 톤의 장비들이 거의 매시간마다 착륙하여 쏟아지기 시작했다. 소련이 이집트, 시리아, 그리고 이라크에게 지난 4일간 수송했던 것을 모두 합친 것보다도 더 많은 것이 첫날에 도착했다. 5대의 F-4 팬텀 전투기들을 이스라엘이 얻는 것이 가능한 지에 대해 몸서리치는 1주일 후에 40대가 다음 10일 간에 수송되었다.[717]

비록 미국의 유대인들 사이에서 공수를 지연시킨 데 대해 키신저에 대한 규탄이 있었지만 그는 이스라엘의 안전에 대한 관심과 미국 자신의 전반적 국가이익을 적절히 균형 잡고 있었다. 전쟁의 첫 며칠 동안에 이스라엘은 원래 그것의 손실이 보충될 것이라는 보장만을 고집했었다. 전쟁이 수일 내에 끝날 것으로 생각되었기 때문에 새 보급품에 대해 서두르지 않았다. 일단 보급품 문제가 치명적이 되자 사적 전세 항공기에 대해 안달을 하면서 3일이 지나갔다. 거기에 대해 키신저가 부분적으로 책임이 있었다. 왜냐하면 그는 이스라엘이 아랍인들에게 굴욕을 주도록 허용할 수 있는 주요 재보급과 미국을 너무 밀접하게 관련시키지 않길 원했기 때문이었다. 적어도 이 모든 지연은 밝은 희망을 낳았다. 그 수송이 모스크바와 카이로에서 주요한 미국

---

716) *Ibid.*, p. 522.
717) *Ibid.*

의 도발이 아니라 소련이 단행한 것에 대한 반응으로 간주되었다. 수일 내에 만일 휴전이 온다면 그 공수작전은 키신저가 처음부터 원했던 결과가 될 것이었다. 즉, 그것은 미국외교의 잠재력을 보존하는 동안에 이집트와 이스라엘에게 융통성을 고무하는 이스라엘의 온건한 승리였다.718)

2주간의 전투 후인 10월 19일 금요일, 평화를 위한 시간이 가까이 온 것 같았다. 이집트의 제3군이 이스라엘의 점령지였던 시나이의 일부를 재탈환한 채 수에즈 운하의 동쪽에 여전히 있었다. 그러나 북쪽으로 이스라엘 사단이 운하를 건너 운하의 서쪽으로 이집트로 진격하여 제3군을 고립시키려고 위협했다. 그날 키신저에게 개인적으로 긴급하게 모스크바에 와서 즉각적인 휴전을 협상하자고 초청하는 메시지가 브레즈네프로부터 도착했다.719) 그 초청은 키신저의 지연전략에 깔끔하게 맞아 들었다. 즉 그것은 이스라엘에게 군사적 이득을 얻을 또 다른 2~3일간의 시간을 제공했다. 뿐만 아니라 그것은 키신저에게 거의 저항할 수 없는 부름이었다. 다시 한번 키신저는 베트남과 중국에서 그가 했던 것을 중동에서 하도록 요구를 받아 평화를 추구하는 외로운 방랑자 역할을 위해 어두운 밤에 비밀리에 말을 타라는 요청을 받고 있었다. 그것은 세계를 구원하는 명예를 얻을 자유롭게 선회하는 수퍼-외교관(super-diplomat)으로 행동하는 것이었다. 그날 밤 늦게, 중국인들이 그를 위해 마련한 축배 공개 만찬에 참석한 후에 키신저는 도브리닌을 동행하여 비밀리에 크렘린으로 비행했다.720)

---

718) *Ibid.*, p. 523.
719) *Ibid.*, p. 524.

키신저가 모스크바를 향해 비행하고 있을 때 그는 백악관으로부터 보통은 그의 전략을 늘리고 그의 에고를 자극할 메시지를 받았다. 스코우크로프트가 그에게 알린 바로는, 대통령이 키신저에게 합의할 완전한 권한을 인정한다는 개인적 편지를 브레즈네프에게 전문으로 보냈다는 것이었다. 광범위한 권한에 보통 반하는 것은 아니었지만 키신저는 난처했다. 이번에 그는 모든 제안들이 대통령에 돌아가는 것으로 언급할 대안을 원했다. 그러면 그에게 이스라엘의 군사적 지위가 향상됨에 따라 몇 시간 동안 휴전을 지연시킬 기회를 그에게 주게 될 것이었다. 닉슨으로부터 훨씬 더 당황하게 하는 메시지가 모스크바에 있는 그에게 도착했다. 대통령은 다음날 아침에 소련의 지도자에게 그가 제안할 것에 대한 공식적 지시들을 제공했다. 그는 즉각적인 휴전을 모색해야 할 뿐만 아니라 추가적으로 미국과 소련이 중동의 상황을 냉정하게 보면서 개입해서 정의로운 타결을 위한 적절한 행동의 노선을 결정하고, 그리고 나서 각자의 우방국들에게 필요한 압력을 가하자는 것이었다. 닉슨은 워싱턴과 모스크바가 합동으로 포괄적 평화계획을 마련하여 그것을 이스라엘과 아랍인들에게 부과하자는 것이었다.

그러나 키신저의 중동에 대한 접근법은 소련인들과 동반자로 합류하는 것이 아니라 그들을 외교에서 잘라내는 것이었다.[721] 뿐만 아니라 포괄적 평화를 추구하고 그것을 이스라엘에 부과하는 것은 그에게 저주였다. 그 대신에 키신저의 목적은 소련을 옆으로 밀쳐 놓고 미국

---

720) *Ibid.*
721) *Ibid.*, p. 525.

이 중간자로서 봉사하면서 아랍과 이스라엘 사이에서 단계적 협상을 갖는 것이었다. 그러므로 키신저는 스코우크로프트에게 또 하나의 단호한 전문을 보냈고 헤이그에게 직접 전화를 걸었다. 키신저는 그가 받은 지시들에 대해서 난감함을 표했다. 헤이그는 방금 대통령이 콕스 특별검사를 파면했다면서 워싱턴이 지옥 같다고 말했다. 상황을 고려할 때 키신저는 닉슨의 지시들을 무시하기로 했다.

다음날 브레즈네프에게 그가 논의할 것으로 준비한 모든 것은 단순한 휴전이라고 말했다. 소련인들은 신속한 합의에 도달할 생각이면 그들은 갑자기 바로 거래에 들어갈 수 있었다. 이 경우에 소련인들의 동기는 그들의 아랍 동맹국들의 급속히 악화되고 있는 군사적 상황이었다. 10월 21일 일요일, 브레즈네프와 그의 동료들이 키신저가 추구하고 조셉 시스코가 재빨리 작성한 3가지 요소들을 수락하는데 단지 4시간이 걸렸을 뿐이었다. 그것들은 그날 밤 유엔에서 휴전결의안을 투표에 부쳐서 12시간 이후 효력을 갖게 했다. 결의안 242호를 인용하지만 구체적으로 이스라엘의 철수를 요구하지 않았다. 그리고 관련된 당사자들 사이에 협상을 촉구하는 것이었다. 이것은 아랍인들이 처음으로 이스라엘과 직접회담의 원칙을 수용해야만 한다는 것을 의미했다.[722]

사태가 너무 신속하게 돌아가서 키신저는 지연을 위한 구실을 포착하지 못했다. 그로미코 외상이 그 합의를 시행하는 것에 관해 기술적 세부사항에 관한 어떤 아이디어가 있느냐고 물었을 때 키신저는 그런 아이디어가 있지만 그의 숙소인 레닌 힐스(Lenin Hills) 영빈관에

---

722) *Ibid.*

관련된 서류들을 놓아두고 왔다고 대답했다. 키신저는 위험한 게임을 하고 있었다. 그는 이스라엘과 정식 협의 없이 이스라엘을 대신해서 지금 협상을 하고 있었다. 합동 휴전 결의안에 대한 합의가 그날 일요일에 이루어졌을 때 그는 소련인들에게 그것이 이스라엘의 승인에 달려있다는 것을 말하지 않았다. 그러나 결의안 338호로 알려진 계획이 다음 12시간 동안 안보리에서 표결에 부쳐져서는 안 된다고 고집했다. 그것은 이스라엘 지도자들과 협의하기 위한 것이었다. 그 결과 그는 골다 메이어 수상에게 자기의 보고서를 급히 보내서 어떤 이스라엘의 철수도 요구하지 않고, 아랍과 이스라엘의 직접협상을 요구하는 휴전을 달성하는데 있어서 자신의 성공을 빛나는 용어들로 설명했다. 이것이 성취되자 비로소 키신저는 한 시간 동안을 누워서 휴식을 취했다. 그가 일어났을 때 그는 공포스럽게도 소련의 전파방해로 인해서 그 메시지가 전송되지 않았다는 것을 발견했다. 결국 그 전문들은 키신저가 이스라엘에 도착하기 전에 소화할 시간적 여유가 있도록 보내졌다.[723]

키신저가 구상한 대로 나온 결과는 이스라엘에서 다양한 반응으로 나타났다. 많은 이스라엘 지도자들은 휴전이 이집트의 제3군이 분쇄될 때까지 지연될 수 있기를 희망했다. 키신저가 휴전계획을 제시하기 위해 도착했을 때 기쁨에 들뜬 시민들이 공항에서 평화의 사자로 그를 맞이했다. 그러나 아바 에반(Abba Eban) 외무상이 비행기 밑에서 그를 포옹했을 때 키신저는 그의 귀에 대고 수상에 관해서, "그녀

---

723) Walter Isaacson, *Kissinger: A Biography,* New York: Simon & Schuster, 1992, p. 527.

가 나에 대한 분노로 야단이겠군요"라고 속삭였다. 에반 외상은 그녀가 화가 났음을 인정했다. 골다 메이어는 왜 그가 하고 있는 일에 대해 이스라엘에게 보다 더 잘 알려주지 않은 것에 관해서 의아해했다. 키신저는 통신 수단의 고장을 설명했고 이스라엘이 자기가 요구한 군사적 업데이트를 보내지 않았다고 항의했다. 그의 설명은 타당했다. 그러나 다시 한 번 키신저의 행위는 오만의 흔적을 내포하고 있었다. 주된 문제는 많은 이스라엘인들이, 특히 군부에서 그들이 막 이집트의 2만 5천 명의 제3군을 포위하려는 바로 그때 휴전이 나온데 대해 분노했다. 이것이 이스라엘과 미국의 이익 사이에 근본적인 차이를 대변했다.[724]

제3군은 이집트 군사력의 자부심이었다. 그 부대는 수에즈 운하의 남쪽 끝을 통과하여 1967년 전쟁에서 이집트가 상실했던 그래서 지금은 이스라엘이 점령 중인 시나이(Sinai) 반도에서 거의 10마일의 넓이와 30마일의 길이의 거점을 획득했다. 그러나 대담한 조치로 이스라엘 군대가 운하를 건너 제3군의 북쪽 이집트로 진격하고 거기서 남쪽으로 이동하여 그것을 나머지 이집트군으로부터 고립시켰다. 키신저의 휴전이 발효했을 때 이스라엘은 제3군의 마지막 보급선인 카이로-수에즈 도로를 거의 장악하고 있었다. 이스라엘 지도자들이 제3군의 포위를 완성하기 위해서 안달을 하고 있을 때 키신저가 오류를 범했다. 그가 후에 인정했듯이, 키신저가 이스라엘인들에게 휴전 데드라인에 약간의 "미끌림"(slippage)이 있을 수 있다고 시사했다. 한 이스라엘의 설명에 의하면 작전을 완수하는데 얼마나 오래 걸릴 것인가의

---

724) *Ibid.*

질문을 받고 그는 2~3일 정도이며 그것이 전부라고 반응했다. 후에 키신저가 자기는 며칠이 아니라 몇 시간을 마음에 두고 있었다고 주장했다. 어느 쪽이든 그것은 소련인들과 이집트인들을 가지고 노는 위험한 게임이었다. 그의 비행기가 워싱턴에 착륙하기 전에 이스라엘이 싸움을 재개했다는 소식이 그에게 도달했다.[725]

키신저는 분개했다. 골다 메이어 수상이 이스라엘은 이집트의 도발에 대응하고 있을 뿐이라는 모호한 주장을 했을 때 그는 더욱더 분개했다. 설사 약간의 이집트인들이 자살 충동에서 휴전을 위반했다고 할지라도 이스라엘이 분명히 공세적으로 새로운 땅을 장악하고 있었다. 소련인들과 이집트인들은 키신저에게 개인적으로 그리고 공적인 세계에 격렬하게 항의했다. 소련의 중동 최고 전문가인 예브게니 프리마코프(Yevgeni Primakov)는 이스라엘에게 휴전을 위반하도록 허용함으로써 키신저가 의도적으로 그들을 속였다고 소련인들은 느꼈다고 회고했다. 브레즈네프는 키신저에게 직접 노트를 보냈다. 이것은 닉슨이 아니라 키신저가 쇼를 운영하고 있다는 그의 인식을 시사하는 고도로 비상한 절차였다. 키신저는 이스라엘과 아랍이 총질을 멈추고 그 전날 휴전이 효력을 발생했을 때 그들이 있었던 곳으로 돌아가도록 촉구하는 새로운 유엔결의안의 제안으로 대응했다. 문제는 이스라엘이 동의하게 하는 것이었다. 다시 키신저는 그가 약간의 구실을 관용할 것을 제안에 의존했다. 이스라엘 병력이 휴전의 순간에 있었던 곳으로 철수해야 할 진정한 이유는 없었다. "누가 어떻게 사막에서 전선이 어디이고 혹은 어디였는지를 감히 알 수 있겠는가?" 그 말이

---

725) *Ibid.*, p. 528.

골다 메이어에게는 인상적이지 않은 것으로 보였다. "그들은 우리의 전선이 어디인지 잘 알고 있다고 그녀는 말했다. 이스라엘이 이제는 이집트 제3군에 대한 포위를 완성했다.[726] 후에 키신저는 "위기가 우리들을 엄습했다"고 회고했다.

10월 24일 수요일 내내 제3군을 둘러싼 이스라엘의 포위망이 조여 졌다. 1967년 전쟁 후에 미국과의 외교적 관계를 단절했던 이집트가 휴전을 실시하는 걸 돕기 위해 미국인들에게 병력을 파견해 달라고 요청했다. 그의 적에게 방금 대규모의 군사적 공수작전을 완수한 국가에게 놀라운 제안으로 안와르 사다트(Anwar Sadat) 이집트 대통령은 이스라엘의 공격을 막는데 돕기 위해서 휴전선의 이집트 쪽에 미군병력이 파병될 것을 요청했다. 다른 한편으로 골다 메이어는 미국에게 분노에 찬 메시지를 보내 미국이 이집트인들 및 소련인들과 공모하고 있다고 비난했다. 그녀는 이스라엘이 거듭해서 후에 미국에 의해서 인정될 러시아와 이집트의 최후 통첩을 직면해야 하는 것은 불가능하다고 썼다.[727]

키신저의 긴장완화 정책에 불길한 징표가 있었다. 그것은 옛 노선의 반공주의자들로 부터가 아니라 모스크바에 대한 워싱턴의 새 실용주의가 이스라엘에 손실을 가져다 줄 것을 두려워하는 친-이스라엘 신보수주의자들로부터 가장 강력한 반대에 직면한 것이었다. 헨리 잭슨과 제이콥 재비츠 상원 의원들은 키신저가 소련과의 긴장완화를 증진하려는 욕망에서 이스라엘에 보내는 미국의 공수에 관해 게으름을

---

726) *Ibid.*
727) *Ibid.*, pp. 528-529.

피웠다고 비난하고 있었다.728) 미-소간 긴장완화의 한계가 그날 밤 늦게 생생하게 되었다. 조심스러운 협력의 2주 후 뜻밖에도 쿠바 미사일 위기 이후 처음에는 그 어떤 것만큼 불길해 보이는 초강대국 결판이 발생했다.729)

10월 24일 위기는 휴전을 실행하기 위해서 소련과 협력하고 있는 자기 나라에 미군을 오게 하려는 놀랍지만 이해할 만한 사다트(Sadat)의 갈망에 의해서 촉발되었다. 협력하려 한다는 위장으로 소련인들은 그 제안에 기꺼이 동의했다. 그리고 그들은 한걸음 더 나아갔다. 그들은 만일 미국이 합동노력의 일부가 되길 원하지 않는다면 자국의 군대를 파견할 것이라고 시사했다. 중동에서 키신저의 주된 목적들 중 하나는 그곳에서 모스크바의 군사적 존재를 제거하는 것이었다. 사다트가 1972년 이집트에서 뜻밖에 그 일을 했었다. 그리고 키신저는 소련인들이 그곳에 돌아가는 것을 막을 결심이었다. 겉으로 보기에 10월 24일 저녁은 그것에 용기를 잃게 하는 성질이 있었다. 도브리닌이 전화를 걸어 오후 7시 후에 모스크바가 휴전을 실행하기 위해서 소련과 미군의 투입을 요청하는 유엔결의안을 지지하기로 결정했다고 알려왔다. 키신저는 이스라엘이 휴전에 복종하게 하는 것이 중요하다고 느꼈지만 소련 병력을 그 지역에서 막는 것이 훨씬 더 중요하다고 생각했다. 그는 도브리닌에게 미국이 이것에 동의하지 않을 것이라고 즉시 말했다.

---

728) Henry A. Kissinger, *Years of Upheaval,* Boston: Kittle, Brown and Company, 1982, pp. 568-574.

729) *Ibid.,* pp. 571-591; Raymond Garthoff, *Détente and Confrontation,* Washington: Brookings, 1985, pp. 375-381.

키신저의 결정은 아마도 닉슨이 합리적인 정신상태에 있었다면 그가 승인했을 것이다.[730] 이론적으로, 그것은 닉슨의 전화가 있어야 했다. 그러나 닉슨은 워터게이트와 이스라엘의 도전에 의해 고도로 흥분되었기에 소련과 기꺼이 함께 일할 용의가 있을 수도 있었다. 키신저는 닉슨과 직접 이 문제를 논의할 기회가 있었지만 그렇게 하지 않았다. 도브리닌과 긴장된 회담에서 키신저는 대통령의 전화로 방해를 받았다. 그러나 키신저는 닉슨의 기분이 그에게 심각한 외교정책 문제를 제시하는 것이 현명하지 않다고 재빨리 결심했다.[731] 닉슨은 토요일 밤의 학살 이래 부풀어가고 있는 탄핵의 얘기에 미쳐 있었고 그래서 키신저가 그의 목소리를 들었을 때 아주 감정적이었다. 키신저는 닉슨에게 어려운 시기에 그가 얼마나 잘 했는가를 말함으로써 그를 진정시키려고 노력했다. 그러나 닉슨은 위로가 되지 않았다. 닉슨이 전화를 끊자 키신저는 도브리닌과의 대화로 돌아갔다. 미국은 그 지역에 군대를 보내는 소련의 어떤 시도에도 반대할 것이라고 키신저는 말했다. 도브리닌은 이 메시지를 모스크바에 전하겠다고 대답하면서, 아마도 모스크바에선 이미 결심이 섰을 것이라고 경고했다.[732]

그날 밤 9시 30분 직후에 도브리닌은 전화로 돌아왔다. 모스크바 시간으로 새벽 4시 30분이었지만 브레즈네프로부터 메시지가 방금 도착했다. 그것은 만일 키신저가 이 문제에서 합동으로 행동하는 것이 불가능하다고 발견한다면 소련은 일방적으로 적절한 조치를 취하

---

730) Walter Isaacson, *Kissinger: A Biography*, New York: Simon & Schuster, 1992, p. 529.
731) *Ibid.*, p. 530.
732) *Ibid.*

는 문제를 긴급히 고려할 필요성에 직면할 것이라고 말했다. 뿐만 아니라, CIA는 상당한 소련의 수송부대들이 고도의 준비단계에 있다고 보고했다. 키신저는 즉시 헤이그에게 전화를 걸었고 헤이그는 브레즈네프의 메시지를 심각하게 받아들이지 않는 것은 위험할 것이라고 동의했다. 이제 한 가지가 분명해졌다. 만일 소련인들이 그들의 병력을 파병하지 말라고 미국이 요구하려면 미국은 적어도 넌지시 암시하는 진쟁의 위험을 해야만 했다. 병력이 경계태세에 들어가야 했다. 비록 지금 키신저가 행사하는 굉장한 권한이라 해도, 어떤 국무장관도 최고사령관 없이 이런 노선을 착수하길 원하지 않을 것이다. 그래서 키신저가 대통령을 깨워야 할지를 물었다. 헤이그는 다소 짧게 아니라고 대답했다. 키신저는 이해했다. 닉슨은 이런 문제에 개입하기에 너무나 지쳐 있었다는 것을 키신저가 후에 정중하게 표현했다. 그리하여 키신저가 스스로 처리해야만 했다. 그것은 맡기에 너무나 겁이나는 책임이었다.[733]

키신저는 사실상 국가안보회의의 약식회의를 위해 국방장관, CIA 국장, 그리고 합참의장을 포함해서 내각의 최고 관리들을 국무성으로 소집했다. 그러나 이 경우에 대통령이 좌장이 아니었다. 당시 부통령이 없었기에 부통령도 주재할 수 없었다. 제럴드 포드가 부통령으로 지명되었지만 아직 인준되지 않아서 그 회의에 그는 초대되지도 않았다. 오후 10시 30분에 회의를 시작하기 직전에 키신저가 다시 헤이그에게 전화를 걸었다. 헤이그는 그 회의가 백악관에서 개최되어야 하

---

733) Henry A. Kissinger, *Years of Upheaval,* Boston: Kittle, Brown and Company, 1982, p. 585.

고 키신저가 국무장관이 아니라 대통령의 보좌관으로 그 회의를 주재해야 한다고 말했다. 키신저는 그 말에 동의했다. 그것이 적어도 대통령 통제의 허구를 보존할 것이었다. 키신저가 그들이 대통령에게 전화를 해야 하는지를 묻자 헤이그가 그 질문을 무시했다. 그 회의에서 소련인들이 언제든 이집트로 병력의 공수를 시작할 것이라는 합의가 도출되었다. 그 집단은 사다트에게 소련과 미군의 요청을 철회하도록 요청하는 편지를 그에게 보내기로 결정했다. 그리고 그들은 닉슨의 이름으로 소련이나 미국의 병력을 그 지역에 투입하는 것을 단호히 거부한다는 답장을 브레즈네프에게 보내기로 결정했다. 자정 직전에 키신저가 상황실에 모이게 했던 집단은 모스크바에게 위협적인 군사적 신호를 보내야 한다는 중대한 결정에 도달했다.[734]

키신저와 그의 동료들은 전세계에 배치된 미국의 핵 군사력과 병력을 보다 높은 핵 경계의 상태에 두기로 결정했다. 키신저는 토마스 무어러(Thomas Moorer) 합참의장이 그 결정을 펜타곤에 전달하기 위해 상황실을 떠날 때 그에게 이 비밀을 지키라며 한 마디도 누설되어서는 안 된다고 투덜거렸다. 진정한 키신저 방식으로, 그는 소련에 의해서는 알게 되겠지만 미국의 대중에게는 비밀로 유지하려는 신호를 측정하려고 노력하고 있었다. 무어러 합창의장은 물론이라고 대답했지만 슐레진저 국방장관은 눈치를 보았다. 몇 시간 후 슐레진저가 펜타곤에 돌아왔을 때 키신저가 전화했다. 키신저는 라디오를 듣고 있는 데 그것이 경계에 관한 소식을 방송하고 있다면서 국방성 사람들

---

734) Walter Isaacson, *Kissinger: A Biography,* New York: Simon & Schuster, 1992, p. 531.

이 이 비밀을 지킬 것으로 생각했다고 불평했다. 슐레진저는 2백만 명 이상의 군인들과 예비군을 갑자기 경계상태에 놓으면서 아무도 그 것에 관해서 발견되지 않도록 확실히 하는 방법은 없다고 대답했다. 그날 밤 닉슨은 정책결정에 참여하지 않았으며 브리핑을 듣지도 않았 다. 그날 밤 키신저는 닉슨에게 결코 말하지 않았으며 헤이그도 아무 에게 말하지 않았다. 키신저가 다음 날 오전 8시에 브리핑을 했을 때 닉슨은 그것을 처음으로 듣고 있는 것처럼 보였다.[735]

그때까지 이집트는 미국의 거부에 대한 반응으로 소련과 미국의 평화유지군의 요청을 철회할 것이라고 알리고 그 대신에 전통적으로 유엔안보리의 어떤 상임이사국 군대도 포함하지 않는 유엔 국제군을 요구했다. 그날 늦게 브레즈네프의 답변이 도착했다. 그것은 모든 지 난 밤의 소동을 깡그리 무시하고 정중하게 군인들보다는 비군사적인 감시자들이 투입되어야 한다는 미국의 제안을 수락했다. 브레즈네프 가 소련인들은 미국과 협력하여 이 일을 하는 것이 행복하다고 덧붙 였다. 그는 그런 협력이 계속될 것이라는 희망을 표현함으로써 답변 을 끝냈다. 키신저에게 그것은 소련이 미국의 결의에 겁먹었다는 신 호였다. 소련이 물러섰다고 그는 후에 지적했다.[736] 키신저와 그의 동료들은 소련인들이 진실로 무엇을 의도하고 있는지를 알 수 있는 가능성이 없었기 때문에 비록 후에 되돌아볼 때, 핵 경계가 과잉 반응 이었다고 할지라도 그들은 그 문제를 치명적으로 심각한 것으로 취급 하는 것이 아마도 분별력이 있는 행동이었을 것이다. 다음 날 조셉 크

---

735) *Ibid.,* p. 532.
736) *Ibid.*

래프트와의 비공개 조건하(off-the-record) 대화에서 "우리가 그것을 잘못 읽었을 지도 모르지만 그날 밤 우리는 우연을 기대할 수 없었다고 말했다.[737]

데탕트를 침몰시키고 싶어하는 사람들은 그 위기를 이스라엘의 신보수주의적 지지자들과 그들의 동맹을 굳건히 할 기회로 간주했다. 경계령이 발동된 다음날 해군작전사령관인 엘모 줌월트 제독은 브레즈네프의 원래 메시지의 복사본을 헨리 잭슨 상원 의원에게 누설했다. 그리고 약간의 과장을 더해서 잭슨은 그 서한을 잔혹하고 위협적이라고 부르면서 언론사의 친구들에게 그것의 골자를 누설했다. 긴장완화를 옹호하려는 의도에서 키신저는 그날 기자회견을 열었다. 그는 핵 경계로 나간 결정을 정당화하라는 압력에도 불구하고 브레즈네프의 서한을 논의하길 거부했다. 그 대신에 그는 아주 비상하게 화해적으로 나아갔다. 그는 미국이 소련과 대결하고 있다고 생각하지 않는다면서 데탕트는 그 자체를 입증할 것이라고 선언했다. 그러나 질문제기의 주된 노선은 경계 태세 발령이 워터게이트로부터 관심을 돌리려는 책략이었는지의 여부였다. 미국이 국내적 이유로 군사력에 경계를 발할 것이라고 암시될 수 있는 것은 미국에 발생하고 있는 것의 징후라고 키신저는 대답했다. 압박을 받자 그는 기자들에게 도전적으로 이것이 외교정책 분야에서도 신용의 위기를 창조하려고 노력하는 순간인지를 결정하는 것은 기자들에게 달려있다고 말했다.[738]

그날 저녁 늦게, 닉슨은 캠프 데이비드에서 전화를 걸었다. 그에게

737) *Ibid.*, p. 533.
738) *Ibid.*

아이디어가 떠오른 것이었다. 닉슨은 키신저에게 다음날 3대 방송국의 수장들과 <뉴욕 타임즈> 기자를 백악관으로 초대해서 그들에게 닉슨이 얼마나 필요불가결 했는지를 강조하는 브리핑을 하라는 것이었다. 그리고 그는 다시 전화를 걸어 유대인 지도자들도 모아서 같은 일을 하라는 것이었다. 키신저는 투덜거리며 동의를 했지만 그 문제를 떨어버렸다. 브리핑은 결코 열리지 않았다. 후에 닉슨이 이스라엘에 집착하려 했던 것은 사실이지만 그런 브리핑을 부탁하는 것은 측은하다고 키신저는 느꼈다.739)

다음날 자기의 기자회견에서 닉슨은 키신저의 절제를 전혀 보지 못했다. 모스크바가 가졌을 분노를 무시하고 그는 소련이 1962년 쿠바의 대결 이후에 가장 어려운 위기를 도발하고 있다고 비난했다. 강인함에 대한 자신의 이미지에 도취되어 닉슨은 대중의 압력에도 불구하고 월맹을 폭격했기 때문에 브레즈네프가 자기의 결의를 이해했다고 말했다. 그것이 브레즈네프가 그렇게 행동하도록 만들었다는 것이다. 키신저는 아연실색했다. 그래서 닉슨의 회견이 끝나자마자 헤이그에게 전화를 걸어 화가 나서 그렇게 말했다. 손상을 완화하려는 시도에서 헤이그는 자신이 도브리닌에게 전화를 걸었다. 대통령의 개인적 대표로서 헤이그는 도브리닌 대사에게 자기가 방금 대통령에게서 돌아왔다면서 그날 밤 닉슨의 언급이 너무 나아갔고 그래서 부적절하게 해석될 수 있을 것이라 생각한다고 말했다. 도브리닌도 동의했다.740)

---

739) Henry A. Kissinger, *Years of Upheaval,* Boston: Kittle, Brown and Company, 1982, pp. 597-599.
740) Walter Isaacson, *Kissinger: A Biography,* New York: Simon & Schuster, 1992, p. 535.

양측에서 핵무력이 정상적 상태로 되돌아감에 따라 관심은 이집트의 제3군의 곤경으로 돌아갔다. 그들은 휴전 이후 이스라엘 군에 포위되어 이제는 기아상태로 항복할 위험에 처했다. 그의 노력에도 불구하고 키신저는 이스라엘에게 식량, 물, 그리고 의료보급품을 내포하는 호송차량대를 통과시키도록 설득할 수 없었다. 행정부 내에서 특히 펜타곤에서 이집트의 포위된 군에 대한 미국의 재보급을 위한 압력이 증가하고 있었다. 그것은 표면상 다소 이상한 생각이었다. 즉 미국이 치열한 전쟁에 맞서 있는 양측에 2주 동안 재보급 공수작전을 수행할 것이라는 것이었다. 키신저는 그런 생각에 반대했다. 그러나 그는 이스라엘이 포위된 이집트 군대를 풀어주도록 강요할 방법을 찾아야 한다는 것을 알고 있었다. 그는 자기의 궁극적 책임은 이스라엘 정부에 대해 정신의학자로서가 아니라 미국의 국무장관으로서 있었다고 회고했다. 그는 처음에 자신의 친구인 디니츠 대사에게 작업을 걸었다. 그는 휴전을 계속 위반하는 것이 어리석다고 주장했다. 이 설득이 먹히지 않자 키신저는 냉정한 위협을 가했다. 그는 닉슨의 이름으로 이루어진 이스라엘에 대한 일단의 강력한 요구를 내놓았다. 미국이 참여한 협상에서 부분적으로 휴전이 이루어진 후에 달성된 조건 하에 있는 이집트 제3군의 파괴를 미국은 허락할 수 없다고 키신저는 설명했다.[741]

골다 메이어 수상의 반응은 도전적이었다. 이집트가 침략의 승리를 발표하도록 하기 위해서 미국이 소련과 합류하고 있다고 그녀는 비난했다. 이것은 다소 극적인 과언이었다. 그러나 또 하나의 위기가

---

741) *Ibid.*, p. 536.

발생할 수 있기 전에 안와르 사다트(Anwar Sadat)가 교착상태를 타개했다. 그는 카이로-수에즈 길을 따라 자기의 제3군에 접근하는 문제를 해결하기 위해서 군사적 차원에서 직접 이집트-이스라엘 회담을 여는데 동의했다. 이집트 대통령이 요구하는 모든 것은 그 사이에 자신의 병사들이 살아남을 수 있도록 단 한 번의 호송차량대를 허용하는 것이었다. 이스라엘이 동의했다. 10월 28일 일요일 아침에 카이로와 수에즈 사이의 길위에 표시된 101 킬로미티의 지전에서 이집트의 아브델 가마시(Abdel Gamasy) 중장과 이스라엘의 아하론 야리브(Aharon Yariv) 소장이 서로에게 다가 가서 거북한 경례를 주고받은 후에 악수를 했다. 101 킬로미터는 소위 이정표가 되도록 마련되었다. 이것으로 이스라엘이 독립을 얻은 이후 25년 만에 이스라엘과 아랍 사이에 첫 직접회담이 시작되었다.

이때부터 협상이 아랍-이스라엘 분쟁의 무장 갈등을 대치할 것이다. 그것은 키신저에게 주요 외교적 성공이었다. 전쟁 중에는 어리석어 보였던 그의 전략은 그가 갈망한 바로 그것을 생산했다. 그것은 복잡한 협상을 요구할 군사적 교착상태였다. 소련인들은 그들의 영향을 상실했다. 그리고 아랍 국가들과 유대를 형성하는 미국의 역사적 어려움이 극복되었다.[742] 이스라엘이 보통 전장에서 승리했지만 그것의 군사적 우수성이 안전을 더 이상 보장할 수 없다는 것이 분명해졌다. 그리고 또 다시 그것은 그 지역에서 미국의 유일하거나 혹은 심지어 제1차적인 고객이 아닐 것이다. 마찬가지로 이집트와 시리아가 보통 군사적으로는 졌지만 그들은 정치적으로 이겼다. 그들은 자신들을 유

---

742) *Ibid.*, p. 537.

지했고 그들이 감내할 수 없는 현상을 뒤집을 때 굴욕을 피했다. 어떤 면에서 5세기 동안 표명된 아랍의 퇴락과 무기력의 감각이 상승하기 시작했다. 이스라엘이 1967년 장악한 영토들 가운데 적어도 어느 정도의 반환을 위한 협상들이 이제는 불가피하게 되었다.743)

데탕트에 대해서 말하자면, 1973년 10월 전쟁과 핵 경계령이 그 한계와 장점을 모두 보여주었다. 데탕트의 한 가지 요소는 어느 측도 상대의 비용으로 일방적 이득을 얻기 위해 모색하지 않을 것이라는 점이었다. 아무도 그런 서약을 아주 심각하게 간주하지는 않았지만 그런 모색이 10월 전쟁에서 발생했던 정도로 그것은 주로 미국인들에 의해서 다소 성공적으로 이루어졌다. 잭슨 상원 의원과 다른 이스라엘의 강력한 지원자들이 긴장완화에 불편했던 이유는 그들은 미-소간의 협력이 환상이라고 믿지 않았다는 것이다. 정반대로, 그들은 긴장완화가 너무나 진실이 될 수 있고 또 그것이 이스라엘의 비용으로 올 수 있다고 걱정했었다. 키신저에게 1973년 10월 전쟁의 승리는 중동에서 소련의 영향을 감소시키면서도 동시에 소련인들과 좋은 관계를 유지할 수 있었다는 것이다. 그가 전쟁을 통해 그리고 심지어 하룻밤의 핵 경계를 통해 데탕트에 지속적 손상을 입히지 않으면서 성공했다는 사실은 키신저를 황홀하게 했다. 그리고 그것은 당연했다.744)

그동안 수년 동안의 세계 방문 일정에도 불구하고 키신저는 아랍의 땅에 발을 들여놓은 적이 없었다. 이것이 1973년 11월 4일간 5개국 순방으로 변했다. 모로코(Morocco)와 튀니지(Tunisia)를 예방한 뒤

---

743) *Ibid.*
744) *Ibid.,* p. 538.

그는 그의 중동정책의 성공을 결정할 안와르 사다트 대통령과의 회담을 위해 이집트로 향했다. 그 전략은 탁월했지만 모험적이었다. 만일 그가 성공한다면 그것은 그의 중국 방문과 긴장완화 정책이 전략적 균형을 변경한 것만큼이나 중동에서 심대하게 미국에 유리하게 동맹들을 전환시킬 것을 약속했다. 만일 그것이 실패한다면 이스라엘에서 비난, 아랍국가들의 급진화, 전쟁의 증가된 가능성, 그리고 모스크바와 협력의 파괴가 있었을 것이다.

출범 시에 전략은 5개의 주요 요소들을 갖고 있었다. 첫째, 이스라엘로 하여금 10월 22일 휴전선으로 돌아가게 하는 것에 대해 흥정을 하는 대신에 그는 수에즈 운하로부터 모든 이스라엘 군대를 철수시킬 보다 야심적인 합의를 향해 이스라엘과 이집트가 움직이게 확산시킬 것을 희망했다. 둘째, 당사자들 사이에서 소련과 미국의 후원 하에 회담을 요구하는 휴전규정을 충족시키기 위해 그리고 모스크바를 저지하기 위해 그는 12월에 제네바(Geneva)에서 평화회의를 소집할 것이었다. 셋째, 그는 오직 미국만이 평화에 대한 열쇠를 갖고 있다는 원칙을 수립할 것이었다. 넷째, 아랍-이스라엘 분쟁의 모든 측면들에 대한 포괄적 해결을 추구하는 대신에 작은 규모로 협상하기 위해 단계적(step-by-step) 과정이 있을 것이었다. 다섯째, 미국, 즉 키신저가 소련의 개입 없이 이런 쌍무적 협상을 중재할 것이었다.[745]

키신저는 자기가 만난 적이 없는 사다트 대통령과의 만남을 자기의 보통 당황감의 이상으로 접근했다. 그는 자신의 안전에 대한 걱정도 했다. 그의 부모들은 그에게 그 출장을 가지 않도록 권고했다고 이

---

745) *Ibid.*, pp. 538-539.

집트의 외상 이스마일 파흐미(Ismail Fahmy)에게 털어놓았다. 게다가 그는 아랍지도자를 다루어 본 적이 전혀 없으며 따라서 어떻게 다루어야 할지에 대해 느끼는 바도 없었다. 키신저는 아부가 우주적 언어임을 발견했다. 그래서 사다트에게 그가 어떻게 이스라엘에 대한 공격으로 그런 놀라운 기습을 달성했는지를 물었다. 미소를 머금고 파이프 담배를 뻐끔거리면서 사다트는 자기가 그것을 어떻게 이루었는지를 다시 설명했다. 그가 마쳤을 때 그들은 평화를 외교적 문제가 아니라 심리학적인 문제처럼 개념적 관점에서 얘기했다고 키신저는 회고했다. 그러나 그런 공상이 영원히 계속될 수는 없었다 마침내 사다트가 돌발적으로 문제를 지상으로 되돌렸다. 그리고 자기의 제3군을 어떻게 할지를 묻고, 또 10월 22일 전선이 어떠하냐고 물었다. 키신저는 그에게 두 가지 대안이 있다고 말했다. 즉, 이집트와 미국이 이스라엘로 하여금 휴전선으로 돌아가도록 강요하기 위해 그들의 모든 에너지를 다 쓸 수 있을 것이다. 아니면, 같은 양의 노력과 함께 그러나 좀 더 인내력을 가지고 그들은 이스라엘을 수에즈 운하로부터 철수시킬 진정한 병력의 철수계획을 조정할 수 있을 것이다. 그 사이에 제3군에게 비군사적 물질의 꾸준한 공급을 위한 조정이 이루어질 수 있을 것이라고 했다.746)

사다트는 자기의 금박을 입힌 안락의자에 앉아서 조용히 생각에 잠겨 있었다. 그리고 2~3분 후에 그는 이스라엘의 휴전위반을 교정하는 대신에 키신저가 선호하는 완전한 철수를 위해 기꺼이 갈 것이라고 말했다. 추가로 그는 미국과의 완전한 외교적 관계를 회복시키

746) Ibid., p. 540.

는 과정을 시작할 것이었다. 이런 전반적인 제스처로 사다트는 모스크바에 대한 의지에서 워싱턴에 대한 의지로 이동했다. 그렇게 함으로써 그는 키신저의 왕복외교(shuttle diplomacy)의 토대가 된 키신저의 단계적 접근법의 길을 닦았다. 후에 키신저는 사다트에 관해서 "현명한 정치가는 논쟁에서 따는 점수에 의해서가 아니라 그들이 작동시킨 역사적 과정에 의해서 평가될 것이라는 것을 알고 있다"고 썼다.747) 키신저는 도취했다. 잔디 위에 앉아 있던 조셉 시스코와 하피즈 이스마일이 부름을 받았고 사다트는 "우리는 이것을 시스코 플랜(Sisco Plan)이라 부를 것이라"고 말했다. 그러나 골다 메이어 수상과 그의 내각은 협상을 위한 키신저의 플랜을 수락할 준비가 되어 있지 않았다. 사다트는 국가의 안전이 대담한 행동을 요구한다고 느낄 수 있었지만 이해할 수 있게도 이스라엘인들은 자국의 안전이 끊임없고 고통스러운 경계를 요구한다고 느꼈다.748)

역시 하나의 패턴이 되고 있는 키신저의 외교적 모호성에 대한 취향도 탈무드 학자를 놀라게 할 까다롭게 따지는 엄격성으로 각 차이를 명백히 하려는 이스라엘의 갈망과 충돌했다. 예를 들어 키신저는 포위된 제3군으로 가는 길을 따라 그곳에 유엔의 검문소를 조정했지만 이스라엘은 그것이 길을 여전히 통제하는 것을 명백히 하기를 원했다. 이것과 다른 문제들은 마침내 시스코와 선더스(Saunders)에 의해서 이스라엘과 사적인 양해각서(Memorandum of Understanding)에 포함되었다. 어떤 평화계획도 수반하는 미국과 이스라엘 사이의 이

---

747) *Ibid.*
748) *Ibid.*, p. 541.

사적인 양해 각서가 표준이 될 것이고 또 때로는 그들이 수반하는 어떤 협정보다도 더 중요한 것이 되고 말 것이었다. 그들에게는 한 가지 문제가 있었다. 중동의 요새(Casbah) 분위기와 그리고 이스라엘의 온실 같은 정치를 고려하면 그것들을 비밀로 유지할 가능성이 없었다. 그러므로 키신저와 그의 부하들이 이스라엘 인들과 이루는 옆 거래나 해석들은 계속 공개되고 있었다.[749]

그 사이에 101킬로미터 지점에서 직접회담은 키신저가 상상했던 것보다도 더 잘 나가고 있었다. 아니 불안하게 더 잘 진행되고 있었다. 키신저가 직면한 문제는 그곳에서 미합의의 위험이 아니라 그가 통제하지 않거나 공적으로 가져갈 심각한 합의의 위험에서 나왔다. 이스라엘의 야리브 장군과 이집트의 가마시 장군은 사막의 고립된 텐트에 앉아서 군인들이 평화를 만들지 모른다는 경구가 옳지 않다는 것을 입증하기 시작했다. 일단 그들이 제3군에 호송대를 위한 길에 관한 규칙들을 정리하자 그들은 병력의 완전한 격리를 위한 보다 야심적 제안들에 관심을 돌렸다. 이스라엘에게 그것은 미국의 훈수에서 벗어나 자신의 협상을 할 수 있음을 입증할 기회였다. 이집트에게 그것은 제3군을 해방시킬 협정을 가속화할 기회였다. 각 정부의 공식적 입장은 글자 그대로 아주 멀리 떨어져 있었다. 그러나 각 장군은 테이블에 비공식적 제안을 내놓을 허락이 주어졌다. 이스라엘의 야리브는 만일 이집트가 운하의 양쪽에 30킬로미터의 준비무장지대를 설치하는데 동의하고자 한다면 이스라엘의 군대는 운하의 서쪽에서 떠날 것이고 또 20킬로미터까지 후퇴할 것이라고 제안했다. 이집트의 가마시

---

749) *Ibid.*

는 이스라엘이 뒤로 더 후퇴해야 하고, 제약된 지대의 규모를 줄이고, 그들 사이에 유엔 완충지대를 설치하고, 그리고 시나이에서 미래에 이스라엘이 철수할 시간표를 정해야 한다는 역제안을 했다.[750]

여전히 합의와는 멀었지만 두 장군들은 키신저 자신이 협상하길 원하는 형태의 철수협정을 향해 행군하고 있었다. 그러나 그들을 격려하기는커녕 그는 그것들을 중지하기 위한 작업을 시작했다. 종종 그런 경우처럼, 그의 동기들은 타당한 정책적 염려와 개인적 허영심의 결합이었다. 12월 18일 제네바 회담 개시 전에 철수의 틀이 도달하면 그곳에서 협상들이 보다 경합적 문제들로 시작해야만 할 것이라고 키신저는 두려워했다. 뿐만 아니라 필요불가결한 중재자로서 봉사할 기회가 그 지역에서 영향력을 증가시킬 미국의 티켓이었다. 개인적인 차원에서 키신저는 아주 간단히 중요한 협상들을 자신이 통제하길 원했고 또, 우연하지 않게, 그것들과 같이 오는 영광과 정치적 평화상들을 비축하고 싶어 했다.[751]

키신저의 강요로 사다트와 마이어는 101킬로미터에서 회담하는 그들의 장군들의 고삐를 잡아당겼다. 이스라엘 대사는 그것이 주로 에고의 문제라고 느꼈다. 키신저의 견해는 만일 어떤 양보가 이루어진다면 그것은 자신에 의해서 이루어져야만 했다. 사태가 실제로 101킬로미터 지점에서 두 장군들에 의해서 타결되고 있는 것을 그가 발견했을 때 그는 아주 화를 냈다고 디니츠 대사는 회고했다. 그래서 그들은 두 장군들을 중지시켜야 했다. 디니츠 대사는 에고가 그의 약점이

---

750) *Ibid.,* p. 542.
751) *Ibid.*

다. 그러나 그것이 또한 그의 위대성의 원천이라고 말했다.752)

워싱턴에서 닉슨 대통령은 질투심에 사로잡혔다. 닉슨이 워터게이트에 의해 매일 두들겨 맞고 있는 동안에 키신저는 헤드라인과 노벨상을 비축하면서 세계를 둘러보고 있었다. 누가 책임자인가를 입증하기 위해서 그리고 키신저를 한 단계 끌어내리기 위해서 12월 초 키신저가 제네바 회담을 위한 계획을 마무리하기 위해 중동으로 떠난 직후에 닉슨은 돌연히 도브리닌 소련대사를 백악관으로 소환했다. 헤이그와 스코우크로프트가 그 만남을 막으려 했지만 허사였다. 그는 그들에게 중동에 관해서 논의하길 원한다고 말했다. 그리고 그는 그것이 사적인 것이 되길 원했다. 거기에는 아무도 없었다. 그 만남은 약 30분간 계속되었다.

닉슨이 중동외교에 끼어들고 또 더욱 나쁘게도 소련을 끌어들임으로써 그렇게 하려는 것을 키신저가 알게 되었을 때 키신저는 제정신이 아닐 것임을 스코우크로프트는 알고 있었다. 스코우크로프트는 이집트에 있는 키신저에게 무엇이 논의되었는지 헤이그가 알게 되면 즉시 전달하겠다는 전문을 보냈다. 자기의 분노를 전달하는 키신저로부터의 전문들이 워싱턴으로 수신되었다. 답변에서 스코우크로프트는 실제로 더 나쁠 수도 있었을 것임을 설명했다. 즉 닉슨이 사우디 대사를 부르려고 노력했지만 헤이그가 그것을 잘라낼 수 있었다고 말했다. 키신저는 자기가 가라앉기 전에 카이로에 여명이 왔다고 회고했다.753)

12월 제네바 회담을 소집하는데 키신저의 유일한 실패는 그가 시

---

752) Henry A. Kissinger, *Years of Upheaval,* Boston: Kittle, Brown and Company, 1982, pp. 651-653, 751-752.
753) *Ibid.,* pp. 771-772.

리아의 대통령 하피즈 알 아사드(Hafiz Al-Assad)의 참석을 확보할 수 없었다는 것이었다. 그는 의심이 많은 사람이었다. 키신저가 제네바 회담을 제기하자 아사드는 우선 자기의 영토로부터 이스라엘 군을 제거하는데 상당한 진전이 있어야 한다고 주장했다. 제네바 회담이 소집되기 전에 철수합의가 있어야 한다고 아사드는 말했다. 그리고 갑자기 보다 기분이 좋아 보이더니 자기는 사다트 대통령에게 기꺼이 위임할 것이라고 말했다. 시리아는 결국 회담에 참석하지 않을 것이라고 무미건조하게 말하자 키신저는 충격을 받았다. 그러나 키신저는 제네바 회담에 대한 시리아의 참석거부가 축복이라고 재빠르게 결론 지었다. 왜냐하면 그것이 즉각적인 폭발의 기회를 줄였기 때문이다. 시리아가 없는 것이 더 나았다고 키신저는 회고했다.[754]

12월 21일 의자 하나가 비어 있는 채로 제네바 회담이 소집되었을 때 키신저의 말은 시의적절했다: "아랍과 유대인의 운명은 함께 흥하고 망하면서 그들의 역사를 통해 탈출할 수 없게 연계되었다고 말했다. 최근 수세기 동안에 유대인들은 흩어졌고 아랍인들은 식민자에 의해서 억압을 받았다. 그러나 지난 25년 동안 그들은 자기 자신의 운명을 결정할 기회를 가졌다. 따라서 불신과 증오의 현실이 그곳에서 시작한 정신적 메시지와 너무도 비극적으로 모순되는 아랍과 유대인의 땅에서 화해의 목소리가 들리는 것이 본질적이다."[755]

제네바 회담은 그곳에서 발생한 일 때문에 중요하지 않았다. 아무

---

754) Walter Isaacson, *Kissinger: A Biography,* New York: Simon & Schuster, 1992, p. 540.
755) Henry A. Kissinger, *Years of Upheaval,* Boston: Kittle, Brown and Company, 1982, pp. 792-795.

일도 일어나지 않았다. 중요했던 것은 그것이 소집되는 과정이고, 그래서 그것이 1948년 이후 아랍과 이스라엘 사이에 정치적 차원에서 첫 대면 평화협상에 거대한 승인을 기록하는 것이었다. 그후 키신저의 주된 도전은 회담을 고요하게 유지하여 그가 소련의 개입없이 쌍무적 회담의 단계적 길을 따라 진행할 수 있을 것인가 였다. 수개월 내에, 그 지역에 있는 모든 국가들은 미국을 그곳의 압도적 무력으로 간주할 것이다. 그리고 키신저는 그렇게 높아진 영향력의 화신이 될 것이다.[756]

---

756) Walter Isaacson, *Kissinger: A Biography,* New York: Simon & Schuster, 1992, p. 545.

제14장
왕복외교(The Shuttle Diplomacy)의 창시자:
외교의 마법사 V

"역사가 국가들의 기억이라면 협상 스타일은 종종 역사의 산물이다"
-헨리 키신저-

왕복외교(the shuttle diplomacy)란 계획되지 않은 채로 태어났다. 1974년 1월 초 제네바 회담의 상징적 개최 한 달 뒤에 이스라엘의 국방장관인 모세 다얀(Moshe Dayan)이 워싱턴에 도착했을 때 그는 새로운 군대 철수의 제안을 가지고 왔다. 키신저의 본능과 그의 에고에 호소하면서 다얀은 국무장관이 그 계획을 사다트에게 개인적으로 제시할 것을 제안했다. 그리하여 키신저가 사다트 대통령의 겨울 거주지인 아스완(Aswan)으로 갔고 거기에서 사다트 대통령은 비슷한 호소로 제안했다. 즉, 그는 이제 키신저에게 그 문제를 제네바 회담 실무집단에 넘기는 대신에 중동에 머물면서 신속한 합의를 추진하고 그 자신이 세부사항을 중재할 것을 제안했다. 예루살렘을 다시 다녀온 후에 키신저의 새로운 스타일의 외교가 탄생했다. 다음 여행이 시작

되자 흥분한 조셉 시스코가 "이집트-이스라엘 왕복비행의 승선을 환영한다"고 소리를 질렀다.757)

다음 2년간 키신저는 모두 4라운드(round)에 걸친 주요 협상들을 위해 중동을 총 11차례나 방문했다. 1974년 1월에 첫 회담은 수에즈 운하로부터 이스라엘 병력의 철수와 관련하여 이집트 전선에서 군사적 철수를 가져왔다. 그리고 나서 1974년 5월 시리아의 철수협정이 나왔다. 이것은 길었던 34일, 24,230마일의 출장이었다. 이때 키신저는 예루살렘을 16번, 다마스쿠스를 15번, 그리고 그 사이에 5개의 다른 국가들을 방문했다. 유일한 실패는 1975년 3월 두 번째 이집트-이스라엘 회담이 결렬되었을 때 왔다. 그러나 키신저는 이스라엘이 시나이 반도에서 추가로 철수에 동의했던 그해 8월에 그것들을 구조했다. 문제가 제네바에서 다루어지도록 내버려 두기 보다는 자신이 첫 시나이 철수회담을 수행하는 키신저의 결정은 소련인들을 행동에서 잘라냈다. 게다가, 키신저는 의심할 여지없이 허영심이 관련되었다고 인정했다. 외교적 이니셔티브에 대한 통제를 포기하지 않으려는 것은 일반적으로 두 가지였다. 누군가 다른 사람이 그렇게 잘 할 가능성이 없다는 믿음이 그 하나이고, 그리고 거의 염려스러운 것으로 누군가가 그만큼 잘 할 수 있을 가능성에 대한 두려움이 또 하나였다.758)

그리하여 1974년 1월 키신저는 다얀에 의해서 그에게 사적으로 제안된 아이디어들이 제네바 회담에서도 역시 파견된 이스라엘 대표단

757) Henry A. Kissinger, *Years of Upheaval,* Boston: Kittle, Brown and Company, 1982, p. 818.

758) Walter Isaacson, *Kissinger: A Biography,* New York: Simon & Schuster, 1992, p. 547.

에 의해서 제시되고 있다는 것을 발견하고 놀랐다. 그가 101킬로미터 지점에서 두 장군들이 철수협정을 향해서 그들이 진행하는 것을 중지시켰던 것처럼 키신저는 이스라엘에 압력을 가해 제네바형 포럼에서 이루어진 제안들을 철회하게 했다. 다얀 플랜의 핵심은 이스라엘이 수에즈 운하 동쪽 약 20킬로미터 전선까지 모든 군대를 철수시키는 것이었다. 약 10킬로미터의 유엔 완충지대가 있을 것이고 또 각 전선 뒤에 약 40킬로미터 확장된 지역에는 병력, 탱크, 그리고 미사일의 수적 제한이 있을 것이었다. 다른 조항들은 호전성에 대한 종식과 수에즈 운하의 재개를 포함했다. 사다트는 무엇보다도 40킬로미터의 제한된 지대가 이집트의 주요 부분으로 연장될 것이기 때문에 이것을 곧바로 수락하지 않을 것으로 보였다. 그러나 그것은 논의를 위한 좋은 기초였다. 사다트가 알고 있듯이, 상세한 것들은 약간 본질에서 벗어났다. 만일 합의가 지속된 평화과정을 가져온다면 이 첫 단계에서 전선의 위치는 곧 작은 각주가 될 것이다. 그렇지 않으면 뒤이은 적대감이 제안된 지도를 논의의 여지가 있게 만들었을 것이다.

중요한 것은 만일 달성된다면 철수협정은 이스라엘이 장악한 상당한 영토로부터 1956년 이래 처음으로 철수를 기록할 것이었다. 그러므로 사다트가 다얀이 제안하는 것이 될 이스라엘 전진 전선을 쉽게 수락해 키신저를 놀라게 했다. 그가 요구한 모든 것은 제한된 병력의 지대 계획이 단순화되어야 한다는 것이었다. 사다트는 어느 국가도 상대방의 주력군을 공격할 수 있는 미사일이나 포대를 전개해서는 안 된다는 것이었다. 오직 2개의 이집트 여단만이 운하의 동쪽에 머물 수 있다는 다얀의 플랜은 그 영토를 장악한 자기의 군부에 대한 모욕이라고 주장했다. 그는 10개 여단과 약간의 탱크를 원했다. 그러나 최근까지 적이었던 국가의 사자에게 대한 신임의 제스처로 사다트는 키신저에게 최선의 숫자를 모색하라고 말했다. 이집트는 그가 이스라엘에서 얻어올 수 있는 것이 무엇이든 그것을 수락할 것이었다.

예루살렘에서 키신저는 이집트가 운하의 동쪽에 유지할 수 있는 사단의 수에 대해서 협상자들이 승강이를 벌일 준비가 되어 있음을 발견했다. 여단의 수에 관해서 이갈 알론(Yigal Allon)은 그에게 5~6개의 여단에 그것을 타결할 수 있다면 벤-구리온 상(the Ben-Gurion prize)을 수상하게 될 것이라고 말했다. 키신저는 6개 여단은 불가능하다고 대답했다. 만일 그들이 10개를 고집한다면 이스라엘은 6개, 어쩌면 8개를 고수할 것이라고 알론은 말했다. 키신저는 만일 이스라엘이 8개를 수락할 수 있다면 그들은 즉시 그렇게 말해야 한다. 만일 그것이 너무 오래 걸리면 사다트의 보좌관들이 그것에 등을 돌릴 것이다. 키신저는 그가 다음날 카이로에 돌아왔을 때 필요하면 8개 여단을 수락할 권능을 부여받았다. 사다트가 그 숫자를 수락했다. 그러나 그는 이집트가 승인하지 않은 국가인 이스라엘과 협정에 서명하는 것을 꺼렸다. 그러므로 키신저가 아이디어를 냈다. 즉, 이집트와 이스라엘이 추가적 편지에서 미국에게 제시할 모든 그런 조정들을 집어넣는 것이다. 그리고 나서 미국이 양측에 이런 보증들을 제안하는 편지들을 생산할 수 있었다. 비록 복잡하지만 그것은 쉽게 작동했다.[759]

1월 16일 그의 비행기 안에서 생산되고 있는 축제적 스토리들로부

---

759) Walter Isaacson, *Kissinger: A Biography,* New York: Simon & Schuster, 1992, p. 548.

564 헨리 키신저 -외교의 경이로운 마법사인가 아니면 현란한 곡예사인가?-

터 키신저가 성공에 다가가고 있다는 것이 분명해지고 있었다. 워싱턴에서는 워터게이트와 어떤 영광의 욕구에 사로잡힌 닉슨이 안드레 그로미코 소련 외상처럼 행동에서 잘려 나간 것으로 느끼고 있었다. 그리하여 닉슨은 헤이그와 스코우크로프트를 시켜 각자가 키신저에게 전문을 보내 어떤 합의가 도달하기 전에 귀국하라고 말하게 했다. 이 것은 키신저가 협정을 맺고 대통령이 어떤 공적을 취하게 하기 전에 닉슨으로 하여금 어떤 대통령의 지시를 내리는 것을 대중에게 과시하도록 허용하는 것이었다. 예상했던 대로 키신저는 그럴 생각이 없었다. 하루를 기다린 뒤에 키신저가 그 지역을 떠나는 것은 미묘한 모든 직물을 풀어버리게 될 것이라는 메시지를 보냈다.[760] 그 대신에 키신저는 닉슨의 명령들을 거부하고 거의 최종적 합의안을 사다트에게 가져갔다.[761] 사다트는 자연스럽게 근대 이집트의 국가원수로부터 이스라엘에 역사상 첫 직접 메시지를 지시하기로 자연스럽게 결정했다. 그것의 내용은 키신저의 개인적 역할에 대한 다소 비상한 인정이었다. 사다트는 자기가 평화에 관해서 말하면 자기는 그것을 의미한다고 골다 메이어 수상에게 보내는 그의 편지에서 선언했다. 그들은 과거에 접촉한 적이 없었다. 이제 그들은 키신저 박사의 서비스를 받고 있었다. 그를 이용하고 또 그를 통해서 서로 얘기하자고 사다트는 말했다.

심한 대상포진을 앓고 있던 골다 메이어는 주중 내내 집에 있었다. 키신저가 이스라엘에 도착했을 때 수십년 만에 굉장한 눈이 내렸다.

---

760) *Ibid.*, p. 549.
761) *Ibid.*

이스라엘 군대의 차량의 도움을 받아 그는 사다트의 편지를 가지고 그녀의 집에 도달할 수 있었다 키신저는 그 편지를 그녀에게 큰소리로 읽어주었다. 그것은 좋은 것이라고 그녀는 의미심장하게 말했다. 그 날 늦게 그녀는 자신의 답변을 작성했다. 그녀는 이집트 대통령부터 이스라엘 수상이 받은 메시지의 중대성을 깊이 의식하고 있다고 그녀는 시작했다. 평화에 대한 그녀의 욕망을 표명한 뒤에 그녀도 역시 키신저에 대한 찬사로 끝을 냈다: "우리 모두가 믿고 또 평화의 대의를 위해 자신의 지혜와 재능을 줄 준비가 되어있는 키신저 박사가 있다는 것이 참으로 아주 행운이다."762) 철수협정의 최종적 화룡점정은 신속하게 수락되었다. 그리고 그것은 101킬로미터 지점에 있는 이집트와 이스라엘의 군 수뇌에 의해서 서명되었다. 그리고 나서 키신저는 아스완에 있는 사다트의 여름 거주지로 돌아갔다. 사다트가 골다 메이어의 편지 읽기를 막 끝냈을 때 비서가 서명이 이루어졌다는 소식을 갖고 들어왔다. 사다트는 이제 군복을 벗으려 한다며 행사의 경우를 제외하고는 그것을 다시는 입지 않기를 기대한다고 했다. 그리고 그녀에게 이것이 그녀의 편지에 대한 자기의 답변이라고 선언했다.763)

닉슨은 그날 오후 백악관 기자실에서 그 합의를 발표했다 그것은 그에게 비록 잠시 동안이지만 그의 국내적 고통에서 벗어나는 즐거움을 제공했다. 그러나 영광의 대부분은 키신저에게 돌아갔다. 해리스 (Harris) 여론 조사는 미국인들의 85%가 키신저가 잘하고 있는 것으로 느낀다는 것을 발견했다. 이것은 여론조사가 시작된 이래 정부에

---

762) *Ibid.*
763) *Ibid.*

있는 공직자에 대한 최고의 승인이었다.[764] 키신저는 이스라엘의 2개 신문들의 전면에 등장했고 이집트에서는 대규모 축제가 있었다. 그리고 시리아에서는 대중적 분노가 키신저 의제의 다음 차례가 되고 싶은 사적인 욕망으로 전환되었다. 오직 모스크바에서만 비난이 흘렀다. 닉슨에 보내는 공식 편지에서 브레즈네프는 미국이 중동을 다루는데 있어서 소련인들과 합동으로 일할 것이라는 과거의 이해를 무시하고 있다고 불평을 했다.[765] 키신저에게 그런 고소인의 비판은 그가 받을 수 있었던 최고의 찬사들 중 하나였다. 그의 외교정책의 핵심에는 전 세계에서 소련의 영향을 줄이는 목적이 있었다. 그리고 이제 그는 끈질긴 외교로 그렇게 할 수 있었다는 것을 입증하고 있었다.

키신저는 그의 모든 왕복외교를 수행하는 동안 린든 존슨의 부통령 비행기로 사용되었던 보잉 707기를 사용했다. 마치 유세용 비행기처럼 특히 정규 언론인들 사이에서 키신저 제트기에 대한 애정이 발전했다. NBC의 리처드 발레리아니(Richard Valeriani)가 "키신저 14인을 해방하라"라고 선언하는 버튼을 프린트했다. 그는 자기 자신 외에 ABC의 테드 코펠(Ted Koppel), CBS의 버나드 캘브(Bernard Kalb)나 마빈 캘브(Marvin Kalb), <워싱턴 포스트>의 마릴린 버거(Marilyn Berger), <뉴욕 타임즈>의 버나드 지워츠먼(Bernard Gwertzman). <타임>의 제롤드 쉑터(Gerrold Schecter), 그리고 <뉴스위크>의 브르스 반 부어스트(Bruce van Voorst)를 포함했다. 대부분의 비행중 키신저는 언론을 자신의 회의실에 초대하거나 후미 칸에서 제공되는

---

764) *Ibid.*
765) *Ibid.*, p. 550.

구운 고기를 받으러 갔다. 그곳에서 "한 사람의 고위 관리"(a senior official)라고 가볍게 위장하고서 그는 협상들의 과정에 관한 배경 브리핑을 할 것이다.766) 돌이켜 읽어보면, 그 브리핑들은 유용한 사실들을 설명하기 보다는 빛나는 개념화로 현혹시키기 위해 마련된 것처럼 보인다.

키신저가 중동의 시장에 개입하기 전에 키신저가 선호하는 흥정 철학은 그가 결과에 도달하는 방법들을 모색하기 전에 갈망하는 결과를 마음속에 두는 것이었다. 그는 1973년 배경설명에서 만일 협상에서 당신이 어디로 가고 있는지를 알기 전에 구체적인 제안들을 내놓으면 그것은 거의 자살행위라고 말했다. 그는 중국인들이 협상했던 방식을 좋아했다. 그들은 먼저 각자의 기본적 원칙들을 수용하는 합리적 해결을 결심했고, 그리고 나서 그들은 단숨에 결과에 도달했다. 양보는 압력에 대한 대응이 아니라 자발적으로 이루어졌고 그리하여 상호성을 초대했다. 표면적으로 아랍-이스라엘 왕복외교 동안에 키신저의 단계적 방법은 이런 철학에 반하는 것으로 보였다. 그러나 실제로 단계적 방법은 방법 이상이었다. 그것은 키신저가 선호하는 결과를 위한 토대 이상이었다. 그는 팔레스타인 문제 같은 그런 근본적인 쟁점들을 해결하는 포괄적인 중동합의를 도달할 필요나 혹은 기회를 보지 못했다. 대신에 그는 최선의 해결은 이스라엘로 하여금 장악한 땅에서 철수하여 달래는 반면에 아랍으로 하여금 이스라엘과 그것의 국경선을 확보할 권리를 수락하게 유도하는 것이라고 느꼈다. 단계적 접근법에 관한 마법은 이 결과가 출발에서부터 암시되었다는

---

766) *Ibid.*, p. 551.

것이었다.767)

중동에서 자기의 외교를 개인화 함으로써 키신저는 정치가들 사이에서 우정이라고 여겨지는 것으로부터 무형의 선의를 이용할 수 있었다. 전 이스라엘 국방장관 이츠하크 라빈(Yitzhak Rabin)은 키신저는 인종이 개인적 관계, 즉 사람들이 그에게 헌신하게 만드는 그런 종류의 강렬한 관계를 창조했다고 말했다.768) 외교문제에서 그런 개인적 요인들의 역할은 자기가 대학교에 있었을 때 키신저를 포함하여 많은 역사가들에 의해서 무시되었다.769) 그러나 개인적 신용의 유대에 의해서 창조되는 압력과 유도는 왕복외교의 임무와 같이 고도의 압박을 받는 협상의 흥분 상태에서 분위기의 일부가 될 수 있다. 이것은 중동에서 특히 진실이었다. 아랍 세계에서 홍정을 지배하는 정신상태는 가격에 대한 승강이 이상이 관련되었다. 거래가 이루어지기 전 어느 지점에서 구매자와 판매자 사이에 개인적 유대도 역시 발전되어야 한다. 즉, 중동의 학자인 에드워드 쉬한(Edward Sheehan)에 의하면, 우정의 감정을 자극하는 자신감과 믿음의 계약이어야 한다는 것이다. 키신저는 그것이 특히 홍정에 의해 수반될 때 우정의 감정을 자극하길 사랑했다. 그는 결국 유대인이었다고 에드워드 쉬한은 지적했다.770)

키신저가 만든 가장 중대한 유대는 가장 예측이 안 되는 것이었다. 즉, 그것은 이집트의 안와르 사다트 대통령과의 유대였다. 키신저는

---

767) *Ibid.*
768) *Ibid.*
769) *Ibid.*
770) Edward Sheehan, *The Arabs, Israelis and Kissinger,* New York: Reader's Digest Press, 1976, p. 120.

종종 사다트를 존경하는 어조로 "하나의 예언자"(a prophet)로 지칭했다. 저우언라이가 아닌 그가 상대한 다른 어떤 누구도 키신저의 마음속에 이런 존경에 가까운 어떤 것도 부여하지 않았으며 아무도 동일한 애정을 일으키지 않았다. 1974년 1월 그의 첫 왕복외교의 출범에서 아스완을 떠날 때 사다트는 키신저를 자기 빌라 옆의 열대성 정원으로 데려가 망고 나무 아래에서 그에게 키스를 했다.[771] 다른 한편으로, 키신저의 골다 메이어와 관계는 마치 강한 의지의 유대인 엄마와 성공적이지만 고마운 줄 모르는 아들의 사이처럼 훨씬 더 고통스러웠다. 집요하고, 폭발적이며, 그리고 자기 조국에 확고하게 헌신적인 메이어 수상은 키신저에게 강의하면서 키신저와 함께 그들의 많은 시간을 보냈다. 1973년 10월 전쟁 후 메이어 수상이 워싱턴으로 비행했을 때 메이어 수상은 처음에 키신저와 악수하기를 거절했고 그리고 나서는 키신저가 그녀와 만나기를 거부했다. 마침내 그들은 그날 밤 만나서 새벽 1시가 넘도록 얘기했다.[772]

키신저를 좌절하게 하고 또 미치게 하는 그녀의 능력에도 불구하고 키신저는 자국의 모든 그리고 각 시민들의 안정에 대한 그녀의 감정의 깊이를 이해하고 또 그가 이스라엘의 생존에 대한 그녀의 감정적 헌신을 공유했기 때문에 키신저는 골다 메이어 수상에 애정의 비축을 갖고 있었다. 그가 그녀에게 사실상 좀 더 사다트처럼 되라고 압박하는 한 번의 긴 대화에서 그녀가 자기는 지난 세기에 태어났다면서 자기에게 무엇을 기대하느냐고 물었다. 키신저는 19세기가 자기의

---

771) Walter Isaacson, *Kissinger: A Biography,* New York: Simon & Schuster, 1992, p. 552.
772) *Ibid.*

전문 분야라고 말했다. 1974년 수상으로서 마이어의 마지막 공식 행위는 키신저를 위해 리셉션을 여는 것이었다. 그곳에서 많은 웃음속에 그는 그녀에게 사다트로부터 받았던 것보다도 더 큰 키스를 했다.[773] 그녀는 그가 여자들에게 키스하는 줄 몰랐다고 말했다. 키신저는 부수상이자 이스라엘의 수석 협상자인 이갈 알론(Yigal Allon)과 종종 긴장되지만 보다 긴밀한 관계를 갖고 있었다. 알론은 하버드에서 키신저의 국제세미나에 참여했었다. 그리고 키신저는 그가 다소 비성찰적임을 발견했지만 그에게 깊은 애정을 발전시켰다.

반면에 이집트의 외상인 이스마일 파흐미(Ismail Fahmy)는 키신저가 노력했지만 그가 사다트와 갖는 소통성을 형성하지 못했다. 파흐미의 경멸을 도발한 것은 그가 키신저의 두 얼굴을 발견한 것이다. 그는 언제나 이스라엘을 비난함으로써 그리고 자기가 우리편에 있다는 것을 우리들에게 확신시키기 위해서 이스라엘 지도자들에 관해서 끊임없이 웃기고 부정적 언급을 함으로써 자기의 편견을 숨기려고 노력했다면서 불행하게도 그의 다소 분명한 책략이 사다트에게 상당히 효과적이라고 파흐미 외상은 말했다.[774] 키신저를 상대한 많은 사람들의 비난인 키신저의 이중성에 관한 문제는 아주 까다로운 것이다. 때로는 기만까지 그리고 기만의 선을 넘어 진실을 감추는 것은 외교적 삶의 현실이며 그리고 키신저는 외교정책의 도덕성을 높이기 위한 십자군 운동을 하고 있는 것이 아니었다. 외교와 이중성 사이의 경계선이란 매력과 위선 사이의 그것처럼 아주 미세한 것이다.[775]

---

773) *Ibid.*
774) Walter Isaacson, *Kissinger: A Biography,* New York: Simon & Schuster, 1992, p. 553.

키신저는 어떤 때는 결함이 될 정도로 아주 영리한 사람이었다. 그러나 키신저의 영리함은 그가 노골적인 이중성과 사기를 피하려고 조심한다는 것도 의미했다. 그의 말들을 연구해 보면 그가 다른 누구에게 말했던 것과 직접적으로 모순되지 않도록 자기의 언급을 조심스럽게 바꾸어 표현하는 것을 보여주었다. 외교정책의 모호성을 논의하는 데 있어서 한때 키신저는 협상에서 완벽하게 솔직한 사람이 가장 다루기가 어렵다는 메테르니히의 견해를 공유하는 경향이 있는 것 같다고 썼다. 메테르니히의 행동들로 판단하면 그가 실제로 이런 견해를 갖고 있다는 것이 분명하지 않다. 또한 키신저가 그런 지도 분명하지 않다. 키신저는 "오직 반절의 진리만 말하는 메테르니히의 제도를 갖고 있다. 그는 거짓말을 하지 않았다. 그랬다면 그는 신용을 잃었을 것이다. 그러나 그는 진실을 모두 말하지 않았을 뿐이다"라고 이스라엘의 이츠하크 라빈(Yitzhak Rabin) 전 국방상이 말했다.[776]

1974년 3월 예루살렘에서 열린 한 세미나에서 외교정책의 현실주의적 접근법의 지도적 대표자인 한스 모겐소(Hans Morgenthau) 교수는 그가 키신저의 도리에서 벗어난 스타일의 결점들을 논의했다. "키신저는 그를 20년 동안 알아온 내가 기대하지 않았던 것으로 모든 수도에서 자기 자신을 친구로 그리고 그가 우연히 가 있는 특수한 국가의 조성자로 전환시키는 장엄한 재능을 갖고 있다. 그런 외교는 처음에는 작동하지만 정부들이 좋은 관계를 갖고 있고 또 서로에게 말하는 곳에서는 작동하지 않을 것이다"라고 말했다.[777] 그 시기에 키신

775) *Ibid.*
776) *Ibid.*, p. 554.

저의 때론 대립자이기도 했던 제임스 슐레진저 국방장관이 그런 비난을 할 때 가장 신랄했다. 그는 키신저의 배경의 관점에서 그것을 설명했다. 키신저의 기만의 스타일은 미국에서 보다 유럽에서 덜 규탄된다면서 지나치게 조작적인 것은 영-미 국가들에게는 잘 넘어가지 않는다고 슐레진저는 말했다. 그는 계속해서 키신저가 깨닫지 못한 것은 아랍의 지도자들의 이야기들을 비교한다는 것이라고 덧붙였다. 사실상 키신저는 적어도 지적으로는 이것을 깨닫고 있었다. 그는 자기의 첫 비공식 기자회견에서 "결국 양측은 함께 모여 노트들을 비교할 것이고 만일 그들이 서로 다른 것들을 들었다면 당신은 죽었다."고 기자들에게 말했다.[778]

이런 이해에도 불구하고 상이한 경청자에게 상이한 음영을 강조하고 또 다른 쪽을 헐뜯음으로써 한 쪽에 자신의 비위를 맞추려고 시도하는 카멜레온(chameleon)으로 통했다. 이것은 협상 전술 이상이었다. 그것은 인격적 결함이었다. 아랍과 이스라엘에서 보여준 그의 스타일은 백악관 내에서나 아니면 워싱턴 만찬 파티에서도 전혀 다르지 않았다. 친밀감을 창조하기 위해서, 즉 매혹시킬 뿐만 아니라 속이기 위해서 그는 다른 사람들에 관한 신뢰의 훼손을 공유했다. 그는 마스터 조작자라기보다는 아주 서투른 자로 보였다. 만일 그가 좀 더 잘해낼 수 있었다면, 그것으로 그를 비난하는 사람들은 거의 없었을 것이다.[779]

---

777) *Ibid.,* p. 555.

778) *Ibid.*

779) *Ibid.,* p. 556; Henry A. Kissinger, *Years of Upheaval,* Boston: Kittle, Brown and Company, 1982, p. 1055.

듣는 사람에게 자신의 강조를 다르게 하는 키신저의 성향과 관련된 것은 키신저가 "건설적 모호성"(constructive ambiguity)이라고 부른 것의 사용이었다. 베트남 협상에서 그는 비무장 지대와 월남의 주권에 관해서 어두운 용어를 마련하여 양측이 그들이 원하는 것을 주장할 수 있게 만들었다. SALT 회담에서 그는 지하 격납고(silo) 규모의 변화에 대한 제한을 막연하게 하여 후에 대동 미사일에 대한 제한에서 탄도(ballistic)라는 말을 빼서 미국과 소련이 그 의미를 다르게 해석하고 말았다. 마찬가지로 중동에 대해서 키신저는 실제적 철수협정에 방해가 되는 신학적 분쟁의 많은 것들을 날조하려고 했다.[780]

메테르니히의 협상 스타일에 관해 코멘트하면서 탈레랑(Talleyrand)은 막연하게 의미가 없는 용어들에 대한 경이로운 구사력을 인용했다. 즉, 때때로 외교의 기술은 분명한 것을 모호하게 유지하는 것이라고 그는 한때 말했다. 예를 들어 1969년 로저스 플랜은 솔직하고 모호하지 않았지만 그것은 앞으로 나아가지 못했다. 어떤 기자가 제네바 협정에 관한 이스라엘과 이집트가 갖고 있는 상이한 해석을 선명하게 하려고 하자 키신저는 폭발했다: "빌어먹을! 모두가 자신의 체면을 세우는 방정식을 갖게 내버려둬!"라고 소리쳤다. 만일 그것이 이스라엘 인들은 그들이 이집트인들과 같은 공간에 있으면 그것을 "직접적"이라고 간주하게 하고, 그리고 사다트가 만일 누군가가 그곳에 있다고 해서 간접적"이라고 부른다고 해서 도대체 무슨 차이가 있느냐고 키신저가 대응했다.[781]

---

780) Walter Isaacson, *Kissinger: A Biography,* New York: Simon & Schuster, 1992, p. 556.
781) *Ibid.*

더 적게 여행하고 그리고 더 많이 위임했던 과거의 국무장관들과는 달리 키신저는 주요한 국무성의 결정은 자기에 의해 비행기에서 이루어져야 한다고 고집했다. 그리하여 워싱턴에서 차관에 의해서 운영되는 대신에 사실상 키신저가 어디를 가든 국무성도 같이 여행을 했다. 어떤 날에는 200개 이상의 전문들이 그의 비행기로 오고 갔다. 키신저가 중동 왕복외교를 할 때까지 키신저의 업무가 훨씬 더 넓게 퍼져버렸다. 그는 국가 안보보좌관과 국무장관직 모두를 수행하려고 시도하고 있었고 4개의 직위를 맡고 있었다. 즉, 대통령의 외교정책에 관한 보좌관, NSC기구의 관리자, 전 지구를 걸어 다니는 협상가, 그리고 국무성의 거대한 관료제도의 책임을 맡고 있는 각료가 그것들이었다. 이런 책임들을 모두 다룬다는 것은 위대한 관리인에게도 거창한 주문인데 키신저는 그런 관리인이 아니었다. 그는 위임하길 싫어했고 시간의 우선순위를 세우는 게 어려웠고 관료제에 대한 자기의 경멸을 숨기려고 노력하지 않았다. 그 결과 비록 왕복외교가 어떤 극적인 성공을 가져올지는 몰라도 대가가 지불되었다. 베트남에서 전쟁의 재개, 키신저가 "유럽의 해"(the Year of Europe)를 선언하게 만든 NATO의 부풀어가는 분노, 그리고 키프로스(Cyprus)에서와 같이 꾸며지고 있는 지역적 위기들과 같은 그런 치명적인 문제들을 포함하여 다른 문제들이 별로 그의 관심을 받지 못했다.[782]

그럼에도 불구하고, 왕복외교는 결국 키신저의 재능을 아마도 잘 이용한 것이었다. 관리인으로서 그의 약점은 중재자로서 그의 지칠 줄 모르는 풍성한 자원과 디자인에서처럼 외교에서 신(神)은 세부사

---

782) *Ibid.*, p. 557.

항에 있다는 그의 이해에 의해서 필적되었다. 대단한 신념을 가지고 그는 각 상대방에게 실패의 비참한 결과를 그려주었다. 매일 그들은 전율했고 키신저는 이스라엘에 경고할 것이다. PLO가 과정에 끼어들게 될 것이고, 미국의 대중이 질려 버릴 것이며. 미국의 공수 없이 싸워야 할 전쟁이 시작될 것이다. 다른 한편으로 그는 사다트에게 말할 것이다. 만일 전쟁이 발발하면 펜타곤이 그를 공격할 것이다. 시리아인들도 타결 외에 다른 대안들이 부족한 것에 관해 비슷한 그림을 그려주었다. 이스라엘을 철수시킬 수 있는 다른 길이 없었다. "당신의 대안은 무엇인가?"라고 키신저는 각 측에 거듭해서 물었다.[783]

그가 양보를 가장 많이 필요했던 이스라엘인들과 키신저는 만일 그들이 비타협적으로 남는다면 묵시록의 비전과 지구적 고립을 상정하면서 역사적 관점에서 상황을 분석하는데 특히 생생했다. 예루살렘에서 협상자들은 키신저의 비관주의를 흉내내는 어휘들을 발전시켰다. 그가 어떤 과정을 자살행위라고 부르면 그는 그것이 어렵다는 것을 의미했다. 불가능은 그럴 것 같지 않은 것으로 해석되었다. 어렵다는 것은 성취할 수 있다는 것을 의미했고 그가 뭘 할 수 있는지 보겠다는 것은 그들에게서 그 양보를 이미 얻어냈지만 아직 말하지 않았다는 것을 의미했다. 이런 혼합에 대해 그는 어떤 재래식 형태의 압박과 영향력 행사를 추가했다. 아랍 세계에서 그는 미국의 기술적 투자를 약속할 것이다. 이집트는 미국의 원자로를 받을 것이다. 그것은 닉슨이 1974년 6월에 그곳을 방문하여 발표했다.[784]

---

783) Walter Isaacson, *Kissinger: A Biography,* New York: Simon & Schuster, 1992, p. 558.

784) *Ibid.*

다음 해에 시나이 II 회담이 그가 보기에 이스라엘의 비융통성 때문에 결렬된 후에 키신저는 슐레진저 국방장관에게 이스라엘로 가는 무기의 수송을 지연시키라고 말했다. 슐레진저가 그 명령을 서면으로 요구했다. 이갈 알론은 캠프 데이비드에서 키신저를 만나 새로운 긴축에 대해 불평하자 키신저는 어떤 압박도 의도하지 않았다고 부인했다. 외교적 이견과 무기의 수송 사이에 연계는 결코 없을 것이라고 약속했다. 이 모든 말이 진실이 아니라 외교상의 기록을 위해 말해진 것을 잘 알고 있는 알론이 경악하고 또 분개했다. 그러나 그것은 작동했다. 다음 회담에서 이스라엘은 좀 더 순종적이었다.[785]

왕복의 그 과정은 그 자체가 양측에 끊임없는 압박을 유지하는 방법이 되었다. 키신저 사명의 선풍적 홍보와 제트기 속도는 양측의 협상자들까지 휩쓸어서 마지막 순간의 돌파구가 좀 더 있을 것같이 만드는 계기를 창조했다. 강도를 높이는 것은 기적을 협상하는 것으로 보이는 것을 끌어내는 마법사로서 키신저의 개인적 명성이었다. "이것은 자기 충족적 인식이다. 나는 어떤 다른 사람도 그것을 할 수 있을 것이라고 생각하지 않는다. 오직 왕복외교를 이용함으로써만이 그는 양측으로 하여금 그 자체로 합의를 가능하게 하는 분위기를 창조하게 할 수 있었다"고 이츠하크 라빈은 말했다.[786] 뿐만 아니라 키신저가 왕복외교를 통해 창조한 개인적 신비와 연극적 쇼는 국내에서도 목적에 봉사했다. 그는 국내정치의 탐욕스러움과는 특별히 대조적으로 그는 외교정책을 흥미롭고 관심을 갖게 만들었다. 또한 포스트-베

---

785) Walter Isaacson, *Kissinger: A Biography,* New York: Simon & Schuster, 1992, p. 559.
786) *Ibid.*

트남의 불경기 시기에 그의 왕복여행의 성공은 외교문제에 미국의 개입이 세계를 위해 좋을 수 있다는 극적인 과시였다. 소련과 중국으로 그가 창조한 국제 3각관계처럼 미국의 세계적 믿음에 대한 상실에 이 고도로 가시적인 해독제가 키신저의 대계획의 근본적인 목적과 잘 맞았다. 그 대계획이란 월남전의 후유증으로 그렇지 않으면 미국을 장악했을 신-고립주의(the neo-isolationism)를 회피하는 것이었다.[787]

1973년 10월 욤 키푸르 전쟁의 와중에서 아랍은 수년 간의 경고를 계속했고 그리고 마침내 그들의 석유 무기를 빼 들었다. 그것의 주도적인 아랍 회원국들과 함께 석유수출국기구(the Organization of petroleum Exporting Countries, OPEC)는 석유가격을 배럴당 $3.01에서 $5.12로 인상하고 5%만큼 생산을 축소했다. 닉슨이 의회에 긴급 이스라엘 공수를 지불하기 위해 22억 달러를 요청한 다음 날인 10월 20일에 사우디가 미국에 아랍석유수송의 완전한 수출금지를 부과하는 조치를 이끌었다. 수출금지는 성격상 상징적 모욕이 더 강했다. 왜냐하면 석유의 세계공급은 교환이 가능했고(fungible), 또 미국은 대체 원천을 발견하는데 아무런 어려움이 없을 것이기 때문이다. 그러나 서방 동맹과 일본에 대한 총액 에너지 청구서는 연간 40억 달러만큼 즉시 튀어 올라 거의 10년 동안 계속된 경기침체와 인플레이션이 시기를 시작했다.

1972년 5월 말에 모스크바에서 돌아오는 길에 닉슨과 키신저는 샤(shah)를 만나기 위해 테헤란(Teheran)에서 하루 동안 머물렀다. 그곳의 식민 종주국이었던 영국은 수에즈 운하의 동쪽으로부터 철수했고 페르시아 만에서 서방이익의 방어자로 남을 수 없다고 스스로 선언했

---

787) *Ibid.*

다. 키신저와 닉슨은 이란이 닉슨 독트린에 따라 그 역할을 미국이 맡는 것을 도울 것이라고 결정했다. 닉슨은 샤에게 자기를 도와 달라고 말했다. 이 흥정의 미국측 부분은 석유가 풍성한 이란에게 사실상 모든 무기의 무제한적 판매의 용의성이었다. 펜타곤은 이란의 군부가 흡수하기에는 너무 많은 첨단무기들을 이란이 획득한다고 경고했다. 그러나 그것은 분명히 정치적인 이유로 묵살되었다. 키신저는 후에 미국의 정책이 샤가 원하는 것은 무엇이든지 구매할 수 있는 "백지수표"에 해당한다는 것을 부인했지만 샤와 펜타곤은 그런 방향으로 읽고 있었던 것으로 보였다. 샤는 너무 흥분해서 키신저를 아마도 가장 지적인 미국인이라고 불렀다.[788]

애정 어린 관계에도 불구하고 샤는 1973년 OPEC 가격인상의 주범이었다. 결과적으로 키신저는 그가 샤와 맺은 조정의 묵시적 부분이 석유가격을 올려서 그의 새 무기들을 구매할 수 있게 했다는 비난에 직면했다. 키신저는 그런 비난을 기이하고 허위라고 불렀다. 이란이 석유의 주요 생산국이 아니었기 때문에 키신저는 이란이 석유가격에 큰 영향을 미치리라고 믿지 않았다. 그러나 자기가 틀렸다는 것이 입증되고 이란이 12월 가격인상을 이끌자 키신저는 즉시 닉슨의 이름으로 그것은 재앙적 문제와 전 세계적인 경기후퇴를 야기할 수 있을 것이라고 경고하면서 그 결정이 번복되어야 한다는 전문을 보냈다. 그러나 샤는 귀를 기울이지 않았다. 새로 인상된 가격이 유지되고 무기의 거래는 계속되었다. 중동지역에서 미국의 이익을 보호하기 위

---

788) Walter Isaacson, *Kissinger: A Biography,* New York: Simon & Schuster, 1992, p. 563.

해 샤에 의존하는 키신저-닉슨의 전략은 이론적으로는 의미가 있었지만 실제로는 재앙으로 판명되었다. 에너지 위기를 완화하는데 키신저의 주요 기여는 단지 중동의 중재자로서 자신의 기술을 사용하는 것이었다.

1974년 2월 알제(Algiers)에서 아랍 지도자들의 미니-정상회담이 있었다. 공개적으로 그들은 석유수출금지를 재확인하는 성명을 발했다. 사적으로 그들은 키신저에게 시리아-이스라엘 전선에 대한 철수를 얻기 위한 두 번째 왕복외교를 요청하는 비밀 결정을 하였다. 키신저는 시리아 왕복여행에 기꺼이 착수하려 했다. 그러나 닉슨은 수출금지의 종식을 고집했다.[789] 다행히 이집트의 외상 이스마일 파흐미와 사우디 외상 오마르 사콰프(Omar Saqqaf)가 아랍의 지도자들에게 키신저의 봉사를 요청하기 위한 뜻을 전달하기 위해 워싱턴으로 비행했을 때 두 문제를 다룰 수 있는 승인을 받았다. 결국 아랍은 키신저와 닉슨에게 수출금지는 3월에 해제될 것이라는 연계의 암시로 키신저는 시리아-이스라엘 왕복외교를 곧 시작할 것으로 기대되었다.

키신저가 준비를 위한 방문으로 다마스쿠스(Damascus)에 도착했을 때 시리아-이스라엘 왕복외교는 인내력의 시험이 될 것임이 분명해졌다. 이집트와 이스라엘 사이의 거래를 가져왔던 성분들이 시리아의 전선에는 없었다. 이집트 육군과는 달리 시리아 육군은 새로운 영토를 장악하지 못했다. 아사드 대통령은 자기가 전투에서 이기지 못한 것을 협상 테이블에서 이기려고 단호했다. 게다가, 아사드는 사다트처럼 멀리 내다보는 지도자가 아니었으며 이스라엘과 항구적 평화의

---

789) *Ibid.*, p. 566.

정치가다운 꿈도 확실히 꾸지 않았다. 처음에 키신저가 양측에 그가 상정하는 타결은 이스라엘이 1973년 10월 전쟁에서 장악한 모든 땅을 돌려주는 것과 1967년 6일 전쟁에서 점령된 골란 고원(the Golan Heights)의 상징적으로 작은 땅을 돌려주는 것과 관련된다고 설명했다. 양측은 그런 타협에 가까이 가보지도 못했다. 이스라엘의 처음 제안은 그것이 1973년에 장악한 것의 1/3을 돌려주는 것을 고려할 수 있다는 것이었다. 아사드의 첫 요구는 골란 고원의 반절과 1973년에 그가 상실했던 모든 영토를 시리아가 돌려받는 것이었다.

키신저가 5월 2일 예루살렘에 도착했을 때 그는 전쟁을 시작하고 영토를 잃은 시리아가 전쟁 전보다도 이스라엘 쪽으로 더 나아가는 철수 선으로 보상받아야 한다고 이스라엘 내각을 확신시키는 것이 얼마나 어려울 것인가를 발견했다. 게다가, 시나이 사막과는 달리 골란 고원은 군사적 중요성을 갖고 있었다. 게다가, 가장 최근 전쟁에서 800명의 이스라엘 군인들이 골란 고원에서 전사했다. 7년간 두 번의 전쟁에서 이스라엘은 그것을 위해 지불했다고 개회 회의에서 키신저에게 말했다. 키신저는 골란에서 영토를 양보하는 것이 나쁘다는 것을 인정하면서도 그러나 협상이 실패하게 하는 것은 더 나쁠 것이라고 이스라엘의 지도자들에게 말했다. 그러나 이스라엘의 내각은 움직이지 않았다. 그것은 키신저가 아사드에게 출발점으로 가져가는 것도 안전하다고 느끼는 어떤 제안을 꺼내는 것조차 거부했다.[790]

다마스쿠스에서 아사드는 바로 그렇게 신축성이 없었다. 그는 이스라엘이 골란 고원의 절반에서 철수해야 한다고 고집했다. 그는 자

---

790) *Ibid.*, p. 568.

기의 선이 수용되지 않는다면 그들은 합의에 도달하지 않을 것이라면 서 그는 단 1미터도 양보할 수 없다고 말했다. 시리아 왕복외교가 시작하기 전에 언론은 사다트 이집트 대통령에게 그의 동맹인 아사드를 위해 권고할 한 마디가 있느냐고 물었을 때 그는 "내 친구 헨리를 믿으라"고 대답했다. 이제 그의 무용한 개시동작 후에 키신저는 사다트의 상담을 받기 위해 알렉산드리아로 여행했다. 사다트는 그에게 타결의 핵심은 지금은 버려진 작은 마을로 골란 고원의 산기슭의 작은 언덕에 위치하고 있는 쿠네이트라(Quneitra)라고 말해주었다. 한때 2만명의 가게 운영자들과 소작인들의 인구를 가진 먼지가 낀 비포장 거리들이 엉켰던 그곳은 1967년 이스라엘에 의해서 점령될 때까지 골란 지역의 지방 수도로서 작용했다. 만일 이스라엘이 그곳의 1973년 점령지로부터 철수하고 또 1967년 국경선으로 물러나는데 동의한다면 쿠네이트라는 다시 시리아에 의해서 통제될 수 있을 것이고 타결이 가능하다고 사다트가 말했다.[791]

골다 메이어와 그녀의 국방장관인 모세 다얀은 그 시각에 사적으로 쿠네이트라를 논의하고 있었다. 그들은 그곳을 안전하게 양보할 수 있을 것으로 결정했다. 그러나 그들은 그것을 키신저에게 말하지 않았다. 그 대신에 그들은 당분간 그 마을을 분할 통제하는 터무니없는 계획에 집착하기로 결정했다. 이스라엘이 쿠네이트라의 분할 계획을 공식적으로 제안했을 때 키신저는 그것이 성공할 수 없다는 것을 알고 있었다. 그러나 그는 역시 논란의 아기를 분할하라는 솔로몬 왕의 판결처럼 그것이 수락되도록 계획되지 않았다는 것도 알고 있었다. 쿠네

---

791) *Ibid.*

이트라 제안의 중요성은 그것이 이스라엘인들로 하여금 주요한 심리적 장애물을 해쳐 나가게 하는 것이었다. 즉 그들은 결국에는 1967년 선으로부터 다소간 후퇴할 것이라고 키신저는 알고 있었다. 원칙은 세워졌다. 나머지는 단지 킬로미터에 대해 입씨름하는 것이었다.

키신저는 다마스쿠스로 돌아오자마자 살짝 과장하기로 결정했다. 쿠네이트라에서 이스라엘의 후퇴는 다른 지역에서 이스라엘이 했던 몇 마일의 양보를 보류한다는 것이었다. 이스라엘의 계획은 쿠네이트라를 비무장 지대 안에 넣을 것이기 때문에 키신저는 이스라엘이 그 마을을 포기하고 있다고 강조했다. 자신의 정보통으로부터 더 잘 알고 있는 아사드는 그들이 쿠네이트라를 돌려주지 않고, 그들은 쿠네이트라를 방금 분할했다고 되받아 쳤다.[792] 다른 양보에 대해서 말하자면 키신저는 그가 이집트와 사우디아라비아를 방문해서 그가 그 변화를 사다트와 파이잘(Fisal) 왕의 호소에 대한 반응으로 나온 것이라고 제시할 수 있을 때까지 그것들을 언급할 계획이 없었다. 그러나 그가 돌아오기 전에 이스라엘의 완전한 입장이 그곳의 신문들에 누설되었다. 그는 이스라엘 협상자들에게 그에게 무슨 짓을 하고 있느냐, 왜 정부가 폭로를 검열하지 않았느냐고 키신저가 소리를 질렀다.[793] 한 협상자가 군사적 검열은 합법적이지만 정치적 목적을 위한 검열은 그렇지 않다고 그에게 설명했다. 공개적 논쟁과 때로는 심지어 누설까지도 민주주의에서 지불되어야 하는 대가라고 그의 하버드 옛 학생인 이갈 알론이 미국의 국무장관에게 설명했다. 아랍 국가들은 이스라엘

---

792) Walter Isaacson, *Kissinger: A Biography,* New York: Simon & Schuster, 1992, p. 569.
793) *Ibid.*

이 민주주의 국가라는 사실과 함께 살아가는 법을 배워야 할 것이라고 그는 덧붙였다. 물론 그는 키신저도 그래야 할 것이라고 덧붙이지는 않았다.[794]

1주일 간의 협상 뒤에 키신저는 논의에서 안드레이 그로미코 소련 외상을 만나기 위해 키프러스(Cyprus)로 옆길 여행을 했다. 그것은 논의에서 그를 포함하는 것보다 그를 경계하는 방식으로 그렇게 했다. 그러나 사다트와 아사드는 소련인들을 평화과정에서 잘라 내기 위해 이제 키신저와 작당을 하고 있었다. 이것은 이 지역에서 초강대국 영향에서 놀라운 전환을 대변했다. 키프로스 회담에서 그로미코는 이스라엘이 골란 고원에서 후퇴하도록 밀어내야 한다고 주장했다. 만일 그가 예루살렘으로 비행해서 골다 메이어 수상을 그것에 관해 설득하기를 원한다면 그런 시도를 위해 그가 환영을 받을 것이라고 키신저는 소련 외상에게 말했다. 그 말은 소련인들은 협상 테이블에 가져올 것이 별로 없기 때문에 소련인들이 회담에서 수행할 역할도 별로 없다는 것을 아주 묘하게 상기시켰다. 수일 후에 키신저는 자기가 떠날 때까지 그로미코가 그곳에 오도록 허용되어서는 안 된다고 시리아에 고집할 수 있었다. 그로미코는 소련의 알려진 고객에 의해서 자기의 도착을 10시간 지연하라는 말을 듣는 당혹스러운 경험을 했다. 그리고 그는 키신저가 아직 완전히 일을 마치지 못했기 때문에 시리아의 관리들에 의해서 자신의 비행기를 45분간 선회해야 만했다.[795] 키신저의 다마스쿠스-예루살렘 왕복외교가 계속되면서 단계적 과정은 쿠

---

794) *Ibid.*
795) *Ibid.*, p. 570.

네이트라에 대한 매 거리마다 입씨름이 되었다. 이스라엘은 점차로 그 마을에 대한 통제를 양보했다. 그러나 이스라엘은 바로 그곳의 경계에 군사적 선을 고집했다.[796]

5월 14일 두 번째 왕복이 끝나자 키신저는 이스라엘의 최선의 제안을 요구함으로써 문제들을 부각시키기로 결정했다. 골다 메이어가 분개했다. "그는 원하는 것을 가질 수 없다. 그는 그가 원하는 모든 것에 자격이 있는 것이 아니다"라고 아사드에 관해서 소리를 질렀다. 키신저도 그녀에 못지 않게 분개했다. "우리는 옛 분할 선으로부터 1킬로미터에 있는 선에서 반 킬로미터에 관해서 얘기하고 있다"면서 만일 미국의 지원이 없다면 이스라엘은 골란 고원을 모두 포기하고 1967년 이전의 국경선으로 돌아가라는 압력에 직면할 것이라고 그녀에게 강의를 했다. 미국은 석유 수출금지를 깼고, 미국은 러시아인들을 중동에서 우습게 만들었다. 만일 이스라엘이 석유 수출금지와 러시아의 압박 아래에서 이 모든 것을 마주해야 한다면 이스라엘은 북쪽 구역에 있는 드루즈(Druze)파의 마을에 관해서 얘기하고 있지는 않을 것이다. 이스라엘은 훨씬 더 나쁜 사태에 관해서 얘기하고 있을 것이다고 키신저는 강의했다.[797]

그 회의는 그를 더 화가 나게 했다. 어느 지점에서 키신저는 복잡한 책략을 제안했다. 즉 아마도 이스라엘이 군사선을 보여주는 지도를 준비할 수 있을 것이고 잠시 주권선을 무시할 수 있을 것이다. 모세 다얀이 그것은 헌정적 문제라고 말하자 키신저는 신랄해졌다. 다

---

796) *Ibid.*
797) *Ibid.*

얀이 다마스쿠스에 가서 이스라엘의 헌법을 아사드에게 설명해야 한다고 그가 말했다. 그 사이에 그는 워싱턴으로 돌아가 다얀이 한 마을의 끝에 철조망 울타리를 세우기를 원했기 때문에 협상이 결렬되었다고 보고할 것이라고 말했다. 그러면 미국에서 어떤 반응이 나올 것 같은가 하고 물었다. 다얀은 자신의 고개만 흔들었다. 그는 그것이 어떻게 보일지는 모르지만 키신저의 책략이 옳지 않다는 것을 알고 있었다. 키신저는 소리를 지르고 팔을 흔들었다. 그가 아사드에게 무엇을 말할 것인가? 그는 다얀의 입장을 지지 하지 않았다. 다얀이 움직이지 않고 앉아 있자 여전히 소리를 지르면서 키신저는 그 앞에 있는 테이블에 지도를 펼쳤다. 이 지도에 추가할 뭐가 더 있느냐고 키신저가 다그치자 다얀은 그 지도에 눈길을 두지 않았다. 외눈으로 그는 키신저를 냉정히 노려보았다. 키신저도 몸을 추수리면서 호흡을 가다듬었다.[798]

바로 그때 비밀요원 한 명이 키신저의 안경을 가지고 방으로 걸어들어왔다. 그 안경은 그가 항상 그의 서류가방, 레인코트와 함께 남겨놓던 것이다. 그 방은 조용했다. 키신저가 얼어붙었다. 그는 불안해하는 요원으로부터 안경을 받지 않았다. 마침내 키신저는 날카로운 눈빛으로 그를 바라보고 그 요원이 적합한 의전에 관해서 알고 있는지 여부를 물었다. 그러자 케네스 키팅(Kenneth Keating) 대사가 일어나 안경을 받아 그것을 조셉 시스코(Joseph Sisco)에게 넘기고 그가 그것을 다시 키신저에게 건넸다.[799]

---

798) Walter Isaacson, *Kissinger: A Biography,* New York: Simon & Schuster, 1992, p. 571.
799) Henry A. Kissinger, *Years of Upheaval,* Boston: Kittle, Brown and Company,

그때까지 닉슨은 워터게이트의 마지막 타격들이 될 것들로 비틀거리고 있었다. 1974년 5월 시리아 왕복 임무가 진행 중인 동안 하원 법사위원회(the House Judiciary Committee)가 유명한 탄핵 청문회를 시작했다. 3개월 후 그 위원회는 탄핵을 통과시키고 닉슨은 사임할 것이었다. 닉슨의 유일한 딴 신경은 중동에서 키신저의 장관을 추적하고 있었다. 그리고 닉슨은 모종의 쓸데없는 압력을 가하기 시작했다. 이스라엘인들에게 키신저의 제안들을 수용하라고 요구하는 일련의 위협적인 편지를 쓴 후에 닉슨 대통령은 브렌트 스코우크로프트에게 그들이 즉시 응하지 않는 한 이스라엘에 대한 모든 원조를 잘라버리라고 명령했다. 닉슨의 개입은 그 주에 팔레스타인 테러리스트들에 의한 마알롯(Ma'alot)에서 16명의 어린 학생들의 학살공포와 결합하여 키신저를 온건하게 만들었다. 그와 이스라엘인들은 합의에 도달했다. 즉, 이스라엘이 쿠네이트라 접경의 경작지역으로부터 철수하게 하지만 3개의 주변 언덕의 군사적 통제를 유지하도록 여전히 허용하는 미국의 제안을 제시한 것이다.

아사드가 처음에는 수용하지 않았다. 키신저는 그와 함께 회담의 결렬을 발표할 작업까지 했다. 그러나 키신저가 워싱턴에 빈손으로 돌아갈 준비를 하고 있는 바로 그때 시리아 대통령이 그의 협상노력을 재개하도록 요청했다. 5월 18일 토요일, 키신저는 마침내 다마스쿠스와 예루살렘 모두에서 철수선의 잠정적 수락을 획득했다.[800] 그것은 여전히 완충지대, 제한된 무기 영역, 유엔군, 그리고 시리아가

1982, pp. 1096-1099.

800) Walter Isaacson, *Kissinger: A Biography,* New York: Simon & Schuster, 1992, p. 572.

그곳에서 살고 있는 팔레스타인 게릴라에게 휴전을 강제하여 책임을 질 지의 여부 등의 해결되어야 할 일련의 세부사항들이 여전히 남아 있었다. 그것들은 추가적으로 9일 간의 왕복외교와 아사드를 이것들이 타결되기 전에 회담의 결렬로 위협하는 벼랑 끝 순간을 필요로 할 것이었다.[801]

1919년 로버트 랜싱(Robert Lansing) 국무장관이 베르사유 회의에 7개월간 나가 있은 이후 어느 국무장관도 그렇게 오랫동안 국가의 밖에 있지 않았다. 34일 간 키신저는 41번의 비행으로 24,230마일을 여행했다. 어떤 사람은 그가 부분적으로 국내에서 더러운 워터게이트의 곤경을 피하기 위해 작은 협상 사항을 끝없이 논의하는데 전념했다고 주장하는 사람들도 있었다. <뉴욕 타임즈> 칼럼니스트인 제임스 레스턴(James Reston)은 워터게이트의 훨씬 더 복잡하고 추악한 말썽을 회피하기 의해서 자기의 왕복외교를 연장하고 있었다는 의심이 든다고 썼다. CBS의 마빈 캘브(Marvin Kalb)와 NBC의 리처드 발레리아니(Richard Valeriani)도 비슷한 스토리들로 뒤를 따랐다.[802]

그런 비난은 진실의 요소가 있다. 그러나 그의 동기들이 무엇이었든 그 과정의 각 단계에 개인적으로 참가한 그의 결정은 최선으로 드러났다. 세부사항에 대한 그의 주의를 통해서만 그는 양측을 지치게 하여 협정에 이를 수 있었다. 그렇게 하는데 있어서, 키신저는 그 지역에서 미국을 지배적인 세력으로 수립했다. 골다 메이어 수상은 그녀가 막 정계를 은퇴하고 권력을 이츠하크 라빈에게 넘겨주는 바로

---

801) *Ibid.*
802) *Ibid.*

그때 키신저에게 리셉션을 베풀었다. 장난삼아, 그녀는 키신저가 언덕들, 길들, 마을, 그리고 골란 고원의 심지어 가옥들에 관한 세부사항에 대해서 우리들 대부분을 이길 것이다"라고 말했다. 이스라엘의 새 외무상이 될 이갈 알론으로부터 "당신은 세기의 외상입니다"라고 가장 넘쳐흐르는 축배 소리가 나왔다.803) 귀국행 비행에서 키신저는 샴페인을 홀짝거리면서 또 자신의 승리를 음미했다. 그러나 키신저는 자신의 선포에서는 다소 덜 넘쳐흘렀다. 그는 소수의 언론인들에게 오프-더-레코드로 시리아인들과 이스라엘인들은 상호 간에 적합한 유일한 두 민족이다." <뉴스위크>는 그를 수퍼-케이(Super-K)로 그것의 표지에 실었으며 <타임>도 "경이적 일꾼이 다시 해내다"는 스토리를 전면에 실었다.804)

1974년 3월 30일 그날 오후 4시 워싱턴의 국립공항 근처에 있는 가정법원 판사 프란시스 토마스(Francis Thomas)의 사무실에서 50세의 헨리 키신저와 39세의 낸시 매긴스(Nancy Maginnes)가 결혼을 했다. 그들의 결혼계획을 지연시킨 것은 공무원 특히 키신저와 같이 명사와 결혼하는 걸 낸시가 주저했기 때문이었다. 그러나 1973년 초까지 키신저가 정부를 떠나기로 결정했고 그래서 낸시는 그와 결혼에 동의했다. 그러나 워터게이트 위기와 닉슨의 국무장관직 제안이 결합하여 사직에 대한 키신저의 마음이 변했지만 그와 낸시는 그럼에도 불구하고 그들의 계획을 진행하기로 결정했다. 그리고 날짜는 10월로 정해졌

---

803) Henry A. Kissinger, *Years of Upheaval,* Boston: Kittle, Brown and Company, 1982, pp. 1079-1110.
804) Walter Isaacson, *Kissinger: A Biography,* New York: Simon & Schuster, 1992, p. 572.

다. 그것이 욤 키푸르 전쟁으로 무산되었다. 다음 5개월 동안 6번이나 새로운 날짜가 선택되었고 국무성의 한 변호사가 알링톤(Arlington)에 있는 판사 프란시스 토마스에게 전화를 걸어 중요한 정부관리의 결혼식을 계획했다. 정치적으로 낸시는 자기 남편보다 더 보수적이었다.

워터게이트가 닉슨 행정부를 빨아들임에 따라 키신저는 그 스캔들에 의해 손상되지 않은 최고의 인물로 떠올랐다. 그는 도청에 관한 폭로로 인해서 또 캄보디아의 폭격의 비밀과 예오먼 래드포드(Yeoman Radford) 간첩망을 노출한 상원의 조사에 의해서도 괴로움을 당했다. 그러나 워터게이트 조사의 큰 소용돌이에 결코 빨려 들어가지 않았으며 그가 사임하거나 범죄를 직면할 심각한 위협이 없었다. 그 대신에 워싱턴의 기성세계 사이에서는 그가 보호되어야 한다는 합의가 있었다. 그는 리처드 닉슨 행정부의 멸망 가운데 남아 있는 유일한 법적 인물이라고 1973년 말에 <타임>지는 썼다. 대통령의 가장 열성적 반대자들 가운데에서도 상당수가 키신저에 관해 보호적이었다. 그들은 만일 스캔들이 키신저까지 미치면 닉슨의 탄핵의 가능성이 오히려 줄어들 것임을 두려워했다. 상원에서는 만일 대통령이 탄핵되면 모든 것이 해외에서 떨어져 나갈 것이라는 진정한 염려가 있었다.[805]

국무장관이 된 후에 워터게이트에 대한 키신저의 접근법은 그것으로부터, 즉 워싱턴으로부터 가능한 한 멀리 떨어져 있는 것이었다. 1973년 10월부터 1974년 8월에 닉슨의 사임 때까지 키신저는 중동에 6번의 여행을 포함하여 28개국을 방문했고 평균 매일 600마일에 해

---

805) Walter Isaacson, *Kissinger: A Biography,* New York: Simon & Schuster, 1992, p. 593.

당하는 총 196,000마일의 해외여행을 했다. 그가 집무실에서 만난 한 외상에게 "나는 당신의 워싱턴 방문이 나의 이곳 방문중 하나와 우연히 일치해서 행복하다"는 농담을 했다. 1974년 7월 중순에 키신저는 닉슨이 사임해야 하고 그것도 신속하게 해야 한다고 확신했다.[806] 그러나 키신저는 결정이 이루어지기 하루 전날인 8월 6일까지 키신저가 스스로 닉슨에게 사임을 건의하지 않았다. 그것은 정오 직후에 키신저는 비록 헤이그 비서실장의 승인을 받았지만 부름을 받지 않은 채 대통령 집무실로 들어갔다. 만일 닉슨이 계속 싸운다면 그에 따른 탄핵심판이 국가와 미국의 외교정책을 마비시킬 것이라고 키신저는 말했다. 닉슨은 아무런 언질을 주지 않았지만 연락할 것이라고 말했다.[807]

닉슨 대통령은 그날 늦게 다시 전화를 했지만 그것은 사임을 논하기 위한 것이 아니었다. 그는 방금 이스라엘로부터 군사적 원조를 요청받았다. 그는 그것을 거절할 뿐만 아니라 그는 이스라엘이 포괄적 평화와 점령한 땅으로부터 철수에 동의하지 않는 한 이스라엘에 대한 모든 군사적 수송을 즉시 잘라 버리기로 결정했다. 닉슨은 키신저에게 진즉 그렇게 하지 않은 것을 후회한다고 말했다. 키신저에게 그것은 그날 일찍 그에게 준 건의에 대한 닉슨의 기이한 방식의 보복인 것으로 보였다. 그것은 마치 이스라엘에 원조를 끊는 것이 유대인 국무장관을 응징하는 방법처럼 보였다. 키신저는 닉슨에게 관련된 서류를 결코 보내지 않았으며 4일 후에 신임 제럴드 포드 대통령이 그 명령을 뒤집었다. 다음날 늦은 오후, 즉 8월 7일 수요일 헤이그가 국무

---

806) *Ibid.*, p. 595.
807) *Ibid.* p. 596.

성에 있는 키신저에게 전화를 걸어 즉시 대통령 집무실로 오라고 요청했다. 그곳에 닉슨은 혼자 있었다. 그는 사임하기로 결정했다고 말하고 그것을 다음날 밤 연설에서 그것을 발표할 것이다. 그것은 금요일 자정에 효력을 발생할 것이다. 대화를 공부처럼 만들기 위해 키신저는 다른 나라 정부에게 어떻게 알려야 하는 것에 관해서 서술했다. 그가 늘 그렇듯이 닉슨은 마오, 브레즈네프, 저우언라이 같은 다양한 지도자들이 그날 밤 그들의 전문을 읽을 때 보여줄 반응에 관해서 깊이 생각하기 시작했다. 키신저는 닉슨에게 "역사는 당신의 동시대인들 보다 좀 더 친절하게 취급할 것이다"고 말했다. 닉슨이 "그것은 누가 역사를 쓰느냐에 달려있다"고 말했다.808)

그날 저녁에 키신저는 집에서 낸시와 칼럼니스트 조셉 알소프(Joseph Alsop)와 저녁을 먹고 있었다. 저녁 9시경에 전화벨이 울렸다. 그것은 닉슨이었다. 그는 혼자였고 키신저에게 대화를 위해 올 수 있느냐고 물었다. 그는 링컨의 거실에서 혼자 있었다 그가 좋아하는 차이코프스키와 라흐마니노프의 앨범들이 선반형 받침에 세워져 있었고, 그리고 그는 자신의 안락의자에 앉아서 생각에 빠져들 때 그 앨범들을 틀었다. 그것이 키신저가 그 무더운 수요일 밤에 그를 발견한 방법이었다. 키신저는 애매한 신분에서 정치적 인물을 창조한 사나이가 여기에 있다고 생각했다. 그는 거의 실성한 것으로 보일 만큼 강력한 자기의지의 솜씨를 통해 정상에 도달하고, 그리고 나서 그가 이해할 수 없는 과정에서 그가 여전히 단지 3류 밤도둑이라고 간주하는 것에 의해 헤아릴 수 없는 지옥으로 떨어졌다. 키신저는 후에 그것은 성경에 나

---

808) *Ibid.*, p. 597.

올 만한 숙명이었다고 말했다. 그리하여 키신저가 후에 표현했듯이 닉슨은 그날 저녁에 거의 사지가 잘린 환자였다. 그는 재보증을 추구했고 키신저는 그것을 제공하려고 했다. 그들은 함께 일화들을 윤색하면서 각 외교정책의 성공들을 재설명하기 시작했고 둘이서 각자의 회고를 추가했다. 키신저는 친절했다. 그는 어떻게 각 성공들이 바로 올바른 순간에 닉슨에 의해 용기 있는 행동으로 오직 가능했다는 것을 계속해서 강조했다.[809]

대화 중에 닉슨은 자세를 잃지 않았지만 그가 사임 후에 범죄심판을 직면해야 하는 전망을 제기했을 때 닉슨은 지나치게 흥분했다. 심판이 그를 죽일 것이며 적들은 그것을 원하고 있다고 닉슨이 말했다. 만일 그들이 닉슨을 괴롭히면 키신저는 사임할 것이라고 서약했다. 그는 그만 두고 세계에 그 이유를 말할 것이다. 닉슨이 그 장면을 회고하기로는 키신저가 그런 약속을 할 때 그의 목소리가 갈라졌고 그는 울기 시작했다. 그것이 그도 역시 울게 만들었다고 닉슨이 후에 회고했다. "헨리, 당신은 사임하지 않을 것이다. 그런 식으로 결코 말하지 말라"고 대통령은 말했다. 조국은 그를 필요로 했다. 키신저도 닉슨이 묘사한 감상주의는 아니라 해도 그런 교환이 있었다는 것을 확인했다. 감정에 휩쓸리고 닉슨의 무너지는 모습에 충격을 받은 키신저는 땀을 흘리기 시작했다. 키신저가 떠나려 했다. 그러나 대통령은 그들이 공유하는 승리들 중 몇 개를 다시 한 번 복기하기를 원했다. 키신저는 복종했다. 마침내 그가 도착한 한시간 반 후에 키신저는 일어섰다. 그리고 닉슨은 사적인 엘리베이터를 향해서 가족숙소를 양분

809) *Ibid.*, p. 598.

하는 넓은 홀을 따라 그를 바래다주기 시작했다.[810]

그러나 거북한 저녁은 완전히 끝나지 않았다. 링컨 거실의 입구에서 닉슨은 멈추었다. 그는 키신저에게 만일 그들이 엄격히 기술적인 방식으로 조사하면 그들이 아마도 서로가 다른 종교적 신념을 가지고 있을 것이다. 그러나 그는 키신저가 절대자의 존재에 강력한 믿음을 공유하고 있다는 것을 알고 있었다. 실제로 그는 키신저의 신에 대한 믿음이 자기만큼 강력하다는 것을 확신했다. 그날 밤 늦게 링컨 거실에서 일한 뒤에 닉슨은 종종 멈추고 자기 어머니의 퀘이커(Quaker) 관습에 따라 무릎을 꿇고 기도할 것이라고 고백했다.

그리고 나서 닉슨은 국무장관에게 자기와 함께 무릎을 꿇고 기도할 것을 요청했다. 키신저에게 그것은 거북한 요청이었다. 그럼에도 불구하고 임시로 한쪽 무릎을 구부리고 그리고 다른 다리도 구부려 무릎을 꿇고 대통령과 함께 기도했다. 닉슨의 요청을 거부했다면 무심했을 것이다. 초현실적이고 비극적 환경을 고려한다면 기도는 키신저에게 무엇 못지않게 적절했을 것이다. 그의 유일한 문제는 그 순간에 어떤 기도도 그의 머릿속에 들어오지 않았고 그가 후에 그 자체의 의미를 가지고 깊이 무서운 감각으로 서술한 것이 그의 머릿속에 들어왔을 뿐이었다. 대통령은 울기 시작했다. 그는 히스테리컬하지 않았다. 그는 바닥을 치지도 않았다. 자신의 슬픔을 통해 그는 자신의 운명을 슬퍼했고 또 그의 적들이 그에게 준 고통을 비난했다. 그는 닉슨에게 다시 한 번 역사는 그에게 보다 더 친절히 다룰 것이라고 안심

810) Walter Isaacson, *Kissinger: A Biography,* New York: Simon & Schuster, 1992, pp. 598-599.

시켰다.811)

키신저가 그의 사무실로 다시 돌아왔을 때 키신저의 셔츠는 땀에 젖어 있었다. 내가 경험한 어떤 것도 그렇게 트라우마 같지는 않았다고 그는 말했다. 스코우크로프트는 대통령이 자신의 마지막 밤에 그에게 의존한 것은 그에게 기분 좋은 일이라고 언급했다. 이글버거(Eagleburger)는 키신저가 그렇게 감동하고, 그렇게 감정적이고, 그렇게 동정적인 것을 보고 놀랐다고 말했다. 때로는 키신저가 인간이 아니라고 생각했는데 그가 틀렸다고 이글버거는 말했다. 키신저는 한동안 그날 저녁이 얼마나 거북했으며 닉슨이 그런 조건에 있는 것을 보는 것이 얼마나 충격이었는가에 관해서 말했다. 그는 진정으로 비극적 인물이라고 말했지만 그의 어조는 경멸이 아니라 동정심과 심지어 슬픔을 전했다. 그리고 전화가 계속되는 동안 키신저에게 사적인 전화가 울렸다. 닉슨은 키신저에게 그들의 모든 만남에서 닉슨은 용기 있고 자신의 영혼을 보여준 것으로 회고해야 한다고 호소했다. 무엇보다도 닉슨은 그가 있었던 일이나 그가 대통령이 우는 것을 보았다고 누구에게도 말을 해서는 안 된다고 애원했다. 키신저는 그가 만일 그날 저녁에 관해서 말하게 된다면 존경심을 가지고 그렇게 할 것이라고 대통령에게 약속했다.812)

워터게이트와 키신저의 연계는 간접적이었다. 그는 침범이나 은폐에 관련이 없지만 그는 스캔들을 낳은 정신상태를 순수히 따랐다. 도청으로 이끌었던 것은 캄보디아 폭격에 관한 누설들에 대한 분노였으

---

811) *Ibid.,* p. 599.
812) *Ibid.,* p. 600.

며 또한 배관공 부서를 가져온 것은 펜타곤 페이퍼들에 대한 분노였다. 도청과 워터게이트에 있는 민주당 본부를 도청하려는 시도 사이에는 중요한 구별이 있었다. 도청은 FBI를 통해서 이루어져 적어도 당시에는 합법적이었던 반면에 워터게이트는 비밀 헌금에 의해 자금이 조달된 명백하게 불법적인 강도 작전이었다. 키신저는 닉슨의 강경발언에 따라 역할을 수행했고 적들에 대한 닉슨의 편집증에 영합했다. 왜냐하면 키신저는 그것이 대통령의 내부인으로 입장하는 데 지불해야 할 대가라는 것을 알고 있었기 때문이다.[813]

---

813) *Ibid.,* pp. 600-601.

제15장
포드(Ford)의 국무장관: 외교의 마법사 VI

"과거가 국가 미래의 정책적 선택의 폭을 제한해서는 안 된다."
-헨리 키신저-

1974년 8월 9일 아침은 미국 역사에서 가장 극적인 순간들 가운데 하나를 목격했다. 닉슨이 캘리포니아 주의 샌클레멘테의 자기 집으로 비행할 때 대통령의 정식 사임서가 국무장관에게 제출되었다. 12시 3분에 워렌 E. 버거(Warren E. Burger) 연방 대법원장이 제럴드 포드(Jerald R. Ford)를 제38대 미국대통령으로 서약받았다. 백악관의 이스트 룸(the East Room)에서는 눈에 띄는 축하행사 없이 짧지만 고음의 완벽한 취임연설을 했다. 그는 스캔들에 지친 국민들에게 "나는 미국인들이 전에 결코 경험한 적이 없는 비상한 환경에서 대통령을 맡는다. … 나는 여러분의 투표에 의해 여러분의 대통령으로 여러분이 나를 선출하지 않았다는 것을 엄격하게 의식하고 있다. 그러므로 나는 여러분들에게 여러분들의 기도로 나를 여러분들의 대통령으로 확인해 주길 요청한다"고 말했다.[814] 그는 이어서 "나는 이 막대한 책임을

597

추구하지 않았지만 그것을 회피하지 않을 것이다. 나는 진실이 정부를 함께 지탱하는, 우리의 정부뿐만 아니라 문명 그 자체를 지탱하는 접착제라고 믿는다. 비록 긴장되었지만 그 유대가 국내외에서 깨지지 않았다. 여러분들의 대통령으로서 나의 모든 공적 및 사적인 행위에서 나는 결국에는 정직이 최선의 정책이라는 완전한 믿음으로 나의 개방성과 솔직함의 본능을 따를 것"이라고 말했다. 그리고 그는 미국 국민들에게 "우리들의 긴 국가적 악몽이 끝났다"고 선언했다.815)

이보다 하루 전날인 8월 8일 오후 9시 1분에 닉슨의 사임연설이 있었다. 그는 임기 중에 사임하는 것이 자신의 모든 본능에 딱 질색이지만 자신의 직책의 계속을 정당화하기에 충분한 의회에서 강력한 정치적 기반을 더 이상 갖고 있지 않는 것이 분명해졌다면서 그는 다음 날 정오를 기해 대통령직을 사임할 것이라고 말했다.816) 9시 30분에 닉슨 대통령이 자신의 참모들에게 작별을 고하고 내전 이래 미국의 국내적 합의의 가장 큰 파열을 이루었다.817) 닉슨의 이별 연설은 걸작이었지만818) 동시에 고통의 엘레지였다. 거의 1년 반 동안 재앙의 예상과 닉슨의 고별사의 감정적, 쓰라린 경험에 의해서 지쳐버린 그

814) Douglas Brinkley, *Gerald R. Ford,* New York: Times Books, 2007, p. 62; Michael Waldman, ed., *The Fellow Americans, The Most Important Speeches of America's Presidents, From George Washington to George W. Bush,* Naperville, Illinois: Sourcebooks, Inc. 2003. pp. 233-234.

815) *Ibid.,* p. 63.

816) Conard Black, *Richard M. Nixon: A Life in Full,* New York: Public Affairs, 2007, p. 982.

817) Henry A. Kissinger, *Years of Upheaval,* Boston: Kittle, Brown and Company, 1982, p. 1213.

818) Conard Black, *Richard M. Nixon: A Life in Full,* New York: Public Affairs, 2007, p. 983.

의 청중들은 그의 손에 비상한 운명의 뒤틀림이 미국의 운명을 맡긴 미시간 주의 그랜드 래피드스(Grand Rapids) 출신의 이 얌전한 사람에게 희망을 걸었다.[819]

포드가 대통령직을 선서했을 때 그가 자기에게 부여된 기념비적 과업을 감당할 수 있을 지의 여부를 아무도 알지 못했다. 새 대통령 자신도 몰랐을 것이다. 아무런 행정경험 없이 미국이 전시의 밖에서 알아온 절망적 순간에 그는 대통령직에 올랐다. 대중적 위임 없이 베트남과 워터게이트의 트라우마의 후유증 속에서 포드는 자기 조국의 갱신을 위한 책임을 부여 받았다. 그것이 미국의 가장 깊고 또 가장 간단한 가치들을 구현하는 대통령을 내세웠을 때 섭리(Providence)는 우연처럼 미국인들에게 미소를 지었다.[820]

제럴드 포드는 키신저가 하버드 세미나를 통해서 만든 많은 접촉들 가운데 하나였다. 이 미시간 하원 의원이 국방부 예산 분과위원회에서 지도급 공화당원이었던 1960년대 그는 자기가 알지 못하는 한 교수로부터 그에게 국방정책 세미나에서 초청강사가 되어 줄 것을 요청하는 전화를 받았다. 그리하여 포드는 기분이 좋았고 그곳에 가서 키신저의 학생들을 가르치며 2시간을 보냈다. 그들의 길은 계속해서 마주쳤다. 포드는 키신저가 총명하고 친절하며 그리고 주의를 기울이는 사람이라고 알게 되었다. 포드는 키신저가 운영을 도왔던 록펠러의 비판적 선택(Critical Choices) 프로그램의 참가자였다. 그리고 그는 닉슨의 첫 임기 중 백악관에서 열린 공화당원 리더십 브리핑에 정규

---

819) Henry A. Kissinger, *Years of Renewal,* New York: Touchstone, 1999, p. 26.
820) *Ibid.,* p. 28.

적으로 참가했다. 묻는 누구에게나 이 단순한 하원 의원은 키신저의 지식에 경이로움을 선포했다.[821] 부통령이 닉슨 사임의 가능성에 관한 코멘트를 피하고 있던 1974년 3월에 이미 그가 <뉴 리퍼블릭> (*The New Republic*)의 존 오스본(John Osborne) 기자에게 만일 그가 대통령이 된다면 그는 키신저를 간직할 것이라고 말했다.[822]

닉슨의 마지막 달에 키신저는 부통령에게 외교정책 브리핑을 수행하는 일을 스코우크로프트로부터 개인적으로 인계 받았다. 포드는 키신저 하에서 그 회의가 길어지고 보다 빈번해진 것으로 기억했다. 자기가 사임한다는 것을 말하기 위해 포드 부통령을 백악관에 불렀을 때 닉슨은 포드에게 한마디 개인적 권고를 했다. 그것은 키신저를 간직하라는 것이었다. 그러나 닉슨은 단서를 추가했다: "헨리는 천재이다. 그러나 당신은 그가 추천하는 모든 것을 수락해서는 안 된다. 그는 무한한 가치가 있고 아주 충성스럽지만 당신은 그에게 전적으로 완전한 재량권을 주어서는 안 된다." 그날 오후에 키신저에게 전화를 걸었다. 그리고 그는 "나는 당신이 필요하다. 당신과 함께 일할 수 있도록 내가 할 수 있는 모든 일을 할 것"이라고 말했다. 그러자 키신저는 "각하, 당신과 잘 어울리는 것은 내가 할 일이다. 나와 잘 지내는 것이 당신의 일은 아닙니다"라고 키신저가 대답했다.[823]

행운이나 우연, 혹은 신의 가호에 의해서 든 미국의 헌법적 과정이 그 순간에 적합한 예상 못한 대통령을 가져왔다. 포드는 기만적이기

---

821) Walter Isaacson, *Kissinger: A Biography*, New York: Simon & Schuster, 1992, p. 601.
822) *Ibid.*
823) *Ibid.*, p. 602.

보다는 솔직했고 또 그의 부상은 탁월한 계획에 의해서가 아니라 선한 인간의 본능의 덕목에 의해서 이루어졌다. 제럴드 포드의 품위는 마치 품위가 대통령직이 기초해야 할 덕목이 아니라 충분히 즐거운 것인냥 때때로 무시되었다. 그러나 어려운 시대에 품위는 미덕 이상으로 그것은 은총이다 이것은 그들의 지식인들이 좌우의 폭정을 포용했을 때 영국인들을 정신차리게 유지했던 것에 대해 조지 오웰(George Orwell)이 사용한 단어였다. 비밀과 음모의 중독에 의해 쓰러진 행정부 뒤에 품위의 사용은 환영 받을 하나의 항생제였다.[824]

포드가 직무를 시작하자마자 기자들은 왜 대통령이 SALT Ⅱ의 세부사항에 관련하여 소련의 외상 그로미코와 만나게 되었는가에 대해 키신저에게 비열하게 물었다. 키신저는 잠시 멈추고 짓궂게 웃으면서 "우리는 어떤 테크니컬한 능력을 논할 필요성을 느꼈다고 대답했다. 이것은 그의 기자단이 그를 인용함으로써 자기를 배신하지 않을 것을 알고서 한 답변이었다. 그러나 수개월 후에 월맹이 사이공을 장악할 처지에 놓였을 때 포드는 자기의 외교정책 본능의 가치를 보일 것이다. 키신저는 의회에서 모든 원조를 중지하라는 투표에도 불구하고 미국이 다시 베트남에 개입할 필요성에 대해 극성을 떨었다. 다른 한편으로 포드는 미국인들이 계속되는 개입을 지지하지 않을 것이며 또한 미국의 신용 하락에 대한 키신저의 예측들이 과도한 것으로 이해했다. 뛰어난 인간들이 아주 영리하지 않은 많은 다른 경우들에서처럼 포드는 그렇게 바보가 아님이 판명되었다. 포드는 키신저에 대한 자신의 관계에 대해 그것은 이상한 우정이라고 말했다. 아무도 그들

---

824) *Ibid.*

처럼 아주 다른 배경을 가진 사람들을 발견하지 못할 것이다. 그러나 포드는 키신저를 믿었고 또 그도 거기에 익숙해졌다면서 자기는 그를 믿도록 그가 도왔다고 생각했다.[825]

외교정책에 깊은 관심을 가진 조작적 대통령으로부터 별로 그런 관심이 없는 솔직한 대통령으로 이전함으로써 키신저 자신의 스타일이 변할지 여부에 대한 의문이 제기되었다. 이 문제는 키신저 성격의 핵에 관한 것이었다. 그의 비밀스러운 스타일이 주로 닉슨에 대한 그의 봉사의 기능이었는가 아니면 그것이 그의 개인적 성격의 일부인가? 기록에 의하면 키신저의 스타일은 주로 자기 본성의 반영이었고 닉슨과의 관계에서 강화되었지만 야기된 것은 아니었다. 그것은 과거에 그가 덜 비참한 환경에서 일했을 때 분명했다. 하버드에서 그리고 록펠러 참모로서 일할 때에도 그랬다. 그러므로 다정하고 솔직한 제럴드 포드의 행정부에서도 이런 관료적 경합은 분명할 것이다. 그는 누구보다도 비판에 초-민감했다고 포드는 말했다.

보통 월요일 아침이면 키신저는 언론에서 어떤 코멘트나 어떤 누설을 지칭하면서 이 모든 비판은 지나치다고 말하곤 했다. 그는 항상 그것은 음모자들이라고 느꼈으며 사임해야만 한다고 포드에게 말하곤 했다. 포드는 파이프 담배를 피면서 키신저에 귀를 기울이고 그를 진정시켰다. 키신저를 안심시키고 그에게 그가 미국에 얼마나 중요한지를 말해주고 그에게 장관직에 머물도록 요청하는데 때로는 수분 그리고 종종 한 시간이나 걸렸다고 포드는 말했다. 그런 과제는 포드가 특히 좋아하는 것은 아니었지만 세계의 문제들을 관리하는 것이 키신저

---

825) *Ibid.*, p. 603.

의 재능 가운데 하나인 것과 꼭 마찬가지로 그는 그런 문제들을 관리하는 것이 자신의 재능가운데 하나임을 깨달았다.[826]

키신저는 대부분의 세계 문제보다 더 그를 화나게 했던 것은 그의 권한을 줄이려고 결심한 새 고위 백악관 관리들에 대처해야 하는 일이었다. 그는 과거의 홀더만과 얼리크만보다 오래 재직했고, 이제는 헤이그가 나가게 되었다. 포드는 그의 비서실장의 후임에 부유한 시카고 교외 출신으로 이글 스카우트(Eagle Scout)와 하원 의원을 지낸 도널드 럼스펠드(Donald Rumsfeld)를 선발했다. 럼스펠드는 총명하고, 매력적이며. 야심적이었다. 이 야심적 속성은 키신저와 필연적인 충돌을 야기했다. 럼스펠드도 역시 포드를 보다 지휘자로, 즉 보다 대통령답게 그리는 것이 중대하다고 느꼈다. 이 문제를 해결하는 것은 포드가 마치 키신저의 외교정책을 립싱크(lip-synching)하는 것처럼 보이지 않도록 확실히 하는 것이었다.

공보비서(Press Secretary)인 론 네슨(Ron Nessen)과 함께 럼스펠드는 어느 시점에서 포드가 광범위한 사람들로부터 외교정책 자문을 추구하고 있다는 말을 했다. 키신저는 화가 났고 네슨과 럼스펠드에게 비난을 퍼붓고 그리고 나서 사임을 위협했다. 네슨은 다른 기자들에게 키신저의 하락에 관한 얘기들은 완전히 날조된 것이라고 말함으로써 은폐를 위해 허둥댔다. 그 결과 키신저의 지위처럼 네슨의 지위가 축소되고 럼스펠드와 포드의 지위도 축소되었다. 키신저를 축소시키려는 노력은 1975년 5월 NATO 정상회담에서도 계속되었다. 포드의 동의하에 럼스펠드는 키신저가 아니라 대통령이 브뤼셀에 있는 동안

---

826) *Ibid.*, p. 604.

언론 브리핑을 수행할 것이며 또 그는 키신저를 포함하지 않은 체 NATO 지도자들과 협의하는 사진이 나올 것이라고 결정했다. 이것은 단지 반-키신저 음모의 어떤 개인적 편견은 아니었다. 키신저 마저도 키신저가 외교정책을 운영하고 있다는 인식에 의해 대통령의 지위가 감소된다는 것을 깨달아야 했었다.[827]

키신저는 네슨의 사무실을 치고 들어가 난리를 쳤다. 자기가 분노하게 될 때 그는 어떻게 반격할지를 알고 있다고 경고했다. 그러나 이 모든 것들을 압도하는 것은 키신저가 그의 공적인 삶에서 가장 믿고 또 애정을 느끼는 사람의 존재였다. 그것은 다름 아닌 부분적으로 키신저에 의해 촉구되었지만 포드에 의해서 새로운 부통령으로 선발된 넬슨 록펠러였다. 키신저 가족과 록펠러 가족은 푸에르토리코(Puerto Rico)의 도라도 비치(Dorado Beach)에서 1975년 맞이 새해를 함께 보냈다. 햇볕 아래 편안히 쉬면서 키신저는 오랜만에 보다 많이 자신의 평화를 즐겼다.

미-소의 긴장을 감소시키는 데탕트 정책은 폭넓은 호소력을 갖고 있었다. 기업인들은 특히 무역과 관련하여 사업 같은 태도로 러시아인들을 다룬다는 생각을 좋아했다. 농부들은 그들의 곡물을 위한 새로운 시장을 갖게 되는 것을 좋아했다. 편집자들을 군비통제 합의를 칭송했고 심지어 주류의 보수주의자들도 닉슨과 키신저가 미국이 세계에서 자기 자신을 내세우려는 미국의 의지가 포스트-베트남 불경기를 겪고 있을 때 빈틈없는 균형 조치를 이루었다고 느꼈다. 그러나 개인적일뿐만 아니라 이념적인 이유에서 하나의 기이한 연립이 그 정책

---

827) *Ibid.*, p. 605.

에 대한 반대를 성장시키기 시작했다. 닉슨의 권력이 기울고 제럴드 포드가 대통령직에 오르자 키신저는 변화하는 국내 비판의 대열에 대항하여 데탕트의 후위(rearguard) 방어를 위해 싸우고 있는 자신을 발견했다.[828]

데탕트에 대한 비판은 온건한 자유주의적 국내정치의 견해와 소련에 대해 매파적 태도를 가진 워싱턴 주 출신의 민주당 헨리 잭슨(Henry Jackson) 상원 의원이 없었더라면 무작위의 저격 이상은 아니었을 것이다. 그는 반-데탕트의 많은 다양한 요소들을 자신을 중심으로 개인적으로 통일시키고 소련과의 정상적 무역을 그들의 유대인 이민정책과 연계하는 그의 수정법안을 내세웠다. 리처드 펄(Richard Perle)이 이스라엘을 강력히 지지하는 의사당에서 이스라엘을 강력히 지지 하는 비공식 집단의 지도자였고 그들은 의회의 참모들뿐만 아니라 유급 친-이스라엘 로비스트들을 포함하고 있었다. 그들과 그들의 후원자인 잭슨 의원을 데탕트에 반대하는 투쟁으로 몰고간 것은 1972년 8월 미-소간 선의가 고도에 올랐던 사건이었다. 즉, 그들은 이민 가는 모든 소련의 시민들에게 국가가 지원한 교육에 대한 보상금으로 아주 고율의 "교육세"를 징수했다. 사실상 그것은 유대인을 겨냥한 출국 세금이었다. 또한 잭슨은 소련의 비시장 경제와 진정으로 상호 호혜적 무역협정을 가질 수 없다고 생각했다.[829]

친-이스라엘의 잭슨은 1972년 10월에 오하이오 주 출신 민주당 찰스 배닉(Charles Vanik) 의원에 의해 하원에서 주도된 그의 수정법안

---

828) Walter Isaacson, *Kissinger: A Biography*, New York: Simon & Schuster, 1992, p. 607.
829) *Ibid.*, p. 613.

을 상정했다. 키신저는 특히 소련과의 무역조약이 끝난 것으로 간주
했기에 기쁘지 않았다. 그러나 키신저에게는 놀랍게도 잭슨-배닉 제
안은 상당히 이로운 것으로 보였다. 소련인들이 교육세를 단념했다.
키신저는 도브리닌 소련대사에게 다른 어떤 쟁점들도 최혜국 무역합
의를 방해하지 않는다고 말했다. 그러나 그가 깨닫지 못했던 것은 그
의 문제들이 소련인들과의 사이에 있는 것이 아니라 잭슨 의원과 있
을 것이라는 사실이었다. 키신저에게 다른 주권국가에 그런 요구를
한다는 아이디어는 그의 이해를 넘어서는 것이었다.

또한 키신저는 외교적 압력이 타국의 국내문제에 영향을 미치려
고 사용되어야 한다는 것을 믿지 않았다. 평화로운 세계질서는 그가
대학원 학생 시절에 썼던 "정당성"(legitimacy)의 개념에 달려 있었
다. 이것은 타국의 이민정책과 같은 타국의 내부 문제에 개입하지 않
는 것을 의미했다. 그리하여 키신저는 만일 미국이 이미 가서명된 무
역거래에 중대한 새 조건들을 추가한다면 데탕트가 위협받을 것이라
고 두려워했다. 마지막으로, 키신저는 잭슨-배닉 수정법안이 경악했
던 보다 실질적인 이유를 갖고 있었다. 즉, 소련의 이민 문제를 공개
적인 쟁점으로 만드는 것은 역효과를 가져올 것으로 느꼈다. 그는 자
신의 조용한 외교가 효과적이었다고 믿었다. 실제로 1968년 오직
400명의 유대인들이 이민을 허용 받았으나 그것은 꾸준히 상승하여
1973년에는 욤 키푸르 전쟁으로 일시적 하락이 있었지만 3만 5천 명
에 달했다. 그래서 키신저는 잭슨이 미-소관계를 비뚤어지게 하는데
성공한다면 그는 이민의 증가가 아니라 감소를 가져올 것으로 거의
확신했다.830)

그러므로 키신저는 1974년 여름과 가을 내내 계속된 잭슨 상원 의원과 소련인들 사이에서 왕복외교를 수행할 수밖에 없었다. 목표는 잭슨을 만족시키기 위해서 소련으로 부터 충분한 양보를 얻어내는 것이었다. 그에 대한 대가로 잭슨 상원 의원은 그의 수정안의 효과를 1년여 정도 포기하는 규정을 지지할 것으로 기대되었다. 이 포기를 지지하기 위해서 잭슨은 구체적인 수의 유대인들이 매년 떠나는 것이 허용 될 것이라는 보장을 원했고, 또 그는 이런 보장이 가능한 한 명시적이길 원했다. 다른 한편 모스크바에서는 많은 숫자의 자국 시민들이 이민할 것을 보장하는 바로 그 개념에 모욕을 느꼈다. 그래서 소련은 잘해야 오직 막연하고, 묵시적이며 사적인 보장만을 부여하려고 했다. 잭슨과 그의 두 명의 상원 의원 지지자들은 연간 10만 명의 유대인 이민 할당제(quotas)를 제안할 뿐만 아니라, 탄압과 지리적 배분에 관한 다른 규정들도 제안하고 있었다. 모스크바에서 그리고 나서 제네바에서 가진 회담에서 그로미코 외상은 4만 5천 명의 숫자가 추세에 근접한 것으로 사용될 수 있을 것이라고 마지못해서 양보했다.[831]

그러나 키신저는 이것을 즉시 잭슨에게 전달하지 않았다. 그 대신에 그는 34일 간의 시리아 왕복외교에 착수했고 잭슨이 그의 대의를 위해 지지를 모으고 키신저의 침묵에 관해 깊이 생각하게 내버려두었

830) Henry A. Kissinger, *Years of Upheaval,* Boston: Kittle, Brown and Company, 1982, p. 987; Stanley Hoffmann, *Primacy or World Order,* New York: McGraw-Hill. 1978. P. 39.

831) Walter Isaacson, *Kissinger: A Biography,* New York: Simon & Schuster, 1992, p. 616.

다. 게다가 키신저는 중간급의 참모들로부터 거듭된 메모들에도 불구하고 수출입은행이 소련인들에게 대여할 수 있는 대출에 대한 3억 달러의 최대 한도를 정하는 잭슨과 상원 의원 아들레이 스티븐슨(Adlai Stevenson) 3세가 이끄는 시도에 의해서 허점이 찔렸다. 비록 키신저가 스티븐슨에 대한 쟁점보다는 잭슨-배닉에 집중했음에도 불구하고 모스크바에서는 전자가 적어도 후자에 못지않은 많은 분노를 일으켰다. 잭슨과 유대인 지도자들을 대하는데 키신저가 직면한 하나의 문제는 이중성에 대한 그의 평판이었다.[832]

제럴드 포드가 집권했을 때 그는 신속하게 자기는 보다 직접적인 플레이어라는 것을 분명하게 했다. 키신저가 마련한 도브리닌 대사와의 만남에서 포드는 무역법안이 어떤 형태의 잭슨-배닉 조치를 포함하는 것이 불가피하다고 말했다. 보다 정확하게, 포드는 그가 개인적으로 잭슨의 목표에 동정적이라고 말했다. 도브리닌이 소련은 5만 5천 명 정도의 유대인들이 매년 출국비자를 받을 것이라는 시사적이고 구두의 보장을 줄 수 있다고 양보했고 포드는 그 숫자가 적합하다고 동의했다.

다음날 8월 15일에 키신저, 잭슨 그리고 다른 사람들과 가진 대통령의 조찬은 성공적이 아니었다. 잭슨은 대통령이 소련인들에게 너무 부드럽다고 주장했다. 그럼에도 불구하고 키신저는 6만여 명의 유대인들이 오는 해에 이민이 허용될 것이라고 묵시적으로 의미하는 거래를 도브리닌 대사 및 잭슨 의원과 성사시킬 수 있었다. 그것은 소련인들을 직접 관련시키지 않은 편지의 교환을 이루었다. 잭슨이 융통성

---

832) *Ibid.*

과 유머를 조금 보이고 있던 바로 그때 소련의 자세는 굳어지기 시작했다. 브레즈네프 서기장이 니콜라이 포드고르니(Nikolai Podgorny) 의장 같은 강경론자들에 의해서 막 도전을 받고 있었던 것으로 후에 알려졌다. 잭슨과 그의 참모에 의해서 곧바로 누설된 잭슨 거래의 언론보도는 소련의 보장이 크렘린이 승인했던 것보다도 더 명시적인 것처럼 보이게 만들었다.833)

그러므로 키신저가 후퇴하기 시작했다. 잭슨과 펄은 분개했고, 이때 쯤에 유대인 집단들이 모든 거래가 풀리는 것을 막는 데 열성이었다. 그러므로 그들은 잭슨에게 따라 가라고 압력을 가했다. 마침내 그는 동의했다. 그 거래는 키신저식이었다. 그것은 일부러 모호성에 의존했고 그렇게 하길 잘했다. 즉, 소련인들은 그들에게 국내적인 일인 것에 관해서 명시적 보장을 하지 않은 것으로 주장할 수 있을 것이다. 잭슨과 그의 동료들은 사실상 구체적인 수의 유대인들이 이민을 허용받을 것이라는 보장이 있다고 주장할 것이다. 그리고 키신저의 책략은 그가 양측에게 각자가 이겼다고 믿도록 허용하는 것이었다. 그러나 그것은 양측이 그들의 각 해석에 관해서 조용할 경우에만 성공할 것이다. 그러나 그들은 그렇게 하지 않았다. 잭슨은 기자회견을 하고 펄은 정확하게 소련인들이 거부한 방식의 공식적 발표로 편지의 복사본들을 배포했다. 키신저는 잭슨이 기자회견을 하고 편지들을 공개한데 경악했다고 주장했다. 그러나 펄은 편지의 공개가 포드 대통령이 재비츠(Javits) 상원 의원의 요청에 따라 승인되었다고 말했다.

후에 그 달에 키신저가 블라디보스톡(Vladivostok)에서 열린 포드

---

833) *Ibid.*, p. 617.

대통령의 정상회담의 길을 닦기 위해 모스크바에 도착했을 때 그로미코 소련 외상이 그에게 폭발적인 외교적 메시지를 건네 주었다. 그는 잭슨의 편지들과 그것을 둘러싼 공개가 이 문제에 관하여 소련이 미국 측에게 말했던 것뿐만 아니라 소련 입장의 왜곡된 그림을 창조했다고 썼다. 그것은 키신저의 정직성에 대한 신랄하고 개인적인 공격이었다. 그 메시지는 키신저가 그 거래를 유지하기 위해 사용하고 있던 책략의 거부로 결론을 지었다. 그러나 키신저는 그 모호성을 보존하려 노력하기로 결정했다. 그는 잭슨 상원 의원에게 그 편지에 관해서 알리지 않았다. 그는 그것을 워싱턴에 있는 국무성에도 보내지 않았다.

후에 그는 그것을 잭슨과 다른 사람들에게 보이지 않은 것이 잘못이었다고 인정했지만 그의 변명은 그로미코가 그 편지를 그들이 공항으로 가는 도중에 그에게 주었다는 것이었다. 키신저는 인도를 향해 출발하고 있었으며, 그 후 파키스탄과 이란으로 갈 예정이었다. 다음 3주 동안 그는 일본, 한국, 중국, 그리고 블라디보스톡으로 방문할 것이었다. 그리하여 그는 정신이 없었다. 키신저는 그들과 앉아서 얘기할 시간이 있을 때 잭슨 및 다른 사람들과 그로미코의 편지를 논의하려고 했다고 말했다.[834]

약간의 행운과 블라디보스톡과 워싱턴에서 적절한 손질로 그 무역 법안은 서명될 수 있을 것이며 그 편지는 그 후 역사가들을 수십년 동안 좌절시킬 비밀 분류된 파일에 묻혀버릴 것이다. 키신저는 동시에 소련의 편지가 주로 기록을 위해 쓰여 졌다고 생각했고 아니면 적

---

834) *Ibid.*, p. 619.

어도 그렇게 희망했다. 즉, 그것이 브레즈네프가 주장한 보장에 중앙 위원회가 반발하면 그의 뒤를 보호하기 위한 것으로 생각했던 것이다. 그 사이에 키신저는 12월 3일 소련인들을 위한 최혜국 지위를 포함하는 최종적 무역법안, 잭슨-배닉 수정안, 그리고 잭슨이 수용한 가정된 보장에 근거한 수정들을 대통령이 포기하는 절차의 승인을 준비하고 있던 상원 재정위원회에서 증언해야만 했다. 만일 키신저가 그로미코의 편지를 공개한다면 모든 구조가 무너질 것이다. 그러므로 키신저는 그것을 비밀로 유지하기로 결정했다. 무역법안과 그것의 모든 조치들은 잭슨과 유대인 지도자들, 그리고 백악관이 모두 지지하는 가운데 12월 13일 금요일에 통과되었다. 다음 수요일에 정치국이 모스크바에서 모였다. 키신저에게 공포스럽게도 그날 오후에 소련의 뉴스 에이전시인 타스(Tass) 통신이 그로미코의 편지를 공개했다. 이것은 쿠바 미사일 위기 이래 처음으로 크렘린의 외교적 기록이 의도적으로 공개되었다.[835]

그러나 이상한 역학이 이제 워싱턴에서 작동했다. 그 편지의 중요성을 모두가 과소평가하고 그것을 단지 과시적 수사학으로 치부하는 것이 거의 모두의 이익이었다. 이것은 물론 편지를 뭉개 버린 것이 노출된 키신저에게도 적용되었다. 그러나 그것은 정치적으로 강력한 흥정을 달성하고 유대인 지도자들의 헌신을 획득하여 그것을 자기가 책임질 재앙으로 바꾸고 싶지 않은 잭슨에게도 역시 적용되었다. 마찬가지로 유대인 집단들은 그 거래의 몰락이 이민에 대한 탄압을 의미할 것이라고 정확하게 가정했다. "우리는 냉정을 유지해야 한다"고

---

835) *Ibid.*

잭슨은 말했다. 소련에서도 그 편지가 단지 국내 소비용이었다고 많은 상호적 보증이 있었다. 그러나 그렇지 않았다. 그들의 묵시적 양보들이 과장되고 공개된 것에 진실로 분개하고 또 그들의 수출입 은행 차관을 3억 달러로 제한시킨 덜 공개된 모욕에 훨씬 더 분노한 소련 인들은 모든 거래를 거부하기로 결정했다. 1975년 1월 무역법안과 그 것의 부가적인 것들이 통과된 지 한 달도 안 되어 소련은 공식적으로 미국에게 소련은 최혜국 지위를 추구하지 않을 것이며 그 법안의 규정들을 준수하지 않을 것이라고 통보했다. 장엄한 모스크바 정상회담이 열린 지 3년도 안 되어 데탕트가 무너지고 있었다.[836]

이제, 미-소 관계에 중대한 새로운 자극제가 있었다. 즉, 비록 소련인들이 최혜국 지위를 거절했다고 해도 잭슨-배닉 수정안은 이제 미국 법의 일부였다. 게다가, 모스크바는 제2차 세계대전의 무기대여 빚의 잔액을 지불할 의무에서 해방을 느꼈다. 훨씬 더 중대한 것은 미국의 무역 양보와 월맹을 견제하는데 소련의 도움 사이에 1972년에 존재했던 모호한 연계에 대한 손상이었다. 2년 동안 인도차이나에서 휴전은 빈번히 위반되었지만 기본적 전장의 제휴관계는 변하지 않았다. 그러나 1972년 무역협정의 몰락이 있은 후 수주 내에 월맹과 캄보디아는 그들에게 곧 전면적 승리를 가져다 줄 공세들을 단행했다.[837] 1972년에 수립된 연계의 몰락에 대한 반응으로 인도차이나에서 소련이 공산주의자들의 공세를 격려한 직접적인 증거는 없다. 후에 이것에 관한 질문을 받은 키신저는 당시에는 그 연결을 고려하지

---

836) Walter Isaacson, *Kissinger: A Biography,* New York: Simon & Schuster, 1992, p. 620.
837) *Ibid.*

않았지만 그것이 존재했을 것이라고 대답했다.

최혜국 지위 거래의 몰락은 소련인들과 분열을 가져왔고 하노이에 대한 제약을 제거했다. 그들은 지방의 수도를 즉시 공격했는데 이것은 과거에 전례가 없는 일이었다고 키신저는 말했다. 소련인들을 공개적으로 압박하려는 잭슨의 노력에 관한 키신저의 원래 두려움이 실현되었다. 출국 비자의 증가를 가져오는 대신에 1973년에 3만 5천 명에 달했던 유대인 이민은 1975년과 1976년에 1만 4천 명으로 감소했다. 잭슨-배닉 수정법안에 대한 평가에서 키신저가 옳았음이 입증되었다. 그것은 한 명의 완고한 상원 의원에 의한 나쁜 도박이었다. 그리고 그것은 데탕트와 소련의 유대인들 모두에게 해가 되는 역작용을 일으켰다.[838]

그러나 키신저도 그 재앙에 대한 책임에서 완전히 벗어날 수는 없다. 그는 그 수정안이 하원에서 상정될 때에나 그것이 하원을 통과할 때에 미국 내에 있지 않았다. 또한 그는 그 법안을 막기 위해 의회에서 연립을 구축하려고 시간을 보내지 않았다. 그 대신에 그는 상원의 책임 있는 지도자들보다는 잭슨과 그의 자칭 도당들과 사적으로 거래를 함으로써 가장 현저하게 외교분과위원장 윌리엄 풀브라이트 같은 그 법안의 강력한 반대자들을 난처하게 했다. 자기 스타일대로 키신저는 소련의 보장의 진정한 성격과 그로미코의 폭발적 편지를 포함하여 중요한 정보를 비밀로 유지했다. 종국에, 키신저는 자신의 광적인 비밀 유지에 의해서 좌절되었다.[839]

---

838) *Ibid.*, p. 621.
839) *Ibid.*

잭슨이 무역과 유대인 이민에 관해서 그의 공격을 추구하는 동안 그것은 동시에 키신저가 전략무기제한회담을 수행하는 방식에 대항하는 싸움을 주도하고 있었다. 1972년 모스크바 정상회담에서 SALT I 이 체결된 직후 잭슨은 미래의 합의는 수적인 "균등"(equality)에 기초해야 한다는 것을 요구하는 수정안을 발의했다.[840] 이것은 SALT I 접근법의 직접적인 거부였다. 키신저는 소련의 이점이 다른 영역에서 미국의 이점에 의해서 상쇄된다는 이론에 입각하여 기존의 소련의 이점에도 불구하고 양측의 병기고를 동결하려고 했었다. 소나기 같은 전화가 오고 간 후에 키신저와 잭슨은 백악관이 수용할 수 있는 "균등" 수정안의 버전(version)에 동의했다. 잭슨의 또 하나의 요구는 SALT 협상 팀과 군비통제국(the Arms Control and Disarmament Agency, ACDA)의 숙청이었다. 스미스(Smith) 장군이 ACDA의 수장으로서 쫓겨나고 강경 전략분석자인 프레드 이클레(Fred Ikle)가 수장이 되었다. SALT에 대항해서 싸우는 데 있어서 잭슨의 가장 굳건한 동맹은 포드의 행정부에서 키신저의 지적 경쟁자로 자신을 내세운 하버드의 동급생인 국방장관 제임스 슐레진저였다. 키신저는 그가 지적으로 자기의 필적이라는 최고의 칭송을 했다. 슐레진저의 지성이 키신저의 것만큼 교묘하지는 않았지만 그것은 키신저 못지않게 열성적이었다. 그리고 그의 에고도 그랬다.[841]

　키신저와 슐레진저가 함께 일하는 방법을 발견했더라면 그들은 포드 행정부를 지배할 수 있었을 것이다. 그러나 나란히 함께 일하는 것

---

840) Walter Isaacson, *Kissinger: A Biography*, New York: Simon & Schuster, 1992, p. 621.
841) *Ibid.,* p. 622.

은 키신저나 슐레진저의 방법이 아니었다. 평등한 파트너십을 형성하는 것은 키신저의 본성에 없었다. 실제로 그는 자신의 동료들을 진정한 동료로 대우하는 것으로 결코 보이지 않았다. 슐레진저도 동료들을 파트너로서 다루는데 비슷한 문제들을 갖고 있었다. 키신저의 문제들은 그의 불친절한 관료적 방법이었다. SALT의 논의가 시작했을 때 그는 국방성의 대표들과 제복을 입은 군인들을 배제한 채 모든 전략회의들을 자기의 개인적 참모들에게 국한시켰다. 이것은 키신저의 SALT제안들의 성공에 펜타곤 관리들은 아무 몫이 없다는 것을 의미했다. 슐레진저의 군비통제의 초점은 "투사 중량"(throw weight), 즉, 그것은 적에게 투사할 수 있는 탄두의 중량과 수를 결정하는 미사일을 들어올리는 능력을 의미했다. 소련인들은 크고, 강력한 지상 미사일들을 강조했기 때문에 그들은 투사 중량에서 미국에 대해 이점을 갖고 있었다. CIA국장을 역임했고 현 국방장관으로서 슐레진저는 불균등(disparity)을 서명하는 인상적인 규모의 모델들로 회의에 참석했다. 투사 중량의 쟁점이 키신저를 거칠게 만들었다.[842]

숫자 논쟁이 잠재적 SALT Ⅱ 제안들에 시작했을 때 어쩌면 키신저에게 최선의 길은 통제를 양보하는 것이었을 것이다. 당시에 키신저는 그가 중동에서 왕복외교를 하면서 다른 의무를 처리해 나갔던 것처럼 1974년에는 그것에 집중할 수가 없었다. 그는 그것은 ACDA국장인 프레드 이클레와 새 협상대표인 알렉시스 존슨(Alexis Johnson)에게 가능하면 관료제로부터 작동할 제안을 받아 내도록 맡겨 둘 수 있었을 것이다. 그러나 책임을 양도하는 것은 키신저의 본능에 없었

---

842) *Ibid.,* p. 623.

제15장 포드(Ford)의 국무장관: 외교의 마법사 Ⅵ **615**

다. 또한 그는 그가 중요하다고 생각하는 복잡성을 무시할 타입이 아니었다. 펜타곤에서 관리들은 어떤 SALT 조약도 구체적으로 균등한 총합(equal aggregates)으로 알려진 것의 균등을 달성하거나 아니면 각 측이 각 카테고리에서 동일한 수의 무기가 허용되어야 한다고 요구했다.

표면적으로는 그것이 공정한 것으로 보였다. 그러나 그것은 현실을 반영하지 않았다. 두 국가는 선택으로 상이한 유형의 무기고들을 건설했고 또 상이한 무기들을 강조했다. 소련인들은 크고 중량급 지상에 기지를 둔 미사일들에 가장 의존했던 반면에 미국은 폭격기, 잠수함, 그리고 보다 작고 정확한 다탄두 미사일들에 더 의존했다. 어느 측에서도 자기의 무기에서 중대한 삭감을 제안하지 않았기 때문에 균등한 투사 중량 접근법은 어쩔 수 없이 각 측이 건설하고 또 적의 강점에 필적할 것을 허용하는 조약을 의미했다.[843]

그러나 펜타곤은 소련의 병기고에 맞설 새 지상에 기지를 둔 미사일을 건설할 계획이 없었다. 그리하여 펜타곤은 소련인들로 하여금 그들의 숫자를 줄이게 하는 거래를 원했다. 그리고 마치 이것이 충분히 어렵지 않다는 듯이 슐레진저와 잭슨은 균등한 투사 중량 수준을 협상할 필요성을 강조하기 시작했다. 소련의 미사일들이 더 크기 때문에 그것들은 그것들이 투사하는 탄두 중량의 면에서 4：1의 이점을 향유했다. 펜타곤은 각 측의 투사 중량을 계산하고 뚜껑을 씌우는 여러 가지 방법들, 즉 그들의 유일한 단점이라면 소련인들에게 그것들의 총체적으로 불쾌감인 순진한 계획들을 들고 나왔다. 키신저는 만

---

843) *Ibid.,* p, 625.

일 소련인들이 기대 이상으로 관대하여 그들의 지상발사 미사일 수와 투하 중량을 삭감하기로 동의한다면 그보다 더 즐거운 일이 없겠지만 그는 미국이 그 대가로 뭔가를 제공해야 할 것이라고 가정했다. 뿐만 아니라 키신저는 미사일의 수와 투사 중량은 그것들에 전개될 얼마나 많은 다탄두(MIRV)화 한 탄두의 수만큼 중요하지 않았다. 만일 소련인들이 그들의 큰 미사일들을 다탄두화 하기로 결정한다면 그것은 각 측이 제1차 공격에 취약할 불안정화의 상황으로 나갈 것이었다. 그것이 잭슨의 균등한 총합 접근법이 아니라 키신저가 추구한 것이었다.[844]

키신저는 기본적으로 몇 년 간 새 미사일 발사대에 SALT I 동결을 확장하고 그것이 소련인들로 하여금 그들이 수적인 이점을 유지하도록 허용하길 원했다. 그에 대한 대가로, 소련인들은 미국 측이 보다 많은 미사일을 다탄두화 하는 것을 허용할 것이다. 이 접근 방법은 "비대칭을 상쇄하는 것"(offsetting asymmetries)으로 명명되었다. 이것은 그것이 큰 정치적 호소력을 달성하는데 어려움을 갖게 된 이유들 중의 하나였을 것이다. 1974년 10월에 모스크바의 여행에서 키신저는 두 가지 접근법을 모두 시도했다. 각 경우에 소련인들은 2,400개의 미사일과 폭격기가 허용될 것이다. 비대칭 접근법 하에서 미국은 오직 2,200개의 미사일과 폭격기를 갖게 될 것이지만 그것은 약 200개를 더 다탄두화 할 수 있을 것이다. 균등(equality)의 접근법 하에서는 양측이 각각 2,400개의 미사일과 폭격기가 허용될 것이고 또 양측이 모두 이 미사일들 중에서 약 1,300개를 다탄두화 하는 것이 허용될 것이다.

---

844) *Ibid.*

놀랍게도 브레즈네프가 소련인들은 어느 쪽 계획도 받아들일 수 있다고 말했다. 결정하는 것은 포드 대통령에게 달려있을 것이다. 브레즈네프는 다음달 블라디보스톡에서 개최될 그의 첫 정상회담에 새 대통령을 초청했다. 이 시점에서 키신저는 포드의 승인을 받아 후퇴했다. 슐레진저와 잭슨은 모두가 균등 접근법을 밀어붙이고 있었고 소련에게 이점을 양보하려 한다고 키신저를 비판하고 있었다. "균등한 숫자를 수락하는 것은 실수였다. 그러나 미국은 국내 정치적 압박으로 인해 잭슨의 수정과 블라디보스톡 입장을 수락했다"고 키신저는 후에 회고적으로 말했다.845)

1974년 11월 23일 포드 대통령과 키신저 국무장관은 러시아의 태평양 해안에 있는 블라디보스톡 항구에 착륙해서 버려진 YMCA 캠프 같은 휴가를 보내는 노동자들을 위한 원시적 휴양지인 오케안스카야 사나토리움(Okeanskaya Sanatorium)으로 메마른 땅을 통해 한 시간 길이의 기차여행을 시작했다. "내가 불안할 때 나는 먹는다"고 키신저는 말했고 분명히 브레즈네프와 무기의 합의를 협상하는 포드의 전망은 그에게 고요함을 불어넣지 않았다. 소련인들은 과자를 테이블에 쌓고 있었다. 키신저가 그것들을 간단히 저항할 수 없었다고 포드는 회고했다. 키신저에게는 행운이었다. 그날 저녁 협상 회의가 자정 이후까지 계속되었고 만찬은 취소되었다. 다른 사람들은 굶주리며 잠을 자러 갔다. 흥정회의는 성공적이었지만 그만큼 가장 곤란한 측면은 소련인들이 미국의 균등제안을 신속하게 수락했다는 것이었다. "소련

845) Raymond Garthoff, *Détente and Confrontation*, Washington: Brookings, 1985, pp. 444-445.

이 당신의 제안을 수락했을 때 그것은 항상 조금은 불안하다"고 하일랜드(Hyland)가 후에 지적했다. 모든 세부사항들이 아직은 이루어져야 했지만 양측은 1,320개 이하의 다탄두화 미사일들을 포함하여 각 측의 미사일과 폭격기를 2,400개로 제한할 것이라는 합의를 위한 "틀"(framework)을 발표하기로 동의했다. 그들은 최종조약이 수개월 내에 협상될 수 있고 또 미국에서 열리는 정상회담에서 체결되기를 희망했다.846)

키신저가 토론을 지배했다. 다음날 "이 새 대통령이 누구인가?"하고 한 소련 외교관이 <타임>지의 휴 시디 기자에게 물었다. 어떤 것이 올라올 때마다 그는 키신저를 돌아봤다. 그리고 그는 키신저가 말하게 했다. 훨씬 더 놀랍게도 브레즈네프도 실제로 키신저를 지칭했다. 어떤 극단적으로 복잡한 사항을 논하는 동안 브레즈네프가 초조하게 자신의 보좌관들에게 물러나라고 손짓하고 거의 학생인 것처럼 키신저로부터 지시를 받았다고 하일랜드가 회고했다. 흥정회의 후에 론 네슨(Ron Nessen) 공보 비서와 우연한 잡담에서 키신저가 포드의 스타일을 칭찬했다. 그는 진정한 주고받기에서 닉슨보다 더 편안했고 그의 전임자와는 달리 그는 누군가의 눈을 보는 법을 알고 있다고 키신저가 말했다. 네슨은 이 칭찬을 자기가 윤색하여 작은 집단의 기자들에게 행복하게 전달했다. 후에 공항으로 가는 기차 속에서 네슨은 몇 잔의 보드카를 즐기고 나서 훨씬 대담해졌다. 그는 닉슨이 5년 동안 할 수 없었던 것을 포드가 3개월 만에 했다고 균등 합의에 관해

846) Walter Isaacson, *Kissinger: A Biography,* New York: Simon & Schuster, 1992, p. 627.

서 말했다. 놀랍지 않게도 이것은 그것이 신문에 인쇄되어 나타났을 때 엄청난 소동을 일으켰다.

블라디보스톡에서 귀국 길에 중국에 들렀던 키신저는 네슨에게 자제하라고 말하는 분노의 전문을 보냈다. 닉슨의 전 연설문 작성자였던 윌리엄 새파이어(William Safire)가 불꽃을 살리며 <하퍼스>(Harper's) 잡지에 기사를 써서 네슨의 반-닉슨 비교에 대해 키신저를 책망했다. 키신저는 그것을 부인하는 3페이지 짜리 편지로 그것에 대응하고 샌 클레멘테에서 망명생활을 하고 있는 닉슨을 보러 공개적인 방문을 했다.847) 블라디보스톡에서 채택된 틀은 슐레진저에 의해 마지못해 인정되었다. 뿐만 아니라 의회의 상하의원이 그것을 지지하는 결의안들을 통과시켰다.848)

그러나 잭슨 상원 의원은 자기가 요구했던 균등의 원칙이 처음으로 조약문에 들어갔음에도 그의 비판을 퍼부었다. 그의 주된 반대는 상한선이 너무 높고 또 투사 중량을 제한하지 않아서 모스크바의 미사일 이점을 종식시키는데 별로 한 일이 없다는 것이었다. 그 비판에 약간의 진실이 있지만 소련인들이 일방적으로 자기들의 미사일 이점을 줄일 것이라는 징후는 없었다. 블라디보스톡 틀의 보다 더 심각한 문제는 끝내지 못한 세부사항 속에 있는 악마들이었다. 이것들 가운데 첫 번째는 총 2,400개의 총합이 미국의 새 토마호크(Tomahawk) 공중 발사 크루즈(cruise) 미사일들을 포함할지의 여부였다.

크루즈 미사일들은 낙하할 때 우주공간을 통해 아치를 그리며 로

---

847) *Ibid.*
848) *Ibid.*

켓 폭발인 탄도 미사일과는 달리 그것들은 제트 추진력으로 목표물을 향했다. 1973년에 군부는 쿠르즈 미사일의 포기를 고려했지만 키신저가 그것이 적어도 하나의 협상용 칩으로 유용할 것이라고 주장해서 그것을 예산에 반영했다. 지금에 와서 펜타곤은 이 프로그램을 어떤 식으로든 제약하지 않는데 대해 단호했다. 블라디보스톡의 기록은 크루즈 미사일의 지위를 불투명하게 남겼고, 또 틀을 설명하는 외교적 메시지들을 다듬어 내는 데 있어서 키신저와 그로미코는 그것을 해결할 수 없었다. 그 문제는 포드 행정부의 임기 동안에 미결로 남을 것이다.[849]

또 하나의 쟁점은 백파이어(Backfire)라고 알려진 소련의 새 폭격기였다. 소련인들은 상대 초강대국을 공격할 수 있을 장거리 무기를 의미하는 전략적 무기가 아니라고 고집했다. 그것은 오직 중거리용으로 아시아와 유럽에서 사용할 무기로 기획되었다. 따라서 소련인들은 그것이 전략무기 제한에 일부가 되어서는 안 된다고 주장했다. 키신저는 일반적으로 동의했고 또 그가 브리핑을 해준 소련인들과 기자들에게도 그렇게 시사했다. 그러나 합동참모부와 펜타곤에게 그것은 중요한 분쟁이었다. 그리고 그들은 그것을 양보하려는 키신저의 용의에 저항했다. SALT II 조약은 키신저가 국무장관인 동안에 완성될 운명이 아니었다. 1976년 1월에 그는 모스크바 출장에서 그 계기를 부활시키려는 마지막 노력을 할 것이다. 그러나 그가 그곳에 있는 동안에 작은 반발이 발행했다. 새 국방장관이 된 도널드 럼스펠드(Donald Rumsfeld)가 키신저가 하고 있는 일에 대해서 자신의 두려움을 표명

---

849) *Ibid.*, p. 628.

했다. 그리고 포드는 선거의 해가 시작되었으니 SALT 과정은 보류되었다.[850]

1974년 1월 이집트와 이스라엘 협정과 5월에 더욱 놀라운 시리아 전선에서 성공 후에 키신저가 실수를 했다. 즉 그는 요르단과 이스라엘 간의 협상을 모색하는데 주저했다. 1967년 이스라엘에 의해서 팔레스타인 주민들이 살고 있는 웨스트 뱅크(the West Bank)지역의 회복과 관련된 어려움을 의식한 후세인 왕은 그가 왕복외교 스케줄에서 자기 차례를 기다렸다. 그러나 이츠하크 라빈(Yitzhak Rabin)이 이끄는 이스라엘의 신정부는 비록 요르단 왕국이 1973년 욤 키푸르 전쟁 동안에 이스라엘을 직접 공격하지 않았음에도 불구하고 요르단과의 협상을 꾸준히 저항했다. 라빈 수상은 요르단으로부터 철수하기 전에 그는 새로운 총선거를 실시해서 대중이 발언권을 갖게 될 것이라고 서약했다. 그가 권력에 간신히 매달려 있었기에 라빈 수상은 그 전망에 후퇴했다. 1974년 10월에 이스라엘 방문의 거의 끝 무렵에 키신저는 자기의 킹 데이비드 호텔에 돌아와서 조셉 시스코에게 "우리가 어떤 방정식을 발견하기 위해 머리를 짜내고 있는데 요르단을 언급할 때마다 두려움에 떠는 수상이 거기에 앉아있다. 그것은 잃어버린 대의다"라고 폭발했다. 요르단 왕복외교의 대안은 모로코에서 아랍 정상회담이 소집되고 키신저에 놀랍게도 PLO를 웨스트 뱅크를 위한 협상자로 지정했던 그 달 늦게 폐쇄되었다. 온건한 요르단과 협상하지 않으려는 이스라엘의 태도가 야세르 아라파트(Yasir Arafat)에게 길을 깔아주었다. 심차 디니츠 대사는 그것이 이스라엘의 잘못된 계산이었

---

850) *Ibid.*, p. 629.

고 또 그것은 이스라엘의 과오라고 개탄했다.851)

클라이맥스는 키신저가 2주 간의 왕복외교 후에 예루살렘에 도착한 3월 21일에 왔다. 이스라엘 내각이 방금 포드가 서명한 전문을 받았다. 그것은 이스라엘이 충분히 움직이지 않았다는 것에 대한 실망을 지적하고, 협상의 결렬은 미국으로 하여금 이스라엘에 대한 정책을 포함하여 중동에서 미국의 정책을 재평가하게 했다고 덧붙였다. 그것은 외교적 서신으로서는 가혹했기에 이스라엘 내각은 충격을 받았다. 라빈은 그가 워싱턴 주재 이스라엘 대사로 역임할 때 키신저의 친구였다. 그러나 이제는 더 이상 그렇지 않았다. 이스라엘은 최후의 통첩을 수락하지 않을 것이라고 라빈이 말했다. 키신저는 자기가 대통령에게 명령을 내리지 않으며 포드의 전문에 책임이 없다고 대답했다. 라빈은 담배에 불을 붙이고 키신저를 직접 노려보면서 자기는 그를 믿지 않는다고 말했다. 사실은 키신저에게 책임이 있었다.852)

다음날인 3월 22일 토요일 키신저는 관광을 하기로 결정했다. 그는 목적지를 사해를 내려 다 보는 절벽 위에 있는 약간의 고대의 잔재가 남아있는 유명한 마사다 요새(the Fortress Masada)로 정했다. 이스라엘은 종종 평화를 달성하기 위해 필요한 양보를 하기 보다는 대규모 자살을 하려는 마사다 콤플렉스를 갖고 있다는 비난을 받았다. 그러나 마사다는 이스라엘에서 영광과 용맹의 상징이기도 하다. 육군의 기갑여단으로 들어가기 전에 신병들은 충성의 서약을 위해 그곳으

---

851) Henry A. Kissinger, *Years of Upheaval,* Boston: Kittle, Brown and Company, 1982, pp. 1135-1141.
852) Walter Isaacson, *Kissinger: A Biography,* New York: Simon & Schuster, 1992, p. 631.

로 온다. 그들은 "마사다는 다시 몰락하지 않을 것이다"라고 맹세를 한다. 어떤 지점에서 지친 키신저를 염려한 그의 안내자 교수가 테라스들 중 하나는 150개 계단을 내려가야 하기 때문에 보기가 어려울 것이라고 말했다. 키신저는 앞으로 나아갔다. 그는 기자들이 들을 수 있도록 "우리는 한 번의 도약으로 그것을 할 필요는 없다. 우리는 한 계단씩 단계적으로 그것을 할 수 있다"고 말했다.[853]

이스라엘의 내각이 철수계획을 거절한 뒤에 키신저는 토요일 밤 자정이 넘도록 라빈 수상과 그의 보좌진들을 만났다. 키신저는 다시 한 번 진정한 진정성이 배신당했다는 감정으로 자기의 파멸(doomsday)의 연설을 했다. 끝나자 이스라엘의 속기사의 두 눈에는 눈물이 고였다. 키신저는 "단계적 접근이 처음에는 요르단, 그리고 나서는 이집트로 인해서 저지되었다. 우리는 통제력을 잃고 있다. 이제 우리는 아랍이 통일전선에 작업하고 있는 것을 보게 될 것이다. 팔레스타인인들에게 보다 더 많은 강조가 있을 것이다. 소련인들이 다시 무대에 돌아올 것이다. 미국은 사건들에 대한 통제력을 잃고 있고 우리는 그 현실에 적응하는 것이 나을 것이다. 유럽인들은 아랍과의 관계를 가속화할 것이다. 농담하지 말자. 우리는 실패했다"고 말했다.[854]

이갈 알론 외상이 몇 주 후에 다시 시작하면 되지 않겠느냐고 말했을 때 키신저는 "사태가 다시는 동일하지 않을 것이다. 아랍은 과거처럼 우리를 믿지 않는다. 우리는 베트남, 터키, 포르투갈에서 약하게 보인다"고 키신저가 대답했다. 키신저는 시나이 II 왕복외교의 몰

---

853) *Ibid.*, p. 632.
854) *Ibid.*

락에 대해 이스라엘을 공개적으로 책망하지 않을 것이라고 약속했다. 그러나 그의 분노는 참기가 어려웠다. 귀국하는 비행기에서 오프-더-레코드로 그는 라빈을 소인배라고 불렀고 전 내각이 시몬 페레스 (Shimon Peres) 국방장관에게 겁을 먹었다고 주장했다. 그리고 그는 골다 메이어 같은 책임질 강력한 지도자가 없다고 개탄했다.[855]

단계적 접근법의 종식으로 미국은 보다 복잡해진 외교의 시기를 마주했다. 3월 26일 기자회견에서 키신저는 결과적으로 정책의 재평가가 필요하다고 말했다. 많이 예고된 재평가는 주로 보여주기 위한 것이었지만 키신저는 그 작업을 다소 진지하게 수행했다. 3가지의 대안이 등장했다. 첫째는 제네바 회담을 부활하는 것이었다. 둘째는 시나이에서 이스라엘의 완전한 철수와 이집트와 별도의 평화를 이루는 것이고, 그리고 셋째는 단계적 철수를 위한 왕복외교로 복귀하는 것이었다. 키신저는 이런 대안들을 논의하기 위해 다양한 집단들을 소집했다. 외교정책 기성세계의 현인들의 한 모임은 기대했던 대로 첫 번째 대안을 선호했다. 왕복외교를 공격하는 에세이들을 방금 썼던 하버드 시절부터 그의 팬들이었던 스탠리 호프만(Stanley Hoffmann) 과 즈비그뉴 브레진스키(Zbigniew Brzezinski) 같은 학계의 집단에 속하는 대부분의 사람들도 그랬다. 제네바로 후퇴하는 생각, 그리하여 소련이 그 과정에 개입하는 것을 허용하는 것은 키신저에게 아무런 호소력이 없었다. 그가 자기 자신의 역할뿐만 아니라 미국의 역할을 열심히 수호하면서 자기의 왕복외교로 돌아갈 것이라는 것이 곧 분명해졌다.[856]

---

855) *Ibid.*, p. 633.

재평가의 기간을 단축하는데 도움을 주고 있는 것은 역시 미국 이스라엘 공공정책위원회(American Israel Public Affairs Committee, AIPAC)가 주도하는 이스라엘 로비였다. 키신저가 특별히 공격 받았다. 그 작전은 대통령에 보내는 공개 서한으로 마무리되었고 76명의 상원 의원들이 서명을 했다. 그것은 이스라엘에 대한 대규모 군사 및 경제 원조를 요구했고, 또 대통령에게 자국의 이익을 위해 행동하는 미국이 단호하게 이스라엘 편에 설 것임을 분명히 하라고 촉구했다. 분개한 키신저가 미니츠 대사를 불러 그를 꾸짖었다. 포드도 역시 화를 냈다. 그는 하원 의원 시절에 이스라엘의 든든한 지원자였지만 AIPAC의 서한은 자기를 정말로 괴롭혔다고 회고했다. 1975년 8월 21일 자기의 왕복외교를 재개했을 때 그는 예루살렘의 자기 호텔 밖에서 강렬한 항의자들에 의해서 괴롭힘을 당했다. 회담을 구원할 돌파구가 새로운 왕복외교가 시작하기 전에 가시적이었다. 미국의 기술자들이 분쟁의 통행지역의 중간에 경고 장소를 담당할 것이다. 그리고 이스라엘은 동쪽 끝으로 철수할 것이다. 예루살렘에서 밤을 새는 회의로 정점을 이루면서 이 합의를 묶는데 12일이 걸렸다.

협정의 핵심으로 그리고 보다 장기적인 중요성으로 미국이 F-16 제트 전투기 같은 첨단 장비를 포함하여 이스라엘에 26억 달러를 제공할 것을 서약하는 양해각서가 거기에 첨부되었다. 시나이 II의 체결을 위한 대가로 이스라엘에 대한 이런 엄청난 지불은 말썽을 일으킬 것이다. 그러나 키신저가 승리하여 귀국하기 위해 비행할 때 그는 국무장관의 성공을 금세기의 가장 위대한 성취라고 부르면서 포드

---

856) *Ibid.*, p. 634.

대통령이 방금 발표한 성명서에 관해서 질문을 받은 키신저는 "왜 금세기?"라는 반응을 보였다. 그러나 NBC의 리처드 발레리아니가 보다 냉소적인 사람들 사이에 있었다. 그날 저녁, "저녁 뉴스"(Nightly News)에서 그는 "그것은 돈으로 살 수 있는 최선의 합의였다"고 선포했다.[857]

1973년 1월에 베트남 평화협정이 체결되자마자 위반들이 시작되었다. 하노이는 극악하게 병력과 물자를 남쪽으로 침투시켰고 또 연립정부로 가는 첫 단계로 보았던 "국가위원회"(National Council)의 설립을 차단했다. 캄보디아에서는 심지어 허구적 평화도 없었다. 크메르 루즈(Khmer Rouge)는 결코 휴전을 수락하지 않았다. 그리고 프놈펜에 있는 론 놀(Lon Nol)정부와 그것의 전쟁은 줄지 않고 계속되었다. 1973년 봄 내내 키신저는 미국이 캄보디아에서 폭격수준을 높이고 미국은 평화를 강요할 것이라는 것을 의미하는 시그널로 베트남의 침투노선에 대항하여 공격을 해야 한다고 주장했다. 1973년 2월에 시작하여 6개월 동안에 25만 톤의 폭탄이 크메르 루즈가 통제하는 지역에 투하되었다 이것은 제2차 세계 대전 중 일본에 투하된 것보다 더 많은 것이었다. 그러나 어떤 지역도 캄보디아 정부군에 의해서 재 장악되지 않았다. 그 여름까지 미국 의회는 그것을 더 이상 참지 않을 것이다. 그것은 1973년 8월을 기점으로 인도차이나의 어느 곳에서도 모든 공습공격을 금지했다.[858]

그러나 캄보디아에서 크메르 루즈와 월맹군과 월남에 있는 그것의

---

857) Richard Valeriani, *Travels with Henry,* Boston: Houghton Mifflin, 1979, p. 241.
858) *Ibid.,* p. 636.

베트콩 동맹세력들은 1968년과 1972년의 것과 비슷하게 "마지막" 봄 공세를 향해 증강하고 있었다. 1975년 초까지 그들은 준비가 되었다. 그들의 탄약들이 재보충되었다. 미국 위협의 신용과 대통령의 권위는 키신저가 경고했듯이 감소되었다. 그리고 소련인들이 행사하고 있었던 어떤 남아있는 견제의 영향력도 데탕트의 퇴락과 함께 사라져버렸다. 잭슨-배닉 수정법안의 통과는 소련으로 하여금 미국이 1972년 베트남 협상에서 모스크바의 묵시적 협력에 대한 대가였던 무역이득을 부정한 것으로 느끼게 만들었다.[859] 키신저는 크메르 루즈와 베트남 공산주의자들이 긴밀한 동맹이라고 잘못 가정을 했기 때문에 1973년에 잘못된 외교적 책략을 시도했다.

1973년 6월에 키신저는 중국에게 연립정부의 일부로서 시아누크 (Sihanouk)를 권좌에 복귀시켜 크메르 루즈의 총체적 장악을 막을 하나의 계획을 제안했다. 중국인들은 잠시 그 계획에 약간의 관심을 보였지만 그들은 곧 그것을 거절했다. 중국인들은 크메르 루즈 공산주의자들이 베트남의 괴뢰가 아니라 경쟁자임을 깨달았다. 중국인들이 크메르 루즈를 소련이 지원하는 월맹의 괴뢰로 더 이상 보지 않았기 때문에 그들은 키신저와 함께 그들을 좌절시키기 위해 공모하기 보다는 크메르 루즈를 지원할 가능성이 높았다.[860]

캄보디아에서 최종적 공세가 1975년 새해 첫날에 일찍 시작되었다. 자기들의 소유물들을 움켜쥔 피난민들이 한때 생선과 쌀과 굶주림을 몰랐던 사람들로 충만했던 땅의 수도인 과밀의 프놈펜으로 몰려들기

---

859) *Ibid.*
860) *Ibid.*, p. 637.

시작했다. 캄보디아의 정부군들은 제대로 싸워 보기도 전에 후퇴했다. 5년간 5억 달러의 미국의 지원 후에도 정부군은 훨씬 적은 수의 장비도 잘 갖추지 못한 반란자들에게 상대가 안 되었다. 1월 말에 포드 대통령은 빠른 협상타결을 촉진하기 위해 캄보디아를 위한 추가적 군사원조로 2억 2천 2백만 달러를 의회에 요청했다. 그것은 의미 없는 제스처였다. 보다 많은 시간을 구매함으로써 도움이 될 수 있는 어떤 협상도 진행되지 않았다. 매파와 비들기파 모두가 분개했다.

캄보디아가 몰락하는 것을 보는 것은 모든 책임 있는 미국인들을 슬프게 했다. 캄보디아에 대한 원조 논쟁이 3월로 지연되고 있을 때 그것은 이웃의 전쟁에서 괴멸되고 있는 월남병사들에 관한 뉴스 채굴의 배경에서 이루어졌다. 따라서 캄보디아의 전쟁의 종식은 그것의 시작을 그대로 반사했다. 즉 그것은 베트남에 대한 촌극(sideshow)이었다. 캄보디아의 생존 가치는 월남의 생존에 대한 중요성에 기인했다. 캄보디아는 그 자체로서 평가되지 않았다.[861]

미국 의회는 캄보디아의 원조 결정을 부활절 휴회의 뒤로 미루었다. 그들이 4월 달에 다시 소집되었을 때 포드 대통령은 희망이 없다는 것을 깨달았다. 의회에 제출한 "세계의 상태"(State of the World) 보고서에서 그는 캄보디아 정부의 호소를 포함했지만 그때 그날 저녁까지 하기에는 너무 늦었다고 유감스럽게 말했다. 바로 그날 1975년 4월 10일 키신저는 마지막 필사적인 평화 노력을 했다. 그는 당시 베이징에서 미국의 연락관인 조지 부시(George Bush)에게 시아누크를 접촉해서 그를 귀국시켜 책임을 맡도록 초청하라고 말했다. 그러나

---

861) *Ibid.*, p. 638.

간교한 그는 크메르 루즈가 그것을 용인하지 않을 것임을 알고 부시에게 자기는 반란자들을 그런 방식으로 결코 배신하지 않을 것이라고 말했다. 4월 11일 캄보디아에 여명이 밝아오고 있었다. 마지막 미국의 소개작전이 시작되었다. 론 놀은 이미 도망쳤다. 대통령으로서 그의 대체 인물인 시릭 마타크(Sirik Matak)는 미국 대사에 의해 대사관 근처에 착륙하고 있는 헬리콥터를 통해 탈출하라는 제안을 받았다. 그는 슬프지만 그런 겁쟁이로 떠날 수 없다면서 그는 미국인들을 믿은 실수를 범했을 뿐이라고 노트로 대답했다. 며칠 후에 그는 크메르 루즈에 의해서 참수를 당했다.862)

정복자들은 심지어 병원들을 비우고 부상자들을 몰아내고 강제 행군을 시켜 시골을 결국 킬링필드로 전환했다. 3백만 명 이상으로 붐비던 프놈펜은 하루만에 소개되고 사람들을 길거리로 몰아 때로는 군중들이 시간 당 몇 백 피트 밖에 움직이지 못했다. 망설이는 자, 연약한 자, 그리고 심지어 어린이들에게도 총을 쏘았다. 우는 자도 총을 맞았다. 전국에 걸쳐 잔인한 젊은 크메르 루즈 광신자들은 그 나라로부터 민간행정부의 모든 잔재를 숙청했다. 대학살이 자행되기 시작했다. 처음에 부인과 자식들 앞에서 남자들을 찔러 죽이고, 그리고 나서는 여자들을 죽이고, 그리고 마지막으로 어린이들을 찔러 죽였다. 그 학살이 끝났을 때 피가 풀 위에 물처럼 흘렀다고 증인은 말했다. 그것은 수백 번, 아니 수천 번이 아니라, 수십만 번 반복된 장면이었다.863)

월남에서 최종 공산주의자들의 공세도 역시 미국이 전쟁에서 철수

---

862) *Ibid.*, p. 639.
863) *Ibid.*, p. 640.

한 2년 뒤인 1975년 1월에 시작되었다. 하노이에서 1월 8일 끝난 정치국 회의에서 다음과 같이 선언하는 결의안이 채택되었다: "우리는 지금 우리가 갖고 있는 그렇게 완벽하거나 그렇게 큰 전략적 이점을 가진 군사적이고 정치적인 조건들을 가진 적이 결코 없었다. 남쪽에서 국가의 민주주의적 혁명을 완성하라, 그리고 조국의 평화적 통일을 향해 전진하라."[864] 4월 초까지 월맹과 그들의 베트콩 동맹들이 사이공으로 내려오고 있었다. 중동의 평화과정이 누더기가 되고, 소련과의 관계가 4년째 낮고, 캄보디아가 무너지고, 그리고 이제 월남이 포위 공격을 당하고 있었다. 포드 대통령은 팜 스프링스(Palm Springs)에서 골프 휴가를 위해 워싱턴을 떠났다. 저녁 뉴스 쇼는 인도차이나에서 죽음의 고통과 포드의 골프 스윙의 조화되지 않는 병렬을 포함했다.

키신저와 포드는 육군참모총장인 프레더릭 웨이앤드(Frederick Weyand) 장군을 베트남에 보내 상황을 평가하게 했다. 그가 돌아올 때 그의 비행기는 팜 스프링스로 가서 자기의 보고서를 직접 제공했다. 그는 B-52기 폭격을 재개하고 월남군에게 추가적으로 제공될 즉각적인 원조로 7억 2천 2백만 달러를 건의했다. 그러나 첫 번째 사항은 법에 어긋날 것이며, 두 번째 사항인 원조액은 엄청난 것이었다. 제안된 패키지는 440대 이상의 탱크, 740문의 포, 10만 정의 소총, 그리고 12만 톤의 탄약을 포함할 것이다. 장군의 보고서는 키신저의 지정학적 안목에 호소하도록 계획된 용어로 새 원조를 정당화했다. 즉, 세계에 걸쳐 계속적인 미국의 신용이 실제적인 성공이나 실패에 달려있기 보

864) *Ibid.*

다는 미국이 노력을 하느냐의 여부에 달려있다고 보고서는 말했다. 그것은 만일 미국이 아무런 노력을 하지 않는다면 동맹국으로서 미국의 신용은 아마도 수 세대 동안 파괴될 것이라고도 말했다.[865]

키신저조차도 웨이앤드 장군의 폭격 건의를 반대했다. 키신저는 만일 미국이 그렇게 하면 미국 국민들이 또 다시 거리로 나설 것이라고 말했다. 포드의 국내문제 보좌관들의 대부분도 그것에 반대했다. 슐레진저 국방장관도 반대했다 그는 월남군이 지금 절망적인 상황에 있다고 느꼈다. 성질상 비관론자인 키신저도 상황이 구제를 넘어섰다고 동의했다. 그럼에도 불구하고 7억 2천 2백만 달러를 의회에 요청하는 것이 유일한 명예로운 길이라고 느꼈다. 브리핑에서 키신저의 주장은 지정학적이었다. 그는 원조에 대한 결정이 전 세계에서 어떻게 인식될 것인지를 강조했다. 미국은 미국의 신용, 미국의 명예, 그리고 세계에서 미국이 다른 국민들에 의해서 어떻게 인식될 것인가와 관련된 거대한 비극에 직면하고 있다고 키신저는 말했다.[866]

4월 10일 포드는 의사당으로 가서 의회에 7억 2천 2백만 달러의 원조를 정식으로 요청했다. 키신저는 파리평화협정의 몰락에 대해 의회를 책망하는 연설의 초안을 작성하느라 자정을 훨씬 넘기면서까지 일했다. 닉슨 행정부의 출범시에 그가 사용했던 신용의 주장이 그가 끝에서 강조한 것이었다. 포드는 신용에 관한 언어를 유지했지만 키신저의 수사학을 낮추고 의회에 대한 공격을 삭제했다. 그랬음에도 불구하고 대통령이 원조를 호소했을 때 단 한 사람의 박수도 없었다.

---

865) Walter Isaacson, *Kissinger: A Biography,* New York: Simon & Schuster, 1992, p. 641.
866) *Ibid.,* pp. 641-642.

포드 대통령은 외교정책에 대한 키신저의 권유에 거슬린 적이 거의 없었다. 별로 알려지지는 않았지만 그러나 역사적으로 중대한 경우가 1975년 4월 24일 툴레인 대학교(Tulane University)에서 행한 연설에서 미국에 관한 한 베트남 전쟁은 끝났다고 선언하는 결정이었다.867) 키신저의 복잡한 지정학적 목적들과 의회에 책망을 돌리려는 그의 욕망은 상당한 논리를 가지고 있었을지는 몰라도 더 이상 적절하지 않았다. 자신의 국내적 심리학과 그리고 심지어 해외에서 신용을 위해서 미국이 할 수 있는 가장 건전한 일은 월남전을 뒤로하는 것이었다.868)

마지막 순간에 키신저는 그레이엄 마틴(Graham Martin) 대사에게 티에우 대통령에게 그가 하야하도록 제안하라는 승인을 함으로써 외교적 해결을 찾으려고 노력했다. 티에우는 자기의 장황한 사임 연설에서 미국에 조롱을 퍼부었지만 물러나기로 동의했다. 자기정부를 미국이 포기한 것을 비인간적 동맹에 의한 비인간적 행위라고 부르면서 그는 미국의 성명이 가치가 있는가? 그리고 미국의 공약이 여전히 타당한가? 라고 물었다. 티에우의 사임은 공산주의자들의 진격을 중지시키지 않았다. 4월 29일 오후 늦게 키신저는 럼스펠드 비서실장의 사무실에 들러 자기는 3주 만에 2개의 나라를 상실한 유일한 국무장관이라고 블랙 유머(black humor)로 말했다. 후에 키신저는 전후 시대에 처음으로 미국은 자기들에게 의지한 우호적인 사람들을 결국 공산주의 지배에 포기했다고 썼다. 미국의 첫 전투부대가 다낭(Da Nang)

---

867) *Ibid.*, p. 643.
868) *Ibid.*, p. 644.

해변에 도착한 지 10년 만이었다. 그것은 프랑스가 자기들의 마지막 부대를 철수한지 20년 만이었다. 그리고 프랑스인들이 그들의 전쟁 전 식민지들에 대한 통제를 재획득하기 위해 갔던 30년 만이었다.

월남전에서 죽은 5만 8천 22명의 사망자에게 보여줄 남아 있는 모든 것은 미국의 철수를 위장하기에 충분히 오래 지속된 평화협정을 달성한데서 오는 신용의 조각이었다. 1973년 1월에 키신저가 주장했던 평화나 명예는 사라져버렸다. 그러나 적어도 사이공에 대한 미국의 공약을 포기하게 만들 목적에 봉사한 파리협정과 그에 따른 신용의 상실은 키신저가 느끼기에 성취할 수 있었던 최선이었다. 그러나 이것이 키신저에게는 별로 위안이 되지 않았다. 그는 계속해서 1975년 베트남에서 최종적 상실은 미국의 신용에 대한 타격을 대변한다고 느꼈다. 인도차이나에서 항복은 앙골라(Angola)에서 에티오피아, 이란 그리고 아프가니스탄으로 뻗어 나간 미국의 굴욕의 시대를 가져왔다고 키신저는 말했다.[869]

3월에 시나이 Ⅱ 왕복외교의 실패 그리고 4월 캄보디아와 베트남의 몰락의 여파 속에서 키신저의 외교정책은 포드 대통령의 여론조사에서 저조했다. 키신저는 미국에 전 세계에 걸쳐 자국의 이익을 방어할 결의를 여전히 가지고 있다는 것을 적어도 상징적으로 보여줄 길을 찾는데 열심이었다. 그 기회가 5월 12일 월요일 오후에 포울로 와이(Poulo Wai)라는 캄보디아 섬의 남쪽으로 약 7마일 지점에 있는 태국의 만(the Gulf of Thailand)에서 왔다. 그때 마야구에즈(Mayaguez)호라는 미국인 소유의 투박한 화물선 한 척의 선장인 찰스 밀러

---

869) *Ibid.*, p. 647.

(Charles Miller)가 인터콤(intercom)을 들고 자기의 3등 항해사로부터 자기들에게 다가오는 붉은 기를 단 보트가 있다는 보고를 들었다. 순식간에 그 말은 배를 통해 퍼졌고 라디오에서 일련의 월요일 메시지로 나갔다. 그것은 그들이 캄보디아 인들에게 나포되었다는 것이었다. 그 지역에서 미국의 배들은 아무런 경고도 받지 않았다. 이제 4일 동안 마야구에즈와 39명의 선원들이 상징주의가 화물이 된 결판의 초점이 될 것이다.[870]

그 때가 워싱턴에서는 여전히 여명의 이전이었다. NSC 회의가 정오에 소집되었고 키신저가 좌장이었다. 그는 각료실 테이블 위로 숙이고 감정을 가지고 말하면서 낡은 상선의 나포 이상의 몫이 달려있다고 말했다. 이것은 미국 결의의 시험대이다. 미국은 이제 행동해야 하고 그리고 단호하게 행동해야 한다고 그는 강조했다. 슐레진저 국방장관은 회의적이었지만 포드와 그의 정치적 보좌진들은 동의하는 추세였다. 그들은 이 위기에 대해 또 하나의 목적도 갖고 있었다. 그것은 포드 대통령이 키신저가 제공하는 노선을 단지 립-싱크하기 보다는 외교정책의 책임을 질 수 있다는 것을 보여주는 것이었다. 그날 오후 키신저는 미주리로 하루 반이 걸리는 연설 여행을 위해 떠날 참이었다. 그는 위기를 위해 그것을 연기할 준비가 되어 있었지만 포드 대통령은 그에게 진행하라고 말했다.

화요일 밤 10시 30분에 포드는 또 하나의 NSC회의의 좌장을 했다. 미주리에서 방금 돌아온 키신저는 그것의 몫에 대해 여전히 단호

---

870) Walter Isaacson, *Kissinger: A Biography,* New York: Simon & Schuster, 1992, p. 649.

했다. 미국은 캄보디아와 베트남뿐만 아니라 북한이 앞으로 혼란시키지 않을 충분한 무력을 가지고 결정적으로 대응해야만 한다는 것이었다. 슐레진저는 위기가 지구적 관점에서 보아야 한다는 개념을 문제삼았다. 그는 마야구에즈 호와 그것의 선원들을 신속하게 돌려받는 것이 중요하다는 것에는 동의했지만 이 사건을 아시아와 세계에 인상을 주려는 무력의 과시로 전환하는 데에는 열심이 아니었다. 그것은 한 적의 배일 뿐이었다. 어쩌면 계급이 낮은 현지 지휘관에 의해서 나포당했을 것이다. 그것은 회수되어야 하지만 하나의 상징으로 변모되어서는 안 된다고 슐레진저는 주장했다.

논쟁은 다음날 보다 구체적인 초점을 가지고 NSC 회의에서 계속되었다. 즉, B-52 폭격기들이 군사적 구출작전의 일환으로 캄보디아의 본토를 공격해야 하는지에 관한 것이었다. 키신저와 록펠러 부통령은 그런 공격을 위한 주장을 이끌었다. 슐레진저는 폭격이 군사적으로나 상징적으로 필요하지 않다고 말하면서 그것에 반대했다. 포드는 중간 노선을 선택했다. B-52기는 너무 베트남의 냄새를 풍겼다. 본토는 공격해야 하지만 그것은 코랄 시(Coral Sea) 항공모함으로부터 전술 전투-폭격기로 공격할 것이다. 이것들은 한 대의 주요 B-52기의 공격보다 덜 파괴적이고 더 정확할 것이다. 외교적인 노력은 성공적이지 않았다. 더 이상 주요 서방국들의 대사관을 갖고 있지 않은 캄보디아에 메시지를 보내는 것조차 어려웠다. 중국을 통해 보내려는 노트도 반송되었다. 그리하여 수요일 밤, 포드는 선박과 선원들을 구출하기 위해 군사적 행동을 위해 최종적 승인을 했다.[871]

---

871) *Ibid.*, p. 650.

175명의 해병대 비상 부대가 코 탕(Koh Tang) 섬에 착륙을 시작하기 2분 전에 프놈펜에 있는 라디오가 캄보디아는 선박을 돌려줄 준비가 되어있다는 말을 방송하기 시작했다. 캄보디아의 양보는 긴 비난으로 이루어졌고 그것은 선원에 관해서 아무 말이 없었다. 키신저의 본능은 군사작전을 취소하지 않는 것이었다. 그 순간에 포드 대통령은 자기의 방문 손님인 화란의 수상, 주프 덴 유일(Joop den Uyl)과 백악관 붉은 방(Red Room)에서 얼음을 넣은 마티니를 홀짝거리고 있었다. 키신저가 캄보디아의 방송의 말을 가지고 전화를 했을 때 포드는 작전이 진행되어야 한다고 동의했다. 그러나 그는 캄보디아에 대담하고 신속한 어떤 방법을 발견하여 그들에게 배와 선원들이 풀려나자마자 군사작전이 중단할 것이라고 말하는 것이 중요하다고 말했다. 캄보디아인들에게 메시지를 전하는 가장 빠른 방법은 그것을 언론에 발표하고 그것이 전신과 전파로 유포하게 하는 것이라고 키신저는 결정했다.[872] 그래서 그는 전화를 들어 공보비서인 론 네슨을 불렀다.

화란의 수상을 위한 만찬이 끝나자마자 포드와 키신저는 대통령 집무실로 가서 작전을 모니터했다. 몇 분 후에 슐레진저 장관이 좋은 소식으로 전화를 했다. 즉, 선원들이 안전하게 어선에 도착했고 그들은 미국의 구조가 착수하기 전에 실제로 풀려났다는 것이었다. 환호성이 일었다. 그러나 키신저는 여전히 응징으로, 그리고 캄보디아 인들이 어떤 마지막 순간의 재해를 야기하지 않도록 보장하는 방법으로, 본토에 대한 폭격을 수행하는 것이 중요하다고 느꼈다. 그러나 포드와 키신저가 승인했던 본토에 대한 충분한 최종적 공격은 결코 발

---

872) Ibid.

생하지 않았다. 슐레진저와 그의 장군들은 그 프로그램을 수행하지 않았다. 포드는 왜 자기의 명령이 불복되었는가를 발견하려고 노력했지만 그는 결코 만족스러운 대답을 얻지 못했다. 승리는 값비싼 것이었다. 39명의 선원들을 구하기 위해 18명의 미군이 작전 중에 사망했고 또 다른 23명은 그들의 헬리콥터가 작전을 위해 준비하는 동안 추락해서 죽었다. 그러나 포드는 그 작전이 가치가 있었다고 생각했다. 그것은 미국의 적들에게 미국이 종이 호랑이가 아니라는 것을 확신시켰다는 것이다.[873]

1975년 한 비밀 의회 청문회에서 왜 이라크로부터 그들의 자유를 위해 투쟁하는 쿠르드(Kurdish) 반란자들에 대한 원조를 돌연히 잘라냈느냐는 질문을 받았을 때 키신저는 지하 행동들은 선교작업과 혼동되어서는 안 된다고 대답했다. 그는 도덕적 십자군들은 위험한 정치가가 된다고 느꼈다. 키신저는 이상주의적 본능을 가진 미국에서 현실주의라고 알려진 국제정치학파의 드물고도 태연한 학도였다. 그는 과거에 시리아의 독재자인 하피즈 알-아사드(Hafiz al-Assad)에게 프랭클린 루즈벨트(Franklin Roosevelt)가 제2차 세계대전의 종식에서 유럽에서 모스크바의 붉은 군대에 대비하여 최선의 가능한 군사적 지위를 획득할 중요성을 이해하지 못했다고 말한 바 있었다. 그는 지정학적인 현실에 대한 루즈벨트의 파악은 미국의 이상적 가치들에 대한 그의 느낌만큼 좋지는 않았다고 말했다.[874] 1975년까지 좌와 우 측에서 모두 키신저의 비판자들은 이상주의와 도덕에 대한 그의 무시하는 태

---

873) *Ibid.,* p. 651.
874) Walter Isaacson, *Kissinger: A Biography,* New York: Simon & Schuster, 1992, p. 654.

도를 공격하기 시작했다.[875]

키신저가 마키아벨리적이고 조작적이라는 개인적인 명성을 도모했다는 사실이 그에게는 도움이 되지 않았다. 왜냐하면 그것이 외교정책에 대한 그의 접근법을 그런 식으로 보이게 만들었기 때문이다. 이상주의나 이데올로기에 대한 호소 없이 키신저가 개입주의적 외교정책을 위한 지지자들을 구축하는 것이 불가능했다. 미국은 제2차 세계대전 후 공산주의의 위협에 대한 대응으로 NATO 와 SEATO같은 해외 동맹에 관여하게 되었다. 소련 및 중국과 데탕트 정책을 추구함으로써 키신저는 해외 개입을 위한 대중적 근거를 손상했다. 그는 또한 공산주의에 대항하는 도덕적 십자군을 외교정책의 근본으로서 보는 보수주의자들을 무기력하게 했다. 1975년 여름에 이런 쟁점들이 6월 30일에 미국노동총연맹산업별노동조합회의(AFL-CIO)가 주관하는 축제 만찬에서 연설을 하기 위해 워싱턴에 오는 러시아의 망명작가 알렉산더 솔제니친(Alexander Solzhenitsyn)과 포드 대통령이 만나야 하는가의 여부에 대한 분규에 의해 아주 선명하게 되었다. 그의 존재는 데탕트의 지지자들과 그것의 적들 사이에 상징적인 결판을 창조했다.[876]

키신저는 특히 솔제니친의 연설이 행정부의 데탕트 정책에 대한 공격을 포함할 것이기 때문에 행정부의 관리들이 만찬에 참석하는 것은 부적절할 것이라는 말을 전달했다. 그러나 이것은 제임스 슐레진저 국방장관이 바로 그날 방금 유엔 대사로 취임한 다니엘 패트릭 모이니한(Daniel Patrick Moynihan)처럼 참석할 것을 확실히 했다. 키신

---

875) *Ibid.*, 657.
876) *Ibid.*

저의 권고에 따라 포드 대통령은 빠졌고 그리고 나서 보수주의 상원 의원들에 의해 솔제니친을 미국의 독립기념일인 7월 4일에 백악관으로 데려 오겠다는 제안을 거절했다. 포드의 정책 결정은 물론 개성에 근거했다. 솔제니친은 어떤 개인적 매력이 부족했다. 그 대신에 7월 15일 포드는 그가 안전을 보장하는 방법들을 논의하기 위해 유럽과 소련의 지도자들을 만날 계획을 하고 있는 헬싱키(Helsinki)에서 개최되는 다가오는 정상회담에 관한 강의를 했다. 솔제니친은 헬싱키 회담을 동유럽의 배신이라고 불렀다. 시적 이미지의 재능을 확장하여 그는 외교적 삽들의 우호적인 합의가 여전히 공동묘지에서 숨쉬고 있는 시체들을 묻고 팽개쳐 버릴 것이라고 경고했다.[877]

같은 날, 키신저는 그의 공직 생활 중 가장 중요한 연설 가운데 하나를 했다. 그는 왜 도덕이 외교정책에서 오직 제한된 역할을 한다고 느끼는지를 설명하려고 했다. 미니애폴리스(Minneapolis)에서 행한 이 연설은 솔제니친의 냉대와 세계문제에 대한 권력 중심적인 접근법을 비판하기 위해 다가오는 헬싱키 정상회담을 이용하고 있는 비판자들에 대한 키신저의 답변이 되었다. 키신저의 미니애폴리스 방문은 자신의 외교정책 뒤에 있는 철학을 설명하고 일반인들의 반응을 경청하려는 칭찬할 만한 노력의 일부였다. 그가 "심장부 연설"(heartland speeches)이라고 명명한 것에 대한 작업에 상당한 노력을 쏟아부었다. 이것은 1975년 14개 주요 국내여행들과 관련되었다. 심장부 프로그램은 키신저의 스타일에서 흥미로운 2분법을 설명해주었다. 즉, 어떤 미국의 정

---

877) Walter Isaacson, *Kissinger: A Biography,* New York: Simon & Schuster, 1992, p. 658.

치가들도 지금까지 외교정책 전술을 관리하는데 있어서 보다 더 비밀스럽고 음모적이지 않았지만 아무도 자기가 추구하는 개념적 목적들을 언론과 대중들에게 보다 더 열심히 설명하려고 노력하지 않았다. 심장부 프로그램은 세계에서 미국의 역할에 관하여 사람들을 교육함으로써 국내적 합의를 조성하려는 시도였다.[878]

대부분의 외교정책 연설을 채우는 기초자료와 진부한 말들의 보통 혼합과는 달리 키신저의 연설은 그의 청중들에게 쉽게 알 수 있게 풀어서 말하거나 논란이 있는 아이디어들을 희석하려고 시도하지 않았다. 미니애폴리스로 가는 길에 키신저는 야구의 올스타 게임의 시구를 위해 밀워키에 들렸다. 장내 아나운서가 그를 키신저 박사로 소개하자 스타디움에서 환호와 함께 야유가 있었다. 다음 날 미니애폴리스에서 그의 연설도 소수의 야유꾼들에 의해서 거듭 중단되었다. 7월 15일, "외교정책의 도덕적 토대"(The Moral Foundation of Foreign Policy)라는 제목의 연설은 자신의 권력정치적 전망을 흐리려고 시도하지 않았다. 그는 권력이 궁극적인 재단자로 남아 있는 세계에서 미국의 이익을 증진하는 중요성을 강조했다. 소련과 데탕트를 옹호하여 그는 핵무기가 미국적 가치의 기본적 적대감에도 불구하고 보다 생산적이고 안정적 관계를 추구하는 것을 지상 명령으로 만들었다고 주장했다. 연설의 말미에서, 키신저는 세계 국가들의 다수가 탄압받고 있을지는 몰라도 미국은 그들의 대부분과 관계를, 그리고 심지어 동맹조차 맺어야 한다고 지적하면서 솔제니친과 잭슨-배닉의 지지자들을 공격했다. 그리고 그는 어느 정도로 미국이 타국 정부들의 내정에 영향을 미

---

878) *Ibid.*, p 659.

칠 수 있고 또 어느 정도로 그것이 바람직한 가를 물었다.[879]

연설 뒤 기자회견에서 키신저는 다가오는 헬싱키 회담에 관해서 자신이 방어적이라는 것을 발견했다. 그 정상회담은 공식적으로 유럽의 안보협력회의(the Conference on Security and Cooperation in Europe)이라고 알려진 2년간 일련의 만남의 절정으로 계획되었다. 그것은 잭슨 상원 의원과 솔제니친 그리고 다른 사람들이 그것을 공격할 때까지 애매하고 결과가 없는 과정이었다. 포드가 그 회의의 피날레에 참석할 것이라고 발표했을 때 키신저가 속기 쉬운 대통령을 설득해서 극악한 팔아치우기에 걸려들었다는 비판이 성장했다. 전후의 국경선들을 비준하는 유럽안보회의의 열망은 1950년대 중반이래 소련외교의 주요 상품이었다. 소련인들은 그것이 동유럽에 대한 그들의 장악을 강화할 것이고, 또 어쩌면 미군을 대륙에서 나가기 쉽게 할 것이라고 희망했다. 비록 미국은 오랫동안 저항했지만 미국의 서유럽 동맹국들은 1970년대 초에, 특히 베를린 조약들이 많은 독일의 문제들을 타결한 후에 안보회의의 개념을 찬성하기 시작했다. 워싱턴은 결정들이 오직 합의에 의해서만 이루어 질 것이고 미국과 캐나다가 완전한 참가국이 될 것이라는 데 동의가 이루어진 후 내키지 않지만 함께 따라갔다.[880]

그 회의는 결국 헬싱키 최종법안(the Helsinki Final Act)이라고 알려진 3개 바구니의 합의들을 생산했다. 첫 번째 바구니인 "유럽의 안

---

879) Henry A. Kissinger, *American Foreign Policy,* 3rd. edition, New York: W. W. Norton & Company, 1977, pp. 195-213, 특히, 209.

880) Walter Isaacson, *Kissinger: A Biography,* New York: Simon & Schuster, 1992, p. 660.

전"은 전후 국경선들을 인정하고, 발트해 국가들이 소련에 합병되는 것을 묵시적으로 수용하고, 그리고 주권국가들의 국내문제에 불간섭을 요구했다. 두 번째 바구니는 과학, 기술, 환경, 관광, 그리고 무역을 다루었다. 처음에 단지 수사학으로 보였던 세 번째 마지막 바구니는 "인도주의 및 기타 분야들"이었다. 그것은 개인의 권리에 대한 존중뿐만 아니라 사람들과 아이디어들의 자유로운 이동을 인정했다. 그회의가 일단 이 작업을 완결짓자 그것은 그 작업을 비준하기 위해서 1975년 7월 국가지도자들의 정상회담을 계획했다. 이 모든 것은 바티칸(the Vatican)을 포함하여 35개국들에 의해 동의되었기 때문에 중요한 말썽이 있어서는 안 되었다. 그럼에도 불구하고 포드가 헬싱키를 향해 출발하려 하자 미국에서 정치적 폭풍이 심화되었다. 백악관은 많은 것들이 에스토니아, 라트비아, 혹은 리투아니아의 후손들로부터 오는 우편물로 홍수를 이루었다. 그것은 이 발트해 국가들을 소련에 언필칭 위탁하는데 반대하고 있었다.[881]

포드는 출발하기 전날 미국의 인종 지도자들을 만났다. 그의 언급에서 대통령이 미국은 리투아니아, 라트비아, 그리고 에스토니아의 소련 합병을 결코 인정하지 않았고 또 헬싱키에서도 그렇게 하지 않을 것이라고 선포했다. 그것은 미국 정책의 표준적 재천명이었고 모두다 그것을 좋아했다. 그러나 키신저는 그 문장이 모스크바에게 뺨을 치는 것이라고 분개했다. 그는 이 문장이 앤드류 공군기지에서 행할 포드의 출발 성명에서 제거되어야 한다고 고집을 부렸다. 그래서 그것이 제거되었다. 그러나 그것은 언론에 제공한 준비된 텍스트 안에 있었

---

881) *Ibid.*, p. 661.

기 때문에 키신저가 어떻게 자기의 보스에 재갈을 물리려고 했는지에 관한 스토리들과 함께 더 많이 알려진 문장이 되었을 뿐이었다.[882]

결국, 키신저와 백악관 연설문 작성 참모들을 관리하는 포드의 오랜 비서인 하트만(Hartmann) 캠프는 초선의 길이란 안보 바구니보다 인권의 바구니를 강조하는 것이라는 데 동의했다. 그리하여 포드는 브레즈네프를 바라보면서 미국에게 그것들은 진한 것이거나 공허한 문구가 아니다. 브레즈네프가 인권과 근본적인 자유들에 대한 미국인들과 정부의 깊은 헌신을 인정하는 것이 중요하다고 말했다. 뒤따른 열정적 환호 동안에 키신저는 하트만에 다가가 미소를 지으며 "당신의 말들이 더 나았다"고 말했다. 헬싱키 회담은 1년 후에 지미 카터(Jimmy Carter)와의 토론 중에 폴란드 해방에 관한 그의 실수에서 절정을 이루는 포드 외교정책에 대한 일련의 정치적 반응을 시작했다. 실제로 헬싱키 회담은 1976년 선거에서 포드의 패배에 기여했다. 그러나 돌이켜 보면, 그와 키신저가 당시에 상상했던 것보다도 더 많이 옳았다. 헬싱키는 결국에 유럽에서 서방의 궁극적인 승리로 가는 첫걸음으로 밝혀졌다.[883] 그러나 포드와 키신저에게 역사적 정당화는 몇 년을 더 기다려야 했다.

그러나 정치적 악담은 즉각적이었다. 쟁점을 악화시킨 것은 런던에서 미국외교관들의 모임에서 키신저의 조수인 핼무트 소넨펠트(Helmut Sonnenfeldt)가 행한 헬싱키에 대한 비밀 브리핑이었다. 소넨

---

882) Raymond Garthoff, *Détente and Confrontation,* Washington: Brookings, 1985, p. 473.

883) Walter Isaacson, *Kissinger: A Biography,* New York: Simon & Schuster, 1992, p. 663.

펠트는 유럽에서 소련의 영향권에 관한 자기 보스인 키신저의 권력정치의 안목을 반영하고 있었다. 그는 동유럽에서 충성을 획득할 소련인들의 무능은 불행한 역사적 실패이다. 왜냐하면 동유럽은 자연적 이익(natural interest)의 범주와 영역 내에 있기 때문이라고 말했다. 그리고 그는 동유럽인들과 소련인들 사이의 관계를 하나의 유기적 관계로 만드는 진화를 위해 노력하는 것이 미국의 정책이어야 한다면서 이것이 폴란드에서 성공했다고 말했다. 폴란드인들은 과거에 자기들의 재앙을 가져온 낭만적인 정치적 성향을 극복할 수 있었다고도 그는 말했다. 소넨펠트의 요점은 유기적 관계가 무력에 기초하지 않기 때문에 더 낫다는 것이었다. 그렇다고 할지라도 소넨펠트 독트린(Sonnenfeldt Doctrine)으로 알려지게 된 것은 얄타(Yalta) 같은 비밀 팔아 치우기라는 보수주의자들의 최악의 악몽에 제법 가까운 것이었다. 즉, 그것은 동유럽의 장악된 국가들이 자연스럽게 모스크바 영향권의 일부라고 미국이 인정하는 것이었다.[884]

소넨펠트 독트린은 데탕트의 지주를 노출시켰다. 언론들은 소넨펠트의 브리핑을 요약하는 전문을 신속하게 손에 넣었고 그것을 키신저의 비밀스러운 세계관의 노출로 취급했다. <뉴욕 타임즈>의 설즈버거(Sulzberger)가 그것은 동유럽의 보다 완전한 통제에, 아니 어쩌면 소련으로 그것을 흡수하도록 크렘린을 초대하는 것으로 보일 것이다고 썼다. <워싱턴 포스트>는 사설에서 아주 같은 테마에 대해 키신저 장관에 의한 우울한 사적인 반추에 관한 루머를 듣고 있다고 했다. 키신저는 소넨펠트 말의 기저 이론에 동의했지만 그가 그것을 설명하

---

884) *Ibid.*, p. 664.

려고 노력하는 것이 오직 문제를 악화시킬 뿐이라고 알고 있었다. 그 대신에 그는 모든 흥분이 미국 외교정책과는 무관하다고 무시하려고 애를 썼다.[885]

미국의 유엔대사인 다니엘 패트릭 모이니한(Daniel Patrick Moynihan) 은 대사들에 대한 런던 브리핑에서 소넨펠트가 정직하게 키신저의 생각을 반영했다고 느꼈던 사람들 가운데에 속했다. 모이니한 대사는 그의 하버드 옛 동료인 키신저가 메테르니히를 연구한 것과 동일한 매혹을 가지고 우드로 윌슨(Woodrow Wilson)을 공부했었다. 이 윌슨의 이상주의는 키신저의 메테르니히 현실주의와 정반대였다. 그것은 모이니한이 알렉산더 솔제니친에서 헨리 잭슨 그리고 노만 포드호레츠(Norman Podhoretz)에 이르는 데탕트의 도덕적 비판자들과 제휴하게 했다. 두 하버드 교수들 사이에서 학술적 분쟁 이상이 관련되었다. 모이니한이 유엔에서 도덕의 정치를 실천하고 설교할 때 그는 키신저의 인권에 대한 존중의 부족을 반대하는 사람들을 위한 집결지점이 되었다.

모이니한은 1975년 2월에 <코멘터리>(Commentary)라는 잡지에 많은 홍보로 출간된 "거부당하는 미국"(The United States in Opposition) 이라는 제목의 기사를 씀으로써 유엔대사로서 존 스칼리(John Scali) 를 대치할 자연적인 선택이 되었다. 그는 미국의 대변인들이 국제적 포럼에서 그가 말할 진리를 두려워하게 된 때라고 말했다. 키신저는 그것을 읽고 인상을 받았으나 신경을 쓰게 되었다. 잭슨-배닉 사태의 여파로 그는 인권에 관한 그런 도덕주의적 십자군마저 데탕트를 손상

---

885) *Ibid.*, p. 665.

할 것이라고 더욱 확신했다. 다른 한편으로, 포드는 모이니한이 행정부의 외교정책이 도덕적 열기가 부족하다는 비난에 대항할 유엔에서 유용할 것이라는 결론에 이르렀다. 1975년 모이니한은 감히 미국의 제국주의를 공격하는 탄압하는 국가들의 위선에 도전함으로써 유엔에서 소란을 일으켰다. 그의 노골적인 절정은 11월 10일에 왔는데 그때 유엔총회가 "시오니즘은 인종주의의 한 형태"라고 선언하는 반-이스라엘 결의안을 통과시켰다. 모이니한은 그 조치에 소란스럽게 싸웠다. 이것이 간단하게 조용히 반대표를 던지고 그것을 많은 총회의 난센스로 예약된 온건한 무관심으로 처리하는 것이 훨씬 나을 것이라고 느끼는 국무성에겐 상당히 당황스러운 것이었다.[886]

　유엔총회에서 이틀 후에 키신저는 모이니한을 백악관 사무실로 초대하였다. 모이니한에게 대화는 즐거운 것들 외엔 아무것도 없었다. 그러나 월요일에 <뉴스위크>에서 유엔에서 그의 행위와 시오니즘 결의안에 대한 의회의 반응을 자극하려는 그의 독립적 노력에 대해 지난 주 백악관에서 키신저가 모이니한을 갈퀴질했다고 보도했다. 키신저는 즉각적으로 모이니한에게 <뉴스위크>가 어디에서 그런 어리석은 생각을 얻었는지 아는 바가 없다고 보증했다. 그러나 모이니한은 충분히 잘 알고 있었다. 그가 후에 말하길 그것은 키신저의 도리에서 벗어난 방법들 중의 한 예라고 말했다.

　영국의 유엔대사인 이보르 리처드(Ivor Richard)가 유엔에서 모이니한 미국 대사를 공격했다. 그는 "이곳이 어느 곳이든 OK 목장은 아니다"라고 유엔연설에서 말했다. 연설의 요지는 모이니한이 이곳을

---

886) *Ibid.*, p. 667.

대결장으로 만들어 위험을 자초하고 있다는 것이었다. 리처드가 만찬에 와서 그것은 자기의 생각이 아니라 정책연구의 반영이었다 말하자 그것이 거의 확실히 키신저에 의해서 고무된 것이라는 생각이 떠올랐다. 왜냐하면 그가 제임스 캘러한(James Callahan)을 직전에 만났기 때문이다. 키신저는 완강히 부인했지만 언론은 그런 추측을 내놓기 시작했다. 굴욕을 당했다고 느낀 모이니한이 사임하기 위해 워싱턴으로 날라갔다.[887]

그러나 포드 대통령의 생각은 달랐다. 대통령 집무실의 벽난로 옆에 혼자 앉아서 포드는 모이니한에게 머물러 달라고 요청했고 모이니한이 동의하는데 30초도 걸리지 않았다. 추가적인 30분 동안의 즐거운 지지의 보증 후에 포드는 밖에서 기다리고 있는 키신저를 불렀다. 키신저는 모이니한에게 그의 완전한 지지를 보장했다. 그러나 모이니한과 키신저의 휴전은 1976년 1월 말까지 2개월간 계속되었을 뿐이다. 그 달에 일찍이 그는 자기의 하버드 안식년이 끝난 후에 종신 재직권리(tenure)를 포기하면서 하버드에 돌아가지 않기로 결정했다. 그러나 키신저가 자기를 여전히 지지하는지의 여부를 묻는 또 다른 일련의 신문 기사들이 모이니한으로 하여금 유엔 대사직을 사임할 때라고 설득했다. 유엔을 떠난 직후 모이니한은 상원의 민주당 예선에 들어가 승리했고, 그리고 나서 현직의원인 제임스 버클리(James Buckley)를 패배시켰다. 그가 행정부에서 나가자마자 모이니한은 키신저의 데탕트 정책의 비판자들에 공식적으로 합류했다. 모이니한의 일탈은 1976년 대통령 선거전에서 외교정책 쟁점들을 위한 무대를 마련했다. 그

---

887) *Ibid.,* p. 668.

는 외교정책에 대해 공개적으로 도덕적 성분을 주창하는 정부내의 마지막 인물이었다.[888)

모이니한에 앞서 키신저의 다른 견제 세력은 국방장관 제임스 슐레진저였다. 그는 자발적으로 떠나지 않았다. 슐레진저는 키신저가 그에게 근접사격을 했기 때문만이 아니라 그의 빈정대고 생색을 내는 듯한 태도가 포드를 화나게 했기 때문에 단죄되었다. 슐레진저는 할로윈 학살(the Halloween Massacre)이라고 알려진 1975년 10월 말 어설픈 내각 개편의 초점이었다. 포드의 옛 친구들과 외부 자문단의 사설 고문단이 그의 가라 앉는 인기를 논의하기 위해 포드를 만났을 때 그 과정은 시작되었다. 브라이스 할로우(Bryce Harlow)가 주도했다. 그는 모든 불화가 백악관에서 내부적 무정부 상태의 모습을 야기했다고 말했다. 그는 그것이 내부적 내란상태를 멈추기 위해 필요하다면 특히 슐레진저와 키신저를 모두 파면해야 한다고 결론지었다.

포드는 슐레진저를 파면하는데 큰 용기가 필요했지만 후에 그것을 보다 일찍이 행하지 않은 것이 자기의 유일한 실수였다고 말했다. 그리고 그는 내각의 대규모 개편을 단행했다. 예를 들어, 비서실장이던 도널드 럼스펠드가 새 국방장관이 되었고, 그의 부 비서실장이었던 리처드 체니(Richard Cheney)가 비서실장으로 승진했다. 그리고 키신저는 국무장관으로 남을 것이지만 대통령의 국가 안보보좌관 직을 포기해야만 했으며 그 자리는 그의 부관인 브렌트 스코우크로프트가 차지했다. 관련된 모든 사람들처럼 키신저도 그 개편을 럼스펠드의 권력게임으로 간주했다.[889)

---

888) *Ibid.*

그러나 키신저의 비판자들 중 상당수는 그런 변화를 지휘한데 대해 럼스펠드가 아니라 키신저를 책망했다. 그런 사람들 가운데에는 키신저의 군복무 시절 멘토(mentor)였던 프리츠 크래머(Fritz Kraemer)도 있었다. 크래머는 최근에 슐레진저와 의기가 투합했고 그의 반-데 탕트 안목을 열정적으로 공유했다. 그들은 함께 키신저의 불명예로운 측면, 그의 역사적 비관주의 그리고 소련인들과 거래하려는 그의 용의를 개탄할 것이다. 크래머는 슐레진저의 파면에 너무나 분개하여 키신저를 끊어내고 그에게 다시는 말하지 않겠다는 거대한 원칙의 제스처를 하기로 결정했다. "그와 식사를 같이 하는 것은 정치적 거짓말이 될 것이다. 인간으로서 우리는 정치적 가치들을 내세워야 한다. 사람들은 내가 그를 인정하지 않는다는 것을 알아야 한다. 이것은 정치적-윤리적 입장이다"라고 그는 후에 설명했다. 사태가 너무 나빠지자 키신저의 부인 낸시(Nancy) 여사가 NSC에서 참모로 있는 그의 아들 스빈(Sven)을 찾아가서 중재하려고 했지만 아무 소용이 없었다.[890]

국가안보보좌관으로서 그의 자리의 상실은 키신저로 하여금 잠시동안 우울증에 빠지게 했다. 그리고 그는 수일동안 사임의 필요성을 깊이 생각했다. 충고자들과 현인들이 상담을 위해 소환되었다. 그러나 키신저에게는 당황스럽게도 많은 사람들이 그에게 머물도록 간청하지 않았다. 가까운 친구들의 핵심 그룹이 키신저의 집과 윈스턴 로드(Winston Lord)의 집에서 4일밤을 계속해서 모였다. 사직서의 초안들이 작성되었다. 윈스턴 로드의 제안으로 그것은 키신저가 미래에 성

---

889) Walter Isaacson, *Kissinger: A Biography,* New York: Simon & Schuster, 1992, p. 670.
890) *Ibid.,* p. 671.

취될 것으로 희망하는 외교정책 목적들을 주로 제시할 것이다. 대사들과 해외 지도자들에게 통보하기 위해 완전한 시나리오들이 작성되었다. 포드가 그것이 단지 또 하나의 책략이 아니라는 것을 확실히 깨닫게 만들기 위해서 대통령은 사전에 오직 15분만 갖게 될 것이다. 그러나 그 계획이 실효되기 전에 키신저는 그것을 포드와 논의하기로 결정했다. 포드는 파이프 담배를 피면서 부드럽게 그리고 침착하게 키신저에게 머물기를 요청했다. 그것이 이번에는 한 시간 정도 걸렸지만 그는 키신저에게 상황이 보기처럼 그렇게 긴박하지 않다고 확신시킬 수 있었다. 또 다시 키신저는 사임하지 않기로 결정했다.891)

1974년 봄에 미국의 정보관리들이 예측은커녕 이해하지도 못한 쿠데타가 포르투갈(Portugal)에서 발생했다. 마르첼로 카에타노(Marcello Caetano)의 우익 권위주의 정권이 외눈 안경을 쓴 한 만화가 장군이 이끄는 불분명한 이데올로기의 군사정부에 의해서 축출되었다. 그러나 여름까지 진정한 지배자들은 좌익 군장교들이라는 것이 분명해졌다. 그들이 형성한 정부는 공산주의자들과 친-소련 성향을 가진 다른 사람들을 포함했다. 유로공산주의 위협과 NATO동맹국들의 용기가 없는 태도에 관해서 항상 비관적이었던 키신저는 포르투갈에 관한 최악을 믿으려 했다. 10월에 사회주의자인 외무상인 마리오 소아레스(Mario Soares)가 공산주의자들이 완전한 통제를 할 수 없을 것이라고 회의적인 키신저를 확신시키기 위해 국무성에서 오찬을 하러 왔다. 키신저에게 그는 1917년 러시아에서 비슷한 생각들을 가졌던 이상주의적 사회주의자들을 닮았다. 키신저는 소아레스에게 "당신은 케렌스

---

891) *Ibid.*, p. 672.

키(Kerensky) 같다. 나는 당신의 진지함을 믿지만 당신은 순진하다"고 말했다. 소아레스가 "나는 분명히 케렌스키가 되길 원하지 않는다"고 받아치자 키신저는 "케렌스키도 원하지 않았다"고 대답했다.[892]

포르투갈이 공산주의로 미끌어 질 것이라는 키신저의 암울한 예측은 스튜어트 내시 스콧(Stuart Nash Scott) 대사에 의해 이의가 제기되었는데 그는 포르투갈의 새 정부가 NATO와의 연계를 상의하기 위해 지속적인 경제원조를 촉구했다. 키신저의 반응은 스콧 대사를 해임하고 그 자리에 국무성의 중간급 간부인 프랭크 칼루치(Frank Carlucci)를 임명했다. 그러나 칼루치의 결론도 스콧의 결론과 동일했다. 리스본의 정부와 협력하며 내각에서 공산주의에 관해 지나치게 염려하지 않는 것이 최선이라는 것이었다. 키신저는 결국 잠정적으로 칼루치의 권고를 채택하고 포르투갈에 대해 자신의 손으로 비트는 것을 그만두었다. 그것이 소련으로 하여금 그 상황을 이용하는 걸 자제시키는 데 도움이 되었다. 모스크바는 유럽에서 미국의 영향권에 대한 어느 정도의 존중을 분명히 인정하려 했다. 1975년 말까지 공산주의자들은 친-서방 사회주의자들에 의해서 권좌에서 밀려났고 포르투갈의 위기는 가라앉았다.[893]

그러나 포르투갈 혁명에 대해 하나의 지속되는 낙진이 있었다. 포르투갈의 새 지도자들은 그들이 공산주의자이든 아니든 간에 다같이 아프리카와 아시아의 식민지들을 떨어 내버리려고 했다. 그들은 그것

---

892) Walter Isaacson, *Kissinger: A Biography,* New York: Simon & Schuster, 1992, p. 674.

893) Raymond Garthoff, *Détente and Confrontation,* Washington: Brookings, 1985, pp. 485-487.

을 아주 돌발적으로 그렇게 했다. 그 결과 포르투갈에서 소련의 영향에 대한 드라마가 남부 아프리카의 서쪽 해안에 있는 광물자원이 풍부한 식민지 앙골라(Angola)와 관련하여 훨씬 더 복잡한 사태로 진화했다. 포르투갈이 앙골라에 독립을 인정하기로 결정했을 때 그것은 오는 11월에 정권을 장악할 연립정부를 형성하기 위해서 1975년 1월에 회담을 열기 위해 3개의 부족에 기반을 둔 반란군들의 지도자들을 초대했다. 모든 집단들은 평화적으로 함께 일하기로 쉽게 동의했다. 그런데 그때 여러 외국 정부들에 원조를 받은 그들이 싸우기 시작했다. 앙골라 내전의 혼란스러운 하나의 측면은 어느 편을 지지할지를 알아내려고 노력하고 있는 적어도 4개의 외부인들에게 3개의 파당은 주로 부족적 충성에 기반을 두고 있어서 이념적 혹은 동서의 카테고리에 잘 맞지 않았다는 점이었다. 그러나 그것이 키신저나 다른 전략적 경쟁자들이 시도하는 것을 중지하지는 않았다.[894]

그 3개 집단들은, 첫 번째로, 앙골라 해방을 위한 민족전선(The national Front for the Liberation of Angola, FNLA)로 북부의 콩고(Congo) 부족에 기반을 두고 CIA로부터 오랫동안 훈련을 받아온 홀덴 로베르토(Holden Roberto)에 의해서 운영되었다. 두 번째 집단은 앙골라 해방을 위한 인민운동(The Popular Movement for the Liberation of Angola, MPLA)으로 수도 루안다(Luanda)주변의 음분두(Mbundu) 부족에 기반을 주고 의사이며 시인인 아코스틴호 네토(Agostinho Neto)에 의해서 운영되었다. 그것은 수도로부터 약간의 지식인들을 포함했기

894) Walter Isaacson, *Kissinger: A Biography,* New York: Simon & Schuster, 1992, p. 675.

에 진정한 이념을 가진 유일한 집단이었다. 그 들은 일반적으로 유럽의 마르크스주의자들이었다. 이 집단은 포르투갈 공산당과 몇몇 서유럽의 사회당으로부터 지원을 받았다. 그러나 그것의 주된 후원자는 쿠바와 또 일관성은 별로 없었지만 소련이었다. 세 번째 집단은 앙골라의 완전독립을 위한 국가통일(The national Union for the Total Independence of Angola, UNITA)로 남부의 오빔분두(Ovimbundu) 사이에 기반을 두고 원래는 FNLA와 제휴했던 카리스마 있고 현란한 투사인 요나스 사빔비(Jonas Savimbi)에 의해서 운영되었다. 그는 미국의 이익과 제국주의의 소문난 에이전트들을 비난했고 원조를 찾아서 월맹, 중국, 그리고 가장 중요하게도 북한을 순례했다. 북한이 그의 병사들을 훈련시키고 원래 장비의 대부분을 공급했다.[895]

그리하여 1975년 앙골라에 무대가 설치되어 복잡한 현지의 투쟁들을 동서의 맥락 속에서 보려는 키신저의 생생한 본보기가 되었다. 그 이상으로 키신저는 앙골라에서 새 데탕트 규칙의 첫 시험대를 보았다. 미국공약의 신용이 베트남과 캄보디아 때문에 의문시되고 있는 처지에 키신저는 미국이 소련의 조치에 대처할 의지를 갖고 있다는 것을 보여줄 기회를 포착하는 것이 중요하다고 느꼈다. 그리하여 다소 무기력한 앙골라 갈등이 갑자기 단지 또 하나의 엉망인 아프리카의 내란 이상으로 그 자체가 승격되었다. 미국의 첫 중요한 개입은 40인 위원회가 FNLA의 정치활동을 위해 30만 달러의 비밀 프로그램을 승인했던 1975년 1월에 왔다. 그것은 대단치 않은 금액이었고 무기를 포함하시 않았다. 그러나 그것으로 사기가 올라간 로베르토가

---

895) *Ibid.*

MPLA에 대한 군사작전을 시작했다. 3월까지 그는 기갑부대를 루안다 안으로 진격시켜 MPLA 본부들을 공격했다.[896]

그 달에 소련은 MPLA를 위한 지원을 강화했으며 배와 공수로 공급품을 보냈다. 네토(Neto)는 역시 쿠바에 도움을, 특히 훈련된 전투병을 요청했다. 쿠바의 용병들이 5월에 도착하기 시작했다. 비록 그들은 소련의 대리인으로 봉사했지만 최근의 문건들은 쿠바가 공산주의 승리를 지원하는 자신의 동기를 가지고 있었으며 그들은 크렘린에서 지배적인 신중함에 의해 견제되지 않았다. 이렇게 강화된 MPLA는 7월에 중대한 역공세를 폈으며 북부에서 FNLA와 남부에서 UNITA를 모두 격퇴할 수 있었다. 절대안전 지점에 도달하자 키신저는 미국이 그 경합에 개입해야 할지 아니면 조용히 물러서야 할지를 결정해야만 했다. 그는 7월 14일에, 그가 미니애폴리스로 연설하러 가기 하루 전날에 40인 위원회의 소집을 계획했다. 키신저가 직접 선발한 아프리카 문제를 위한 차관보인 나다니엘 데이비스(Nathaniel Davis)는 절대적으로 개입에 반대했다. 40인 위원회의 회의에 참가를 거부당한 데이비스는 그 회의에서 고려할 선견지명의 메모를 작성했다. 그는 미국의 비밀 개입 지지자들조차도 그것은 승리가 아니라 기껏해야 교착상태를 가져올 것이라고 말하고 있다고 지적했다. CIA조차도 비밀 프로그램에 충분히 찬성하지 않았다. 앙골라 특수부대를 맡고 있는 CIA 에이전트인 존 스톡월(John Stockwell)은 어느 쪽에도 별로 중요하지 않은 나라에 대해 미국이 소련과 대립하고 있다고 썼다.[897]

---

896) *Ibid.*, p. 676.
897) *Ibid.*, p. 677.

그럼에도 불구하고 키신저가 추천하고 포드가 3천 2백만 달러의 자금과 자이레(Zaire)를 통해 FNLA에 전달될 1천 6백만 달러 가치의 군사장비가 관련된 비밀프로그램을 승인했다. 보다 제한된 지원 프로그램이 사빔비(Savimbi)의 UNITA를 위해 승인되었다. 미국으로부터 비밀 원조 외에도 FNLA는 중국과 루마니아로 부터 주요한 무기를 얻었으며, 1975년 여름에 자이레에 기반을 둔 북한의 군사 교육관으로부터 훈련을 받았다. 가장 과격한 좌익집단으로, 그리하여 남아프리카 공화국의 통제로부터 나미비아(Namibia)의 해방을 추구하는 SWAPO 반란자들과 제휴한 UNITA가 갑자기 남아공화국의 백인 정권으로부터 큰 지원을 받게 되었다. 무엇보다도 이것은 사실상 미국을 남아공화국과 제휴하게 했으며 그것은 검은 아프리카에서 영향력을 추구하는 최악의 가능한 길이었다.[898]

11월 11일 독립기념일이 다가옴에 따라 남아공화국은 UNITA 그리고 FNLA의 한 파벌과 연합으로 5천 명 이상의 자국의 병력을 루안다를 향해 행군을 시켰다. 쿠바인들은 소련제 로켓 발사대와 소련 항공기로 공수해온 무기로 무장한 대규모의 병력 투입으로 맞섰다. 어느 쪽이 미국에 더 나쁜 것인지, 새 동맹인지 아니면 새 적인지를 알기가 어려웠다. 중국은 어느 쪽도 좋아하지 않았다. 그래서 그들은 조용히 그러나 신속하게 손을 접고 철수했다. 소련의 무기와 쿠바의 지원 병력으로 MPLA가 11월 말까지 루안다에 안전하게 숨어들었고 새로 독립된 앙골라의 사실상 지배자들이 되었다. 그대로만 있을 수 없었던 40인 위원회가 CIA에 새로운 대안 보고서를 요청했다. 그에 따

---

898) *Ibid.,* p. 678.

른 권고안은 FNLA가 계속해서 싸울 수 있도록 추가적인 2천 8백만 달러의 원조와 미국 고문단의 파견이었다. 12월 13일 세이무어 허쉬(Seymour Hersh)에 의한 <뉴욕 타임즈>의 제1면이 비밀 프로그램의 전모를 밝히고 그것이 나다니엘 데이비스 차관보의 사임을 촉발했다고 폭로했다. 아이오와 출신의 딕 클라크(Dick Clark) 상원 의원이 즉시 모든 비밀 원조를 중단하는 수정안을 상정했다.[899]

이 모든 일이 일어나고 있는 동안 키신저는 세계를 돌고 있었다. 중국에서 포드 대통령과 함께 그는 나이든 마오를 만났고 덩샤오핑이 적절하고 알 수 없는 건배사를 할 때 경청했다. 그는 천하에는 대 혼란이 있고 상황은 아주 좋다고 말했다. 키신저와 포드는 인도네시아도 방문했다. 그들이 떠난 다음 날, 인도네시아는 미국이 공급한 무기들을 사용하여 최근에 포르투갈 식민지에서 해방되어 좌익 반군세력이 장악한 작은 이웃 국가인 동티모르(East Timor)를 침공했다. 키신저와 포드는 인도네시아의 계획된 행동에 관해 미국의 정보를 통해 알고 있었다. 그것은 미국의 무기 구매를 규정하는 법률을 위반하는 것이었다. 그러나 키신저는 조용히 티모르 반란이 진압되기를 허용하는데 만족했다. 그리하여 미국정부는 침공을 중지시키기 위해 아무 일도 하지 않았다.[900] 포드와 함께 아시아에서 다른 곳을 들린 후에 키신저는 브뤼셀에서 개최되는 NATO 회의와 런던에서 미국 대사들의 비밀회의에 참석하기 위해 유럽으로 자신의 여행을 진행했다. 그 여행은 자기의 부모와 함께 퓌르트(Fürth)의 감상적 방문으로 끝냈다. 그

---

899) *Ibid.,* p. 679.
900) *Ibid.,* p. 680.

곳에서 키신저는 그 마을의 "탁월한 토착 시민을 위한 금메달"(Gold Medal for Distinguished Native Citizens)을 수여 받고 그리고 나서 사적으로 외할아버지인 포크 스턴(Falk Stern)의 묘지를 방문했다.

키신저가 멀리 있는 동안에 그는 유엔에서 모이니한 대사의 활동을 서술하는 전문들도 받았다. 게다가 CIA의 활동을 조사하는 하원위원회는 행정부가 비밀로 분류된 어떤 국무성의 역사적 문건들을 넘겨주지 않은 후에 의회를 무시한다는 인용문들이 그를 공격했다. 그리하여 키신저가 12월 18일 귀국하여 고위 참모회의에서 앙골라와 동티모르 문제들에 직면했을 때 약간의 화를 냈었다. 그의 주된 관심은 내용보다도 비밀의 누설에 관한 것이었다. 그러나 특히 앙골라의 상황에 비추어서 키신저는 공급을 자르고 싶지 않았다. 그 대신에 그는 조용하고 일시적 중단으로 헤쳐 나아가길 희망했다. 인도네시아의 침공은 그 작은 동 티모르에서 총 주민의 1/7에 가까운 10만명 이상의 사망자를 내는 것으로 끝이 났다. 키신저는 잠시 중단 후에 군사원조가 인도네시아로 계속 흘러 들어가게 관리했다.[901]

키신저는 고위 참모회의 동안에 여러 가지 다른 몇 개의 문제들을 제기했지만 그에게 가장 관심을 끈 것은 앙골라였다. 그는 이것저것을 논했지만 앙골라의 내전 문제에 계속 돌아왔다. 그의 첫 관심은 모이니한이 유엔에서 앙골라 문제를 다루는 방식에 있었다. 많은 신-보수주의자들처럼, 모이니한은 미국의 개입에 반대했지만 소련인들이 데탕트의 정신을 위반한 데 대해 가능한 한 큰 소리로 비난 받아야 한다고 느꼈다. 그는 미국이 그 문제를 안보리로 가져가야 하고 마지

---

901) *Ibid.*, p. 681.

막 쿠바인이 아프리카에서 나올 때까지 그 주장이 사라지게 해서는 결코 안 된다고 촉구했다. 당시 아시아에서 키신저는 안보리로 가져가는 것은 의미가 없다는 전문을 보냈었다.

그러나 모이니한은 자기 자신의 대중적 십자군 운동을 착수했다. 그는 일요일 토크쇼에 나가 러시아인들이 남아프리카를 침공했다고 선포했다. 남아공화국에 대한 연례 유엔총회의 토론에서 그는 단상에 올라 소련을 아프리카에서 신-식민주의적이고 제국주의적 강대국으로 비난했다. 키신저는 참모회의에서 하루도 빠짐없이 모이니한으로부터 앙골라에 관한 전문이 오는데, 어쨌든 모이니한이 도대체 누구이길래 앙골라에 개입하느냐고 불평했다. 키신저에게 신-보수주의자들은 말만 강경하게 할 뿐 미국의 무력을 사용을 승인할 때가 오면 그들은 변명의 여지가 없이 무기력했다.[902]

다음날 12월 19일, 상원은 54 대 22로 미국의 앙골라의 작전들을 위한 새 자금을 잘라내는 클라크(Clark) 수정안을 통과시켰다. 하원도 1월에 323 대 99의 더 큰 격차로 뒤를 따랐다. FNLA는 녹아 내렸고 홀든 로베르토는 유럽으로 이주했다. UNITA는 다음 15년 동안 남부에서 낮은 단계의 게릴라 운동을 전개했다. 요나스 사빔비는 지원을 찾아 세계를 도는 카리스마적 여행을 했다. 키신저는 외교정책을 의회가 짓밟는 것을 허용한 것에 대해 포드를 책망했다. 키신저가 두려워했던 대로 앙골라는 소련식의 마르크스주의적 경제가 되었다. 그 나라는 석유와 광물들이 풍부하지만 앙골라의 경제는 시들었다. 쿠바인들이 사회적 봉사를 제공했지만 교육은 공산주의 도그마의 세뇌가

---

902) *Ibid.*, p. 682.

되었다. 다른 한편으로, 미국의 석유회사들은 MPLA와 그것이 수립한 새 정부와 잘 지냈다. 실제로 걸프 오일(Gulf Oil)은 전쟁의 초기 단계에서 그것이 이길 것이라고 확신하여 FNLA가 아니라 MPLA를 지원하기까지 했다. "비록 그들이 마르크스식의 정부로 기울었지만 그들의 마르크스주의 친구들은 그들에게 그들이 필요로 하는 것을 줄 수 없었다. 그래서 그들은 서방으로 돌았다. 그들은 실용주의자들이다"고 텍사코(Texaco)의 진 베이츠(Gene Bates)가 말했다.[903]

앙골라에서 실패 후에 키신저는 새로운 결론에 도달했다. 그리하여 그가 미국의 군사적 결의를 입증할 수 있을 새로운 상황을 추구하는 대신에, 그는 다소 기대 밖으로 남부 아프리카에서 평화적 변화를 가져오고 또 그 지역의 검은 국가들 사이에서 미국의 영향력을 증대하기 위해 계획된 왕복외교들과 미국정책의 기본적 재조사와 관련하여 집중적인 외교적 노력에 착수했다.[904] 1976년 1월 그의 앙골라 정책이 몰락하고 있을 때 키신저는 상원회의에서 의회가 대통령에게서 필요불가결한 융통성을 박탈했다고 불평했다. 데탕트는 당근과 채찍에 기초했다. 잭슨-배닉 수정법안이 가장 중요한 당근을 제거했고 이제 클라크 수정법안이 채찍을 버렸다.

그 청문회를 주재하던 딕 클라크 상원 의원은 동의하지 않았다. 그는 검은 아프리카를 향한 정책의 새로운 과업을 제안했다. 즉, 미국이 그곳에 있는 국가들과 공유하는 인권과 인종 평등의 가치에 호소함으로써 영향력을 추구하라는 것이다. 만일 미국이 그런 접근법을 시도

---

903) *Ibid.,* p. 684.
904) *Ibid.,* p. 685.

한다면 아프리카에서 미국의 냉전의 이익도 당연히 스스로 잘 이루어질 것이라고 클라크는 말했다. 그것은 키신저에게 호소할 것 같은 주장이 아니었다. 그는 대부분이 민족해방 운동들과 반란을 모스크바의 시녀들로 간주했다. 그러나 남아있는 백인 지배 국가들에서 흑인들의 분노들이 분출할 준비가 된 것으로 보이는 특히 아프리카를 위해 그가 새로운 정책이 필요하다는 것을 알고 있었다. 기회가 주어지면 소련인들은 확실히 그 긴장을 이용할 것이다. 그리고 키신저는 그것들을 멈출 도구들이 별로 없었다. 따라서 현실주의적 분석이 미국외교정책에 이념적 새 성분의 채택을 가져왔던 것이다.[905]

또 하나의 요인은 키신저가 프랑스의 대혁명과 정부와 나폴레옹 정부 그리고 회복된 프랑스 왕정의 대표로 빈(Vienna)회의에 참석했던 프랑스의 유명한 외교관 탈레랑(Talleyrand)의 금언의 신봉자였다는 것이다. "영도력의 기술은 필연적인 것을 내다보고 그것의 발생을 촉진시키는 것이다." 아프리카 순방을 1976년 4월에 시작하면서 키신저는 미국정책의 전환을 도왔다. 그 때부터 그것은 소수 백인 정권에 대한 똑바른 반대와 등장하는 흑인 국가들을 위한 재정적 지원에 기초할 것이었다. 도덕주의를 외교정책 도구로 사용할 그의 새로운 용의성은 아프리카 밖의 지역에도 확산할 것이다. 그는 공동의 가치에 입각한 동맹에 관해서 말하기 시작했다. 그리고 그는 유엔에게 세계는 무기의 힘에 의존하지 않고 인간정신의 힘에 의존하는 정의로운 새 질서를 추구할 것이라고 말했다.

미국적 가치의 힘을 활용하기 위해 키신저는 데탕트의 무도덕주의

---

905) *Ibid.*, p. 686.

를 비난하는 보수주의자는 물론 클라크 상원 의원 같은 자유주의자들의 충고를 따르고 있었다. 이 비판자들이 발견한 것은 그가 거부하는 것으로 보였던 아이디어들을 포섭하는 비결이었다. 그의 옛 하버드 대학교 동료인 스탠리 호프만(Stanley Hoffmann)은 1976년 키신저의 아프리카 정책을 분석하면서 "그가 그들의 아이디어들을 병합함으로써 자기 적들의 밑을 도려내는 현저한 재능을 보여주었다. 처음에는 그에게 낯선 것으로 보이는 견해들을 수용하는 이 카멜레온 같은 능력이 그의 영리함을 증언한다"고 말했다.[906]

키신저는 1976년 4월 23일 그가 케냐, 탄자니아, 잠비아, 자이레, 리베리아, 그리고 세네갈의 13일간 순방을 위해 떠날 때 출발 성명에서 자기의 접근법이 수정되고 있다는 것을 처음 제시했다. 그는 검은 아프리카 국가들에서 다수의 지배에 대한 공약에 관해서, 그리고 모든 미국인들과 검은 아프리카인들 사이에 가치와 여망의 유대에 관해서 말했다. 잠비아의 대통령이 주최하는 루사카(Lusaka)의 오찬에서 한 키신저의 중대한 연설은 훨씬 더 강력했다. 그 연설은 미국외교정책에서 과감한 변화의 세부사항들을 제공했다. 그는 참석자들에게 그들의 목적들에 대한 미국의 과거 태도들에 관한 그들의 감정을 버리라고 촉구했다. 그는 "우리의 공동 토대를 발견할 때이다. 우리가 공유하는 모든 목적들 가운데 인종적 정의가 가장 기본적인 것들 가운데 하나이다. 이것이 우리 시대의 지배적인 문제이다. 남부 아프리카에서 이 원칙을 위한 우리의 지지는 단지 외교정책의 문제가 아니라

---

906) Stanley Hoffmann, *Primacy or World Order,* New York: McGraw-Hill. 1978, p. 34.

우리 자신의 도덕적 유산의 지상명령이다. 로디지아(Rhodesia)의 솔즈베리(Salisbury) 정권은 협상된 타결이 달성될 때까지 우리의 가차없는 반대에 직면할 것이다"라고 말했다.[907]

키신저는 로디지아에 대한 수출금지로 상처받는 이웃 흑인지배 국가들을 돕기 위해서 재정적 지원 프로그램도 소개했다. 그는 심지어 모잠비크(Mozambique)를 위해 1천 2백 5십만 달러를 포함시켰다. 남아프리카공화국에 관해서 그는 프리토리아(Pretoria)는 여전히 인종분리 정책을(apartheid)을 해체할 시간을 갖고 있지만 그 시간에는 제한이, 몇 년 전만 해도 일반적으로 인지된 것보다 훨씬 더 짧은 시간의 제한이 있다고 경고했다.[908]

키신저가 6주간에 걸쳐 7차례나 수정한 이 루사카(Lusaka) 선언은 열정적인 환영을 받았다. 카운다(Kaunda) 대통령은 그것을 가장 중요한 전환점이라고 불렀고 키신저의 비서 한 명은 그것을 미국이 도덕적인 것을 하고 있는 오랜만에 처음이라고 거침없이 토로했다. 키신저는 칭찬에 의해 원기를 회복한 것으로 보였다. 귀국했을 때 미국의 보수주의자들은 상당히 덜한 열성으로 반응하고 있었다. 포드는 당시 예선에서 캘리포니아의 주지사인 로널드 레이건(Ronald Reagan)의 도전을 받고 있었지만 그는 아프리카에 대한 키신저의 새 노선을 계속해서 격려했다. 레이건은 앨라모(Alamo) 앞에서 키신저의 루사카 선언은 로디지아에서 학살을 가져올 수 있다고 비난했다. 키신저가 레이건 연설에 관한 보도를 읽었을 때 그는 함께 여행하는 기자단에게

---

907) Walter Isaacson, *Kissinger: A Biography,* New York: Simon & Schuster, 1992, p. 687.
908) *Ibid.*

제15장 포드(Ford)의 국무장관: 외교의 마법사 Ⅵ **663**

캘리포니아의 주지사가 완전히 무책임하다고 말했다.[909]

며칠 후에 포드가 텍사스 예선에서 레이건에게 완전히 패했다. 그
것은 키신저의 루사카 선언 때문이라고 널리 인정되었다. 키신저가
귀국하여 상원 외교위원회 앞에서 증언했을 때 그 투쟁이 전개되었
다. 휴버트 험프리(Hubert Humphrey)와 딕 클라크 같은 자유주의자들
은 미국으로 하여금 로디지아에 대한 제재를 무시하고 크롬을 구매하
도록 허용할 버드 수정법(Byrd Amendment)의 폐기를 밀고 나갈 것인
지를 물었다. 키신저는 그럴 것이라고 약속했다. 그러자 그 수정법안
의 제안자인 상원 의원 해리 버드(Harry Byrd)가 우익 쪽에서 키신저
를 공격했다. 그는 키신저를 위선적이라고 불렀고 또 공산주의 러시
아를 크게 믿고 있음을 알고 있다고 비난했다. 키신저의 얼굴은 붉어
졌고 그가 보통 공개적으로 억제할 수 있었던 성질을 노출했다. 그는
"절대적으로 틀렸다, 절대적으로 아니다"라고 격렬히 소리쳤다.[910]

키신저는 로디지아에 관하여 자기의 수사학은 그가 어떤 행동으로
그것을 뒷받침하려고 하지 않는 한 검은 아프리카에서 영향력을 획득
하고 긴장들을 가라앉히는 데 오직 최소한의 효과 밖에 없을 것이라
고 알고 있었다. 그러므로 그는 자기가 가장 잘하는 것, 즉 왕복외교
의 임무에 착수하기로 결정했다. 그것은 영국의 세력권에 대한 다소
겁이 없는 침해였다. 왜냐하면 그들은 아직도 로디지아를 그들의 쇠
퇴하고 있는 영향권의 일부로 간주하고 있기 때문이었다. 그러나 키
신저는 소련인들이 검은 아프리카를 자기들의 새 영향권으로, 특히

---

909) *Ibid.*, p. 688.
910) *Ibid.*, p. 689.

로디지아에서 전쟁이 확대될 때, 모색하고 있다고 염려했다. 뿐만 아니라 허영심도 작용했다. 여기는 키신저가 자신의 왕복외교의 기술들을 발휘할 기름진 새 땅이었다.[911]

그러나 그의 과거 왕복외교 노력과는 근본적인 차이가 있었다. 중동에서는 양측이 자기의 외교가 성공하길 원했다. 그러나 아프리카에서는 흑인들이 다수의 통치로 상상에 의한 타결을 원했지만 로디지아의 백인들은 그런 타결을 원하지 않았고 또 외교가 전혀 개입하지 않을 때 아주 행복할 것이다. 그러므로 키신저는 양측이 천천히 격차를 메워 나갈 때까지 감언과 편안함을 사용했던 자신의 중동 전술을 수정했다. 그 대신에 그는 로디지아에서 이안 스미스(Ian Smith)의 백인 정권에게 그가 행사할 수 있는 많은 압박을 줄 세웠다. 가장 중요하게도, 그는 로디지아의 경제적 생명줄인 남아공화국이 압력을 행사하는데 동참하게 확신시켰다. 그들이 돕지 않는다면 키신저는 그들도 역시 다수의 통치를 향해 나아가라는 이른 압박에 직면할 것이라고 남아공화국의 지도자들에게 경고했다. 키신저는 우선 남아공화국의 수상인 존 보스터(John Voster)에게 그들이 그라테나우(Gratenau)라는 바바리아의 휴양지 마을에서 6월에 사적인 이틀 간의 상봉 기간 동안에 이 주장을 했다. 만일 남아공화국이 로디지아에서 그들의 운명을 기꺼이 분리시킨다면 남아공화국 정부의 보다 넓은 수용과 그것의 인종문제를 스스로 해결하게 두는데 보다 많은 인내가 있을 것이라고 키신저가 약속했다.[912]

---

911) *Ibid.*
912) *Ibid.*

9월에 그들은 만일 이안 스미스가 비타협적으로 입증되면 보스터가 로디지아의 철도선들을 끊겠다고 동의한 이틀 동안 취리히(Zurich)에서 다시 만났다. 그는 다음 주에 만날 계획인 회담에서 협상을 통한 타결을 수락하라고 이안 스미스에게 촉구했다. 1주일 후인 9월 14일 화요일에 키신저는 별다른 경고도 없이 아프리카로 돌아가 자기의 왕복외교를 시작했다. 그는 먼저 탄자니아에 도착하여 이 전선의 흑인 국가들이 어떻게 느끼는지를 줄리우스 니에레레(Julius Nyerere) 대통령으로 발견하고자 했다. 일반적 윤곽이 등장했다. 2년 내에 검은 통치로 완전한 이행이 있어야만 할 것이다. 그때까지 흑인들과 백인들이 권력을 공유하는 어떤 형태의 임시정부가 있어야 했다. 이것이 수락되자마자 흑인 국가들은 제재의 종식을 기꺼이 지지하고 게릴라 폭력을 억압할 것이다. 이 제안에 키신저와 영국의 관리들은 백인들이 그들이 재산이 탈취당하는 것을 막고 또 만일 그들이 그 땅을 떠나야만 한다고 느낀다면 그들을 보상하기 위해서 20억 달러의 안전망 자금을 제안했다.[913]

금요일 오후에 키신저가 프리토리아에 도착했을 때 그는 남아공화국을 방문한 최고위직의 미국 관리가 되었다. 이안 스미스는 다음날 표면상으로는 럭비경기를 보기 위해서 로디지아에서 그곳에 도착할 것이다. 키신저는 다수결 통치로 2년 동안에 이행한다는 키신저의 계획을 기꺼이 논의하겠다는 로디지아 지도자의 시사가 사전에 있는 경우에만 이안 스미스를 만날 것이라는 메시지를 보냈다. 스미스는 어쩔 수 없이 동의했고 그것을 보스터를 통해서 전달했다. 그리하여 일

913) *Ibid.*, p. 690.

요일 오전에 미국 대사의 집에서 키신저는 스미스와 4시간 동안 만났다. 그 회의는 키신저가 중동에서 실행했던 감언과 달램으로 채워지지 않은 냉정하고 노골적인 것이었다. 그는 스미스에게 로디지아의 경제가 1년 내에 절름발이가 될 것이라는 CIA의 예상과 반란자들이 세력을 얻어가는 것을 보여주는 비밀의 군사적 평가를 보여주었다. 키신저는 만일 온건한 흑인들이 정권을 장악하길 허용하는 즉각적인 협상들이 없다면 공산주의가 장악할 것이라고 경고했다.[914]

그날 밤에 대규모의 로디지아 대표단이 보스터의 집에서 키신저와 만났다. 키신저는 5개항의 계획을 준비하고 있었다. 그것은 2년 이내의 이행, 경제적 패키지, 그리고 과도정부를 위한 복잡한 조정을 포함했다. 정부는 2명의 백인과 2명의 흑인으로 구성된 국가위원회(a Council of State)를 갖게 될 것이다. 그리고 그 밑에 정부 부처들을 운영할 내각위원회(a Council of Ministers)가 있을 것이다. 스미스는 자기에게 자살 노트에 서명하기를 원하고 있다고 테이블 너머 키신저를 바라보며 말했지만 키신저는 입을 꼭 다물었다. 스미스는 2가지의 양보를 원했다. 2년의 이행기간 동안에 4인의 임시 국가위원회의 의장은 백인이 되어야 하고 또 경찰과 국방을 담당하는 장관들이 백인이어야 한다는 것이었다. 키신저는 그가 잠비아와 탄자니아로 돌아갈 때 이 사항들을 제시하기로 동의했다. 그는 로디지아의 내각에 스미스의 제시에 대해 늦지 않게 메시지를 보낼 것이다.[915]

이러한 그리고 다른 세부 사항들에 관한 결정들은 1월에 영국인이

---

914) Walter Isaacson, *Kissinger: A Biography,* New York: Simon & Schuster, 1992, p. 690.
915) *Ibid.,* p. 691.

주재하는 제네바 회의에서 정식으로 이루어질 것이다. 그곳에서 여러 로디지아의 정당들과 그들의 이웃 국가들이 공식적 합의를 협상할 것이다. 키신저의 역할은 현저한 사항들이 원칙적으로 수락되게 하는 것이었다. 탄자니아에서 논의한 뒤에 키신저는 만일 스미스가 만든 처음 발표가 국가위원회의 백인 의장을 지칭한다면 흑인 지도자들이 불필요하게 뒤집어지지는 않을 것이라고 스미스에게 답신의 전문을 보냈다. 경찰과 국방장관의 쟁점은 쉽지 않았다. 그러므로 키신저는 스미스에게 어두운 반응을 보냄으로써 그것을 모호하게 남겨 놓기로 결정했다. 즉, 그것은 "우리는 루사카와 다르 에스 살람(Dar es Salaam)에서 우리의 논의의 기반 위에서 경찰과 국방의 임시 장관들이 백인일 것이라는 문장 하나가 추가될 수 있을 것이라고 믿는다는 것"이었다. 스미스는 깨닫지 못했지만 조심스럽게 쓰여진 전문은 백인 지도자들이 이것의 수락 여부를 언급하지 않았다.916)

스미스가 그의 발표를 했을 때 이런 타결되지 않은 세부사항들은 별다른 관심을 끌지 않았다. 신문의 제 1면들은 로디지아로 하여금 흑인 통치로 2년의 이행기간을 수락하게 키신저의 놀라운 외교적 승리를 선언했다. 텔레비전과 신문 사진들은 케냐에서 조모 케냐타(Jomo Kenyatta) 대통령이 그에게 선물한 의례상의 부족 검과 방패를 들고 있는 가운데 합의를 발표하는 그를 보여주었다. 키신저는 또 다시 뉴스잡지들의 표지에 기적을 이룬 자로 등장했고 <타임>지는 그것을 평화를 위해 조심스럽고 빈틈없이 계획된 노력의 장엄한 클라이맥스(climax)라고 선포했다. 11월에 스미스가 제네바에 도착하여 로버트

916) *Ibid.*

무가베, 조슈아 엔코모, 그리고 그의 정권과 투쟁하는 다른 흑인 반란 지도자들과 한 방에 앉았을 때 주요 장애들이 제거된 것으로 보였다. 그러나 영국의 주재 하에 11월과 12월 내내 회의는 임시 영국의 위원장을 포함하여 여러 가지 대안적 조정들을 고려했다. 결국 그 회의는 결렬되었다. 그러나 키신저 합의의 윤곽은 그의 후임자인 사이러스 밴스(Cyrus Vance)가 그 대의를 다루는 기초로서 봉사할 것이었다. 그 거래는 최종적으로 3년 후에 런던의 랭카스터 하우스(Lancaster House)에서 개최된 또 다른 회의에서 봉합되었다.

비록 키신저의 왕복외교가 9월에 기념된 해결을 즉시 생산하지는 못했다 할지라도 그것은 더 큰 목표에서 성공했다. 미국에 대한 그들의 태도가 경계심에서 적대감에 이르렀던 검은 아프리카의 국가들이 다수의 통치를 위한 힘으로 워싱턴을 믿기 시작했다. 소련의 점증하는 호소력이 대처 되었다. 실제로 로디지아의 왕복외교는 심지어 준성공적 외교조차 앙골라 같은 과장된 개입보다도 소련의 영향력을 저지하기 위해 더 많은 일을 할 수 있을 것이라는 것을 보여주었다.[917]

1976년에 가장 중요한 2개의 쟁점은 워터게이트에 대한 닉슨의 사면과 국가의 불경기였다. 그러나 근소한 차이의 선거로 드러난 것에서 외교정책은 로널드 레이건의 지명전에 도전을 불붙이고 지미 카터보다 더 유능하다는 포드의 주장을 손상시킨 토론의 실수를 가져옴으로써 균형을 깨는 데 기여했다. 포드-키신저 외교정책에 대한 레이건 도전의 핵심은 캘리포니아 주지사가 일방통행 거리(a one-way street)라고 비난한 데탕트에 대한 광범위한 공격이었다. 대통령 선거에서는

917) *Ibid.*, p. 692.

조지아(Georgia)의 주지사였던 민주당 대통령 후보인 지미 카터(Jimmy Carter)는 9월에 한 연설에서 닉슨-키신저-포드의 외교정책을 비밀스럽고, 조작적이며, 기만적 스타일이라고 지적하면서 그것은 키신저가 권력의 진영과 영향권에 사로잡혔기 때문에 미국의 기본적 원칙들에 어긋난다고 말했다. 모욕에 상처를 더한 것은 카터의 말이 거의 글자 그대로 하버드에서 키신저의 옛 복수의 신인 즈비그뉴 브레진스키(Zbigniew Brzezinski)에게서 나왔다는 것이었다. 1975년 <포린 어페어스> 지에 글을 쓰면서 브레진스키는 동일한 말을 사용하여 키신저의 정책들에 대한 공격을 단행했다. 매일 자기에게 쏘아 대는 브레진스키의 비열한 말들을 듣는 것은 키신저를 거의 당혹감으로 몰고갔다.918)

대통령 후보간 논쟁에서 첫 질문에 대한 반응으로 카터는 외교정책에 관한 한 키신저가 미국의 대통령이었다. 포드는 리더십의 부재를 보여주었다고 공격했다. 포드는 헬싱키 최종법안이 교황의 대표를 포함하여 35개국의 지도자들에 의해서 서명되었다고 지적하기 시작했다. 그것이 묵시적으로 동유럽의 소련 지배를 인정했다는 비난에 대해 그것은 전혀 진실이 아니라고 말했다. 동유럽에 소련의 지배는 없다고 그는 선언했다. 그 문제는 포드가 공개적으로 말이 서툴렀다고 인정하는 걸 완강히 거부함으로써 그 쟁점은 수일간 지속되었다. 어쨌든 포드의 이런 언급의 중요성은 지독한 것으로 입증되었다. 여론 조사가인 조지 갤럽(George Gallup)은 그것을 선거운동에서 가장

---

918) Walter Isaacson, *Kissinger: A Biography,* New York: Simon & Schuster, 1992, p. 700.

결정적인 순간이었다고 주장했다.919)

1976년 12월에 키신저는 NATO 회의를 위해 브뤼셀로 자신이 공직상 마지막 출장을 떠났다. 그리고 이 출장은 로디지아 회담을 회복시켜 보려는 부질없는 노력을 하기 위해서 런던에 들르는 것이었다. 그는 국무장관으로서 총 555, 901마일을 이동했으며 그 과정에서 57개 국가들을 방문했다. 그 출장은 고별여행의 느낌이었다. 많은 NATO 회원국가의 장관들이 그에게 선물을 했고, 또 NATO의 사무총장인 조셉 룬스(Joseph Luns)는 찬사(eulogy)같은 소리를 했다.

> "당신은 역사에서 우리 세기의 가장 효율적인 외교장관들 중 한 사람으로 설 것이다. 셰익스피어를 인용함으로써 우리의 공동 감정을 요약해도 될 것이다. 그는 사나이였다. 나는 그의 모습을 다시는 바라보지 않을 것이다."920)

키신저는 같이 여행하는 기자단과 자기의 일상적 농담을 유지하면서 너무 반성적이거나 감상적이 되는 것을 피했다. 그의 사무실에서 마지막 주까지 그는 어떤 개인적 성찰을 자신에게 허용하지 않았다. 내셔널프레스클럽(the National Press Club)에서 행한 고별연설에서 키신저는 "나는 여러분들에게 한동안 공공정책의 영역을 맡긴다. 이별하는 것이 쉬운 척 하는 것은 위선적일 것이다. 나는 여러분의 흥분, 책임, 그리고 기회들이 부럽다"고 말했을 때 그의 음성은 감정으로 목이 메었다. 이번에는 모든 청중이 기립박수를 보냈다. 그 주 늦게

---

919) *Ibid.*, p. 703.
920) *Ibid.*, p. 704 에서 재인용.

그는 뉴욕에서 외교정책협회의 고별 만찬에서 연설했다. 그가 준비된 텍스트를 마쳤을 때 그는 회상하기 시작했다:

"1938년 내가 이곳에 왔을 때 나는 조지 워싱턴 고등학교에서 미국인이란 것이 무엇을 의미하는지에 관한 에세이를 쓰도록 요구를 받았다. 나는 물론 내가 함께 성장한 사람들과 나에게 친숙한 장소들로부터 분리되는 것이 어려웠다고 썼다. 그러나 이것은 사람이 자기의 머리를 똑바로 처들은 채로 거리를 건널 수 있는 나라라고 나는 생각했다. 그러므로 그것은 모든 가치가 있었다. 나머지 세계에 미국이 의미하는 것은 모든 사람에게 어디에서나 그들이 자기들의 고개를 세우고 걸을 수 있을 것이라는 희망이다. 그리고 미국인으로서 우리의 책임은 우리들의 목적들이 우리들의 차이를 초월하기를 항상 확실히 하는 것이다."[921]

---

921) *Ibid.*

제16장
국민의 교육자로 불멸의 전설이 되다

"나는 세계적 인물이다. 나는 단지 통상적인 교수의 삶을 살수가 없다."
-헨리 키신저-

마치 셰익스피어의 <폭풍>(*Tempest*)에서 프로스페로(Prospero)가 마법을 포기하고 정상사회로 복귀했듯이, 헨리 키신저가 1977년 1월 21일 국무장관직에서 물러나 시민으로 복귀한 것은 전혀 놀라운 일이 아니었다. 그러나 헨리 키신저가 시민으로 돌아왔을 때 그는 더 이상 통상적 일반 시민이 아니었다. 비록 마법 같은 권력을 잃었지만 현란한 곡예사의 재능은 여전히 그만의 것이었다. 8년 만에 처음으로 헨리 키신저는 대통령 편대의 공군 제트기들 중의 하나를 이용하는 사치가 없이 뉴욕 시에 도착했다. 그 때는 지미 카터의 취임식 1주일 후여서 소중한 권력의 특전들이 빠져나가기 시작했다. 그러므로 그는 마음대로 이용할 공군의 제트 비행기 없었다. 하지만 공항 왕복 터미널에서 자기가 짐을 기다리는 모습을 드러내고 싶지는 않았다. 이에 키신저는 뉴욕으로의 여행을 위해서 넬슨 록펠러의 개인 전용기를 빌렸다. 그는 상업용 비행기 여행은 자기의 신분을 가진 사람에게는 너무 혼란스럽고 굴욕적이어서 곧 자기 친구들 사이에서 즐거운 주제가 될 것이라고 믿었다.[922] 그는 자기의 상담이나 연설 거래들은 가능하면 언제나 사적인 비행기의 수송을 포함하는 것을 확실히 했다.

키신저는 또한 비밀경호 요원들을 유지하길 갈망했다. 7개월간 새 행정부는 정부의 비용으로 키신저의 비밀 경호를 계속했다. 그러나 20년 동안 키신저에게 분노해온 브레진스키가 곧 그것을 취소했다. 그러자 키신저는 자기의 비밀 경호팀장인 월터 뵈스(Walter Boethe)를 사적으로 고용하여 연간 15만 달러가 조금 넘는 비용으로 24시간 동일한 경호를 제공할 5명의 사설 경호원들을 이끌게 했다. 전용비행기와 경호원들은 키신저가 망각으로 사라지지 않을 것이라는 보장에 도움이 될 스타일의 장식이었다. 키신저의 계속된 유명세는 그의 개성과 정신의 힘에 부분적으로 기인했다. 권력이 없이도 그는 공적으로 눈부시고, 사적으로 매력적이었다. 그는 텔레비전에서 무게 있는 통찰력을 과시했고, 만찬 파티에서 신임을 공유했으며, 그리고 강의에서 경구들과 일화들을 눈부시게 섞어 청중들을 만족시켰다.[923]

뿐만 아니라, 키신저는 자기의 이미지가 가장 시장성이 있는 자산임을 깨달았다. 만일 사람들이 그의 연설에 3만 달러를 지불하고 또 상담역으로 행동하기 위해 25만 달러를 지불한다면 그것은 단지 그의 생각의 내용을 위한 것이 아닐 것이다. 그의 호소력의 일부는 그의 신비함일 것이었다. 단순히 인간의 차원으로 축소되지 않으려는 그의

---

922) Walter Isaacson, *Kissinger: A Biography,* New York: Simon & Schuster, 1992, p. 705.
923) *Ibid.,* p. 706.

주저함은 그 자신의 에고(ego)에서 기인하기도 했다. 그가 맨해튼으로 이사했을 때 키신저 부부는 리버 하우스(River House)에서 방 4칸짜리 복층(duplex)을 구입했다. 그리고 시골에 거주할 별장으로 키신저 부부는 코네티컷(Connecticut)의 북서쪽 코너에 있는 켄트(Kent) 근처에 50에이커에 하얀 식민지 시대의 농가를 47만 달러에 샀다. 이 모든 욕구와 욕망들은 높은 유지비의 생활 스타일을 가져왔다. 그리하여 키신저가 전임교수의 생활로 결코 돌아갈 것 같지 않았다. 키신저가 고려한 유일한 풀-타임 자리는 골드먼 삭스 회사의 존 화이트헤드(John Whitehead) 회장의 제안이었는데 그는 키신저를 투자은행에 모시려고 노력했다. 그 대신에 키신저는 연봉 15만 달러의 상담역으로 서명했다. 이것은 그 회사를 결국에는 그의 국제적 상담 업(consulting business)이 될 첫 고객으로 만들었다.924)

키신저는 또한 해설가와 상담역으로 NBC와 연봉 20만 달러로 5년간 계약을 했다. 첫 해 동안에 키신저의 다른 소득원은 체이스 맨해튼 은행(the Chase Manhattan Bank)의 국제 자문위원회에 대한 상담역으로 연간 1만 달러의 상담비, 워싱턴에 있는 조지타운 대학교(Georgetown University)의 파트-타임 교수직에서 연간 3만 5천 달러, 아스펜 기구(the Aspen Institute)에서 고위 위원으로 연간 2만 달러. 그리고 주로 회사 중역들을 위한 10여 차례의 강연을 했는데 매번 15만 달러까지 받았던 수입을 포함했다. 그러나 관직에서 나온 뒤 첫 4년 동안에 키신저의 주된 관심은 자기의 회고록들을 쓰는 것이었다. 그의 에이전트인 마빈 조세프슨(Marvin Josephson)은 미국에서 양장본의 판권에

---

924) *Ibid.*, p. 709.

대해 리틀, 브라운(Little, Brown) 출판사로부터 거의 2백만 달러를 포함하여 그 책에 대해 세계적으로 5백만 달러를 확보할 수 있었다.[925] 회고록 집필의 대부분은 워싱턴에서 키신저가 임대한 사무실에서 이루어졌다. 긴 사각형 책상에 앉아서 그와 작은 그룹의 유급 연구원들이 수천의 서류들과 전화 복사본들, 각 문단의 토대를 놓기 위해 대화의 메모들을 조사했다. 하루에 10시간 동안 키신저는 초안을 쓰고 또 고쳐 쓰고 했고 그때 그것은 타자들의 팀에 전달하도록 주어졌다. 1978년 가을까지 그는 1천 페이지 이상을 생산했다. 그리고 그것은 닉슨의 첫 임기를 막 지나고 있었다.

1969~1972년을 다루는 키신저의 첫 회고록 <백악관 시절>(*White House Years*)은 절묘하게 자세하고, 종종 방어적이지만 때때로 단호하게 반성적이었다. 헐렁하게 연계된 일화들로 가득한 채 장황한 회고가 되는 경향이 있는 대부분의 회고록들과는 달리 그것은 학문에 대한 역사가의 마음으로 다루어졌다. 그러나 그것은 또한 인물들의 상세함과 또 비문 같은 묘사를 위해 소설가의 안목을 보여주었다. 그의 많은 정치적 및 학문적 비판자들마저도 그 책을 칭찬했고 그 책은 1979년 성탄절 시즌에 1위의 베스트셀러가 되었다. 키신저의 두 번째 회고록인 <환란의 시절>(*Years of Upheaval*)은 집필하는데 3년 이상이 걸렸고 그것은 닉슨의 단절된 임기의 1년 반의 시기만을 커버했다. 1982년 봄에 그것이 출간된 후에 키신저는 회고록 쓰는 일을 포기했다. 그는 포드 대통령 시기에 관한 계획된 제3권을 시작하지 않았다. 또한 그는 정부에 들어가 전과 후에 관한 자기의 삶에

---

925) *Ibid.*

대해서도 전혀 글을 쓰지 않았다.[926)

키신저는 자기의 글쓰기를 다른 방향으로 사용했다. 그는 <로스 앤젤레스 타임즈>(*Los Angeles Times*) 기사 배급회사와 계약을 하고 1년에 10여 편의 신문 칼럼을 쓰기로 했다. 그 기사는 <워싱턴 포스트>, <뉴욕 타임즈>, 그리고 10여개의 다른 신문에도 동시에 실릴 것이다. 그 칼럼들은 예리한 의견이나 내부 보도에 의존하기 보다는 길고 또 복잡하게 분석적이었다. 그것들은 키신저가 자신의 시골 별장으로 가는 리무진 속의 뒷자리에서 쓴 것으로 그것들은 그의 회고록의 매력과 아이러니는 부족했지만 일반적으로 그의 힘의 균형 원칙들에 근거한 상황에 대한 주의 깊게 추리된 해설이었다. 게다가, 그는 <뉴스위크>에 동일한 노선에 따라 1년에 4번 주요 기사를 쓰기 시작했다. 키신저는 또한 텔레비전 해설가로서 자신의 일의 양을 증가시키고 1980년대에 어느 곳에서나 가장 영향력 있는 여론 조성자였다. NBC와 그의 관계는 그의 인터뷰에 대한 이견으로 쉬지 않았으며 NBC와의 계약이 만료되자마자 ABC의 요청으로 그는 테드 코펠(Ted Koppel)의 "나이트라인"(Nightline) 프로그램의 정규 출연자가 되었다. 그는 뉴욕 시의 예술박물관(the Metropolitan Museum of Art)의 신탁인이 되었으며 외교협회의 이사에 선출되었다.[927)

1982년 초에 키신저는 오른쪽 어깨에 심한 통증으로 고통받기 시작했다. 심장으로 가는 3개의 동맥이 막혔기 때문이었다. 수술은 잘 되었으며 수 주 후에 그는 집에 있었다. 그러나 의사들은 그가 몸무게

---

926) *Ibid.,* p. 710.
927) *Ibid.,* p. 711.

를 줄여야 할 것이라고 권유했다. 1969년 그가 정부에 들어갈 때 그는 155파운드였다. 그러나 1977년 그가 떠날 때 그의 몸무게는 215 파운드로 늘어나 있었다. 키신저가 좋아하는 음식은 소시지, 돼지고기 소시지, 달걀, 크림, 프라이드 양파 링, 그리고 구운 다진 고기였다. 그 후에 그는 콜레스테롤이 없는 달걀 대용품으로 바꾸었고 그의 부인 낸시가 그의 다이어트를 꼼꼼히 챙겼다.

맨해튼에서 자신의 새 생활의 모든 즐거움에도 불구하고 키신저는 공적 권력에 대한 자신의 취향을 그대로 유지했다. 새 민주당 대통령이 정권을 잡아 그가 워싱턴을 떠날 때 그는 두 개의 공화당 정부가 이어지고 그리고 그들 중 어느 정부도 그에게 자리를 제안하지 않는 것을 깨닫고 당혹했을 것이다. 1980년대 내내 그리고 1990년대에 들어서까지 그는 옆 줄에서 외부인으로 남을 것이다. 카터 대통령 시기동안에 키신저와 카터의 국가 안보 보좌관인 브레진스키 사이에 오랜 싸늘함은 키신저가 사이러스 밴스(Cyrus Vance) 국무장관과의 다정한 관계로 균형을 이루었다.928)

카터 행정부와 키신저의 가장 큰 충돌은 이란의 샤(shah)가 전복된 1979년에 왔다. 몇 개의 다른 실패들을 얕보면서 키신저는 한 세대만에 미국의 가장 큰 외교정책적 실패는 미국의 지지나 심지어 미국에 의해 관련된 것의 이해 없이 이란의 샤의 몰락이라고 공개적으로 선언했다. 그해 일찍이 키신저는 밴스의 국무성으로부터 샤가 우아하게 양위하도록 격려하는 방법으로 미국에서 샤를 위한 거주지를 찾는데

---

928) Walter Isaacson, *Kissinger: A Biography,* New York: Simon & Schuster, 1992, p. 715.

도움을 요청 받았다. 키신저는 이 정책의 현명성에 대해서 의구심을 가졌지만 그 과제를 수락하고 데이비드 및 넬슨 록펠러 형제의 도움을 받아 한 곳을 찾아냈다. 그러나 카터 행정부는 이란을 떠난 다음에 그가 계속해서 미국으로 오는 것을 원하지 않기로 결정했다.

키신저는 미국이 옛 동맹인 그에게 망명을 제공하는 것이 미국의 도덕적 지상명령으로 느낀다는 것을 관련된 모든 사람들에게 분명히 했다. 그는 두 차례나 밴스를 방문하여 샤가 미국에 입국이 허락되어야 한다고 촉구했고 적어도 그는 3번에 걸쳐 브레진스키를 포함하여 다른 고위 관리들에게 전화를 걸었다. 브레진스키는 카터 대통령에게 전화할 것을 제안했다. 그리고 4월 초에 그는 카터에게 전화를 했다. 카터가 재앙을 불러일으키는 것이 미국의 이익이 되리라고 느끼지 않는다고 키신저는 공개적으로 나갈 것을 결정했다. 키신저는 샤를 "방문할 항구를 찾고 있는 나는 화란인처럼" 샤를 대접한다는 것은 도덕적으로 틀렸다고 후에 연설에서 말했다.929)

데이비드 록펠러 및 존 맥클로이(John McCloy)와 긴밀히 작업을 해 나가면서 키신저는 샤의 대의를 맡았다. 록펠러는 바하마 제도 (Bahamas)에서 그가 일시적으로 살 장소를 발견했다. 키신저는 멕시코의 대통령에게 전화를 걸어 그곳에 망명을 조정했다. 맥클로이는 미국에서 공부하고 있던 샤의 자식들을 위한 비자 문제를 처리했다. 키신저가 유럽을 여행하고 있던 10월 말에 샤는 심각하게 병이 들어 병의 치료를 위해 뉴욕을 방문하도록 허락해 줄 것을 요청했다. 카터 행정부는 그의 입국을 허락하기로 결정했다. 그리고 이란에서 그에

---

929) *Ibid.*

따른 분노는 미국 대사관의 장악과 대사관 직원들을 인질로 잡는 결과를 가져왔다. 키신저에게 그것은 미국의 신용이 달려 있는 또 하나의 경우였다.

샤의 망명 문제는 미국의 도덕적 지위에 관한 것일 뿐만 아니라 그것은 또한 다른 국가들 사이에서 믿음과 지지를 끌어내는 미국의 능력에 관한 것이라고 키신저는 주장했다. 키신저는 강력히 주장했지만 보다 깊은 문제에서 취약했다. 샤의 전복과 뒤 따른 맹렬한 반미주의는 샤에게 굉장한 지원을 했던 닉슨-키신저의 정책과 그를 닉슨 독트린의 기둥으로 만든 것을 위험하게 변하기 쉬운 모래 위에 세운 정책이었던 것이다.930)

키신저가 뉴욕에 정착하면서 키신저를 흥미롭게 한 권력으로 복귀하는 길은 상원으로 출마하는 가능성이었다. 그의 친구인 제이콥 재비츠(Jacob Javits)가 1980년에 출마를 준비하고 있었다. 그는 당시에 76세이며 빈약한 건강상태에 있었다. 따라서 키신저의 이름이 자연스럽게 그를 대체하는 인물로 등장해서 지성과 에고(ego)의 탑들인 두 명의 지나간 하버드 대학교 교수들인 키신저와 모이니한을 상원으로 가연성의 결합을 뉴욕 주가 갖는 공포를 일으켰다. 다음날 <워싱턴 포스트>에서 데이비드 브로더(David Broder)가 키신저는 뉴욕 정치의 호의적 인물이라면서 엠파이어 스테이트(the Empire State) 주의 상원 의원 자리는 그 주의 공화당 정치인들에게 매혹적이라고 썼다. 키신저는 공개적으로 만일 재비츠가 그의 5선을 추진하길 원한다면 자기는 출마하지 않을 것임을 분명히 했다. 개인적으로 키신저는 상원

---

930) *Ibid.*, p. 716.

의 5만 7천 달러의 봉급으로 사는 것에 관해서 걱정했다. 그리고 낸시 키신저는 그가 정치에 입문하는데 대한 그녀의 반응은 민주당원이되는 것과 이혼을 추구하는 것 사이의 어딘 가에 있을 것이라고 시사했다. 결국 재비츠가 출마하기로 결정했고, 그래서 키신저는 출마하지않기로 결정했다. 그리고 알폰스 다마토(Alfonse D'Amato)가 다음 상원 의원이 되었다.[931]

1980년 디트로이트(Detroit)에서 개최된 공화당 전당대회에서 로널드 레이건(Ronald Reagan)이 막 지명을 획득하려고 했으며 그는 하나의 드림 티켓(a dream ticket)을 생각하기 시작했다. 그것은 4년 전에 카터에게 패배했던 제럴드 포드를 설득해서 부통령 지위를 수락하게하는 것이었다. 포드는 과거에 그 아이디어를 거부했지만 전당대회의둘째 날인 7월 15일 화요일에 1시간 이상 레이건을 만나서 재고하기로 동의했다. 키신저는 화요일 밤에 레이건의 가까운 친구들 중 한 사람이며 항상 키신저를 외인으로 간주했던 와일드한 서부 보수주의의수장인 네바다(Nevada) 주 출신 상원 의원인 폴 랙설트(Paul Laxalt)와만났다. 디트로이트 플라자 호텔의 강철과 유리로 지어진 지하방을막 떠나려 할 때 그는 윌리엄 케이시(William Casey)가 자기 방으로초대하는 전화를 받았다. 그는 현대 레이건의 선거운동 의장이었다. 키신저가 도착했을 때 그는 케이시와 레이건의 다른 고위 보좌진인에드윈 미즈(Edwin Meese)와 마이클 디버(Michael Deaver)를 발견했다. 다소 서두르면서 미즈는 레이건이 티켓에서 포드를 원하고 있다면서 키신저에게 그를 설득하는데 도와줄 것을 요청했다. 키신저는

---

931) *Ibid.*, p. 717.

그날 밤 늦게 그 문제를 제기하기로 동의했다.[932]

　　그날 밤 키신저는 전당대회에서 연설하기로 되어 있었다. 그 연설은 잘 진행되었다. "반미 급진주의자들을 위해 세계를 안전하게"라고 민주당을 비난하게 청중들이 흥분했다. 자정 즈음에 포드는 자기 처와 함께 경제학자 앨런 그린스펀(Alan Greenspan), 그리고 키신저와 함께 모였다. 이 모임이 1시간 동안 계속된 후에 포드는 일어났고 키신저에게 침실로 오라고 요청했다. 그리고 그곳에서 두 사람은 사적으로 얘기할 수 있었다. 포드는 그것이 성공할 수 없다고 말했고 키신저는 나라가 그를 필요로 하고 있다고 또 다시 대답했다. 처음부터 새 행정부에서 키신저가 담당할 역할이 난제로 등장했다. 레이건은 간단히 그를 믿지 않았고, 그리고 키신저가 소련에 대해 너무 부드럽다고 생각했다. 캘리포니아의 전 배우인 레이건은 키신저가 뉘앙스라고 보는 곳에서 단순한 진리들을 보는 십자군이고 이데올로그(ideologue)였다. 게다가 그의 수석 외교정책 보좌관이며 꾸준히 그와 함께 여행하는 레이건의 옆에는 12년 전에 닉슨의 첫 승리 후 키신저가 몰아낸 통통한 얼굴의 보수주의자인 리처드 앨런(Richard Allen)이 있었다. 앨런은 그가 전적으로 원칙이 부족하다고 생각하는 키신저에 의해서 개인적으로 거부당했다. 그가 만든 적대감을 의식한 키신저는 포드에게 어떤 개성이나 이름들이 거래가 성사되는 것을 막아서는 안될 것이라고 말했다. 그는 또한 다음 날 아침에 디버에게 전화를 걸어 같은 말을 했다. 그러나 포드는 키신저가 다시 국무장관이 되기를 원했고 그리고 키신저는 자신을 논란에서 스스로 제거하지 않았다.[933]

---

932) *Ibid.*, 718.

수요일 오후 늦게 포드는 레이건에게 전화해서 두 사람이 만났다. 포드는 키신저 문제를 압박할 시간이라고 결정했다. 포드가 헨리 키신 저를 국무장관에 임명하기를 원한다고 말했을 때 레이건은 퉁명스러웠 고 당황했다. 그것은 레이건이 기대했던 경계선을 넘은 것이었다. 레이 건은 키신저의 모든 강점들을 알고 있다면서 그를 많이 활용하겠지만 국무장관은 아니라고 포드에게 말했다. 그날 저녁에 포드는 월터 크롱 카이트(Walter Cronkite)가 하나의 공동 대통령직(a co-presidency)이라 고 부른 것에 관해서 텔레비전에 나아가 공개적으로 깊이 숙고했다. 참을 수 없이 레이건은 포드에게 전화를 걸어 그날 밤에 결정이 필요 하다고 말했다. 1시간 정도 후에 포드는 전화를 걸어 그 티켓에 참여 하지 않기로 결정했다고 말했다. 레이건은 시간을 별로 낭비하지 않 고 조지 부시(George Bush)에게 전화를 걸었고 부시는 전화에 대고 영광이다, 아주 영광이라고 말했다.934) 부시가 이렇게 레이건의 부통 령 후보가 되었다.

레이건이 국무장관으로 알렉산더 헤이그를 임명한 것은 키신저를 멀리하는 효과를 가져왔다. 그러나 헤이그는 곧 짧고 눈에 뜨지 않게 레이건에 의해서 밀려났고 조지 슐츠(George Shultz)가 그를 대치했 다. 놀랍게도 키신저는 레이건의 정책과 자기의 이견의 대부분이 우 익에서 나온 것임을 발견했다. 레이건은 미사일을 축소하기보다 단순 히 제한하는 군비통제 과정에 비판적이면서 대통령직에 임했다. 행정 부 강경론자들에게 놀랍게도 소련인들이 허장성세를 부리며 진짜로

933) Walter Isaacson, *Kissinger: A Biography,* New York: Simon & Schuster, 1992, p. 719.
934) *Ibid.,* p. 720.

축소를 받아들였다. 그 결과는 제로 옵션(the Zero Option)으로 알려진 유럽에서 모든 중거리 핵미사일을 제거하는데 대한 합의였다. 키신저는 황당했다. 왜냐하면 그 미사일들은 대규모의 소련 공격에 대비하여 NATO에게 억제를 보장하는 것이었기 때문이다. 훨씬 더 무서운 것은 1986년 레이캬비크(Reykjavik) 정상회담에서 지구 표면에서 모든 핵무기들을 제거하는 고르바초프(Gorbachev)의 비전을 수용하고 새 소련지도자를 냉전의 종식을 대변하는 지도자로 묘사하는 고르바초프 추종자들을 포용하는 레이건의 용의성이었다. 키신저는 소련외교정책에서 과감한 변화를 만들 고르바초프의 용의성에 너무 회의적이었던 것으로 드러났지만 소련 지도자에 대한 레이건의 비현실적인 홀딱 빠짐에 의해 당황했던 것은 그가 옳았다.[935]

레이건의 정책들에 대한 키신저의 반대가 진지했지만 보수적이되어가는 그의 공식적 입장은 혼합된 동기에 기인했다. 그것들 가운데에는 극우의 마음을 얻으려는 욕망이 있었다. 그것은 어려운 과제였다. 골수 보수주의자들은 데탕트의 초기 시기부터 그의 적이었다. 그들이 반대하는 것은 키신저의 정책적 입장만이 아니었다. 그들은 그의 스타일과 배경마저 싫어했다. 그 핵심에는 레이건 혁명이 종종 대중주의적 분노의 기미가 있었다. 대부분의 보수주의 운동의 활동가들은 고립주의와 일방주의의 혼합인 미국 우선주의를 내세웠다. 그리고 그들은 대서양 동맹과 같은 것에 관해서 세련된 국제주의적 까다로운 표현들을 불신했다. 이 혁명의 도깨비들은 동부 해안의 기성세대의 회원들이었다. 즉 그들은 록펠러들, 미디어와 은행의 엘리트들로서 모

---

935) *Ibid.*, p. 721.

두가 키신저의 후원자들이었다. 레이건 집회에서 활동가들은 외교협회와 3각위원회(the Trilateral Commission)의 음흉한 손들을 폭로하려고 하는 전단지들을 배포했다.

키신저는 오른쪽에 편을 든다고 해도 그 보수주의 운동의 얼씬거리는 간부들을 제거할 수 없었다. 그가 할 수 있기를 바라는 최선은 어느 정도의 보수주의 반대를 중립화 하는 것이었다. 그 노력은 보수주의 운동의 지적 인큐베이터(incubator)인 헤리티지 재단(the Heritage Foundation)의 만찬에서 연설했던 1988년 초에 과시 되었다. 그는 미국이 군비통제 보다는 소련과의 정치적 차이에 더 많은 초점을 두어야 한다고 말했다. 그 후 그 싱크 탱크의 국가 안보 전문가인 제임스 해케트(James Hackett)는 키신저가 관직을 떠난 이후 자기의 견해를 바꾸는 방식이 놀랍다고 말했다.936)

다음 봄에 나온 회고록에서 닉슨은 키신저를 친절하게 취급했다. 일단 회고록의 집필을 끝내자 닉슨은 뉴욕시 지역으로 다시 이사했다. 그리고 공개적으로 그리고 사적으로 레이건에게 키신저를 보다 더 활용하라고 촉구했다. 그러나 레이건 팀은 키신저를 옆줄에 세워두었다. 키신저의 유일한 임무는 1983년에 레이건이 임명한 초당적 중앙아메리카위원회(the Commission on Central America)를 이끄는 것이었다. 그것은 행정부가 엘 살바도르(El Salvador)를 위한 1억 1천만 달러의 원조 패키지의 승인을 획득하고, 또 니카라과(Nicaragua)에서 산디니스타(Sandinista) 정부와 싸우는 콘트라(contra) 반군들을 지원하는 간헐적 정책에 어떤 일관성을 가져오는데 돕는 커버에 지나지

---

936) *Ibid.*, p. 722.

않았다. 키신저 위원회의 최종적 산물은 일반적인 레이건의 정책을 인정하는 132쪽의 합의 보고서였다. 레이건은 그 보고서를 크게 칭송하는 큰 쇼를 하고 군사적 및 인도주의적 원조를 위한 요구서를 즉시 제출했다 그러나 80억 달러의 원조 패키지는 의회나 백악관에서 결코 심각하게 취급되지 않았다.[937]

선출직에 대한 유혹은 그가 마리오 쿠오모(Mario Cuomo)에 대항하여 주지사로 출마하는 가능성에 관해서 뉴욕 주의 공화당 지도자들에게 타진했던 1986년에 다시 한 번 키신저를 끌어들였다. 상원 의원으로 키신저는 의미가 있었지만 대부분의 객관적 관찰자들에게 주지사로서의 그는 표면상으로 웃음거리였다. 대부분의 뉴욕 주 공화당 지도자들도 동일하게 느꼈지만 그들은 쿠오모를 잡을 누군가를 열심히 찾았고 그래서 키신저에게 격려를 보낸 것이었다. 수주 간의 협의 후에 키신저는 그 아이디어를 버렸다.

1989년 조지 부시(George Bush)가 대통령에 취임하자 키신저는 고위직에 있을 때 만든 적대감이 후에 괴로움으로 돌아온다는 삶의 경구들 가운데 하나와 마주했다. 부시 대통령은 키신저에게 자리를 제공하지 않았을 뿐만 아니라 자기의 상담회사에서 로렌스 이글버거(Lawrence Eagleburger)와 브렌트 스코우크로프트(Brent Scowcroft) 최고위급 동료 두 명을 빼앗아 갔다. 실제로 키신저는 각각 국무부 부장관과 국가안보 보좌관으로 두 사람의 임명을 기뻐했다. 그는 그들을 좋아했다. 그리고 그것은 그에게 행정부의 심장부에 좋은 접근성을 제공했다. 이것의 증거가 1989년 부시의 취임 직후에 곧 왔다. 비판

---

937) *Ibid.*, p. 725.

자들에 의해서 "얄타 II"(Yalta II)라고 명명된 키신저의 제안에[938] 대해 베이커(Baker) 국무장관이 갑자기 키신저에게 굴욕을 주었다. 베이커는 그 아이디어를 공중으로 날려버렸다. 키신저의 얄타 II의 뒤에 있는 개념은 1972년 모스크바 정상회담에서 체결된 행동규범(the Code of Conduct)과 1975년 헬싱키의 마지막 법의 뒤에 있는 것과 비슷했다. 키신저의 새 계획 아래에서는 조용하고 묵시적인 조정의 틀이 마련되고 그 속에서 모스크바가 동유럽의 자유화에 동의하는 것이고 그에 대한 대가로 미국은 소련의 안전을 위협할 방식으로 이런 변화들을 이용하지 않는 다는데 동의할 것이다.[939]

그것은 키신저 외교의 궁극적인 것이었다. 키신저는 이 패키지 계획을 1988년 12월 사적인 모임에서 대통령 당선자 부시, 스코우크로프트, 그리고 베이커에게 제안했다. 키신저는 부시가 냉전을 종식시킬 기회를 갖는 최초의 대통령이 될 것이라고 강조했다. 그러나 그것은 비전과 조심성을 필요로 할 것이다. 부시는 관심을 보였고 그는 키신저에게 그 아이디어를 소련 대통령 고르바초프에게 꺼내도록 승인했다. 키신저가 1989년 2월 18일 고르바초프와 사적인 만남에서 그 계획을 설명했을 때 소련 지도자는 고개를 앞으로 내밀면서 숨겨진 의미가 있는지를 물었다. 그것은 동유럽에서 소련인들의 궁극적인 의도를 노출하게 하는 장치인가? 키신저는 그가 방금 윤곽을 말한 것 외에 다른 의제는 전혀 없다고 대답했다.

고르바초프는 키신저의 옛 비공식 채널 파트너였던 도브리닌 대사

---

938) Walter Isaacson, *Kissinger: A Biography,* New York: Simon & Schuster, 1992, p. 727.
939) *Ibid.*

를 부시행정부가 원한다면 미래의 대화를 위해 키신저와의 통로로 봉사하도록 지명했다. 그러나 베이커 국무장관은 자기가 아니라 키신저에 의해서 다루어 질 외교의 시작을 격려할 생각이 없었다. 2월까지 그 계획은 국무성으로 부터 누설되었고 유럽 문제의 많은 전문가들이 키신저의 개념에 거의 공포에 가까운 황당함을 표현했다. 베이커는 무정부 상태가 발생하지 않는 한 외교가 불필요하다고 말했다. 키신저의 두려움은 일단 무정부 상태가 있고 탱크들이 구르면 그것은 외교에 너무 늦다는 것이었다.[940] 얄타 II 사건 이후로 키신저의 부시 및 베이커와의 관계는 싸늘했다.[941]

부시 행정부는 키신저를 박대했다. 부시는 키신저를 좋아하거나 믿지는 않았지만 키신저의 가치를 알고 있었다. 1989년 늦게, 만일 독일인들이 미국을 그들의 염원을 방해하는 것으로 본다면 미국은 나중에 대가를 지불할 것이라고 경고하면서 두 개의 독일 정책은 재앙이 될 것이라고 부시 대통령에게 권고했다. 키신저는 서독의 수상과 사실상 밀집 행진으로 나아가도록 촉구했다.[942] 이 권고는 부시 자신의 본능과 일치했지만 그것을 강화하는데 키신저가 행정부의 위대한 성공들 가운데 하나에서, 즉 독일의 평화적 재통일에서 역할을 했다.[943]

키신저는 중국에 대한 정책에서도 계속해서 역할을 갖고 있었다.

---

940) Thomas A. Schwartz, *Henry Kissinger and American Power: A Political Biography,* New York: Hill and Wang, 2020, p. 384.

941) Walter Isaacson, *Kissinger: A Biography,* New York: Simon & Schuster, 1992, p. 729.

942) Thomas A. Schwartz, *Henry Kissinger and American Power: A Political Biography,* New York: Hill and Wang, 2020, p. 384.

943) *Ibid.*

중국의 인민군들이 항의하는 학생들을 깔아뭉겠던 천안문 광장의 학살 후에 많은 미국인들은 부시 행정부가 베이징 정부를 처벌하기 위해서 중국의 무역에 대항하는 강력한 조치를 입법화하기를 원했다. 키신저는 신중할 것을 상담했고 가혹한 비판에 직면했다. 그는 "덩샤오핑(Deng Xiaoping)의 피 묻은 손에 키스를 했다"는 비난을 받았다.[944] 키신저는 미-중관계의 중요성을 주장하는 데 결코 실패하지 않았다. 그리고 그는 두 나라들 사이에서 핵심적 대담자로 남았다.[945] 그 해 말에 그와 닉슨은 중국으로 개별적 여행을 해서 관계의 수리를 위해 일했다. 키신저는 미국이 베이징과 "전략적 대화"(strategic dialogue)를 갖는 것이 필요하다고 주장했다.[946]

부시 행정부 시절에 키신저는 역시 빈번히 중동에서 정책과 소련을 향한 정책에 대해 빈번하게 코멘트를 요청 받았다. 이라크가 쿠웨이트를 침공한 뒤에 키신저는 부시 정책들의 거침없는 지지자였고 또 사우디아라비아에 병력을 파견하는 그의 정책을 지원했다. 그는 저녁뉴스에 빈번히 출현하여 사담 후세인(Saddam Hussein)을 축출하기 위해 무력사용의 강력한 지지자였다. 그는 행정부가 사담과의 대결에서 마치 후퇴할 것으로 보일 때만 행정부에 비판적이었다.[947] 키신저는 1991년 1월 전쟁이 시작한 직후 부시에게 전화를 걸어 사담과의 대결에서 미국인들을 구원한데 대해 감사했다. 전쟁기간 중 그는 두 네트워크에 빈번히 등장했으며 그의 미디어보다 더 새로운 세계, 즉

---

944) *Ibid.*, pp. 384-385.
945) *Ibid.*, p. 385.
946) *Ibid.*
947) *Ibid.*, p. 385.

CNN에 등장하여 해설을 제공하고 미국의 외교적 상황을 분석했다.

전쟁 후에 그는 이스라엘인들과 팔레스타인인들 사이에서 협상을 촉진하기 위한 마드리드 회의(the Madrid Conference)에서 행정부의 노력을 지원했다. 그는 페르시아 만 전쟁(the Persian Gulf War)의 결과로서 부시 대통령의 새 주장인 "신 세계질서"(a New World Order)에 대해서는 회의적이었고, 또 미국이 그것의 공약에서 과잉 확대에 빠질 수 있을 것이라고 걱정했다. 키신저는 또한 실패한 소련의 쿠데타와 그에 따른 소련의 몰락에 따라 빈번한 해설가였다. 러시아에 대한 부시 행정부의 부적절한 대응과 러시아의 서방으로부터 경제적 지원의 필요성으로 간주하는 것을 비판하는 데 있어서 키신저는 다시 한 번 자기의 과거 보스인 닉슨과 합류했다.948)

또한 키신저는 테러리즘에 특별히 높은 프로파일을 갖게 되었다. 미국인들이 레바논(Lebanon)에서 인질이 되었을 때 이 쟁점이 대중적 눈에 빈번했고 또 감정적 논쟁에 굴복했다. 윌리엄 히긴스(William Higgins) 대령의 납치와 처형한 뒤에 훨씬 더 큰 대중적 비명이 있었다. 1989년 8월 3일 ABC "나이트라인"(Nightline)의 특별 프로그램에서 테드 코펠(Ted Koppel)은 테이블 주변에 원로 외교 문제 전문가들로 가득한 국가안보회의 모의 회의를 주관했다. 그들의 과제는 인질 위기를 다루는 것으로 가능한 해결책을 제안하고 토론하는 것이었다. 키신저가 좌장을 맡았다. 키신저가 논의를 지배했다. 테드 코펠이 별로 개입하지 않았던 1시간 정도의 쇼는 외교정책 문제의 어떤 국가적 논의에서도 키신저가 여전히 차지하는 핵심적 역할의 작은 하나의 표

---

948) *Ibid.*

시였다.[949]

　냉전의 종식과 유권자들에 대한 외교정책의 감소된 중요성으로 10여년 만에 정권을 잡은 민주당의 빌 클린턴(Bill Clinton) 행정부는 지미 카터가 직면했던 외교정책에 대한 공화당의 반작용 형태를 직면하지 않았다. 키신저는 클린턴 행정부 시기에도 소말리아(Somalia)와 아이티(Haiti)에 관한 어떤 정책들에 비판적이지만 중국과 중동에 대한 이니셔티브 그리고 멕시코와 캐나다와의 무역협정을 포함하여 다른 정책들은 지지를 하면서 적극적인 해설가로 남았다. 그는 클린턴이 자기의 선거공약을 뒤집었을 때, 그리고 중국의 최혜국 지위를 갱신했을 때 그는 백악관에 초대되었다. 그리고 그는 중국과 무역을 정상화하려는 성공적 노력을 지지했다. 키신저는 중국의 경제발전과 세계경제에 통합되는 것이 미국의 국가적 이익이라는 아이디어를 촉진했다. 그리고 그는 인권과 중국의 정치적 권위주의에 관한 관심을 얕보았다. 클린턴 행정부 시기에 키신저는 해외에서, 특히 발칸(the Balkans)에서 미국 군사력의 사용에 반대했다. 그는 인도주의적 개입에 뚜렷하게 회의적이었고 아이티와 소말리아에 개입하는 "미션 크리프"(Mission Creep)에 비판적이었다.[950] 1994년 4월에 서거한 리처드 닉슨을 위한 그의 장례식 연설은 3개 네트워크들과 케이블 TV에서 모두 방영되었다. 그것은 그에게 닉슨을 매우 독창적인 대통령으로 칭송하고 그들의 외교정책적 성공들을 강조할 기회를 제공했다.[951]

---

949) *Ibid.*, p. 386.
950) *Ibid.*, pp. 388-389.
951) *Ibid.*, p. 389.

1990년대가 진행하면서 키신저는 CNN에 보다 빈번하게 출연했다. 분명히 우울하고 감정적인 키신저는 이츠하크 라빈(Yitzhak Rabin)이 암살당한 몇 시간 후에 그에 관해 말하면서 군인과 사상가로서 외로운 길을 걸어간 평화의 인간으로서 그의 역할을 칭송했다. 외교정책에 대해 해설하고 자기의 "키신저 회사"(Kissinger Associates)[952]를 운영하면서 저작자로 돌아가기로 결심하였다. 이제 키신저도 나이가 70세에 접어들면서 자신의 저서 <회복된 세계>에서 다음과 같이 주장했던 것을 스스로 상기했을 것이다.

"그러므로 정치가들은 미래에 대한 비전을 가지고 있지만 그러나 그것을 자신들의 동포들에게 직접적으로 전달할 수 없고 또 그것의 진리를 확인할 수 없는 고전적 드라마에서 영웅들 중 하나와 같다. 국가들은 오직 경험을 통해서만 배운다. 그들은 오직 행동하기에 너무 늦었을 때만 '안다.' 그러나 정치가들은 그들의 직감이 이미 경험인 것처럼, 그들의 여망이 진리인 것처럼 행동해야만 한다. 정치가들이 종종 예언자를 공유하고, 그들이 자신의 조국에서 명예가 없고, 그들이 자신들의 프로그램들을 국내적으로 정당화하는데 항상 어려운 과제를 갖고, 그리고 그들의 위대성은 그들의 직감이 경험이 될 때 회고적으로만 보통 분명해지는 것은 바로 이런 이유 때문이다. 그러므로 정치가는 교육자가 되어야 만한다. 그는 국민의 경험과 그의 비전 사이에서, 국가의 전통과 국가의 미래 사이에서 간격을 메꾸어야만 한다. 이 과제에서 그의 가능성은 제한되어 있다. 자기 국민의 경험을 지나치게 앞지르는 정치가는 그의 정책들이 아무리 현명하다고 해도 국내적 합의를 달성하는데 실패

---

952) "키신저 회사"에 관한 자세한 설명을 위해서는, Walter Isaacson, *Kissinger: A Biography,* New York: Simon & Schuster, 1992, chapter 33을 참조.

할 것이다; 캐슬레이를 보라. 자신의 정책을 자기 국민의 경험에 제한시키는 정치가는 자가 자신을 헛되게 만들 것이다; 메테르니히를 보라."953)

이리하여 헨리 키신저는 자기 국민의 경험을 지나치게 앞지름으로써 실패한 제2의 캐슬레이가 되고 싶지 않았을 것이다. 그의 외교정책은 미국의 오랜 전통을 극복하려고 했었다. 캐슬레이의 힘의 균형정책은 국제적 안정의 축이라고 믿었던 키신저는 메테르니히처럼 국제적 정당성을 국제적 안정의 또 하나의 한 축으로 보았다. 그리하여 키신저는 국제적 안정과 평화는 국제적 정통성과 힘의 균형에 입각할 수밖에 없으며 미국의 외교정책은 이 두 가지의 원칙에 입각하여 국제정치를 끊임없이 관리해 나아가야 한다고 믿고 있다. 이제 미국 국민들의 교육자가 되어 그들에게 원로 정치가로서 자기의 비전을 전달하기로 한 것이다. 그런 변신은 그에게 결코 어려운 일이 아니었다. 그것은 그가 정부에 들어가기 전에 원래 하버드 대학교의 교수였기 때문이다. 그리고 자기 비전의 전달수단은 국민교육의 텍스트를 위해 관련 저서를 출간하는 일이었다.

키신저는 자신의 나이가 71세가 된 1994년에 교과서 같이 포괄적인 제목을 단 <외교>(Diplomacy)라는 국민교육용 텍스트를 출간하였다.954) 그의 책은 무려 총 912 페이지에 달하는 방대한 것이었지만 곧바로 베스트셀러가 되었다. 키신저는 근대 영토국가의 국제사회인

953) Henry A. Kissinger, *A World Restored: Metternich, Castlereagh and Problems of Peace 1812-1822*, Boston: Houghton Mifflin, 1957, p. 329.
954) Henry A. Kissinger, *Diplomacy*, New York: Simon and Schuster, 1994.

오늘날의 국제체제가 탄생한 17세기의 근대 국제관계와 프랑스의 추기경 리슐리외(Cardinal Richelieu)의 이야기로 시작하지만 그 책은 미국이 국제체제의 구성원이 된 20세기의 쟁점들과 개인들 그리고 운동에 관심의 대부분을 할애했다. 미국이 외교를 해석하는데 있어서 키신저는 외교정책의 두 대통령을 대조했다. 그들은 현실주의와 이상주의의 극을 대변하는 시어도어 루즈벨트(Theodore Roosevelt)와 우드로 월슨(Woodrow Wilson) 대통령이었다. 세계에서 미국의 매력에서 월슨의 이상들의 중요성을 인정하면서도 키신저는 국가이익의 관점에서 외교 정책수행의 중요성을 이해했던 시어도어 루즈벨트에 대한 결정된 선호를 표명했다.

루즈벨트에 관한 키신저의 어떤 문장들은 그가 자신의 외교정책을 서술하는 방식과 본질적으로 동일했다. 힘에 의해서 뒷받침되지 않거나 그것들을 실행할 힘도 없는 고도로 소리 높은 원칙들만큼 루즈벨트를 많이 곤혹스럽게 한 것은 없었다고 키신저는 강조했다. 루즈벨트에게 평화는 본질적으로 유약하고 항구적인 불침법에 의해, 강자의 무기에 의해, 그리고 같은 마음의 동맹체제에 의해 만이 보존될 수 있을 것이다.[955] 이 책은 자기 세대 최고의 학자-외교관으로서 자기의 위치를 주장하고 또 닉슨과 포드 행정부에서 자기가 한 일을 20세기 미국외교의 광범위한 역사적 범위 안에 두려는 키신저의 결연함을 대변하는 것이었다.[956]

키신저가 76세가 되는 1999년에 키신저는 포드 대통령 시기를 키

---

955) *Ibid.*, pp. 45, 54.
956) Thomas A. Schwartz, *Henry Kissinger and American Power: A Political Biography*, New York: Hill and Wang, 2020, p. 390.

버하는 자신의 3번째 회고록인 <갱신의 시기>(*Years of Renewal*)를 출간했다.[957] 그것은 보다 큰 조망의 이점을 가지고 있지만 그것은 포드 대통령직을 냉전에서 미국의 승리에 관한 거대한 서술에 끼어 넣으려는 키신저의 포악한 결의로부터 상처를 입었다.[958] 키신저는 신보수주의적 비판자들로부터 자기를 방어하는데 가장 많은 관심을 기울였다. 키신저의 견해에 의하면, 포드 대통령직은 과거에 믿었던 것 보다 더 성공적이었고 또 더 많은 것을 성취했다. 그리고 레이건의 정책은 사실상 실용주의와 이상주의 전형적인 미국식 결합인 윌슨주의적 수사학이 닉슨과 포드 행정부의 지정학적 전략들과 결합된 영리한 공들임에 지나지 않았다.[959]

미국의 갱신을 위해 키신저는 여기서 대통령의 올바른 정책결정을 위해 자신이 생각하는 원칙들을 새롭게 제시했다. 미국의 헌법은 대통령에게 비상한 권한을 부여하기 때문에 정책이 어떻게 수립되거나 수행되어야 하는지에 관해서 절대적 규칙이 없다면서 대통령의 개성과 심리적 기질을 위해 어느 정도의 여지가 남겨져야 한다. 그럼에도 불구하고 키신저는 그가 관찰하고 연구한 것으로부터 확실한 일반적 원칙을 다음과 같이 6개로 집약했다.[960]

---

957) Henry Kissinger, *Years of Renewal,* New York: Touchstone, 1999.

958) Thomas A. Schwartz, *Henry Kissinger and American Power: A Political Biography,* New York: Hill and Wang, 2020, p. 390.

959) Henry Kissinger, "The Old Left and the New Right," *Foreign Affairs,* Vol. 78, No. 3 (1999), pp. 114-115.

960) Henry Kissinger, *Years of Renewal,* New York: Touchstone, 1999, pp. 1067-1068.

"첫째, 효율적인 정책결정과정은 2차적인 문제들에 대해 대통령의 시간을 낭비해서는 안 된다. 그 대신에 그것은 오직 그만이 결정할 지위에 있는 그런 문제들에 그의 관심을 집중해야 한다.

둘째, 대통령은 정보가 여전히 완벽하지 않고 또 변함이 없지만 행동의 결과가 불분명한 채로 결정이 종종 이루어져야 하는 고위공직의 원천적 딜레마를 극복할 모든 기회가 주어져야 한다. 그러나 만일 대통령이 너무 오래 기다린다면 그는 그것들을 형성해갈 능력을 잃는다. 그러므로 문제들은 정확하게 정의되어야 할 뿐만 아니라 그것들은 창조적 행동을 위한 여지가 남아 있는 동안에 처리되어야 한다.

셋째, 결정들은 일반적 이론이 아니라 구체적인 행동의 길을 아니면 적어도 공동의 관료적 분모를 처방해야만 한다.

넷째, 정책결정 과정은 그 결정을 수행할 의무가 있는 최대한의 가능한 수의 사람들을 관련시켜야 한다. 그리하여 그들에게 집행과 대중에게 제시하는데 있어서 그들에게 몫을 제공할 것이다. 고독한 행동은 초기 닉슨 시기가 증명하는 것처럼 종종 신속함과 결정성, 일관성, 그리고 융통성의 관점에서 이점이 있다. 그러나 외교정책의 항구적 특징으로서 그것은 일관성과 지속성을 모험할 것이다.

다섯째, 결정들은 잘 생각해낸 정책의 선택들을 반영해야만 한다. 즉, 그들은 이런 질문들에 답변해야만 한다. 우리는 무엇을 달성하려고 하는가, 혹은 우리는 무엇을 예방하려고 하는가? 그 결정으로부터 우리는 어떤 결과를 기대하는가 그리고 그것들을 처리하는데 있어서 우리는 어떤 조치들을 마음속에 갖고 있는가? 제안된 행동의 비용은 무엇인가? 우리는 그 대가를 그리고 어느 정도의 기간동안 기꺼이 지불할 것인가?

여섯째, 대통령의 결정들이 그것들의 모든 뉘앙스에서 충실하게 수행되고 있다는 것을 모니터할 절차가 있어야만 한다. 대통령이 자신의 목적들을 알고 있지 않는 한, 그리고 그런 목적들이 국가적 그리고 지구적 이익과 일치하지 않는 한, 그가 어려움을 무릅쓰고 자신의 신념을 추구할 용기를 갖고 있지 않는 한, 그리고 그 노선을 유지하기 위해 충분한 대중적 지지를 동원할 정치적 솜씨를 갖고 있지 않는 한 어떤 절차도 작동하지 않을 것이다. 이것은 대중적 여론조사에 외교정책을 맞춰가는 것과 동일하지 않다. 대중들은 설사 이것들이 대중들의 표면적인 선호를 따랐다 할지라도 재앙에 대해 지도자들을 용서하지 않을 것이기 때문이다. 뮌헨 이후 네빌 체임벌린(Neville Chamberlain)의 운명을 보라."

2001년 78세의 키신저가 <미국은 외교정책이 필요한가?>(Does America Need A Foreign policy?)라는 또 하나의 저서를 출간했다.[961] 새 천년의 여명에 미국은 과거의 가장 위대했던 제국에 의해서조차 경쟁이 되지 않는 우월함을 향유하고 있다고 서두를 시작하면서 세계의 5개 지역에서 미국의 이익을 분석한다. 그것들은 유럽, 서반구, 아시아, 중동과 아프리카이다. 그리고 그는 각 지역에 대한 정책적 처방을 제시했다. 그리고 키신저는 세계화와 인권에 관한 별도의 장들을 할애했다. 그러나 그 책의 가장 중요한 부분은 유럽과 아시아에 대한 미국의 정책을 다루었다. 이 두 지역은 다른 강대국들을 내포하고 있고 또 미국이 여전히 대규모 군사적 주둔을 유지하고 있는 곳이다. 따라서 이 두 지역은 미국에게 가장 큰 전략적 중요성을 갖는 지역들이다.

키신저의 정책적 처방은 비교적 간단했다. 미국은 그것이 창조한 핵심적 동맹체제를 보존하려고 분발해야 한다. 유럽에 관해서 그는

---

961) Henry A. Kissinger, *Does America Need A Foreign Policy? : Toward A Diplomacy for the 21st Century*, New York: Simon & Schuster, 2001.

최대한으로 조화로운 대서양 관계를 주창한다. 그리고 아시아에서 그는 미국과 일본 사이에 긴밀한 관계의 유지를 권고한다. 이런 목적들을 전제로 할 때 미국의 외교적 지위가 부식하고 있는 징후들의 점증에 대해서 고민하고 있었다. 미국과 유럽의 관계는 냉전종식 후 유럽이 미국과의 분쟁으로 괴롭힘을 당하고 있다. 그리고 이런 경향은 미국 측의 실수들에 의해서 악화되었다. 그는 특히 클린턴 행정부부터 정책 결정자들이 위압적인 승리감에 도취되었다고 비판했다. 그는 동맹체제 내에 마찰이 전략적 목적의 상실을 수반했다고도 경고했다. 키신저는 그것이 오랫동안 진지한 군사동맹으로 남아 있을 수 있는지를 의심했다. 상황은 아시아에서 많이 더 낫지 않다. 키신저는 미-일 간의 정치적 관계가 미국의 피후견인으로 남아 있지 않으려는 일본의 점증하는 태도로 인해 근본적인 변화를 앞에 두고 있다. 미국은 복종적 일본을 다루어 왔기 때문에 이 과정은 도쿄와 워싱턴 사이의 관계를 분명히 긴장시킬 것이다.

뿐만 아니라 외교가 오도되고 전략적 감각이 없는 국내적 정치세력들의 포로가 되었다. 주된 죄인들은 세계의 발전에 최고의 도덕적 요인들 만을 믿는 진보 혹은 좌익 엘리트들이다. 키신저는 또한 미국이 인자한 지구적 헤게모니나 팍스-아메리카를 수립하기 위해 행동하도록 요구하는 우익 신보주의자들에 대해서도 비판적이다. 그리고 이 이야기에서 세 번째 악당은 미국의 대중이다. 키신저는 지난 3번의 대통령 선거에서 외교정책 문제들이 거의 관심을 받지 못한 것에서 알 수 있는 것처럼 미국외교정책에 대한 대중들의 관심이 가장 낮았다고 강조했다. 이런 대중의 무관심은 위험하다. 그리고 대체로 대중은 국제적 공약을 갈수록 덜 지지하고 있다. 따라서 키신저는 비스마르크와 같은, 아니면 젊은 "키신저와 같은"962) 스마트하고 영리한 정치가가 미국외교를 책임져야 희망이 있다는 것이다. 키신저도 정치가들이 국제정치를 형성해가는 넓은 구조적 세력들에 의해서 항상 제약된다는 것을 인정했다. 그는 이점을 "정치가가 할 수 있는 최선이란 신의 발자국 소리에 귀를 기울이고 그의 옷자락을 움켜쥐고 그와 함께 몇 걸음을 걸어 나가는 것이라는"963) 비스마르크의 유명한 경구를 이 책의 결론에서 인용함으로써 명확히 알고 있다는 것을 입증했다. 그럼에도 불구하고 키신저는 개인들이 중요한 방식으로 역사를 형성해 나아가고 위대한 정치가는 세계정치의 무대에서 선을 위해 강력한 힘이 될 수 있을 것이라는 믿음을 포기하지 않았다. 개인적 외교와 탁월한 리더십의 솜씨는 국제정치에서 상당히 중요하다. 올바른 환경만 주어진다면 그런 솜씨들이 현재 미국의 외교정책을 빗나가게 하고 있는 유해한 구조적 세력들에 승리할 수 있을 것이다.964)

2001년 9월 11일 마른 하늘에 날벼락 같은 테러공격은 키신저에게 전쟁 중에 있는 미국에서 원로 정치가로서(an elder statesman) 다시 등장할 기회를 제공했다. 그 비극적인 날, 9월 11일 키신저는 독일에 있었다. 전화가 연결되었을 때 CNN에서 부시 행정부는 신속하게 보복할 필요가 있을 것이라고 말했다.965) 2000년 대통령 선거운동이 시

---

962) John J. Mearsheimer, "Kissinger's Wisdom⋯and Advice," *The National Interest,* Fall 2001, p. 125.

963) Henry A. Kissinger, *Does America Need A Foreign Policy? : Toward A Diplomacy for the 21st Century,* New York: Simon & Schuster, 2001, p. 465.

964) John J. Mearsheimer, "Kissinger's Wisdom⋯and Advice," *The National Interest,* Fall 2001, p. 126.

작하자 더 이상 정부의 역할을 마음에 품지 않는 77세의 키신저는 신속하게 조지 W. 부시(George W. Bush) 선거운동에 동참했었다. 도널드 럼스펠드 같은 과거의 경쟁자들과 화해하고 부통령 딕 체니(Dick Cheney)와 긴밀한 관계를 발전시켰다. 콜린 파월(Colin Powell)과 함께 키신저는 부통령 앨 고어(Al Gore)와 외교정책 토론을 위해 부시를 준비시키는 걸 도왔다. 체니와 럼스펠드는 모두가 키신저와 정기적으로 만났으며 키신저는 행정부 정책의 노골적인 지지자였다. 2001년 9월 17일 일찍이 그는 CNN에게 만일 이라크가 이 테러 네트워크의 누군가와 유대가 있다면 그들은 공격을 받아야 한다고 말했다. 키신저는 이라크를 해방하고 그곳에 민주주의를 수립하는 것에 관해서 신보수주의 조망을 공유하지 않았지만 대량살상무기를 가진 이라크가 미국에 위협을 제기해서는 안 된다는 생각이었다. 그리하여 키신저는 공개적으로 행정부를 계속 지지했다.966)

2002년 11월 27일, 부시 대통령은 초당적 "9월 11일 위원회"(the September 11 Commission)를 설치하는 법안에 서명하고 전 민주당 상원 의원 조지 미첼(George Mitchell)을 공동의장으로 하고 키신저를 의장으로 선발했다. 부시는 키신저 박사가 이 중요한 과제에 광범위한 경험과, 선명한 사고, 그리고 신중한 판단을 가져올 것이라고 주장하면서 키신저를 "미국의 가장 많이 성취하고 또 존경받는 공무원"이라고 불렀다.967) 20년 전에 중앙아메리카위원회(the Central America

965) Thomas A. Schwartz, *Henry Kissinger and American Power: A Political Biography,* New York: Hill and Wang, 2020, p. 392.
966) *Ibid.,* p. 393.
967) *Ibid.*

Commission)에 의장으로 임명되었을 때 칭송과 비판을 동시에 가져왔었지만 칭송이 신속하게 반대자들을 질식하게 했었다. 그러나 2002년인 이번에는 달랐다. 거의 즉각적으로, 존 케리(John Kerry) 상원 의원은 키신저가 그의 객관성을 의심케 할 수 있는 키신저 회사와의 어떤 사업관계도 단절해야 한다고 고집했다. 과거 키신저는 어떤 해외 정부도 자기의 판단에 영향을 미치지 않을 것이라고 주장하면서 그렇게 하기로 약속했다. 키신저는 미디어에서 새로운 세대의 비판적 해설가들을 마주했다. 언론에서도 그의 옛 친구들은 거의 다 사라졌다. 새로운 세대의 언론인들은 그에게 비판적이었다. 2주 후에 키신저는 자기가 그의 여러 가지 사업관계에서 벗어나기에는 오랜 시간이 걸릴 것이고 그리고 위원회는 즉시 일을 시작할 필요가 있다는 그의 표명된 이유로 의장직을 돌연히 그만 두었다. 키신저는 역시 키신저 회사의 고객들, 특히 외국정부에 관련한 정보를 의회에 제공하길 원하지 않았다.[968] 키신저의 사임은 부시 정부가 이라크와의 전쟁을 위한 준비에 박차를 가하면서 역사에서 각주가 되었다.

콜린 파월 국무장관이 유엔에 미국의 주장을 제시했을 때 키신저는 CNN에서 파월은 이라크의 유엔 제제 위반의 문제에 대해 거래를 끝냈다고 말했다 그는 사담을 자기 가족을 죽인 미치광이라고 불렀으며 미국의 주도에 따르지 않으려는 프랑스를 비판했다. 전쟁에 대한 최종점검이 가까워 옴에 따라 키신저는 사담 후세인 이라크 대통령이 유엔의 결의안을 준수하도록 12년이나 주어졌기 때문에 어떤 마지막 타협도 차이를 내지 않을 것이라고 주장하면서 부시의 접근법을 계속

---

968) *Ibid.*, p. 395.

지지했다. 미국의 신속한 군사적 승리와 점령정부의 수립 후에 이라크 내에서 반란이 계속되고 다음 3년간 성장하자 키신저는 베트남으로 인지한 평행선에 대해 점차로 걱정하게 되었다. 그는 중동 전역에서 민주주의와 자유를 향상시키는 것을 강조한 부시의 두 번째 취임연설을 싫어했다. 키신저는 이라크에서 부시행정부가 반란을 패배 시킬 전략이 부족하다고 믿었다. 2005년 8월 널리 읽힌 신문 칼럼에서 키신저는 행정부에게 전쟁에 대해 감소하는 대중적 지지가 베트남 같은 상황을 초래할 수 있을 것이라고 경계했다. 반란에 대한 승리는 오직 의미 있는 출구전략이라고 그는 주장했다.[969]

2006년 중간선거에서 압도적인 민주당의 승리는 이라크에서 전략의 변화를 요구했다. 이제 키신저도 공개적으로 이라크에서 승리를 달성하는 것은 가능하지 않다고 주장했다. 그는 부시 행정부에게 이라크의 이웃 국가들과 어떤 보다 큰 조정을 모색하라고 권유했다. 그러나 그 대신에 부시 행정부가 "큰 파도"(surge) 전략을 결정했을 때 키신저는 진정으로 놀랐다. 그것은 이라크를 안정화 시킬 목적으로 미국 전투병의 수를 증가시키는 것이었다. 키신저는 결코 요란한 비판자가 되지는 않았지만 2007년에도 큰 파도 전략에 대해 비관적으로 남았다. 키신저는 이라크에서 전쟁이 일종의 스스로 자초한 클라이맥스에 접근하고 있다고 썼다.[970] 실제로 이라크에서 반란은 김이 빠지기 시작했고 미국의 큰 파도는 작동하기 시작했다. 이라크에서 폭력의 수준은 가파르게 감소했다.[971]

---

969) *Ibid.*, p. 396.
970) *Ibid.*, p. 397.

처음엔 회의적이었음에도 불구하고 키신저는 정부를 지지했고 좋은 관계를 유지했다. 콘돌리자 라이스(Condoleezza Rice) 국무장관이 6자 회담을 재개하여 북한의 핵 프로그램을 종식시키려는 시도를 결정하는 데 키신저가 권고를 제공했다. 라이스는 키신저에게 이 노력에서 미국이 심각하다는 메시지를 중국의 후(Hu) 주석에게 강조해 달라고 촉구했다. 키신저는 중국에서 굉장한 위신을 계속 향유했다 그래서 그는 2008년 베이징 올림픽에서 부시 대통령과 함께 명예손님으로서 참관했다. 키신저는 중동 전체를 불안정하게 할 위험이 있다고 그가 주장하는 이란의 핵 프로그램을 저지하는 아이디어에 대해서 노골적이었다.972)

2008년 대통령 선거에서 민주당의 버락 오바마(Barack Obama)가 선출되자 키신저는 백악관이 조지 W. 부시 대통령처럼 자기를 부를 것 같지 않다는 것을 알고 있었다. 민주당원인 오바마는 키신저가 지지한 이라크 전쟁에도 노골적인 비판자였다. 오바마의 외교정책적 접근법은 다자주의를 강조하고 과거 미국 군사력의 행사를 의심했다. 부시 시대의 "어리석은 전쟁들"과는 대조적으로 "스마트 파워"(smart power)를 선포하면서 오바마는 키신저나 외교정책 기성세대를 거의 사용하지 않았다. 키신저는 이란 핵 거래와 중동에서 물러나는 결정을 포함하여 오바마의 외교정책 아젠다(agenda)의 대부분에 비판적이었다. 키신저의 조망에서 시리아에서 아사드 정부와 러시아의 개입에 대항하지 않기로 한 오바마의 결정은 그가 스스로 40년 전에 이룩했

---

971) *Ibid.*
972) *Ibid.*

던 정책에 종말을 고하는 것이었다. 키신저는 오바마에 관해서 회의적이었다.[973]

2011년, 88세의 헨리 키신저는 <중국에 관해서>(*On China*)라는 총 608쪽의 새 저서를 출간했다. 이 책은 역사서나 회고록이 아니라 미국 국민들에게 중국을 어떻게 이해하고 대할 것인가를 제시한 또 하나의 일종의 국민교육용 교과서였다. 그것의 목적은 미국이 비극적 갈등을 피하기 위해서 중국의 부상에 우아하게 양보해야 한다고 주장하는 것이었다. 키신저는 중국의 외교를 중국의 전통적인 바둑(wei qi, 围棋) 게임에 비교했는 데 그것은 승리가 오직 상대적인 끈기 있게 포위하는 전략의 경합이다. 중국의 전략가들은 결정적 결과의 추구를 환상으로 간주한다. 그 대신에 그들은 전투적 공존의 게임을 하면서 국제정치에서 항상 변하는 무력의 와중에서 상대적 힘의 지위를 향상시키려고 모색한다. 역사는 강대국 민주주의와 거대한 전제주의 국가들 사이에서 지속 가능한 우정의 어떤 실례도 제공하지 않는다. 미-중 대결을 피해야 한다는 그의 제안의 전제는 건전하지만 그것은 국가이익을 고려하는데 실패했다.[974] 그러므로 키신저는 자기가 워싱턴과 베이징 사이에 협력을 제안할 때 그것은 국제정치의 본질의 이해에 입각한 예리한 분석 보다는 양국관계에 대한 자기의 소망과 큰 기대를 제시했다고 할 것이다.

2014년, 91세의 헨리 키신저는 그의 연세에도 불구하고 모두가 놀랍게도 <세계질서>(*World Order*)라는 모두 432쪽에 달하는 또 하

---

973) *Ibid.,* p. 401.
974) Andrew J. Nathan, "What China Wants: Bargaining with Beijing," *Foreign Affairs,* Vol. 90, No. 4 (July/August, 2011), p. 157.

나의 국민교육을 위해 야심찬 저서를 출간했다. 이 책의 핵심은 세계 질서에 아이디어에 대한 상세한 해석들과 그것을 건설하려는 경쟁적 접근법에 대한 그의 탐구이다. 키신저의 세계질서는 전 세계에 적용될 것으로 생각되는 권력의 정의로운 조정과 분배의 본질에 대하여 지역이나 문명이 갖고 있는 개념이다. 이런 종류의 어떤 제도도 두 개의 구성요소에 의지한다. 그것들은 허용할 행동의 한계를 정하는 일단의 공동으로 수락하는 규칙들과 하나의 정치적 단위가 다른 모든 단위들을 굴복시키는 것을 막으면서 규칙이 깨어지는 곳에서 의제를 강제할 권력의 균형이다. 그러나 오늘날 이 제도는 신정체제에서 전제적 자본주의 그리고 국경 없는 탈근대성에 이르는 강력한 행위자들이 질서를 잡는 대안적 방식들을 향상시키기 때문에 아주 유동적이다.

그러나 오직 성공적인 구조는 세계질서의 두 가지 주요 목적들을 충족시켜야 한다고 키신저는 주장한다. 그것들은 정당성과 힘의 균형이다. 근대 국제체제는 1648년 치열한 30년 전쟁 후에 유럽 강대국의 대표들이 1648년 수립한 소위 웨스트팔리아 체제 혹은 국제체제이다. 키신저에 관한 한, 민족국가가 국제체제에서 여전히 주요 행위자들이다. 국제적 제도들이나 비국가 행위자들은 중요한 행위자가 아니다. 유럽의 강대국들이 지속가능한 제도를 수립하기 위해서 빈에서 모였던 1814년 이래 많은 것이 변하지 않았으며 동일한 강대국들이 유럽을 절벽으로 몰아 부쳐 진정으로 첫 지구적 갈등이 된 주요 전쟁을 일으킨 1914년과 오늘날은 많이 다르지 않다. 따라서 키신저는 인류가 옛 권력정치의 유형과 국가간 경쟁을 거의 극복했다고 생각하는 사람들에게 경고했다.

세계화와 그에 따른 복잡한 상호의존의 정도가 새로운 도전들이다. 세계화에 의해서 생산된 경제적 상호의존은 성장을 촉진할 뿐만 아니라 경제적 충격의 범위를 확장시킴으로써 안정화하는 힘이 되는 것과 동시에 파괴적인 힘으로 작용한다. 비록 세계정치가 웨스트팔리아 체제의 모델에 쉽사리 들어맞지 않는 일군의 요소들에 의해서 복잡하게 되었음에도 불구하고 키신저는 여전히 강대국들 관계의 관리가 무엇보다 중요하다고 주장한다. 그것은 옳은 말이다. 목적이 있는 미국의 역할은 철학적으로 그리고 지정학적으로 우리 시대의 도전에 지상명령이다. 21세기 세계질서의 진화 속에서 책임 있는 역할을 수행하기 위해서 미국은 스스로 다음의 5가지 질문에 답변할 준비가 되어 있어야 한다고 키신저는 강조했다.[975]

"첫째, 그것이 어떻게 발생하든, 필요하다면 혼자서 라도, 무엇을 막으려고 해야 하는가? 대답은 사회의 생존을 위한 최소한의 조건들을 정의한다.

둘째, 어떤 다변적 노력에 의해서 지지를 받지 않는다 할지라도 무엇을 달성하려고 모색해야 하는가? 이런 목적들은 국가전략의 최소한의 목표들을 정의한다.

셋째, 오직 동맹에 의해서만 지지를 받는다면 무엇을 달성하거나 아니면 막으려고 해야 하는가? 이것은 지구적 체제의 일부로서 나라의 전략적 갈망의 외적 한계를 정의한다.

넷째, 다변적 집단이나 혹은 동맹에 의해 촉구되는 경우라 할지라도 우리는 무엇에 손을 대서는 안 되는가? 이것은 세계질서에서 미국의 참여의 제한적 조건을 정의한다.

---

975) Henry Kissinger, *World Order,* New York: Penguin Press, 2014, pp. 372-373.

다섯째, 무엇보다도, 우리가 발전시키려고 하는 가치들의 본질은 무엇인가? 무슨 응용들이 부분적으로 환경에 달려있는가?"

전 주미 독일 대사였던 볼프강 이슁거(Wolfgang Ischinger)에 의하면, "키신저의 이 책은 지구적 질서에 관해서 염려하고 21세기에 갈등을 저지하고자 모색하는 모든 사람들에게 하나의 선물이다. 그 밖에 어느 누구도 이런 걸작을 생산할 수 없었을 것이다."976)

빌 클린턴과는 달리 힐러리 클린턴은 키신저와 상호존중의 사회를 발전시켰다. 뉴욕 주 출신의 상원 의원으로서 역할에서 그리고 상원 외교관계 위원회의 회원으로서 힐러리와 키신저는 그들이 정치적 차이에도 불구하고 서로 간에 우호적이었다. 힐러리는 1970년대 중국에 대한 키신저의 비밀외교를 칭송했으며 국무장관으로서 적대적인 정권을 다루기 위해 그것을 자신의 노력과 연결시키려고 노력했다. 그러나 2016년 1월, 도널드 트럼프(Donald Trump) 대통령 후보는 만일 미국이 없다면 부유한 국가들, 즉 지구의 표면에서 15분 만에 사라질 국가들을 방어하기 위해 미국인들이 매년 1,500억 달러를 소모하는 데 대해 미국이 세계의 웃음거리가 되고 있다면서 미국의 동맹국들이 미국에게 수십 억 달러를 사기 치고 있다고 지적하고 당시 오바마 대통령을 비난했다. 트럼프는 독일, 이스라엘, 일본, 사우디아라비아, 그리고 한국을 포함하는 동맹국들에게 그들의 국가들을 보호하는 데 도우라고 촉구했다. 트럼프는 특히 수년 동안 그들의 재정적 지원의 약속을 지키지 않고 유럽 방어의 재정적 부담을 주로 미국에게 넘기는

---

976) Wolfgang Ischinger, "The World according to Kissinger: How to Defend Global Order," *Foreign Affairs,* Vol. 94, No. 2 (March/ April 2015), pp. 160-166.

NATO회원국들에게 비판적이었다.977)

　　그해 11월 대통령 선거에서 민주당의 힐러리가 패배하고 공화당의 도널드 트럼프가 선출되었다. 키신저는 트럼프 대통령 당선자가 자신의 놀라운 승리 후에 초대한 첫 주요 외교정책 인물들 중 한 사람이었다. 그들의 스타일은 다를지 몰라도 키신저는 트럼프의 성취에 대한 칭송과 전환적(transformative) 대통령이 될 잠재력을 표현했다. 2017년 트럼프가 대통령에 취임한 후에는 러시아 그리고 중국과의 관계에 대한 트럼프의 특별한 관심과 키신저의 광대한 지식과 양국 지도자들과 키신저의 개인적 관계가 94세의 전 국무장관을 놀랍도록 빈번한 백악관의 방문자로 만들었다.978) 키신저는 트럼프에게서 기회를 감지했고 외교정책 문제에 관해서 계속해서 글을 쓰고 의견을 제시했다. "현실의 인정" 개념이 중동 같은 곳에서 트럼프의 상표가 되었다. 그곳에서 트럼프 대통령은 1995년 예루살렘 대사관 법(the Jerusalem Embassy Act)을 존중하고 그 법이 요구하는 대로 미국의 대사관을 그곳으로 옮김으로써 예루살렘을 이스라엘의 수도로 인정한 첫 미국 대통령이 되었다. 또한 북한의 핵무기 증강 문제를 바라보면서 그는 키신저가 닉슨의 중국 방문을 작업했던 것과 많이 흡사한 방식으로 그가 한반도의 비핵화를 가져오길 희망하고 널리 비판을 받은 북한 지도자와의 정상회담을 갖기도 했다.979)

---

977) Abraham R. Wagner, *Henry Kissinger: Pragmatic Statesman in Hostile World*, New York and London: Routledge, 2020, pp. 154, 158, note. 7.

978) Thomas A. Schwartz, *Henry Kissinger and American Power: A Political Biography,* New York: Hill and Wang, 2020, p. 403.

979) Abraham R. Wagner, *Henry Kissinger: Pragmatic Statesman in Hostile World,* New York and London: Routledge, 2020, p. 155.

2017년 8월 키신저는 <월 스트리트 저널>(*Wall Street Journal*)의 북한을 다루는 것에 관한 기고문을 통해서 트럼프 대통령에게 최대의 압박과 작동할 보장을 위해서는 중국과의 이해가 필요하다고 권고했다.980) 같은 날 저녁에는 찰리 로즈(Charlie Rose) 쇼 프로그램에 출연하여 자기의 아이디어들을 제시하고 그리고 트럼프의 격렬한 수사학을 인정함이 없이 외교정책에 관해서 트럼프 대통령을 조심스럽게 옹호했다. 그러나 키신저는 미국외교정책과 국제적 문제에 관해서 영향을 미치려는 노력을 끝내지 않았다. 2018년 1월 그는 상원의 한 위원회에 출현하여 미국이 직면하고 있는 국제적 도전들에 관한 코멘트를 요청받았다. 키신저의 증언은 "자유주의적 세계질서"의 방어가 되었는데 당시 많은 논평가들은 트럼프 대통령이 그것을 손상하고 있다고 두려워했다. 키신저는 그것을 융통성 있고, 공개적이며, 협력적이고, 그리고 필요하다면 중도로 수정을 할 수 있다고 칭찬했다. 그러나 그는 세계질서는 자체적으로 시행하는 것이 아니며 많은 것이 미국의 이니셔티브와 미국의 통합적 접근법에 달려있다고 부언했다.981)

2018년 7월에 헬싱키에서 트럼프가 블라디미르 푸틴(Vladimir Putin)과 이상한 정상회담을 한 뒤에 <파이낸셜 타임즈>(*Financial Times*)와 가진 인터뷰에서 키신저는 트럼프가 한 시대의 종말을 표시하고 옛 위장을 포기하게 하기 위해 이따금씩 나타나는 역사에서 그런 인물들 가운데 한 사람일 것이라고 말했다. 그리고 그는 "우리는 세계를 위해 아주, 아주 엄중한 시기에 있다"고 덧붙였다. 키신저는 여전

---

980) *Ibid.*
981) *Ibid.*, p. 404.

히 워싱턴의 정책결정 엘리트들, 기성 미디어, 그리고 일반 대중들 사이에서 여전히 상당한 위신을 향유했다. 그는 뉴스 쇼에 출연하고, 빈번히 신문에 칼럼을 쓰고, 대통령과 잘 홍보된 만남으로 미국의 공적 삶에서 존재를 계속 과시했다. 키신저가 공직을 떠난 후에도 그는 여전히 세계의 지도자들이 그와 상의를 하고 싶어 하는 가장 중요한 외교정책 지성인으로 남아있다.[982]

정치인들에게 인상적이고 겁먹게 하는 지적인 활력과 함께 신문과 텔레비전으로 소통하는 그의 솜씨로 키신저는 미국 외교정책과 세계질서에 대한 미국 국민들을 교육하는 중대한 역할을 했다. 그는 미국 외교정책의 목소리이며 상징이 되었다. 이런 인식은 키신저 식의 외교정책의 호소력에 중대하다. 이것은 키신저 시대의 외교정책에 미국인들과 외국의 지도자들이 모두가 감지할 수 있었던 의존성과 창의성에 관한 인식을 부여했다. 2020년의 조망에서 도널드 트럼프가 자유주의적 국제질서에 대한 그의 도전에 의해 야기된 당황스러움의 관점에 볼 때, 최근에 "미국 우선주의"(America First)의 슬로건이 울려 퍼지듯 키신저와 닉슨은 "집으로 돌아오라"(Come Home)는 슬로건이 울려 퍼졌던 베트남 전쟁 후에 도전 받은 자유주의적 세계질서를 구원하는데 도왔던 것이다. 키신저는 그와 닉슨이 3각 외교와 데탕트에 기초한 국제관계의 구조인, 새로운 "평화의 건축"을 창조하려 모색했다고 주장하길 좋아했다. 그의 가장 최근에 출간된 책조차도 평화를 향상하고 강대국 갈등을 방지할 지구적 균형의 모색인 어떤 유형의 세계질서를 달성하는데 그의 지속적인 관심을 두드러지게 했다.[983]

---

982) *Ibid.*, p. 405.

키신저는 미국의 역대 대통령들은 물론이고 다양한 분야에서 수많은 미국의 지도자들을 만나 그들에게 자신의 견해를 빈번히 전달하고, 신문과 방송 등의 미디어에 빈번한 출연을 통해서 국민들에게 자신의 지식을 끊임없이 전달하고, 그리고 그의 매번 베스트셀러가 되는 국민교육용 저술활동을 통해서 그는 미국 국민들의 "교사"가 되었으며984) 미국 외교사에 불멸의 "전설"이985) 되었다. 오늘날 국제관계의 상태를 생각할 때 그를 무시하는 것은 어리석고, 더 나아가서 위험한 일이다.986) 그가 미국 국민들에게 가르치려고 애를 쓰는 교훈들을 대부분의 사람들이 좋아하지 않을 지도 모르지만, 그것들은 그 어느 때 보다도 더 중요하다고 해도 과언이 아닐 것이다

983) Henry Kissinger, *World Order,* New York: Penguin, 2014, p. 2.

984) Barry Gewen, *The Inevitability of Tragedy: Henry Kissinger and His World*, New York: W. W. Norton, 2020, p. 361.

985) Walter Isaacson, *Kissinger: A Biography,* New York: Simon & Schuster 1992, p. 437.

986) Barry Gewen, *The Inevitability of Tragedy: Henry Kissinger and His World,* New York: W. W. Norton, 2020, p. xvii.

제17장
성공의 비결과 키신저의 덕목들
(Secrets & Virtues)

"만일 내가 한편으로 정의와 무질서, 그리고 다른 한편으로 부정의와 질서 사이에서 선택을 해야 한다면 나는 항상 후자를 택할 것이다."
-헨리 키신저 (괴테를 원용하여)-

헨리 키신저는 무엇보다도 지적인 거인(intellectual Giant)이었다. 그러나 그가 수행한 수많은 외교행위는 거인의 행동이라고 말하기 보다는 오히려 마법사의 솜씨에 가까웠다. 그리하여 현대 국제정치학의 아버지이고 미국외교정책의 현실주의 학파의 창설자이며 한 때 키신저의 스승이었던 한스 모겐소(Hans J. Morgenthau)는 언젠가 키신저를 오디세우스(Odysseus), 즉 많은 측면들, 혹은 여러 가지 모습을 가진 폴리트로포스(polytropos)라고 키신저의 성질(quality)을 기억하기 쉽게 묘사했다. 그리고 바로 키신저의 이 성질로부터 친구와 적, 동료들과 낯선 자들이 그를 보고 매료된다. 그 성질은 그의 성공의 비결을 에워싸고 있다. 키신저는 오늘은 햄릿(Hamlet)의 역할을, 그리고 내일은 시이저(Caesar)의 역할을 수행하지 않지만 오늘 바로 그 자신이 햄

릿이고 내일은 시이저인 훌륭한 배우와 같다.[987]

그럼에도 불구하고 문제의 핵심은 우리가 어떻게 키신저의 외교정책을 그것의 이론과 실천에서 평가할 것인가이다. 키신저는 현실주의자이다. 그리고 그것은 인류애보다는 질서와 힘에 사로잡혀 있다. 1960년대에 키신저의 동료였던 하버드 대학교의 스탠리 호프만(Stanley Hoffmann)은 키신저 회고록의 첫 1권이 나왔을 때 그것의 서평에서 키신저가 다른 사람들을 움직이거나 몰락하게 하는 것이 무엇인지에 대한 거의 악마 같은 심리적 직감력, 즉 숨겨진 인격의 원천을 파악하는 본능을 가지고 있다고 썼다. 그리고 키신저는 또한 권력을 조작하는 재능이 있어서 상대방 인격의 장단점을 이용했다. 그러나 만일 그에게 지정학적 게임을 넘어서는 비전이 있었다면, 만일 그에게 균형을 창조하고 또 말썽꾼들을 억제하기 위해 필요했다면, 보상과 처벌의 복잡한 조작이 세계의 어떤 이상을 목표로 한 것이었다면, 그것이 무엇이었을 지를 자유롭게 추측할 수 있다. 그의 이상적 세계는 권력이 전부인 세계, 다시 말해서, 힘의 균형이 질서의 전제 요건이고 정의의 전제조건이 아니라 그 자체가 질서이고 정의에 해당했다.[988] 그리하여 스탠리 호프만은 키신저가 국가의 보존은 대외의 적들에게 무자비함과 속임수가 필요하다고 믿는 "마키아벨리언"(Machiavellian)이라는 결론을 내렸다.[989]

---

987) Hans J. Morgenthau, "Henry Kissinger: Secretary of State," *Encounter*, November, 1974, p. 58.

988) Stanley Hoffmann, "The Case of Dr. Kissinger," *New York Review of Books,* December, 6, 1979.

989) Stanley Hoffmann, "The Kissinger Anti-Memoirs," *New York Times,* July 3, 1983.

그러한 평가는 거듭해서 등장했다. 월터 아이작슨(Walter Isaacson)에 의하면 권력을 지향하는 현실정치(realpolitik)와 비밀의 외교적 작업이 키신저 정책들의 토대였다. 제리미 수리(Jeremi Suri)에 의하면, 나치 시대 건전한 시민이 얼마나 쉽게 대중의 살인적 폭도에 합류하는가를 목격한 세대에겐 자기보호를 위한 충동과 강인함이 강화되었다. 그리하여 키신저는 광범위한 군사력의 현실적 중요성과 그것의 사용할 준비를 강조하게 되었다.990) 그리하여 키신저는 일관되게 국가의 요구를 다른 어떤 윤리적 목적에 우선시하면서 자신의 애국심에 따라 행동했다.991)

무도덕적(amoral) 현실주의자라는 키신저에 대한 이러한 견해가 너무 깊게 뿌리내려 압도적 다수의 작가들은 키신저가 그의 영웅인 메테르니히, 캐슬레이, 그리고 비스마르크를 따라 한다고 간단히 가정해버렸다. 키신저가 실제로 1950년대와 1960년대에 그들과 관련된 글을 썼지만 그가 쓴 글을 읽지 않은 사람들만이 키신저가 1970년대 외교정책에 그들의 접근법들을 모방해 적용했다고 생각할 것이다. 왜냐하면 키신저는 그들에 대해서 최종적으로는 비판적이었기 때문이다. 그리고 키신저의 <핵무기와 외교정책>을 면밀히 읽은 사람들에겐 오히려 이 책으로 인해 키신저 박사가 실제로 스탠리 큐브릭(Stanley Kubrick)의 핵무기의 사용을 위한 냉정하고 계산된 주장을 펴는 영화 속의 "스트레인지러브 박사"(Dr. Strangelove)의 영감이었다는 증거로 그의 대표적 저서가 아주 쉽게 제시될 수 있을 것이다. 학자가 학문의

---

990) Jeremi Suri, *Henry Kissinger and The American Century,* Cambridge, Massachusetts: The Belknap Press of Harvard University press, 2007, p. 43.
991) *Ibid.,* p. 128.

세계와는 판이하게 다른 정치와 외교의 세계에서 키신저가 성공할 수 있었던 특별한 비결과 그의 개인적 덕목은 아주 다양했다. 그리고 지금까지 본서를 읽어온 독자들에게는 그것들이 자명할 것이다. 따라서 여기에선 아주 뚜렷하게 두드러졌던 7개 사항만을 독립적으로 집약하여 논할 것이다.

1) 지적 자신감(intellectual self-confidence)

1976년 키신저는 정치가로서 자기의 성취를 평가해 달라는 요청을 받고 그는 최우선시 되는 개념을 가지려고 노력했다고 대답했다. 키신저가 1969년에 그러한 개념을 가지고 백악관에 들어간 것은 의심할 여지가 없다. 그는 실제로 그 이전의 20년의 대부분 기간 동안 그것을 준비하고 정의하면서 그 시기를 보냈다. 그가 늘 말했듯이 고위 공직은 실제내용이 아니라 정책결정을 가르친다. 그것은 지적자본을 소비할 뿐 그것을 창조하지 않는다. 대부분의 고위 공직자들은 자기가 공직에 들어설 때의 개념과 통찰력을 가지고 그대로 공직을 떠난다. 그들은 정책을 어떻게 결정하는지를 배우지만 무슨 결정을 하는지를 배우지 못한다.

헨리 키신저를 평가한 많은 사람들 가운데 아주 극소수의 사람들만이 그의 출판된 작품들을, 즉 1969년 이전에 4권의 묵직한 책과 "포린 어페어스"(Foreign Affairs) 같은 잡지에 실린 십여 편의 실질적인 논문들, 그리고 상당한 양의 신문기사들을 훑어보는 이상의 성의를 보였다. 키신저의 지적자본은 역사의 연구와 관념론적 철학이라는 이중적 토대를 갖고 있었다. 바꾸어 말하면 키신저는 역사철학과 세계사, 특히 유럽의 근대 외교사에 대한 마스터였다. 그리고 그는 그러한 사실을 자기의 학부 졸업논문과 박사학위 논문에서 일찍이 입증했다. 키신저는 하버드 학창 시절에 그는 자기 세대에서 이미 군계일학(群鷄一鶴)이었다.

키신저가 제2차 세계대전 시 군복무 중에 만난 키신저의 전시 조언자(mentor)였던 프리츠 크래머(Fritz Krämer)에 의하면, 한때 자신의 부하였던 키신저는 "역사에 음악적으로 반응한다며 이것은 제아무리 사람이 지적이라도 배울 수 있는 그런 것이 아니다. 그것은 신의 선물"이라고 말했다. 존 슈퇴신저(John Stoessinger)는 두 사람이 함께 하버드에서 대학원 1년차일 때 키신저가 역사의 지속적인 중요성을 강력하게 주장했다고 회고했다. 그에 의하면, 키신저는 투키디데스(Thucydides)를 인용하면서 현재가 결코 과거를 정확하게 반복하지는 않지만 필연적으로 과거를 닮을 수밖에 없다고 보았다. 따라서 미래가 그럴 것이었다. 키신저에게는 히로시마(Hiroshima)가 새로운 시대를 가져오지 않았다. 그것의 발생은 단지 우리가 국가의 삶과 죽음이 면밀히 연구될 수 있는 거대한 실험실을 적절히 조사하지 않았다는 것을 입증할 뿐이다. 그에게는 역사가 바로 그런 실험실이었다.

키신저는 역사의 광산을 무시한다는 것은 어리석음(folly)과 오만(hubris)의 행위가 될 것이라고 경고했다. 따라서 키신저는 왜 국가들과 인간들이 성공했고, 또 왜 그들이 실패했는지를 알기 위해서는 그 어느 때보다 더 역사를 공부해야 한다고 주장했다.[992] 키신저가 자기

---

992) John G. Stoessinger, *Henry Kissinger: The Anguish of Power,* New York: W. W. Norton & Company, 1976, p. 3.

세대의 대부분의 다른 국제관계 학생들과 구별되는 유일한 것은 그가 역사를 정치이론보다 더 중요시했다는 것이다. 다시 말해서 키신저의 외교정책 이론은 국가들과 정치가들이 그들 자신의 역사적 이해의 토대 위에서 행동하는 통찰력에 의해서 정의되었으며 다른 방법으로는 이해될 수 없다는 것이다. 그는 철두철미한 역사가 투키디데스의 신봉자였다.

그러나 역사가로서 키신저를 앞선 무엇인가가 있었다. 그리고 그것은 그가 역사철학자(philosopher of history)로서 키신저였다. 그리고 키신저에 대한 대부분의 근본적 오해가 발생하는 것이 바로 이지점이다. 거의 모든 키신저 학자들처럼, 오리아나 팔라치(Oriana Fallaci)도 키신저가 마키아벨리로부터 영향을 많이 받았고 또 메테르니히의 칭송자라는 것을 아주 당연시했다. 그러나 키신저는 현대 세계에서 수락되거나 사용될 수 있는 마키아벨리는 정말로 별로 없다고 믿었다. 그는 스피노자(Spinoza)와 칸트(Kant)라는 두 철학자의 많은 영향을 받았다고 말했다. 키신저는 자기를 마키아벨리와 연관시키려는 것은 참으로 기이하고 또 자기를 메테르니히의 이름과 연관시키는 것은 유치하다고 말했다. 메테르니히에 관해서 그는 오직 한 권의 책을 썼을 뿐이다. 그리고 그것은 19세기 국제질서의 건설과 붕괴에 관한 긴 시리즈 책들의 시작이었다. 그것은 제1차 세계대전으로 끝날 그런 시리즈였다. 그것이 전부다. 그와 메테르니히 사이에 공통점은 아무것도 없다는 것이다.

키신저의 이런 고백을 인정하다면 키신저는 처음부터 마키아벨리식의 현실주의자이기는커녕 사실상 자기 경력의 초기부터 이상주의자였다.993) 그는 하버드 학부시절에 위대한 독일 철학자 임마누엘 칸트의 철학에 심취했다. 키신저는 자기 자신이 칸트 보다도 더 칸트주의자라고 생각할 정도였다. 그의 출판되지 않은 학부 졸업 논문인 "역사의 의미"는 지나치게 야심적이었지만 칸트의 역사철학에 대한 아주 진지한 비판 논문이었다.994) 수십 년이 흐른 후에도 키신저는 여전히 외교정책에서 두 개의 도덕적 명령 사이의 분명한 갈등을 포착하는 이유를 설명하기 위해서, 즉 자유를 방어할 의무와 적들과 공존의 필연성을 설명하는데 칸트를 인용하였다.995) 그리고 키신저는 그가 91세가 된 2014년에 출간한 그의 저서 <세계질서>(*World Order*)에서도 두 차례나 칸트를 인용했다.996) 따라서 키신저가 역사철학에, 그리고 특히 칸트의 관념론적 역사철학에 관심과 조예가 아주 깊었다는 사실을 인정해야만 할 것이다.

피터 딕슨(Peter Dickson)은 실제로 그런 것처럼 다소간의 유혈도 없는 미국의 승리로 냉전이 종식된다면 키신저가 어떤 질곡을 맞게 될지에 관해 선견지명이 있었다: "키신저는 인간의 영적 감정과 그가 끝없는 역사의 과정에 관련된 인식의 사이에서 줄일 수 없는 긴장을 항상 상징할 것이다. 키신저의 정치철학은 미국을 구원자의 나라, 자

---

993) Niall Ferguson, "The Meaning of Kissinger: A Realist Reconsidered," *Foreign Affairs,* Vol. 94, No. 5 (September/October 2015), pp. 134-138.

994) Henry A. Kissinger, "The Meaning of History: Reflections on Spengler, Toynbee and Kant," Undergraduate honors thesis, Harvard University, 1950.

995) Peter W. Dickson, *Kissinger and the Meaning of History,* Cambridge: Cambridge University Press, 1978, p. 127. 이 책은 일찍이 국내에서 번역 출간되었다. 강성학 역, 피터 딕슨(Peter Dickson) 저, <키신저 박사와 역사의 의미>, 서울: 박영사, 1985, p. 170.

996) Henry Kissinger, *World Order,* New York: Penguin Press, 2014, pp. 39, 258.

유와 민주주의의 보장자라는 생각에 토대를 둔 모든 전후 정책의 분명한 이유와는 커다란 일탈을 이루었다. 그러나 어느 미래에 미국이 구원자의 역할을 달성하는데 성공한다면 키신저는 민주주의적 이상들과 원칙들의 호소력과 타당성을 과소평가한 역사적 비관론자로서 패배주의적 지도자로 보일 것이다."997)

따라서 1990년대 실제로 소련공산제국의 위협이 사라지고 난 후에 헨리 키신저에 대한 가장 격렬한 비난이 나온 것은 분명히 우연이 아니었다고 하겠다. 그러나 치열한 냉전시대, 그리고 베트남 전쟁에서 승리의 전망이 보이지 않는 미국외교정책이 질곡에서 벗어나려고 모든 노력을 경주하던 1969년 1월에 키신저가 워싱턴의 내부자가 되어 백악관에 들어갈 때 그의 철학과 역사에 대한 지적 자본은 그 누구보다도 풍부했기에 키신저는 아주 자신감에 차 있었다고 말해도 과언이 아닐 것이다. 그는 굳건한 지적 신념을 가진 46세의 남자였다. 그는 단지 한 사람의 지식인으로 남는 것에 결코 만족하지 않았다. 닉슨 대통령의 국가안보보좌관으로 임명은 그의 생애에서 처음으로 권력의 세계에 자신의 이론들을 시험할 기회를 제공했다. 이제 그 기회는 그의 사상이 충분히 성숙한 바로 그때 그의 일반적 철학을 시험할 행운이 다가온 것이다. 철학자-역사가인 키신저가 실천가가 되는 것이었다. 그가 얻은 과거의 교훈들이 미래를 위한 서막이 되고 있었다.998) 1969년 그에게 어떤 것도 자기의 세계 질서의 이론을 시험하는 것보

997) Peter W. Dickson, *Kissinger and the Meaning of History,* Cambridge: Cambridge University Press, 1978, pp. 148-157.

998) John G. Stoessinger, *Henry Kissinger: The Anguish of Power.* New York: W. W. Norton, 1976, p. 46.

다 더 중요한 것은 없었다. 그는 자기가 가장 자격을 잘 갖추었다고 절대적으로 믿었다. 1968년 한 때 록펠러의 연설문 작성자가 키신저의 정책 페이퍼에 약간의 변경을 가했을 때 키신저는 분개하여 소리쳤다: "만일 록펠러가 피카소(Picasso)의 그림을 한 점 샀다면 그는 그것의 향상을 위해 4명의 가옥 페인트공들을 고용하지 않는다." 키신저 자신의 입장에서 보면 이것은 결코 오만한 말이 아니었다. 그것은 진정으로 굉장한 지적 자신감의 반영에 지나지 않았다. 그는 아주 당연하게 자기가 현대 미국 외교정책의 피카소라고 믿었다.999)

2) 끝없는 권력의지(the endless will to power)

"권력이란 궁극적 마약(aphrodisiac)이다." 이것은 키신저의 가장 유명한 어록들 중 하나이다.1000) 헨리 애덤스(Henry Adams)는 "권력이란 독약이다"라고 규탄했다. 그러나 니체는 권력이란 생존의 자양분이라고 생각했다. 그러나 권력이 단순이 마약이나 독약일까? 권력은 불과 같다. 그것은 유용하지만 모든 것을 불태우고 파괴할 수 있다. 권력은 "천국의 빛"인 동시에 "지옥의 화염"이다. 그러나 권력은 심리학적으로 "부패된 형태의 사랑"이다. 키신저의 권력에 대한 사랑은 멈출 줄 몰랐다. 마치 카사노바(Casanova)가 끝없이 사랑을 추구하듯, 키신저는 권력을 끝없이 추구했다. 아니, 어쩌면 키신저는 철학자 토마스 홉스(Thomas Hobbes)의 유명한 인간의 보편적 성향에 대한 일반적 정의를 상기시킨다. 홉스에 의하며 인간이란 죽음으로 끝날

---

999) *Ibid.*, p. 212.

1000) Walter Isaacson, *Kissinger: A Biography,* New York: Simon & Schuster, 1992, p. 365.

때까지 쉬지 않고 권력을 추구한다. 왜냐하면 그는 현재 자기가 가지고 있는 권력으로는 잘 살 수 없기 때문이다. 키신저는 어쩌면 홉스적인 인간의 전형이었다.

권력과 사랑이 고독이라는 동일한 뿌리에서 나와 성장하고 있음에도 불구하고 그것들이 유기적으로 연계되어 있다는 명제는 완전히 기이하지는 않다고 해도 현대인의 마음에 역설적이게 보일 것이다.[1001] 왜냐하면 한 사람에게는 즐겁고 다른 사람에게는 고통스러운 인간에 의한 인간의 지배로서 권력은 두 인간이 서로에게 자발적이고 기꺼이 복종하는 사랑과는 공통점이 없을 뿐만 아니라 상호 배타적이기 때문이다. 현대인의 마음엔 두 인간이 권력의 관계에 있는 곳에서 그들은 사랑의 관계에 있을 수 없는 것으로 보일 것이다. 사랑과 권력 사이에 이 연계를 보지 못하는 현대인의 무능력은 사랑이나 권력의 진정한 폭을 이해하지 못하는 무능력의 척도이다. 현대인의 마음이 권력을 향한 욕망과 인간의 본성 사이에 고유한 관계를 부인하는 동안 그것은 사랑의 본질을 전혀 이해하지 못한다. 사랑은 함께 속하는 두 영혼과 육체의 재결합이다. 현대의 이해가 놓치는 것은 사랑의 순수한 현상을 특징 짓는 헌신의 총체성(totality)이다. 왜냐하면 그것은 사랑이 그 위에 세워진 "영혼"을 알지 못하기 때문이며 권력을 향한 욕망과 사랑을 향한 갈망 모두의 뿌리인 인간존재의 성질, 즉 "고독"을 알지 못하기 때문이다.

사랑과 권력은 모두가 고독을, 그리고 이 고독에 기인하는 인간의

1001) Hans J. Morgenthau, *Politics in the Twentieth Century,* Abridged ed., Chicago: The University of Chicago Press, 1971, p. 189.

불충분성을 극복하려고 노력한다. 사랑을 통해 자기를 전체로 만들어 줄 통일을 이루기 위해 자기 같은 다른 사람을 추구한다. 권력을 통해 인간은 타인에게 자신의 의지를 강요하려고 한다. 사랑이 자연의 선물로 타인에게서 발견하려는 것을 권력은 심리적 조작의 책략을 통해 창조하려고 한다. 각자가 타인의 요소를 내포하는 것은 사랑과 권력의 공통 성질이다. 사랑이 권력에서 출발하고 권력에 의해 항상 부패의 위협을 받는 것처럼 권력은 그것의 성취로서 사랑을 향한다. 사랑은 비록 권력의 축소할 수 없는 잔여에 의해서 부패됨에도 불구하고 그것의 궁극적인 성취에선 사랑과 동일하다. 권력이 사랑의 축소할 수 없는 잔재에 의해서 구제됨에도 불구하고 그것의 궁극적인 부패에서 권력과 동일하다.[1002] 사랑의 관계를 권력의 관계와 비슷하게 만드는 것은 사랑의 필연적 좌절이다. 왜냐하면 사랑이 함께 속하는 두 인간의 재결합이지만 그 재결합은 어느 정도의 시간의 길이 동안 결코 완전할 수 없기 때문이다.

사랑은 각자의 개인성을 잃어버리지 않고 두 인간이 할 수 있는 가장 완벽한 통일이다. 권력은 사랑이 원상 그대로 남겨두어야 할 개인성의 장벽을 깨려고 든다. 권력은 사랑이 할 수 없는 것을 하려고 들 때 그것은 사랑을 위험에 빠뜨린다. 권력의 축소할 수 없는 요소가 사랑의 안정된 관계를 만드는데 필수적이다. 그리하여 권력이 없이 사랑은 지속할 수 없다. 그러나 권력을 통해 사랑은 부패하고 파괴의 위협을 받는다. 한 사람이 상대방을 자기들 각자의 의지에 대상으로 축소하려고 시도할 때 그 파괴가 실현되고 사랑관계의 자연스러운 상

1002) *Ibid.*, p. 191.

호성이 권력관계의 일방적 강요로 전환된다. 따라서 권력에 대한 욕망은 소위 절망하는 사랑의 쌍둥이다. 인간은 사랑을 통해 일정한 기간동안 성취할 수 없는 것을 그는 권력을 통해 성취하려고 든다. 즉 그는 자기의 고독, 자기의 고립을 극복하여 자기 자신을 전체로 만들려고 한다.[1003]

권력관계의 일방적 강요를 사랑의 상호관계로 변환하는 곳이 정치권이다. 그리하여 사랑에 도달할 수 없다는 사실을 고통스럽게 인식한 알렉산더나 나폴레옹 같은 류의 정치 권력자들은 그들이 결핍된 사랑을 끊임없는 권력의 축적으로 보상하려고 한다. 언제나 보다 많은 인간들을 자기의 의지에 굴복시킴으로써 그들은 사랑의 결핍에 그들에게 거부한 공유의 성취를 기대하는 것으로 보인다. 그러나 권력의 필요성은 오직 더 많은 권력에 대한 욕망을 낳을 뿐이다. 더 많은 인간들을 자기의 의지에 묶으면 그럴수록 그는 자신의 고독을 의식한다. 권력의 관점에서 성공은 사랑의 관점에서 그의 실패를 설명하는데 봉사할 뿐이다. 인간들의 지배자야말로 모든 인간들 중에서 가장 고독한 자이다. 왜냐하면 그의 고독은 자기 권력의 총체성에도 불구하고 그것이 권력에 의해서 치유될 수 없다는 것을 입증하기 때문이다. 권력을 통해 헛된 사랑의 추구는 그들의 성공적 권력의 대상에 파괴적이고 좌절된 사랑인 증오를 가져온다. 그러므로 권력관계란 최종적 분석에서 사랑의 좌절된 관계이다.[1004]

독일에서 히틀러(Hitler)의 홀로코스트로부터 간신히 탈출했던 유대

1003) *Ibid.,* p. 192.
1004) *Ibid.,* p. 195.

인 어린이로서 키신저는 독일에서는 물론이고 미국에 이민 온 뒤 성장 과정이나 성인이 되어서도 언제나 고독한 존재였다. 그리고 그의 지금까지 출판된 어느 전기에서도 키신저가 사랑에 빠졌었다는 기록을 발견할 수 없다. 키신저 자신도 자기의 러브 스토리에 관해서는 전혀 언급한 적이 없었다. 반면에 그의 일생의 가장 두드러진 특징들 중 하나는 그가 끊임없이 권력을 추구했다는 사실이다. 그는 자신의 고독에서 벗어나기 위해서 사랑이 아니라 권력을 택한 것으로 보인다. 즉, 키신저는 그의 실존적 고독에서 탈출욕구가 권력의지로 나타났다고 말할 수 있을 것이다. 그리고 이러한 주장의 증거의 하나는 1972년 키신저가 이탈리아의 저명한 여성 언론인인 오리아나 팔라치(Oriana Fallaci)와 가진 인터뷰에서 키신저가 스스로 밝힌 그의 여성관이다.

팔라치가 키신저에게 그가 즐기고 있는 믿을 수 없는 스타 영화배우의 지위를 어떻게 설명하겠느냐 그리고 이 문제에 어떤 이론이 있는가 하고 물으면서 그가 지고 있는 엄청난 책임과 그가 즐기는 실없는 명성과는 어떻게 조화시킬 수 있는가 하고 물었을 때 키신저는 이렇게 대답했다:

"주된 요점은 나는 언제나 혼자서 행동한다는 사실에 기인한다. … 나의 플레이보이 명성은 그것이 사람들을 안심시키는데 봉사했고 또 여전히 봉사하기 때문에 유용했고 여전히 유용하다. 그들에게 내가 박물관에 비치된 물건이 아니라는 것을 보여주기 위해서 … 물론 그것은 부분적으로 과장되었지만 그러나 부분적으로 진실이다. 중요한 것은 여자들이 내 삶의 중심적 몰두에 어느 정도의 부분인가이다. 그들은 전혀 아니다. 나에게 여자는 오직 기분전환,

즉 취미이다. 자기의 취미에 너무 많은 시간을 소비하는 사람은 아무도 없다."1005)

3) 언론의 마에스트로(Maestro)

키신저가 그의 경력에서 성공할 수 있었던 중요한 비결들 중의 하나는 언론과의 변함없는 우호적 관계였다. 1969년 2월 <타임>지는 키신저가 닉슨의 국가안보 보좌관으로 일을 시작하자마자 닉슨 대통령이 아니라 그의 일개 키신저 보좌관을 표지 인물로 선정하여 그에 대한 높은 기대를 반영했다. 이때부터 키신저는 <타임>지와의 따뜻한 관계를 가졌으며 그후 20여년에 걸쳐 키신저는 닉슨, 레이건, 그리고 카터 대통령들을 제외하고 그 잡지의 역사상 어느 누구 보다도 많은 21번이나 표지에 등장했다.1006)

키신저는 언론인들에게 그들이 원하는 것, 즉 접근성을 아낌없이 베풀었기 때문에 워싱턴이 언론인들을 접근성으로 다루는 워싱턴의 마에스트로(Maestro)였다. 우호적인 보도를 위한 키신저의 근면한 추구는 단지 그의 에고(ego)의 갈망이었을 뿐만 아니라 자신의 외교정책을 전진시키는 방법이었다. 언론인들에 대한 키신저의 주된 책략은 감언(flattery)이었다. <타임>지를 위해 키신저를 취재한 크리스퍼 오그든(Christopher Ogden)은 "당신은 그가 당신을 바이올린처럼 연주하고 있다는 것을 알고 있더라도 그것은 여전히 유혹적이다"라고

1005) Walter Isaacson, *Kissinger: A Biography,* New York: Simon & Schuster, 1992, pp. 362, 477.
1006) Walter Isaacson, *Kissinger: A Biography,* New York: Simon & Schuster, 1992, p. 581.

말했다.1007) 또 하나의 전술은 친밀성이었다. 약간의 무분별과 개인적인 믿음의 분위기로 키신저는 신임과 내부 정보를 공유했다.

그러나 키신저가 단지 계산된 유혹의 힘으로 미디어에 친구들을 갖고 있다고 믿는 것은 실수가 될 것이다. 언론인들은 자연스럽게 그를 좋아했으며, 그와 얘기하는 것을 즐겼고, 같은 이유에서 아주 많은 다른 사람들도 그가 매혹적임을 발견했다. 그는 정보에 밝았고 그리고 정보를 공유하기 좋아했다. 그의 위트(wit)는 언론인들이 분발하게 하는 것으로 발견하는 예리함이 있었다. 그는 정찬에서 매력적이고, 인터뷰에서 사려 깊었으며, 이야기꾼으로서 기자들이 감사하게 생각하는 색채와 상세함에 대한 안목을 갖고 있었다. 비슷하게 키신저도 진정으로 언론인들에게 얘기하는 것을 좋아했다. 키신저는 워싱턴에서 뉴스 취재를 예리하게 하기 위해 배경 브리핑(background briefings) 사용을 완성했다. 그는 온-더-레코드(on the record)와 오프-더-레코드(off the record) 사이에 떨어지는 일단의 기본규칙을 다듬었다. 보통 그는 배경에 관해서 말하지만 그것은 그가 단지 "고위 미국관리"나 혹은 어떤 다른 명칭으로 인용될 것이라는 점을 의미했다. 때때로 그가 심오한 배경에 관해서 말하곤 하는데 그것은 기자들이 그 정보를 사용할 수는 있을 것이지만 어떤 방식으로 든 그것을 인용하거나 누구의 탓으로 돌릴 수는 없다는 것을 의미했다.1008)

배경 브리핑은 관리들을 무책임하게 하고 기자들을 게으르게 할 수도 있다. 그러나 배경 설명을 완전히 차단하는 것은 재앙이 될 수 있

1007) *Ibid.*, p. 577.
1008) *Ibid.*, p. 578.

다는 느낌도 역시 있다. 백악관 특파원협회는 기자들이 키신저의 배경 브리핑 규칙들을 준수하라고 촉구하는 결의안을 채택했다. 배경 브리핑 규칙들은 정당한 목적에 봉사했다. 외교의 세계에서 국무장관이나 다른 고위 관리들에 의한 공식적 천명은 중요한 정책적 결과를 가져올 수 있다. 그의 협상이나 그가 다루고 있는 지도자들에 관한 키신저의 통찰의 어느 것도 온-더-레크드로 안전하게 이루어질 수 없었다. 그러나 그것들은 기자들이 그것들을 맥락에 집어넣으면 기자들과 독자에게는 유용할 수 있을 것이다. <워싱턴 포스트>마저도 곧 그것의 순결성에서 회복되어 다시 규칙에 따라 행동하기로 서약했다.[1009]

미디어의 사람들과 키신저의 우정은 기자들로부터 소유주들에게 이르렀다. 그는 그의 비행기에 동승한 3대 주요 텔레비전의 기자들인 CBS의 마빈 캘브(Marvin Kalb), ABC의 테드 코펠(Ted Koppel), 그리고 NBC의 리처드 발레리아니(Richard Valeriani)의 특별한 관심을 받았다. <뉴욕 타임즈>에서 키신저는 워싱턴 지국장인 맥스 프랑켈(Max Frankel)과는 정중하지만 엄격히 직업적인 관계를 가졌다. 그 신문의 국가안보 특파원인 레슬리 겔브(Leslie Gelb)는 하버드에서 키신저의 박사과정 학생이었고 나중에 그의 강의 조교였다. 그러나 키신저의 주요 결정들에 관한 그의 설명은 예리하고 종종 비판적이었다. 또 그 신문의 칼럼니스트들은 키신저의 가장 우호적인 격려자들 중의 한 사람이 제임스 레스턴(James Reston)이 있었다. <타임>지에서 키신저의 가장 가까운 직업적 관계는 <타임>과 <라이프>를 위해 칼럼을 쓰는 워싱턴 지국장 휴 시디(Hugh Sidey)였다. 키신저는 시디

1009) *Ibid.*, p. 580.

의 힘이 그의 독자들에게 친근한 색채와 상세함을 제공하고 있음을 알고 있었다. 그래서 키신저는 그 칼럼니스트에게 그가 필요로 하는 작은 내부 사실들을 공급하려고 신경을 썼다. 시디의 글들은 거의 언제나 아첨하는 것이었다.

<워싱턴 포스트>에서 키신저는 소유주인 캐서린 그레이엄(Katharine Graham)과 가장 중요하고 복잡한 관계를 유지했다. 그녀는 키신저를 숭배했으며 그를 위해서는 무엇이든 할 것이다. 키신저가 양성한 많은 <워싱턴 포스트>의 칼럼니스트들 가운데에는 매파적 조셉 알소프(Joseph Alsop)와 보다 자유주의적인 조셉 크래프트(Joseph Kraft)가 있었다.[1010]

1974년 중반 워터게이트 피날레의 와중에서 키신저가 언론과 자신이 결판을 갖게 될 것이라는 것은 어쩌면 불가피했다. 그것은 도청의 문제에 대한 것이었다. 6월 10일 키신저는 닉슨과 함께 중동의 순방을 위해 워싱턴을 떠났다. 그는 자기의 이름을 깨끗이 하기 위해서 기자회견을 가져야만 할 것 같았다. 비행기가 오스트리아의 잘츠부르크(Salzburg)에 잠시 착륙했을 때 키신저는 기자회견을 하기로 결정했다. 기자 회견하는 1시간 10분 동안 키신저는 한 번도 미소를 띠지 않았다. 도청 프로그램에서 자신의 역할에 대해 상세한 설명을 한 뒤에 키신저는 그가 성취한 외교적 목적들에 관해서 거의 감상적이 되었다. 기록이 쓰일 때 아마도 상당한 사람들의 생명이 구제되었고 그래서 어쩌면 어떤 어머니들은 보다 편안해질 수 있다는 것을 기억할 수 있을 것이지만 그는 그것을 역사에 맡긴다고 말했다. 그리고 그는 위협을

1010) *Ibid.,* pp. 580-583.

했다: "만일 그것이 깨끗하게 되지 않으면 나는 사임할 것이다."[1011]

상원 외교관계위원회는 그 문제를 다시 한 번 조사하기로 동의했다. 그것은 다음 달에 그렇게 했으며 그의 인준 청문회 후에 그것이 발표한 열의가 없는 면책을 되풀이했다. 그러나 진정한 면책은 대중의 반응에 의해서, 보다 구체적으로 워싱턴 기자단의 여론 형성자들의 반응에 의해서 결정될 것이다. 키신저의 위협적인 사임에 직면해서 평론가들이 그의 주변으로 모였다. 조셉 알소프는 "미국에서 가장 찬양 받는 공직자를 자리에서 쫓겨나게 하는 책임을 우리들은 정말로 원하는가" 하고 물었다. 그리고 그의 스스로의 대답은 아니오 였다. 그것은 큰 재앙이 될 것이라고 그는 대답했다. 조셉 크래프트 조차도 기꺼이 키신저 편에 섰다. 사임 위협을 한지 이틀 후에 <뉴욕 타임즈>는 "수도가 키신저 주위로 집결한다"고 읽히는 제1면의 헤드라인으로 여론을 보도하고 그것을 형성해갔다. 1년 전에 도청의 폭로에 관한 논란의 최고주에서 윌리엄 새파이어(William Safire)는 키신저와 그의 기자단 사이의 편안함이 어떻게 그를 보호하는데 도왔는가를 언급했다: "영향력 있는 언론인들에게 수년간의 접근성은 은행에 있는 돈과 같다. 신중한 예금자로 하여금 피난처를 얻게 해줄 것이고 아니면 적어도 어려운 날에 동정적인 경청이라도 해줄 것이다."[1012] 심지어 워터게이트의 마지막 홍수 동안에도 키신저에게 그것은 여전히 진실이었다. 그는 언론의 진정한 마에스트로(Maestro)였다. 이러한 사실은 그의 가장 큰 자산이 되는 덕목들 중의 하나였다.

1011) Henry A. Kissinger, *The Years of Upheaval,* Boston: Little, brown and Company, 1982, p. 1120.
1012) *Ibid.,* p. 586.

4) 감동적 수사학(Rhetoric)

키신저의 심오한 철학적 지식과 탁월한 역사적 통찰력에서 나오는 그의 수사학은 참으로 교육적이다. 여기에서는 본서의 두주로(headnotes) 인용한 키신저의 20가지 어록만을 집결시켜 보겠다. 이것들만으로도 키신저의 뛰어난 수사학의 덕목은 충분히 설명될 것이다.

1. "지도자들이 높은 공직에 도달하기 전에 형성한 지적 자본은 그들이 공직을 계속 수행하는 동안 소비할 지적 능력이다."
2. "교수로서 나는 역사가 비인간적 힘에 의해 운영된다고 생각하는 경향이 있다. 그러나 역사가 실천되는 것을 보면, 인간의 개성들이 차이를 내는 것을 우리가 보게 된다."
3. "바이마르 독일의 몰락은 민주주의가 아주 어두운 측면을 갖고 있다는 것을 확신시켰다."
4. "우리의 적들을 완전히 패배시킨 뒤에 우리는 그들을 국제공동체에 다시 데려 왔다. 오직 미국인들 만이 그런 일을 할 수 있었다."
5. "어떤 것에 관해 절대적으로 확신하기 위해서 우리는 그것에 관해서 모든 것을 알거나 아니면 아무 것도 알지 못해야 한다."
6. "외교정책이란 힘의 관계를 인식함이 없이 수행될 수 없다."
7. "모든 사람의 삶에서 젊음의 무제한적 가능성으로 보이는 것으로부터 사실상 하나의 실상이 되었다는 것을 그가 깨닫는 시점이 온다."
8. "모든 것은 미래에 대한 어떤 개념에 달려 있다."

9. "권력은 궁극적인 아편이다."

10. "지도자들이 성찰할 시간은 거의 없다. 그들은 긴급한 안건의 중요성이 계속해서 증가하는 끝없는 투쟁 속에 갇히어 있다. 모든 정치적 인물의 공적 삶은 환경의 압박으로 부터 선택의 요소를 구출하려는 계속적인 투쟁이다."

11. "각 새 정부의 약속들은 사나운 바다에 떠 있는 나무 잎들이다. 어떤 대통령 당선자나 그의 보좌관들도 데드라인의 폭풍, 모호한 정보, 복잡한 선택, 그리고 위대한 국가의 모든 지도자들을 짓누르는 여러 가지 압박에 의해서 최종적으로 어떤 해안으로 휩쓸려갈 지에 대해서 감히 알 수가 없을 것이다."

12. "인간들은 그들이 아는 것에 의해서가 아니라, 심지어 그들이 성취하는 것에 의해서가 아니라, 그들이 스스로 정하는 과업에 의해서 신화가 된다."

13. "우리는 게릴라 전쟁의 핵심적 격언들 가운데 하나를 보지 못했다: 게릴라는 그가 지지 않으면 이긴다. 재래식 군대는 승리하지 않으면 진다."

14. "정치가는 각 개별적 사건들을 그것의 장점에서 다룰 수 있는 판사와는 다르다. 냉전시대에 대전략을 만드는 사람은 적대적이고 중무장한 경쟁자에 대항하는 기나 긴 투쟁의 맥락에서 모든 사건들을 동시에 고려해야만 한다."

15. "역사가 국가들의 기억이라면 협상 스타일은 종종 역사의 산물이다"

16. "과거가 국가 미래의 정책적 선택의 폭을 제한해서는 안 된다."

17. "나는 세계적 인물이다. 나는 단지 통상적인 교수의 삶을 살 수가 없다."

18. "만일 내가 한편으로 정의와 무질서, 그리고 다른 한편으로 부정의와 질서 사이에서 선택을 해야 한다면 나는 항상 후자를 택할 것이다."

19. "리더십이란 경험과 비전의 간격에 가교를 놓는 기술이다. 바로 이러한 이유에서 대부분의 위대한 지도자들은 역사적 기류에 대한 어느 정도 최소한의 지식은 필연적이지만 상세한 지식이 아니라 본능적 간파 능력에서 탁월했다."

20. "인간은 누구나 비극의 필연성에 대한 감각을 가지고 살아야 한다."

5) 협상기술(negotiating skill)

키신저가 중동의 문제에 개입하기 전에 선호하는 협상 철학은 결과에 도달하는 방법들을 모색하기 전에 원하는 결과를 마음속에 두는 것이었다. 그는 1973년 배경설명에서 협상할 때 만일 당신이 어디로 가고 있는지를 알기 전에 구체적인 제안들을 내놓으면 그것은 거의 자살행위라고 말했다. 그는 중국의 저우언라이와 협상했던 방식을 좋아했다. 그들은 먼저 각자의 기본적 원칙들을 수용하는 합리적 해결을 결심하고 나서 단숨에 결과에 도달했다. 양보는 압력에 대한 대응이 아니라 자발적으로 이루어졌고 그리하여 상호성을 존중했다. 표면적으로 아랍-이스라엘 왕복외교 동안에 키신저의 단계적 방법은 이런 철학에 반하는 것으로 보였다. 그러나 실제로 단계적 방법은 방법 이상이었다. 그것은 키신저가 선호하는 결과를 위한 토대 이상이었다. 그는 팔레스타인 문제 같은 그런 근본적인 쟁점들을 해결하는 포괄적인 중동 합의에 도달할 필요나 혹은 기회를 보지 못했다. 대신에 그는 최선의 해결은 이스라엘로 하여금 점령한 땅에서 철수하게 달래는 반면에 아랍으로 하여금 이스라엘과 그것의 국경선을 확보할 권리를 수락하게 유도하는 것이었다. 단계적 접근법에 관한 마법은 이 결과가 출발에서부터 암시되었다는 것이었다.[1013]

중동에서 자기의 외교를 개인화 함으로써 키신저는 정치가들 사이에서 우정의 선의를 이용할 수 있었다. 전 이스라엘 국방장관 이츠하크 라빈(Yitzhak Rabin)은 키신저가 인종이 개인적 관계, 즉 사람들이 그에게 헌신하게 만드는 그런 종류의 강렬한 관계를 창조했다고 말했다.[1014] 외교문제에서 그런 개인적 요인들의 역할은 자기가 대학교에 있었을 때 키신저를 포함하여 많은 정치학자들에 의해서 도외시되었다. 그러나 개인적 신용의 유대에 의해서 창조되는 압력과 유도는 왕복외교의 임무와 같이 고도의 압박을 받는 협상의 흥분 상태에서 분위기의 일부가 될 수 있다. 이것은 중동에서 특히 그러했다. 아랍 세계에서 흥정을 지배하는 정신상태는 가격에 대한 승강이 이상이 관련되었다. 거래가 이루어지기 전 어느 지점에서 구매자와 판매자 사이에 개인적 유대도 역시 발전되어야 한다. 즉, 중동의 학자인 에드워드 쉬한(Edward Sheehan)에 의하면, 우정의 감정을 자극하는 자신감과 믿음의 계약이어야 한다는 것이다. 키신저는 그것이 특히 흥정에 의

1013) Walter Isaacson, *Kissinger: A Biography,* New York: Simon & Schuster, 1992, p. 551.
1014) *Ibid.*

해 수반될 때 우정의 감정을 자극하길 좋아했다. 그는 결국 유대인이었다고 에드워드 쉬한은 지적했다.[1015]

또 하나의 요인은 키신저가 다음과 같은 탈레랑(Talleyrand) 경구의 신봉자였다는 것이다: "영도력의 기술은 필연적인 것을 내다보고 그것의 발생을 촉진시키는 것이다." 그가 1976년 4월에 시작한 아프리카 순방은 키신저의 미국정책의 전환을 도왔다. 그 때부터 그것은 소수 백인 정권에 대해 정면으로 반대하고, 등장하는 흑인 국가들을 위한 재정적 지원에 기초했다. 도덕주의를 외교정책 도구로 사용할 그의 새로운 용의성은 아프리카 밖의 지역에서도 확산되었다. 그는 이제 공동의 가치에 입각한 동맹에 관해서 말하기 시작했다. 그리고 그는 유엔에게 세계는 무기의 힘에 의존하지 않고 인간정신의 힘에 의존하는 정의로운 새 질서를 추구할 것이라고 말했다. 미국적 가치의 힘을 활용하기 위해 키신저는 데탕트의 무도덕주의를 비난하는 보수주의자는 물론 클라크 상원 의원 같은 자유주의자들의 충고를 따르고 있었다. 이 비판자들이 발견한 것은 그가 거부하는 것으로 보였던 아이디어들을 포섭하는 비결이었다. 그의 옛 하버드 대학교 동료인 스탠리 호프만(Stanley Hoffmann)은 1976년 키신저의 아프리카 정책을 분석하면서 "그가 그들의 아이디어들을 병합함으로써 자기 적들의 밑을 도려내는 현저한 재능을 보여주었다. 처음에는 그에게 낯선 것으로 보이는 견해들을 수용하는 이 카멜레온 같은 능력이 그의 영리함을 증언한다"고 말했다.[1016]

1015) Edward Sheehan, *The Arabs, Israelis and Kissinger,* New York: Reader's Digest Press, 1976, p. 120.
1016) Stanley Hoffmann, *Primacy or World Order,* New York: McGraw-Hill. 1978,

2014년 1,375개 대학(college)과 대학교(university)의 1,615명의 국제정치학 학자들의 조사에서 헨리 키신저는 압도적인 지지를 받으며 지난 50년간 가장 효율적인 국무장관으로 선정되었다.[1017] 키신저가 투표의 32.21 %로 1위를 차지했으며 2위는 "모르겠다"는 답변이 차지했는데 1위와 2위의 차이만도 대단히 큰 것이었다.[1018] 키신저의 비판적인 전기작가인 월터 아이작슨(Walter Isaacson)도 키신저를 20세기 미국의 최고 협상가로 평가했다.[1019] 제임스 세베니어스(James K. Sebenius)가 주도한 키신저의 협상에 관한 연구프로젝트는 헨리 키신저로부터 협상에 관한 다음과 15개의 핵심적 교훈을 도출했다.[1020] 이것들은 키신저 협상이 성공적인 비결이라고 생각해도 좋을 것이다.

1. 너의 전략으로 확대하라; 너의 상대방으로 축소하라. 그리고 계속해서 양편의 견해들을 정렬하라.

2. 너의 근본적인 전제들을 평가하고 또 재평가하라.

3. 너의 협상의 주제에 아주 깊숙이 정통함을 발전시켜라, 그리고 그게 아니면 너의 팀이 이 지식을 소유하고 있음을 확실히 하라.

4. 장기적인 견해를 취하라.

p. 34.

1017) James K. Sebenius, R. Nicholas Burns and Robert H. Mnookin, *Kissinger the Negotiator: Lessons from Dealmaking at the Highest Level,* New York: HarperCollins, 2018, p. xi.

1018) Barry Gewen, *The Inevitability of Tragedy: Henry Kissinger and His World,* New York: W. W. Norton, 2020. p. 350.

1019) Walter Isaacson, *Kissinger: A Biography,* New York: Simon & Schuster 1992, p, 764.

1020) James K. Sebenius, R. Nicholas Burns and Robert H. Mnookin, *Kissinger the Negotiator: Lessons from Dealmaking at the Highest Level,* New York: HarperCollins, 2018, pp. 259-285.

5. 광범위한 각도의 조망을 채택하라.

6. 현실적이어야 한다. 거래와 무거래의 균형을 추적하라.

7. 협상의 요소들이 고정된 것으로 간주하지 말라. 유용한 곳에서는 거래와 무거래의 균형을 유리하게 기울도록 게임변경 수들을 찾아라.

8. 국내전선에 특별한 관심을 보내면서 너의 목표의 거래를 성취하기 위해서 복수의 전선 협상 작전을 위해 잠재력을 평가하라.

9. 다자의 통찰력과 기민함을 개발하라. 연립역학, 배열 그리고 정보를 이용하라.

10. 전략적으로 생각하고 기회주의적으로 행동하라.

11. 상대방의 조망을 이해하려고 애써라. 그리고 너 자신의 필요와 이익을 주장하는 반면에 네가 소통성과 관계를 구축하면서 이것을 과시하라.

12. 전통적인 "높게 시작해서 천천히 양보하는" 협상의 접근방법을 재고하라.

13. 문장가의 멋진 기술을 배양하라; "건설적 모호성'이 유용할 수 있지만 위험성을 갖는다; "묵시적 흥정"이 가치 있는 대안이다.

14. 아주 조심스럽게 비밀성을 선택하라; 때로는 치명적이지만 그것은 양날의 칼이 될 수 있다.

15. 가차없이 집요하라.

6) 지적 정직성(academic integrity)

1960년 미국의 학술원(the American Academy of Arts and Science)

의 저널인 다이달로스(Daedalus)의 편집위원회가 핵무기와 군비통제에 관한 특별호를 위해 헨리 키신저에게 원고를 청탁했다. 그는 이 기회를 이용하여 자신이 과거 주장을 유턴(U-turn)했다. 여러 가지 발전이 핵무기에 대항하는 만큼이나 재래식 군사력에 주어지는 상대적 강조에 대한 그의 견해에 전환을 야기했다. 이 가운데에는 우리가 핵전쟁을 제한하는 법을 알 것인지의 여부에 대해 제기한 제한전쟁의 성격에 관해 우리의 군부와 동맹국들 내에서 의견 불일치가 있다. 어떤 국가도 핵무기의 전술적 사용의 경험을 갖고 있지 않기 때문에 계산착오의 확률이 상당하다. 재래식 전쟁처럼 동일한 공격목표체제를 사용하고 또 그리하여 거대한 사상자를 내려는 유혹이 압도적일 것이다. 작전의 속도가 협상의 가능성을 앞설 것이다. 양측은 그들을 안내하는 아무런 전례도 없이 어둠속에서 작전을 할 것이다.

그러므로 키신저는 3년 전에 그를 국제적 명사로 만들어준 저서의 주장에도 불구하고 바로 그 입장에서 놀라운 전환을 단행했다. 그것은 실제로 장거리 미사일의 도래에 의해서 창조된 새로운 현실과 소련 무기고의 급속한 신장에 대한 비합리적이지 않은 조정이었다. 키신저도 역시 서독 정치인들의 주장에 분명히 귀를 기울이고 있었다. 그것은 만일 서독에 대한 소련의 공격이 서독연방정부의 붕괴로 이어진다면, 소련은 어느 지점에서 처음 위치로 복귀를 제안하기만 해도 중요한 이득을 확보할 것이라는 것이었다. 어쨌든 핵무기 사용에 대한 대중적 반감은 줄지 않고 오히려 증가하고 있었다. 이런 상황에서, 즉 정보의 변화 속에서 유일한 합리적 행동의 노선은 서방의 재래식 무기능력을 증가시키는 것이었다. 다시 한 번 키신저는 새로운 사령부 구조를 제안했지만 이번에는 전술적이고 전략적인 자기 과거의 분리 대신에 키신저는 재래식과 핵의 사령부의 구분을 제안했다. 이제 핵의 선택은 제한전쟁의 발발부터 사용이 가능한 대안이 아니라 최종적 수단이 되었다. 때로는 학술적 유턴, 혹은 전환이 학문적 순수성의 증거이다. 경제학자 존 메이너드 케인즈(John Maynard Keynes)가 말했듯이 정보가 바뀌면 결론이 바뀌어야 하는 것이다. 키신저는 바로 그런 대담한 전환을 실제 행동으로 보여주었다.

7) 행운(fortune)

1972년 말에 키신저는 <타임>지가 닉슨과 키신저를 함께 "그 해의 인물"(man of the year)로 선정하려고 계획하고 있다는 것을 알았다. 그것은 키신저의 자기 보호적인 경보 종들을 가동시켰다. 키신저는 <타임>지의 편집자들에게 그 명예를 닉슨에게만 주라고 사정하면서 이것은 자기의 삶을 굉장히 복잡하게 만들 것이라고 말했다.[1021] 그러나 <타임지>는 키신저의 삶을 조금 더 편하게 하는데 관심이 없었다. 그래서 편집장은 만일 키신저가 불평을 중단하지 않으면 표지에서 닉슨마저 제거하겠다고 위협했다. 키신저의 본능적 감각은 옳았다. 그 잡지가 나왔을 때 닉슨은 분개했다. 그때 키신저를 해임하는 아이디어가 닉슨의 마음을 떠나지 않았다. 그래서 그는 일단 미국이 베트남에서 벗어나면 키신저를 해임하기로 결정했던 것처럼 보인다. 키신저도 동일한 결론에 도달했다. 1973년 초까지 옥스포드(Oxford)

1021) Barry Gewen, *The Inevitability of Tragedy: Henry Kissinger and His World*, New York: W. W. Norton, 2020, p. 315.

에서 자리를 위한 탐지를 하고 있었다.

그러나 워터게이트가 모든 것을 바꾸어 버렸다. 그 스캔들은 많은 사람들의 경력을 파괴했던 반면에 키신저의 경력을 연장하고 강화하는 오히려 행운의 효과를 가져왔다. 누구도 의도하지 않았지만 심리학에서 샤덴프로이데(schadenfreude)의 경우가 되어버린 것이다. 윌리엄 로저스가 1973년 8월에 국무장관직을 사임한 뒤 닉슨은 마지못해 키신저를 국무장관에 임명했다. 이것은 그가 완전한 자유를 느꼈다면 절대로 그가 하지 않았을 일이었다. 닉슨은 대안이 없었다. 키신저의 가장 공개적인 사임 위협은, 그래서 가장 심각했던 것은 그가 국무장관이 되고 워터게이트 위기가 정점에 달했을 때 나왔다. 그것의 오염된 물들은 거의 견고한 키신저에게까지 물이 튀고 있었다. 누설을 통제하려는 노력으로 FBI가 정부관리들과 언론인들을 도청하고 있다는 얘기가 1973년 초부터 흘러나왔고 그해 9월에 키신저의 국무장관 인준 청문회에서 그 문제가 2주간 질문을 지배했다. 여러 명의 키신저의 참모들을 포함하여 17명이 도청되었다.

청문회에서 키신저는 도청을 추천한 적이 없다고 주장했다. 비록 그가 FBI에게 명단을 주었다고 인정했지만 그 후의 일은 FBI가 결정할 문제였다. 그러나 키신저도 행정부의 누구 못지않게 도청 스캔들에 깊이 관련되어 있었다. 그럼에도 불구하고 상원은 미국에서 가장 인기 있는 사람을 거부하려고 하지 않았다. 표결의 결과는 78대 7로 키신저를 승인했다. 이런 일방적인 다수도 그에 대한 지지의 정도를 노출하지 않았다. 1972년 민주당의 평화 후보였던 조지 매거번(George McGovern)은 그에게 사적으로 그가 얼마나 많이 키신저를 찬양하고

있는지를 그리고 자신의 반대 투표는 자기의 반전 지지자들에게 단지 비위를 맞춘 것이라고 말했다.[1022]

그럼에도 불구하고 위증의 암시들이 공기를 채우자 영합하는 분위기의 수개월 후에 키신저는 참을 만큼 참았다고 판단했다. 그리하여 1974년 6월 오스트리아의 잘츠부르크(Salzburg)에서 기자회견을 열고 만일 그의 이름이 깨끗해지지 않으면 사임하겠다고 위협했다. 키신저는 그 발표를 "강력한 약," 즉 "주사위를 던진 것"이라고 불렀지만 그의 견해로는 그 비난들은 자기의 외교정책 수행에 방해를 대변할 뿐만 아니라 그의 개인적 명예에 대한 공격이었다. 이 두 가지 사항은 그가 자기의 거의 전례가 없는 권력을 포기하는 충분한 이유들이었다. 놀란 의회는 재빠르게 그를 위해 모였고 진보적이고 보수적인 51명의 상원 의원들이 지지의 결의안을 후원했다. 그리고 비둘기파인 제이 윌리엄 풀브라이트(J. William Fulbright) 의장이 이끄는 상원 외교위원회는 키신저에게 아무 잘못이 없었다고 그를 입증하는 보고서를 발표했다.[1023] 키신저에게 이러한 행운은 워터게이트 스캔들로 미국의 정부가 거의 마비 상태에 빠지지 않았다면 기대하기 거의 불가능했을 것이다. 요컨대 키신저는 행운아였다.

1022) *Ibid.*, p. 316.
1023) *Ibid.*

제18장
키신저의 유산(legacy)

"리더십이란 경험과 비전의 간격에 가교를 놓는 기술이다.
바로 이러한 대부분의 위대한 지도자들은 역사적 기류에 대한
어느 정도 최소한의 지식은 필연적이지만 상세한 지식이 아니라
본능적 간파 능력에서 탁월했다."
-헨리 키신저-

    헨리 키신저는 그의 첫 저서들인 <핵무기와 외교정책> 그리고 <회복된 세계>는 다 같이 그리스 신화 속의 여신 네메시스(Nemesis) 의 언급으로 시작했다.[1024] 네메시스는 인간의 염원을 다른 형태나 혹은 그의 기도를 너무 지나치게 충족시킴으로써 인간을 벌한다고 한 다. 어쩌면 키신저도 마치 네메시스의 저주에 걸린 것처럼 그의 마법 사 같이 이룬 경이로운 업적에도 불구하고 그가 시민으로 돌아온 뒤 이런 저런 비난에 직면했다. 그러나 그런 부정적 비난이 그의 업적에

1024) Henry A. Kissinger, *Nuclear Weapons and Foreign Policy,* New York: Harper & Brothers, 1957, p. 3.; Henry A. Kissinger, *A World Restored: Metternich, Castlereagh and the Problems of Peace 1812-1822,* Boston: Houghton Mifflin, 1957, p.1.

대한 긍정적 업적을 상쇄하지는 못했다. 키신저를 캄보디아의 침공에 대해 심하게 비판하는 책을 출간하여[1025] 키신저의 외교정책의 비판에 앞장섰던 윌리엄 쇼크로스(William Shawcross)는 키신저의 연설을 막는 뉴욕대학교 항의자들을 질타하면서 캄보디아에 관한 키신저와 자기 자신의 이견이 무엇이든지 간에 키신저는 존경을 받을 만한 비상한 인물이라고 주장했다.[1026]

외교정책은 상상력의 세계이다. 그런데 그 상상력은 어디에서 오는 것일까? 키신저의 경우에 그의 풍부한 상상력은 그의 깊고 넓은 역사에 대한 지식에서 나왔다고 말할 수 있다. 그는 정치학자이지만 그의 연구대상은 역사였기에 그는 역사가라고 불러도 전혀 손색이 없다. 아니, 키신저는 때때로 자신을 역사가라고 지칭했던 때도 있었다. 이제 헨리 키신저도 역사가들의 평가를 받을 때가 되었다. 그의 외교적 활동은 너무도 화려하고도 다양했기 때문에 온전한 평가를 위해서는 오랜 세월을 더 기다려야 할지도 모른다. 그러나 오늘의 시점에서도 비록 잠정적일 수밖에 없겠지만 헨리 키신저의 외교관으로서, 즉 정치가로서의 독특한 유산은 논의될 수 있을 것이다.

헨리 키신저의 제일 먼저 생각나는 유산은 그의 철학적 비관주의이다. 그의 세계관은 어린 시절 나치스의 경험으로 어둡고, 비극적 감각으로 물들어 있다. 그는 히틀러 치하에서 살았다. 그곳은 믿음을 일으키지 않는 세계였다. 그래서 그곳의 삶은 그에게 현실주의 정치에 근본적인 인간 본성에 대한 본질적으로 비관적인 견해를 주었다.[1027]

1025) William Shawcross, *Sideshow,* New York: Simon & Schuster, 1979.
1026) Thomas A. Schwartz, *Henry Kissinger and American Power,* New York: Hill and Wang, 2020, p. 404.

그래서 그는 아주 빈번하게 건달과 영웅은 그들의 행동에 의해서가 아니라 그들의 동기에 의해서 구별되며 그리고 이것이 전체주의 시기 동안에 모든 도덕적 자세의 부식에 기여했을 것이라고 그는 생각했다. 그는 인간의 목적이 재앙을 불러온다고 관찰했다. 국가가 저항할 힘이 없어 적과 화해할 수밖에 없는 시기에는 협력을 위장하는 것이 필요할지도 모른다. 여기에서 다시 건달과 영웅, 반역자와 정치가는 그들의 행동에 의해서가 아니라 그들의 동기에 의해서 구별될 수 있을 것이다. 그는 재앙을 겪지 않은 미국인들이 재앙의 예감을 가지고 수행되는 정책을 이해하기 어려울 것이라고 말한 적이 있다. 비록 키신저가 역사적 쇠퇴의 필연성에 대한 슈펭글러(Spengler)의 개념을 거부하기는 하지만 정치가들이 국제적 불안정으로 가는 자연적인 성향을 맞서 꾸준히 싸워 나가야 한다고 믿게 되었다. 미국인들은 생존하지 않으면 그들의 원칙들을 유지할 수 없다.[1028]

나치의 경험은 키신저에게 외교정책의 두 가지 접근법 중 하나를 심을 수 있었을 것이다. 하나는 인권에 헌신하는 이상주의적, 도덕적인 접근법이고. 또 하나는 힘의 균형과 외교의 도구로서 무력을 사용할 용의를 통해 질서를 보존하려는 현실주의적 권력정치의 접근법이었다. 키신저는 후자의 길을 따랐다. 그는 종종 질서와 정의 사이에서 선택해야 한다면 그는 질서를 선택할 것이다. 그는 무질서의 결과를

1027) Abraham R. Wagner, *Henry Kissinger: Pragmatic Statesman in Hostile World*, New York and London: Routledge, 2020, p. 155.

1028) Henry A. Kissinger, *Nuclear Weapons and Foreign Policy*, New York: Published for the Council on Foreign Relations by Harper & Brothers, 1975. P. 428f.

너무도 확실하게 보았다. 그 결과 키신저는 철학적으로, 지적으로, 그리고 정치적으로 보수주의자가 되었다. 그는 혁명적 변화에 대한 본능적인 혐오감을 발달시켰다. 이것은 그가 메테르니히와 캐슬레이에 관한 그의 박사학위 논문에서 탐구했고 또 그가 권좌에 올랐을 때 그의 정책들에 영향을 준 태도였다. 키신저는 지적으로 유럽적인 마음을 간직했던 것이다.1029)

두 번째 유산은 키신저가 하버드에서 개인적 자유의 본질에 관해서 배운 것이다. 자유는 의미 있는 대안들을 결정하는 과정으로서 삶의 내적 경험이었다. 하버드에서 그는 역사 그 자체에 관해서 배웠다. 그는 두 역사적 사건들 사이에 관계가 무엇이든 그것은 정확한 일치에 의존하지 않지만 직면하는 문제의 유사성에 의존한다는 것을 항상 기억하면서 역사의 유추들을 사용하는 것을 배웠다. 외교문제의 연구에서 역사적 맥락의 인식은 불가결한 것이었다. 역사는 국가들의 기억으로 이해되었다. 역사의 교훈은 이제 미국은 과거 영국이 유럽에 대한 관계에 서 있었던 것처럼 유라시아 전체에 대한 관계에 서있다. 단지 균형자로 행동하는 것으로는 충분하지가 않다. 혁명적 국가로부터 그것의 위험스러운 에너지를 제거함으로써 정당한 국제질서를 건설하는 것이 동시에 필요했다.

키신저는 칸트식 이상주의자일 망정 윌슨식 이상주의자는 아니었다. 미국은 미국의 도덕적, 법적 그리고 군사적 입장이 완벽하게 조화를 이루는 상황에만 미국의 행동을 국한시켜야 한다는 윌슨주의적 주

1029) Walter Isaacson, *Kissinger: A Biography,* New York: Simon & Schuster 1992, p, 31.

장에 대해 키신저는 일관된 답변을 갖고 있다. 그러한 모호성의 문제를 다루는 것은 무엇보다도 도덕적 행동, 즉 자신의 원칙들을 완벽하지 못한 적용을 위해서도 모험할 용의성을 가정한다. 미국 외교정책에서 자유주의적 전통의 특징인 적대성에 대한 순진한 비일관성은 무행동을 위한 처방이었다. 그에게 순수한 도덕성에 대한 고집은 그 자체가 가장 비도덕적인 자세이다.[1030] 키신저는 적어도 그가 1969년 1월 20일 닉슨 새정부에서 행동하는 인간이 되기 전에 순전히 생각하는 학자로 남아 있는 동안에는 결코 마키아벨리언이 아니었다. 실제로 그의 하버드 경력에서 가장 두드러진 특징은 그가 마키아벨리에게 별다른 관심을 보이지 않았다는 사실이다.

세 번째 유산은 그가 권력의 회랑에서 서성이던 체험에서 얻은 것이다. 그에게 정책결정자는 멋진 연설을 하는 것 이상을 해야만 한다는 것이다. 그가 아마도 리더십의 본성을 들여다보는 가장 중요한 통찰력을 형성한 것은 1960년대였다. 그것은 그가 말하는 소위 "추측의 문제(the problem of conjecture)였다. 그의 첫 설명에서 키신저는 두 개의 선택지 사이를 구별했다. 그것들은 최소한의 노력을 요구하는 평가와 보다 많은 노력을 요구하는 평가이다. 만일 정치 지도자가 덜 저항하는 노선을 택한다면 그러면 그는 막중한 대가를 지불해야만 할 것이다. 그러나 만일 그가 추측에 입각하여 보다 어려운 선택을 한다면 그는 결코 자신의 노력이 필요하다는 것을 입증할 수는 없지만 후에 많은 슬픔에서 자신을 구할 것이다. 여기에 문제의 핵심이 있다.

1030) Niall Ferguson, *Kissinger 1923-1968*, Vol. 1, *The Idealist,* New York: Penguin Press, 2015, p. 870.

만일 정치지도자가 일찍 행동을 취하면 그는 그것이 필요했는지의 여부를 알 수 없다. 그러나 만일 그가 기다리면 그는 행운이 있을 수 있거나 없을 수 있다. 그것은 무서운 딜레마이다. 키신저는 이것을 약간 다르게 표현했다. 그는 정책이란 이미 알고 있는 것을 넘어서 기획하는(project) 능력을 요구했다.[1031]

키신저에게 핵심 포인트는 어쩔 수 없이 모든 전략적 선택을 둘러싼 불확실성이다. 이런 이유에서, 외교정책의 실천에서 결정적인 특징들은 현실의 본질에 대해서, 즉 자기가 직면하고 있는 역사적 추세의 성격에 관해서 행하는 철학적 가정들이었다. 지성인과는 달리 정책결정자는 역사적 과정의 일부이고 또 그것이 다음 결정을 위한 사실적 토대가 되는 되돌릴 수 없는 결정들을 하고 있는 것이다.[1032] 외교정책에서 기획의 문제는 역시 키신저가 명확하게 이해했듯이 역사가가 직면하는 단 하나의 가장 큰 철학적 문제이다. 역사가들은 오직 성공적인 요인들만, 그리고 거기에서 명백하게 성공적인 요소들만 다룬다. 그러나 역사가는 두 참가자들에게 무엇이 가장 중요했는지를 알지 못한다. 즉 성공과 실패를 가른 선택의 요소를 알지 못한다. 그러나 정책결정자의 과거 생각을 구성하기 위해서 역사가는 정책결정 직전의 순간을, 즉 여러 개의 선택지가 함께 있고, 각개가 장점을 갖고 있으며, 각개가 상상할 수 있고 또 알 수 없는 결과들을 가진 그런 순간을 상상해야만 한다. 그리하여 역사적 과정이란 직선으로 진행하는 것이 아니라 일련의 복잡한 변이들을 통해서 진행한다. 길의 모든 발걸음

1031) *Ibid.*, p. 871.
1032) *Ibid.*, p. 872.

748 헨리 키신저 -외교의 경이로운 마법사인가 아니면 현란한 곡예사인가?-

에는 돌아가는 길이 있고 사거리도 있다. 그리고 길 사이에서 더 좋든 더 나쁘든 간에 선택들은 이루어져야만 한다.

결정을 통제하는 조건들이 가장 미묘한 명암법이다. 선택은 회고적으로 보면 거의 임의적이거나 지배하는 환경 하에서 가능한 유일한 대안으로 보일지 모른다. 어느 쪽이든 그것은 생존을 위한 필요성의 즉각적 압박에다가 과거 돌아가는 정책들의 상호작용의 결과이다.[1033] 미국을 아이젠하워 대통령에 의해서 월남에 대한 최소한의 공약으로부터 존슨 대통령의 온전한 규모의 군사적 개입으로 나간 뒤틀린 노선이라는 것보다 이 점을 더 잘 설명해주는 것은 아무것도 없었다. 키신저는 월남에서 경험으로 부터 2가지를 배웠다. 하나는 현지의 전쟁과 백악관 오찬 식탁에서 상정하는 전쟁은 아주 달랐다. 키신저가 미국 정부가 어떻게 역기능적 일 수 있다는 것을 간파한 것은 베트남에서였다. 게릴라 전쟁에 대응하는 능력의 부족, 폭격에 과잉의존, 그리고 부처간 협력의 부재가 월남정권의 만성적 취약성과 결합하여 명백하게 전쟁을 이길 수 없게 만들었다. 키신저는 이점을 일찍이 보았다.

그러나 한스 모겐소(Hans Morgenthau)가 더 일찍 그것을 내다보았고 결국에는 그의 현실주의가 키신저의 이상주의보다 더 좋은 베트남에 대한 지침이었다는 것을 부인하는 건 불가능했다.[1034] 이 교훈이 핵심적이었다. 키신저가 베트남에서 함정에 빠진 미국을 위해 출구의 문을 열기 위해 전략적 결합을 추구하면서 그는 점점 독일 제2제국의

1033) Henry A. Kissinger, *The Necessity for Choice: Prospects of American Foreign Policy,* New York: Harper and Brothers, 1961, p. 300ff.

1034) Niall Ferguson, *Kissinger 1923-1968,* Vol. 1, *The Idealist,* New York: Penguin Press, 2015 p. 873.

첫 수상이었던 오토 폰 비스마르크(Otto von Bismarck)의 관점에서 생각하고 있는 자기 자신을 발견했다. 드골은 만성적으로 영국에 공포심을 갖고 있기는 하지만 그래도 파리를 통해서 사이공에서 빠져나오는 길의 열쇠를 쥐고 있지는 않을까? 소련인들은 이념적 적대자들이지만 모스크바로 통해 집으로 가는 길은 없을까? 최종적으로 그러나 잠정적으로 키신저는 모든 것들 가운데 가장 대담한 대답을 고려하기 시작했다. 그것은 명예로운 평화의 열쇠가 마오(Mao)의 베이징에서 발견될 것이라고 생각하기 시작했던 것이다.[1035]

그러나 키신저는 냉전이 제공하는 세계무대에서 정치적 현실주의의 원칙들을 적용하는 미국식 비스마르크(Bismarck)가 되려고 염원한 적은 없었다.[1036] 1961년 여름에 그의 친구이며 영국의 저명한 군사역사가인 마이클 하워드(Michael Howard)가 그에게 미국은 외교정책에서 보다 비스마르크식 접근법을 고려해야 한다고 제안했었다. 이것은 당시 해롤드 맥밀란(Harold Macmillan) 수상을 포함하여 영국의 많은 사람들이 존 케네디 대통령의 열렬한 이상주의로 본 것에 관해서 조바심을 내던 때였다. 하워드가 설명하기로는 그들이 미국에서 보고 싶은 것은 도덕적 열정이 아니라 완화되고, 예의 있고, 자신감 있는 힘이다. 키신저는 하워드의 주장에 대해 조금은 의아해했다고 고백했다. 과거에 비스마르크의 외교에 관한 책을 집필하려고 계획했고 그 책의 반 정도를 마쳤던 키신저는 현재 환경에서 그보다 쉽게 재앙으로 갈 정책을 거의 생각할 수 없다고 대답했다:

1035) *Ibid.*
1036) *Ibid.,* p. 693.

"모든 신념이란 비스마르크에게는 조작할 요인들에 지나지 않는다는 그의 회의론으로부터 온갖 결과들을 그가 끌어낸 것이 그의 혁명적 성질의 본질이었다. 그러므로 비스마르크가 보다 더 인간적으로 멀어진 그의 교리를 설교하면 할수록 그는 자신의 동료들에게 더 이해될 수 없는 자기의 교훈을 적용하는 데 그는 더 엄격했다. … 왜냐하면 비스마르크의 분석이 아무리 탁월하다고 할지라도 사회들은 냉소주의의 용기를 발휘할 수 없다. 인간을 원자로, 사회를 세력으로 고집하는 것은 항상 모든 자제력을 부식하는 아슬아슬한 묘기를 가져온다. 사회들은 비슷한 것으로 작동하기 때문에 그리고 또 그들은 훌륭한 구별을 할 수 없기 때문에 수단으로서 권력의 교리는 권력을 목적으로 만들고 마는 것이다."[1037]

키신저가 비스마르크에 대해 품고 있는 깊은 이중의식을 이해하는 데에는 1968년 여름에 출판된 유명한 "백색 혁명가: 비스마르크에 관한 성찰"(The White Revolutionary: Reflections on Bismarck) 이라는 논문이 있는데,[1038] 비록 탁월한 논문이긴 하지만, 완전한 계산을 제공하지는 않는다. 원래 키신저는 <회복된 세계>이후 두 권의 후속편을 집필하려고 했었다. 두 번째 책은 비스마르크 시대에 관한 것이고, 세 번째 책은 1890년 비스마르크의 해임으로부터 제1차 세계대전의

1037) *Ibid.,* pp. 874-875 에서 재인용.

1038) Henry A. Kissinger, "The White Revolutionary: Reflections on Bismarck," *Daedalus,* Vol. 97, No. 3, (1968), pp. 888-924. "백색 혁명가"라는 용어는 1867년 유대인 은행가 루드비히 밤베르거(Ludwig Bamberger)가 비스마르크에 최초로 적용한 문구였다. 이 점은 Jonathan Steinberg, *Bismarck: A Life,* Oxford: Oxford University Press, 2011, p. 263을 참조. 그런 타이틀을 가진 비스마르크의 전기로는, Lothar Gall, *Bismarck: The White Revolutionary*, Vol. 1, *1851-1871*, Translated by J. A. Underwood, London: Unwin Hyman, 1986; Lothar Gall, *Bismarck: White Revolutionary*, Vol. 2. *1871-1898*, London: Allen & Unwin, 1986.

발발까지의 시기를 다루는 것이었다. 바꾸어 말하면, 비스마르크 정책은 힘의 균형에 입각한 동맹체제를 통해서 유럽에서 1세기 동안의 평화유지에 대한 3부작의 중심적 작품이 될 것이었다.[1039) 그러나 그의 후속 작품들은 예상대로 나오지 않았다. 키신저는 국무장관으로서 행동가(actor)에서 다시 생각하는 자(thinker), 즉 시민으로 돌아온 후에 출판한 <외교>(*Diplomacy*)[1040)와 <세계질서>(*World Order*)[1041)의 두 저서에서 철의 재상이 길게 논의되어 키신저가 비스마르크를 어떻게 생각하는지를 분명히 알게 되었다.

키신저의 보다 성숙된 견해에 의하면 빈회의(the Congress of Vienna)에서 캐슬레이와 메테르니히에 의해서 수립된 유럽의 질서는 비스마르크의 독일제국 수립의 결과로서 붕괴되었다. 왜냐하면 통일된 독일과 프랑스가 고정된 적이 되어 국제체제가 융통성을 잃어버렸기 때문이다. 1871년 이후 강대국들의 보다 경직된 5강체제(오스트리아, 영국, 프랑스, 독일, 그리고 러시아)는 그것의 균형을 유지하기 위해서 공정한 외교관 비스마르크에게 의존했다. 간단히 말해서 비스마르크의 전략은 키신저에게도 비상하게 중요한 것처럼 보였다. 즉 그것은 비스마르크가 러시아의 외상 니콜라이 기르스(Nikolay Girs)와 1887년에 서명한 비밀의 재보장조약(the Reinsurance Treaty)이었다.

그 조건 하에서 독일과 러시아는 상대국이 제3의 국가와 전쟁에 관련되지 않는 한, 즉 독일이 프랑스를 공격하거나 러시아가 오스트

1039) Niall Ferguson, *Kissinger 1923-1968: The Idealist*, vol. 1, New York: Penguin Press, 2015 pp. 694-695.

1040) Henry A. Kissinger, *Diplomacy*, New York: Simon & Schuster, 1994.

1041) Henry A. Kissinger, *World Order*, New York: Penguin, 2014.

리아-헝가리를 공격하지 않는 한 중립을 지키기로 동의했다. 이것은 만일 러시아가 흑해 해협에 대한 통제권을 주장하려 하는 경우에 독일이 중립을 지키기로 했다. 그러나 진정한 힘은 러시아인들이 프랑스와 상호방위조약의 추구를 억제하는 것이었다. 그리고 비스마르크가 권좌에서 물러난 뒤에 비밀 재보장 조약의 갱신을 하지 않아 발생한 것은 바로 러시아와 프랑스간 상호방위조약의 체결이었다. 키신저가 후에 지적했듯이 역설적이게도 유럽의 균형의 융통성을 보존한 것은 정확하게 그 모호성이었다. 그리고 투명성의 이름으로 그것의 포기는 제1차 세계대전에서 정점을 이룬 점증하는 대결의 시작이었다. 그러나 비스마르크가 떠나버린 뒤에 강대국 체제는 분쟁을 완충하기보다는 분쟁을 악화시키는 체제였다. 시간이 흐르면서 정치지도자들은 자기 자신의 전술에 대한 통제권을 잃고 그리고 종국에는 군사기획이 외교와 결별해버렸다. 그러나 이런 외교적 기술에 대한 걸작은 보다 젊던 키신저를 가장 흥미롭게 했던 비스마르크의 일면이 아니었다.

백색 혁명가의 논문에서 키신저는 보수주의자들에게는 너무 민주적이고, 자유주의자들에게는 너무 권위주의적이고, 정통주의자들에게는 너무 권력 지향적인 새 질서는 국내외의 대립적 세력들 간의 적대감을 조작함으로써 그들을 억제하도록 가정된 천재에 맞추어졌다고 비스마르크의 유럽에 대해 말했다.[1042] 그것은 비스마르크가 거짓말을 했다는 것이 아니라 그가 어떤 환경에서도 가장 민감한 흐름에 잘 맞추었고 또 지배하는 필요성에 정확하게 조정된 조치들을 생산한 아

1042) Henry A. Kissinger, "The White Revolutionary: Reflections on Bismarck," *Daedalus,* Vol. 97, No. 3, (1968), p. 888.

주 자의식적인 행동이었다. 비스마르크의 성공의 비결은 그는 언제나 진지했다는 것이다.[1043] 프러시아의 리더십 하에 독일의 통일에 대한 비스마르크의 개념은 반대자들이 자신들의 목적들의 현실을 믿을 수 없었기 때문에 혁명가들이 성공한 첫 번째의 경우가 아니었다.[1044] 비스마르크는 기회주의자였는가? 물론이다. 사건에 영향을 미치길 바라는 사람은 누구나 어느 정도 기회주의자이어야만 한다. 자신들의 목적을 현실에 적응시키는 사람들과 자신들의 목적의 관점에서 현실을 형성하고자 하는 사람들 사이에는 진정한 차이가 있다.[1045] 비스마르크는 어떤 국가도 그것의 기회를 그것의 원칙에 희생시킬 권리를 갖고 있다는 것을 부인했다.[1046] 그러나 혁명가들의 맹점은 그들이 실현하려고 애쓰는 세계가 새로운 개념의 이익과 타도된 구조의 장점들이 결합할 것이라는 믿음이다.[1047]

이런 말들은 각각이 아주 매력적이다. 그러나 그것들은 주된 주장에 우연적이거나 아니 차라리 장식이다. 3가지의 중심적 테마들이 있다. 첫 번째로, 비스마르크는 천재였을 뿐만 아니라 동시에 악마(demon)였다. 여기서 "악마 같은"(demoniac)이라는 용어는 하나의 별명으로서 거듭해서 그에게 적용되었다. 키신저가 분명히 했듯이 비스마르크의 종교적 깨달음이 그가 지정학적 다윈주의자(Darwinian)로 발전하면서 앞세운 가면이었다. 메테르니히 체제는 세상을 모든 것이 정확하게

1043) *Ibid.*, p. 898.
1044) *Ibid.*, p. 904.
1045) *Ibid.*, p. 910.
1046) *Ibid.*, p. 913.
1047) *Ibid.*, p. 919.

돌아가는 하나의 거대한 시계장치로 보는 18세기 우주관에 의해서 고취되었다. 그러므로 백색 혁명가는 오직 겉으로만 보수적이었다.

> "비스마르크는 새로운 시대를 대변했다. 균형은 조화와 기계적 균형으로 보이지 않고 유동적인 통계학적 힘의 균형으로 보였다. 그것의 적합한 철학은 적자생존의 다원주의적 개념이었다. 비스마르크는 민족주의자에서 정치의 경험주의적 개념으로 변화를 단행했다. … 비스마르크는 모든 신념들의 상대성을 선언했다. 즉 그는 그것들을 그것들이 생산할 수 있는 권력의 관점에서 평가되는 세력들로 변환시켰다."[1048]

두 번째 테마는 비스마르크의 신유럽의 질서는 다른 국가들의 공약을 조작하여 프러시아가 항상 그들 사이에서보다는 경합하는 당사국들 중 어느 국가에 더 가까울 것이라고 조작하는 능력에 달려있었다. 이것은 중대한 키신저의 통찰력이었다.[1049] 이것은 비스마르크가 어떤 메테르니히적인 정당성의 개념에 의해서도 더 이상 억제 당하지 않았기에 가능했다. 그는 자기가 선택하는 누구 와도 동맹을 맺거나 공격할 수 있었다. 그러나 그것은 고립이나 아니면 프러시아를 대가로 갑작스러운 타결의 거대한 위험성을 조용히 수락함으로써 그것의 목적을 추구하기 때문에 냉정한 용기가 필요했다.[1050]

세 번째 테마는 비스마르크의 업적은 제도화될 수 없기 때문에 비

1048) Henry A. Kissinger, "The White Revolutionary: Reflections on Bismarck," *Daedalus*, Vol. 97, No. 3, (1968), pp. 909-919.
1049) *Ibid.,* p. 912f.
1050) *Ibid.,* p. 913.

록 장엄하기는 하지만 그의 업적은 지속될 수 없는 것이었다. 키신저가 지적했듯이 제도들이란 업무수행의 평균적 기준을 위해서 마련된다. 그것들은 천재나 악마적 권력을 별로 수용하지 못한다. 자신의 국내적 혹은 국제적 지위를 유지하기 위해서 각 세대마다 위대한 인물을 배출해야만 하는 사회는 그 자체로 망할 수밖에 없다. 이와는 대조적으로 개인적인 창조행위를 평균적 수행이 기준에 의해 유지될 수 있는 제도로 전환하는 것은 항구적으로 건설하는 정치가들이다. 이것이 비스마르크가 성취하지 못한 실패였다. 키신저는 그것을 비스마르크의 비극으로 간주했다. 그의 성공이 독일을 항구적인 묘기에 공약하게 했으며 동화되지 못한 위대성의 유산을 남겼다. 각 세대에서 위대한 인물을 필요로 하는 제도는 위대한 인물이 강력한 개성의 출현을 막는 경향이 있기 때문에 거의 극복할 수 없는 도전을 스스로 세우는 것이다.[1051] 특히 비스마르크의 후임자들은 국가이익의 필요성을 적합하게 분석할 능력이 없었다. 권력관계의 뉘앙스들에 대한 장엄한 파악으로 인해 비스마르크는 자신의 철학 속에서 자제의 교리를 보았다. 이런 뉘앙스들이 그의 후임자들이나 모방자들에게는 분명하지 않았기 때문에 비스마르크의 교훈의 적용은 군비경쟁과 세계대전을 가져왔다.

알자스와 로렌(Alsace-Lorraine)을 병합함으로써 비스마르크가 자신과 후임자들에게서 프러시아의 수상으로서 향유했던 선택지를, 즉 그것이 얼마나 일시적이던 간에, 프랑스와 동맹을 체결할 선택을 박탈했다는 것은 진실이다. 1871년 후에 독일이 제휴를 희망할 수 있는

1051) *Ibid.,* pp. 890, 921.

강대국은 오직 3개뿐이었고 그 가운데에서 영국은 이미 "화려한 고립"을 향해 이미 기울고 있었다. 그렇지만 비스마르크의 재능을 가진 지도자는 여전히 재앙을 피했을 것이다. 문제는 그의 후계자들이 오직 권력정치의 무도함만을 보고 자기 제약의 요소를 보지 못한 것이었다. 도발행위, 식민지 장악, 그리고 해군 건설로 연립의 악몽을 이겨내려는 데 있어서 그들은 프랑스와 러시아 간의 동맹을 견고히 하고 말았다. 그리하여 독일은 그것이 가장 두려워했던 것을 초래하고 말았다.[1052] 이런 의미에서 독일의 가장 위대한 근대적 인물이 20세기 비극들의 씨앗을 심었다. 그러므로 백색 혁명가의 중요성은 키신저가 자신을 비스마르크와 동일시하지 않았다는 것이 아주 명백하다. 키신저 자신의 가족들이 그가 여기서 독일에 대한 비스마르크의 오만한 (hubristic) 유산으로 묘사한 바로 정확한 비극들로부터 대부분의 사람들보다 더 고통을 받았다. 오히려 정반대로 키신저는 그가 비스마르크를 칭송하는 만큼이나 악마적 비스마르크를 개탄했다.[1053]

진정한 요점은 키신저가 비스마르크를 샤를 드골과 동일시했다는 점이다. 드골의 거친 냉소주의가 프랑스의 역사적 사명에 대한 거의 감상적인 개념에 의존했던 것과 꼭 마찬가지로 비스마르크의 당연시하는 마키아벨리즘은 프러시아의 독특한 결합력이 독일에게 그것을 강요할 수 있게 했다는 것을 가정했다. 드골처럼, 비스마르크는 정치적 통합으로 가는 길이란 법률적 형식에 대한 집중을 통해서가 아니라 역사적 국가들의 자부심과 순결을 강조하는 것이라고 믿었다. 비

1052) *Ibid.,* p. 919f.
1053) Niall Ferguson, *Kissinger 1923-1968,* Vol. 1, *The Idealist,* New York: Penguin Press, 2015 p. 699.

스마르크는 외교정책이란 감상이 아니라 힘의 평가에 근거해야 한다고 촉구했다. 정책은 감정이 아니라 계산에 달려있다는 것이었다. 비스마르크는 국가들의 이익은 개인적 선호를 초월하는 객관적 지상명령을 제공한다고 주장했다.[1054] 키신저에게 비스마르크와 드골은 최고의 현실주의자들이었다. 그들은 강대국으로서 자신들의 국가의 필요성이 다른 모든 세력들을 초월하고, 또 19세기의 자유주의이든 아니면 20세기의 공산주의이든 간에 특수한 이데올로기를 초월하는 것으로 보았다. 드골처럼, 비스마르크는 국가이익의 필요에 의해서만 오직 제한되는 국제관계의 완전한 융통성을 가정했다.[1055]

비스마르크의 세계는 오직 오산을 악으로 실패를 죄악으로 보았다. 그것은 오직 거인들이나 허무주의자들이 살아갈 수 있었던 환상이 없는 세계이다. 비스마르크는 요인들을 저울질하고, 가능한 결합을 고려하고, 그리고 진정한 힘의 관계를 반영할 구조로 조작하려는 하나의 과학자였다. 독일 통일 후에 유럽의 합의가 있었다면 그것의 정당성이란 정확한 힘의 계산으로부터 유래했다.[1056] 여기에는 선택성의 중요성에는 훨씬 많은 것이 있었다. 비스마르크는 마지막 순간까지 모든 대안들을 열어 놓는 정책을 갖고 있었다고 키신저는 썼다. 따라서 여기에 그가 솔직함과 대범한 주의를 혼동하는 패러독스들이 있다. 때로는 그것이 진실이다. 키신저는 칭송에 빠져버린 것처럼 보였다.

1054) Henry A. Kissinger, "The White Revolutionary: Reflections on Bismarck," *Daedalus,* Vol. 97, No. 3, (1968), p. 906f.

1055) *Ibid.,* p. 911.

1056) Niall Ferguson, *Kissinger 1923-1968: The Idealist,* Vol. 1, New York: Penguin Press, 2015 p. 700.

정치가란 궁극적으로 자신의 대안들에 대한 그의 개념에 의해서 구별된다는 것이다. 그리하여 한 세대가 넘도록 불가능하다고 생각되었던 그가 생각해낸 것은 바로 비스마르크의 기술이었다. 여기에서 키신저는 하나의 금언을 발견했다:

> "정치가란 항상 불충분한 지식으로 행동해야만 한다. 왜냐하면 그가 모든 사실들이 준비될 때까지 기다린다면 그것들에 관해서 무언가를 하기에 너무 늦을 것이다. 그래서 리더십의 기술은 행동을 위한 올바른 순간을 발견하는 기술이다."[1057]

첫 눈에는 19세기 민족통일 시대 독일의 경우는 베트남의 시대 미국의 경우에 적용될 유추를 거의 제공하지 않았다. 비스마르크는 린든 존슨보다 오히려 호치민과 더 많은 공통점을 가진 것으로 생각될 수 있었다. 왜냐하면 비스마르크와 호치민은 피와 철의 수단을 이용하여 통일된 조국을 세웠기 때문이다. 그러나 키신저는 1960년대에 비스마르크를 재검토함으로써 베트남의 문제를 4가지의 다른 방식으로 생각할 수 있었다.[1058]

첫째, 존슨 행정부의 가장 기본적인 실수는 결코 화려하지 않은 방식으로 외교적으로 고립되도록 자신을 허용한 것이다. 한국과 머나먼 호주를 제외하고는 미국의 어느 동맹국들도 미국에게 의미 있는 지원을 제공하지 않았다.

둘째, 미국은 비스마르크로 하여금 1840년대와 1850년대에 만성적

1057) *Ibid.* 에서 재인용.
1058) *Ibid.,* p. 703.

불이익의 상황에서 프러시아가 벗어나게 할 수 있었던 자기이익의 동일한 계산으로 약세의 지위로부터 미국이 탈피해야만 한다고 키신저는 이해했다. 워싱턴에서 모든 다른 사람들은 드골을 미국이 베트남에서 내세우는 이상을 가장 무시하는 유럽의 지도자로 간주했다. 그러나 키신저는 국가이익의 관점에서 프랑스는 어떤 다른 서방의 강대국보다도 그것을 더 잘 아는 지역에서 미국을 도와줄 가장 큰 잠재력을 갖고 있다.

셋째, 비스마르크의 연구는 독일 통일 문제에 대한 키신저의 평생에 걸친 관심을 갱신했다. 대부분의 미국인들은 드골을 대서양 횡단 조화에 대한 진정한 위협으로 보았던 반면에 키신저는 동방정책(Ostpolitik)이라고 알려진 정책으로 보았다. 베트남의 경우에서처럼 독일의 경우도 마찬가지였다. 통일은 지정학적인 맥락과 독립적으로 이해될 수 없다. 어느 경우이든 소련의 확장된 위성국을 낳는 것으로 끝날 통일은 저지되어야 한다.

넷째, 키신저는 비스마르크의 성공과 그의 후계자들의 실패를 공부하여 강대국들 관계의 국제체제에서 어느 정도의 융통성을 유지하는 결정적인 중요성을 배웠다. 독일의 재상으로서 비스마르크의 가장 천재적인 장치는 두 개의 상호 불가 양립으로 보이는 공약들, 즉 상호 방위에 입각한 오스트리아-헝가리와 동맹과 러시아와의 비밀 재보장 정책이었다. 어떻게든 미국이 모순적 공약을 할 모험에도 불구하고 다른 강대국들과 비슷한 관계를 수립하여 자신의 지위를 강화할 수 있을까?

키신저가 1960년대에 계획하기 시작한 대전략(the grand strategy)

은 3개의 독특한 단계들을 갖고 있었다. 첫 단계로 그는 미국과 3개의 주요 강대국들인 프랑스, 독일, 영국과의 쌍무적 관계를 활성화함으로써 강력한 유럽통합의 세력들에 맞대응하려고 노력하면서 서유럽과 미국의 동맹인 NATO를 부활시키고 활기차게 하도록 추구한다. 두 번째 단계는 베트남을 출발점으로 미국과 소련사이에 협력을 위한 실천적 대상들을 추구하여 공허한 수사학 보다는 보다 더 실질적인 어떤 것으로 긴장완화(détente)의 개념을 발전시키려 모색한다. 세 번째 단계로 키신저는 그것의 분명히 혁명적 성격에도 불구하고 중화인민 공화국(the PRC)도 역시 힘의 균형의 울타리 안으로 끌어들일 수 있을 것으로 보았다. 그 밖의 다른 어느 곳 못지않게 여기에서 키신저는 드골과 현실주의의 실천가로서 그의 역사적 선구자인 비스마르크에 의해서 지도되었다.[1059]

드골로부터 배우려고 모색하는데 있어서 키신저는 1960년대 미국 외교정책의 성질에 거슬리고 있었다. 케네디와 존슨 행정부에서 미국의 정책결정자들의 눈에 드골은 해결책의 일부가 아니라 특히 베트남에서 문제의 일부였다. 키신저의 유럽 지도는 비스마르크 식이었다. 매년 그랬던 것처럼 그가 대서양을 건너 여행할 때 그는 빠뜨리지 않고 본과 파리에 갔다. 세 번째가 런던이고 그 다음이 브뤼셀(Brussels), 헤이그, 그리고 로마였다. 그가 다른 유럽국가들의 수도를 방문하는 일은 별로 없었다 스칸디나비아(Scandinavia)는 미지의 땅이었다. 이베리아 반도(the Iberian Peninsula)도 마찬가지였다. 1957년 로마 조

1059) Niall Ferguson, *Kissinger 1923-1968,* Vol. 1, *The Idealist,* New York: Penguin Press, 2015, p. 704.

약(the Treaty of Rome) 체결 후에 서유럽의 통합을 추진하고 있던 경제적 세력들에 관심이 없던 키신저는 여전히 랑케(Ranke) 식의 5대 강대국의 유럽이었다. 즉, 영국, 프랑스, 그리고 독일, 잠깐 들르는 이탈리아와 휴화산인 중립 오스트리아였다. 3개의 살아남은 강대국들 중에서 독일이 그에게는 가장 흥미로웠다. 영국이 최저였다. 그러나 하노이로 가는 길은 베를린이 아니라 파리를 통해서 간다는 것이 곧 분명해졌다.[1060]

"환상주의자"(The Illusionist)라는 고의로 도발적인 제목을 가진 글에서 키신저는 드골을 오역한다고 미국인들을 비난했다. 이에 대한 강력한 비난이 있자 키신저는 1965년에 출판된 <곤란해진 동반자 관계>(*The Troubled Partnership*)라는 저서에서 자신의 견해를 비교적 상세히 밝혔다.[1061] 이 책은 1964년 3월 외교협회에서 행한 3번의 강의에서 나온 것이었다. 많은 장들이 대서양 동맹의 등장과 미래에 관해 전적으로 일관된 주장을 위해 과거 논문들에서 이미 발표된 것들이었다. 그럼에도 불구하고 여전히 하나의 중요한 테마가 잘 표출되었다. 그것은 미국이 드골주의(Gaullism)를 보다 심각하게 간주해야 한다는 것이었다. 미국이 지배적이고 유럽이 무력하던 날들은 이제 끝났지만 그들은, 한편으로 자만과 초조감을, 그리고 다른 한편으로는 불평과 불안전의 유산을 남겼다.[1062] 드골은 사실상 미국 핵전략의 지배와 미-소간의 긴장완화의 조건 하에서 정치적 독립에 위험은 별

1060) *Ibid.,* p. 706.
1061) Henry A. Kissinger, *The Troubled Partnership: A Re-appraisal of the Atlantic Alliance,* New York: McGraw-Hill, 1965.
1062) *Ibid.,* p. 8.

로 없고 상당한 잠재적 이득이 있다는 것을 깨달은 유럽의 첫 지도자였을 뿐이다.[1063]

드골에 대한 장에서 키신저는 비스마르크와의 평행이 당시의 그의 사유에 얼마나 중요했는가를 분명히 했다. 미국인들이 유럽은 하나의 연방(federal) 유럽 합중국으로 통합되어야 하고 그리고 그런 실체는 미국을 위해 더 좋은 동반자가 될 것이라는 견해에 도달했던 반면에 드골은 이것을 꿰뚫어 보았다. 유럽의 통합을 원하는데 진지했지만 드골은 국가들의 연합(confederation)만을, 즉 그것의 안전을 위해 미국에 더 이상 의존하지 않는 국가연합을 원했다. 그리고 키신저는 이런 비전에 동정적이었다.[1064]

> "비록 드골은 미국에 대한 반대가 그 자체가 목적인 것처럼 종종 행동하지만 그의 보다 심오한 목적은 교육자적이다. 즉, 그는 자신의 국민과 어쩌면 유럽 대륙에 독립과 자립의 태도를 가르치는 것이다. … 그의 외교는 비스마르크 스타일이다. 즉, 그는 프러시아의 정당한 지위라고 간주되는 것을 달성하기 위해 무자비하게 분투했지만 그러나 그리고 나서는 분별력, 자제와 온건성을 통해 새로운 균형을 보존하려고 노력했던 것이다."[1065]

키신저는 워싱턴에서 분노를 야기했던 행동까지도 포함하여 드골이 취한 각 조치들을 인정했다. 그리하여 드골이 공동시장 회원을 위

1063) *Ibid.,* p. 17.

1064) Niall Ferguson, *Kissinger 1923-1968,* Vol. 1, *The Idealist,* New York: Penguin Press, 2015 pp. 719-720.

1065) Henry A. Kissinger, *The Troubled Partnership: A Re-appraisal of the Atlantic Alliance,* New York: McGraw-Hill, 1965. pp. 45-47.

한 영국의 신청을 거절하는 것이 옳았으며 드골이 1963년 프랑스-독일 간 협력조약을 통해 프랑스를 서독 이익의 수호자로 내세우는 것도 옳았다. 그리고 드골은 프랑스의 독립적 핵억제에 매달린 것도 옳았다. 유일한 소득은 비스마르크처럼 드골은 자기가 살아남을 수 없는 구조를 창조하고 있었다.

> "정치가는 자기가 손에 쥐고 있는 물질로 일해야만 한다. 만일 그의 개념들의 휘두름이 그것들을 흡수할 환경의 능력을 초과한다면 그는 자기 통찰력의 타당성과는 무관하게 실패할 것이다. 만일 그의 스타일이 그를 흡수될 수 없게 만든다면 그가 옳은가 아니면 부당한가는 관련이 없다. 위대한 인간들은 그들의 성취가 그들을 따를 덜 재능 있는 사람들에 의해서 유지돼야 한다고 그들이 기억하는 경우에만 진정으로 건설한다. 각 세대마다 위대한 인간이 있을 경우에만 보존될 수 있는 구조는 본질적으로 연약하다. 이것이 드골의 성공의 응보일 것이다."[1066)

이데올로기에는 무관심 했지만 드골은 누구보다도 미-소 분열을 내다보았으며 프랑스의 이익을 위해 이용될 수 있다고 가정했다. 그 생각은 키신저에게도 발생했었다. 1961년에 출판된 <선택의 필요성>에서 키신저는 공산주의 중국과 소련 사이에 불화를 일으키기 위해서 미국의 외교를 수행해야 한다는 빈번히 나온 견해를 직접 다루었다. 그러나 그의 입장은 회의주의적이었다. 실제로 키신저는 만일 중국이 핵능력을 획득한다면 결과는 무서울 것이라는 주장을 한 미국

1066) *Ibid.,* p. 63.

의 작가 가운데 한 사람이었다. 저우언라이(Chou En-lai)는 유고슬로
비아의 외교관에게 전면적 핵전쟁은 1백만 명의 미국인, 2천만 명의
러시안, 그리고 3억 5천만 명의 중국인을 남길 것이라고 말했다고 보
도되었다는 것이다.[1067]

　중국에 대한 미국의 문호개방이 냉전에서 외교적 혁명을 가져올
수 있을 것이라는 점이 키신저와 닉슨에게 분명해진 후에 그에 따라
키신저가 무엇을 믿게 되었든지 간에 1960년대 중반에 그의 노선은
서방이 공산주의의 내부적 균열에서 별다른 위안을 얻지 못할 것이
며 사실상 그 균열은 미국의 문제들을 반으로 줄이기보다는 오히려
배가할 것이라는 입장이었다. 더 나아가서 공산주의의 균열은 쌍무적
서방 접근을 위한 거대한 유혹들을 창조할 것이다. 이것은 공산주의
자들이 동맹국들을 서로 이간질함으로써 그들의 어려움들을 피할 수
있게 해줄지도 모른다. 본에 있는 소련대사가 독일의 허버트 베너
(Herbert Wehner)에게 중국은 더 이상 공산주의 국가가 아니라 소련
의 언어에선 최악의 가능한 별명인 나치 국가(a Nazi state)라고 말했
다는 베너의 보고에 키신저가 감동하지 않았다고 믿기는 어렵다. 중
국에서 특히 문화혁명(the Cultural Revolution)이 진행되면서 중국에서
나오는 어떤 믿을 만한 보도도 국제관계에서 마오쩌둥(Mao Zedong)
의 미래 역할에 관해서 낙관을 진작할 수 없었다.[1068]

　비스마르크와 드골의 공부는 키신저의 이상주의에 도전했다. 처음

1067) Henry A. Kissinger, *The Necessity for Choice: Prospects of American Foreign Policy,* New York: Harpers and Brothers, 1961, p. 253.
1068) Niall Ferguson, *Kissinger 1923-1968: The Idealist,* Vol.1, New York: Penguin Press, 2015 p. 726.

으로 윤리적으로 무관심하고 이념적으로 중립적인 의미에서 순수하게 그는 힘의 관계의 계산에 입각한 현실주의적 전략이 월남의 기이한 질곡에서 미국을 벗어나게 할 유일한 길이 될지도 모른다는 가능성을 직면하게 되었다.1069) 역사상 가장 강력한 국가가 제3세계의 작은 공산주의 국가를 패배시킬 수 없는 질곡에 빠져 있었다. 비스마르크는 극복했지만 1969년 드골을 끌어내릴 남아 있는 제약은 국내정치였다. 키신저가 베트남의 문제에 대해 내린 결론은 한편에는 협상자들이 회담 테이블의 전술적 요구들에 극단적으로 민감한 경향이 있는 미국이 있고, 다른 한편에는 월맹이 있었다. 그런데 하노이의 지도자들은 독립을 위한 영웅적 투쟁을 벌이는 것과는 대조적으로 오직 느리고, 고통스러우며 고도로 기술적인 조치들에 의해서만 성취될 수 있는 국민소득을 올리는데 전혀 관심이 없었다.1070) 그들은 모험적 외교정책이 경제발전의 전망을 해치지 않을 것이며 오히려 촉진할 것이라고 믿었다. 그들은 외교정책이 보다 더 방해하면 주된 경쟁자들에 의해서 유혹을 받을 전망이 더 컸다.1071)

무대는 정해졌다. 두 상대국들은 그들의 천명된 목적들과는 아주 별도로 좀 더 상이한 작전 방식을 갖고 있었다. 그들을 함께 하게 할 시간이 되었다. 그것을 달성하기 위해서 키신저는 사이공으로 돌아가는 것은 아무런 의미가 없다는 것을 이제는 이해했다. 베트남에서 평화를 추구하는 그의 방문 일정들은 이제부터는 그를 바르샤바, 빈, 그

1069) *Ibid.,* p. 727.
1070) Henry A, Kissinger, "Domestic Structure and Foreign Policy," *Daedalus,* Vol. 95, No. 2, (1966), p. 552ff.
1071) *Ibid.,* p. 523.

리고 파리로 데려 갈 것이지만 무엇보다도 파리로 데려 갈 것이다. 이제 헨리 키신저는 월맹과의 쌍무적 회담을 위해 집중하기보다는 중국과 소련과의 관계 변화를 통해 월맹과의 회담을 연계시켰다. 바로 그것은 비스마르크의 성공적 외교전략의 본질이었다. 키신저는 그가 닉슨 행정부의 국가 안보보좌관이 되자 베트남에서 명예로운 평화를 가져오는 외교의 긴 여정에 올랐다. 그는 이제 비스마르크처럼 행동하기 시작했다.

헨리 키신저가 1973년 파리평화협정을 통해 베트남 전쟁을 종식시키고 남베트남에 주둔했던 모든 미군을 성공적으로 전원 귀국시켰을 때 그것은 비스마르크 식의 강대국 외교의 산물이었다. 그는 미국이 빠져 있던 베트남 전쟁의 질곡에서 미국을 마침내 구했던 것이다. 그리하여 그는 같은 해에 노벨평화상(Nobel Peace Prize)을 수상하였다. 그러나 2년 후 1975년에 베트남이 월맹에 의해 일방적으로 무력에 의한 공산화될 때 그는 아무 것도 할 수 없었다. 그 결과 수년 동안 미국의 남베트남에 반공정권의 유지를 통해 공산주의의 확장을 저지하려 했던 모든 노력이 허사가 되고 말았다. 닉슨 대통령이 워터 게이트 사건에 매몰되어 아무 것도 할 수 없었을 뿐만 아니라 미국 의회나 국민의 절대 다수가 아무도 베트남에 다시 개입하길 원치 않았기 때문이다. 그러자, 그는 외교의 마법사가 아니라 "현란한 곡예사"(a brilliant acrobat)에 지나지 않았다는 비난과 폄하에 직면하게 되었다. 그가 수상했던 노벨평화상도 빛을 많이 잃었다.

그럼에도 불구하고, 그는 1973년 중동의 제3차 전쟁 후 그의 창의적인 소위 "왕복외교"(shuttle diplomacy)의 성공적 결과를 통해 그가 여전히 외교의 마법사임을 또 다시 전 세계에 입증하였다. 그리하여 키신저의 외교적 마법은 하나의 전설이 되었다. 그것의 비결은 비스마르크 식의 강대국간의 이해관계를 의식적으로 조절해 나가는 것이었다. 요컨대, 헨리 키신저는 20세기의 비스마르크였다.

헨리 키신저는 1990년대에 접어들어 미국 국민들을 위한 교육자로서 미국의 국가이익의 확보는 물론이고 국제평화와 안전을 위해서, 즉 세계질서를 위해서 21세기에도 미국에는 비스마르크가 필요하다는 메시지를 담았다. <외교>는 역사적 걸작을 쓰는데 가장 가까이 간 책이다. 그것은 분석적이고 서술적인 역사로서 미국 국민들에게 현실주의의 교훈을 말하려는 키신저의 노력에서 획기적인 사건이다.[1072] 그러므로 국민 교육자로서 키신저의 메시지는 2014년에 출간된 <세계질서> 보다는 1994년에 출간된 그의 야심작 <외교>에서 더 선명하게 표명되었다.[1073]

이 책의 서두는 "마치 어떠한 자연의 법칙에 따르는 것처럼, 모든 세계에는 전 국제체제를 자신의 가치에 따라서 형성하고 자신의 힘과 의지, 지적인 능력을 가지고 새로운 질서를 추구하는 국가가 등장하는 것처럼 보인다"는 말로 시작된다. 다시 말해 모든 세기에는 세계질서를 형성해 나가는 주도적인 국가가 있어 왔다는 것이다. 여기서

1072) Barry Gewen, *The Inevitability of Tragedy: Henry Kissinger and His World,* New York: W. W. Norton, 2020, p. 51.

1073) 여기에서 소개되는 <외교>의 내용은 2001년 교육방송국의 <EBS 세상보기>에서 "국제정치이론과 세계의 앞날"라는 주제하에 키신저의 <외교>에 관해 강의했던 것의 녹취록으로서, 강성학 <새우와 고래싸움: 한민족과 국제정치> (서울, 박영사, 2004)의 제9장 4절에 실린 것을 대부분 여기에 그대로 옮긴 것이다. 어느덧 20년의 세월이 지났지만 이 강의는 지금도 유튜브에서 여전히 시청할 수 있다.

말하는 국제체제란 30년 간의 피비린내 나는 종교전쟁을 끝낸 이후 1648년에 새롭게 만들어진 국제질서, 이른바 '웨스트팔리아 체제'를 말하는 것이다. 이것은 당시 프랑스의 리슐리외가 주도하여 영토 국가를 중심으로 하고 힘의 균형에 입각한 안정된 국제질서를 도모하려는 결과로 탄생된 것이었다.

18세기의 많은 철학자들이 소위 세력균형 혹은 힘의 균형에 관해서 논의해 왔음에도 불구하고 그 당시 유럽의 군주들은 자기의 조상들이 늘 그래 왔던 것처럼 자신들의 생존과 세력의 확대를 위하여 수많은 전쟁을 치렀다. 그런데 그들의 목적이 무엇이든 당시에는 전쟁에서 사용할 수 있는 힘이 제한되어 있었기 때문에 당시의 전쟁들은 매우 소규모로 벌어졌으며, 때문에 이 시대를 '제한전쟁'의 시대라고도 부른다.

그러나 프랑스혁명 이후 나폴레옹의 등장으로 전쟁은 '절대전쟁'의 성격을 띠게 되었다. 즉 무제한의 목적을 위해서 무제한의 수단을 사용하게 된 것이다. 나폴레옹은 유럽의 전통적인 힘의 균형 질서를 무너뜨렸다. 따라서 나폴레옹을 패배시킨 당시 유럽의 보수주의 국가들은 새로운 국제체제를 창조하고자 했을 때 바로 세력균형으로 돌아가려 했다. 특히 오스트리아의 메테르니히는 영국의 캐슬레이 외상과 더불어 이와 같은 균형적 사고에 매우 익숙하였다. 따라서 그는 힘의 균형을 구현한 새로운 국제질서의 구조를 구상하였고, 이때 탄생된 유럽의 5대 강대국 체제가 바로 '유럽협조체제'였다. 이것은 당시의 국제질서에 안정을 가져왔다고 평가되고 있다.

그러나 메테르니히와 캐슬레이가 물러난 이후 그의 후계자들은 그들만한 정치적 수완이나 탁월성을 갖고 있지 못했다. 이들은 힘의 균형을 제대로 조절하지 못했고 결국 유럽협조체제는 붕괴되고 말았다. 이처럼 위험한 시기 속에서 힘의 균형체제를 새롭게 등장시켜 유럽의 평화와 안정을 도모했던 인물이 비스마르크였다. 비스마르크는 무력을 사용하여 독일을 통일하였지만, 독일제국을 이룩한 1871년 이후에는 무력사용을 억제하고 국제적인 안정을 모색함으로써 평화롭게 힘의 균형체제를 운영하였다. 그러나 비스마르크 이후의 후계자들은 비스마르크 만한 국제적 안목과 감각을 갖고 있지 못했다. 이들은 비스마르크가 그렇게도 중요하게 다루었던 힘의 균형에 관해 무관심해졌고 국가의 이익을 위해서라면 힘의 균형도 깨뜨릴 용의가 있다는 태도를 취했다. 이러한 독일의 정책은 결국 제1차 세계대전의 발발로까지 이어지게 되었던 것이다.

헨리 키신저는 나폴레옹 전쟁을 끝맺은 1815년의 비엔나 회의로부터 제1차 세계대전이 터진 1914년까지의 99년간의 한 세기를 힘의 균형 또는 세력 균형의 원리에 의해서 유럽이 안정을 이루었던 시기로 이해하였다. 그는 당시의 정치지도자들의 힘의 균형을 유지하려는 노력에 의해서 국제적인 안정과 평화가 가능했다고 하면서 이 시기의 정치지도자들을 매우 높게 평가했다.

한편 제1차 세계대전에 뒤늦게 미국이 참전했고, 이러한 미국의 참여 덕택으로 서방국가들은 승리를 거둘 수 있었다. 제1차 세계대전을 끝낸 이후 국제질서는 우드로 윌슨 대통령을 비롯한 미국의 지도자들에 의해서 새롭게 구상하게 되었는데, 이들은 과거의 메테르니히나 비스마르크와는 다른 국제질서관을 가진 사람들이었다. 그들은 힘의 균형에 입각하기보다는 힘을 하나로 모아서 침략자를 응징하자는 집단안전보장 제도를 주창했고, 이를 구현하기 위하여 국제연맹을 탄생시켰던 것이다. 키신저는 이처럼 힘의 균형이라는 원칙을 버리고 새롭게 구성된 집단안전보장의 질서를 유럽의 성격이나 역사적인 교훈과 전혀 맞지 않는, 새롭지만 잘못된 개념에서 출발한 것이라고 보았다.

그러나 미국인들은 자기들의 대통령이 주도하여 탄생시킨 그 국제연맹조차도 거부했다. 당시의 미국인들은 유럽인들과는 달리 평화를 정상적인 상태로 여겼으며, 침략자가 있을 때에는 힘을 모아서 응징하면 된다고 생각했던 것이다. 그런데 만일 집단안전보장 제도를 실현하기 위한 국제연맹에 가입하게 되면 모든 침략자를 자동적으로 응징하는 집단안전보장의 원칙에 따라서 미국은 무차별적으로 모든 분쟁과 전쟁에 참여하게 될 것이었다. 미국인들은 이처럼 무차별 개입의 가능성을 보여주는 국제 연맹에의 가입을 원치 않았다. 결국 미국인들은 전통적으로 유럽의 안정을 지켜왔던 세력균형체제도 거부했고, 자신들의 대통령이 제시한 새로운 국제질서의 운영체제도 거부하면서 자신들의 오랜 전통적인 고립주의로 돌아갔던 것이다.

비록 그 당시 미국인들은 자국이 국제연맹에 참여하는 것을 거부하였지만, 이른바 '윌슨주의'라고 불리는 우드로 윌슨 대통령의 노력은 이후의 미국 외교정책에 있어 새로운 출발점이 되었다고 해도 과언이 아니다. 미국인들은 국제정치에 대한 유럽적인 생각, 즉 국제정치란 권력정치이고 따라서 힘의 균형에 입각해서만 세계의 안정과 평화가 이루어질 수 있다고 보는 생각을 부인하게 되었다. 그들은 권력정치나 세력 균형 등은 유럽적인 것이며, 자신들은 유럽을 떠날 때 이미 그 모든 것을 버리고 떠나왔다고 생각하는 것이다. 즉 미국은 유럽과 달라야 된다고 하는 생각과 전통으로 인해 그들은 세력 균형을 유럽적인 것이라며 거부하고, 자기들의 외교정책을 선언하거나 표명할 때에는 항상 도덕적으로 포장하는 전통을 갖게 되었다. 때문에 우드로 윌슨 대통령으로부터 지금의 클린턴 대통령에 이르기까지 미국의 대통령들과 정치지도자들은 그들의 외교정책을 천명하거나 선언할 때 항상 윤리적이고 국제법적인 용어를 사용하여 도덕적인 포장을 해 왔다.

바로 이 점에 대하여 키신저는 문제를 제기하였다. 그는 국제정치는 본질적으로 권력정치이며, 또한 이러한 권력정치는 매우 자연스러운 현상인 동시에 피할 수 없는 현상이라고 생각했다. 왜냐하면 그는 권력정치란 힘을 마음대로 휘두르는 것이 아니라 자국의 힘의 한계를 인정하고 그것을 수용하는 토대 위에서 출발하는 것으로 이해하였기 때문이다. 다시 말해 그는 힘의 정치 또는 권력정치라고 하는 것은 바로 이처럼 '힘의 한계'를 인식하는 정치의 형태라고 보았던 것이다.

그래서 키신저는 통치술, 즉 외교정책을 수행하는 기술을 중시한다. 그는 외교정책의 기술에서 가장 중요한 것은 첫째, 무엇보다도 국가이익을 정확하게 파악하는 것이고 둘째, 자기 국가에서 동원할 수 있는 가용 능력을 현실적으로 평가하는 것이며 셋째, 경쟁적인 입장에 있는 국가들의 이익을 파악하고 그러한 힘의 맥락 속에서 다른 나라들과 적절한 관계를 맺어가는 것이라고 생각했다. 만일 어떤 국가가 세계를 지배하기에 충분한 가용 자원이 있다면 아마도 헤게모니를 추구하게 될 것이다. 그러나 전세계를 지배할 수 있는 힘을 갖고 있지 않다면, 그 국가는 명시적이든 묵시적이든 간에 다른 국가와의 동맹을 통해서 자국의 힘을 향상시키고, 그렇게 함으로써 국가들 사이에 있어서의 힘의 균형을 이루어 국제적인 안정을 도모할 수 있다는 것이다. 19세기에 영국의 외상과 수상을 지냈던 파머스톤은 "국가 간에는 영원한 적도 영원한 친구도 없으며, 오로지 국가 이익만이 영원한 것이다"라는 유명한 경구를 남겼는데, 헨리 키신저는 바로 이 파머스톤의 경구가 사실상 국제정치의 본질을 말해 주는 것이라고 생각하였다.

유럽에서 이와 같은 권력정치가 지배하고 있던 시기에 미국은 세력균형이나 권력정치에 끼어들 필요가 없이 고립주의 정책을 추구해 왔다. 키신저에 의하면 그것은 미국인들이 스스로 선택했다고 말할 수도 있지만 사실상 미국의 지리적인 조건에 크게 기인한 것이었다. 미국은 태평양과 대서양이라는 두 대양 덕택에 그처럼 고립주의적 정책을 추구할 수 있는 일종의 특혜를 받았다는 것이다. 키신저에 의하면 이러한 19세기 미국의 고립주의는 국제정치의 관점에서 본다면 하나의 사치였다. 그런데 오랫동안 이러한 고립주의적 전통에서 살아온 탓에 권력정치에 대한 경험이 부족하고 이를 거부하려 하며 또 여기에 개입하지 않으려고 하는 미국인들의 성향은 20세기에 들어와 미국 외교정책에 있어 커다란 재앙이 되었다는 것이다. 미국은 세력균형이 아니라 항상 이처럼 고립주의적인 정책의 전통을 이어가려 했고, 이 때문에 미국은 제2차 세계대전을 막을 수도 있었던 1920년대의 기회들을 놓치고 말았다는 것이다. 뿐만 아니라 키신저는 미국이 제2차 세계대전에도 일종의 십자군 운동과 같은 정신으로 참전했고, 이러한 성향의 연장선상에서 1950년대와 1960년대에 걸쳐 이른바 '무차별 반공주의'의 외교정책을 수행했다고 본다. 이것은 미국인들이 오랫동안 고립주의에서 살아온 경험에서 비롯된 것으로, 기본적으로 잘못된 외교정책이라는 것이다.

키신저에 의하면 미국의 정치 지도자들이 힘의 균형을 전혀 몰랐던 것은 아니다. 예컨대 20세기 초반의 시어도어 루즈벨트나 70년대의 리처드 닉슨 대통령 등은 힘의 균형과 세력 균형 정책에 대하여 상당히 잘 알고 있었다. 그러나 힘의 균형 정책을 이해하는 정치 지도자가 한두 명 있다고 미국 외교정책이 전반적으로 유럽적인 힘의 균형 정책에 토대를 둘 수는 없었다. 그래서 제2차 세계대전에 참전할 때에도 미국은 힘의 균형 정책에 입각해 외교정책이나 참전을 정당화하지 않았다.

1940년 유럽에서 히틀러의 지속적인 승리는 힘의 균형을 사실상 깨뜨렸다. 당시 미국의 프랭클린 델라노 루즈벨트 대통령은 유럽의 균형을 위해서 미국이 전쟁에 참여할 수밖에 없다는 생각을 하고 있었다. 그러나 그는 미국 국민들에게 '유럽의 세력 균형을 복구하기 위해서' 미국이 참전해야 한다고 말할 수 없었다. 미국 국민들은 그것을 즉각적으로 거부할 것이기 때문이었다. 바로 그 때에 루즈벨트 대통령이 처했던 딜레마를 일시에 해결해 준 것이 일본의 진주만 기습이었다. 일본은 1941년 12월 7일, 이른바 "토라 토라 토라 작전"을 통해서 진주만을 기습했고, 이는 미국이 전쟁에 참여할 수 있는 명분을 가져다주었다. 그들은 '침략자를 응징하기 위해서' 전쟁에 참여해야 한다고 말했다. 다시 말해 미국은 전쟁 문제를 다룰 때에도 법률적인 관점에서 생각하고 일종의 사법적인 조치로서 전쟁을 이해했던 것이다. 이처럼 침략자를 응징하고 무조건 항복을 받아내어 그 전쟁을 치른 정치지도자들을 심판해야 된다고 하는 것이 전쟁에 대해서 미국인들이 갖고 있는 개념이다.

전쟁의 문제를 도덕적인 관점에서 평가하는 것은 상당히 오랜 역사를 지니는 것이다. 중세에 기독교인들은 자신들의 전쟁에 대해서 이른바 '정의로운 전쟁', '성전(聖戰)'이라는 명분을 붙였다. 그것은 침략자는 가차 없이 응징한다는 성격을 띠고 있는 것으로, 미국의 외교정책에는 바로 그와 같은 중세의 기독교적 시각, 정의로운 전쟁관이 중요한 역할을 하고 있다. 그래서 제2차 세계대전이 끝나고 평화가 왔을 때에도 미국은 새로운 세계 질서를 위해 윌슨이 과거에 만들었던 국제연맹을 보다 현실화하여 국제연합을 만들었고, 안전보장이사회의 5대 강대국들이 세계의 경찰역할을 할 것으로 기대했다.

제2차 세계대전 이후 개편된 새로운 국제질서를 안정적으로 유지하기 위해서는 미국과 소련 사이에 긴밀한 협력관계가 필요했다. 그러나 소련은 이를 수용하지 않으려고 했다. 미국에게 소련은 믿음직한 파트너이기보다는 미국과의 경쟁을 준비하는 잠재적인 적대 세력이었다. 따라서 미국은 이른바 대소 봉쇄정책을 선언하고 그것을 집행했던 것이다. 봉쇄정책은 사실상 힘의 균형 정책의 일종이라고 할 수 있다. 그러나 그들은 이를 자유주의 국가들을 수호하기 위한 반공정책의 일환이라고 설명하였고, 이것이 호소력을 갖게끔 하기 위하여 무차별 반공주의 정책을 봉쇄정책에 적용하였다.

그러나 미국의 정치지도자들이 실제로도 그러한 윌슨주의적 개념에 입각해서 행동했던 것은 아니다. 그들은 봉쇄정책을 사실상 세력균형 정책으로서 집행하였다. 양극체제 속에서 세력균형 정책이란 상대방의 영향권을 그대로 인정하는 동시에 거기에 개입하지 않는 것이었다. 예컨대 미국은 1956년 헝가리 반란이나 1968년 체코사태에 개입하지 않았다. 이들 나라를 소련의 영향권으로 인정해 버렸던 것이다. 즉 미국의 외교정책은 그들이 말로 하는 선언과 실제의 행동 사이에 늘 상당한 간격과 차이를 보여주게 되었다.

키신저는 미국 외교정책에 있어 이러한 말과 행동의 차이를 대단히 위험스러운 것으로 보았다. 왜냐하면 그는 냉전 종식 이후 21세기의 국제 세계는 다극체제가 될 것으로 전망하였고, 미국은 이에 적응할 역사적 경험이 부족하다고 생각했기 때문이다. 키신저에 따르면 비록 미국이 군사적인 면에 있어서는 패권적이고 최고의 군사력을 가지고 있지만 우리 시대의 군사력이라고 하는 것은 사실상 제한된 가치가 있을 뿐이다. 그렇기 때문에 앞으로 국제질서는 미국, 유럽, 일본, 중국, 러시아 그리고 어쩌면 인도가 여기에 참여함으로써 다섯 개 내지 여섯 개 국가가 주도하는 다극체제가 될 것이다. 그러나 미국은 역사적으로 단 한 번도 이러한 다극체제를 운영해 본 적이 없다. 즉 많은 국가들 중의 하나로서 행동한 경험이 별로 없다는 것이다. 따라서 미국이 복잡한 국제체제 속에서 하나의 강대국으로 진흥하기 위해서는 유럽의 경험으로부터 배워야 된다고 하는 것이 키신저의 생각이다.

냉전 종식 이후 오늘날의 세계에서는 이른바 세계화가 점증하는 동시에 다른 한편으로는 기존의 질서들이 분열되고 있다. 즉 세계는 통합과 분열을 동시에 경험하고 있는 것이다. 이렇게 복잡하게 변하고 있는 세계 속에서 미국은 마음대로 이 세계를 지배할 수도 없고, 그렇다고 이 세계로부터 완전히 철수할 수도 없다. 키신저는 미국 외교정책이 바로 이러한 딜레마의 상태에 빠져 있다고 생각했다. 지배할 수도 없고, 과거처럼 고립으로 돌아갈 수도 없는 이러한 상황에서 미국이 배워야 하는 것은 세력 균형 체제를 운영했던 유럽인들의 전통과 경험이라는 것이다.

키신저는 현재와 앞으로의 세계는 여러 가지 면에서 18세기와 19세기의 유럽이 경험했던 세계와 놀라울 정도로 유사하게 전개될 것이라고 전망한다. 따라서 그는 국제정치에 있어 새로운 면보다는 늘 계속되어 왔던 것, 지속적이었던 것 등을 더 중요하게 생각하였고, 앞으로의 세계도 이러한 것들이 지배하게 될 것이라고 예상하였다. 21세기에는 세계를 완전히 지배하는 국가도 없고, 또 모든 국가들이 각자 고립주의에 빠질 수도 없다. 특히 미국 자신이 과거처럼 완전히 고립정책으로 돌아갈 수 없는 상황이 되었다. 따라서 미국이 세계 질서 유지에 기여하기 위해서는 유럽과 아시아에 있어서, 즉 전세계 힘의 균형을 유지하는 정책을 추구해야 한다고 생각하는 것이다.

이와 같은 목적을 달성하기 위해서 키신저는 미국이 윌슨주의적 요소를 상당 부분 버려야 한다고 주장한다. 그리고 유럽인들이 늘 그래왔던 것처럼, 미국도 재래식의 국가이익 개념에 입각하여 외교정책을 수행해야 한다는 것이다. 구체적으로 미국은 첫째, 주요 국가들이 가질 수 있는 어떠한 불안감을 완화시키기 위해 노력해야 하고 둘째, 국제질서를 뒤엎을 정도로 야심적인 국가는 억제해야 하며 셋째, 위험한 갈등을 해소하는 데 있어서 미국은 적극적으로 중요한 역할을 수행해야 한다. 윌슨주의적인 구세주 역할을 버리고 재래식 국가이익의 개념에 입각해서 외교정책을 수행할 때만이 미국은 말과 행동의 차이를 줄이면서 미국이 처한 딜레마에 유연하게 대응해 나갈 수 있고, 또한 세계 질서의 유지에 기여할 수 있다는 것이다.

키신저의 현실주의는 미국인들의 이상주의적 다수와 어긋나는 것이다. 그들의 눈에 키신저의 현실주의는 그를 악당이나 범죄자로 보일지도 모른다. 그의 도덕성은 지금 여기에서 타인들과 상호작용을 통해 지상에 확고하게 뿌리내린 것으로부터 왔다. 그의 신념을 표현하는 방식은 비난의 여지가 없는 카탈로그가 아니라 외교를 살아있고 유동적인 경험으로써 붙잡은 일련의 명제들에 있다. 키신저는 무엇보다도 절대적인 목적들이 아니라 제한된 목적들을 위해 제한적인 힘을 사용하는 것이라 믿었다. 그리고 그는 다음의 명제들을 믿었다.[1074] 1. 완벽주의보다는 점증주의, 2. 혼란보다는 연속성, 3. 이상주의보다는 실용주의, 4. 정의보다는 안정, 5. 일반적인 것보다는 특수한 것, 6. 무조건 선보다는 더 나쁜 것, 7. 해결보다는 임기응변, 8. 해방된 충만보다는 이성의 포위된 제한, 9. 바람직한 것보다는 가능한 것, 10. 초월적인 것보다는 임박한 것, 11. 분석보다는 역사, 12, 완성보다는 부분, 13. 목표보다는 과정, 14. 즉각적인 것보다는 장기적인 것, 15. 기계적이고 공식적이기보다는 예측할 수 없고 불확실한 것 등.

그렇다면 앞으로 미국이 수행해야 할 힘의 균형 정책은 어떤 것인가? 키신저에 의하면, 그리고 역사적 경험에 의하면 힘의 균형 정책을 수행하는 데에는 영국식과 비스마르크식의 두 가지 방법이 있다. 영국식은 평화 시에는 동맹을 맺지 않다가 힘의 균형이 깨졌다고 생

1074) Barry Gewen, *The Inevitability of Tragedy: Henry Kissinger and His World,* New York: W. W. Norton, 2020. pp. 391-392.

각할 때에 약한 쪽을 도움으로써 균형을 잡으려고 하는 것이다. 그렇기 때문에 영국식은 보통 사태가 악화될 때까지 기다리는 성향을 보인다. 그러나 비스마르크식은 동맹 체제를 유지하면서 일어날 수 있는 잠재적인 갈등을 사전에 예방하기 위하여 '예방외교'로써 국제질서를 관리해 나가는 것이다. 비스마르크는 자신의 그러한 노력을 '정직한 중재자'(a honest broker)라 하였고, 이를 통해서 국제적인 안정을 유지하기 위한 조치를 취해 왔던 것이다.

그런데 이러한 비스마르크식의 방법은 정치지도자의 매우 탁월한 능력을 필요로 한다. 키신저가 미국의 외교정책에 대하여 염려하는 부분이 바로 이것이다. 미국이 앞으로 주도적인 국가로서 세계 질서를 유지하기 위해서는 비스마르크와 같은 탁월한 능력을 미국의 정치 지도자들이 보여주어야 한다는 것이다. 비스마르크나 키신저는 민주정치가 선출한 지도자가 아니었다. 과연 앞으로 미국의 민주정치가 그런 정치 지도자들을 생산할 수 있을까?

제19장
에필로그(Epilogue)

"인간은 누구나 비극의 필연성에 대한 감각을 가지고 살아야 한다."
-헨리 키신저-

21세기에 들어선 지도 한 세대가 지난 오늘날 국제정치와 외교정책 분야에서 모든 기존의 이론들은 도전 받고 있고 새로운 포스트 모던 이론적 시도들은 습작 단계에 머물고 있다. 그러나 강력한 도전과 포스트 모던 해체의 공격에도 불구하고 그들은 만족할 만한 새로운 대안을 제시하지는 못하고 있다. 그 결과 우리는 이론적 혼란과 정책적 혼돈속에 보다 일반적으로 말해서 철학적 분열과 지성적 분자화 시대 속에 살고 있다고 해도 결코 지나친 말이 아닐 것이다.

한 사람의 위대한 철학자나 이론가 혹은 위대한 정치가에게 끊임없이 돌아가고 의존함으로써 지성의 지평을 넓히던 시대는 사라져 버렸다. 우리는 손에 쥐고 있는 작은 스마트 폰을 통해 마치 완성된 지식 상품의 백화점에 들어와 있는 것처럼 유혹적인 수많은 정보와 지식에 둘러싸여 있다. 피상적 지식과 즉각적 정보의 과잉공급의 홍수에 직면하고 있다고 해도 과언이 아닐 것이다. 그러나 스마트 폰이 우리에게 제공하는 정보는 유용하지만 그것이 제공하는 토막 정보와 토막 지식은 논리적 사고의 부재로 인해 우리에게서 사유의 능력을 박탈해 우리 모두를 말초적 인간으로 조성해 가는 것만 같다. 그것이 제공하는 새로운 즉각적 정보나 피상적 지식이 반드시 우리의 삶을 더 편리하게 해줄지는 몰라도 지혜로운 삶이나 고결한 사고방식을 제공할 수는 없다. 그러나 진지한 독서가는 점점 더 사라지고 있는 추세이다. 상당기간의 습관을 요구하는 독서는 이제 우리 모두에게 피하고 싶은 고통스러운 일이 되어버린 것이다.

우리가 인격적으로 고결하고 세상을 올바로 이해하는 지혜로운 삶을 추구하려면 우리는 적어도 한 사람의 위대한 철학자나 역사가 혹은 정치가에게 다시 돌아가 새롭게 꾸준히 대화할 수 있다면 우리는 이제라도 믿을 만한 참된 지식을 얻을 수 있을 것이다. 요컨대, 진부한 말이지만, 우리는 고전으로 돌아가야 한다는 말이다. 그러나 고전은 많고 또 어렵다. 감히 다가가기가 겁이 나는 것도 사실이다. 국제정치를 심도 있게 이해하기 위해서 우리 모두가 그리스의 위대한 역사가 투키디데스(Thucydides)로 돌아가기는 어렵다. 우리와 보다 가까운 곳에서 그 대안을 발견하면 된다.

1950년대부터 출판된 헨리 키신저의 저작들은 이제 고전이 되었다. 뿐만 아니라, 헨리 키신저 자신도 이제는 위대한 외교전략가와 정치가로서 역사적 거인이 되었다. 그러므로 우리는 헨리 키신지의 지성과 그가 보여준 리더십을 하나로 묶는 서적을 통해 국제정치와 외교정책에 관한 심오한 고전적 지혜에 접근할 수 있다. 21세기에 "헨리 키신저"그 자체가 이제는 일종의 "고전적 인물"이기 때문이다.

헨리 키신저는 미국의 대통령이 아니었지만 종종 미국 외교정책의 대통령으로 간주되었다. 그것은 그가 마법사 같은 경이로운 외교적 활동과 빛나는 그의 성과를 통해 "그가 곧 미국의 외교정책"이라는 깊은 인상을 전 세계에 강력하게 각인했기 때문이다. 그는 성공한 학자-외교관, 아니, 성공적인, 그래서 빛나는 지성인-정치가였다. 그리하여 그는 20세기의 경이로운 외교의 마법사가 된 것이다.

헨리 키신저는 스스로 칸트주의자(Kantian)였다고 말한다. 그에겐 분명히 칸트적인 지성적 요소가 많이 있다. 그것은 순수이성비판에서 볼 수 있는 세계관의 관점에서 본다면 키신저는 필연의 세계관이 아니라 인간은 궁극적으로 행동의 자유를 포기할 수 없고 그래서 자유를 행사하는 존재라는 인식론적(epistemological)인 입장을 갖고 있다. 그러나 인식론이 아니라 인간의 삶의 본질에 관해서, 즉 존재론적(ontological)인 관점에서 본다면 그의 인생관의 본질은 권력의 욕구에 의해서 비밀리에 사로잡힌 니체주의자(Nietzschean)였다. 그리고 그는 외교전략가로서 20세기의 비스마르크였다.

1972년 5월 모스크바에서 성공적인 정상회담의 성공은 키신저를 지구적 수퍼스타로, 미디어 시대의 첫, 그리고 유일한 명사 외교관으로 변환을 완성했다. 그가 당시에 받고 있던 대중적 추종의 유형은 <시카고 선-타임즈>(*Chicago Sun-Times*)의 피터 리사고(*Peter Risagor*)가 정상회담 직후 쓴 전문에 반영되었다.

"헨리 키신저는 하나의 현상이기를 멈추었다. 그는 하나의 전설이 되었다."1075)

학창시절에 지적 자본의 축적이 삶의 가장 크고 보람 있는 자산이라고 헨리 키신저는 주장했고 또 스스로 그것을 행동으로 입증했다. 또한 정치 지망생들에게 키신저는 특히 역사공부를 권했다. 이것은 이미 반세기 전에 윈스턴 처칠(Winston Churchill)이 늘 말했던 권유였다.1076) 그런 점에서 키신저는 처칠의 모범생이었다. 키신저는 19세기 유럽의 역사연구를 통해 국제사회에선 오스트리아의 메테르니히가 고집한 정당성과 영국의 캐슬레이가 주장한 힘의 균형이 국제 안정과 평화로 가는 길이라는 사실을 발견했다. 그의 주장은 옳다. 다만 키신저의 전략적 교리는 전적으로 강대국들 중심의 국제체제의 안정을 추구하는 것이어서 유감스럽게도 약소국의 운명엔 별다른 관심이 없다. 약소국은 강대국정치의 객체에 지나지 않는다. 따라서 약소국들에게 키신저의 전략은 그것이 국제체제적 조건, 즉 국제적 환경에 대한 이해를 제공하는 것에 그치고 만다. 그들에게 직접적인 가르침은 거의 없다. 국제정치는 본질적으로 힘의 정치이며 강대국들의 정치임으로 변화하는 국제체제의 구조적 성격에 잘 적응하는 생존전략이 있을 뿐이다. 뭔가 강대국과는 다른 대외 전략이 필요해 보인다. 그럼에도 불구하고 헨리 키신저가 국제정치학의 훌륭한 교과서라는 사실은 아무리 강조해도 지나치지 않을 것이다.

1075) Walter Isaacson, *Kissinger: A Biography*, New York: Simon & Schuster 1992, p. 437에서 재인용.
1076) 강성학, <윈스턴 S. 처칠: 전쟁과 평화의 위대한 리더십>, 서울: 박영사, 2019를 참조.

그렇다면 키신저의 20세기 외교사가 한국의 상황에 있어 한국인들에게 시사하는 점은 무엇인가? 키신저에 의하면, 21세기의 아시아는 18세기의 유럽과 같은 힘의 균형 체제가 될 것이다. 미국은 아시아에서 세력 균형이 깨어질 상황이 오면 그것이 미국의 국가이익에 중대한 위협이 된다고 보고 적극적으로 개입하게 될 것이다. 그런데 4년마다 선거를 통해 정치 지도자들이 바뀌는 미국정치의 특성상 비스마르크 식인 동맹체제를 중심으로 하는 힘의 균형 정책이 지속적으로 수행되지 않을 수도 있다. 만약 미국의 정치지도자가 영국식의 세력 균형 정책을 채택하게 된다면 미국은 국제적인 분쟁에 대하여, 특히 어떠한 힘의 균형 파괴가 자국에 결정적 영향을 준다고 생각되지 않는 작은 분쟁이나 미국으로부터 먼 지역에서 발생하는 갈등에 대하여 불간섭의 원칙을 적용하게 될 것이다.

미국이 이처럼 불간섭의 원칙을 적용하게 된다면, 그것은 도덕적으로는 포장될 수 있다. 그것은 미국이 이제는 국제경찰이 아니며 따라서 타국의 일에는 간섭하지 않겠다는 도덕적 원칙을, 즉 "미국 우선 정책"을 추진할 것이다. 그러나 그러한 도덕적 포장 이면에는 미국이 더 이상 국제질서 유지를 위한 불필요한 대가를 지불하지 않겠다는 의미가 숨어 있다. 즉, 앞으로는 미국도 국제안보에 가능하면 무임 승차하겠다는 것이다. 다극체제에 있어 가장 심각한 단점은 모든 나라들이 질서 유지를 위해 주도적인 책임은 지지 않으려 하면서 서로 평화에 무임 승차하려고만 한다는 것이다. 누구도 책임 있게 국제적 분쟁과 지역적 갈등의 해결을 위한 노력을 하지 않기 때문에 모두의 방관 속에서 그것이 대규모의 전쟁으로 확대될 수도 있다.

따라서 만일 미국인들이 아시아에 있어 한반도 문제가 강대국들 사이의 힘의 균형에 결정적으로 영향을 미치는 문제가 아니라고 생각하게 된다면, 미국은 한반도 문제에 대하여 불개입의 원칙을 적용하게 될 수도 있다. 이것은 한반도의 미래를 근본적으로 불안하게 만드는 전망이다. 따라서 현재의 한국 외교정책에 있어 가장 피해야 할 것은 미국인들이 이 땅에서 스스로 떠나게 되는 현상이다. 여기에는 역사적인 아이러니가 있다. 20세기 초 대한제국은 일본을 비롯한 다른 강대국가의 영향력을 억제하기 위해 당시 미국이 개입해 줄 것을 요청했다. 그러나 그 당시 미국은 한반도의 문제가 미국의 국가이익에 직결된다고 생각하지 않았기 때문에 이를 거절했고, 우리는 미국에게 엄청난 원망을 했다. 그런데 한 세기가 지난 지금, 만약 우리가 미국에게 한반도로부터 손을 떼라고 요구한다면 우리는 한 세기 이전에 우리 조상들이 했던 정반대의 실수를 범하게 될 것이다.

지난 반세기 동안 아시아의 질서는 미국에 의하여 안정되어 왔고, 한반도의 평화 또한 미국에 의해 유지되었다는 점을 간과해서는 결코 안 될 것이다. 키신저가 말하는 미국 외교정책의 본질과 앞으로의 전망을 생각하면 미국 외교정책에 있어서 상당한 변화의 가능성을 짐작할 수가 있다. 또한 이를 제대로 파악하고 적절히 대비하지 못했을 때 우리는 20세기 초와 같은 불행을 또다시 겪을 수도 있음을 잊지 말아야 할 것이다. 이제는 진부한 말이 되었지만, 자유가 결코 공짜가 아니라는 말은 영원한 진리이다.

부록: 헨리 키신저의 약력

1923년 독일 퓌르트(Fürth)에서 독일계 유대인 가정에서 출생

1938년 미국 뉴욕으로 이주

1942년 뉴욕시립대학(City College of New York)에 입학, 회계학 전공

1943년 미국 육군 입대. 미국 시민으로 귀화

펜실베니아 라파예트 대학(Lafayette College)에 입학, 공학 전공

방첩대(CIC) 특수요원 근무. 동성(the Bronze Star) 훈장 수훈

1946년 유럽전구 정보학교(the U.S. Forces European Theater Intelligence School)에서 강의 시작

1950년 하버드 대학교(Harvard College)에서 정치학 학사 학위 취득

최우등 졸업생(Summa cum laude, Phi Beta Kappa)

1951년 육군 작전연구기관(Operation Research Office, ORO) 상담역

1952년 하버드 대학교(Harvard University) 석사 학위 취득

1952년 심리전략위원회(Psychological Strategy Board) 자문

<컨플루언스(*Confluence*)> 창간

1952~1969년 하버드 국제세미나(Harvard International Seminar) 소장

1954년 하버드 대학교(Harvard University) 박사 학위 취득

1955년 국가안전보장회의 작전조정위원회(Operations Coordinating Board) 자문

1955~1956년 외교협회(Council on Foreign Relations)에서 핵무기와 외교 정책 연구 담당

1957년 <회복된 세계(*A World Restored: Metternich, Castlereagh, and*

787

the Problem of Peace, 1812-22)>, <핵무기와 외교 정책(*Nuclear Weapons and Foreign Policy*)> 출판

1956~1958년 록펠러 기금(Rockefeller Brothers Fund)에서 특별연구 프로젝트(Special Studies Project)의 이사로 재직

1958~1971년 하버드 대학교 국방연구 프로그램(Harvard Defense Studies Program)의 소장으로 재직

1959~1969년 하버드 대학교(Harvard University) 교수. 정부학(Government), 국제센터(Center for International Affairs)

1968년 공화당 예비선거 후보 록펠러의 외교정책 고문으로 재직

1969~1975년 국가안보보좌관

1973~1977년 제56대 국무장관

1973년 레둑토(Le Duc Tho)와 공동으로 노벨 평화상 수상

1973년 상원 의원 존 하인즈 상(US Senator John Heinz Award) 수상

1976년 할렘 글로브트로터스(Harlem Globetrotters)의 첫 명예 회원

1977년 제럴드 포드 대통령으로부터 대통령 자유 훈장(Presidential Medal of Freedom) 수훈.

1979년 <백악관 시절(*White House Years*)> 출판

1980년 <백악관의 시절>로 미국 국립도서상 수상

1982년 <환란의 시절(*Years of Upheaval*)> 출판

1982~현재 키신저 어소시에이츠(Kissinger Associates, Inc.) 회장

1983~1985년 초당적 중앙아메리카 위원회(National Bipartisan Commission on Central America) 의장

1984~1990년 대통령 외교정보자문위원회(Foreign Intelligence Advisory Board) 위원

1986~1988 국가안보회의(NSC), 국방부(Defense Department) 통합 장기전략위원회(Commission on Integrated Long-Term Strategy) 위원

1986년 자유의 메달(Medal of Liberty) 수훈

1995년 세인트 미카엘과 세인트 조지의 명예 기사단장(honorary Knight Commander of the Most Distinguished Order of St Michael and St George)

1995~2001년 프리포트 맥모란(Freeport-McMoran Copper and Gold Inc.) 이사

1994년 <외교(*Diplomacy*)> 출판

1999년 <갱신의 시기(*Years of Renewal*)> 출판

2000년 실바누스 세이어 상(Sylvanus Thayer Award) 수상

2000~2006년 아이젠하워 펠로우쉽 이사회 의장으로 재직

2001~2016 국방정책이사회(Defense Policy Board) 이사

2002년 국제 올림픽 위원회(IOC) 명예 위원

2002년 11월 미국에 대한 테러 공격 국가위원회(National Commission on Terrorist Attacks Upon the United States) 의장

2006년 리더십과 복무에 대한 아이젠하워 훈장(Dwight Eisenhower Medal for Leadership and Service) 수훈

2008년 12월 미 국방대학교 재단이 수여하는 미국 패트리어트 상(American Patriot Award) 수상

2011년 <중국에 관해서(*On China*)> 출판

2012년 이스라엘 대통령 훈장(President's Medal) 수훈

2013년 헨리 그룬왈드 공공서비스상(Henry A. Grunwald Award) 수상

2014년 <세계질서(*World Order*)> 출판

2018년 블룸버그 신경제 포럼 자문위원장(Bloomberg New Economy Forum) 자문 이사회 명예 의장

참고문헌

1. 헨리 키신저의 저서(연대순)

Confluence VI, No. 4, December, Literary Licensing, 1952.

A World Restored: Metternich, Castlereagh, and the Problem of Peace, 1812-1822, Boston, MA: Houghton Mifflin, 1957.

Nuclear Weapons and Foreign Policy, New York; Harper & Brothers, 1957.

Foreign Economic Policy for the Twentieth Century, (ed.), Rockefeller Brothers Fund Special Study Project, New York: Doubleday, 1958.

The Necessity for Choice, New York: Harper & Brothers, 1961.

The Troubled Partnership: A Re-appraisal of the Atlantic Alliance, New York: McGraw-Hill, 1965.

Problems of National Strategy (ed.), New York: Praeger, 1965.

American Foreign Policy(essays), New York: Norton, 1969, revised 1974.

White House Years, Boston, MA: Little, Brown, 1979.

For the Record: Selected Statements 1978-1980. Boston, MA: Little, Brown, 1981.

Years of Upheaval, 1973-1977, Boston, MA: Little, Brown, 1982.

Observation, Boston, MA: Little, Brown, 1985.

Diplomacy, New York: Simon & Schuster, 1994.

Years of Renewal, New York: Simon & Schuster, 1999.

Does America Need a Foreign Policy?: Toward a Diplomacy for the 21st Century, New York: Simon & Schuster, 2001.

Ending the Vietnam War: A History of America's Involvement in and Extrication from the Vietnam War, New York: Simon & Schuster, 2003.

Crisis: The Anatomy of the Two Foreign Policy Crises, New York: Simon & Schuster, 2003.

On China, New York: Penguin Books, 2012.

World Order, New York: Penguin Press, 2014.

2. 헨리 키신저의 논문 선집(연대순)

"Reflections on Spengler, Toynbee and Kant," Undergraduate honors theses, (unpublished), Harvard University, 1950.

"The meaning of History: Reflections on Spengler, Toynbee and Kant," Undergraduate thesis. Unpublished, Widener Library, Harvard University, 1951.

"Reflections on the Political Thought of Metternich," *American Political Science Review*, December 1954.

"American Policy and Preventive War," *Yale Review*, April 1955.

"Military Policy and the Defense of Gray Areas," *Foreign Affairs*, April 1955.

"Limitations of Diplomacy," *The New Republic*, May 5, 1955.

"Force and Diplomacy in the Nuclear Age," *Foreign Affairs*, April 1956.

"Reflections on American Diplomacy," *Foreign Affairs*, October 1956.

"Strategy and Organization," *Foreign Affairs*, April 1957.

"Controls, Inspections and Limited War," *The Reporter*, June 13, 1957.

"US Foreign Policy and Higher Education," *Current Issues in Higher Education*, March 1958.

"Missiles and Western Alliance," *Foreign Affairs,* April 1958.

"Nuclear Testing and the Problems of Peace, *Foreign Affairs.* October 1958.

"The Policymaker and the Intellectuals," *The Reporter,* March 5, 1959.

"The Search for Stability," *Foreign Affairs,* July 1959.

"Arms Control, Inspection and Surprise Attack," *Foreign Affairs.* July 1960.

"Limited War: Nuclear or conventional? A reappraisal," *Daedalus,* Fall 1960.

"The New Cult of Neutralism," *The Reporter,* November 24, 1960.

"For an Atlantic Confederacy," *The Reporter,* February 2, 1961.

"The Unsolved Problems of European Defense," *Foreign Affairs,* July 1962.

"Reflections on Cuba," *The Reporter,* November 22, 1962.

"Strains on Alliance," *Foreign Affairs,* January 1963.

"NATO's Nuclear Dilemma," *The Reporter,* March 28, 1963.

"Reflections on Power and Diplomacy," In E.A.J. Johnson, (ed.) *Dimensions in Diplomacy,* Baltimore, MD: Johns Hopkins Press, 1964.

"Classical Diplomacy," In John Stoessinger and Alan Westin, (eds), *Power and Order: Six Cases in World politics,* New York: Harcourt, Brace, 1964.

"Coalition Diplomacy in the Nuclear Age," *Foreign Affairs,* July, 1964.

"Domestic Structure and Foreign Policy," *Daedalus,* April 1966.

"NATO: Evolution or Decline? *Texas Quarterly,* Autumn 1966.

"Bureaucracy and Policymaking," Security Studies Paper #17, University of California, Los Angeles, 1968.

"Central issues of American Foreign Policy," *Agenda for the Nation,*

Washington, DC: brooking, 1968.

"The White Revolutionary: Reflections on Bismarck," *Daedalus,* 1968.

"The Viet Nam Negotiations," *Foreign Affairs,* January 1969.

"The Pitfalls of Universal Jurisdiction," *Foreign Affairs,* January 1969.

"Bipartisan Objectives for American Foreign Policy," *Foreign Affairs,* Summer 1988.

"Reflections on Containment," *Foreign Affairs,* May/June 1994.

"Between the Old Left and the new Right," *Foreign Affairs.* May/June 1999.

"The Future of US-Chinese Relations," *Foreign Affairs,* July/August, 2001.

3. 일반 문헌

강성학, <대한민국의 대부 해리 S. 트루먼: 평범한 인간의 비범한 리더십>, 서울: 박영사, 2021.

_____, <조지 워싱턴: 창업의 거룩한 카리스마적 리더십>, 서울: 박영사, 2020.

_____, <윈스턴 S. 처칠: 전쟁과 평화의 위대한 리더십>, 서울: 박영사, 2019.

_____, <한국의 지정학과 링컨의 리더십: 동아시아의 지정학적 변화와 국가통일의 리더십> 서울: 고려대학교 출판문화원, 2017.

_____, <무지개와 부엉이: 국제정치의 이론과 실천에 관한 논문 선집>, 서울: 박영사, 2010.

_____, <인간神과 평화의 바벨탑>, 서울: 고려대학교출판부, 2006.

_____, <새우와 고래싸움: 한민족과 국제정치>, 서울: 박영사, 2004.

_____, <이아고와 카산드라: 항공력 시대의 미국과 한국>, 서울: 도서출판 오름, 1997.

_____, <시베리아 횡단열차와 사무라이: 러일전쟁의 외교와 군사전략>,

서울: 고려대학교 출판부, 1999.

강성학 역, 피터 딕슨 저, <키신저 박사와 역사의 의미> 서울: 박영사, 1985.

강성학 역, 앨런 블럼 저, <셰익스피어의 정치철학>, 서울: 집문당, 1982

김동길, 강성학 공저, <죽어도 사는 사람: 불멸의 링컨유산> 충북: 극동대학교 출판센터, 2018.

Albright, Madeleine, *Fascism: A Warning*, New York: HarperCollins Publishers, 2018.

Allison, Graham, and Phillip Zelikow, *Essence of Decision: Explaining the Cuban Missile Crisis*, 2nd ed, New York: Addison Wesley Longman, 1999.

Allison, Graham, *Essence of Decision,* Boston: Little, Brown, 1971.

Alroy, Gil Carl, *The Kissinger Experience: American Policy in the Middle East,* New York: Horizon Press, 1975.

Ambrose, Stephen E., *Eisenhower: Soldier and The President.* The Renowned One-Volume, New York: Simon & Schuster, 1991 (originally 1984).

Atkinson, David C., *In Theory and in Practice: Harvard's Center for International Affairs, 1958-1983,* Cambridge, MA: Harvard University Press, 2007.

Black, Conard, *Richard M. Nixon: A Life in Full,* New York: Public Affairs, 2007.

Blumenfeld, Ralph, *Henry Kissinger: The Private and Public Story,* New York: New American Library, 1974.

Bowie, Robert R., and Henry A. Kissinger, *Program for the Center for International Affairs,* Cambridge MA: Harvard University Press, 1958.

Brands, Hal and Charles Edel, *The Lessons of Tragedy: Statecraft and World Order*, New Haven and London: Yale University Press, 2019.

Brands, Hal, *American Grand Strategy In the Age of Trump*, Washington D.C.: Brookings Institution Press, 2018.

Brinkley, Douglas, *Gerald R. Ford*, New York: Times Books, 2007.

Brodie, Bernard, "Nuclear Weapons: Strategic or Tactical?" *Foreign Affairs*, Vol. 32, No. 2 (1954), pp. 217-229.

_____, "Unlimited Weapons and Limited War," *Reporter*, November. 18, 1954.

Brown, Seyom, *The Crises of Power: An Interpretation of United States Foreign Policy During the Kissinger Years*, New York: Columbia University Press, 1979.

_____, *The Faces of Power: Constancy and Change in the United States Policy from Truman to Reagan*, New York: Columbia University Press, 1983.

Bush, George and Brent Scowcroft, *A World Transformed*, New York: Vintage Books, 2011.

Bush, George W., *Decision Points*, New York: Crown Publishers, 2010.

Caldwell, Dan, ed., *Henry Kissinger: His Personality and Policies*, Durham, N.C.: Duke University Press, 1983.

Dallek, Robert, *Nixon and Kissinger: Partners in Power*, New York: HarperCollins, 2007.

Dickson, Peter, *Kissinger and the Meaning of History*, Cambridge: Cambridge University Press, 1978.

Dmytryshyn, Basil, *USSR: A History*, 3rd ed., New York: Charles Scribner's Sons, 1978.

Ferguson, Niall, "The Meaning of Kissinger: A Realist Reconsidered," *Foreign Affairs,* Vol. 94, No. 5 (September/October 2015), pp. 134-138.

_____, *Kissinger 1923-1968,* Vol. 1, *The Idealist,* New York: Penguin Press, 2015.

Ferrell, Robert H., *American Diplomacy: A History,* 3rd ed., New York: W. W. Norton, 1975.

Finletter, Thomas K., *Power and Policy: U.S. Foreign Policy and Military Power,* New York: Harcourt Brace, 1954.

Fukuyama, Francis, "A World Restores," *Foreign Affairs,* Vol. 76, No. 5., 1997.

Fulbright, J. William, *The Price of Empire,* New York: Pantheon Books, 1989.

Gaddis, John Lewis, *Strategies of Containment: A Critical Appraisal of Postwar American national Security Policy,* New York and Oxford: Oxford University Press, 1982.

_____, *The United States and the Origins of the Cold War, 1941-1947,* New York and London: Columbia University Press, 1972.

_____, *We Now Know: Rethinking Cold War History,* New York: Oxford University Press, 1997.

Gall, Lothar, *Bismarck: The White Revolutionary,* Vol. 1, 2, London: Allen & Unwin, 1986.

Gardner, Lloyd C., *Imperial America: American Foreign Policy Since 1898,* New York: Harcourt Brace Jovanovich, 1976.

Garthoff, Raymond, *Détente and Confrontation,* Washington D. C.: Brookings, 1985.

George, Alexander L. and Richard Smoke, *Deterrence in American*

Foreign Policy: Theory and Practice, New York: Columbia University Press, 1974.

Gewen, Barry, *The Inevitability of Tragedy: Henry Kissinger and His World,* New York: W. W. Norton, 2020.

Gilbert, John H., ed., *The New Era in American Foreign Policy,* New York: St. Martin's Press, 1973.

Goldstein, Martin E., ed., *America's Foreign Policy: Drift or Decision,* Wilmington, Delaware: Scholarly Resources, 1984.

Gompert, David C., Michael Mandelbaum, Richard L. Garwin, and John H. Barton, *Nuclear Weapons and World Politics: Alternatives for the Future,* New York: McGraw-Hill Book, 1977.

Gorbachev, Mikhail, *Memoirs,* New York: Doubleday, 1995.

Grandin, Greg, *Kissinger's Shadow: The Long Reach of America's Most Controversial Statesman,* New York: Metropolitan Books, 2015.

Graubard, Stephen R., *Kissinger: Portrait of a Mind,* New York: W. W. Norton, 1974.

Green, Michael J., By *More Than Province: Grand Strategy and American Power in the Asia Pacific Since 1783,* New York: Columbia University Press, 2017.

Halperin, Morton, *Bureaucratic Politics and Foreign Policy,* Washington: Brookings, 1974.

Hersh, Seymour M., *The Price of Power: Kissinger in the Nixon White House,* New York: Summit Books, 1983.

Higgins, Trumbull, *The Perfect Failure: Kennedy, Eisenhower, and the CIA at the Bay of Pigs,* New York: W. W. Norton, 1987.

Hilsman, Roger, "Policy making is Politics," in James Rosenau, ed., *International Politics and Foreign Policy,* 2nd ed., New York: The Free Press, 1969.

Hoffmann, Stanley, "The Case of Dr. Kissinger," *New York Review of Books,* December, 6, 1979.

_____, "The Kissinger Anti-Memoirs," *New York Times,* July 3, 1983.

_____, *Dead Ends,* Cambridge: Ballinger, 1983.

_____, *Primacy or World Order,* New York: McGraw-Hill, 1978.

Humes, James C., *Nixon's Ten Commandments of Leadership and Negotiation: His Guiding Principles of Statecraft,* New York: A Touchstone Book, 1997.

Indyk, Martin, *Master of the Game: Henry Kissinger and the Art of Middle East Diplomacy,* New York: Alfred A. Knopf, 2021.

Isaacson, Walter, *Kissinger: A Biography,* New York: Simon & Schuster, 1992.

Ischinger, Wolfgang, "The World according to Kissinger: How to Defend Global Order," *Foreign Affairs,* Vol. 94, No. 2 (March/ April 2015), pp. 160-166.

Jordan, Amos A. and William J. Taylor, Jr., *American National Security: Policy and Process,* revised ed., Baltimore and London: The Johns Hopkins University Press, 1984.

Kahn, Herman, *Thinking about the Unthinkable,* New York: Horizon Press, 1962.

_____, *On Thermonuclear War,* 2nd ed., New York: The Free Press, 1969(1960).

Kalb, Marvin, and Bernard Kalb, *Kissinger,* Boston: Little, Brown, 1974.

Kaplan, Robert D., "Kissinger, Metternich, and Realism," *Atlantic Monthly,* (June 1999), pp. 72-82.

Kaufman, Daniel J., Jeffrey S. McKitrick, Thomas J. Leney, eds., *U.S. National Security: A Framework for Analysis,* Lexington, Massachusetts: Lexington Books, 1985.

Kolkowicz, Roman and Ellen Propper Mickiewicz, eds., *The Soviet Calculus of Nuclear War,* Lexington, Massachusetts: Lexington Books, 1986.

Kramer, Joel R., "Lee Kuan Yew," *Harvard Crimson,* October 23, 1967.

Kuklick, Bruce, *Blind Oracles: intellectuals and War from Kennan to Kissinger,* Princeton and Oxford: Princeton University Press, 2005.

Landau, David, *Kissinger: The Use of Power,* Boston: Houghton Mifflin, 1972.

Liddell Hart, Basil, "War, Limited," *Harper's Magazine,* Vol. 12, No. 1150 (March, 1946), pp. 192-203.

Liska, George, *Beyond Kissinger: Ways of Conservative Statecraft,* Baltimore and London: The Johns Hopkins University Press, 1975.

_____, *Russia and the Road to Appeasement: Cycles of East-West Conflict in War and Peace,* Baltimore and London: The Johns Hopkins University Press, 1982.

Litwak, Robert S., *Détente and The Nixon Doctrine: American Foreign Policy and the Pursuit of Stability, 1969-1976,* Cambridge: Cambridge University Press, 1984.

Lord, Winston, *Kissinger on Kissinger: Reflections on Diplomacy, Grand Strategy, and Leadership,* New York" St. Martin's Press, 2019.

Luce, Henry, "The American Century," *Life,* February 17, 1941.

Lynch, Timothy J., and Robert S. Singh, *After Bush: The Case for Continuity in American Foreign Policy,* New York: Cambridge University Press, 2008.

Macmillan, Margaret, *Nixon and Mao: The Week That Changed the World,* New York: Random House, 2007.

Margiotta, Franklin D., ed., *The Changing World of the American Military,* Boulder, Colorado: Westview Press, 1978.

Mearsheimer, John J., "Kissinger's Wisdom…and Advice," *The National Interest,* No. 65 (Fall 2001), pp. 123-129.

Menges, Constantine C., *China: The Gathering Threat,* Tennessee: Nelson Current, 2005.

Morgenthau, Hans J., "Henry Kissinger: Secretary of State: An Evaluation," *Encounter* (November, 1974), pp. 57-60.

_____, *Politics in the Twentieth Century,* Abridged ed., Chicago: The University of Chicago Press, 1971.

Murray, Douglas J. & Paul R. Viotti, eds., *Defense Policies of Nations: A Comparative Study,* 3rd ed., Baltimore and London: The Johns Hopkins University Press, 1994.

Nathan, Andrew J., "What China Wants: Bargaining with Beijing," *Foreign Affairs,* Vol. 90, No. 4 (July/August, 2011), pp. 153-158.

Nixon, Richard, "Asia After Viet Nam," *Foreign Affairs* (October. 1967), pp. 111-136.

_____, *RN: The Memories of Richard Nixon,* New York: Grosser & Dunlap, 1978.

Nye, Joseph S., *The Paradox of American Power: why the world's only superpower can't go It alone,* New York: Oxford University Press, 2002.

Osgood, Robert E., *Limited War: Challenge to American Strategy,* Chicago: Chicago University Press, 1957.

Osgood, Robert E., Robert W. Tucker, Francis E. Rourke, Herbert S. Dinerstein, Laurence W. Martin, David P. Calleo, Benjamin M.

Rowland, and George Liska, *Retreat from Empire? The First Nixon Administration,* Baltimore and London: The Johns Hopkins University Press, 1973.

Osgood, Robert E., Robert W. Tucker, Herbert S. Dinerstein, Francis E. Rourke, Isaiah Frank, Laurence W. Martin, and George Liska, *America and The World; From the Truman Doctrine to Vietnam,* Baltimore and London: The Johns Hopkins Press, 1970.

Owen, Henry, ed., *The Next Phase in Foreign Policy,* Washington, D.C.: The Brookings institution, 1973.

Oye, Kenneth A., Donald Rothchild and Robert J. Lieber, eds., *Eagle Entangled: U.S. Foreign Policy in a Complex World,* New York and London: Longman, 1979.

Oye, Kenneth A., Robert J. Lieber, and Donald Rothchild, eds., *Eagle Defiant: United Nations Foreign Policy in the 1980s.* New York; Praeger, 1983.

Peters, Charles, *Lyndon B. Johnson,* New York: Times Books, 2010.

Reichart, John F. and Steven R. Sturm eds., *American Defense Policy,* 5th ed., Baltimore and London: The Johns Hopkins University Press, 1982.

Reston, James, "Kissinger: New Man in the White House Basement," *New York Time,* December 4, 1968.

Rosenau, James N., ed., *International Politics and Foreign Policy: A Reader in Research and Theory,* New York: The Free Press, 1961.

Rothkopf, David J., *Running the WORLD: The Inside Story of the National Security Council and the Architects of American Power,* New York: Public Affairs, 2004.

Rovere, Richard H., "Letter from Washington," *New Yorker,* January 21, 1961.

Rumsfeld, Donald, *Known and Unknown: A Memoir*, New York: Sentinel, 2011.

Russell, Greg, "Kissinger's Philosophy of History and Kantian Ethics," *Diplomacy & Statecraft*, Vol.7. No.1 (March 1996), pp. 97-124.

Schmid, Alex P., *Soviet Military Interventions Since 1945*, New Brunswick, New Jersey: Transaction Books, 1985.

Schwartz, Thomas A., *Henry Kissinger and American Power: A Political Biography*, New York: Hill and Wang, 2020.

Sebenius, James K., R. Nicholas Burns and Robert H. Mnookin, *Kissinger the Negotiator: Lessons from Dealmaking at the Highest Level*, New York: HarperCollins, 2018.

Seward, Desmond, *Metternich: The First European*, New York: Viking, 1991.

Shawcross, William, *Sideshow,* New York: Simon & Schuster, 1979.

Sheehan, Edward, *The Arabs, Israelis and Kissinger,* New York: Reader's Digest Press, 1976.

Singer, J. David, "The Level-of-Analysis Problem in International Relations," *World Politics,* Vol. 15, No. 1 (1961), pp. 77-92.

Smith, Michael Joseph, *Realist Thought from Weber to Kissinger,* Baton Rouge and London: Louisiana State University Press, 1986.

Staar, Richard F., *USSR Foreign Policies After Détente,* Stanford, California: Hoover Institution Press, 1985.

Steinberg, Jonathan, *Bismarck: A Life,* Oxford: Oxford University Press, 2011.

Stoessinger, John G., *Henry Kissinger: The Anguish of Power,* New York: W. W. Norton & Company, 1976.

Suri, Jeremi, *Henry Kissinger and The American Century,* Cambridge, Massachusetts: The Belknap Press of Harvard University Press, 2007.

_____, *Power and Protest: Global Revolution and the Rise of Detente*, Cambridge: Harvard University Press, 2003.

The Harvard Nuclear Study Group, *Living with Nuclear Weapons*, Cambridge: Harvard University Press, 1983.

Trout, B. Thomas & James E. Half, eds., *National Security Affairs: Theoretical Perspectives and Contemporary Issues,* New Brunswick, New Jersey: Transaction Books, 1982.

Valeriani, Richard, *Travels with Henry,* Boston: Houghton Mifflin, 1979.

Wagner, Abraham R., *Henry Kissinger: Pragmatic Statesman in Hostile Times,* New York and London: Routledge, 2020.

Waldman, Michael, ed., *The Fellow Americans, The Most Important Speeches of America's Presidents, From George Washington to George W. Bush,* Naperville, Illinois: Sourcebooks, Inc. 2003.

Walker, Martin, *The Cold War: A History,* New York: A John Macrae Book, 1993.

Wright, Esmond, "The Necessity for Choice: Prospects of American Foreign Policy," *International Affairs,* Vol. 38, No. 1 (January 1962), pp. 82-83.

Yanov, Alexander, *The Russian Challenge and the Year 2000,* translated by Iden J. Rosenthal, Oxford: basil Blackwell, 1987.

Young, John W., *Cold War Europe 1945-1989: A Political History,* London & New York: Edward Arnold, 1991.

찾아보기

네메시스 104, 743

넬슨 록펠러 134, 136, 157, 179, 188, 218, 246, 413, 520, 523, 604, 679

노로돔 시아누크 334, 340, 341, 367, 368, 369, 370, 628, 629

노만 포드호레츠 646

노이슈타트 196

뉘른베르크 36, 49

뉘른베르크 법률 41

뉴 룩 127

뉴메널 86, 87

뉴욕시립대학 46, 47, 73

니체주의자 783

니카라과 685

니콜라에 차우셰스크 359

니콜라이 기르스 752

니콜라이 탈렌스키 215

니콜라이 파토리체프 462, 463

니콜라이 포드고르니 465, 609

닉슨 7, 12, 24, 152, 169, 173, 174, 176, 185, 186, 187, 189, 191, 225, 242, 297, 299, 301, 304, 305, 309, 310, 311, 313, 315, 329, 330, 332, 336, 337, 339, 343, 346, 348, 350, 351, 354, 355, 356, 358, 359, 362, 364, 368, 372, 374, 377, 379, 381, 382, 384, 385, 387, 389, 393, 399, 400, 403, 405, 406, 407, 413, 414, 416, 417, 419, 420, 421, 422, 423, 424, 425, 426, 427, 428, 429, 430, 431, 434, 437, 438, 440, 441, 443, 444, 446, 448, 449, 450, 451, 453, 454, 455, 456, 457, 458, 459, 460, 464, 473, 474, 481, 485, 487, 488, 490, 491, 492, 494, 496, 497, 499, 500, 501, 503, 505, 506, 507, 508, 509, 510, 513, 514, 519, 520, 525, 529, 534, 544, 547, 548,

딘 러스크 80, 191, 218

리처드 발레리아니   567, 588, 627, 728

리처드 비셀   196, 197, 198

리처드 스마이서   423

리처드 스틸웰   126

리처드 앨런   297, 298, 682

리처드 체니   649

리처드 펄   605

리처드 헬름스   283, 342, 347

리콴유   274

리투아니아   643

린든 존슨   12, 208, 210, 232, 233, 241, 243, 244, 245, 246, 250, 262, 263, 269, 272, 273, 274, 280, 283, 286, 287, 289, 299, 307, 319, 359, 458, 567, 759, 761

[ㅁ]
마닐라 방식   359

마드리드 회의   690

마르첼로 카에타노   651

마르케   61

마르코비치   277, 278, 280, 282, 283, 284, 285, 286, 287, 289, 290

마리안 도브로실스키   270

마리오 소아레스   651

마리오 쿠오모   686

마릴린 버거   567

마법사   406, 713

마빈 조세프슨   675

마빈 캘브   494, 567, 588, 728

마사다 요새   623

북한 157, 341, 345, 636, 654, 703, 708

뷔르거브로이켈러(Bürgerbräukeller) 35

브라이스 할로우 649

브라질 235

브레즈네프 405, 406, 454, 455, 456, 461, 462, 464, 465, 469, 470, 473, 515, 516, 528, 537, 538, 541, 545, 546, 547, 548, 549, 567, 592, 609, 611, 618, 619, 644

브레즈네프 독트린 309

브렌트 스코우크로프트 514, 537, 558, 565, 595, 600, 649, 686, 687

브뤼셀 336, 657, 671, 761

블라디미르 세메노프 405

블라디미르 푸틴 709

블라디미르 흐보스토프 216

블라디보스톡 609, 610, 618, 620

비브 레보조 374

비스마르크 99, 117, 355, 520, 699, 715, 751, 752, 753, 754, 755, 756, 757, 758, 759, 760, 761, 763, 766, 767, 768, 770, 783

비스마르크식 778, 779

비스바덴 70, 71

비엔 호아 245, 265, 266

빈 766

빈(Vienna)회의 104, 661, 752, 770

빌 클린턴 691, 707

빌리 브란트 172, 173, 212, 236, 404

[ㅅ]

사다트 543, 546, 553, 554, 555, 557, 561, 563, 564, 565, 566, 570, 571, 576, 580, 582, 584

아돌프 히틀러(Adolf Hitler) 35, 40, 41, 50, 67, 107, 108

아들레이 스티븐슨 204, 608

아랍 152, 527, 530, 538, 539, 541, 568, 578, 624

아랍-이스라엘 분쟁 551, 553

아르덴 60, 61

아바 에반 539

아바나 228

아브델 가마시 551, 556

아사드 580, 581, 584, 585, 586, 587, 703

아사드의 첫 요구 581

아스완 561, 570

아시아 697

아옌데 382, 384, 388, 393

아와미 연맹 435

아우리가 320

ICBM 469

아이젠하워 9, 69, 123, 125, 126, 131, 134, 135, 139, 140, 141, 142, 145, 150, 152, 153, 155, 157, 167, 170, 171, 174, 175, 177, 181, 186, 195, 196, 242, 380

아이티 691

아치볼드 콕스 525

아폴로 13호 370, 371

아프가니스탄 634

아프리카 697

아하론 야리브 551, 556

아헨(Aachen) 58, 59

안드레 그로미코 455, 456, 465, 470, 473, 565, 584, 607, 610, 621

안드로포프 461

저서목록

해외 출판

『韓国外交政策的困境』, 北京: 社會科學院 社会科学文献出版社, (2017, 중국어판)

『和平之神与联合国秘书长: 为国际和平而奋斗之领』, 北京: 光明日报出版社, (2015, 중국어판)

『戦史に学ぶ軍事戦略 孫子とクラウゼヴィッツを 現代に生かすために』, 東京: 彩流社, (2014, 일본어판)

『Korea's Foreign Policy Dilemmas: Defining State Security and the Goal of National Unification』, Folkestone, UK: Global Orient, UK, (2011, 영어판)

국내 출판

『대한민국의 대부 해리 S. 트루먼: 평범한 인간의 비범한 리더십』, 박영사, 2021

『조지 워싱턴: 창업의 거룩한 카리스마적 리더십』, 박영사, 2020

『윈스턴 S. 처칠: 전쟁과 평화의 위대한 리더십』, 박영사, 2019

『지적 자서전으로서 내 저서의 서문들』, 박영사, 2018

『죽어도 사는 사람: 불멸의 링컨유산』, 극동대학교출판부, 2018 (김동길 교수 공저)

『한국지정학과 링컨의 리더십: 동아시아의 지정학적 변화와 국가통일의 리더십』, 고려대학교 출판문화원, 2017

『평화神과 유엔사무총장: 국제평화를 위한 리더십의 비극』, 고려대학교 출판부. 2013

『전쟁神과 군사전략: 군사전략의 이론과 실천에 관한 논문 선집』, 리북, 2012

『무지개와 부엉이: 국제정치의 이론과 실천에 관한 논문 선집』, 박영사, 2010

『인간神과 평화의 바벨탑: 국제정치의 원칙과 평화를 위한 세계헌정질서의 모색』, 고려대학교 출판부, 2006

『새우와 고래싸움: 한민족과 국제정치』, 박영사, 2004

『시베리아 횡단열차와 사무라이』, 고려대학교출판부, 1999

『이아고와 카산드라-항공력 시대의 미국과 한국』, 오름, 1997

『소크라테스와 시이저-정의, 평화, 그리고 권력』, 박영사, 1997

『카멜레온과 시지프스: 변천하는 국제질서와 한국의 안보』, 나남, 1995

『동북아의 근대적 변용과 탈근대 지향』(공편), 매봉, 2008

『용과 사무라이의 결투: 중일전쟁의 국제정치와 군사전략』(편저) 리북, 2006

『유엔과 국제위기관리』(편저), 리북, 2005

『유엔과 한국전쟁』(편저), 리북, 2004

『UN and Global Crisis Management』(편저), KACUNS, 2004

『시베리아와 연해주의 정치경제학』(공저), 리북, 2004

『동북아의 평화사상과 평화체제』(편저), 리북, 2004

『동아시아의 안보와 유엔체제』,(편저). 집문당, 2003

『UN, PKO and East Asian Security: Currents, Trends and Prospects』
    (공편저), 2002

『The UN in the 21st Century』(공편), 2000

『주한미군과 한미안보협력』(공저), 세종연구소, 1996

『북한외교정책』(공편), 서울프레스, 1995

『The United Nations and Keeping-Peace in Northeast Asia』(편저),
    Seoul Computer Press, 1995

『자유주의의 정의론』(역), 대광문화사, 1991

『키신저 박사와 역사의 의미』(역), 박영사, 1985

『핵시대를 어떻게 살 것인가』(공저), 정음사, 1985

『제국주의의 해부』(역), 법문사, 1984

『불평등한 세계』(역), 박영사, 1983

『세익스피어의 정치철학』(역), 집문당, 1982

『정치학원론』(공저), 박영사, 1982

강성학(姜聲鶴)

고려대학교에서 정치학 학사 및 석사 학위를 취득한 후 모교에서 2년간 강사를 하다가 미 국무부 풀브라이트(Fulbright) 장학생으로 도미하여 노던 일리노이 대학교(Northern Illinois University)에서 정치학 박사 학위를 취득하였다. 그 후 1981년 3월부터 2014년 2월말까지 33년간 정치외교학과 교수로 재직하면서 평화연구소 소장, 교무처장 그리고 정책대학원 원장 등을 역임하였다. 2014년 3월 이후 현재 명예교수로 있다.

저자는 1986년 영국 외무부(The British Foreign and Commonwealth Office)의 펠로우십(Fellowship)을 받아 런던정치경제대학(The London School of Economics and Political Science)의 객원교수를, 1997년에는 일본 외무성의 국제교류기금(Japan Foundation)의 펠로우십을 받아 도쿄대학의 동양문화연구소에서 객원 연구원 그리고 2005년 말과 2006년 봄 학기에는 일본 와세다대학의 교환교수를 역임하였다. 또한 제9대 한국 풀브라이트 동문회 회장 및 한국의 영국정부장학수혜자 모임인 한국 세브닝 동창회 초대 회장을 역임하였다. 그동안 한국국제정치학회 상임이사 및 한국정치학회 이사, 한국유엔체제학회(KACUNS)의 설립 사무총장과 제2대 회장을 역임하였고 이것의 모태인 미국의 유엔체제학회(ACUNS)의 이사로 활동하였다.

저서로는 2011년 영국에서 출간한 영문저서 ≪Korea's Foreign Policy Dilemmas: Defining State Security and the Goal of National Unification≫ (425쪽. 2017년 중국 사회과학원 출판사가 번역 출간함)을 비롯하여 1995년 제1회 한국국제정치학회 저술상을 수상한 ≪카멜레온과 시지프스: 변천하는 국제질서와 한국의 안보≫(688쪽)와 미국의 저명한 외교전문지인 포린 폴리시(Foreign Policy)에 그 서평이 실린 ≪이아고와 카산드라: 항공력 시대의 미국과 한국≫(807쪽)이 있다. 그의 대표작 ≪시베리아 횡단열차와 사무라이: 러일전쟁의 외교와 군사전략≫(781쪽) 및 ≪소크라테스와 시이저: 정의, 평화, 그리고 권력≫(304쪽), 또 한동안 베스트셀러이기도 했던 ≪새우와 고래싸움: 한민족과 국제정치≫(402쪽)가 있다. 또한 2007년 대한민국 학술원의 우수학술도서로 선정된 ≪인간神과 평화의 바벨탑: 국제정치의 원칙과 평화를 위한 세계헌정질서의 모색≫(756쪽),

≪전쟁神과 군사전략: 군사전략의 이론과 실천에 관한 논문 선집≫(446쪽, 2014년 일본에서 번역 출간됨), ≪평화神과 유엔 사무총장: 국제 평화를 위한 리더십의 비극≫(328쪽, 2015년 중국에서 번역 출간됨), ≪무지개와 부엉이: 국제정치의 이론과 실천에 관한 논문 선집≫(994쪽)을 비롯하여 지난 33년 간의 교수생활 동안에 총 37권(본서의 말미 저서 목록을 참조)에 달하는 저서, 편저서, 역서를 냈다. 저자는 한국 국제정치학자에게는 어쩌면 당연한 연구주제인 "전쟁", "평화", "한국외교통일" 문제들에 관한 각기 집중적 연구결과로 볼 수 있는 ≪시베리아 횡단열차와 사무라이≫, ≪인간神과 평화의 바벨탑≫ 그리고 ≪카멜레온과 시지프스≫라는 3권의 저서를 자신의 대표적 "학술저서 3부작"으로 꼽고 있다. 아울러 2013년 ≪평화神과 유엔 사무총장≫의 출간으로 "인간神", "전쟁神", "평화神"이라는 일종의 "神"의 3위일체를 이루었다. 퇴임 후에는 2016년부터 2019년까지 한국지정학연구원의 초대 이사장을 역임했으며, 2017년 가을학기부터 2019년 봄학기까지 극동대학교 석좌교수였다. 그리고 ≪한국의 지정학과 링컨의 리더십≫(551쪽), ≪죽어도 사는 사람: 불멸의 링컨 유산(김동길 교수 공저)≫(333쪽), ≪윈스턴 S. 처칠: 전쟁과 평화의 위대한 리더십≫(449쪽), ≪조지 워싱턴: 창업의 거룩한 카리스마적 리더십≫(501쪽), ≪대한민국의 대부 해리 S. 트루먼: 평범한 인간의 비범한 리더십≫(479쪽)을 출간했다. 그리고 저자의 일종의 지적 자서전으로 ≪내 저서의 서문들≫(223쪽)을 출간했다.

헨리 키신저

초판발행	2022년 1월 3일
지은이	강성학
펴낸이	안종만 · 안상준
편 집	한두희
기획/마케팅	조성호
표지디자인	이영경
제 작	고철민 · 조영환
펴낸곳	(주) **박영사**
	서울특별시 금천구 가산디지털2로 53, 210호(가산동, 한라시그마밸리)
	등록 1959. 3. 11. 제300-1959-1호(倫)
전 화	02)733-6771
f a x	02)736-4818
e-mail	pys@pybook.co.kr
homepage	www.pybook.co.kr
ISBN	979-11-303-1476-1 93340

정 가   39,000원